航海类高等职业教育项目化教材

船舶定位与导航

陈金福　主编
严祥生　主审

上海浦江教育出版社

图书在版编目（CIP）数据

船舶定位与导航/陈金福主编. —上海：上海浦江教育出版社有限公司，2014.8

（航海类高等职业教育项目化教材）

ISBN 978－7－81121－353－9

Ⅰ.①船…　Ⅱ.①陈…　Ⅲ.①船舶定位—高等职业教育—教材 ②航海导航—高等职业教育—教材　Ⅳ.①U675

中国版本图书馆 CIP 数据核字（2014）第 172372 号

上海浦江教育出版社出版

社址：上海海港大道 1550 号上海海事大学校内　邮政编码：201306

电话：（021）38284910（12）（发行）　38284923（总编室）　38284916（传真）

E-mail：cbs@ shmtu. edu. cn　URL：http：//www. pujiangpress. cn

上海图宇印刷有限公司印装　上海浦江教育出版社发行

幅面尺寸：185 mm×260 mm　印张：28.5　字数：685 千字

2014 年 8 月第 1 版　　2014 年 8 月第 1 次印刷

责任编辑：王　露　　封面设计：赵宏义

定价：91.00 元

总　序

当前，我国高等职业教育已进入了快速发展时期，职业教育的教学模式也悄然发生着改变，传统学科体系的教学模式正逐步转变为行动体系的教学模式。项目化教学是“行动导向”教学法的一种，因其具有实践性、自主性、发展性、综合性、开放性等多个优点而被高等职业院校广泛采用。但由于受传统学科体系的教学模式和海事局船员适任考试评估大纲的影响，航海类高等职业教育的教材目前大多仍按知识体系架构编写，内容偏重于理论知识，而轻视实践技能的训练，与职业能力培养要求存在较大的差距。国内部分院校虽然也进行过项目化教学改革的尝试，但编写的配套教材大多采用模块（知识体系）+实训（海事局评估项目）架构，教学方法上采用“理论与实践交替互动”的模式，没有真正实现以项目为载体的理实一体化教学。

为了培养高素质航海技术技能人才，使教学模式遵循职业教育教学规律和高职学生的认知规律，我们组织编撰了《航海类高等职业教育项目化教材》（丛书）。为了高质量地完成教材的编撰工作，编委会组织了一批企业专家、知名学者和专职教师，在以华东师范大学博士徐国庆教授为核心的“职业教育项目化教改团队”的指导下，大力推进航海类专业以工作任务为导向的课程体系改革。本次课程体系改革，完全打破以往的基于知识体系的课程体系模式，而是以海船船员典型工作任务为导向，从船员岗位的工作领域和职业能力分析入手，形成了一套集知识目标和技能目标于一体、融理论学习和技能训练于一身的全新航海类项目化专业主干课程教材。

教材是课程教与学的载体，也是课程教与学模式的具体体现。在重新优化和构建以工作任务为导向的课程体系的基础上，编委会配套制定了各课程教学标准，分组开展了项目化课程设计，并以此指导项目化系列教材的编撰。

本套教材紧扣船员工作岗位的实际工作项目，通过“项目描述”“项目目标”“任务描述”“任务实施”“任务评价”等栏目逐层递进，在项目实施中完成对学生知识的积累和能力的培养。这种“做中学、学中做”教学方法，既符合高等职业教育的需求，也符合高等职业院校学生的认知规律。

航海类专业职业教育“课证融通”的特点，要求毕业生参加海事局组织的船员适任证书考试和评估，并取得相应船员适任证书。所以，本套教材在编撰过程中，还特别强调紧扣国际海事组织 STCW 公约 2010 年马尼拉修正案的新内容、新要求，在知识内容和实训项目设置上，完全涵盖中国海事局全国海船船员适任考试和适任评估两个大纲的要求，实现了理论和实践的有机融合。此外，本套教材还根据航海技术的最新发展动态，增加或修订了一些新技术或新设备内容，由此满足船员适任考试和评估的双重需要，还可作为船舶技术人员的参考用书。

本套教材的编撰，是我国航海教育项目化课程改革的有益探索和创新，由于我们的水平有限，书中或仍有某些不足，敬请专家、同行和其他读者不吝指教，以便我们适时改进，为推进我国航海高等职业院校项目化课程改革添砖加瓦。

《航海类高等职业教育项目化教材》编写委员会

2014 年 7 月

《航海类高等职业教育项目化教材》编写委员会

前　　言

本教材是为适应当前高职高专项目化教学需要，按照新修订的《船舶定位与导航》教学大纲，并遵循2012年3月1日生效的《中华人民共和国海船船员适任考试和发证规则》(简称11规则)精神，紧扣新的《中华人民共和国海船船员适任考试大纲》来进行编写的，以更好地指导帮助学生参加船员适任证书考试。

《船舶定位与导航》是航海技术专业的专业课程，也是海洋船舶驾驶员适任证书考试科目“航海学”中的主要内容之一。它的基本任务是研究如何设计一条安全经济的航线，如何用各种传统与现代化的手段进行船位的测定，以及各种条件下的航行方法，以确保船舶安全、经济地航行。

本教材共分为10个项目，每个项目由若干模块构成。详见《船舶定位与导航》项目与模块一览表。

《船舶定位与导航》项目与模块一览表

项目	模块	
项目一 坐标、向位和距离的测算	1	经差与纬差的计算
	2	向位的换算
	3	距离的确定及灯标射程的标注
	4	航速与航程的测定
项目二 海图识读	1	海图的投影、分类及使用
	2	中、英版海图的识读
项目三 航迹推算	1	航迹绘算
	2	航迹计算
项目四 陆标定位	1	方位定位
	2	距离定位
	3	方位、距离定位
项目五 时间系统的运用	1	天球上天体位置的确定
	2	天体视运动
	3	时间系统的运用
项目六 罗经差的测定	1	利用陆标测定罗经差
	2	利用天体测定罗经差
项目七 潮汐推算	1	潮汐计算
	2	潮流计算
项目八 助航标志的识别与运用		助航标志的识别与运用
项目九 航海图书资料的应用管理	1	查阅和使用航海图书资料
	2	航海图书资料的更新
项目十 引导航行	1	引导船舶大洋航行
	2	引导船舶沿岸航行
	3	引导船舶在狭水道、岛礁区航行
	4	特殊条件下引导船舶航行
	5	船舶交通管理
	6	航次计划的制订
	7	航海日志的记载与管理

本教材的主要特点有以下几点。

1. 项目化

项目化教材是为了适应项目化教学的需要而编写的，目的是提高学生动手和解决问题的能力。“船舶定位与导航”是一门实践性较强的课程，特别要求学生通过该课程的学习，掌握引导船舶安全航行的基本技能。

2. 形象化

本教材采用大量的图片，力求以图文并茂的形式进行表现，简化理论，并注重学生的感性认识，以有利于学生对基本知识的理解与掌握。

3. 科学性与现代性

本教材使用的专业名词及符号力求科学、规范。为适应现代化航海发展的需要，本教材还采用了最新的航海信息，并及时吸收了有关新的知识点和航海技术。

4. 符合船员适任考试的需要

本教材涵盖了应有的专业知识体系，并紧紧围绕新的考试大纲，力求做到知识全面、浅显易懂，既适用于在校生的学习和自学，也适用于船员考试培训和有关人员的学习参考。

本教材由陈金福副教授担任主编，俞秋明副教授、刘晓峰讲师担任副主编，其他参与编写者有丁振国讲师、臧继明讲师和赵默洋讲师等，其中：陈金福编写项目一、项目二、项目六、项目七、项目八以及项目十中的模块1、模块5、模块6和模块7；俞秋明编写项目三、项目四；刘晓峰编写项目五；臧继明编写项目九；丁振国编写项目十中的模块2、模块3；赵默洋编写项目十中的模块4。全书由陈金福统稿。

本教材在编写过程中得到南京琪海船务公司、新海船务公司等的大力支持，并得到这些公司资深船长的悉心帮助与指导。另外，本教材还特别邀请了江苏海事局高级船长严祥生担任主审，在此一并表示衷心感谢。

由于编者水平有限，时间仓促，不足之处在所难免，竭诚希望同行和广大读者批评指正。

编　者

2014 年 7 月

目 录

项目一
坐标、向位和距离的测算

核心概念

大地水准面、大地球体、地球椭圆体、地理经度、地理纬度、经差与纬差、航向、方位、舷角、陀罗差与罗经差、罗航向和陀罗航向、磁差与自差、航速、船速、航程、射程。

项目描述

船舶在航行时，船舶驾驶员应时刻掌握船舶的航向、航速、船位以及船舶航行的距离（即航程）等，还要密切关注周围物标的方位。

坐标、方向和距离的测算是学习“船舶定位与导航”课程的基础，该项目主要描述地理坐标的确定及有关计算，航海上方向的确定以及各种向位的概念、运用及其相互之间的关系，距离的确定及航速、航程问题。

学习目标

1. 熟悉大地球体的基本概念，掌握经差、纬差等的计算方法；
2. 掌握各种向位的概念以及各种向位之间的关系与换算；
3. 掌握海里的定义及能见距离的计算；
4. 掌握中英版图书资料中灯标射程的定义及标注方法；
5. 掌握航速、航程的基本概念，了解航速及计程仪改正率的测定方法。

模块1 经差与纬差的计算

模块描述

航海上要确定船舶和物标的坐标的位置，首先必须在地球表面建立地理坐标系。

本模块的任务，主要是通过地理坐标系的建立，掌握经度、纬度、经差和纬差的概念，以及有关计算方法。

学习目标

1. 了解地球的形状，掌握大地球体的基本概念；
2. 掌握地理坐标的建立及经度、纬度的基本概念；
3. 掌握经差、纬差的概念及计算方法；
4. 了解大地坐标系，掌握由不同大地坐标系引起的船位误差修正。

工作任务

1. 经差、纬差以及出发点、抵达点的经度和纬度的计算；
2. 坐标修正。

知识准备

一、地球形状

地球是人类繁衍生息的场所。地球的半径约 6 367 km，拥有广阔的海洋，为人们提供了舟楫便利，因而有了航海和航海学。

地球是太阳系的八大行星之一。地球在绕地轴自西向东自转的同时又沿椭圆轨道绕太阳自西向东公转。

1. 地球的自然表面

地球表面的29%是陆地，71%是海洋。陆地表面高低起伏，有高山、丘陵、平地和凹地；海洋表面虽然平滑，但海底有海岭、海山、海堆和海沟，同样凹凸不平。在陆地上，最高点珠穆朗玛峰的海拔为 8 844. 43 m；在海洋中，最深点在西太平洋的马里亚纳海沟，达 11 034 m。所以，地球的自然表面是非常复杂而又不规则的曲面，不能用简单的数学关系式来表达。为了在地球表面建立坐标系，以便确定点的位置、方向基准和距离单位，必须用一个相近的数学表面来取代地球的自然表面。

2. 大地水准面

虽然地球表面高低起伏，最高与最低点相差近 20 km，但与地球半径相比，这些局部起伏是微不足道的。另外，相对陆地表面，海洋表面的形状是比较规则的，而地球表面的71%是海洋。所以，用一定的海平面来描述地球的自然表面是可行的。

静止的海平面就是水准面。由于潮汐等原因，海平面有高低变化，其长期的平均高度称为平均海面。假设海平面的高度为平均海面，并将平均海面延伸到陆地内部，且在延伸中一直保持与当地的铅垂线相垂直，由此而形成的一个连续的、光滑的假想闭合曲面称为大地水准面。

3. 大地球体

所谓的大地球体，也就是被大地水准面所围成的几何体。大地球体非常接近地球的形状，并且具有唯一性和长期稳定性。因此，人们通常用大地球体代替地球的形状。

在航海领域，所谓的地球形状，并不是指地球的自然形状，而是指被大地水准面所围成的几何体的形状，即大地球体的形状。

由于地球内部物质分布不均匀及受地球表面起伏的影响，大地球体是一个不规则的几何体，而大地水准面依然不是一个数学表面。

4. 大地球体的近似体

经过长期的实践发现，圆球体表面与椭圆体表面是两个与大地水准面非常接近的数学表面。所以，通常将地球圆球体作为大地球体的第一近似体；将地球椭圆体作为大地球体的第二近似体。地球、大地球体、地球圆球体、地球椭圆体的比较，如图 1－1－1 所示。

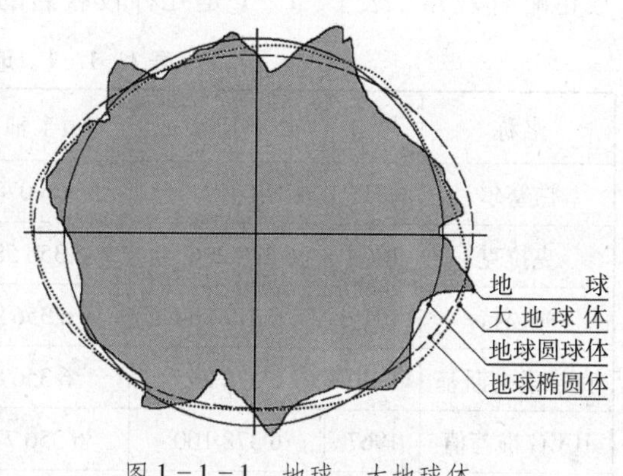

图 1－1－1　地球、大地球体、地球圆球体与地球椭圆体

地球圆球体的半径通常用以下方法确定。

将地球圆球体的大圆 1′ 弧长定义为 1 n mile（海里），根据国际规定，1 n mile 等于1 852 m，则地球圆球体的半径

$$R_E = 360 \times 60 \times 1852 / 2\pi = 6\ 366\ 707 \text{ m}$$

地球圆球体的半径也可以利用其与地球椭圆体体积相当的方法求取，椭圆体的参数可以采用我国 CGCS 2000（2000 国家大地坐标系）的参数，即长半轴 $a = 6\ 378\ 137$ m，短半轴 $b = 6\ 356\ 752.314\ 14$ m，通过以下公式计算得出。

$$\text{椭圆体体积} = \frac{4}{3}\pi a^2 b$$

$$\text{圆球体体积} = \frac{4}{3}\pi R_E^{\ 3}$$

$$\frac{4}{3}\pi R_E^{\ 3} = \frac{4}{3}\pi a^2 b$$

则 $$R_E^{\ 3} = a^2 b$$

将上述的 a、b 值代入，即可算出：

$$R_E = 6\ 371\ 000 \text{ m}$$

航海上为了计算方便，通常将大地球体当作地球圆球体。

地球椭圆体是由椭圆 P_NQP_SQ'（子午圈）绕其短轴 P_NP_S（地轴）旋转而成的几何体，是一个旋转椭圆体（见图 1－1－2）。

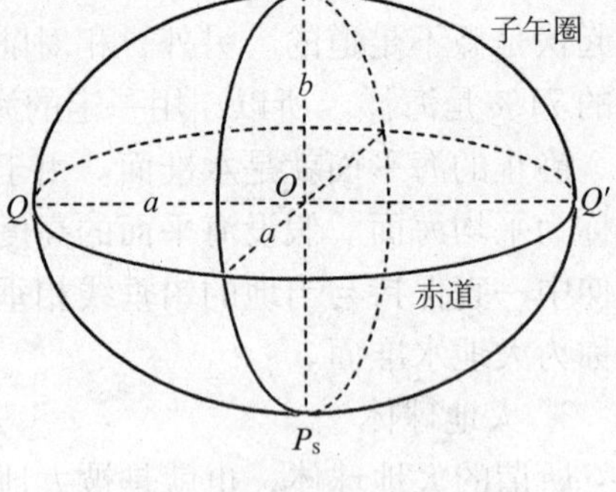

图 1－1－2　地球椭圆体

地球椭圆体短轴的两个端点是两个地极 P_N 和 P_S，长轴端点旋转而成的圆是赤道 QQ'。

表示地球椭圆体的参数有长半轴 a、短半轴 b、扁率 c 和偏心率 e，它们之间的相互关系是

$$c=\frac{a-b}{b} \qquad (1-1-1)$$

$$e=\frac{\sqrt{a^2-b^2}}{a} \qquad (1-1-2)$$

$$e^2\approx 2c \qquad (1-1-3)$$

地球椭圆体的参数是根据大地测量的结果计算出来的。通常地球椭圆体的长半轴约为 6 378 km，短半轴约为 6 357 km，扁率约为 1/298，偏心率约为 0.08。由于各国所处地区不同，所采用的测量数据、数据质量及计算方法不同，因此所得的地球椭圆体的参数也略有差异。表 1－1－1 是几种较著名的地球椭圆体几何参数及其使用国家。

表 1－1－1　地球椭圆体参数表

名称	年份	长半轴 a/m	短半轴 b/m	扁率 c	使用国家和说明
白塞尔	1841	6 377 397. 155	6 356 078. 962	1∶299. 1528	德国、瑞士、日本
克拉克	1866	6 378 206. 4	6 356 583. 7	1∶294. 978	美国、加拿大、墨西哥
海福特	1910	6 377 388	6 356 912	1∶297. 0	英国、法国等西欧国家
克拉索夫斯基	1940	6 378 245	6 356 863	1∶298. 3	前苏联、东欧、中国
IUGG 推荐值	1967	6 378 160	6 356 774. 5	1∶298. 247	14 届 IUGG 推荐
IUGG 推荐值	1975	6 378 140 ±5	6 356 755 ±5	1∶298. 257	16 届 IUGG 推荐
WGS-84	1984	6 378 137 ±2	6 356 752. 7 ±2	1∶298. 257 ±0. 001	美国 GPS 卫星导航系统
CGCS 2000	2000	6 378 137	6 356 752. 314 14	1∶298. 257 222 101	中国

我国的大地测量在 1952 年时曾采用白塞尔椭圆体参数，1954 北京坐标系采用的是克拉索夫斯基椭圆体参数，1980 西安坐标系采用的是国际大地测量学和地球物理学联合会（IUGG）1975 年推荐的椭圆体参数。自 2008 年 7 月 1 日起，我国启用 2000 国家大地坐标系，即 CGCS 2000。

二、地理坐标

地理坐标用以表示某点在地球椭圆体表面上的位置，建立在地球椭圆体表面上。要建立地理坐标首先应在地球椭圆体表面上确定基准的点、线、圈，其次确定坐标的起算点和坐标线格网，最后才能确定地理坐标值。地球椭圆体上基本的点、线、圈如图 1－1－3 所示。

1. 地球椭圆体上基本的点、线、圈

1）地轴与地极

地轴是地球自转的轴 P_NP_S。地极是地轴与地球椭圆体表面相交的两点 P_N、P_S。从地极上空俯视，以极为中心逆时针旋转的一极是北极 P_N；顺时针旋转的一极为南极 P_S。

2）子午圈和子午线

过地轴的平面与地球椭圆体表面相交的截痕是一个椭圆，称为子午圈，其中由北极到南极的半个椭圆，叫做子午线或经线。

3）格林子午线

通过英国伦敦格林尼治（Greenwich）天文台子午仪的子午线，叫做格林子午线，又称为本初子午线或零度经线，如图 1－1－3 中的 P_NGP_S。

格林子午圈将地球分为东西两个半球，其中从格林子午线向东直到东经 180°称为东半球；从格林子午线向西直到西经 180°称为西半球。东经 180°和西经 180°是同一条经线。

在地图学史上，本初子午线曾先后定在非洲西北外海的加纳立及马德拉群岛、罗马、巴黎和费城等，最后定在了伦敦。事实上，本初子午线的确定找不到任何客观依据。在地球椭圆体上，不同经度的经度线，彼此没有任何差别。因此，如何测定经度，在航海史上曾经是世界性的科学难题。1714 年，英国甚至颁布了经度法并成立了经度局，牛顿就是其成员之一，在全世界悬赏测定经度的方法。1884 年 10 月 13 日，国际天文学家代表会议决定，以经过格林威尼的经线为本初子午线，作为计算地理经度的起点，这也是世界标准“时区”的起点。18 世纪对经度攻关的一个直接结果是有力地推动了钟表业的发展。

格林子午线是地理坐标的基准线。

4）赤道

过地心且垂直于地轴的平面与地球椭圆体表面的交线称为赤道，如图 1－1－3 中的大圆 QQ'。赤道将地球分为南北两个半球，包含北极的半个球为北半球，包含南极的半个球为南半球。

赤道是地理坐标的基准圈。

5）纬度圈

平行于赤道平面的平面与地球椭圆体表面相交的截痕是一个圆，称为纬度圈，又称纬度平行圈，如图 1－1－3 中的 FGF'。纬度圈与赤道都是圆。

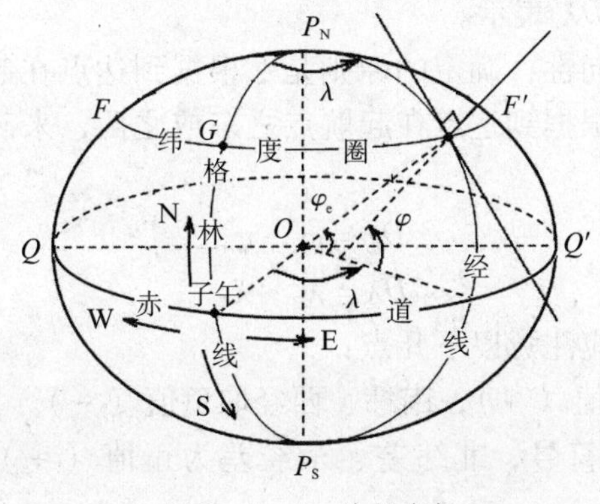

图 1－1－3　地理坐标

2. 地理坐标

地理坐标建立在地球椭圆体表面上，格林子午线和赤道分别是地理坐标的基准线和基准圈，它们的交点就是坐标原点，经线与纬度圈构成坐标线图网。过地球椭圆体表面任意一点，均可作出唯一的纬度圈和子午圈，该点的位置可以用地理坐标即地理纬度（Geographic Latitude）和地理经度（Geographic Longitude）来表示。

1）地理纬度

地球椭圆体子午线上某点的法线与赤道面的夹角称为该点的地理纬度，如图1－1－3所示。地理纬度用 φ 或 Lat. 表示。

某点的地理纬度的计算方法是：从赤道起算，沿着子午线向北或向南，由 0°至 90°计量到该点的纬度圈。在赤道以北的点的纬度称为北纬，用 N 标示；在赤道以南的称为南纬，用 S 标示。具体数据通常用度分或度分秒表示，例如，北京的纬度是 39°54′.4N 或 39°54′24″N，悉尼的纬度是 33°55′.0S 或 33°55′00″S。

同一纬度圈上的所有点，其纬度值都是相等的。

在航海上个别场合还可以用地心坐标表示地球椭圆体表面上某点的位置。该点的地心坐标是由该点的地心纬度和该点的地理经度组成的。某点的地心纬度是该点和地球椭圆体中心连线与赤道面的夹角 φ_e（见图1－1－3）。除赤道和两极外，同一点的地理纬度总是大于地心纬度。地理纬度与地心纬度之差称为地心纬度改正量。

$$\varphi - \varphi_e = 691''.5\sin 2\varphi \qquad (1-1-4)$$

在地球圆球体上，地理纬度等于地心纬度。

2）地理经度

地球随圆体表面上某点的地理经度为地球椭圆体格林子午线与该点子午线在赤道上所截的劣弧弧距，或该劣弧所对应的圆心角或极角，用 λ 或 Long. 来表示。

地理经度的计算方法是：从格林子午线起算，向东或向西，从 0°至 180°计量至该点所在的子午线，向东度量的称为东经，用 E 标示；向西度量的称为西经，用 W 标示。具体数据的表示方法类似纬度，例如，北京的经度是 116°28′.2E 或 116°28′12″E，纽约的经度是 73°50′.0W 或 73°50′00″E。

同一经线上任意一点的经度都是相等的。

3. 纬差和经差

到达点的纬度与起航点的纬度之差称为纬差，用 $D\varphi$ 表示；到达点的经度与起航点的经度之差称为经差，用 $D\lambda$ 表示。

纬差和经差都具有方向性，确定的原则是：根据到达点在起航点之南或之北，来确定纬差方向是南或是北；根据到达点在起航点之东或之西，来确定经差的方向是东或是西。其计算公式分别为

$$D\varphi = \varphi_2 - \varphi_1 \qquad (1-1-5)$$

$$D\lambda = \lambda_2 - \lambda_1 \qquad (1-1-6)$$

在利用上式计算时，应注意以下几点：

（1）北纬、东经取正值（＋），南纬、西经取负值（－）。

（2）纬差、经差也有符号，北纬差、东经差为正值（＋），南纬差、西经差为负值（－）。

（3）经差的绝对值应不大于 180°，如果计算结果大于 180°，应用 360°减去该绝对值，并改变符号。

例 1－1－1：某船由 25°39′.4N，150°42′.2E 航至 12°43′.2N，176°28′.2W，求两地的经差和纬差。

解：

$$\begin{array}{rl} & \varphi_2 \quad +12°43'.2 \\ -) & \varphi_1 \quad +25°39'.4 \\ \hline & D\varphi \quad -12°56'.2 \\ & \qquad 12°56'.2\text{S} \end{array} \qquad \begin{array}{rl} & \lambda_2 \quad -176°28'.2 \\ -) & \lambda_1 \quad +150°42'.2 \\ \hline & D\lambda \quad -327°10'.4 \\ & \qquad 327°10'.4\text{W} \\ & \qquad 32°49'.6\text{E} \end{array}$$

例 1－1－2：从上海港（31°14′.0N，121°29′.0E）到夏威夷群岛的檀香山（21°18′.0N，157°52′.0W），求两地的纬差和经差。

解：

$$\begin{array}{rl} & \varphi_2 \quad +21°18'.0 \\ -) & \varphi_1 \quad +31°14'.0 \\ \hline & D\varphi \quad -9°56'.0 \\ & \qquad 9°56'.0\text{S} \end{array} \qquad \begin{array}{rl} & \lambda_2 \quad -157°52'.0 \\ -) & \lambda_1 \quad +121°29'.0 \\ \hline & D\lambda \quad -279°21'.0 \\ & \qquad 279°21'.0\text{W} \\ & \qquad 80°39'.0\text{E} \end{array}$$

例 1－1－3：已知起航点（35°39′.4N，167°42′.2E），两地的纬差和经差分别为 12°43′.2S，26°28′.6E，求到达点的纬度和经度。

解：

$$\begin{array}{rl} & \varphi_1 \quad +35°39'.4 \\ +) & D\varphi \quad -12°43'.2 \\ \hline & \varphi_2 \quad +22°56'.2 \\ & \qquad 22°56'.2\text{N} \end{array} \qquad \begin{array}{rl} & \lambda_1 \quad +167°42'.2 \\ +) & D\lambda \quad +26°28'.6 \\ \hline & \lambda_2 \quad +194°10'.8 \\ & \qquad 194°10'.8\text{E} \\ & \qquad 165°49'.2\text{W} \end{array}$$

例 1－1－4：已知到达点（30°39′.4N，135°40′.2W），两地的纬差和经差分别为 32°43′.8S，16°25′.6E，求起航点的纬度和经度。

解：

$$\begin{array}{rl} & \varphi_2 \quad +30°39'.4 \\ -) & D\varphi \quad -32°43'.8 \\ \hline & \varphi_1 \quad +63°23'.2 \\ & \qquad 63°23'.2\text{N} \end{array} \qquad \begin{array}{rl} & \lambda_2 \quad -135°40'.2 \\ -) & D\lambda \quad +26°28'.6 \\ \hline & \lambda_1 \quad -162°08'.8 \\ & \qquad 162°08'.8\text{W} \end{array}$$

三、大地坐标系

在大地测量中，必须建立一定的大地坐标系。大地坐标系就是对具有一定参数的椭圆体进行定位和定向。不同的椭圆体参数对应于不同的椭圆体，同样的椭圆体参数也因定位不同而有不同的椭圆体。因此，确定椭圆体参数（定量）、椭圆体中心位置（定位）、坐标轴的指向（定向）是建立大地坐标系的 3 个方面。

大地坐标系建立后，才能确定地面或空间某点的位置，地理坐标也不例外。前面已述，地理坐标是建立在地球椭圆体表面上的，在此，更确切地说，其是建立在相应的大地坐标系所确定的地球椭圆体的表面上的。

显然，大地坐标系也不具有唯一性。不同的大地坐标系，相应于不同的坐标值。也就是说，相同船舶的位置与相同物标的位置在不同的大地坐标系中，其地理经、纬度是不一样的。同样，由于世界各国海图采用的坐标系不同，使得不同坐标系下的海图上同一点的坐标不一致，这就需要进行坐标转换，得出经、纬度的修正值，对船位进行修正。另外，卫星导航仪使用的坐标系也往往与一些海图的坐标系不同，同样也需修正。关于经、纬度的修正值，在海图标题栏中有具体说明。例如，在英版1918号海图上，海图标题栏中有这样两段说明：

CHART 341 - POSITION

To agree with smaller scal chart 341 which is referred to the datum of Chinese charts position, this chart should be moved 0. 10 minutes southward and 0. 12 minutes eastward.

SATELLITE - DERIVED POSITION

Positions obtained from satellite navigation systems, such as the GPS, are normally referred to the WGS-84 datum. Such positions must be adjusted by 0. 09 minutes northward and 0. 15 minutes westward before plotting on this chart.

前一段的意思是，341号小比例尺海图采用的是我国大地坐标系（1980西安坐标系），与1918号海图坐标系（1950欧洲坐标系）不同，因此1918号海图上的位置即纬度和经度分别需要向南和向东移动0. 1分和0. 12分后才能与341号海图位置相同。

后一段的意思是，GPS船位采用的是WGS - 84大地坐标系，与1918号海图也不同，所以GPS上得到的船位必须向北和向西分别移动0. 09分和0. 15分后才能标绘到1918号海图上。

以上经、纬度的修正，对于大比例尺海图应予以重视，而对于小比例尺海图一般可以忽略。

就一个国家而言，采用最新的椭圆体参数，并在本国领域内对地球椭圆体进行定位，以建立自己国家的大地基准，使地球椭圆体表面与所在区域大地水准面最佳拟合（见图1 - 1 - 4），尽量减小本国范围内地球椭圆体表面的线段和角度与大地水准面上相应元素的误差，以供测图和各种工程测量之用。

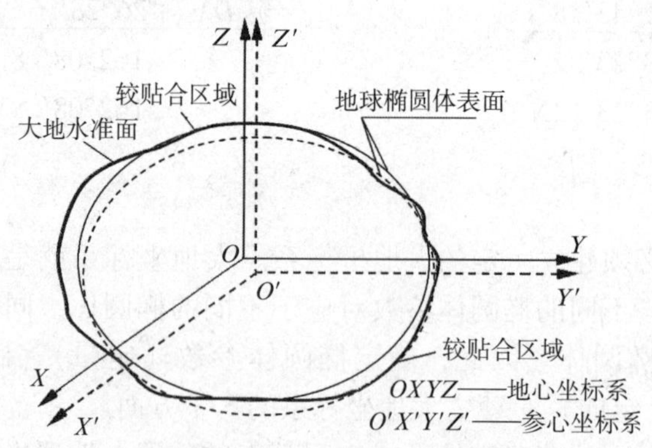

图1 - 1 - 4　大地坐标系

建立大地坐标系还有一个主要任务，那就是确定大地原点，只有通过精密测定及测算得到大地原点的位置，才可以对参考椭圆体进行定位。大地原点的经度和纬度以及由

该点出发的某一边的大地方位角以及椭圆体参数 a 和 e 称为大地基准参数。大地坐标系所定位的地球椭圆体的短轴与地轴平行，赤道面与地球赤道面平行。而且，在大地原点，地球椭圆体表面的法线与同一点上的铅垂线相重合。

我国大地坐标系的建立经过了漫长的时间。建国初期，我国建立了 1954 北京坐标系，但其是从前苏联测过来的，坐标原点是前苏联玻尔可夫天文台，这种状况与我国的建设和发展极不相称。为此，国家有关方面决定建立我国独立的大地坐标系统。从 1975 年开始组织人力，搜集分析了大量资料，并根据“原点”的要求，对郑州、武汉、西安和兰州等地的地形、地质、大地构造、天文、重力和大地测量等因素进行了实地考察、综合分析，最后将我国的大地原点，确定在西安泾阳县永乐镇石际寺村内，从而建立了 1980 西安坐标系。随着现代科学技术的不断发展，特别是空间技术的发展，1980 西安坐标系已经不能满足要求。经过我国科学家的多年努力，自 2008 年 7 月 1 日起，我国启用 2000 国家大地坐标系，即 CGCS 2000，该坐标系的建立，大大提高了测绘精度，在大地测量、全球导航、空间探索和全球合作等方面具有重大意义。表 1－1－2 是部分国家采用的坐标系。

表 1－1－2　部分国家采用的坐标系

大地坐标系名称	使用国家	原点	椭圆体参数
1954 北京坐标系	中国	北京	a = 6 378 245 m，e = 1∶298.3（克拉索夫斯基 1940 年）
1980 西安坐标系	中国	西安	a = 6 378 140 m，e = 1∶298.253（IUG1975）
1942 年坐标系	前苏联、东欧	皮尔科夫	a = 6 378 245 m，e = 1∶298.3（克拉索夫斯基 1940 年）
1941 年东京坐标系	日本	东京	a = 6 377 397 m，e = 1∶299（白塞尔1841 年）
1927 年北美坐标系	美国、加拿大和墨西哥	堪萨斯州	a = 6 378 206.4 m，e = 1∶294.978（克拉克 1866 年）
1950 年欧洲坐标系	英国、法国、德国、荷兰、比利时、挪威、土耳其	波茨坦	a = 6 378 388 m，e = 1∶297（海福特1910 年）
NWL－8D	美国	地球质心	a = 6 378 145 m，e = 1∶298.25
WGS－72	美国	地球质心	a = 6 378 135 m，e = 1∶298.26
WGS－84	美国	地球质心	a = 6 378 137 ±2 m，e = 1∶298.257 ±0.001
CGCS 2000	中国	地球质心	a = 6 378 137 m，e = 1∶298.257 222 101

美国国防部测绘局建立的大地坐标系，经历了 WGS－60、WGS－66、WGS－72，到现在的 WGS－84，代表目前的最高水平，我国的 CGCS 2000 与 WGS－84 基本相容。

前述的建立大地坐标系最重要的要求之一是谋求地球椭圆体与大地球体的最佳拟合，虽然如此，但大多数地方，大地球体表面（大地水准面）与地球椭圆体表面是不吻合的，现代的大地测量结果表明，大地水准面与地球椭圆体表面之间的高度差（Δh）约为 ±100 m，具体见美国约翰·霍普金斯大学发布的《大地水准面等高线图》（见

图1-1-5)。用地球椭圆体表面去代替大地水准面，可以达到10^{-5}的精度。用地球椭圆体作为大地球体的近似体是足够精确、合理的。

但是，该高度差值在卫星导航定位中对计算接收机天线高度是一个不可忽略的因素。在船上，卫星导航仪接收机的天线高度可以近似是从大地水准面起算的高度（h_E），而卫星导航仪需输入天线离地球椭圆体表面的高度（h_S），两者之间有一高度差，如图1-1-6所示。

$$h_S = h_E + \Delta h \tag{1-1-7}$$

图1-1-5　大地水准面等高线

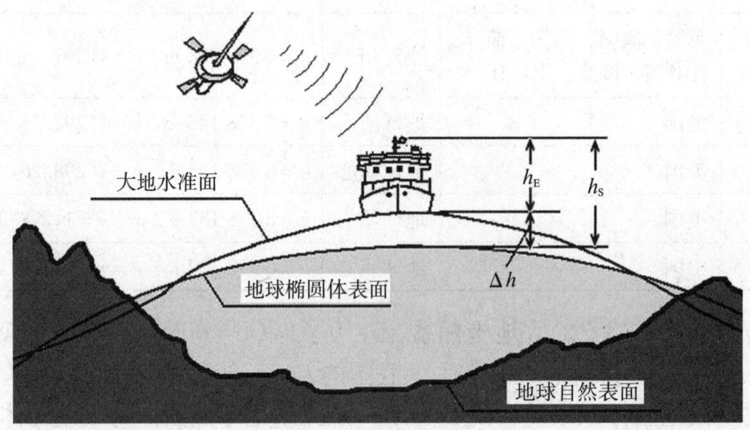

图1-1-6　卫星导航仪天线高度的修正

任务实施

任务1　经差、纬差以及出发点、抵达点的经度和纬度的计算

基本要求：

1. 正确掌握经度和纬度的概念；
2. 正确掌握在海图上读取经度和纬度的方法；
3. 正确掌握经差、纬差以及出发点、抵达点的经度和纬度的计算方法。

实施步骤：

1. 准备工作

（1）学生自带作图工具，如圆规、三角板、尺子、铅笔和橡皮等；

（2）场地及设施准备：学院专用海图室，人手一张海图。

2. 实施过程

（1）熟悉经度与纬度；

（2）指定地点读出该处的经度与纬度；

（3）已知经度与纬度，在海图上标出所在地点；

（4）根据上述地点计算两地的经差与纬差，经度与纬度。

任务2　坐标修正

基本要求：

1. 正确识读海图标题栏中有关坐标修正的内容；
2. 正确进行海图与海图之间、海图与卫星导航之间的船位误差修正。

实施步骤：

1. 准备工作

该部分准备工作同任务1。

2. 实施过程

（1）在海图中找出有关坐标修正的具体内容，并正确识读；

（2）正确进行坐标修正；

（3）比较修正前后船位的关系。

任务评价

评价内容		评价标准	权重	得分
任务完成情况	任务 1	1. 正确识读经度与纬度	0.1	
		2. 正确量取经度与纬度	0.2	
		3. 正确进行经差、纬差、经度和纬度的计算	0.2	
	任务 2	1. 正确识读船位误差修正内容	0.1	
		2. 正确进行船位误差修正	0.2	
职业素养		1. 遵守实训室管理规定，服从老师安排 2. 按时认真完成学习及工作任务 3. 有问题能及时提问和反馈意见	0.1	
创新意识		1. 能举一反三 2. 善于提出问题，总结经验	0.1	
总得分				

任务拓展

1. 解释下列名词：

大地球体、地球椭圆体、地理纬度、地理经度、经差和纬差。

2. 某船从南京港（32°05′.0N，118°43′.6E）到大连港（38°55′.0N，121°39′.0E），求两地的纬差和经差。

3. 某船从大连港（38°55′.0N，121°39′.0E）出发，$D\varphi$18°43′.0S，$D\lambda$77°39′.0E，求船舶抵达点的经度和纬度。

4. 某船抵达纽约港（43°43′.0N，074°01′.0W），$D\varphi$18°55′.0N，$D\lambda$45°39′.0E，求启航点的经度和纬度。

5. 求某地（39°05′.0N，158°43′.6W）关于地轴、赤道以及地心的对称点的坐标。

6. 地理经度和地理纬度是建立在________基础上的。

A. 地球圆球体　　B. 地球椭圆体　　C. 地球椭球体　　D. 球面直角坐标系

7. 地理纬度是某地子午线的________与赤道面的交角。

A. 半径　　B. 切线　　C. 法线　　D. 铅垂

8. 某船由33°30′N，170°E 起航，航行1 500 n mile 进入西半球，则该船经差的方向为________。

A. 东　　B. 西　　C. 东、西均可　　D. 无法判断

9. 从海图上查得 GPS 船位修正的说明中有“Latitude 1′.10 Southward，Longitude 0′.4 Westward”字样。GPS 的经、纬度读数分别为：30°40′.2S，15°12′.5W，则用于海图上定位的数据应为________。

A. 30°41′.3S，15°12′.9W　　　　B. 30°41′.2S，15°12′.7W

C. 30°39′.2S，15°12′.3W　　　　D. 30°40′.0S，15°1′.5W

10. 目前我国的北斗定位系统采用的坐标系为________。

A. WGS－84　　　　B. CGCS 2000

C. 1980 西安坐标系　　　　D. 1950 年欧洲坐标系

11. 某船使用中、英版海图进行航线设计，当航行中更换海图进行定位时，发现在相邻两张不同版本的海图上定位出现了差异，则产生该误差的原因可能是________。(不考虑作图误差)

A. 海图基准纬度不一致　　　　B. 海图比例尺不一致

C. 海图坐标系不一致　　　　D. 海图新、旧程度不一致

12. 航海学中的地球形状是指________。

A. 地球自然表面围成的几何体　　　　B. 大地水准面围成的几何体

C. 地球圆球体　　　　D. 地球椭圆体

13. 下列________是建立大地坐标系时应明确的问题。

A. 确定椭圆体的参数　　　　B. 确定椭圆体中心的位置

C. 确定坐标轴的方向　　　　D. 以上都是

14. 船用 GPS 接收机给出的船位坐标，是在下列________大地坐标系下确定的椭圆体表面上建立的。

A. WGS－84　　B. WGS－72　　C. NWL－8D　　D. EUROPEAN（1950）

15. 已知起航点纬度为 36°12′.6N，两地间纬差为 08°06′.2N，则到达点纬度为________。

A. 34°18′.8N　　B. 28°06′.4N　　C. 44°18′.8N　　D. 28°06′.4S

16. 由起航点 10°02′N，006°05′E 至到达点 02°58′S，001°57′W 的纬差与经差分别为________。

A. 13°S，008°02′W　　　　B. 13°N，008°02′E

C. 13°S，008°02′E　　　　D. 13°N，008°02′W

17. 航海学中，使用地球椭圆体为地球数学模型的场合是________。

Ⅰ. 描述地球形状时；Ⅱ. 定义地理坐标时；Ⅲ. 制作墨卡托海图时；Ⅳ. 计算大圆航线时；Ⅴ. 制作简易墨卡托图网时

A. Ⅰ，Ⅱ　　B. Ⅱ，Ⅲ　　C. Ⅲ，Ⅳ　　D. Ⅳ，Ⅴ

模块2 向位的换算

模块描述

航向与方位合称向位，是船舶航行时不可或缺的部分。本模块的任务，在于掌握如何在海上确定各种方向及其相互之间的关系，如何确定各种向位及其相互之间的关系。

学习目标

1. 掌握方向的确定与划分；
2. 掌握航向、方位、舷角的定义及其相互之间的关系；
3. 了解磁罗经、陀螺罗经的基本工作原理；
4. 掌握陀罗向位、罗向位的概念及其相互之间的关系；
5. 掌握磁差的计算方法及各种向位之间的换算。

工作任务

1. 罗经上各种向位的读取；
2. 航向、方位的量取及磁差的计算。

知识准备

一、方向的确定和度量

1. 测者地面真地平平面

1）测者铅垂线

凡通过测者眼睛，并与视点重力方向重合的直线称为测者铅垂线。

在这里，通常将地球看作均匀介质的圆球体，因此，地球表面任一点的铅垂线都通过地心。图1-2-1中，A 点与地心 O 的连线 AO 即为 A 点测者的铅垂线。

2）测者地平平面

凡与测者铅垂线相垂直的平面均称为测者地平平面。

3）测者地面真地平平面

测者地平平面有无数个，其中，通过测者眼睛的测者地平平面称为测者地面真地平平面。图1-2-1中，A'点为测者 A 的眼睛，通过 A'点且垂直于测者铅垂线 AO 的平面 $A'NESW$即为 A 点测者的地面真地平平面。

4）测者真地平平面

通过地心的地平平面称为测者真地平平面。测者真地平平面是一个不可见的平面，在天文定位中有具体的应用。

在航海上，方向是用罗经测定的，而在观测方向时测者总是将眼睛与罗经平面保持平齐，显然，罗经平面就是测者地面真地平平面，是一个可见的有真实表象的平面。所以，测者周围的方向是建立在以罗经平面所代表的测者地面真地平平面上的。

2. 方向基准线

为了确定测者周围的方向，首先必须确定测者的方向基准线。

如图 1－2－1 所示，测者位于 A 点，眼高为 AA'，P_NAQP_SQ' 是测者子午圈平面，$A'NESW$ 是测者地面真地平平面，它们的交线 $NA'S$ 就是测者 A 的方向基准线——南北线。南北线近北极 P_N 的一端即 $A'N$ 方向为正北方向，近南极 P_S 的一端即 $A'S$ 方向为正南方向。其中，从测者眼睛 A' 指向北极的射线 $A'N$ 称为真北线，一般用 N_T 表示。船舶的航向和陆地物标的方位均以真北线为基准。

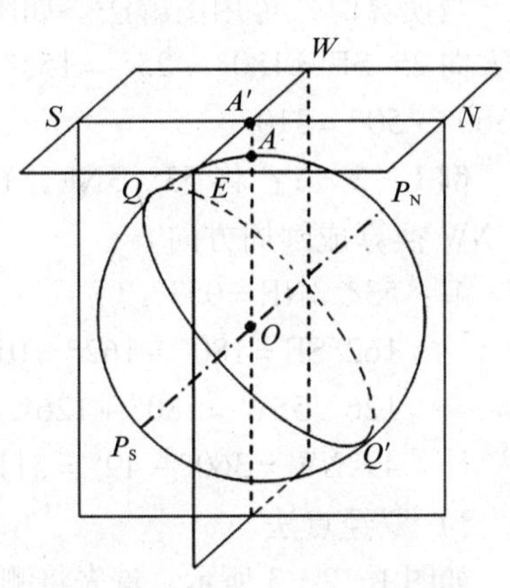

图 1－2－1　方向的确定

通过测者铅垂线 $A'AO$，并与测者子午圈平面相互垂直的平面，叫做测者的卯酉圈平面。卯酉圈平面与测者地面真地平平面相交的直线 $EA'W$，叫做测者的东西线。当测者面北背南时，测者东西线的右方即 $A'E$ 方向是正东方向，左方即 $A'W$ 方向是正西方向。

以上在测者地面真地平平面确定的 N，E，S，W 4 个方向称为基点方向。

不同的测者有不同的方向基准线，同一测者位置改变后其方向基准线也随之改变。位于地球两极的测者，测者子午圈平面有无数个，也就没有方向基准线。因此，在北极，测者的眼睛就是方向基准点 N，相对于 N 点，四周方向都是南。同样，在南极四周方向都是北。

3. 方向的度量

通过以上方向基准线及 4 个方向基点的确定，我们可以对各种方向进行具体的度量。航海上常用以下 3 种方法度量方向。

1）圆周法

以真北线为基准，顺时针方向 000°～360°计量，用 3 位数字表示，不需加名称。N，E，S，W 4 个基点的方向分别为 000°，090°，180°和 270°。

圆周法是航海上最常用的表示方向的方法。船舶的航向和陆地物标的方位均用圆周法表示。

2）半圆法

从正北或正南起算，向东或向西 0°～180°度量，度数后必须加 2 个名称，第一名称为起算点（N 点或 S 点），第二名称为度量方向（向 E 或向 W 方向）。如 120°NW，表示正北起算向西度量 120°。

半圆法主要用于天文航海中表示天体的方位。

在航海观测和计算中，圆周法和半圆法均准确到0°.1。非整数度数，在书写时航海的专业习惯是将度符号记在其整数的个位数字上，随后写小数点，如108°.5，而不能写成108.5°。

圆周方向和半圆方向可以相互换算，换算法则为

B°NE = B°

B°NW = 360° - B°

B°SE = 180° - B°

B°SW = 180° + B°

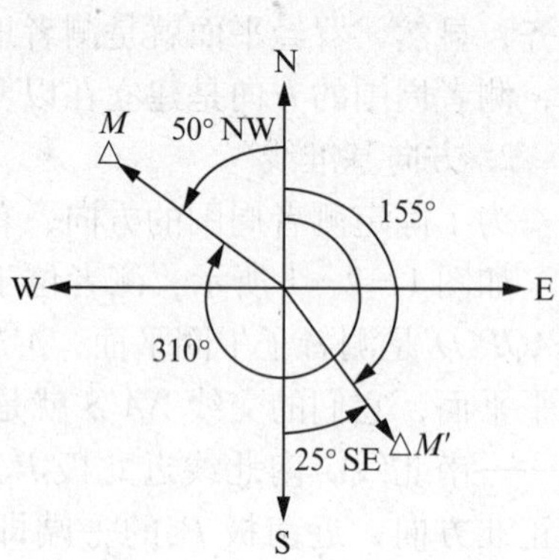

图1-2-2　圆周方向和半圆方向互换

当换算时，可用图解法。如图1-2-2所示，M′的方向25°SE = 180° - 25° = 155°，M的方向50°NW = 360° - 50° = 310°。

例1-2-1：将53°.3NE，162°SE，126°.5SW，49°NW换算成圆周方向。

解：53°.3NE = 053°.3

162°SE = 180° - 162° = 018°

126°.5SW = 180° + 126°.5 = 306°.5

49°NW = 360° - 49° = 311°

3）罗经点法

如图1-2-3所示。首先将测者地面真地平平面上确定的N，E，S，W 4个方向作为罗经的4个基点；其次是等分4个基点得4个隅点：NE，SE，NW，SW；再次是等分基点和隅点得8个三字点（基点在前，隅点在后）：NNE，ENE，ESE，SSE，SSW，WSW，WNW，NNW；最后把基点、隅点、三字点间等分成16个偏点（基点或隅点/基点）：N/E，NE/N，NE/E，E/N，E/S，SE/E，SE/S，S/E，S/W，SW/S，SW/W，W/S，W/N，NW/W，NW/N，N/W。

图1-2-3　方向的划分

以上所确定的4个基点、4个隅点、8个三字点和16个偏点共计32个点，就将一个圆周均匀划分为32个方向点，叫做32个罗经点。32个罗经点是测者周围的32个方向，每个罗经点代表一个特定的方向。

1个罗经点也可以看作是两个相邻的罗经点之间的角度，则

1罗经点 = 11°.25 = 11°15′

根据1罗经点等于11°.25，可以方便地进行罗经点方向和圆周方向的换算。

在换算时首先应熟记基点和隅点的圆周方向度数。4个隅点的度数分别为NE = 045°，SE = 135°，SW = 225°，NW = 315°。

三字点是等分基点与隅点方向的罗经点，与基点和隅点都相差2个罗经点，据此便不难求出三字点的圆周方向。根据三字点的结构，即“基点 + 隅点”，三字点换算成圆周方向的法则是：基点度数 ±22°.5，三字点度数比基点大用“ + ”，否则用“ - ”。如SSE，比S点小22°.5，所以SSE = 180° - 22°.5 = 157°.5。

偏点与基点、隅点或三字点偏差（或大或小）1 个罗经点，根据偏点的结构，即"基点或隅点/基点"，偏点换算成圆周方向的法则是：基点或隅点度数 ±11°.25，偏点度数比基点或隅点大用"+"，否则用"-"。如 SW/S，比 SW 点小 1 个罗经点（11°.25），则 SW/S＝225°－11°.25＝213°.75。

以往航海用的磁罗经是以 32 个罗经点刻度的，由于一个罗经点为 11°.25，不够精细，不能满足现代航海的需要，因此现仅用来表示风、流的概略方向。

二、航向、方位和舷角

船舶在海上航行时，驾驶员应时刻掌握船舶的航行方向，即航向；而在定位中常用到的是物标的方位；舷角则是驾驶员在船舶避碰、判断横距等方面经常使用的。这三者之间有着紧密的联系（见图 1－2－4）。

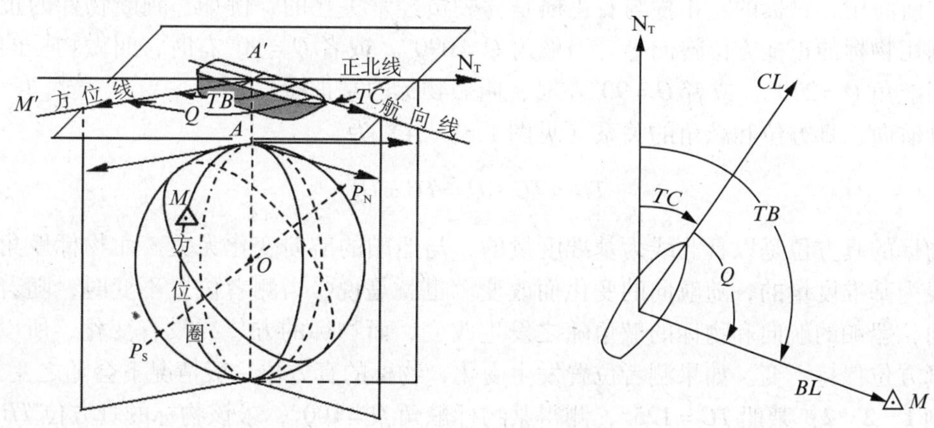

图 1－2－4　航向、方位与舷角的关系

1. 航向线

当船舶正浮时，艏艉方向的连线在测者地面真地平平面上的投影叫做艏艉线，以测者为起始点，艏艉线向船首方向的延长线，叫做航向线（Course Line，CL）。

2. 真航向

当船舶航行时，在测者地面真地平平面上，从正北线顺时针计算到航向线的角度，叫做真航向（True Course，TC）。真航向按 000°～360°计量，通常用 3 位数字表示。

3. 船首向

船首向（Heading，Hdg）指在任何情况下，船舶某一瞬间的船首方向。

4. 方位线

在地球表面上经过测者与物标的大圆 *AM*（见图 1－2－4），叫做物标方位圈，而物标方位圈平面与测者地面真地平平面的交线 *A′M′*，叫做物标方位线（Bearing Line，BL）。也就是在测者地面真地平平面上，以测者为中心指向某一方向、某一定点或某一物标 *M′*的射线。

5. 真方位

在测者地面真地平平面上，从正北线顺时针计算到物标方位线的角度，叫做真方位（True Bearing，TB）。真方位也按 000°～360°计量，通常也用 3 位数字表示。

6. 舷角

在测者地面真地平平面上，从航向线到物标方位线的夹角，叫做物标舷角（Relative Bearing），也称相对方位，代号 Q。

舷角的度量通常有 2 种方法：一是圆周法，即自船首线开始按顺时针方向计算到物标方位线的角度，以 000°～360°计量，通常也用 3 位数字表示；二是半圆法，即自船首线开始，向右或者向左计算到物标方位线的角度，以 0°～180°计量，分别叫做物标的右舷角 $Q_{右}$ 和物标的左舷角 $Q_{左}$，通常用度数后加左或右来表示。圆周舷角与半圆舷角可以互换。

$$\text{半圆舷角}=\begin{cases}\text{圆周舷角} & \text{（圆周弦角}<180°\text{，为右舷角）}\\ 360°-\text{圆周弦角} & \text{（圆周舷角}>180°\text{，为左舷角）}\end{cases}$$

例如，圆周舷角分别为 036°和 236°，换算成半圆舷角分别为 36°右和 124°左。

在航海中，物标的左正横与右正横是驾驶员经常关注的，例如，判断物标的正横距离，利用物标的正横方位转向等。当舷角 $Q=090°$，或者 $Q=90°$右时，叫做物标的右正横；当舷角 $Q=270°$，或者 $Q=90°$左时，叫做物标的左正横。

真航向、真方位和舷角的关系（见图 1－2－4）为

$$TB=TC+Q=TC\pm Q_{左}^{右}$$

物标的真方位是以真北线为基准度量的，与船舶的航向变化无关。而物标舷角是以航向线为基准度量的，随航向的变化而改变。也就是说，当测者位置不变时，随着船舶的转向，船舶的航向和物标的舷角随之发生改变，而物标的方位线没有变化，所以，物标的真方位保持不变。如果测者位置发生变化，物标的真方位一般情况下会随之变化。

例 1－2－2：某船 $TC=125°$，测得某物标舷角 $Q=100°$，求该物标的真方位 TB。

解：$TB=TC+Q=125°+100°=225°$

例 1－2－3：某船 $TC=150°$，测得某物标舷角为 50°左，求该物标的真方位 TB。

解：$TB=TC+Q=150°-50°=100°$

例 1－2－4：某船 $TC=080°$，求某物标左正横时的真方位 TB。

解：$TB=TC+Q=080°-90°=350°$

例 1－2－5：某船 $TC=280°$，测得某物标的真方位 $TB=295°$，求该物标的舷角。

解：$Q=TB-TC=295°-280°=15°$或 15°右

例 1－2－6：某船 $TC=230°$，测得某物标的真方位 $TB=185°$，求该物标的舷角。

解：$Q=TB-TC=185°-230°+360°$（不够减加 360°）$=315°$或 45°左。

三、向位换算

1. 罗经差及陀罗差

1）磁罗经和陀螺罗经

航海上用来测定航向和方位的仪器是罗经（Compass）。船上配备的罗经有磁罗经（Magnetic Compass）和陀螺罗经（Gyrocompass）（俗称电罗经）。

磁罗经是由我国古代四大发明之一的指南针演变而来的。它是根据水平面内自由旋转的磁针，在地磁场的作用下，能稳定指示地磁磁北方向的特性制成的。陀螺罗经是根

据高速旋转的陀螺仪，在受到适当的阻尼力作用后，能迫使其旋转轴稳定在子午圈平面内而指北的原理制成的。

磁罗经和陀螺罗经都有各自的优缺点。磁罗经结构简单、不易损坏，且不依赖于电源，但易受外界磁场的影响。陀螺罗经指向稳定、准确性高，基本不受外界磁场的影响，且可给自动舵、雷达、GPS 等提供航向信号，是海船上主要的指向仪器。但陀螺罗经依赖于电源，结构复杂，对维护保养要求较高。

2）罗经差

磁罗经和陀螺罗经都有指北的特性，然而，罗经作为一种指向仪器，无论从原理上还是结构上或多或少都存在着误差，使罗经北向与真北方向之间存在一个偏差，即罗经差。

罗经差分为陀螺罗经差（Gyrocompass Error，ΔG）和磁罗经差（Compass Error，ΔC），分别简称为陀罗差和罗经差。

由于磁罗经和陀螺罗经各自的构造、工作原理的不同，所以各自指向不同的北向。磁罗经刻度盘的0°所指的方向称为罗北（Compass North，N_C）；陀螺罗经刻度盘的0°所指的方向称为陀罗北（Gyrocompass North，N_G）。

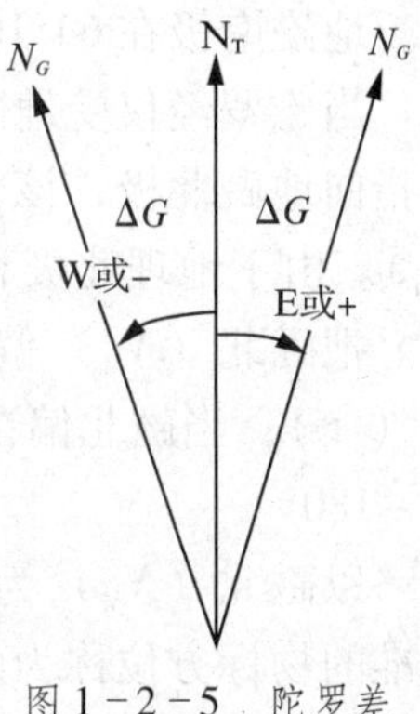

图 1-2-5　陀罗差

陀罗差是陀罗北（N_G）偏离真北（N_T）的角度。当陀罗北偏在真北的东面时为（+）；当陀罗北偏在真北的西面时为（-），如图 1-2-5 所示。

以陀罗北（N_G）为基准的航向称为陀罗航向（Gyrocompass Course，GC）；以陀罗北为基准的物标方位称为陀罗方位（Gyrocompass Bearing，GB）。它们与真向位之间的关系为

$$GC = TC - \Delta G \qquad GB = TB - \Delta G$$

陀螺罗经在稳定工作时，ΔG 是一个定值，且与航向无关。但在地理纬度变化和航速正在改变时，ΔG 会发生改变，另外电压的不稳也会引起陀罗差的变化。当航向正在改变时，ΔG 会发生暂时的改变。特别是在陀螺罗经重新启动后，或者在进行了清洁和维修保养后，陀罗差往往会有新的改变。因此，每次启动陀螺罗经并待稳定后，应仔细核对主罗经与分罗经的读数，并尽快测定罗经差。另外，还要经常与磁罗经进行比对。

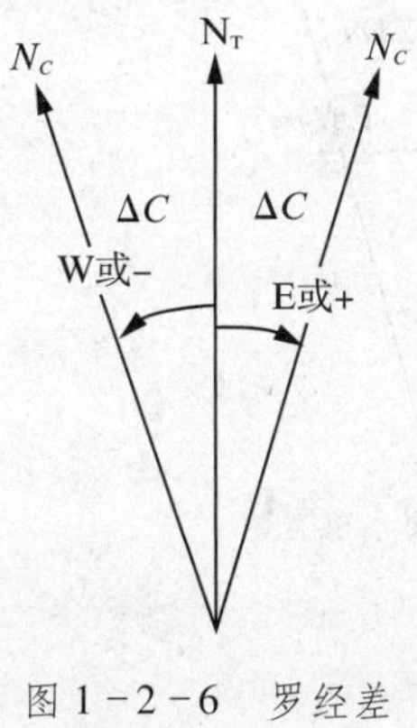

图 1-2-6　罗经差

罗经差是罗北（N_C）偏离真北（N_T）的角度。当罗北偏在真北的东面时为（+）；当罗北偏在真北的西面时为（-），如图 1-2-6 所示。

以罗北（N_C）为基准的航向称为罗航向（Compass Course，CC）；以罗北（N_C）为基准的物标方位称为罗方位（Compass Bearing，CB）。它们与真向位之间的关系为

$$CC = TC - \Delta C，CB = TB - \Delta C$$

罗经差包含 2 个部分，即磁差（Variation，Var）和自差

(Deviation，*Dev*)。罗经差是磁差 *Var* 和自差 *Dev* 的代数和。

$$\Delta C = Var + Dev$$

以下将详细叙述罗经差的上述 2 个组成部分。

2. 磁差

1）磁差的产生

地球是一个天然大磁体，就好像是在地球内部放置了一条大磁棒一样，如图 1-2-7所示。地磁磁场的两个极与地理的南北极并不重合，但很靠近，近地理北极的称为地磁北极，近地理南极的称为地磁南极。地磁磁极在地面上的位置也是不固定的，而是绕地极缓慢地作有规律的位移，大约 650 年绕地极变化一周。据测，1980 年地磁北极约在加拿大巴瑟斯特岛西北部 78°12′N，102°54′W 附近，1985 年地磁南极在 65°18′S，140°02′E附近。根据 2010 年最新地磁场观测数据，地磁北极在 85°06′N，133°00′W 附近，地磁南极在 64°16′S，137°24′E 附近。

当磁罗经仅受地磁的影响时，其磁针的指北端，也就是磁罗经刻度盘的 0°所指的方向指向地磁北极，该方向在测者地面真地平平面上的投影，称为磁北（Magnetic North，N_M）。由于地理北极和地磁北极并不重合，因此地球上某点的磁北线与真北线往往不重合。把磁北（N_M）偏离真北（N_T）的角度称为磁差（*Var*）。当磁北偏在真北的东面时为（+）；当磁北偏在真北的西面时为（-），如图 1-2-8 所示。磁差的计量范围为 0°~180°。

以磁北（N_M）为基准的航向称为磁航向（Magnetic Course，MC）；以磁北（N_M）为基准的物标方位称为磁方位（Magnetic Bearing，MB）。它们与真向位之间的关系为

$$MC = TC - Var,\ MB = TB - Var$$

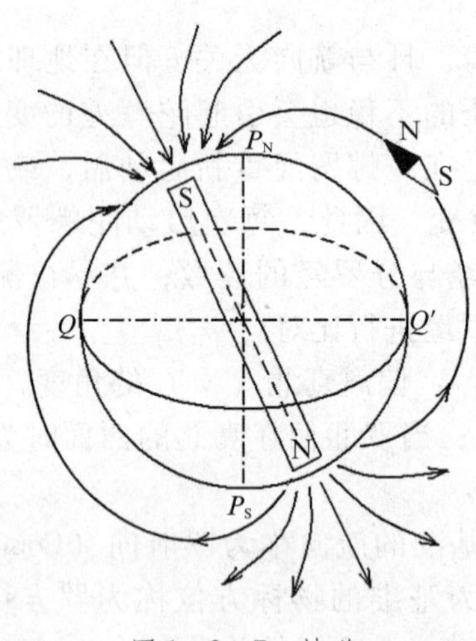

图 1-2-7 地磁

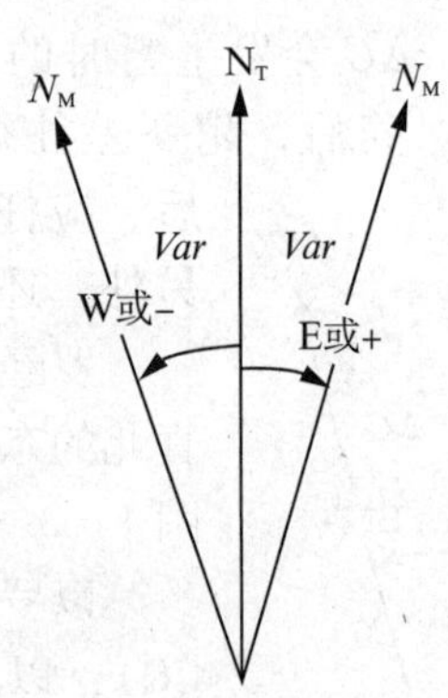

图 1-2-8 磁差

2）磁差的变化

磁差的变化主要体现在以下几个方面。

（1）磁差因地而异。由于地磁南北极与地理南北极不重合，再加上地质结构的不均

匀，使得地面上磁力线的分布相当复杂，造成磁差因地而异，磁差小的地方可为0°，越近磁极磁差越大，最大可达到180°，如图1-2-9所示，*A*点的磁差为0°，*B*点的磁差为180°，*E*点的磁差为0°，*C*点的磁差为∠2，*D*点的磁差为∠1。所以，在极区航行磁罗经一般无法使用。

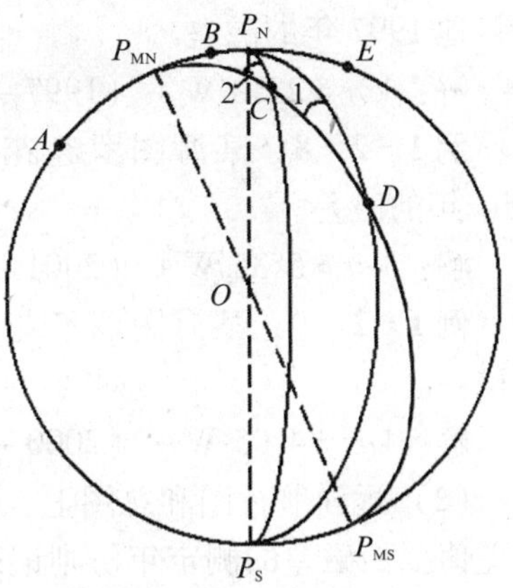

图1-2-9　磁差随地点的变化

（2）磁差因时而异。由于磁极绕地极缓慢移动，使各地磁差随时间发生变化。磁差绝对值每年的变化量叫做年差，通常在±0°.2以下。年差的表示方法有以下2种：①用磁差的绝对值的增加（+）（increasing）或减少（-）（decreasing）表示年差的变化。这种表示方法在新的英版海图图式中已不采用。应特别注意的是，这里年差的（+）和（-）并不是指磁差向东（E）和向西（W）变化，而是指在原来磁差基础上的绝对值的增加（+）和减少（-）。②用E或W来表示年差的向东（E）或向西（W）的变化。新的英版海图图式采用的就是这种表示方法。

海图上给出的年差是在出版该海图时该地区几年内磁差的年平均值。使用陈旧的磁差资料，可能会产生较大的误差，所以尽量使用新的磁差资料。中版海图的年差表示方法基本与英版相同，如图1-2-10所示。

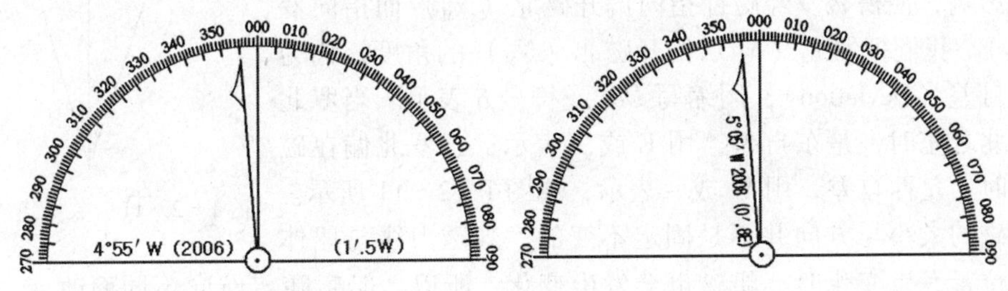

图1-2-10　罗经花（局部）

（3）地磁异常与磁暴。由于某地区地下所埋藏的磁性矿物质的影响，使该地区的磁差与附近的磁差有明显的差异，称为地磁异常；磁差的偶然和罕见的波动，称为磁暴。磁暴主要与太阳黑子的暴发有关。发生磁暴的时间虽然很短暂，但一昼夜可以使磁差变化几度到几十度。因此，当发现磁罗经读数有异常变化时，应仔细判断，并及时与陀螺罗经比对。

3）磁差的查取

航海上，磁差可以从以下几个方面查取。

（1）一般航行图和港泊图的向位圈，即罗经花（Compass Rose）上，都给出该向位圈所在地点的磁差资料，包括磁差的大小和方向、所给磁差的年份、年差数据。一张海图上一般有几个罗经花，驾驶员应使用就近的罗经花，如果船舶位于2个罗经花之间，可用目测估计，按比例内插求得。

例1-2-7：某海图罗经花上注有：*Var* 2°30′W（1986）increasing about 2′ annually,

求该地 1997 年的磁差。

解：$Var = 2°30'W + (1997 - 1986) \times 2' = 2°52'W$

例 1－2－8：某海图罗经花上注有：磁差偏西 5°35′（1995），年差 +5′。求该地 2001 年的磁差。

解：$Var = 5°35'W + (2001 - 1995) \times 5' = 6°05'W$

例 1－2－9：某海图罗经花上注有：*Var* 4°05′W（1991）（5′E），求该地 2000 年的磁差。

解：$Var = 4°05'W + (2000 - 1991) \times 5'E = 3°20'W$

（2）远洋航行图和总图上，磁差资料以等磁差曲线表示。每条曲线上都注有磁差与年差值，而磁差的测定年份则记载在海图标题栏内。在求取航行地区的磁差时，应该首先分别求出航行地区的 2 条等磁差曲线上的当年磁差后，用目视内插，求取航行地区的磁差。如果大洋航行使用空白定位图，则磁差资料应从相应的小比例尺海图上查取。

（3）在大比例尺港泊图上，因图区范围小，磁差资料标在海图标题栏内。

另外，磁差还可以从现代化的电子定位设备，如 GPS 中读取。

3. 磁罗经自差

磁罗经的工作依赖于周围的磁场环境，当周围的磁场环境发生变化时，其磁性及指向也将改变。安装在钢质船上的磁罗经，除受到地磁作用外，还受到船磁——船上钢铁受地磁磁化而形成的磁场，以及磁罗经附近的电器设备形成的电磁场的影响，使得磁罗经磁针指向偏开磁北（N_M）而指向罗北（N_C）。我们把罗北（N_C）偏开磁北（N_M）的角度，称为磁罗经自差（Deviation），用缩写 *Dev* 或符号 δ 表示。当罗北偏在磁北之东时，是东自差，用 E 或 + 表示；当罗北偏在磁北之西时，是西自差，用 W 或 - 表示，如图 1－2－11 所示。

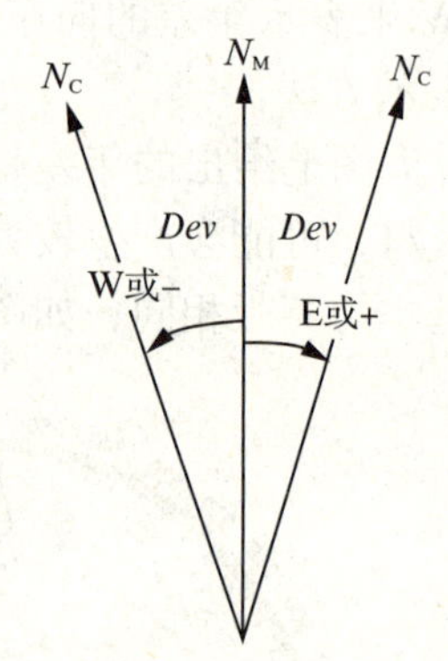

图 1－2－11　磁罗经的自差

船磁的大小与方向并不是固定不变的，当磁力线与船体的相对位置发生变化时，船磁也会发生变化。所以，船磁随着航向不同而改变，这样，船上的磁罗经自差也随着航向的改变而变化。另外，磁罗经自差还可能因船舶装载钢铁和磁性矿物、磁罗经附近的铁器、电器设备的位置改变、船舶倾斜以及船舶所在的纬度变化很大而发生变化。

当自差值过大时，会产生船舶已改向而罗盘上却没有反应或变化很小的现象，而在某些航向上又会引起罗盘的大幅摆动。这说明，作用于罗盘上的某些船磁力过大，已影响到磁针的指北能力。这显然会对航行安全构成威胁。所以，必须对磁罗经进行自差消除，但不可能把各个航向上的自差消除干净，一般还会剩下 ±0° ~ ±3°的自差，叫做剩余自差。在消除自差后应将 4 个基点和 4 个隅点这八个主要航向上的剩余自差值测定出来，并通过公式算出任意航向上的自差，然后制成自差表或自差曲线图。如表 1－2－1，图 1－2－12 所示。

由于船磁随时间、地点不断变化着，因此自差表和自差曲线图不是一成不变的，它们只能代表当时当地的自差特征，或近似认为是测定后的一定时间内和测量地的一定范围内的自差特征。为了获得航行中船舶航向上的准确自差值或为了验证所采用的自差的可靠性，必须利用一切机会测定航行中的实际自差值，并将测定结果记入“航海日志”和“磁罗经自差录簿”中，以便在今后的相同航行条件下参考使用。当发现自差曲线或自差表与所测得的实际自差值有较大出入时或船磁发生较大变化时，都必须重新进行自差校正，制定新的自差表或自差曲线图。

表 1-2-1　某船标准罗经自差

罗经航向	自差	罗经航向	自差
000°	+3°.0	180°	-0°.3
015°	+2°.6	195°	+0°.9
030°	+2°.0	210°	+1°.8
045°	+1°.2	225°	+2°.3
060°	+0°.1	240°	+2°.4
075°	-1°.2	255°	+2°.2
090°	-2°.5	270°	+1°.7
105°	-3°.4	285°	+1°.5
120°	-3°.5	300°	+1°.9
135°	-3°.2	315°	+2°.3
150°	-2°.5	330°	+2°.7
165°	-1°.5	345°	+2°.8
180°	-0°.3	360°	+3°.0

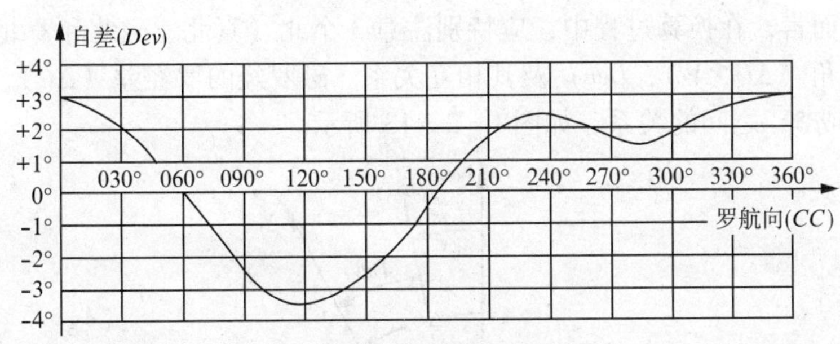

图 1-2-12　某船标准罗经自差曲线

自差表和自差曲线图中的自差均以罗航向为引数查取。如果仅知道真航向而不知道罗航向，则可用磁航向代替罗航向作为引数，查得自差，在剩余自差不大时，由此引起的误差可忽略。但不能用真航向代替罗航向查取自差，否则在查取自差时会有较大的误差。

例 1-2-10：已知 $CC = 215°$，利用表 1-2-1 求自差 Dev。

解：查表并进行内插得：

$$Dev = +1°.8 + \frac{2°.3 - 1°.8}{225° - 210°} \times (215° - 210°)$$
$$\approx +1°.8 + 0°.2$$
$$= +2°.0 \text{ 或 } 2°.0E$$

例 1－2－11：已知 $TC = 162°$，$Var = 12°E$，利用表 1－2－1 求磁罗经自差。

解：$MC = TC - Var = 162° - 12° = 150°$

以 MC 代替 CC 查表得：

$Dev = -2°.5$ 或 $2°.5W$

4. 向位换算

航海中用磁罗经或陀螺罗经测出来的方位和航向是罗方位（CB）、罗航向（CC）或陀罗方位（GB）、陀罗航向（GC）。而海图上都是用真北作为方向基准的，因此，若要把它们反映在海图上，则必须将其换成真方位与真航向；同理，在海图上得到的真方位与真航向，也必须转换成罗方位、罗航向或陀罗方位、陀罗航向，才能让磁罗经或陀螺罗经去执行。航海上把各种航向之间或各种方位之间的相互转换称为向位换算。

磁罗经向位换算的基本公式为

$$TC = CC + \Delta C,\ TB = CB + \Delta C$$
$$TC = MC + Var,\ TB = MB + Var$$
$$MC = CC + Dev,\ MB = CB + Dev$$
$$\Delta C = Dev + Var$$

陀螺罗经向位换算的基本公式为

$$TC = GC + \Delta G,\ TB = GB + \Delta G$$

就磁罗经而言，在换算过程中，应特别注意 3 个北（真北、磁北和罗北），3 条北线相互之间的夹角（ΔC，Var，Dev）及其相互关系。磁罗经的罗经差（ΔC）、磁差（Var）与自差（Dev 或 δ）之间的关系，如图 1－2－13 所示。

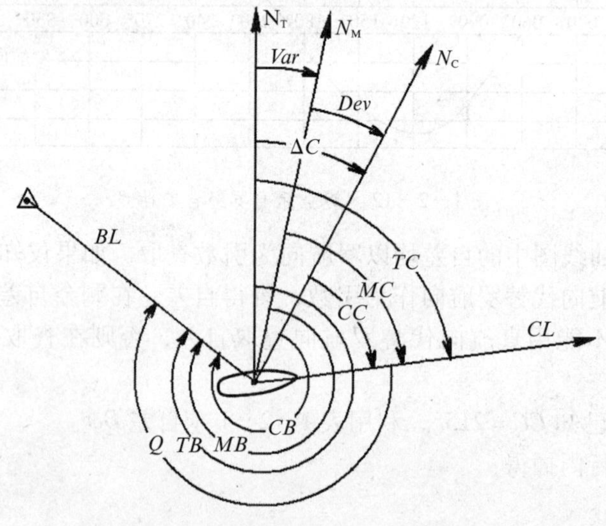

图 1－2－13　各种向位之间的关系

例 1-2-12：已知 $CC=150°$，$CB=175°$，$\Delta C=3°.0W$，求真航向（TC）和真方位（TB）。

解：$TC=CC+\Delta C=150°-3°.0=147°$

$TB=CB+\Delta C=175°-3°.0=172°$

例 1-2-13：2006 年 6 月 12 日，某船的真航向 $TC=200°$，某灯塔的真方位 $TB=110°$，海图上注明该地磁差资料为 5°13′W（1996）（3′E），自差表见表 1-2-1，求该船的罗航向 CC 和该灯塔的罗方位 CB。

解：$Var=5°13'W+3'\times(2006-1996)=-5°13'+30'=-4°43'=4°.7W$

$MC=TC-Var=200°-(-4°.7)=204°.7$

以 MC 代替 CC 查表得：$Dev=+0°.9$

$\Delta C=Dev+Var=0°.9-4°.7=-3°.8$

$CC=TC-\Delta C=200°-(-3°.8)=203°.8$

$CB=TB-\Delta C=110°-(-3°.8)=113°.8$

任务实施

任务 1　罗经上各种向位的读取

基本要求：

1. 正确理解磁罗经与陀螺罗经的基本工作原理；
2. 正确掌握在磁罗经与陀螺罗经上读取各种向位的方法。

实施步骤：

1. 准备工作

（1）学生自带纸笔；

（2）场地及设施准备：专用罗经实验室或手提罗经、模型。

2. 实施过程

（1）熟悉罗经的基本工作原理；

（2）读出指定地点和物标的方位，以及船舶的航向。

任务 2　航向、方位的量取及磁差的计算

基本要求：

1. 正确掌握航向与方位的概念；
2. 正确掌握在海图上量取航向与方位的方法；
3. 正确理解海图上罗经花上所标的磁差的含义；
4. 正确进行磁差计算及各种向位的换算。

实施步骤：

1. 准备工作

（1）学生自带作图工具，如圆规、三角板、尺子、铅笔、橡皮等；

（2）场地及设施准备：学院专用海图室，人手一张海图。

2. 实施过程

（1）在海图中标出指定航向与方位；

（2）识读罗经花；

（3）选用合适的罗经花进行磁差计算；

（4）各种向位之间的换算。

任务评价

评价内容		评价标准	权重	得分
任务完成情况	任务 1	正确进行航向、方位的识读	0. 2	
	任务 2	1. 正确标画航向与方位	0. 1	
		2. 正确识读罗经花	0. 1	
		3. 正确选用罗经花进行磁差计算	0. 2	
		4. 正确进行各种向位的换算	0. 2	
职业素养		1. 遵守实训室管理规定，服从老师安排 2. 按时认真完成学习及工作任务 3. 有问题能及时提问和反馈意见	0. 1	
创新意识		1. 能举一反三 2. 善于提出问题，总结经验	0. 1	
总得分				

任务拓展

1. 解释下列名词：

测者地平平面、测者地面真地平平面、南北线、真北线、真航向、真方位、舷角、陀罗差、罗经差、磁差和自差。

2. 试述磁差产生的原因及其变化规律。

3. 试述磁罗经的工作原理。

4. 试述查取航行海区磁差资料的方法。

5. 说明磁罗经自差产生的原因及其变化规律。

6. 简述测定罗经差的原理和方法。

7. 将下列半圆方向换算成圆周方向：

78°05′NE，32°05′NW，170°05′SW，155°15′SE

8. 将下列罗经点方向换算为圆周方向：

ESE，NNE，SSW，NW，W/N，N/E，SW/S，SE/E，W/S，N/W

9. 2006 年 6 月 12 日，某船的真航向 $TC=300°$，某灯塔的真方位 $TB=350°$，海图上注明该地的磁差资料为 4°13′W（2006）（3′E），自差表见表 1－2－1，求该船的罗航向

CC 和该灯塔的罗方位 *CB*。

10. 填表：

TC	*CC*	*Var*	*Dev*	Δ*C*	*GC*	Δ*G*
300°		4°50′W		3°10′W		1°W
	045°50′W	+50′	−3°10′		155°10′	
345°	275°		+3°10′			1°E
	300°	3°50′W			355°10′	1°10′W

11. 三字点是平分相邻基点和隅点方向的罗经点，它们的名称由________构成。

A. 最接近的基点名称+隅点名称　　B. 最接近的隅点名称+基点名称

C. 相邻的两个基点名称　　D. 相邻的两个隅点名称

12. 根据方向划分定义，三字点是平分________的方向。

A. 相邻基点　　B. 相邻隅点

C. 相邻基点和隅点　　D. 相邻偏点

13. 偏点名称由两部分构成，“/”前是________；“/”后是________。

A. 最接近的基点或隅点名称，偏向（基点名称）

B. 最接近的基点或隅点名称，偏向（隅点名称）

C. 最接近的基点或隅点名称，偏向（三字点名称）

D. 三字点名称，偏向（基点或隅点名称）

14. 我船航向为000°，某船位于我船左舷10°，距离5 n mile，若该船航向为200°，两船保向保速，则5 min后，该船位于我船的舷角（半圆法度量）________。

A. 增大　　B. 减小　　C. 不变　　D. 不确定

15. 某船在我船右前方成交叉态势，系统观察后断定该船能安全在我船船首通过，则当该船通过我船艏线之前时，他船位于我船的舷角（半圆法度量）________。

A. 变大　　B. 变小　　C. 不变　　D. 无法确定

16. 某船的真航向为040°，测得某物标的真方位为050°，则该物标的相对方位（舷角）为________。

A. 10°　　B. 10°左　　C. 50°　　D. 10°右

17. 某船的真航向为040°，测得某物标的真方位为320°，则该物标的相对方位（舷角）为________。

A. 80°　　B. 080°　　C. 280°　　D. 310°

18. 某船的陀罗航向为043°，陀罗差为−1°，该船左舷60°处物标的陀罗方位为________。

A. 102°　　B. 103°　　C. 343°　　D. 342°

19. 某船的罗航向为060°，磁差为3°E、自差为2°E，则左正横处物标的罗方位为________。

A. 335°　　B. 332°　　C. 330°　　D. 329°

20. 某船的罗航向为060°，磁差为3°W、自差为2°W，则右正横处物标的真方位为________。

A. 145°　　B. 148°　　C. 150°　　D. 152°

21. 磁航向等于________

A. $MB + Var - Q$　　B. $MB - Q$　　C. $MB - Dev$　　D. $MB + Dev$

22. 当船舶改向时，________发生变化。

A. 真北　　B. 磁北　　C. 陀罗北　　D. 罗北

23. 下列叙述中错误的是________。

A. 磁差以真北为基准开始度量　　B. 罗经差以真北为基准开始度量

C. 电罗经差以真北为基准开始度量　　D. 自差以真北为基准开始度量

24. 关于船舶磁罗经自差曲线或自差表，下列说法不正确的是________。

A. 每年重新测定一次

B. 每两年重新测定一次

C. 发现实测值与表列数值相差较大时需重新测定

D. 修船后船磁发生较大变化时需重新测定

25. 磁罗经的自差是________。

A. 真北至罗北的夹角　　B. 磁北至罗北的夹角

C. 真北至磁北的夹角　　D. 罗北至船首线的夹角

26. 磁罗经的自差 *Dev* 等于________。

A. $GB + \Delta G - CB$　　B. $GB + \Delta G - MB$

C. $MB - CB$　　D. $TB - MB$

27. 磁罗经的磁差是________。

A. 磁北与罗北的夹角　　B. 罗经差减去磁差

C. 磁方位减去罗方位　　D. 罗经差减去自差

28. 磁罗经的自差主要随________的改变而变化。

A. 航向　　B. 方位　　C. 舷角　　D. A或C

29. 某船2000年7月在大洋中航行，船舶航行于下列两曲线中间，曲线1的数据为 0°(3′W)，曲线2的数据为 1°E(3′W)。查得这些数据的测量年份为1990年，则按正确的算法，该船当时的 *Var* 应为________。

A. 0°30′W　　B. 0°30′E　　C. 1°E　　D. 0°

模块3　距离的确定及灯标射程的标注

模块描述

船舶航行过程中应及时发现物标和灯光，判定相互之间的距离。本模块描述的就是如何定义海里以及灯标射程问题。通过学习掌握物标距离及灯光最大可见距离的确定方法。

学习目标

1. 掌握海里的定义；
2. 掌握能见地平距离及物标地理能见距离的概念及计算方法；
3. 掌握中、英版航海图书资料中射程的定义与标示方法；
4. 掌握初显、初隐的概念及判断方法，以及灯光最大可见距离的确定方法。

工作任务

识读中、英版海图和《航标表》中的灯标标注及射程判断，以及在海图上量取航程。

知识准备

一、航海距离单位与速度单位

1. 航海距离单位

航海上最常用的距离单位是海里（nautical mile，n mile），它是地球椭圆子午线上纬度1分（1′）的弧长。海里还可定义为：地球椭圆子午线上曲率圆中心角1分所对的曲率圆弧长，如图1－3－1所示。

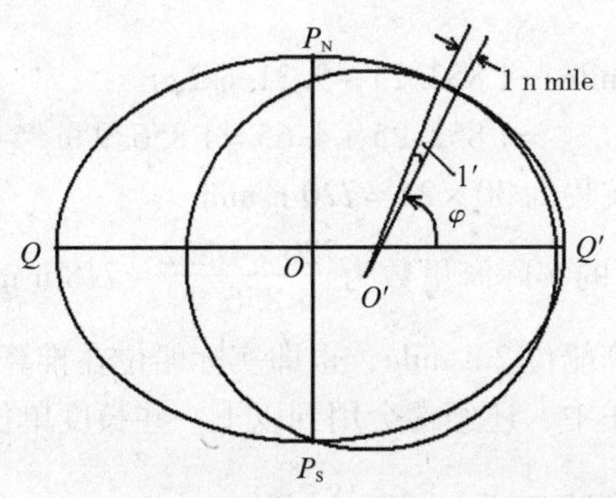

图1－3－1　海里的确定

通过数学的推导，可以得出：

$$1\ \text{n mile} = 1\,852.25 - 9.31\cos2\varphi\ (\text{m})$$

由此可知，椭圆子午线上1分纬度弧长，即1 n mile的长度是不固定的。它随纬度的不同而略有差异，如表1－3－1所示。

表1－3－1　不同纬度处1 n mile的实际长度

m

φ	0°	15°	30°	45°	60°	75°	90°
1 n mile	1 842.9	1 844.2	1 847.6	1 852.3	1 856.9	1 860.3	1 861.6

从表1－3－1中可以看出，1 n mile的长度，在 $\varphi=0°$ 时最短；在 $\varphi=90°$ 时最长。为了航海上实际应用的需要，必须用一固定值作为1 n mile的标准长度。1929年国际水文地理学会决定1 n mile＝1 852 m，约相当于纬度44°14′处1 n mile的长度，我国和世界上大多数国家，均采用该标准。航海上用于测量航速与航程的仪器也是用此标准进行标定的。航海上，"海里"通常用"′"表示，比如，"100.5海里"就表示为"100′.5"。

海里作为度量距离的标准单位，是固定的，即1 n mile＝1 852 m。而在地球椭圆体上，1 n mile的实际长度随纬度的增加而变长。故对同样的距离，用标准值1 n mile＝1 852 m换算出的海里数，与用当地实际1 n mile值换算出的海里数也必然不同。例如，某船沿赤道向正东航行，船速为20 kn，航行30 h后，累计航程为600 n mile。由于赤道上1 n mile＝1 842.9 m，因此船舶实际在赤道上航行的海里数为

$$\frac{600 \times 1\,852}{1\,842.9} \approx 603\ \text{n mile}$$

从计算结果可以看出，两者相差仅3 n mile，仅占航行距离的0.5%。所以，将1 n mile固定为1 852 m后，在航海实践中产生的误差并不大，可以忽略不计。

由于标准海里值与实际海里值的差异，造成实际船位与推算船位之间存在偏差，而1 n mile＝1 852 m，约相当于纬度44°14′处1 n mile的长度，因此当纬度大于44°14′时，无论航向如何，实际船位总是落后于推算船位；当纬度小于44°14′时，实际船位总是超前于推算船位。很明显，在上述例子中，实际船位超前推算船位3 n mile。

例1－3－1：某船以30 kn的船速沿60°纬线向西航行1天后，实际船位在推算船位以东还是以西多少海里？

解：纬度60°处，$1\ \text{n mile} = 1\,852.25 - 9.31\cos2\varphi$

$$= 1\,852.25 + 4.65 = 1\,856.9\ \text{m}$$

船舶航行1天的推算航程为 $30 \times 24 = 720\ \text{n mile}$

船舶在60°纬线上航行的实际海里数为 $\dfrac{720 \times 1\,852}{1\,856.9} \approx 718\ \text{n mile}$

则实际船位落后于推算船位2 n mile，也即实际船位在推算船位以东2 n mile。

除海里外，在航海工作中，还经常会用到以下一些长度单位：

链（cable，cab）：$1\ \text{cab} = \dfrac{1}{10}\ \text{n mile} \approx 185\ \text{m}$。

米（meter，m）：国际上通用长度单位。航海上常用它作为高程与水深的单位。

在英版航海图书资料中，目前仍可能会遇到以下长度单位：

英尺（foot，ft）：1 ft＝0. 304 8 m。

码（yard，yd）：1 yd＝3 ft＝0. 914 4 m。

拓（fathom，fm）：1 fm＝6 ft＝1. 828 8 m。

2. 航海速度单位

航速的单位是节（knot），用 kn 表示。1 kn＝1 n mile/h，它是国际航海上通用的速度单位，也可用来度量风速与流速。

其他常用的速度单位有公里/小时，即 km/h；米/秒，即 m/s，等。

二、海上能见地平距离

1. 测者能见地平距离

船舶在海上航行，放眼远眺，远处海天相接，有一条明显的水平分界线，这就是通常所说的水天线。

所谓的测者能见地平距离就是地面上测者能够看到水天线的最远距离。

如图 1－3－2 所示，测者 A 的眼高为 e，所能看到的最远处，水天似交成一圆圈 BB'，这个圈所在的平面称为测者能见地平平面或视地平平面，该圈就是测者能见地平或视地平，俗称水天线。AB 弧即测者能见地平距离，用 D_e 表示。设地球半径为 R，$R\approx 6\,366\,707$ m，测者能见地平距离 D_e 所对球心角为 D，则有 $D_e=AB=R\cdot D$；地面蒙气差为 γ，在正常情况下，地面蒙气差 $\gamma=\dfrac{D}{13}=\dfrac{D_e}{13R}$，故在 $\triangle AA'B$ 中：$\angle A'AB=90°+\dfrac{D}{2}$，$\angle A'BA=\dfrac{D}{2}-\gamma$，则

$$\frac{A'B}{\sin\left(90°+\dfrac{D}{2}\right)}=\frac{e}{\sin\left(\dfrac{D}{2}-\gamma\right)}$$

由于 e 很小，$A'B\approx AB$ 弧 $=D_e$，故

$$D_e=A'B=\frac{e\cos\dfrac{D}{2}}{\sin\left(\dfrac{D}{2}-\gamma\right)}$$

由于角$\dfrac{D}{2}$与$\dfrac{D}{2}-\gamma$都很小，所以可认为 $\cos\dfrac{D}{2}\approx 1$，$\sin\left(\dfrac{D}{2}-\gamma\right)\approx\dfrac{D}{2}-\gamma$。因此

$$D_e=\frac{e}{\dfrac{D}{2}-\gamma}=\frac{e}{\dfrac{D_e}{2R}-\dfrac{D_e}{13R}}=\frac{26R\cdot e}{11D_e}$$

从而得
$$D_e=\sqrt{\frac{26R\cdot e}{11}}$$

用地球半径数代入，且 D_e 的单位为 n mile，e 的单位为 m

$$D_e=2.09\sqrt{e}\ \text{(n mile)}$$

海地平俯角 d 也可以从图 1-3-2 中求得：

$d=\frac{11D_e}{13R}$，若 d 用分表示，e 为 m，则有 $d=(1.77\sqrt{e})'$。

在我国的《航海表》中，编有Ⅲ-8“视距表”与Ⅱ-16“海地平俯角表”，可以直接用眼高 e（m）为引数，分别查得 D_e（n mile）和 d（′）。

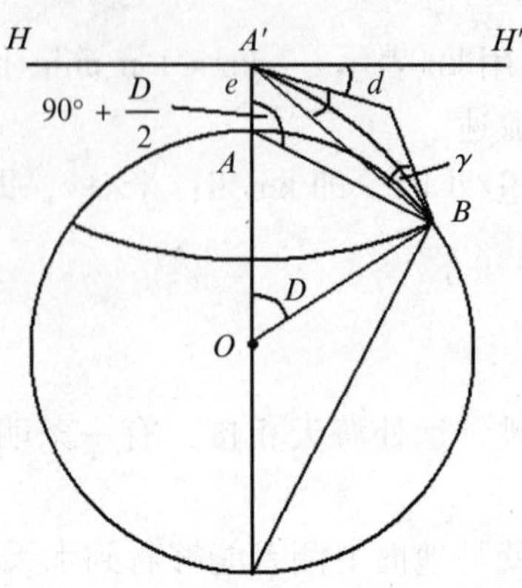

图 1-3-2　测者能见地平距离

2. 物标能见地平距离

假设将眼睛放在物标的顶端，则此时眼睛所看到的能见地平距离，叫做物标能见地平距离，用 D_h 表示，如图 1-3-3 所示。这也相当于测者眼高为 0 时，在能见度良好的情况下，理论上所能看见高度为 H 的物标的最大距离。它与测者能见地平距离一样，可按下面公式求得

$$D_h=2.09\sqrt{H}\ (\text{n mile})$$

式中，H 为物标顶点离海平面的高度，m。

用物标高度 H 代替眼高，可同样在《航海表》的Ⅲ-8“视距表”中，查得 D_h。

3. 物标地理能见距离

上述的物标能见地平距离，相当于眼高为 0 时，在能见度良好的情况下，理论上能看到高度为 H 的物标的最大距离，而实际上测者有一定眼高 e。所以，当能见度良好时，考虑到地面曲率和地面蒙气差的影响，测者理论上能够看到高度为 H 的物标的最大距离，叫做物标地理能见距离，用 D_o 表示，如图 1-3-3 所示。物标地理能见距离 D_o，可以由下面公式求得

$$D_o=D_e+D_h=2.09\left(\sqrt{e}+\sqrt{H}\right)\ (\text{n mile})$$

例 1-3-2：某物标的高度 $H=29.5$ m，测者的眼高 $e=15.8$ m，求该物标的地理能见距离。

解：$D_o=2.09\left(\sqrt{e}+\sqrt{H}\right)$

$=2.09\left(\sqrt{15.8}+\sqrt{29.5}\right)\approx 19.7\ (\text{n mile})$

物标地理能见距离只是一个理论值。而实际上测者所能看到物标的最远距离与很多因素有关，如当时的能见度、测者眼睛的分辨力、物标本身情况和海面状况等。即便能见度良好，风平浪静，测者所能看到物标的最远距离也总是小于物标地理能见距离。

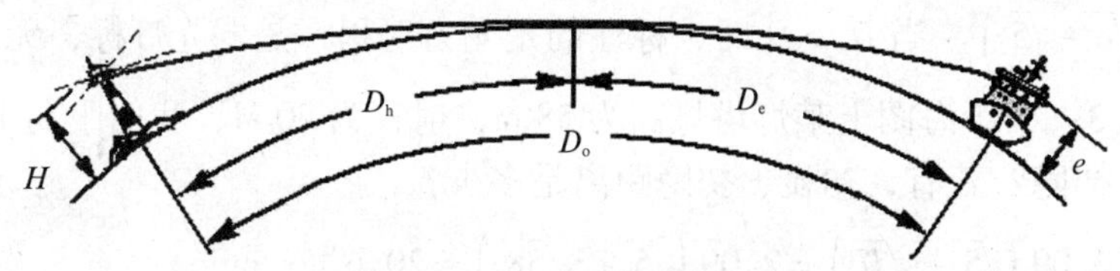

图 1－3－3　物标地理能见距离

三、灯光初显、初隐和灯标射程

1. 灯光初显、初隐

晴天黑夜，船舶驶近灯塔，灯塔的灯芯初露水天线的那一瞬间，称为灯光初显；相反，当船舶驶离灯塔时，灯塔的灯芯初没于水天线的那一瞬间，称为灯光初隐。初显、初隐的距离就是灯塔的地理能见距离。

显然，并不是所有的灯塔都有初显与初隐，只有光力足够强，才可能有初显、初隐，倘若灯塔光力较弱，往往在刚发现灯塔灯光时，灯塔的灯芯早已高出水天线。此时，灯塔与测者间的距离小于灯塔的地理能见距离。

航行中，驾驶员可以用初显、初隐来概略估计船舶到灯塔的距离。如同时测得该灯塔的方位，则可以估算本船船位。

2. 中版海图的灯标射程

中版海图和《航标表》中关于灯标射程的定义是：晴天黑夜，当测者的眼高为 5 m 时，能够看到灯塔灯光的最大距离。

晴天黑夜，灯光所能照射的最大距离，叫做光力能见距离，也称为光力射程。光力能见距离仅与光强（用“坎德拉（cd）”表示）和气象能见度有关，而与眼高、灯高、地面曲率及地面蒙气差均无关。

海图上标注的灯标射程有 2 种：一种是地理射程，即测者眼高为 5 m 时的灯标地理能见距离；另一种是光力射程，即光力能见距离。灯标射程的单位为 n mile，在标注中通常用“M”表示。射程不足 10 M，注至 0.1 M；大于 10 M 的，注至整海里，舍去小数。

当灯标的光力能见距离大于或等于测者眼高为 5 m 时的灯标地理能见距离时，标注的是地理射程，其值为测者眼高为 5 m 时的灯标地理能见距离，该灯标即属于强光灯标，有初显、初隐；当灯标的光力能见距离小于测者眼高为 5 m 时的灯标地理能见距离时，标注的是光力射程，其值就等于该灯标的光力能见距离，该灯标即属于弱光灯标，无初显、初隐。

可见，中版海图和《航标表》上的图注灯标射程为测者眼高为 5 m 时的灯标地理能见距离与该灯标光力能见距离两者中的较小值。

设眼高为 e，灯塔射程为 D_s，塔高为 H，则眼高为 5 m 时的灯标地理能见距离 D_o =

$2.09\left(\sqrt{5}+\sqrt{H}\right)$，当$D_o \approx D_s$时，标注的是地理射程，是强光灯标，可能有初显、初隐，其初显、初隐距离D为当时眼高下的灯标地理能见距离，即：$D=2.09\left(\sqrt{e}+\sqrt{H}\right)$或$D=$射程$+2.09\left(\sqrt{e}-\sqrt{5}\right)$。当$D_o > D_s$时，标注的是光力射程，是弱光灯标，无初显、初隐。

例1－3－3：中版海图上某灯塔灯高为58 m，射程为20 M，我船眼高16 m，问该灯塔有无初显、初隐？若有，初显、初隐距离是多少？

解：$D_o=2.09\left(\sqrt{5}+\sqrt{H}\right)=2.09\left(\sqrt{5}+\sqrt{58}\right)\approx 20.6$ (n mile)

取整即为20 n mile，等于灯塔射程，则该灯塔属强光灯标，有初显、初隐，初显、初隐距离

$D=2.09\ (\sqrt{e}+\sqrt{H})\ =2.09\ (\sqrt{16}+\sqrt{58})\ =24.3$ (n mile)

例1－3－4：中版海图上，某灯塔灯高为38 m，射程15 n mile，我船眼高18 m，问该灯塔有无初显、初隐？若有，初显、初隐距离是多少？

解：$D_o=2.09\ (\sqrt{5}+\sqrt{H})\ =2.09\ (\sqrt{5}+\sqrt{38})\ \approx 17.6$ (n mile) $>D_s$

所以，该灯塔标注的是光力射程，属弱光灯标，无初显、初隐。

例1－3－5：中版海图上，某灯塔射程23 n mile，我船眼高20 m，求该灯塔的初隐距离。

解：$D=$射程$+2.09\ (\sqrt{e}-\sqrt{5})\ =23+2.09\ (\sqrt{20}-\sqrt{5})\ =27.7$ (n mile)

3. 英版海图的灯标射程

英版海图和《灯标表》中的灯标射程分为光力射程和额定光力射程2种。光力射程是指在某一气象能见度条件下，灯光光力的最大能见距离。额定光力射程是指在气象能见度为10 n milie条件下，灯光光力的最大能见距离。这两种射程都仅与灯光强度和气象能见度有关，而与眼高、灯高、地面曲率及地面蒙气差无关。

世界上大多数国家采用额定光力射程作为灯标射程。英版海图中大多数以额定光力射程作为图注灯标射程，也有一些采用光力射程作为图注灯标射程。采用额定光力射程的国家和地区，在《灯标表》的“特殊说明”（Special Remarks）中有注明。

英版资料中灯标的灯光最大可见距离与初显、初隐的判断，可以用以下方法。

当图注灯标射程大于或等于该灯标的地理能见距离D_o时，该灯标有初显、初隐，灯光最大可见距离等于D_o；当图注灯标射程小于D_o时，该灯标无初显、初隐，灯光最大可见距离等于图注灯标射程。也就是说，在英版海图上，灯光最大可见距离等于图注灯标射程和该灯标的地理能见距离两者中的较小值。

例1－3－6：英版海图上标注的某灯塔射程33 n mile，该灯塔灯高为90 m，我船眼高为20 m，问该灯塔有无初显、初隐？我船可见该灯塔灯光的最大距离约为多少海里？

解：$D_o=2.09\ (\sqrt{e}+\sqrt{H})\ =2.09\ (\sqrt{20}+\sqrt{90})\ \approx 29$ (n mile) <33 (n mile)

该灯塔有初显、初隐，其灯光的最大可见距离为29 n mile。

例1－3－7：英版海图上某灯塔的图注射程为27 n mile，灯高为120 m。我船的眼高为18 m，问该灯塔灯光的最大可见距离是多少？

解：$D_o=2.09\ (\sqrt{e}+\sqrt{H})\ =2.09\ (\sqrt{18}+\sqrt{120})\ \approx 31.8$ (n mile) >27 (n mile)

该灯塔无初显、初隐，其最大可见距离约为 27 n mile。

以上的计算并不一定与实际相符。事实上，测者能够看到灯标灯光的最大距离还与很多因素有关，如灯光强度、气象能见度、地面蒙气差、灯高、眼高、人眼能够发现最弱灯光的能力和灯光背景等因素。特别是在气象能见度发生变化的情况下，测者能够看到灯标灯光的最大距离也随即发生变化。在例 1－3－7 中，如能见度小于 10 n mile，则灯塔灯光的最大可见距离将小于 27 n mile。

通过对灯光的最大可见距离或初显、初隐的判断，驾驶员在拟定航行计划时，可以预求出灯标被发现的时间、地点，据此来判断船位的准确性。

任务实施

任务　识读中、英版海图和《航标表》中的灯标标注及射程判断，以及在海图上量取航程

基本要求：

1. 正确识读中、英版图书资料中灯标的标注含义；
2. 正确掌握灯标射程的有关判断。

实施步骤：

1. 准备工作

（1）学生自带作图工具；

（2）场地及设施设备：海图室，中、英版《航标表》、海图。

2. 实施过程

（1）选取中、英版图书资料中灯标的标注内容，说明含义。例如，中版《航标表》中有关灯标的内容。

1096	圆岛灯塔（有） Yuan Dao (Watched)	38°40′.4 N, 122°09′.8 E	闪白 15 s 1.0 + 14.0	65.6	20	白色圆柱形混凝土塔；20.2	备用灯设在雷达应答器北侧 4 m 处，灯质为闪白 5 s 10 n mile。38°40′.4N，122°09′.8E 处设备达应答器：B 信号（—···）

英版《灯标与雾号表》中有关灯标的内容。

G3676	– Point Loma	32°39′.90 N 117°14′.55 W	Fl. W15 s	27	22 Black house on white square pyramidal framework tower 21

中版海图上灯标的标注：闪（3）白红绿 15 s 20 m 16 ~ 12 M

英版海图上灯标的标注：PLWRG. 5 s 21 m 18 ~ 12 M

以上特别应注意的是灯标的灯高与射程问题。

（2）判断中、英版海图上灯标灯光的强弱以及初显与初隐问题。根据以上查得的灯标射程，判断该灯标是强灯光还是弱灯光，有无初显与初隐，灯光的最大可见距离是多少。

（3）在海图上指定航线，要求学生量取航程。

任务评价

评价内容		评价标准	权重	得分
任务完成情况	任务	1. 正确识读中、英版图书资料中灯标的标注	0.2	
		2. 正确判断中、英版图书资料中灯标灯光的强弱与初显、初隐	0.4	
		3. 正确量取航程	0.2	
职业素养		1. 遵守课堂纪律，遵守实验室各项规定 2. 按时认真完成学习及工作任务 3. 有问题能及时提问和反馈意见	0.1	
创新意识		1. 能举一反三 2. 善于提出问题，总结经验	0.1	
总得分				

任务拓展

1. 试述海里的定义，分别求出纬度44°14′N、30°S、60°N、77°14′S处1 n mile的长度。

2. 甲船和乙船分别在纬度30°S和纬度60°S处向北航行600 n mile，试分别分析其推算船位与实际船位的超前与落后关系。

3. 已知眼高 $e = 20$ m，物标高程 $H = 200$ m，求物标地理能见距离。

4. 判断下列灯标的图注射程属光力射程还是地理射程：

（1）大沽：53 m，17 M；

（2）余山：53 m，20 M；

（3）花鸟山：85 m，24 M；

（4）山东高角：60 m，21 M。

5. 黄白咀灯塔灯高为92 m，射程为20 n mile；大汕岛灯塔灯高为81 m，射程为23 n mile。若测者眼高为16 m，试求这两个灯塔在天气晴朗的黑夜可能被发现的最远距离。

6. 英版海图上某灯塔的标注灯高为64 m，射程为24 M，测者眼高为17 m，求该灯塔灯光的最大可见距离。

7. 英版海图上注明某灯塔灯高为121 m，射程为31 n mile，测者眼高为16 m，求该灯塔灯光的最大可见距离。

8. 与中版海图和《航标表》所标灯塔射程有关的因素有________。

Ⅰ. 实际眼高；Ⅱ. 灯高；Ⅲ. 地面蒙气差；Ⅳ. 地面曲率；Ⅴ. 灯光强度

A. Ⅰ~Ⅳ　　B. Ⅰ，Ⅱ，Ⅳ　　C. Ⅱ~Ⅳ　　D. Ⅱ~Ⅴ

9. 与中版海图和《航标表》中灯塔灯光的最大可见距离有关的因素有________。

Ⅰ. 测者眼高；Ⅱ. 灯高；Ⅲ. 射程；Ⅳ. 地面曲率；Ⅴ. 地面蒙气差；Ⅵ. 能见度

A. Ⅰ~Ⅲ　　B. Ⅳ~Ⅵ　　C. Ⅲ~Ⅴ　　D. Ⅰ~Ⅵ

10. 中版海图和《航标表》中所标注的灯塔射程，通常是________。

A. 光力能见距离　　B. 5 m 眼高灯塔的地理能见距离

C. A，B 中较小者　　D. A，B 中较大者

11. 中版海图上某灯塔的灯高为 49 m，射程为 19 M，测者眼高为 16 m，则当能见度为 10 n mile 时，该灯塔灯光的最大可见距离为________。

A. 19.3 n mile　　B. 24 n mile　　C. 23 n mile　　D. 19 n mile

12. 英版海图（额定光力射程）上某灯塔的灯质为 Fl（2）4 s 49 m 24 M，测者眼高为 16 m，则当能见度为 10 n mile 时，该灯塔灯光的最大可见距离为________。

A. 19.3 n mile　　B. 24 n mile　　C. 23 n mile　　D. 无法确定

13. 英版海图（额定光力射程）上某灯塔的灯质为 Fl（2）10 s 25 m 18 M，测者眼高为 9 m，则当能见度为 7 n mile 时，该灯塔灯光的最大可见距离为________。

A. 大于 18 n mile　　B. 小于 18 n mile

C. 大于 16.7 n mile　　D. 小于 16.7 n mile

模块4　航速与航程的测定

模块描述

本模块主要描述各种航速、航程的确定及其相互之间的关系，船速、计程仪改正率的测定方法。

学习目标

1. 掌握各种航速、航程（对水，对地，主机，计程仪）的概念；
2. 掌握航速与流速之间的关系；
3. 掌握各类计程仪的特点及计程仪航程的计算；
4. 了解船速及计程仪改正率的测定方法。

工作任务

船速及计程仪改正率的测定。

知识准备

一、航速和航程

1. 船速、航速和实际航速

在航海上，船速（Ship's Speed）一般是指船舶在无风流情况下的航行速度，即船舶在静水中单位时间内航行的距离。船速是船舶的一个重要性能指标，一般通过实测求得。新建或坞修后的船舶都需在船速校验线上进行船速的实际测定。

航速则是船舶在考虑到有风的情况下，相对于海水的速度，与流速无关，通常是用相对计程仪测定出来的。

实际航速是指船舶相对于海底的航行速度，是受风流共同影响的速度。

在实际航行中，习惯上把航迹推算中预配或考虑风流影响后的航行速度，叫做推算航速或计划航速，其实就是预计的实际航速，其是拟定航行计划的重要参数，在预算航行时间、求预计抵达时间（ETA）等方面都要用到。

实际航速与航速和流速之间的关系为

$$\overrightarrow{\text{实际航速}} = \overrightarrow{\text{航速}} + \overrightarrow{\text{流速}}$$

2. 根据主机转速求船速

以螺旋桨作为推进器航行的船舶，其航行速度与主机转速有着直接的关系。理论上将螺旋桨在固体中每旋转一周所推进的距离，叫做螺距，用 P 表示，螺旋桨的转速用 n 表示，那么螺旋桨的理论进速度是 nP。由于螺旋桨在水中工作，再加上船舶有很大的阻力，因此，螺旋桨旋转一周推动船舶相对水前进的距离远小于螺距，两者的差值，叫做螺旋桨的滑失（Slip）。把螺旋桨推动船舶相对水的前进速度叫做主机航速，用 V_E 表示，也即航海上习惯称呼的船速。把螺旋桨理论速度 nP 与主机航速 V_E 之差与 nP 的比值（用百分率来表示）称为滑失比。

$$\text{滑失比} = \frac{nP - V_E}{nP} \times 100\%$$

$$V_E = nP\ (1 - \text{滑失比})$$

根据上式，已知滑失比和主机转速，便可估算出主机航速。

但滑失比是一个变数，它与船舶的航行条件有关。例如，风浪对船舶的影响、吃水和吃水差的不同以及污底等因素，都会使滑失比发生变化。因此，船速与主机每分钟转速之间的关系，一般通过船舶在船速校验线上实际测定求得。

3. 用计程仪求航程

计程仪（Log）是测量船舶航速和航程的主要仪器。目前，根据计程仪能够提供速度和航程性质，可以将计程仪分为相对计程仪（Relative Log）和绝对计程仪（Absolute Log）两大类。

相对计程仪只能显示船舶相对于水的航速与航程，即只记录受风影响后的航速与航程，而不能显示受水流影响后的航速与航程，也就是通常所说的“计风不计流”。比如，在无风的海面，船舶停车，随流漂移，这时，船舶没有对水作相对运动，相对计程仪无法计算出其漂移速度，即流速。但是，如果船舶在静水中，停车随风漂移，那么相对计程仪可以计算出其漂移速度，这是因为船舶受风作用对水作相对运动。

绝对计程仪则可以测量船舶相对于海底的航速与航程，即船舶受风流影响后船舶的实际航速与实际航程。

计程仪的种类很多，主要有回转式计程仪、水压力计程仪、电磁式计程仪、多普勒计程仪和声相关计程仪。其中，电磁式计程仪、多普勒计程仪和声相关计程仪是目前船上用得比较多的计程仪。电磁式计程仪是相对计程仪。而多普勒和声相关计程仪发射的超声波的有效作用距离只有几米到十几米，因此，在水深不大时，这两种计程仪可作为绝对计程仪，一般情况下它们也是相对计程仪。

计程仪与所有仪器一样不可避免地存在着误差。计程仪显示出来的里程数叫计程仪读数，用 L 表示。计程仪的改正率为 ΔL，是用百分率表示的计程仪误差与计程仪读数差的比值，表达式为

$$\Delta L = \frac{S_L - (L_2 - L_1)}{L_2 - L_1} \times 100\%$$

式中：ΔL 为计程仪改正率，用百分率表示；S_L 为准确的船舶相对于水的航程，即计程仪航程；L_1，L_2 分别为航行于航程 S_L 的始末的两次计程仪读数。

当计程仪改正率为（+）时，表示计程仪慢了或航程少计了；反之，则表示计程仪快了或航程多计了。因此，准确的计程仪航程，必须经计程仪改正率修正后才能得到，即

$$S_L = (L_2 - L_1)(1 + \Delta L)$$

根据这个公式，我国《航海表》Ⅲ-6 列出了“计程仪改正率表”，利用 $L_2 - L_1$ 和 ΔL 为引数可查得计程仪航程 S_L。

若要预求某时刻或船舶到达某地点的计程仪读数，则应使用的公式为

$$L_2 = L_1 + \frac{S_L}{1 + \Delta L}$$

例 1-4-1：某船的计程仪改正率 $\Delta L = +2.8\%$，0900 时计程仪的读数 $L_1 =$ 88.8 n mile；1030 时计程仪的读数 $L_2 = 104.8$ n mile。求 0900—1030 的计程仪航程。

解：$S_L = (L_2 - L_1)(1 + \Delta L) = (104.8 - 88.8)(1 + 2.8\%) = 16.4$（n mile）

例 1-4-2：某船的相对计程仪改正率 $\Delta L = -4\%$，0800 时从甲地驶向乙地，此时计程仪读数 $L_1 = 120$ n mile。甲乙两地相距 62 n mile，顺流流速为 4 kn，1030 时抵达乙地。求抵达乙地时的计程仪读数 L_2。

解：从甲地到乙地的流程为 $4 \times 2.5 = 10$ n mile

则该船的计程仪航程为 $62 - 10 = 52$ n mile，所以

$$L_2 = L_1 + \frac{S_L}{1 + \Delta L} = 120 + \frac{52}{1 - 4\%} = 174.2 \text{ (n mile)}$$

例 1-4-3：某船从甲地到乙地逆流而行，船速为 15 kn，流速为 2 kn。而船舶顺风航行，风使船速增加 1 kn，船在甲地时的计程仪读数 $L_1 = 120$ n mile，2 h 后抵达乙地时的计程仪读数 $L_2 = 150$ n mile，求相对计程仪改正率 ΔL。

解：该船对水的相对速度为 $15 + 1 = 16$ kn，则计程仪航程 $S_L = 16 \times 2 = 32$ n mile，所以

$$\Delta L = \frac{S_L - (L_2 - L_1)}{L_2 - L_1} \times 100\% = \frac{32 - (150 - 120)}{150 - 120} \times 100\% = 6.7\%$$

二、船速和计程仪改正率的测定

1. 船速校验线应具备的条件

船速校验线一般设在一些重要港口附近的测速场上，有专供船舶试航时用来测定船速和计程仪改正率的横向叠标组，如图 1-4-1 所示。它一般由 3 对横向叠标，或加 1 对导航叠标构成。有关这方面的资料可查阅《航路指南》及《航标表》等。良好的船速校验线应具备以下条件。

（1）校验线的长度应当适当，过短或过长都会影响测定精度。若用于船速在 18 kn 以下的船舶，则其长度应为 1 ~ 2 n mile；若用于船速在 18 kn 以上的船舶，则其长度应为 2 ~ 3 n mile。

（2）船速校验线上的水深应满足

$$h \geqslant 1.5\frac{V^2}{g}+d$$

式中：h 为水深，m；V 为船速，m/s；g 为重力加速度，m/s^2；d 为船舶吃水，m。

如不满足上述条件，会产生浅水附加阻力，影响测速精度。

（3）在船速校验线的两端，应该有宽广的旋回余地，以便船舶在到达第一对横向叠标之前的一定距离上，能够尽早驶上船速校验线。

（4）测速线应能避风浪且最好无流，如果有流，测速线应与流向平行。

（5）测速线附近应确保不存在危险物，而且助航标志易于辨认。

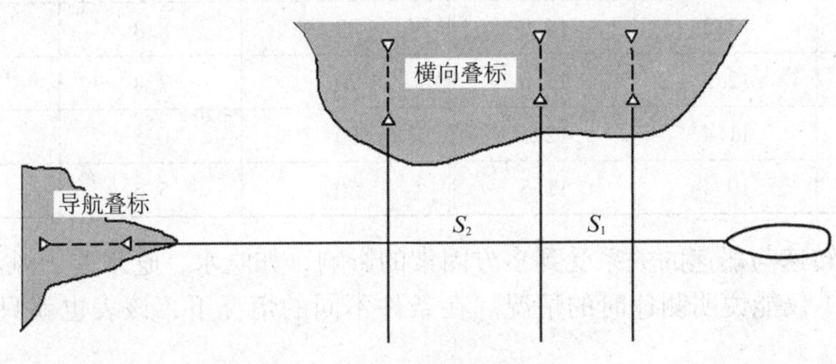

图 1－4－1　测速场

2. 测定船速和计程仪改正率的方法

测定船速的基本计算公式为

$$V_E=\frac{3\,600\times S}{t}$$

式中：V_E为船速，kn；S 为船速校验线上的某一段距离，n mile；t 为在船速校验线上航行 S 距离所需的时间，s。

如果在船速校验线上没有水流影响，则船舶只要沿校验线航行一次，便可直接按上述公式计算出船速。如果有水流影响，则必须在短时间内往返重复测定多次，以消除水流影响。

（1）在恒流影响下，只要往返测定 2 次，分别求出每次测定的船速 V_1 和 V_2，然后利用算术平均值的计算方法得到船速

$$V_E=\frac{1}{2}\ (V_1+V_2)$$

（2）在等加速水流影响下，则必须在短时间内往返重复测定 3 次，分别求出每次测定的船速 V_1，V_2 和 V_3，那么消除水流影响后的船速

$$V_E=\frac{1}{4}\ (V_1+2V_2+V_3)$$

（3）在变加速水流影响下，则在短时间内往返重复测定 4 次，分别求出每次测定的船速 V_1，V_2，V_3 和 V_4，那么消除水流影响后的船速

$$V_E = \frac{1}{8}\ (V_1 + 3V_2 + 3V_3 + V_4)$$

船速一般应在满载、压载情况下分别测定，还可以在半载情况下进行测定。船速测定后，应列出该船的主机转速与船速对照表，如表 1－4－1 所示。该表放在海图上和驾驶台，供驾引人员估计船速和主机转速使用。

表 1－4－1　某船的主机转速与船速对照

主机转速/(r/min)	船速/kn		主机转速/(r/min)	船速/kn	
	满载	压载		满载	压载
140	14.2	14.8	90	9.4	10.1
130	13.2	14.0	80	8.3	9.4
120	12.3	13.0	70	7.4	8.5
110	11.4	12.4	60	6.5	7.7
100	10.4	11.5	50	5.5	6.6

由于主机转速与船速的关系受到多方因素的影响，如吃水、吃水差、风浪和污底等，因此表 1－4－1 仅能说明测速时的情况。在条件不同的情况下，该表也就只能作为航行中的参考。

目前，可以利用高精度的连续定位仪如 GPS 等测定船舶的实际航速，也可以利用自动雷达标绘仪（Automatic Radar Plotting Aid，ARPA）中的导航功能测定船舶的实际航速。

例 1－4－4：某船在 2000 年 8 月 12 日，在某测速场测速，两组叠标间的距离为 1 n mile，该海区的水流为等加速水流，往返航行测定 3 次，记下的时间分别为 $t_1 = 239$ s，$t_2 = 246$ s，$t_3 = 230$ s，求船速。

解：$V_1 = \dfrac{3\,600 \times S}{t_1} = \dfrac{3\,600 \times 1}{239} = 15.06$（kn）

$V_2 = \dfrac{3600 \times 1}{246} = 14.63$（kn）

$V_3 = \dfrac{3600 \times 1}{230} = 15.65$（kn）

$V_E = \dfrac{1}{4}\ (V_1 + 2V_2 + V_3)$

$= \dfrac{1}{4}\ (15.06 + 2 \times 14.63 + 15.65)$

$= 14.99$（kn）

计程仪的改正率 ΔL 也应通过实测求得。对 ΔL 的测定，也应在船速校验线上进行，并按计程仪改正率 ΔL 的公式计算求出。为了消除水流对测定的影响，也要在短时间内在船速校验线上往返重复测定多次，并按以下各种情况求得计程仪改正率 ΔL。

（1）在恒流影响下：$\Delta L = \dfrac{1}{2}\ (\Delta L_1 + \Delta L_2)$

（2）在等加速度水流影响下：$\Delta L = \dfrac{1}{4}\ (\Delta L_1 + 2\Delta L_2 + \Delta L_3)$

（3）在变加速水流影响下：$\Delta L = \frac{1}{8}(\Delta L_1 + 3\Delta L_2 + 3\Delta L_3 + \Delta L_4)$

式中：ΔL_1，ΔL_2，ΔL_3，ΔL_4分别是在船速校验线上，各次测定的计程仪改正率。

例 1－4－5：某船在测速场测定航速及计程仪改正率，设两组横向叠标的间距为 2.2 n mile，在等加速水流中往返测定 3 次，记录如下：

$t_1 = 6^m 08^s$　　$L_1 = 120'.8$　　$L_2 = 123'.2$

$t_2 = 5^m 32^s$　　$L_3 = 123'.7$　　$L_4 = 126'.2$

$t_3 = 6^m 14^s$　　$L_5 = 126'.9$　　$L_6 = 129'.3$

求该船的船速和计程仪改正率。

解：$V_E = \frac{3\,600 \times S}{t}$

$$V_1 = \frac{3\,600 \times 2.2}{368} \approx 21.5\ (kn)$$

$$V_2 = \frac{3\,600 \times 2.2}{332} \approx 23.9\ (kn)$$

$$V_3 = \frac{3\,600 \times 2.2}{374} \approx 21.2\ (kn)$$

$$V_E = \frac{1}{4}(V_1 + 2V_2 + V_3)$$

$$= \frac{1}{4}(21.5 + 2 \times 23.9 + 21.2) = 22.6\ (kn)$$

$$\Delta L = \frac{S_L - (L_2 - L_1)}{L_2 - L_1} \times 100\%$$

$$\Delta L_1 = \frac{2.2 - (123.2 - 120.8)}{123.2 - 120.8} \times 100\% = -8\%$$

$$\Delta L_2 = \frac{2.2 - (126.2 - 123.7)}{126.2 - 123.7} \times 100\% = -12\%$$

$$\Delta L_3 = \frac{2.2 - (129.3 - 126.9)}{129.3 - 126.9} \times 100\% = -8\%$$

$$\Delta L = \frac{1}{4}(\Delta L_1 + 2\Delta L_2 + \Delta L_3)$$

$$= \frac{1}{4}[-8\% + 2 \times (-12\%) + (-8\%)] = -10\%$$

任务实施

任务　船速及计程仪改正率的测定

基本要求：

1. 正确掌握流对船速的影响；
2. 正确掌握船速及计程仪改正率的测定方法。

实施步骤:

1. 准备工作

(1) 学生自带纸笔、计算工具;

(2) 场地及设施准备: 实习船, 专用测速场, 秒表。

2. 实施过程

(1) 学生两人一组, 两人分工协作, 一人负责秒表, 一人负责记录;

(2) 确定测速场当时的水流情况;

(3) 根据水流情况确定测定方案;

(4) 将测定结果与船舶原有的主机转速与船速对照表进行比较, 判定测定精度, 分析原因。

任务评价

评价内容		评价标准	权重	得分
任务完成情况	任务	1. 正确进行时间测定与记录	0.3	
		2. 正确进行航速、计程仪改正率的计算	0.4	
职业素养		1. 遵守船上纪律, 尊重老师, 并服从老师安排 2. 按时认真完成学习及工作任务 3. 有问题能及时提问和反馈意见	0.2	
创新意识		1. 能举一反三 2. 善于提出问题, 总结经验	0.1	
总得分				

任务拓展

1. 解释下列名词:

船速、航速、实际航速、相对计程仪、绝对计程仪和计程仪改正率。

2. 已知 0800 时计程仪读数 $L_1 = 123'.5$, 0930 时计程仪读数 $L_2 = 145'.6$, 计程仪改正率 $\Delta L = 5\%$, 求 S_L。

3. 已知 0800 时相对计程仪读数 $L_1 = 120'.5$, 计程仪航速 V_L为 20 kn, 计程仪改正率 $\Delta L = 5\%$, 求 0930 时计程仪读数。

4. 甲、乙两地相距 20 n mile, 某船自甲地到乙地顶风逆流航行, 船速为 20 kn, 流速为 2 kn, 风使船速下降 2 kn, 分别求相对计程仪与绝对计程仪所指示的航速、航程。

5. 顶风顺流情况下航行, 船舶对水航程为 S_L, 对地航程为 S_G, 船速为 V_E, 航时为 t, 则________。

A. $S_G < S_L < V_E \times t$　　B. $S_L > V_E \times t$, 且 $S_L > S_G$

C. $S_G > S_L > V_E \times t$　　D. $S_L < V_E \times t$, 且 $S_G > S_L$

6. 顶风顶流情况下航行, 船舶对水航程为 S_L, 对地航程为 S_G, 船速为 V_E, 航时为 t, 则________。

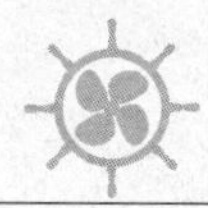

A. $S_G < S_L < V_E \times t$　　B. $S_L > V_E \times t$，且 $S_L > S_G$

C. $S_G > S_L > V_E \times t$　　D. $S_L < V_E \times t$，且 $S_G > S_L$

7. 某船的船速为 12 kn，航行 2 h 后相对计程仪读数差为 24′.0，计程仪改正率 $\Delta L = 0\%$，已知该船的实际航程为 24 n mile，则该船航行在________中。

A. 无风流　　B. 有风无流　　C. 有流无风　　D. 有风流

8. 某船的船速为 12 kn，航行 2 h 后相对计程仪读数差为 27′.0，计程仪改正率 $\Delta L = 0\%$，已知该船的实际航程为 30 n mile，则该船航行在________中。

A. 顺风顺流　　B. 顶风顺流　　C. 顶流顺风　　D. 顶风顶流

9. 某船的船速为 12 kn，逆风逆流航行，流速为 1 kn，风使船减速 1 kn，0600 时计程仪读数为 120.′0，计程仪改正率 $\Delta L = +3\%$，则 1 h 后相对计程仪读数为________。

A. 128′.7　　B. 129′.7　　C. 130′.7　　D. 131′.7

10. 某船的船速为 14 kn，顺风顺流航行，流速为 2 kn，风使船增速 1 kn，0600 时计程仪读数为 100′.0，计程仪改正率 $\Delta L = -5\%$，则 2 h 后相对计程仪读数为________。

A. 129′.5　　B. 131′.6　　C. 133′.7　　D. 135′.8

11. 某船的船速为 17 kn，航行 2 h 后相对计程仪读数差为 36′.0，计程仪改正率 $\Delta L = 0\%$，已知该船的实际航程为 34 n mile，则该船航行在________中。

A. 无风无流　　B. 顶风顺流　　C. 顶流顺风　　D. 顶风顶流

12. 在有等加速流存在的船速校验场测定船速时，为了提高测速精度，在短时间内往返重复测定了若干次，则实际的船速计算公式为________。

A. $V = (V_1 + V_2)/2$　　B. $V = (V_1 + V_2 + V_3)/3$

C. $V = (V_1 + 2V_2 + V_3)/4$　　D. $V = (V_1 + 3V_2 + 3V_3 + V_4)/8$

项目二 海图识读

核心概念

海图、投影变形、局部比例尺、恒向线、墨卡托投影、高斯投影、纬度渐长率、海图基准面、海图图式、助航标志

项目描述

海图是航海的重要工具之一。航行前拟定计划航线、制订航行计划；航行中进行航迹推算、定位、导航和避险等；航行结束后总结航行经验和发生海事后分析事故原因、判断事故责任等，这些都离不开海图。本项目主要描述海图的各种投影方法，海图上各种符号的表示方法，并着重描述墨卡托海图的制图原理及特点。

学习目标

1. 掌握海图投影的方法；
2. 掌握各种投影海图的特点及使用要领；
3. 掌握墨卡托海图的基本制图原理；
4. 掌握中、英版海图的识读；
5. 掌握灯标、灯质的表示方法；
6. 掌握海图的分类、使用及保管方法。

模块1　海图的投影、分类及使用

模块描述

地球表面是一个不可展开的封闭曲面，而海图是平面图像，为了得到地球表面的平面图像，必须按照一定的投影方法将地球表面元素描绘到平面上。不同需要的海图有不同的投影方法。

本模块主要描述海图的比例尺及各种不同投影方法，重点描述墨卡托海图的制图原理、特点及使用方法，海图的分类使用及保管。

学习目标

1. 了解各种地图投影的方法；

2. 掌握局部比例尺、普通比例尺（基准比例尺）的概念、取值方法和表示法，海图比例尺与海图极限精度的关系；

3. 掌握恒向线的定义和特点；

4. 掌握墨卡托海图的制图原理及图网的特点，高斯投影及其图网特点和在航海上的应用，大圆海图的投影方法、图网特点及其使用注意事项；

5. 掌握海图的分类、使用及保管方法。

工作任务

墨卡托海图的绘制及海图的鉴别。

知识准备

一、概述

海图（Chart）是为了航海需要而专门绘制的一种地图。图上详细绘画了航海所需要的各种资料，如岸线、水深、底质、航行危险物和助航标志等。海图是航海的重要工具之一，对于航海工作者来说，海图是须臾不能离开的。它用于航行前拟定计划航线、制订航行计划；航行中进行航迹推算、定位、导航和避险；航行后总结航行经验，以及发生海事后分析事故原因、判断事故责任等。因此，驾驶员必须正确了解海图的特点，熟悉海图上标注的各种航海资料，正确地使用和保管海图。

在我国，海图的使用历史可以追溯到公元13世纪初。公元1405年至1433年间，我国明代杰出的航海家郑和就利用当时绘制的“郑和航海图”创下了七下西洋的壮举。这

些图对航海资料已经有较详细的描述，是现代海图的雏形。

世界上许多国家都出版本国沿海的海图，有的还出版全球范围的海图。目前，我国除出版本国沿海的海图外，为适应远洋运输需要，已出版了西北太平洋、东南亚和世界各大洋的海图，但在远洋船队中，仍大量使用外版海图，主要是英版海图。因此，熟悉英版海图是十分重要的。

随着电子技术的发展，电子海图已经在航海上得到广泛应用。

二、地图投影的分类

地图是将地球表面的部分或全部，按一定的数学法则和比例绘画到平面上的投影图。这种数学投影的方法，就是地图投影。

由于曲面与平面的差异，投影不可避免地会产生变形，如长度变形、面积变形和角度变形等，因此应根据不同需要，选用不同的投影方法控制地图的变形。

1. 按变形性质分

1）等角投影

等角投影又称正形投影。在等角投影中，地面上某地一个角度，投影到地图上后仍能保持其角度的大小不变，但不能保证对应的面积成恒定比例。航海上，通常要求海图上的向位与地面上观测到的向位保持一致，而等角投影的海图就满足了这一要求，因此绝大多数海图都采用该投影方式。

2）等积投影

等积投影是保持地面上与图上相对应处的面积成恒定比例的一种投影方法。但这种投影不能同时保持等角，即等角与等积不能在同一投影中同时被满足。由于这种投影便于面积比较，因此多用于行政地图。

3）任意投影

任意投影是指既不等角也不等积的各种投影方法。它是根据某种特殊需要或为了解决某种特定问题，而制定的地图投影方法，如航海中使用的大圆海图就是利用这种投影方法制作的。

2. 按构成地图图网的方法分类

1）圆柱投影

设想将一圆柱套在地球上，圆柱轴通过地心，圆柱表面与地球表面相切或相割，通过某种数学方法将经纬线投影到圆柱面上，然后沿母线将圆柱切开展平，就可得到圆柱投影图网。按圆柱轴与地轴重合、垂直或斜交 3 种位置关系，可将圆柱投影分别称为正圆柱投影、横圆柱投影或斜圆柱投影，如图 2－1－1 所示。同时，按投影的变形性质圆柱投影又可分为等角、等积或任意圆柱投影。墨卡托海图属于等角正圆柱投影，高斯投影属于等角横圆柱投影。

2）圆锥投影

设想将一圆锥套在地球上，圆锥面与地球表面相割或相切，通过某种数学法则将地球上的经线和纬线投影到圆锥表面上，然后沿圆锥母线切开展平，就可得到圆锥投影图网。按圆锥轴与地轴的重合、垂直或斜交 3 种位置关系，可将圆锥投影分别称为正圆锥投影、横圆锥投影或斜圆锥投影。同时，按投影的变形性质圆锥投影又可分为等角、等

积或任意圆锥投影。另外，如果投影在一个圆锥上，叫单圆锥投影；如果投影在几个相切于不同纬度圈的圆锥上，叫做多圆锥投影，如图2-1-2所示。

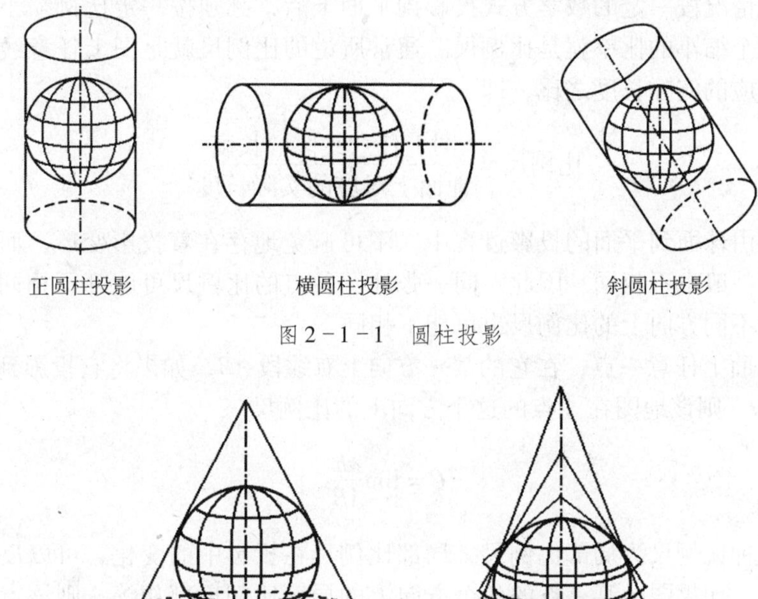

图2-1-1　圆柱投影

图2-1-2　圆锥投影

3）平面投影

平面投影又称方位投影。它是将地面上的经线和纬线直接投影到与地面相切或相割的平面上的投影方法。此种投影的投影中心到任何一点的方位角均保持与实地的方位角相等，故又称为方位投影。平面投影属透视投影，即以某一点为视点，将地球表面上的物标直接投射到投影面上的投影方法。根据视点的位置不同，平面投影又可分为如下几种。

（1）外射投影：视点在球外，如图2-1-3（a）所示。

（2）极射投影：视点在球面上，如图2-1-3（b）所示。航海上常用它来绘制半球星图。

（3）心射投影：又称日晷投影，视点在球心，如图2-1-3（c）所示。航海上常用的心射投影的投影平面是与地球面相切的平面。由于这种投影的投影图上的任意直线都是大圆弧，因此航海上设计大圆航线的大圆海图就是心射投影图。另外，某些大比例尺港湾图及极区海图也常用心射投影图。

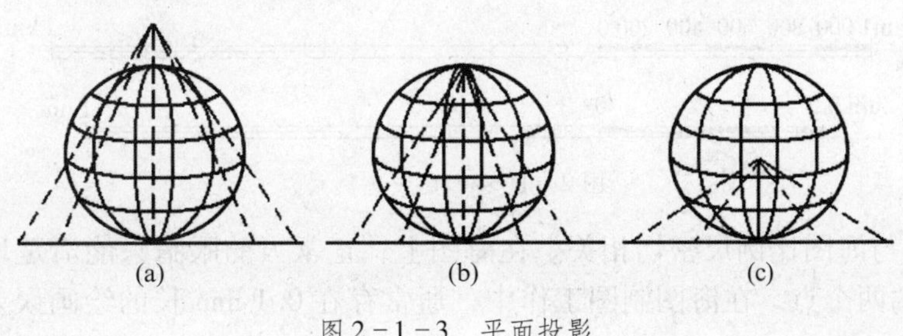

图2-1-3　平面投影

三、海图比例尺

地球表面情况按一定的数学方式投影到平面上后，必须按一定比例缩小后才能绘制到海图上，这个缩小的比率就是比例尺。通常所说的比例尺就是图上任意线段的长度与地面上与之对应的实际长度之比，即

$$比例尺=\frac{图上任意线段的长度}{地面上对应的实际长度}$$

然而，在由球面到平面的投影过程中，不可避免地存在着投影变形，而且，不同部位变形的程度一般也不相同。因此，同一张地图各点的比例尺可能都不相同，有时同一地点上的各个不同方向上的比例尺也可能不相同。

设 A 为地面上任意一点，在它的某一方向上有线段 AB，如果将它投影到地图上变成图上线段为 ab，则该地图在 A 点的这个方向上的比例尺

$$C=\lim_{AB\to 0}\frac{ab}{AB}$$

我们称这种比例尺为局部比例尺。局部比例尺在投影中的变化，可以反映出地图投影的变形特点。如果图上某一点的各个方向上的局部比例尺都相等，则该点处的微小图形与对应的地面形状保持相似，并且在这一点上能够保持角度不变形，这就是等角投影，如墨卡托投影图、高斯投影图等。

在地图上注明的比例尺，称为普通比例尺或基准比例尺。它是图上某点或某条线上的局部比例尺，或者是图上各个局部比例尺的平均值。在墨卡托海图上，在给出比例尺的同时给出了基准纬度。例如，比例尺表示为1∶350 000（基准纬度30°）意思就是在纬度30°的纬线上的局部比例尺为1∶350 000，其他纬度上的比例尺则各不相等。判断各张海图的比例是否相同，那就看它们在同一基准纬度的比例尺是否相同，有时基准纬度可不在图区范围内。

海图比例尺的表示方法有2种，即数字比例尺与直线比例尺。数字比例尺以比例或分数的形式出现，如1∶350 000或1/350 000就是数字比例尺，表示海图上一个单位长度等于地面上35万相同单位的长度。这种比例尺表示方法：分母的数值越大，比例尺越小；分母的数值越小，比例尺就越大。直线比例尺一般用比例图尺绘画在海图标题栏内或图边适当的地方，如图2－1－4所示。

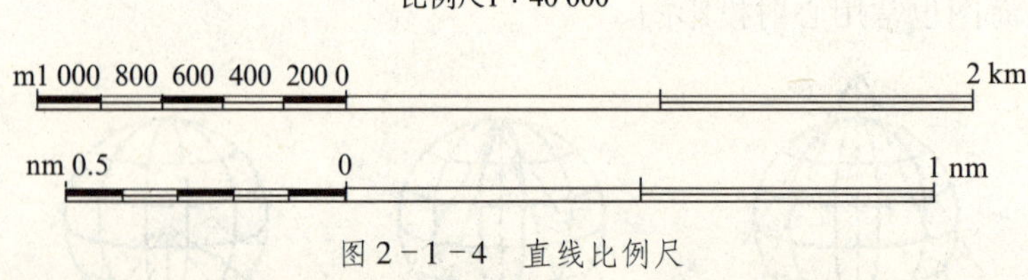

图2－1－4　直线比例尺

海图精度与海图比例尺密切相关。在海图上，正常人的眼睛只能清楚地分辨出大于0.1 mm间距的两个点。在海图制图工作中，通常存在0.1 mm长的绘画误差。其对应的

实际地面长度，叫做比例尺的精度，或者称海图的极限精度。不同比例尺的海图都有自己的极限精度，如表 2-1-1 所示。在海图作业中，通常用削尖的铅笔尖在图上点一小点，其最小直径有 0.2 mm。这是在海图作业时能够分辨和量出的最小距离。在比例尺 1∶250 000的海图上，0.2 mm 相当于实际的地面长度为 50 m，因此，在该海图上无法量取小于 50 m 的长度。很明显，比例尺越大，作图精度就越高。

表 2-1-1　各种比例尺海图的极限精度　　m

海图比例尺	极限精度
<1∶3 000 000	>300
1∶1 000 000 ~ 1∶2 990 000	100 ~ 299
1∶200 000 ~ 1∶990 000	20 ~ 99
1∶100 000 ~ 1∶190 000	10 ~ 19
1∶20 000 ~ 1∶90 000	2 ~ 9
>1∶20 000	<2

海图比例尺的大小决定了图上资料的详尽程度及图区范围的大小。比例尺越大，图上的资料越详细，但图区范围就小些，在海图作业时，尽可能选择大比例尺海图，这样既可获得更多的航海资料，又可提高海图作业精度；比例尺越小，图区范围越大，但资料就粗略些，在拟定航行计划时，应使用小比例的海图。

四、恒向线

恒向线（Rhumb Line），又称等角航线，是地球表面上与子午线保持恒定交角的曲线，如图 2-1-5 所示。如果船舶始终按恒定的航向航行，那么船舶航行的理想轨迹就是一条恒向线。

船舶在海上航行时，在可能的情况下，如能保持恒定航向航行，则无疑大大方便了操作。事实上，在纬度不太高，航程不太远的海区，船舶一般都采用恒向线航行。即便在跨越大洋航行时使用的是大圆航线，大部分船舶也是采用分段恒向线航行，也就是说，将大圆航线分成若干段，每段仍按恒向线航行，有关具体内容将在航线设计中详述。设船舶从 A 点（φ_1，λ_1）出发，以航向 C 向 B 点（φ_2，λ_2）航行，可以证明其恒向线方程为

$$\lambda_2 - \lambda_1 = \tan C\left[\ln\tan\left(\frac{\pi}{4}+\frac{\varphi_2}{2}\right)\left(\frac{1-e\sin\varphi_2}{1+e\sin\varphi_2}\right)^{\frac{e}{2}} - \ln\tan\left(\frac{\pi}{4}+\frac{\varphi_1}{2}\right)\left(\frac{1-e\sin\varphi_1}{1+e\sin\varphi_1}\right)^{\frac{e}{2}}\right]$$

如视地球为圆球体，同样可以推导出恒向线方程为

$$\lambda_2 - \lambda_1 = \tan C\left[\ln\tan\left(\frac{\pi}{4}+\frac{\varphi_2}{2}\right) - \ln\tan\left(\frac{\pi}{4}+\frac{\varphi_1}{2}\right)\right]$$

可见，恒向线是一条趋向极地的对数螺旋曲线。

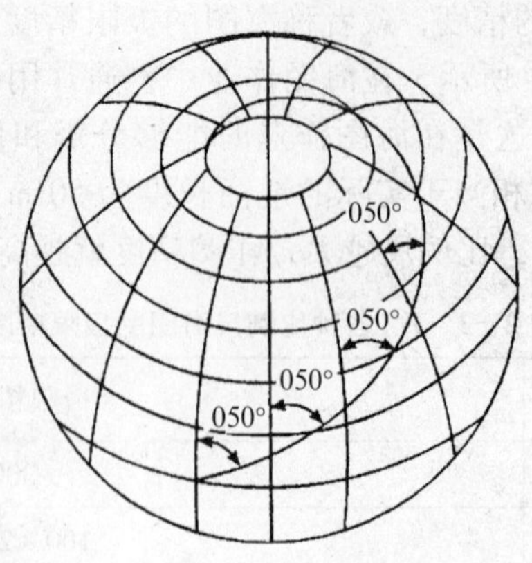

图 2-1-5　恒向线

根据恒向线方程可得出恒向线具有以下特点：

（1）恒向线与所有经线相交成相等的角度。故沿恒向线航行，不需改变航向。但它一般不是地面上两点间的最短航程。

（2）当航向为 000°或 180°时，恒向线是一条经线，所以经线既是恒向线又是大圆弧。

（3）当航向为 090°或 270°时，恒向线与纬度圈重合。如纬度为 0°，则恒向线与赤道重合，即赤道既是恒向线又是大圆弧。

（4）除航向为 000°、090°、180°和 270°外，恒向线与每条纬线相交一次，与每条经线相交无数次，它逐渐接近极点，但始终到不了极点。

五、墨卡托海图

1. 墨卡托投影原理

为了便于在航用海图上绘画恒向线航线和方位线，航用海图必须具备以下 2 个条件：一是恒向线在海图上是直线；二是海图投影性质应是等角投影。

1569 年荷兰制图学家拉德·克列密尔（Gerhard Kremer）创造了能同时满足上述 2 个条件的投影方法。由于他的拉丁名字为墨卡托（Mercator），因此以后用这种方法制成的海图称为墨卡托海图。墨卡托海图是等角正圆柱投影图，占目前海图的 95% 以上。

设想将一圆柱套在地球表面，使圆柱轴与地轴重合，圆柱面与赤道相切，通过某一数学计算法则将地球面上的经、纬线投影到圆柱面上，然后沿圆柱母线切开展平，就可得到墨卡托投影网图，如图 2-1-6 所示。

从图 2-1-6 中可以看出，经过投影，所有纬线都拉长到与赤道等长，由于不同纬度的纬线长度不一样，因此其拉长的倍数也不一样，纬度越高，其拉长的倍数就越大，因而为了满足等角投影的特点，不同纬度处的经线也要作相应的拉长，并且拉长的倍数与纬线拉长的倍数相等。经过这样的处理，地面上不同纬度处大小相等的微分圆，投影后，高纬度处的小圆面积变大了，但它们的实际形状和实地相似，即墨卡托投影图在各个方向上的局部比例尺相等，是等角正圆柱投影。

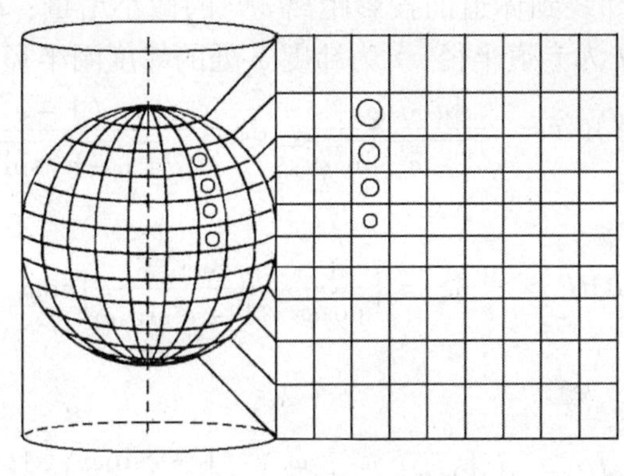

图 2－1－6　墨卡托图网

2. 纬度渐长率

以上所述，墨卡托投影是通过某种数学计算法则将地球表面上的元素投影到圆柱面上，使投影具有等角的性质。以下简要说明其数学推导过程。

如图 2－1－7 所示，地球椭圆体表面上微量球面梯形 *ABCD*，将它投影到墨卡托海图上，变成矩形 *abcd*，由于墨卡托投影是等角投影，因此地图上任意一点的各个方向上的局部比例尺都相等。数学上已经证明，只要任意点的经线和纬线两个相互垂直的主方向上的局部比例尺相等，那么该点在各个方向上的局部比例尺也一定相等。

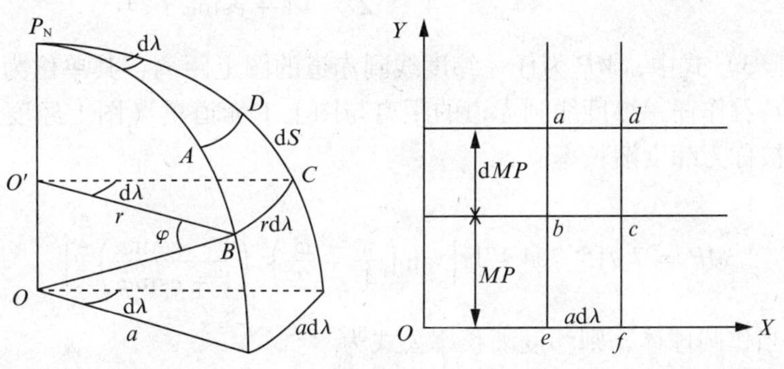

图 2－1－7　地球椭圆体微量梯形面投影

据上所述，等角投影须满足

$$\lim_{AB\to 0}\frac{ab}{AB}=\lim_{BC\to 0}\frac{bc}{BC}$$

即

$$\frac{\mathrm{d}MP}{\mathrm{d}S}=\frac{a\mathrm{d}\lambda}{r\mathrm{d}\lambda}=\frac{a}{r}$$

故

$$\mathrm{d}MP=\frac{a}{r}\mathrm{d}S \qquad (2-1-1)$$

式中：$\mathrm{d}MP$ 为纬度 φ 处纬线到赤道的投影距离 MP 的微小增量；$\mathrm{d}S$ 为对应于 $\mathrm{d}\varphi$ 的椭圆子午线上的微小增量；a 为赤道半径；r 为纬度 φ 处的纬度圈半径。

通过数学推导，得知 $r=\dfrac{a\cos\varphi}{\sqrt{1-e^2\sin^2\varphi}}$，$\mathrm{d}S=\dfrac{a\ (1-e^2)}{\sqrt{(1-e^2\sin^2\varphi)^3}}\mathrm{d}\varphi$，将其代入式（2－1－1），得到

$$\mathrm{d}MP=\frac{a}{r}\mathrm{d}S=\left(\frac{1}{\cos\varphi}-\frac{e\cos\varphi}{1-e^2\sin^2\varphi}\right)a\mathrm{d}\varphi$$

积分后得到

$$MP=a\ln\left[\tan\left(\frac{\pi}{4}+\frac{\varphi}{2}\right)\left(\frac{1-e\sin\varphi}{1+e\sin\varphi}\right)^{\frac{e}{2}}\right] \qquad (2-1-2)$$

式中，a 为赤道的半径，显然 MP 与 a 单位相同。

为了制图方便，引进赤道里的概念，即 1 赤道里为赤道上经度 1 分的弧长，其长度根据各国所采用的地球椭圆体参数不同而略有不同，约为 1 855.36 m。

1 赤道里 $=a\cdot\mathrm{arc}1'$，$a=1/\mathrm{arc}1'$赤道里 $=3\,437.746\,771$ 赤道里。将其代入式（2－1－2），并将自然对数换算成常用对数，得

$$MP=7\,915.704\,47\lg\left[\tan\left(\frac{\pi}{4}+\frac{\varphi}{2}\right)\left(\frac{1-e\sin\varphi}{1+e\sin\varphi}\right)^{\frac{e}{2}}\right]\text{（赤道里）} \qquad (2-1-3)$$

在（2－1－3）式中，MP 为任一纬度线到赤道的图上距离，其单位为赤道里。为方便计算，将 MP 看作任一纬度线到赤道的距离与图上 1 赤道里（图上经度 1 分长度）的比值，故 MP 被称为纬度渐长率。

$$MP=7\,915.704\,47\lg\left[\tan\left(\frac{\pi}{4}+\frac{\varphi}{2}\right)\left(\frac{1-e\sin\varphi}{1+e\sin\varphi}\right)^{\frac{e}{2}}\right] \qquad (2-1-4)$$

如将地球当作圆球体，则纬度渐长率公式为

$$MP=7\,915.704\,47\lg\tan\left(\frac{\pi}{4}+\frac{\varphi}{2}\right)$$

我国《航海表》Ⅲ-3“纬度渐长率表”，就是根据式（2－1－4）计算出来的，其数值表示某纬线到赤道以图上 1 赤道里（图上经度 1 分的长度）为单位的距离数。例如，在《航海表》Ⅲ－3 中查得纬度 36°的纬度渐长率为 2 304.5，如果某图上经度 1 分的长度定为 1 cm，则该图上 36°纬线到赤道的图上距离为 2 304.5 cm；如果某图上经度 1 分的长度定为 0.4 cm，则该图上 36°纬线到赤道的图上距离为 2 304.5 ×0.4 =921.8 cm。

所以，在绘制墨卡托海图图网时，距离单位是图上经度 1 分的长度，经线之间的距离等于这两条经线之间的经差（以分表示）；纬线之间的距离等于这两条纬线的纬度渐长率之差（DMP）。只要满足这样的条件，则该图就满足等角投影的要求，就是墨卡托海图。

上述结论，可以利用某墨卡托海图来检验。例如，我国海图 12 000 上成山角到长江

口的图幅为678.4×984.2，单位为mm。图幅范围是119°09′E～124°41′E和30°49′N～37°29′N。根据图幅宽度和图幅经度，可以计算出图上1分经度的长度

$$1'\text{经度图长}=\frac{\text{图幅宽度}}{\text{图幅经差（分）}}=\frac{678.4}{124°41'\text{E}-119°09'\text{E}}=\frac{678.4}{332}=2.0434\ \text{mm}$$

根据图幅纬度查纬度渐长率表，可以求出海图图廓南北纬线之间的 *DMP*

$$\begin{array}{llrr} \varphi & 37°29'\text{N} & MP_{\text{N}} & 2\,415.044\,7 \\ \varphi & 30°49'\text{N} & -)\ MP_{\text{S}} & 1\,933.396\,9 \\ \hline & & DMP & 481.647\,8 \end{array}$$

这样，图廓南北纬线的距离＝*DMP*×图上经度1分的长度

＝481.6478×2.0434

＝984.2 mm

计算结果与图幅数据一致，说明上述计算方法是正确的。

用同样的方法可以求得其他不同纬线间的距离，以此绘制出墨卡托海图图网。

利用以上方法，可根据需要自行绘制一张空白定位图。空白定位图是一种用墨卡托投影绘制的空白海图，图上只绘出经线、纬线、经度图尺、纬度图尺和罗经花，当船舶在大洋航行时，使用的是小比例尺海图，这样利用空白定位图可以减小海图作图误差。另外，当发生海事，需要绘画事故分析图时，也需要空白定位图。如果船上缺少空白定位图，则可自行绘制，步骤如下：

（1）根据图幅大小和经差范围，计算出图上1分经度的长度；

（2）根据“经差（分）×图上1分经度的长度”，画出图幅内等间隔的相互平行的经线；

（3）根据图幅纬度，查得各纬线的纬度渐长率 *MP*，并计算出相邻纬线的纬度渐长率差，乘以图上1分经度的长度，得相邻纬线的图上间距，按比例画出各相互平行的纬度线，并与经线垂直。

例2-1-1：以图上1°经度等于6 cm的比例尺，绘制一张范围为120°E～124°E，32°N～36°N的墨卡托图网。

解：（1）图上经度1分的长度＝6÷60＝0.1 cm。

（2）经度范围为124°E－120°E＝4°，图幅宽度为6×4＝24 cm。按6 cm的间隔分别画出120°E、121°E、122°E、123°E和124°E的经线，且互相平行。

（3）各纬线间的间隔，查“纬度渐长率表”，列表计算，如表2-1-2所示。

表2-1-2　各纬线间的距离间隔

纬度 φ	纬度渐长率 *MP*	纬度渐长率差 *DMP*	相邻纬线在图上的间隔 *DMP*×1分经度的长度/cm
36°N	2 304.5	73.4	7.34
35°N	2 223.1		
34°N	2 158.2	72.5	7.25
33°N	2 087.0	71.6	7.16
32°N	2 016.2	70.8	7.08

按上述计算结果，画出各整度纬线，并且相互平行，且垂直于经线，如图 2－1－8 所示。

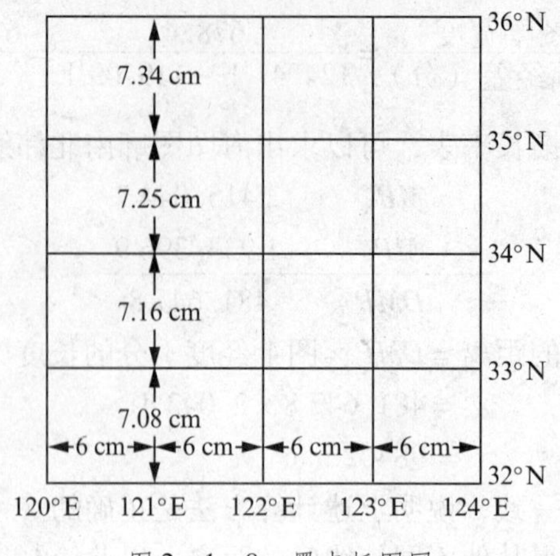

图 2－1－8　墨卡托图网

3. 绘制简易墨卡托图网

根据墨卡托海图投影原理，在实际工作中，如果对构制的墨卡托图网的精度要求不高，则可以使用简易的方法绘制墨卡托海图。如图 2－1－7 所示，把地球看作圆球体，$ABCD$ 为地面上一微小球面梯形，微小经差为 $d\lambda$，取相同微小纬差 $d\varphi$，赤道上对应的弧长为 $ad\lambda$，从球面几何得知 BC 弧长 $= rd\lambda = a\cos\varphi d\lambda$，投影到地图上后，$bc = ad\lambda$，故 $bc = BC\sec\varphi$，也就是说纬度圈弧长是被扩大了 $\sec\varphi$ 倍后画在海图上的，为了保持等角关系，沿经线方向上的弧长 AB 也应扩大 $\sec\varphi$ 倍画在海图上，即 $ab = AB\sec\varphi = a\sec\varphi d\lambda = bc\sec\varphi$。在实际作图时，由于范围较大，两纬线间的经线上各点的纬度不同，故其伸长倍数也不同，为画图方便，取相邻纬线间的平均纬度（φ_m）的 $\sec\varphi_m$ 作为两纬线间经线上的平均伸长率。下面用例题来说明绘制方法。

例 2－1－2：以 1°经差等于 6 cm 的比例尺，绘制范围 120°E～124°E，32°N～36°N 的简易墨卡托海图。

解：如图 2－1－9 所示。

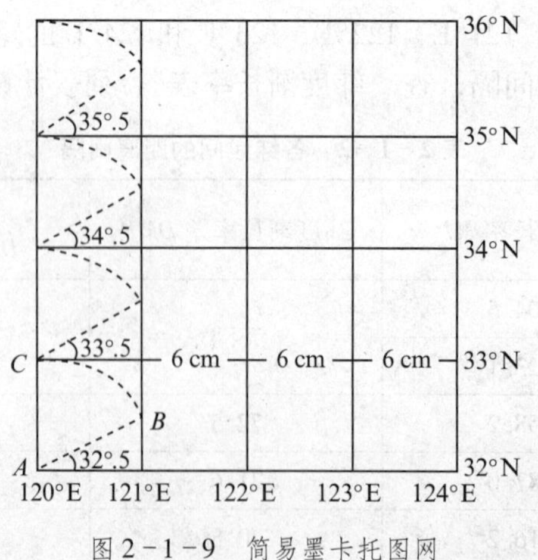

图 2－1－9　简易墨卡托图网

（1）过适当点 A 画 32°N 纬线，自该点起间隔 6 cm 画 5 条经线，即 120°E、121°E、122°E、123°E 和 124°E 的经线；

（2）以 A 为顶点，32°N 纬线为始边，作一角度 $\varphi_m = \frac{32° + 33°}{2} = 32°.5$，其终边交于邻近经线（121°E 经线）一点为 B；

（3）以 AB 为半径画弧，交 120°E 经线于 C 点，则过 C 点的纬线即为 33°N 纬线；

（4）用同样的方法可画出 34°N，35°N，36°N 的纬线。

4. 墨卡托海图的特点和使用注意事项

综上所述，墨卡托海图的主要特点有以下几点。

（1）具有等角投影的性质，恒向线是直线。

（2）所有经线相互平行，间隔相等；所有纬线相互相行，纬线越高，间距越大；经、纬线相互垂直。

（3）图上任一点在各个方向上的比例尺均相同，同一纬线各点局部比例尺相同，不同纬线的局部比例尺不同，纬度越高比例尺越大。

（4）图上纬度 1′的长度随纬度升高而渐长。在墨卡托海图中，纬度 1′的长度随纬度的升高而逐渐变长，因此墨卡托海图也称为渐长纬度海图。为此，在墨卡托海图上量取距离时，应该在相应的纬度图尺上量取，或者在所量地区的平均纬度的纬度图尺上量取。另外，由于纬度的渐长，这种海图不适用于高纬度区域，因此墨卡托海图一般不超过 70°，很少有接近 80°的。

六、其他海图

1. 高斯投影图

高斯投影是由德国数学家、物理学家、天文学家高斯于 19 世纪 20 年代拟定的，后经德国大地测量学家克吕格于 1912 年对投影公式加以补充，故又称为高斯-克吕格投影，是等角横圆柱投影。

如图 2-1-10 所示，设想将一圆柱横切于地球椭圆体的某一子午圈上。这条相切的子午线叫做轴子午线（或中央经线、中央子午线），这时的圆柱轴与地轴垂直且在赤道平面上。然后，通过一定的数学投影法则将地球表面的元素投影到圆柱表面，再将圆柱展开成平面，成为高斯-克吕格投影图。

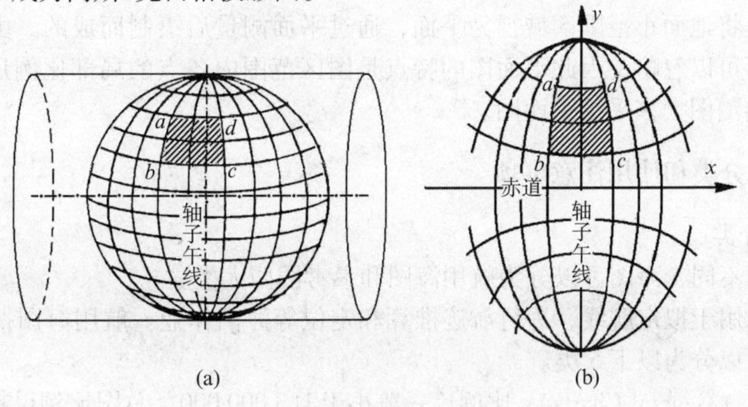

图 2-1-10　高斯投影

可以看出，轴子午线投影后没有长度变形，而离轴子午线越远的子午线变形愈大，最大变形为1/750。因此，用高斯投影来描绘轴子午线附近的狭长地带变形很小，也能保证小范围图像与地面实际形状相似，即具有等角正形的特点，这个狭长的带状的经、纬线网叫做高斯-克吕格投影带。通常在实际制图中，每隔6°作一个投影带，全球分为60个投影带，也有每隔3°作一个投影带的。我国的各种大、中比例尺地形图采用不同的高斯-克吕格投影带，通常比例尺大于1∶10 000的地形图采用3°带；1∶25 000至1∶50 000的地形图采用6°带。高斯投影图具有以下特点：

（1）具有等角正形投影的性质；

（2）轴子午线投影后为直线，无变形，其余经线是对称于轴子午线的曲线；

（3）轴子午线附近变形小，适用于描绘经差小、纬差大的狭长地带；

（4）赤道是垂直于轴子午线的另一直线，其余纬线是对称于赤道的曲线；

（5）极区变形也较小，可以用来绘制高纬度区域的地图。

根据以上特点，高斯投影通常用来绘制大比例尺港泊图、高纬度海区的海图以及其他一些特殊用途的海图。在我国，一些比例尺在1∶20 000及更大的港泊图常用高斯投影法绘制。中纬度以下的港泊图，由于图区范围小，投影后经、纬线变形甚微，可以把它们当作直线看待，因此，这种海图可以把它看作与墨卡托海图一样来使用。

2. 心射投影图

心射投影是将球相切于平面，投影中心与地心重合，将地球上的经、纬线直接投影到平面上。根据切点不同，可分切点在极地的极切投影，适合绘制极区图；切点在赤道的赤道切投影；任意切投影。

心射投影切点附近变形小，英版大比例尺港泊图，常采用这种投影。

另外，心射投影的另一个重要特点就是大圆弧投影后是直线，根据这一特点，航海上使用它来绘制大圆海图。

大圆海图主要用于绘制大圆航线，驾驶员可以直接用直尺画出表示大圆弧的直线，这样很容易将大圆弧用几个分点分成几段，以恒向线的形式将各段移画到航用海图上。大圆海图不是等角投影，不可在大圆海图上直接量取方向或夹角，也不能直接量取距离。不过对于航海工作者来说，这些并不重要，主要是因为大圆海图的主要任务是求分点，不是用来进行推算与定位。

3. 平面图

平面图是将地面小范围区域视为平面，通过平面测量后绘制而成的。由于图区范围小，投影变形可以忽略，因此平面图的特点是图区范围内各点的局部比例尺都相等。英版大比例尺港泊图大多采用平面图。

七、海图分类和使用注意事项

1. 海图分类

根据作用不同，海图可以分为航用海图和参考图两大类。

航用海图用于拟定航线、进行航迹推算和定位等海图作业。航用海图按比例尺的大小，一般又可以分为以下5类。

（1）总图（General Charts）：比例尺一般小于1∶3 000 000。总图比例尺越小，图区包

括范围越广。图上只对在远离海岸航行时，能看到的重要物标和灯塔，以及与海岸有一定距离的航海危险物进行标注。对沿岸航海危险物，仅作概略描述。总图只能作为船舶在大洋航行时，研究总的航行条件、拟定大洋航线和制订总的航行计划用。

（2）远洋航行图（Ocean Sailing Charts）：比例尺一般在1∶2 900 000～1∶1 000 000。图上详细标有海上平台、井架等近海设施，一般还标有图区主要的山头及岛顶高程、主要无线电助航标志以及特别重要的灯塔、灯桩、灯船和浮标等。远洋航行图一般可用于远洋航行或作为航行参考图用。

（3）近海航行图（Offshore Sailing Charts）：比例尺一般在1∶990 000～1∶200 000。图上详细标有近海航行所需要的灯塔、灯桩、灯船、浮标、无线电助航标志及航行障碍物等。图上一般还标有沿海较主要的航道、码头、防波堤、港外较大的锚地和港口沿岸较显著的建筑物。近海航行图主要供船舶在近海航行时海图作业用。

（4）沿岸航行图（Coastal Sailing Charts）：比例尺一般在1∶190 000～1∶100 000。图上一般都详细标有除供港湾内用的助航标志以外的其他各种助航标志外，还详细标有港口附近的主要航道及其疏浚深度或扫海深度、港外锚地和较大港湾内的码头、防波堤、海上平台等近海设施以及沿海陆地主要地貌、地物等。沿岸航行图可供船舶沿岸和狭水道航行用。

（5）港湾图（Harbour Charts）：比例尺一般大于1∶100 000。图上除详细标有各种助航标志外，还详细标有各种航道及其疏浚深度或扫海深度、锚地和锚位，以及码头、防波堤、船坞、系船浮筒和系船灯桩等港口资料。港湾图一般可供船舶进出港湾、锚地，通过狭窄水道及港口管理等使用。

参考图是为了某种航海的特殊需要而专门绘制的海图，一般不可以用作航迹推算和定位。如供无线电定位系统用的“位置线图网”（Latticed Charts）、为设计大洋航线用的“航路设计图”（Routeing Charts）、“大圆海图”（Gnomonic Charts）、“气候图”（Climatic Charts）、“世界载重线区域图”（Zones，Areas and Seasonal Periods for Commercial Vessels），以及“等磁差曲线图”（Magnetic Variation Charts）、“冰况图”（Ice Charts）等。

按绘制图网的方法，即地图投影方法的不同，海图又可分为墨卡托海图、高斯投影海图、大圆海图和平面图等。

我国出版的海图中，比例尺小于1∶20 000的海图，一般采用墨卡托投影原理绘制，其基准纬线一般为本图的中央纬线。比例尺相同的成套航行图，以覆盖区域的中央纬线为基准纬线。国内海区1∶20 000及更大比例尺的海图采用平面图或高斯-克吕格投影，通常又称为港泊图；国外海区1∶20 000及更大比例尺的海图一般采用平面图。当制图区域60%以上地区的纬度高于75°时，图幅采用日晷投影。

英版海图按水深和高程单位可分米制海图和拓制海图。米制海图的水深和高程单位均为米；拓制海图的水深单位为拓或英尺，高程单位为英尺。目前，大部分的拓制海图已被米制海图所替代。

2. 海图的可靠性

海图的可靠性直接影响到船舶的航行安全。一张海图的可靠与否可以从以下几个方面来考虑。

1）资料来源和测量时间

一般海图出版国的海道测量机构所测绘的资料是比较可靠的。如果是引用外国资料

或从外国海图翻印的，就必须对它的正确性有所考虑。

就海图测量时间而言，时间愈近，可靠性愈高。早期测量的海图，由于测量仪器和技术都比较落后，因此其测量精度和完整性较差，可靠性较低；经常变迁的浅滩和沙滩等，水深也可能出现较大的变化，船舶航行在这些海区，应特别注意海图资料的测量时间，以便对当时实际水深作出准确的评价；此外，随着时间推移，航行资料越来越充分，在当时被认为对船舶航行无影响的航海危险物或浅滩等，其上水深的标注精度也可能不能满足现代船舶的要求。

2）海图的出版、新版或改版日期

海图的出版有新图、新版图和改版图。

新图（New Chart）是指第一次制版或全部重新制版的海图。英版海图出版的新图主要包括下列几种。

（1）新图（New Chart）：指原先未制作过的某一地区的海图，或者它的比例尺及包括的海区范围与图号均以全新的面貌出现的海图。

（2）新米制海图（New Metric Chart）：是新图的一种，其陆地高程和水深均以米为单位。

（3）代替同图号的新图（New Chart Superseding Chart of the Same Number）：对其原版进行重制，但图号保持不变。

（4）英国复制的澳大利亚和新西兰海图（UK Reproduction of AUS and NZ Government Chart）：1963 年以后，英国取得澳、新两国政府同意，有权复制两国政府的海图以逐步替代该地区的原英版海图。

新版图（New Edition Chart）是对旧版图作全面的改正和补充后，重新刊印出版的海图，其大部分采用了新的测量资料。新版图的图号、比例尺以及所包括的地区与旧版图一样，其新版日期印在海图原版日期的右侧。

改版图是对原版图某些局部范围作较大修改和补充后，重新印刷出版的海图。

海图的出版、新版及作废消息均发布于《航海通告》之中。

因此，所使用海图的出版、新版或改版日期应是最新的，所标注的日期应与最新的《航海图书总目录》中载明的现行版日期一致。每张海图使用前必须按航海通告改正至最新。英版“最新航海通告累积表”（The Latest Cumulative List of Admiralty Notices to Mariners），每半年出版一期，刊载有英版海图现行版本的出版日期和近两年来的永久性通告号码。根据其后出版的各期周版《航海通告》核查海图小改正栏所登记的已改通告号码，可确定每张海图是否有漏改和已改正至最新。

3）海图比例尺

海图比例尺越大，资料记载越详细，物标、水深点和航标等的位置越准确，海图作业精度也越高；此外，当需通过海图新版或改版对海图进行改正时，往往优先改正大比例尺海图；当海图变形时，比例尺越大所受影响越小。因此，海图比例尺越大，其可靠性就越高。

4）测深的详尽程度

图上测深线的间距、水深点的密集程度以及水深变化情况等也能用来判断海图资料的可靠程度。

在可靠测深的海图上，水深点密集且排列有规则，水深变化明显可辨，等深线为实线且层次分明、连续不中断，并且不存在异常的较大空白区。

海图空白处表示未经测量，应视为航海危险区而避开；不精确等深线是根据稀少水深勾绘的，采用虚线描绘，可靠性较低；在大比例尺海图上，实测水深一般用斜体字表示，而直体注记的水深表示深度不准或采用旧的测深资料，可靠性较低；此外，凡水深旁标注有“疑深”（SD）或“据报”（Rep）的，其可靠性也较低。

5）地貌精度与航标位置

海图资料的可靠性，还可根据岸形、陆地地貌的标注方式加以判断。在大比例尺海图上，虚线描绘的岸线和等高线分别是草绘岸线和草绘等高线，表示地貌测绘的精度不符合规范的要求；山形线仅仅是表示山体形状的曲线，同一条曲线上高程不一定相等，在描绘时可能不闭合，它们的可信赖程度较低。显著山峰、灯塔、孤立的岛屿和烟囱等显著建筑物的位置一般比较准确，但无人看守的灯船、灯浮、浮标等的位置，可能因大风浪、强流、被碰撞等原因移位、灯光熄灭甚至漂失，而又不能及时发布航海通告，对它们的位置不能过分信赖。

3. 使用海图注意事项

海图的使用应注意以下几点。

（1）应尽量选用现行版较大比例尺的海图，特别是航行在浅滩、岸边和航行障碍物附近时。这是因为在大比例尺海图上航海资料比较完整、准确。

（2）海图上也可能存在不够准确的地方，特别是资料陈旧的旧版海图，对其不能盲目信赖。在使用中，应该经常利用准确的船位进行比对检查。

海图空白处表示未经测量，应视为航海危险区避开。未经扫海的区域，相邻测深线之间可能存在测深时未被发现的孤立陡峭的危险物。即使现代化的测量，也往往难以发现海区内的每一危险物。船舶使用资料陈旧、水深点稀少的海图，在船舶活动较少的海区航行时，应尽可能将航线设计在水深点上。

（3）海图应根据航海通告及时进行改正和更新。改正的内容不要掩盖海图上原有的资料。对永久性通告应使用不渗水的红墨水笔和规定图式进行更改，而临时性通告和预告则用铅笔进行改正。改正后应在海图左下角小改正处填写改正通告的年份和编号，并查对上次改正是否已完成。一张新购置的海图，图上资料也不一定是最新的，主要是因为各地海图代销店一般只对永久性通告加以改正，没有对临时性的、预告性的通告和航行警告进行改正，驾驶员仍应根据航海通告及时进行改正。

（4）海图作业应该采用软质铅笔（一般选用 2B 铅笔）和松质橡皮。应轻画轻擦，不能在海图上乱画、乱涂或打草稿。海图作业应按规定进行，图上标注位置要适当。

（5）海图作业应保留到航次结束后方可擦去，并整理好归位。如发生海事，应及时封存海图，并保存至海事处理结束为止。

（6）海图应存放在干燥的地方，防止受潮霉烂或变形。海图受潮或弄湿后，不要日晒、烘烤，以防变形，应压平阴干。在搬运海图时，应卷成筒状，切勿随意折叠，并及时放平恢复原状。

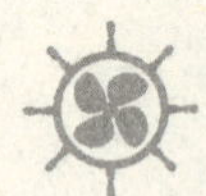

任务实施

任务　墨卡托海图的绘制及海图的鉴别

基本要求：

1. 正确掌握墨卡托海图的制图原理；
2. 正确掌握简易墨卡托海图的绘制方法；
3. 正确掌握海图的分类与海图质量的鉴别方法。

实施步骤：

1. 准备工作

（1）学生自带工具；

（2）场地及设施准备：海图室，每人一张 A4 纸，海图。

2. 实施过程

（1）根据老师要求进行墨卡托海图或简易墨卡托海图的绘制。

例如，以1°经差等于5 cm 的比例尺，绘制范围 120°E ~ 123°E，32°N ~ 33°N 的简易墨卡托海图。

（2）任选一张海图，要求学生说出海图类型，并简要叙述鉴别海图的基本方法及海图使用保管的注意事项。

任务评价

评价内容		评价标准	权重	得分
任务完成情况	任务	1. 正确绘制墨卡托海图	0.3	
		2. 画面整洁，标注准确	0.2	
		3. 回答相关问题	0.3	
职业素养		1. 遵守实训室管理规定，服从老师安排 2. 按时认真完成学习及工作任务 3. 有问题能及时提问和反馈意见	0.1	
创新意识		1. 能举一反三 2. 善于提出问题，总结经验	0.1	
总得分				

任务拓展

1. 解释下列名词：

局部比例尺、基准比例尺、恒向线、纬度渐长率。

2. 试述海图投影的分类。

3. 说明恒向线及其性质。

4. 试述墨卡托海图的制图原理及其特点。

5. 某海图的基准比例尺为 1∶300 000，图上基准纬度处两点间的距离为 4 cm，求这两点在地面上以海里为单位的距离。

6. 某图上 35°N 纬线到赤道的子午线图长为 2 223.1 mm，该图上 50°N 纬线上 1 分经度的长度为 1 mm，求 35°S 的纬度渐长率。

7. 已知墨卡托海图上 10°N 纬线到赤道的子午线图长为 599.1 mm，10°N 纬线上 l′经差的图长为 1 mm，则 10°N 的纬度渐长率 *MP* 为________。

A. 59.91 mm　　B. 599.1 mm　　C. 599.1　　D. 无法计算

8. 已知 A 图上 30°N 纬线到赤道的子午线图长为 876.9 mm，15°N 纬线上 1′经差的图长为 1 mm，B 图上 10°N 纬线上 l′经差的图长为 0.8 mm，则 B 图上 30°N 纬线到赤道的子午线图长为________。

A. 1 876.9 mm　　B. 1 501.5 mm　　C. 2 346.1 mm　　D. 无法计算

9. 已知某墨卡托海图上 5°N 纬线到赤道的子午线图长为 596 mm，10°N 纬线上 1′经差的图长为 2 mm，则 5°N 的纬度渐长率 *MP* 为________。

A. 298 mm　　B. 298　　C. 596　　D. 无法计算

10. 已知墨卡托海图 A 图上 5°N 纬线到赤道的子午线图长为 596 mm，5°N 纬线上 l′经差的图长为 2 mm，B 图上 5°N 纬线到赤道的子午线图长为 298 mm，则 B 图的赤道上 l′经差的图长为________。

A. 2 mm　　B. $2\times\cos5°$ mm　　C. 1 mm　　D. 无法计算

11. 若赤道上 1′经度的墨卡托投影图长为 1 cm，则在同一张图上的 60°纬度处的 l′经度的图长与________最接近。

A. 1 cm　　B. 2 cm　　C. 1.414 cm　　D. 0.5 cm

12. 赤道里的地面长度约为 1 843 m，若投影到墨卡托海图上的图长为 1 cm，则在同一张图的 60°纬度线上 1 n mile 的图长与________最接近。

A. 1 cm　　B. 2 cm　　C. 1.414 cm　　D. 0.5 cm

模块2 中、英版海图的识读

模块描述

航用海图上的航海资料通常以特定的符号或缩写来表现，这些符号或缩写就是海图图式。作为船舶驾驶员只有熟悉各种海图图式的含义，才能正确而熟练地使用海图。本模块主要描述的就是各种标准图式的具体含义，通过学习，掌握识读中、英版海图的技能。

学习目标

1. 掌握中、英版海图各种基准面的确定；
2. 熟悉中、英版海图标题栏及图廓内容；
3. 掌握水深的概念、单位、海图标注精度以及重要的水深海图图式；
4. 识读中、英版海图底质、礁石、沉船及其他重要障碍物的海图图式；
5. 识读中、英版海图灯标的含义；
6. 识读中、英版海图其他与航海密切相关的重要海图图式，如海上平台、推荐航路（航道）、深水航路、分隔带（线）、禁航区、警戒区、无线电报告点、叠标、导标、灯船、大型助航浮标和光弧灯标等。

工作任务

各种海图图式的绘制。

知识准备

一、图式标准

在航用海图上，除有经、纬线图网以外，还必须将各种航海资料，如各种地形、地物、航行障碍物、助航标志、港湾设施、潮流、海流和水深等用一定的符号或缩写准确地绘制到图网上，这些符号或缩写叫做海图图式。我国现行出版的海图是根据国家技术监督局1998年12月发布的GB 12319—1998《海图图式》绘制的，英版海图是根据英版《海图符号与缩写》（Symbols and Abbreviations used on Admiralty Charts）（简称5011）绘制而成的。驾驶员必须了解和熟悉各种海图图式的含义及图上各种图注与说明，才能正确使用海图。

二、海图标题栏与图廓注记

1. 海图标题栏

海图标题栏（Chart Legend）是用来标示海图图名和各种说明的部位。一般刊印在海图内陆处，或航行不到的水面上，特殊情况下也可能印在图廓外适当的地方。

标题栏的内容包括出版机关的徽志、图幅的地理位置、图名、比例尺、投影、深度和高程的基准面及计量单位、图式版别、基本等高距和坐标系等编图资料的说明等。有关使用图的重要说明也印在此栏内，如禁航区、雷区、禁止抛锚区、航标、分道通航制和地磁资料等与航行安全有关的说明及重要注意事项或警告。有些海图标题栏还附有图区内重要物标的对景图、潮信表、潮流表和换算表等资料。以下分别是某中、英版海图标题栏。

中 国　　黄 海
大 连 湾 及 附 近
1:45 000（38°55′）
墨卡托投影
深度、高程……米

CHINA　YELLOW　SEA
DALIAN　WAN　AND　APPROACHES
Mercator Projection
Soundings and Heights in Metres

CHINA－EAST COAST
NINGBO GANG
TO
CHANGJIANG KOU
DEPTHS IN METRES
SCALE 1:3 000 000 at lat 30°00′
Depths.........
Heights.........
Navigational marks:.........
Projection:.........
Sources:.........

2. 图廓注记

在海图图廓四周注记的许多与出版和使用海图有关的资料称为图廓注记（Marginal Notes），主要包括以下内容。

1）海图图号

海图图号（Chart Number）印在海图图廓的4个角位置上。中版海图图号印在海图图廓的4个角上，不论该图怎样放置，均可从该图的右下角读出。中版海图图号是按海图所属地区编号的，总图图号为3位数，航行图和港湾图为5位数。

英版海图图号印刷在海图的右下角和左上角。英版海图图号与地区无关，是按出版海图的时间先后编号的。若有需要，图号前缀有“BA”，以区别英版系列海图与其他海图。有些海图图号前还印有该图的国际系列图号，如“1918”号海图，其国际系列图号为“INT 5512”。

2）出版和发行情况

出版和发行情况（Publication Note）印在图廓外下边中间，给出新图的出版和发行单位、日期。其右边还印有该图新版（New Edition）或改版（Large Correction）日期、制版年份和印刷方法等。自1972年以来英版海图的不同修正版统称为新版。

3）小改正

小改正（Small Correction）印在图廓外左下角，用以登记自该图出版（新版或改版）

以来改正过的所有小改正的通告年份和通告号码，以备查该图是否已及时改正至最新。

4）图幅

图幅（Dimensions）印在图廓外右下角，在括号内给出通常以毫米为单位的海图内廓界限尺寸，用以检查海图图纸是否有伸缩变形，例如，“986.5×687.4”，指的是该海图经度与纬度范围的尺寸。英版拓制海图以英寸为单位。

5）对数图尺

某些大比列尺的港湾图和航行图的外廓图框上，通常印有用对数原理编制出的对数图尺（Logarithmical Scale），位于该图右下方或左上方，以便用来速算航程（S）、航速（V）与航行时间（t）之间的关系。

$$\frac{60}{V\ (\mathrm{kn})}=\frac{t\ (\mathrm{min})}{S\ (\mathrm{n\ mile})}$$

$$\frac{60}{t\ (\mathrm{min})}=\frac{V\ (\mathrm{kn})}{S\ (\mathrm{n\ mile})}$$

则

$$\lg 60-\lg V=\lg t-\lg S$$

$$\lg 60-\lg t=\lg V-\lg S$$

如果用两脚规在对数图尺上量出 $\lg 60-\lg V$ 的差值，则使两脚规的跨度不变，在已知航行时间 t（min）时，可在对数图尺上读取航程 S（n mile）；或在已知航程 S（n mile）时，读取所需要的航行时间 t（min）。如果用两脚规在对数图尺上量出 $\lg t-\lg S$ 的差值，则可以此差值作为两脚规跨度，在对数图尺上读取航速 V（$t=60$ min）。例如，某船航速 $V=18$ kn，用对数图尺求航行 40 min 内的航程 S（n mile）。根据上述方法可求得 $S=12$ n mile，如图 2－2－1 所示。

6）邻接图号

邻接图号（Adjoining Chart）印在图廓外，或图廓内适当地方，表示相同或相近比例尺的邻接图图号。

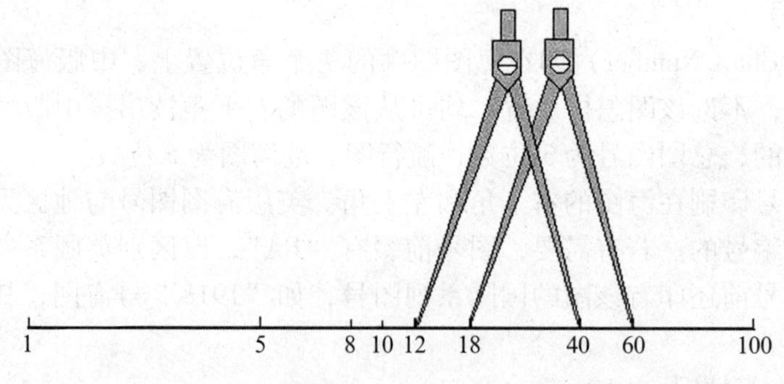

图 2－2－1　利用对数图尺求航程、航速或航行时间

三、海图基准面

物标的高程、海图的水深、潮高、水位等，都是从一定的基准面开始起算的。海图的高程基准面和水深基准面，总称为海图基准面（Vertical Datum）。

1. 高程基准面

高程基准面（Height Datum）是物标高程的起算面。海图上所标的山头、岛屿和明礁等的高度都是从高程基准面起算的。我国沿海海图高程基准面一般采用“1985 国家高程基准”或当地平均海面。英版海图在以半日潮为主的海区采用平均大潮面，在以日潮为主的海区采用平均高高潮面，在无潮海区采用当地平均海面为高程基准面。

2. 深度基准面

海图深度基准面（Chart Datum，CD）是海图上标注的水深的起算面，也是干出高度的起算面，通常潮高的起算面也常用它。深度基准面是进行水深订正的重要依据，对于航海安全来说是相当重要的，不能定得过高或过低，通常应选择足够低的潮面作为深度基准面，并尽可能使低潮不低于它。我国沿海系统测量区域采用理论最低潮面（旧称理论深度基准面）作为深度基准面。英版海图水深通常用天文最低潮面（Lowest Astronomical Tide，LAT）作为起算面。

平均海面也是最基本的基准面。高程基准面、深度基准面通常都是以平均海面为基准来标注的，如“深度基准面在平均海面下×××厘米”等。平均海面常用来作为高程基准面，我国的“1985 国家高程基准”其实就是平均海面，它是根据由青岛验潮站 1952 年到 1979 年的验潮数据确定的黄海平均海平面所定义的高程基准，我国陆地的海拔高度都是从这个基准面起算的。

四、高程、水深和底质

1. 高程

陆上物标自高程基准面至物标顶端的海拔高度称为高程（Height）。海图陆上所标数字，以及部分水上带括号的数字，都表示该数字附近物标的高程。高程的起算面和单位，一般在海图标题栏内有说明。中版海图的高程单位为米。高程不足 10 m 的，注记精确到 0.1 m；大于 10 m 的，舍去小数，注记整米数。英版米制海图的高程单位为米，拓制海图的高程单位为英尺。

山高，除高程点一般用黑色圆点表示，并在附近标有高程外，其他各点高程用等高线描绘。等高线是地面高程相等的各点的连线，等高线上的数字表示该等高线的高程。其中，用细的实线绘出的是基本等高线（又称首曲线），每隔 4 条基本等高线画 1 条加粗等高线（称计曲线）。凡用虚线描绘的等高线是草绘曲线，它表示未经精确测量。没有高程的曲线是山形线，它仅仅表示山体形态的曲线，在同一条曲线上高程不一定相等，描绘时可不闭合。

灯高（Elevation）：一般系自平均大潮高潮面至光源中心的高度。中版海图灯高标注规定：灯高不足 10 m 的，注至 0.1 m；大于 10 m 的，注至整米，舍去小数。

桥梁净空高度（Charted Vertical Clearance）：自平均大潮高潮面或江河高水位（设计最高通航水位）到桥下净空宽度中下梁最低点的垂直距离。架空的管道、电线等的净空高度是自平均大潮高潮面或江河高水位到管线下垂最低点的垂直距离。净空高度不足 10 m 的，注至 0.1 m；大于 10 m 的，注至整米，舍去小数。英版海图净空高度一般自平均大潮潮面、平均高高潮面或平均海面起算。

干出高度系指深度基准面以上的高度。

比高是指地物、地貌基部地面至建筑物顶部的高度，即物标本身的高度。建筑物符号旁标注的数字为建筑物高程，是指高程基准面至建筑物基部地面的高程；建筑物旁所注带括号的数字表示建筑物顶高，即自高程基准面至建筑物顶端的高度；建筑物旁括号内所注上有“⌒”的数字表示建筑物的比高；如果数字上有“—”的高程表示树梢概略高度，从高程基准面起算。

2. 水深

水深（Sounding）是海图深度基准面至海底的深度，又称图注水深。凡海图水面上的数字均表示水深。水深测量点位于水深数据的整数部分中心。实测水深一般用斜体数字标注；直体数字注记的水深则表示采自小比例尺海图或该数据不准确。但在1∶500 000或更小比例尺图上，水深一律用斜体注记。中版海图水深浅于31 m的保留一位小数，第二位舍去；深于31 m的注至整米，小数舍去。英版米制海图的水深单位为米；拓制海图的水深单位，用拓（1拓约等于1.83 m）或英尺表示。

“疑存”（Existence Doubtful，ED）表示对礁石、浅滩等的存在有疑问。“疑深”（Sounding Doubtful，SD）表示实际深度可能小于已标明的水深注记。“据报”（Reported，Rep）表示未经测量，据报的航行障碍物。等深线是图上海图水深相等的各点的连线，用细实线描绘，不精确的等深线是根据稀少水深勾绘的等深线，位置不准确，采用虚线描绘。

“$\overline{\dot{2}90}$”表示未测到底的水深注记。

在标注时，水深数据小数位以下标形式出现，如某处水深为9.2 m，标注为“9_2”；当海底高出基准面时标注“干出高度”，如“$\underline{2}_2$”，表示该处海底在深度基准面上2.2 m。

图注水深不是实际水深，当潮高基准面与深度基准面一致时它们之间通常要修正一个潮高，如图2-2-2所示，即

$$实际水深 = 图注水深 + 潮高$$

当潮高基准面与深度基准面不一致时，除修正潮高外，还需修正两基准面之间的差值，如图2-2-2所示，即

$$实际水深 = 图注水深 + 潮高 + (CD - TD)$$

有关实际水深等的计算在将项目七（潮汐推算）中详述。

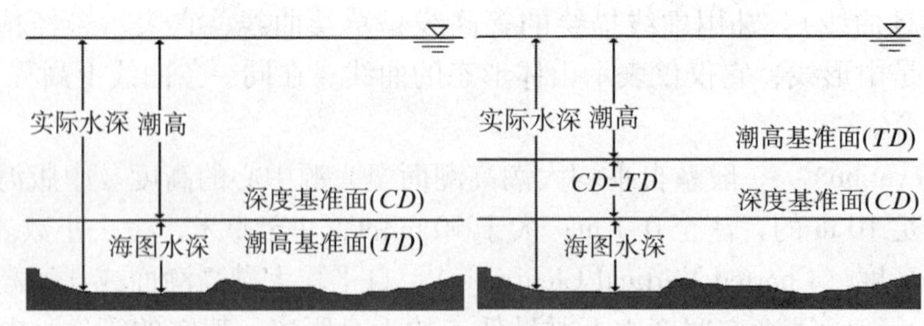

图2-2-2 实际水深与海图水深

常见高程、水深图式如表2-2-1所示。

3. 底质

底质（Nature of the Seabed）即海底的性质，中、英版海图的标注方法基本相同，用

英文缩写标注，标注方法：形容词+底质名，如“软泥”（so M）。两种混合的底质，先注成分多的，后注成分少的，如“沙石”（S St）；上下层底质不同的，先注上层后注下层，如“沙/泥（S/M）”。

底质的类型主要有：沙（Sand，S）、泥（Mud，M）、粘土（Clay，Cy）、淤泥（Silt，Si）、石（Stone，St）、岩石（Rock，R）、珊瑚和珊瑚藻（Coral，Co）以及贝（Shells，Sh）等。

形容沙的形容词：细（Fine，f）、中（Medium，m）和粗（Coarse，c）。

其他形容词：碎（Broken，bk）、软（Soft，so）、硬（Stiff，sf）和坚硬（Hard，h）等。

底质可以为选择锚地和测深辨位提供依据。

表 2-2-1　常见高程、水深图式

类别	中版图式	英版图式	说明
建筑物高程	27.5		高程基准面至建筑物基部地面的高度
建筑物顶高	(47.5)	(47.5)	高程基准面至建筑物顶端的高度
建筑物比高	(20)	(20)	建筑物基部地面至顶端的高度
存在可疑	疑存	ED	表示对礁石、浅滩等的存在有疑问
深度可疑	疑深	SD	表示深度可能小于已标明的水深注记
据报	据报（2012）	Rep（2012）	表示未经测量，据报的航行障碍物（据报年份）
等高线及高程点	355 300 250 200 150	380 300 200 100	实线表示精测等高线，虚线或无高程的等高线为山形线（草绘曲线）
树梢概略高度	$\overline{98}$		高程基准面至树梢顶端的高度
移位水深	+(15)　234		表示附近礁石或用等深线显示地形的最浅水深
狭水道最浅水深	(15_8)		表示狭水道内的最浅水深
干出高度	$\underline{6}_5$		表示深度基准面以上的高度
实际位置	$\mathit{14}_8$		实测水深，注记（整数）中心即为水深实测点（斜体数字）
直体注记水深	8_4		表示深度不准或采自小比例尺海图（直体数字）
未测到底的水深	$\overline{290}$		表示测到一定深度但尚未测到底的深度

五、航行障碍物

航行障碍物是指海上各种礁石（Rock，R）、沉船（Wreck，Wk）和其他障碍物(Obstruction，Obstn)。

1. 礁石

礁石是海中突出、孤立的岩石，可分为明礁、干出礁、适淹礁和暗礁等。中、英版海图的标注方法基本相同。

（1）明礁是指在平均大潮高潮时露出的孤立岩石，与小岛表示方法相同，括号内的数字表示高程。同一明礁，由于中、英版海图采用的高程基准面不一定相同，因此其所注记的高程也不一定相同。

（2）干出礁是指位于平均大潮高潮面以下，深度基准面以上的孤立岩石，高潮时淹没，低潮时露出。数字注记系干出高度（深度基准面以上的高度）。如“*（$\underline{3}_6$）”，指该干出礁的顶端在深度基准面上 3. 6 m。

（3）适淹礁是在深度基准面适淹的礁石，符号为“⁜”。

（4）暗礁是指深度基准面以下的孤石，数字注记系深度基准面至礁石顶部的深度。如“+（6_8）”，指该暗礁顶端在深度基准面下 6. 8 m。水下珊瑚礁是指位于深度基准面以下的珊瑚礁。浪花（Breakers，Br）用于表示多礁地区，海浪冲击波涛汹涌，船舶不能靠近的区域。

2. 沉船

目前，中、英版海图沉船的标注方法也基本相同，大体可分为三大类，即露出大潮高潮面的沉船、干出沉船、深度基准面下的沉船，具体可细分为许多种类，如船体露出水面的沉船、船体部分露出水面的沉船、仅桅杆露出水面的沉船、危险沉船、非危险沉船、经扫海的沉船、测得深度的沉船和深度未精测的沉船。危险沉船是指其上水深小于等于 20 m（英版海图小于等于 28 m）的沉船或深度不明，但有碍水面航行的沉船。非危险沉船是指其上水深大于 20 m（英版海图大于 28 m）的沉船，或深度不明，但不影响水面航行的沉船。深度未精测的沉船是指未进行精确的测量，最浅深度不明的沉船，但表示的深度是采用其他方法估计的安全深度。

3. 其他障碍物

除礁石与沉船外，其他障碍物，如捕鱼设备、水下桩（柱）、渔礁等，一般以符号表示，有的也用文字注记说明，如“附近多渔栅”。

常见的礁石、沉船和其他障碍物的海图图式和含义如表 2－2－2 所示。

扫海测量简称扫测，是在一定海区内以一定的深度进行面的扫测，以查明该区域所规定的深度上是否存在航行障碍物的一种测量。

凡危险物外加点圈者，均为对水面航行有碍的危险物，提醒航海者予以特别注意。危险物位置未经精确测量的，须加注“概位”（Position Approximate，PA）；对危险物位置有疑问的，加注“疑位”（Position Doubtful，PD）；对危险物的存在有疑问的加注“疑存”（ED）；未经测量，据报的航行障碍物，加注“据报”（Rep）。

表 2-2-2 常见的礁石、沉船和其他障碍物的海图图式和含义

危险物名称	中版图式	英版图式	说明
明礁（屿）	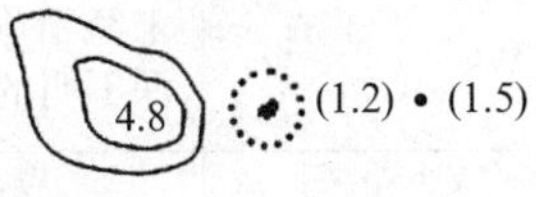 4.8 (1.2) • (1.5)	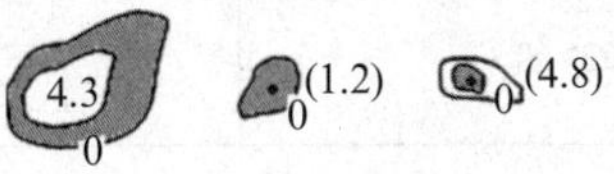 4.3 0 (1.2) 0 (4.8) 0	平均大潮高潮面时露出的孤立岩石
干出礁	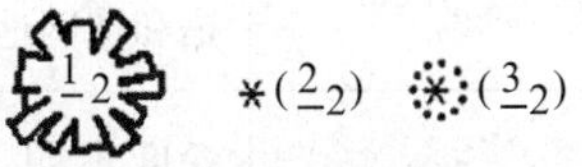 $\underline{1}_2$ $*(\underline{2}_2)$ $(\underline{3}_2)$	 $(\underline{2}_2)$ *Dr*2.4 m(英)	平均大潮高潮面下，深度基准面上的礁石
适淹礁			在深度基准面适淹的礁石
暗礁	 + (+) + (1_2) (+) (6_8) $\overset{16}{\mathrm{R}}$（英）		在深度基准面下，深度不明和已知深度的礁石
非危险暗礁	$\overset{26}{岩}$	$\overset{30}{\mathrm{R}}$	中版指水深大于 20 m 的暗礁
珊瑚礁	 + + 珊 +	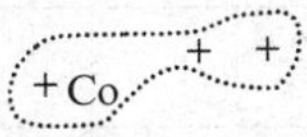 + Co + +	位于深度基准面以下的珊瑚礁
浪花	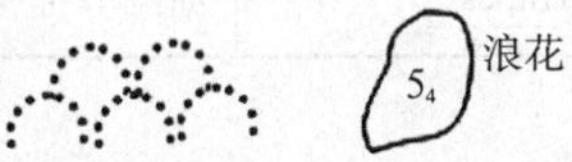 5_4 浪花	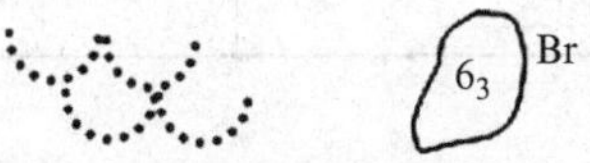 6_3 Br	多礁区，海浪冲击波涛汹涌，船舶不能靠近的区域
船体露出水面的沉船	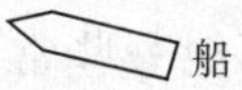 船	 Mast(1.6) Wk	船体露出大潮高潮面，按比例画出
干出沉船	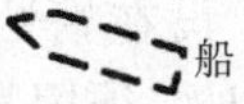 船	 Mast($\underline{1}_2$) Wk	大潮高潮面以下，深度基准面以上，按比例画出
深度基准面下的沉船	2_2 船 船	 4_2 Wk Wk	已知深度和深度不明的深度基准面下的沉船
部分船体露出水面的沉船			部分船体露出深度基准面，不按比例画出
仅桅杆露出水面的沉船	 桅	 Masts	仅桅杆露出深度基准面以上的沉船
已知深度的沉船	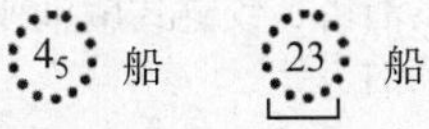 4_5 船 23 船	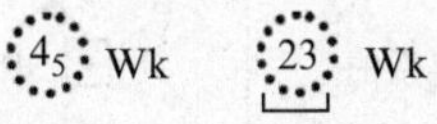 4_5 Wk 23 Wk	经测深或扫海已知最浅深度的沉船
危险沉船			深度 ≤ 20 m（英版 ≤ 28 m）的沉船
非危险沉船	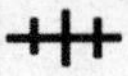		深度 > 20 m（英版 > 28 m）的沉船

（续表）

危险物名称	中版图式	英版图式	说明
深度未精测的沉船	23 船	23 Wk	未经精确测量，最浅水深不明的沉船
碍锚地	碍锚地 #	Foul # Foul	沉船残骸及其他有碍抛锚和拖网地区
障碍物	碍 碍 6 碍 12 碍	Obstn 7 Obstn 21 Obstn Obstn	深度不明、已知深度、经扫海或潜水探测到深度的障碍物
渔栅			捕鱼用木栅、竹栅或系网捕鱼的桩等
渔礁	5₄ (2₈)		深度不明或已知深度的供鱼类繁衍生息的人工渔礁
贝类养殖场	贝	Shellfish Beds	养殖贝类的场地
渔网	渔网	Fish Trapes	渔网等捕鱼设施

六、其他重要图式

除以上介绍的各种图式外，航海者还应了解和掌握其他一些常用的重要海图图式，如助航标志、航道、界限和设施等，如表2-2-3所示，其中，无线电报告点（Radio Calling-in Point）又称船舶动态报告点（Reporting Point），设在繁忙的水道上或港区附近，有助于航道畅通，确保航行安全。当船舶经过这些点时，须用甚高频无线电话向船舶安全航行控制中心报告。符号尖端表示船舶只在航行方向与其指示方向一致时需要报告，数字表示编号。有关助航标志的内容在随后的部分会做专门介绍。

表2-2-3　常用的部分其他重要海图图式

名称	中版图式	英版图式	说明
生产平台、井架	青龙	Z-44	生产平台及其他平台、井架，并加注名称或编号
单点系泊	单点系泊	SPM	系泊塔、铰链式输油平台、单柱式单点系泊
深水航道	深水26 m	DW 25 m	已知最浅水深供深吃水或限于吃水船舶航行的航道
已知最大吃水的航道、推荐航道	7.5 m 7.5 m		已知最大吃水深度的航道和推荐航道

（续表）

名称	中版图式	英版图式	说明
无线电报告点			又称船舶动态报告点，数字、字母表示编号
引航站			表示引航巡逻船或引航船会船（登船）位置
限制区界线			用以表示因某种原因，航行受限制的区域界限
海底电缆			铺设在海底的电缆
领海线			领海基线外一定区域的界线，一般为12 n mile
毗邻区界线			领海线外一定区域的界线

七、助航标志

助航标志，简称航标。其以特定的形状、颜色、顶标、灯质、音响、无线电信号和编号等，供船舶定位、导航、避险以及其他特殊需要之用。

助航标志包括灯塔、灯标、浮标、立标、雷达站、无线电导航设备及雾号等。其中，灯标分为灯塔、灯桩、灯船和灯浮。常用航标的海图图式如表2－2－4所示。

助航标志在白天可以通过形状、颜色、顶标等来加以区别，而夜间则主要以灯质（Light Character）来相互区别。灯质是指灯光的性质，是以灯光亮灭的规律（即节奏，Rhythm）和灯光的颜色来相互区别的。灯质的种类很多，基本灯质有定光（Fixed，F）、闪光（Flashing，Fl）、明暗光（Occulting，Oc）和互光（Alternating，Al）4种。常见的几种灯质及其说明如表2－2－4所示。在大比例尺海图上，灯标通常以灯质、灯光颜色、周期、灯高、灯光射程的顺序来表示其特定性质，例如，Fl（3）W. 15 s 20 m 20 M。此外，根据具体情况可能注有雾号种类、光弧、无线电导航设施等。

周期（Period）：有节奏的灯光，自开始到以同样的节奏重复时所经过的时间间隔（s）。

灯高（Elevation）：中版海图是指平均大潮高潮面至灯光中心的高度（m）。英版海图是指平均大潮高潮面或平均高高潮面或当地平均海面至灯光中心的高度，米制海图单位为米，拓制海图单位为英尺。

表2－2－4　常用航标的海图图式

名称	中版图式	英版图式	说明
灯塔、灯桩			左图为灯塔，右图为灯桩
设灯平台			装有灯标的海上平台

（续表）

名称	中版图式	英版图式	说明
蓝比			大型助航灯浮（Lanby）
灯船		LtV	中版图式中左为有人看守，右为无人看守的灯船或船形灯浮。英版图式也称船形灯浮，不属于IALA
浮标			罐形、锥形、球形浮标
			柱形、杆形浮标
顶标			各种顶标
雷达反射器		Ra. Refl.	装有雷达反射器的航标
海岸雷达站	雷达	Ra	据船舶要求，能提供其方位和距离的海岸雷达站
雷达指向标	雷信	Ramark	能连续发射信号的雷达信标，可显示其方位
雷达应答标	雷康（K）	Racon（K）	具有莫氏信号（K），在3 cm 频带内应答
	雷康（K）（10 cm）	Racon（K）（10 cm）	具有莫氏信号（K），在10 cm 频带内应答
	雷康（K）（3 & 10 cm）	Racon（K）（3 & 10 cm）	具有莫氏信号（K），在3 cm 和 10 cm 频带内应答
无线电信标	环向	Name RC	全向无线电信标
	定向 270°	RD 270° RD	定向无线电信标
	旋向	RW	旋转辐射无线电信标
无线电测向台	测向	RG	提供无线电定位业务的岸基无线电测向台
航空信标	空指向	Aero RC	航空用的无线电信标

（续表）

名称	中版图式	英版图式	说明
DGPS 信标	差分		差分 GPS
AIS 信标		AIS	船舶自动识别系统（AIS）基站

灯光射程（Range）：中版海图上所标射程是指在晴天黑夜条件下，航海者的眼高在海面上 5 m 处所能看见到航标灯光的最大距离（n mile）；英版海图上的射程为光力射程（Luminous Range）或额定光力射程（Nominal Range）。

雾号（Fog Signals）：即雾警设备，是附设在航标上的在有雾、雪及其他能见度不良时发出特定音响的设备。雾号主要有爆响雾号（Explosive）、低音雾号（Diaphone）、雾笛（Siren）、雾角（Horn）、雾钟（Bell）、雾哨（Whistle）和雾锣（Gong）。

光弧（Sector）：用于表示扇形光灯的扇形区域，不同光色扇形应分别注明，所注方位为观测者由海上观测灯标的真方位（在航标表中可以查到），顺时针到终止方位的区域，如图 2-2-3 所示。

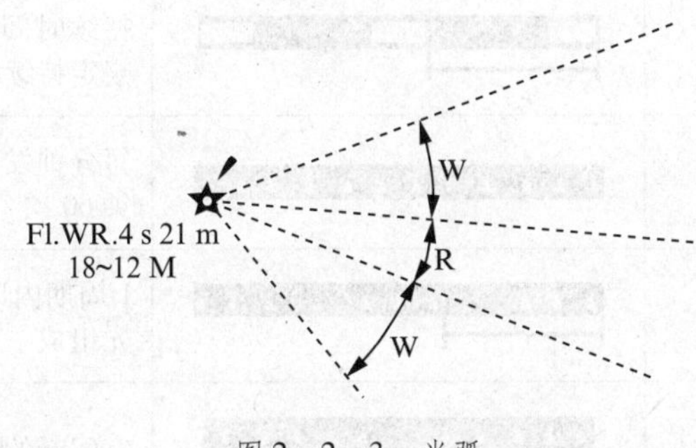

图 2-2-3　光弧

灯标如白天和夜间的灯光性质不同，则应将白天的灯光性质括注在夜间灯光性质的下方并在其后加注“昼（by day）”。有雾时灯光性质发生改变，或仅在雾天显示的雾灯，应括注“雾（in fog）”。无人看守的灯可在其灯光性质之后括注“无（U）”。注记“临（temp）”表示临时设置的灯，“熄（exting）”表示灯光已熄灭的灯。在灯光性质后括注“空（aero）”的灯标表示为航空导航而设置的航空灯。常见的灯质海图图式如表 2-2-5 所示。

表 2-2-5　常见的几种灯质海图图式

灯质名称	图式	图解	说明
定光	F		颜色亮度不变，常明不灭的灯光
明暗光	Oc		1 周期内明的时间长于暗的时间的灯光

（续表）

灯质名称	图式	图解	说明
联明暗光	Oc（2）		1 周期内连续熄灭 2 次或 2 次以上，明长于暗的灯光
混合联明暗光	Oc（2+3）		1 周期内相继出现几个不同熄灭次数的联明暗光
等明暗光	Iso		明暗交替且时间相等的灯光
单闪光	Fl		1 周期内只显单次闪光，明比暗短的灯光
联闪光	Fl（3）		1 周期内以 2 次或 2 次以上的闪光组成一个组
混合联闪光	Fl（2+1）		1 周期内相继出现几个不同闪光次数的联闪光
长闪光	LFl		持续时间不少于 2 s 的闪光，我国规定持续时间 2 s
连续快闪光	Q		每分钟发 50 ~ 80 次闪光，我国每分钟 60 次
联快闪光	Q（3）		1 周期内以 2 次或 2 次以上的快闪光组成一个组
间断快闪光	IQ		有间断的快闪光
连续甚快闪光	VQ		明暗次数每分钟 80 ~ 160 次，我国为 120 次
联甚快闪光	VQ（3）		1 周期内以 2 次或 2 次以上的甚快闪光组成一个组
间断甚快闪光	IVQ		有间断的甚快闪光
连续超快闪光	UQ		每分钟发闪光 160 次以上，一般 240 ~ 300 次
间断超快闪光	IUQ		有间断的超快闪光
莫尔斯灯光	Mo（A）		按莫氏码节奏显示的灯光

（续表）

灯质名称	图式	图解	说明
定闪光	FFl		每隔一定时间加发一次更亮闪光的定光灯
互光	Al. WR	W R W R W R W	交替显示2种或2种以上不同颜色的灯光，长明不灭
互闪光	AlFl. WR	R W	2种或2种以上不同颜色的灯光交替闪亮

八、物标位置

1. 符号中心位置

面状符号，如“⁜ ⊕ ⦵”，其符号中心代表物标所在位置。

2. 符号底线圆圈位置

一些形象符号，如“RW ”，其符号底线中间的小圆圈，即为物标位置所在。

3. 符号中心点位置

一些有点符号，如“⊙ △”，其符号中心点即为物标位置。

4. 测深点位置

水深注记的整数中心为水深测量点的位置。

如位置未精确测量，则加注概位符号“概位（PA）”。

任务实施

任务　各种海图图式的绘制及中、英版海图的识读

基本要求：

1. 正确掌握海图标题栏与图廓注记的内容；
2. 正确掌握中、英版海图主要图式的含义。

实施步骤：

1. 准备工作

（1）学生自带工具；

（2）场地及设施准备：海图室，中、英版海图。

2. 实施过程

（1）根据老师要求画出各种图式，并说明各种图式的含义。

例如，按要求画出下列图式：

干出礁，高度为5.6 m的明礁，深度为4.8 m的危险暗礁，中版海图深度为22 m的沉船，英版海图深度为25 m的沉船。

请说明以下图式的含义：

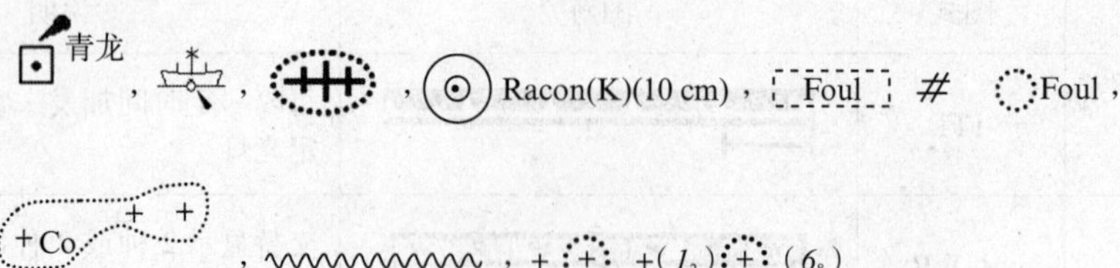

（2）任选一张海图，要求学生解读海图标题栏及图廓注记的内容。

（3）解释海图上图式的含义。

（4）说明海图上灯标标注的含义。

（5）按要求画出灯标的光弧范围。

任务评价

评价内容		评价标准	权重	得分
任务完成情况	任务	1. 正确绘制图式和说明各图式的含义	0.4	
		2. 对照海图回答问题	0.4	
职业素养		1. 遵守实训室管理规定，服从老师安排 2. 按时认真完成学习及工作任务 3. 有问题能及时提问和反馈意见	0.1	
创新意识		1. 能举一反三 2. 善于提出问题，总结经验	0.1	
总得分				

任务拓展

1. 解释下列名词：

高程基准面、深度基准面、高程、干出高度、比高、灯高、水深、明礁、干出礁、适淹礁、暗礁、危险沉船、非危险沉船。

2. 解释缩写 PA、PD、ED、Rep 的含义。

3. 试述海图标题栏和图廓外注记的主要内容。

4. 海图图幅是指________。

A. 海图图纸的尺寸　　B. 海图内廓界限尺寸

C. 海图外廓界限尺寸　　D. 印刷海图的图版尺寸

5. 海图图廓注记通常包括________。

Ⅰ. 图名；Ⅱ. 图号；Ⅲ. 图幅；Ⅳ. 小改正；Ⅴ. 出版和发行情况；Ⅵ. 重要注意事项和警告；Ⅶ. 坐标系说明

A. Ⅰ~Ⅳ　　B. Ⅱ~Ⅴ　　C. Ⅲ~Ⅵ　　D. Ⅳ~Ⅶ

6. 某张海图的深度和高程基准面可在________中查取。

A. 《航海图书总目录》　　B. 海图图廓注记

C. 海图标题栏　　D. 《航路指南》

7. 中版海图水深大于 31 m 的，水深注记注至________。

A. 0.1 m　　B. 0.5 m　　C. 整米　　D. 1 cm

8. 英版海图图式“”表示________。

A. 仅桅杆露出深度基准面的沉船

B. 已知最浅深度的沉船

C. 经扫海（或潜水探测）的最浅深度的沉船

D. 未经精确测量，最浅水深不明的沉船

9. 英版海图图式“”表示________。

A. 危险沉船，水深≤20 m　　B. 危险沉船，水深≤28 m

C. 非危险沉船，水深 >20 m　　D. 非危险沉船，水深 >28 m

10. 中版海图图式“$*(2_2)$”或“”表示________。

A. 干出礁　　B. 适淹礁　　C. 危险暗礁　　D. 非危险暗礁

11. 英版海图图式上“Pipeline Area”的含义是________。

A. 禁航区　　B. 检疫锚地　　C. 水上飞机降落区　　D. 管道区

12. 在英版海图图式中，缩写“DW”代表________。

A. 沉船　　B. 灯塔　　C. 大型助航浮标　　D. 深吃水航路

13. 在英版海图图式中，缩写“LANBY”代表________。

A. 沉船　　B. 灯塔　　C. 大型助航浮标　　D. 深吃水航路

14. 英版海图上的入海口附近，往往可以看到紫红色图式“◇”，表明________。

A. 该处是引航锚地　　B. 该处是船位报告点

C. 该处有回转流　　D. 该处是危险区域

15. 在一个周期内连续熄灭 2 次或 2 次以上，明长于暗的灯光灯质为________。

A. 明暗光　　B. 等明暗光　　C. 联明暗光　　D. 互光

16. 在一个周期内相继出现几个不同闪光次数的联闪光的灯光灯质为________。

A. 明暗光　　B. 联闪光　　C. 混合联闪光　　D. 长闪光

17. 在一个周期内以 2 次或 2 次以上的闪光组成一个组的灯光灯质为________。

A. 明暗光　　B. 联闪光　　C. 混合联闪光　　D. 长闪光

项目三 航迹推算

核心概念

航迹推算、航迹绘算、推算船位、风舷角、风压差、流压差、风流压差、航迹向、计划航线、物标正横、中分纬度、平均纬度、东西距。

项目描述

航迹推算是指驾驶员根据罗经和计程仪所提供的航向、航程，结合海区内的风流资料，在不借助外界物标和航标的情况下，从某一已知船位起，推算出具有一定精度的航迹和某一时刻的船位的方法；或者根据海图上的计划航线，预配风流压差，作图求出应执行的真航向，最后转换成罗经航向。航迹推算包括航迹绘算和航迹计算2种。

学习目标

1. 掌握航迹绘算中各种概念；
2. 熟练掌握各种作图工具的使用及船舶在各种条件下的航迹绘算；
3. 掌握船位差的基本概念；
4. 掌握航迹计算的基本方法。

模块1　航迹绘算

模块描述

航迹绘算法即海图作业法，是在海图上用图解法求推算航迹有关要素和推算船位的一种方法。航迹绘算法简单、直观，是航迹推算主要的方法。

学习目标

1. 掌握海图作业的基本要求。
2. 掌握推算船位和观测船位的时间间隔要求；了解应记入航海日志的重要数据。
3. 掌握风流压差的概念及其影响因素。
4. 掌握连续定位法、叠标导航法、雷达观测法测定风流压差。

工作任务

1. 海图作业；
2. 风流压差的测定。

知识准备

船舶在航行中确定船位的方法，按照取得船位所采取的手段不同，通常可以分为两大类：航迹推算和观测定位。

航迹推算是根据船上罗经所指示的航向和计程仪所指示的航程并结合航行海区的风流资料，在不借助外界的导航物标的情况下，从已知的推算起始点开始，推算出有一定精度的船舶航迹及某一时刻的船位的方法；观测定位是利用航海仪器观测位置确知的外界物标，根据观测的结果确定观测时刻的船位的方法。目前，航海上常用的观测定位方法包括陆标定位、天文定位和电子定位3类。

航迹推算包括航迹绘算法和航迹计算法2种。航迹绘算法简单直观，是目前常用的一种方法；航迹计算法可作为对航迹绘算法不足的一种补充，也有利于实现驾驶自动化。观测定位包括陆标定位、天文定位和无线电定位（俗称“电子定位”）。

航迹推算工作应该在船舶驶出引航水域或港界、定速航行后立即开始。推算起始点必须是准确的观测船位。准确的起始点可以采用过港界（门）时的船位或离锚地时的锚位或利用港内附近的显著物标进行定位后的船位。在整个航行过程中航迹推算工作应该是连续不断的，不得无故中断，直到驶抵目的地或领航水域或接近港界有物标可供导航时，方可终止，但当船舶驶经险要航区，如渔区、狭水道，由于机动操纵频繁，可暂时

中止，驶过后应立即恢复。航迹推算的起始点、终止点应载入航海日志，途中的中止点和复始点应在海图上画出并记入航海日志。

航迹推算工作，在沿岸水流影响显著的航区应每小时进行一次，在其他航区应该每2～4 h进行一次。

一、海图作业的基本要求

1. 有关海图作业的基本概念

（1）观测船位（OP）：用某种观测手段（陆标、天文、电子观测手段），对已知确切地理位置的物标进行观测而得到的船位，观测船位以符号⊙在图上标注。

（2）推算起始点：被选作航迹推算开始的观测船位点。

（3）推算船位（EP）：通过航迹推算所确定的船位。

（4）积算船位（DR）：无风流情况下，根据计程仪航程在计划航线或真航向线上所截取的船位。

（5）航迹线（TR）：船舶在海上运动的轨迹线，实际上是一条接近直线的曲线，推算时以直线视之。

（6）计划航迹线（简称计划航线，ITR）：本着安全和经济的原则，船舶开航前在海图上拟定的航线，即船舶计划航行的轨迹线。

（7）推算航迹线：在已知航向、计程仪航程（速）和风流要素的前提下，推算出的航迹线。

（8）计划航迹向（简称计划航向，CA）：沿着顺时针方向，由真北线量到计划航线的角度，用以表达计划航线前进的方向。

（9）推算航（迹）向（CG）：沿着顺时针方向，由真北线量到推算航迹线的角度，用以表示推算航迹线前进的方向。

2. 标定航迹绘算起始点

以观测船位点为推算起始点，在其附近用分数形式标明观测船位的时刻和计程仪读数，分子用4位数字表示时刻，前2位为小时数，后2位为分钟数，精确到整分数。分母为当时计程仪读数，而不是航程，精确到0. 1 n mile，中间横线应大致与纬线平行。

3. 标注航迹线

在计划或推算航迹线上应进行标注，标注内容包括：计划航迹向 *CA* 或推算航迹向 *CG*、陀罗航向 *GC* 或罗航向 *CC*、陀罗差 ΔG 或罗经差 ΔC、风流压差（α，β，γ）。其中，后两者应标在小括号内，如图3－1－1所示。若不便标在线上或者当航迹线接近南北方向时，则标在航线附近的某一个合适的地方，并用指示线标出，如图3－1－2所示。

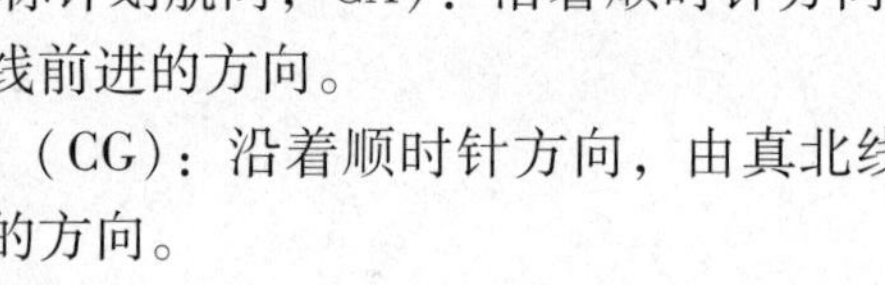

$CA074°\ GC75°\ (\Delta G+1°, \alpha+3°, \beta-5°)$

$\frac{1310}{146'.5}$

$\frac{1210}{123'.9}$

图3－1－1　起始点和航线的标绘

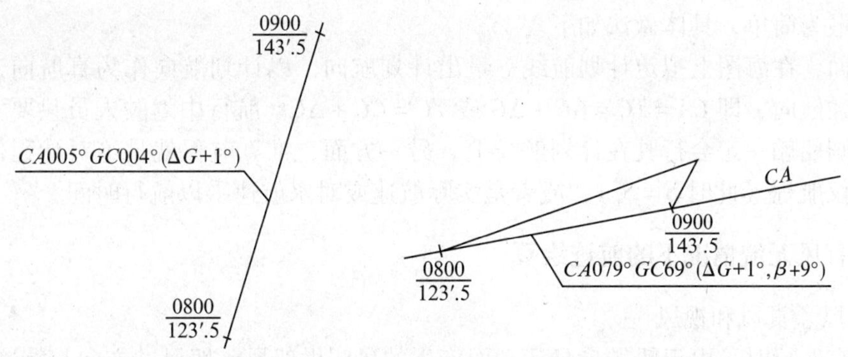

图 3－1－2　推算船位和航线接近南北方向等情况的标绘

4. 标注推算船位

推算船位是指驾驶员根据航向、航程和风流资料，从推算起始点开始推算出的下一个指定时刻的船位（包括绘算船位和计算船位），代号为 EP，在图上用符号“+”标注；推算船位的标注与推算起始点的标注相同，如图 3－1－1 和 3－1－2 所示。

在海图上从推算起始点画出计划航线或真航向线，以推算航程截取积算点，得到积算船位（它属于一种特殊的推算船位）。其标注如图 3－1－3 所示。

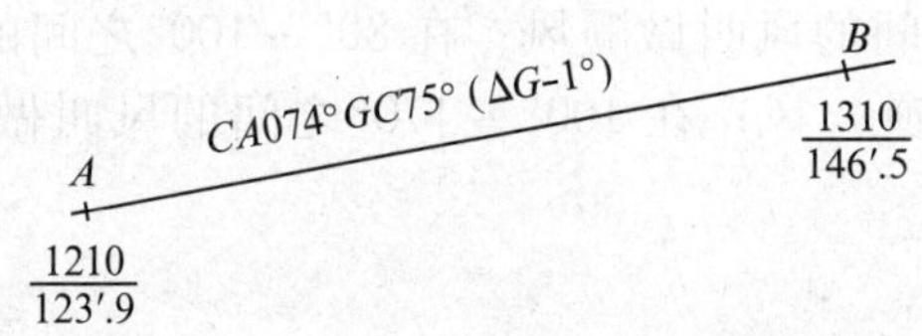

图 3－1－3　无风流时的航迹绘算

5. 转向

转向以后的推算，将以转向点作为新的推算起始点。所以，要掌握船舶到转向点的时间、计程仪读数，以便推算出船舶到转向点的准确船位。在条件许可时最好通过观测获取转向点船位。转向后，风流压差往往随之改变，即使在转向前后风向、风力、水流要素不变，但风舷角、流舷角变了，风流压差也会变。转向会引起磁罗经自差和陀螺罗经误差的变化，因此转向后应查算出新的磁罗经自差和陀螺罗经冲击误差，并待航向刻度盘稳定后再读取罗经航向。

6. 换图

在绘制航线所需的一套海图中，每两张邻接图应相互衔接得当，有一定的重叠区，中间不得有脱节，比例尺大小不得相差太大。

在前一张海图上的计划或推算航线上定出推算终止点，量出其经度、纬度、航迹向，求出船舶抵达该点时的计程仪读数；在后一张海图上定出前一张海图上的推算终止点，以此作为新的推算起始点。

在前一张海图上的航线结束处标注“下接 XX 号图”或“下接 XX 号航线”，在后一张海图上的航线开端处标注“上接 XX 号图”或“上接 XX 号航线”。

二、无风流时的航迹绘算

所谓无风流影响，是指风流很小，对航向的影响小于 ±1°，可以忽略不计。此时的

航迹绘算最为简单，具体做法如下。

一方面，在海图上拟定计划航线，量出计划航向，以计划航向作为真航向，再把它换算成罗经航向，即 $CA = TC = GC + \Delta G$ 或 $TC = CC + \Delta C$。航行中驾驶人员只要实施此罗经航向，则船舶一定会行驶在计划航线上。另一方面，推算航程就是绝对计程仪航程或相对计程仪航程（此时 $S = S_L$），或者是实际航速或对水航速乘以航行时间。

三、有风无流情况下的航迹绘算

1. 船风、真风和视风

船舶在航行时，由于船舶自身运动而产生的风叫做船风。船风的方向与航迹向相同，船风的速度大小等于船速。例如，船舶朝正东航行（即航迹向为90°），则船风的方向为90°（东风）。真风是指海面上吹的实际的风。船舶在风中航行时，驾驶员测量到的风是真风与船风的合成风，叫做视风，它是实际作用在船上的风。视风是船风与真风的矢量之和，船风、真风和视风三者的矢量关系如图 3-1-4 所示。

2. 风舷角

风舷角（Q_W）是指风向与船首向间的夹角。风向是指风的来向，而流向是指流的去向，即“风来流去”。风舷角的范围为0°~180°。航海上，把 Q_W 在0°~10°之间的风叫做顶风；在170°~180°之间的风叫做顺风；在80°~100°之间的风叫做横风；在10°~80°之间的风叫做偏顶（逆）风；在100°~170°之间的风叫做偏顺风，如图 3-1-5 所示。

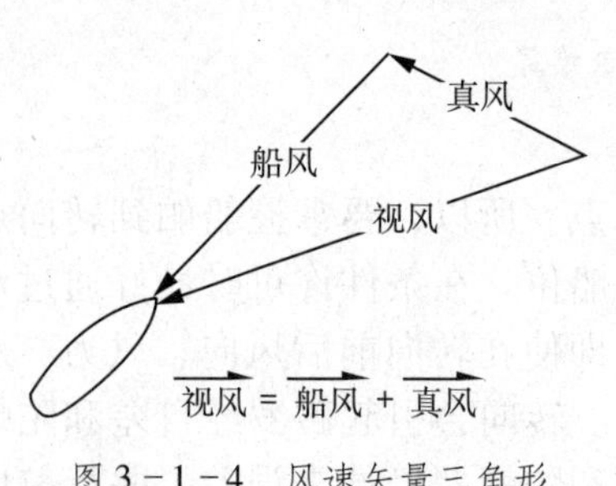

图 3-1-4　风速矢量三角形

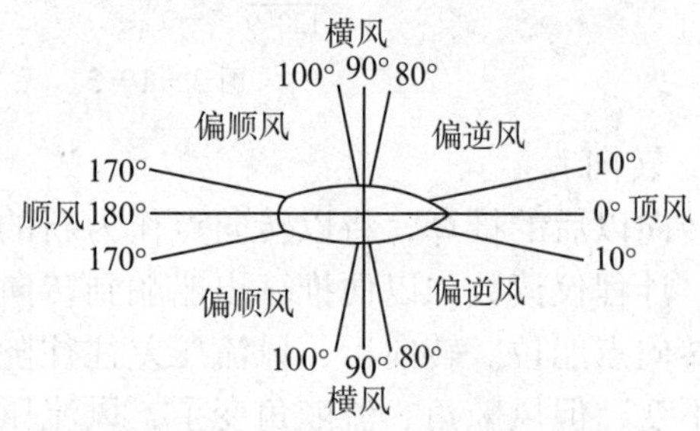

图 3-1-5　不同方位风的名称

3. 风压差

1）定义

船舶在风中航行时，一方面在推力作用下，以船速 V_E 沿着船首向运动，另一方面在风的作用下以速度 R 向下风侧漂移，在推力和风力的共同作用下，船舶沿着新的方向——风中航迹线运动，如图 3-1-6 所示。风中航迹向与真航向之差叫做风压差（Leeway，α），$CA = CG_\alpha = TC + \alpha$，或者真航向线与风中航迹线的夹角，叫做风压差。风压差有正负之分，左舷受风时为正，右舷受风时为负，如图 3-1-7（a），（b）所示。

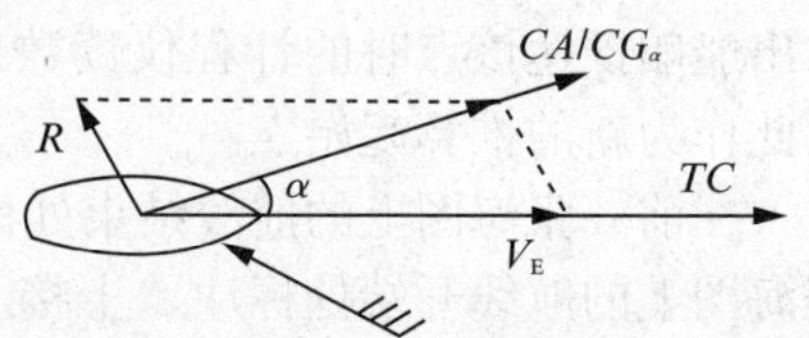

图 3-1-6　船在风中的运动

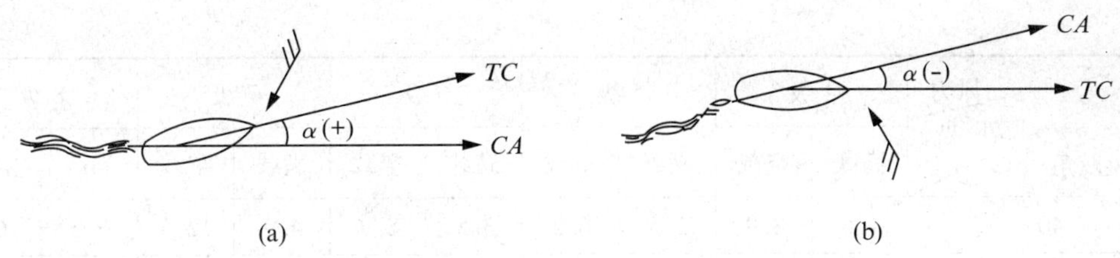

图 3-1-7　风压差的符号

2）影响风压差（α）的因素

（1）风舷角（Q_W）：Q_W接近90°时 α 最大；

（2）风速（V_W）：V_W越大，则 α 越大；

（3）航速（V_L）：V_L越大，则 α 越小；

（4）吃水和水下船型：吃水越大 α 越小，平底船产生的 α 要比尖底船大；

（5）船舶受风面积和水上船型：同一船舶受风面积越大，则 α 越大。

3）求取风压差

由于影响风压差的因素较多，且复杂，船舶在风中漂移的速度和方向又不易掌握，因此，风压差的求取，不采用速度矢量三角形求解的方法，而是采取直接观测或估计的方法。

风压差还可以用公式求取，经实测并经统计处理，可得到风压差公式：

（1）仅适用于实际风压差的绝对值不超过10°~15°的公式

$$\alpha^\circ = K^\circ \cdot (V_W/V_L)^2 \cdot \sin Q_W \qquad (3-1-1)$$

（2）通用公式

$$\alpha^\circ = K^\circ \cdot (V_W/V_L)^{1.4} (\sin Q_W + 0.15\sin 2Q_W) \qquad (3-1-2)$$

其中：V_W为风速（m/s）；V_L为航速（m/s）；K 为平均风压差系数（°）。

客船和军舰，由于装载情况稳定，因此 K 为常数；而货船，由于装载情况不稳定，因此 K 是变数。

K 通常通过实际测定后获取。各船必须在各种风力和吃水条件下，实测风压差 25 ~ 30 次，然后用公式反推出风压差系数 K_i（$i=1, 2\cdots\cdots$）。最后求出风压差系数的平均值 K。有了 K 后，就不必再实测各种条件下的风压差了，而是在已知 K 的前提下用公式直接算出风压差，算出的风压差的误差约为 0°.5 ~ 1°.0。

将实测的风压差和用公式算出的风压差汇总起来，列出风压差表，供航迹绘算时查取使用，如表 3-1-1 所示。对表中所列数据还要不断地进行实践检验和修正，以求更为准确地掌握风压差。

表 3-1-1　某船的风压差

风力 / 吃水/m / 风舷角/°	4 级		5 级		6 级		7 级		8 级	
	满载	空载	满载	空载	满载	空载	满载	空载	满载	空载
0	0	0	0	0	0	0	0	0	0	0
20	0.8	2.2	1.3	3.4	1.9	5.0	2.7	6.9	3.6	9.2

（续表）

风舷角/° \ 吃水/m \ 风力	4级		5级		6级		7级		8级	
	满载	空载	满载	空载	满载	空载	满载	空载	满载	空载
40	1.6	3.9	2.5	6.2	3.5	8.9	4.9	12.5	6.5	16.6
…	…	…	…	…	…	…	…	…	…	…
160	0.5	1.2	0.8	1.9	1.1	2.8	1.5	3.9	2.0	5.2
180	0	0	0	0	0	0	0	0	0	0

4. 风中航迹绘算

在有风无流的情况下，推算航程与风中推算航程相等，都近似等于计程仪航程；而推算航迹向（或计划航向）具有以下关系：

$$CG_{\alpha}\ (CA) = TC + \alpha \qquad (3-1-3)$$

风中航迹推算可分为已知真航向求航迹向（或计划航向）和已知航迹向（或计划航向）求真航向2种情况。

1）由真航向求风中航迹向（$TC \Rightarrow CG_{\alpha}$）的绘算步骤

（1）画出真航向线。确定推算起始点，从推算起始点起按真航向作一条带箭头的长约2~4 cm的线段，以此代表真航向线。

（2）确定风压差。根据当时的风舷角、风速和船舶装载情况查风压差表，确定风压差值α。风压差的正负根据左“+”右“-”（左舷受风为正，右舷受风为负）原则判断。

（3）确定风中航迹向（CG_{α}）。根据公式（3-1-3）算出风中航迹向，据此作出风中航迹线，或者以真航向线为基准，按照风压差的大小向下风侧作风中航迹线。

（4）确定推算船位。根据公式 $S_L = (L_2 - L_1) \times (1 + \Delta L)$ 或 $S_L = V_L \times t$ 算出计程仪航程（注：在本模块中如无特别说明，计程仪是指相对计程仪），再在风中航迹线上截取计程仪航程，所得的截点即为推算船位；确定推算的时间间隔。

（5）正确标注。在风中航迹线上正确标注。

例3-1-1：某船0800时的观测船位在A点，真航向为090°，$\Delta G = +2°$，$\Delta L = +2\%$，$L_1 = 151'.5$，视风SE，风力6级，α取8°。0930时 $L_2 = 169'.4$，求0930时的推算船位。（为保证作图精度，比例尺应尽量取大些，如1 cm = 2 n mile）

解：如图3-1-8所示。

（1）标出0800时的观测船位A点，即推算起始点；

（2）自A点以TC090°作真航向线；

（3）因右舷受风，故 $\alpha = -8°$，风中航迹向 $CG_{\alpha} = TC + \alpha = 082°$，自A点以 $CG_{\alpha}082°$ 作风中航迹线；

（4）算得计程仪航程 $S_L = 18'.3$，当有风无流时，S_L 即是推算航程，在风中航迹线上截取 S_L 得0930时的推算船位；

（5）在风中航迹线上正确标注。

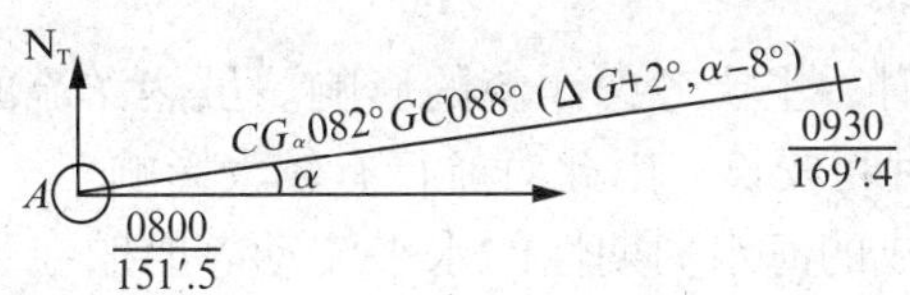

图 3-1-8 “$TC \Rightarrow CG_\alpha$” 型风中绘算

2）由计划航迹向求真航向（$CA \Rightarrow TC$）的绘算步骤

（1）确定推算的时间间隔 t，从推算起始点起，以计划航迹向画计划航线；

（2）判断风压差的正负，根据公式

$$CA = TC + \alpha \tag{3-1-4}$$

算出真航向，以真航向作真航向线，或者以计划航线为基准，按照风压差的大小向上风侧作真航向线；

（3）算出计程仪航程，在计划航线上截取之，所得的截点即为推算船位；

（4）在计划航线上正确标注。

例 3-1-2：某船 $CA = 082°$，$\Delta G = -1°$，$\Delta L = -5\%$，所在航区的风向为偏北风，风力 3~4 级，α 的绝对值取 4°，0800 时 $L_1 = 11'.0$，1 000 时 $L_2 = 41'.5$，求在 0800—1000时段应采取的 GC 和1000 时的推算船位。

解：如图 3-1-9 所示。

（1）因左舷受风，故 $\alpha = +4°$，则 $TC = CA - \alpha = 082° - (+4°) = 078°$，$GC = TC - \Delta G = 078° - (-1°) = 079°$；

（2）从推算起始点起，以 TC078°作真航向线、以 CA082°作计划的风中航线（或以真航向线为基准，按风压差的大小向下风侧作计划的风中航线）；

（3）$S_L = (L_2 - L_1) \times (1 + \Delta L) = (41'.5 - 11'.0) \times (1 - 5\%) = 29'.0$（在有风无流时，$S_L$既是对水的航程也是实际的推算航程），在计划的风中航线上截取 29′.0 得 1 000 时的推算船位；

（4）在计划的风中航线上正确标注。

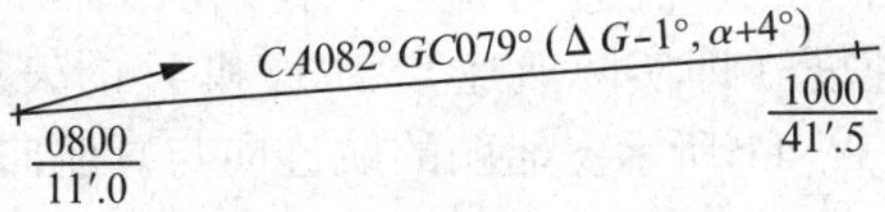

图 3-1-9　“$CA \Rightarrow TC$” 型风中绘算

四、有流无风情况下的航迹绘算

1. 水流要素

航海上经常遇到的水流有海流（Current）、潮流（Tidal Stream）和风海流（Wind Current）。

海流又称洋流（Ocean Current），是由于相邻海区之间海水长期存在温度、密度或气压的不同，或长期受定向风的作用，而产生的海水水平方向的流动。海流一般在一段较长的时间内保持流向、流速基本稳定。

海图上表示海流的图式是 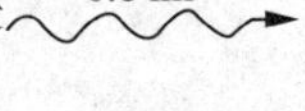 0.8 kn，箭头的方向表示流向，其上的数字表示平均

流速。

一般船舶在大洋航行时，主要考虑洋流的影响。虽然洋流的流速并不大，通常约为1 kn，但船舶的大洋航行时间较长，因此对航行有较大影响。

潮流是由于潮汐而形成的海水周期性的水平流动。船舶在受潮汐影响较明显的区域（如通海的江河、近海等）航行时，主要考虑潮流的影响。

潮流分为往复流和回转流2种。往复流的流向、流速大致随潮汐周期而往复变化。在通海的江河口外的海图上，常会看到回转流的资料。回转流的流向、流速在360°范围内不断的变化着。在实际航迹推算中，通常用矢量合成法求取某段时间里的平均流向、流速，如图3-1-10所示。从图中可以看出0800—1100时3 h内的平均流向为068°，平均流速为2.8 kn。

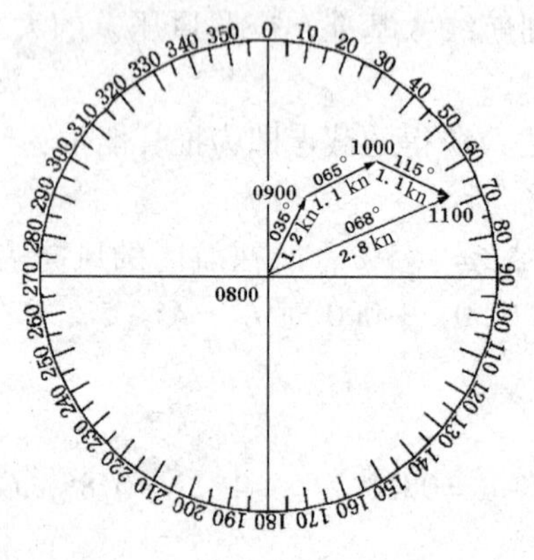

图3-1-10　潮流矢量合成

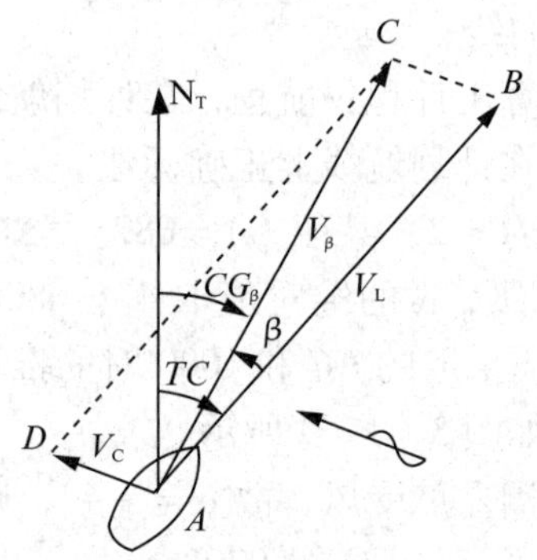

图3-1-11　船在流中运动

风海流又称风生流，是海水表层在一定的时间内受定向风的作用而产生的水流。它一般在风作用一段时间后才产生，风停后还会持续一段时间才消失。

2. 流压差

船舶航行在仅有水流影响的水域时，会受到2个力的作用：一是推进器的推力，使船舶沿着真航向线，以对水航速 V_L（此时的 V_L 就等于船速 V_E）前进；二是水流产生的水动力，使船舶沿着水流方向，以流速 V_C 漂移。在两者共同的作用下，船舶沿着 V_L 和 V_C 的合速度方向行驶，合速度（即实际航速）为 V_L 和 V_C 的矢量和，合速度的方向为船舶航迹线的方向，如图3-1-11所示。船舶的航迹向与真航向的差值称为流压差，用 β 表示。

$$\beta = CG_\beta - TC \qquad (3-1-5)$$

$$\beta = CA - TC \qquad (3-1-6)$$

β 符号的规定为：船舶左舷受流为正、右舷受流为负。

3. 流中航迹绘算

在已知计程仪航程（航速）、风流要素的前提下，流中航迹绘算要解决的问题有2种类型：一是已知真航向 TC，求推算航迹向 CG_β、推算航程 S（推算航速 V）、推算船位 EP；二是已知计划航迹向 CA，求真航向 TC、推算航程 S 或推算航速 V 和推算船位 EP。

仅有流影响时的绘算特点是：计程仪航程在真航向线上截取，但在用绝对计程仪计程时，实际航程 S 应在计划航迹线或推算航迹线上截取。

1）已知真航向求推算航迹向（$TC \Rightarrow CG_{\beta}$）的绘算步骤

（1）确定积算船位。根据推算的时间间隔 t，利用公式 $S_L = (L_2 - L_1) \times (1 + \Delta L)$ 或 $S_L = V_L \cdot t$ 算出计程仪航程，从推算起始点画出真航向线，在真航向线上截取 S_L 得到积算船位。

（2）确定推算船位。根据公式 $S_C = V_C \cdot t$ 算出流程，从积算点按流向和流程作出水流矢量线，矢量线的终点即为推算船位。

（3）确定 β 和 CG_{β}。连接推算起始点和水流矢量线终点得到一条线段，此线即为推算航迹线，其长度即为推算航程，将它除以推算时间即得推算航速 V；量出推算航迹向 CG_{β}，算出 $\beta = CG_{\beta} - TC$。

（4）正确标注。

归纳起来，绘算步骤的核心是作水流三角形，在作水流三角形时应遵循“对水航程矢量 + 流程矢量 = 实际航程矢量”的原则。

例 3－1－3：某船 1800 时的观测船位在 A 点，真航向为 320°，$\Delta G = -2°$，$L = 20'.0$，$\Delta L = +3\%$，流向为 060°，流速为 2 kn，1900 时的 $L = 36'.0$，求 1900 时的推算船位及 CG。（作图比例尺：1 cm = 2 n mile）

解：如图 3－1－12 所示。

（1）1800 时的观测船位 A 标绘在海图上，并将其作为推算起始点。

（2）算得计程仪航程 S_L 为 16′.5；从 A 点起作 320°的真航向线；在真航向线上截取 $S_L = 16'.5$ 得到 1900 时的积算船位 B 点。

（3）算出流程 $S_C = V_C \cdot t = 2 \times 1 = 2'$；从 B 点以流向 060°截取流程 2′得 C 点，即 1900 时的推算船位。

（4）连接 A 点和 C 点，得到的 AC 线即为流中航迹线，量得 $CG = 327°$，$\beta = CG - TC = +7°$。

（5）正确标注。

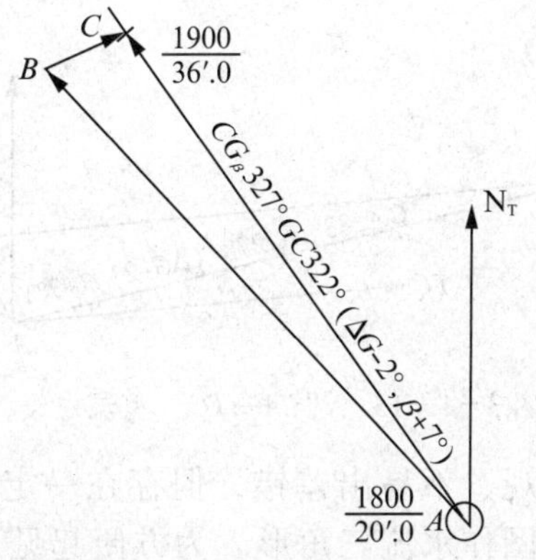

图 3－1－12　“$TC \Rightarrow CG_{\beta}$”型流中绘算

2）已知计划航向求真航向（$CA \Rightarrow TC$）的绘算步骤

（1）画出计划航线。确定推算的时间，从推算起始点起以 CA 画出计划航线。

（2）画出水流矢量。根据公式 $S_C = V_C \cdot t$ 算出流程；从推算起始点出发，根据流向、流程画出水流矢量，得到水流矢量终点。

（3）确定推算船位。根据公式 $S_L = (L_2 - L_1) \times (1 + \Delta L)$ 或 $S_L = V_L \cdot t$ 算出计程仪航程。

以水流矢量终点为圆心，以 S_L 为半径画圆弧，与计划航线相交于一点，该点即为推算船位。从推算起始点到推算船位的距离即为推算航程，将它除以时间即得推算航速。

（4）确定 β 和 TC。从推算起始点出发，作水流矢量终点与推算船位连线的平行线，该线即为真航向线；量出 TC，算出 $CC\ (GC) = TC - \Delta C\ (\Delta G)$，$\beta = CA - TC$。

（5）正确标注。

归纳起来，绘算步骤的核心是作航程矢量三角形，在作航程三角形时应遵循"流程矢量 + 对水航程矢量 = 实际航程矢量"的原则。

例 3-1-4： 某船 0800 时的观测船位在 A 点，计划航向为 283°，$\Delta G = -2°$，航速为 16 kn，流向为 045°，流速为 2 kn，求 0800—0900 时应行驶的陀罗航向。（作图比例尺：1 cm = 2 n mile）

解：如图 3-1-13 所示。

（1）标出 0800 时的观测船位 A，将它作为推算起始点；从 A 点出发根据 283°画出计划航线。

（2）计算流程：$S_C = V_C \cdot t = 2 \times 1 = 2'$；从 A 出发，根据流向 045′、流程 2′画出水流矢量，得到水流矢量终点 B。

（3）计算计程仪航程：$S_L = V_L \cdot t = 16 \times 1 = 16'$；以 B 为圆心，以 $S_L = 16'$为半径画弧与计划航线交于一点 C，则 C 即为 0900 时的推算船位，BC 方向即为真航向线的方向。

（4）过 A 作 BC 的平行线，该线即为真航向线 TC；量得 $TC = 276°$，$GC = TC - \Delta G = 276° - (-2°) = 278°$，$\beta = CA - TC = 283° - 276° = +7°$

（5）正确标注。

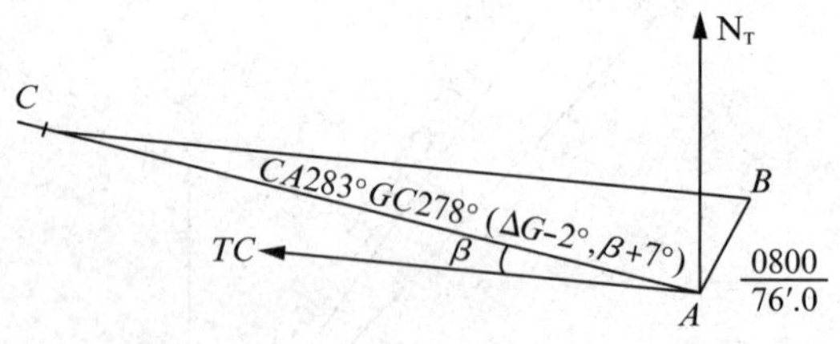

图 3-1-13 "$CA \Rightarrow TC$" 型流中绘算

作图的优点是简单、直观、不易出差错，但存在一定的作图误差，为减小作图误差，应尽量采用大比例尺海图作水流三角形。为方便起见，通常作 1 h 的水流三角形。如海图比例尺小，则可将三角形各边按同样比例尺放大作图或者作 2 h 以上的水流三角形。

五、风流中的航迹绘算

在有风有流时，真航向与航迹向之间的关系是：计划或推算航迹向（CA 或 CG_{γ}）等于真航向 TC 加风流压差 γ。

$$CG_{\gamma} = TC + \gamma \tag{3-1-7}$$

$$\text{或}\quad CA = TC + \gamma \tag{3-1-8}$$

γ 是指在风流影响下航迹向与真航向之差，即 $\gamma = CG_{\gamma} - TC$；风流压差等于风压差与流压差的代数和；航迹线偏在航向线右侧时 γ 为正值，航迹线偏在航向线左侧时 γ 为负值。

$$\gamma = \alpha + \beta \tag{3-1-9}$$

在已知计程仪航程（航速）和风流要素的前提下，风流中的航迹绘算主要解 2 种类型的问题：一类是已知真航向 TC，求推算航迹向 CG_{γ}、推算航程 S、推算航速 V 和推算船位 EP 等要素；另一类是已知计划航迹向 CA，求真航向 TC、推算航程 S_G（或推算航速 V_G）和推算船位 EP 等要素。

1. 已知真航向求航迹向（$TC \Rightarrow CG_{\gamma}$）的基本绘算

1）基本方法

采用“先风后流”的作图方法，先配风再配流，即首先在真航向上加上风压差，求取风中航迹向，画出风中航迹线，接着配水流要素、作水流三角形，最后求取航迹向等要素。

2）绘算步骤

（1）确定推算的时间间隔，从推算起始点出发作真航向线；

（2）算出风中航迹向（$CG_{\alpha} = TC + \alpha$），画出风中航迹线；

（3）在风中航迹线上截取相对计程仪航程，得截点；

（4）从截点出发作水流矢量，则矢量终点就是推算船位；

（5）连接推算起始点和推算船位，此线即为推算航迹线。其长度代表推算航程，将它除以推算时间即得推算航速 V；其方向代表推算航迹向，量出推算航迹向 $CG\gamma$，算出流压差，即航迹向与风中航迹向之差为

$$\beta = CG_{\gamma} - CG_{\alpha} \tag{3-1-10}$$

航迹线偏在风中航迹线之右，β 为正，航迹线偏在风中航迹线之左，β 为负。

在“$CA \Rightarrow TC$”型的风流绘算中，流压差公式为

$$\beta = CA - CG_{\alpha} \tag{3-1-11}$$

（6）正确进行标注。

例 3-1-5：某船 1 200 时的计程仪读数 $L = 42'.0$，罗航向 $CC = 093°$，罗经差 $\Delta C = -3°$，相对计程仪航速 $V_L = 12$ kn，航行海区有北风 5 级，风压差 α 的绝对值取 4°，东北流、流速 4 kn。试求推算航迹向 CG 和推算航速 V。

解：如图 3-1-14 所示，按“先风后流”的顺序作图。

（1）$CG_{\alpha} = TC + \alpha = 090° + (+4°) = 094°$，$S_L = V_L \cdot t = 12'$。

（2）从推算起始点 A 出发作真航向线和风中航迹线。

（3）作 1 h 的水流三角形：在风中航迹线上量得 $AB = 12'$。

（4）根据流向 045°、流速 3 kn，从 B 点作水流矢量线 BC，得到 C 点。

（5）连接 AC，量出 AC 的长度为 12′.1，它就是推算航程，则推算航速 $V = 12.1$ kn。量出推算航迹向 $CG_{\gamma} = 080°$，而流压差 $\beta = CG_{\gamma} - CG_{\alpha} = 080° - 094° = -14°$，$\gamma = \alpha + \beta = -10°$。

（6）正确标注。

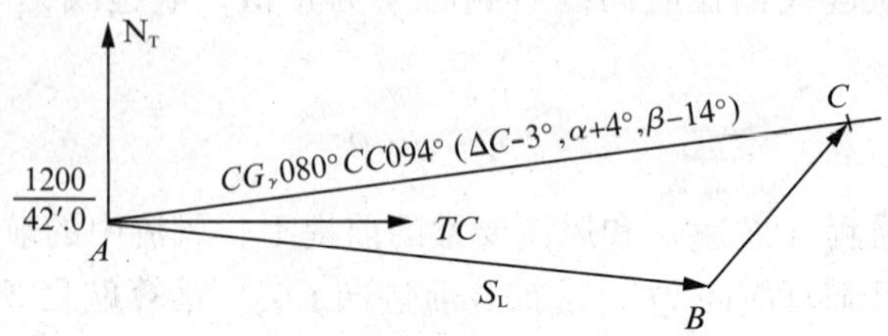

图 3-1-14　“$TC \Rightarrow CG\gamma$”型风流绘算

2. 已知计划航向求真航向（$CA \Rightarrow TC$）的基本绘算

1）基本方法

采用“先流后风”的作图方法，先配流再配风，即首先预配流压差作水流三角形，从中求出风中航迹向，接着向上风侧配风压差，最后求取在风流影响下为确保船舶航行在计划航线上而应采取的真航向等要素。

由于所预配的风流压差是近似的，若严格按照所求的真航向航行不一定能保证船舶航行在计划航线上，因此，船舶驾驶员在航行中应不断地测定船位和实际航迹向，分析船位和实际航迹偏离计划航线的程度，以便及时地修正预配的风流压差，使船舶航行在计划航线上。

2）绘算步骤

（1）确定推算的时间间隔，从推算起始点出发作计划航迹线；

（2）从推算起始点起作水流矢量线；

（3）以水流矢量线终点为圆心、以相对计程仪航程为半径作圆弧，交计划航迹线于一点，此点即为推算船位；

（4）从推算起始点出发作水流矢量终点与推算船位连线的平行线，得风中航迹线；

（5）以风中航迹线为基准，预配风压差得到真航向线；

（6）推算起始点到推算船位的距离即为推算航程，将之除以推算时间得到推算航速；

（7）正确标注。

例 3-1-6：某船的计划航向为 090°，罗经差 $\Delta C = +3°$，船速为 12 kn，航区北风 6 级，风压差的绝对值为 4°，北流、流速 3 kn。试求该船应驶的真航向和推算航速。

解：如图 3-1-15 所示，按“先流后风”的作图方法。

（1）从推算起始点起作计划航迹线。

（2）作 1h 的水流三角形：从推算起始点 A 起作水流矢量线 AD。

（3）以 D 点为圆心、以 $S_L=12$ 为半径作圆弧，交计划航线于 C 点，此点即为航行 1 h船舶所抵达的推算船位；连接 DC，则 DC 的方向代表了风中航迹向。

（4）从 A 点起作 DC 的平行线，此线即为风中航迹线，量得风中航迹向 $CG_\alpha=104°.5$，$\beta=CA-CG_\alpha=-14°.5$。

（5）预配风流压差后应驶的真航向 $TC=CG_\alpha-\alpha=104°.5-(+4°)=100°.5$，或 $TC=CA-\alpha-\beta=090°-4°-(-14°.5)=100°.5$，据此从 A 点出发作真航向线。

（6）量出 AC 为 11′.6，它就是 1 h 的推算航程，则推算航速 $V=11'.6$ kn。

（7）正确标注。

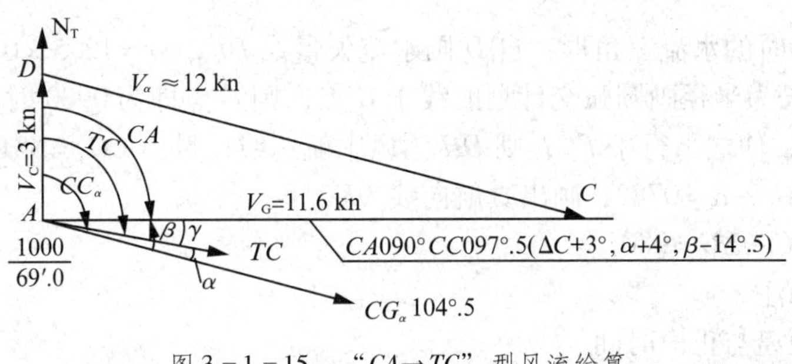

图 3－1－15　“$CA \Rightarrow TC$”型风流绘算

六、综合绘算

例 3－1－7：某船满载航行，0800 时的观测船位为 36°51′N，122°07′.5E，$L_1=546'.4$，$\Delta L=-5\%$，陀螺罗经航向为 122°（$\Delta G=-2°$），航区风向 N/W、风力 5 级（α 的绝对值取 3°），北流、流速 2 kn，0830 时 $L_2=552'.7$，求 0830 时的推算船位及推算航程。0830 时拟转向驶抵 36°55′N，122°37′E 处，风流不变，计程仪航速为 12.5 kn，求应采取的陀螺罗经航向、灯塔 L 的正横距离及正横时间。

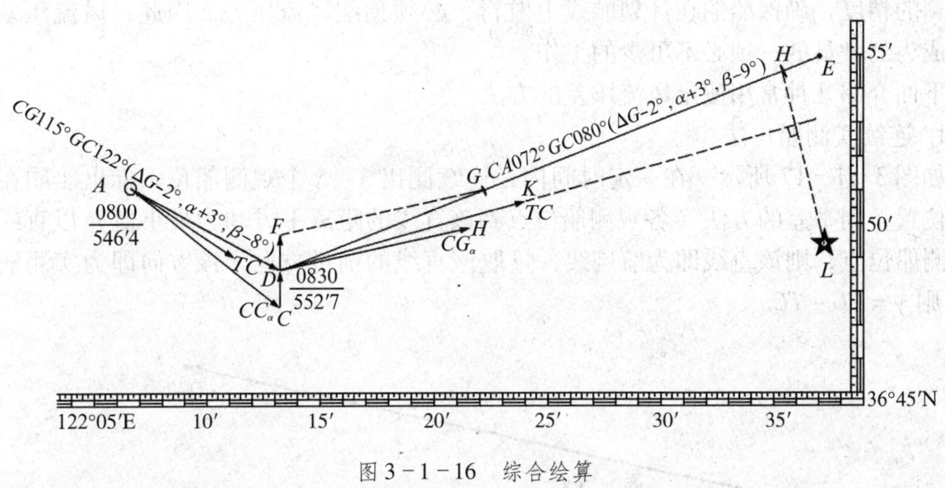

图 3－1－16　综合绘算

解：如图 3－1－16 所示。

1. 求 0830 时的推算船位及推算航程

（1）在海图上标出 0800 时的观测船位 A 点（即推算起始点）；

（2）$TC = GC + \Delta G = 120°$，从 A 点出发作真航向线 TC；

（3）因左舷受风，故 $\alpha = +3°$，$CG_{\alpha} = TC + \alpha = 123°$，从 A 点出发作风中航迹线；

（4）$S_L =（L_2 - L_1）\times（1 + \Delta L）= 6°$，在风中航迹线上截取 $6'$ 得到 C 点；

（5）从 C 点出发以 $S_C = 2 \times 0.5 = 1'$、流向 000°作水流矢量线 CD，则 D 点为 0830 时的推算船位。AD 的长为推算航程 $S = 5'.5$，量出航迹向 $CG = 115°$，算出 $\beta = -8°$；

（6）正确标注。

2. 求 0830 时以后应采取的 GC

（1）标出船舶要抵达的目的地位置 E，连接 DE，此线为计划航迹线，量出 $CA = 072°$。

（2）作半小时的水流三角形：自 D 画水流矢量线 DF，$S_L = 12.5 \times 0.5 = 6'.25$，以 F 为圆心、$6'.25$ 长为半径画圆弧交计划航线于 G 点，则 G 点即为 0900 时的推算船位。

（3）作 DH，使之平行于 FG，则 DH 为风中航迹线，量出 $CG_{\alpha} = 081°$，$\beta = -9°$。

（4）$TC = CG_{\alpha} - \alpha = 078°$，画出真航向线 DK。

（5）$GC = TC - \Delta G = 080°$。

（6）正确标注。

3. 求正横距离与正横时间

过 L 作 TC 的垂线交推算航迹线 DE 于 H 点，则 H 点为船舶正横灯塔时的船位，LH 为正横距离，量得 LH 为 $5'.8$，即 $D_{\perp} = 5'.8$。

由于 G 点为 0900 时的推算船位，量得 DG 为 $6'.5$，求得推算航速 $V_G = 13$ kn，又量得 GH 为 $9'.5$，因此船舶由 G 点到 H 点的航行时间 $\Delta t = \dfrac{9.5}{13} \times 60 \approx 44^{m}$，则正横时间 $T_{\perp} = 0944$。

七、风流压差的测定方法

当船舶航行于风流要素未知的海区时，势必在风流压差作用下产生偏航。为提高航迹推算的精度，确保船舶在计划航线上航行，必须预配风流压差。因此，风流压差的测定已成为驾驶员的一项必不可少的工作。

下面介绍几种常用测定风流压差的方法。

1. 连续实测船位法

如图 3－1－17 所示，在一定时间内，连续测出 3～5 个观测船位，标出船舶在海图上的位置，用平差的方法（各观测船位点到该直线的距离平方和为最小值）以直线连接各观测船位点，则该直线即为航迹线，量取该直线的前进方向，该方向即为实测航迹向 CG，则 $\gamma = CG - TC$。

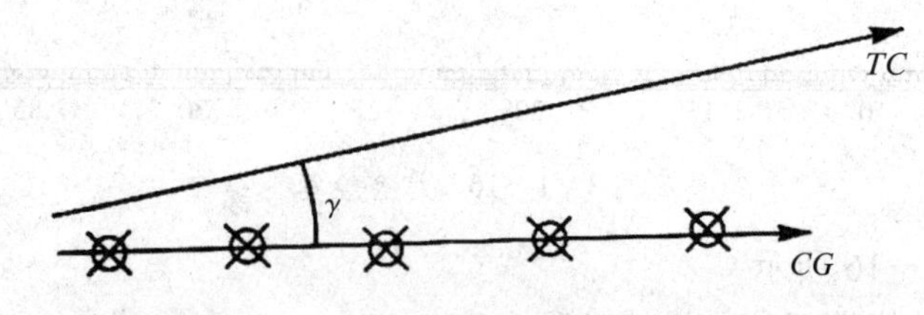

图 3－1－17　连续实测船位法求 γ

2. 叠标导航法

如图3－1－18所示，操纵船舶沿着某叠标线航行，即始终保持两个叠标串视，则此时的叠标方位线即为船舶的实际航迹线，叠标的真方位即为实际航迹向，在海图上量出叠标的真方位，减去真航向，所得的角度即为风流压差。

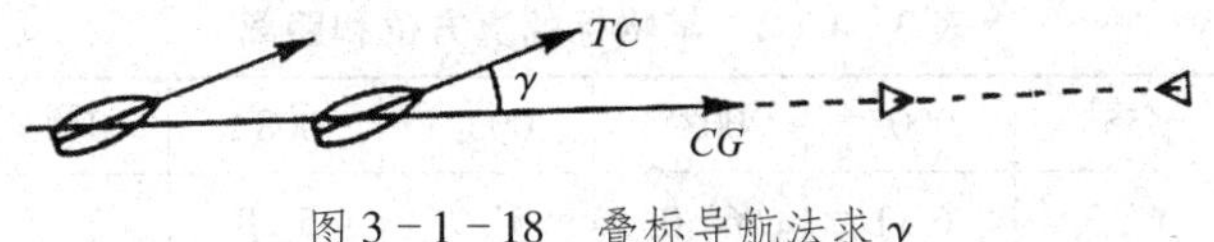

图3－1－18　叠标导航法求γ

3. 雷达观测法

雷达采用船首向上显示方式，屏上的船首标志线即代表船首线。观测某一固定目标的相对运动方向。在无风流时，固定目标的回波在屏上的轨迹应该与船首标志线平行，若发现回波的轨迹线与船首标志线存在夹角，则说明风流压差不等于零。如图3－1－19所示，在一段时间内，回波点分别为a_1，a_2，a_3……，转动雷达方位标尺，使其上面的某条平行线压住回波的轨迹线或与回波的轨迹线平行，则方位标尺中心线在固定刻度盘上所示的度数，即为风流压差。

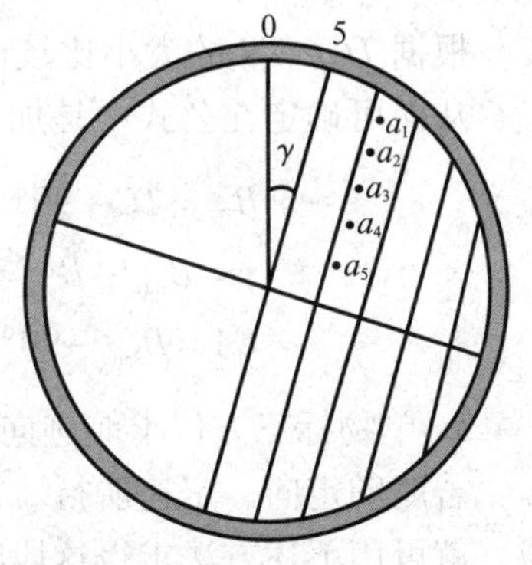

图3－1－19　雷达观测法求γ

4. 物标最小距离方位与正横方位差法

在无风流时，正横距离与最小距离相等，正横方位就是最小距离方位。但在有风流影响时，两者不一致，两者之差，就是风流压差γ。如图3－1－20所示，物标最小距离方位用B_{min}表示，正横方位用$B_{\perp}$表示。

$$B_{min} = CG \pm 90° \text{（左舷受风为正，右舷受风为负）} \quad (3-1-12)$$

$$B_{\perp} = TC \pm 90° \text{（右正横为正，左正横为负）} \quad (3-1-13)$$

$$\text{则 } \gamma = CG - TC = B_{min} - B_{\perp} \quad (3-1-14)$$

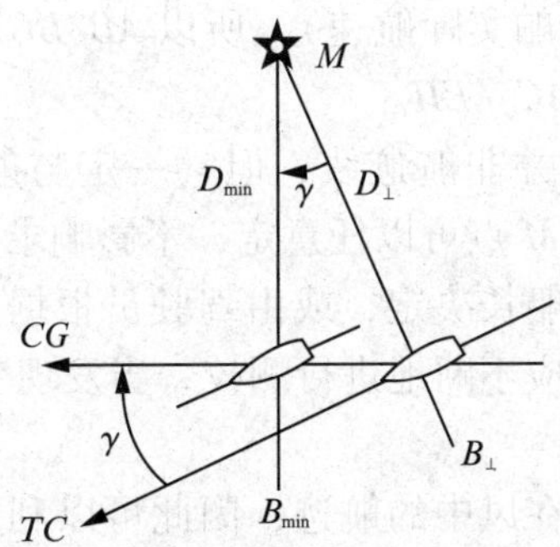

图3－1－20　物标最小距离方位与正横方位差法求γ

在实际应用时，首先要估计出物标正横时的大概时刻。在物标正横前后的这段时间内，不断地观测物标的方位和距离，通过比较便会发现：物标距离将由大到小、再由小

到大，其中最小距离时的方位即可选出。如有可能，最好两人同时测定，一人测雷达距离，一人测罗经方位，这样观测及计算的结果将更为准确。

例 3-1-8：某船的 $TC=265°$，用雷达连续测得某物标的真方位和距离如表 3-1-2 所示，求风流压差与航迹向。

表 3-1-2　某物标的真方位和距离

TB	350°	355°	000°	003°	005°	008°	012°	015°	018°
D	6′.5	6′.3	6′.1	6′.0	5′.9	5′.8	5′.7	5′.8	5′.9

解：从观测结果可知

$$B_{\min}=012°$$

根据 TC、TB 的大小比较可知 $TB>TC$，说明物标在右舷，要有正横，那一定是右正横，从而可确定在公式中是加 90°。则

$$B_{\perp}=TC+90°=265°+90°=355°$$

$$\gamma=B_{\min}-B_{\perp}=012°-355°=17°$$

$$CA=B_{\min}-90°=282°，或\ CA=TC+\gamma=265°+17°=282°$$

5. 单物标三方位求航迹向

若船舶定向、定速航行，当风流影响不变时，在不同时刻测出某单个物标的 3 个方位，就可用下述方法求得这段时间内的风流压差和航迹向。

如图 3-1-21 所示，在海图上或空白纸上，由已知物标 M 分别画出不同时刻的 3 条方位线 B_1，B_2，B_3，设第一次与第二次观测的时间间隔为 t_1，第二次与第三次观测的时间间隔为 t_2，均为已知量，在 B_3 上任取一点 C，再在 MC 上取一点 D，取法是使 $MD/DC=t_1/t_2$。（要注意技巧，例如，已知 $t_1=15$ min，$t_2=30$ min，若 MD 取 2 cm，则 DC 要取 4 cm，MC 要取 6 cm。）过 D 点作 B_1 的平行线，交 B_2 于 B 点，连接 CB 交 B_1 于 A 点，则直线 ABC 即为观测时间内的航迹向 CG，它与真航向之差即为这段时间内的风流压差。

作图依据：因为 $DB /\!/ MA$，所以 $\triangle CMA \backsim \triangle CDB$，$t_1/t_2=MD/DC=AB/BC$。又因为 $EF/FH=V_{t_1}/V_{t_2}=t_1/t_2$（$V$ 是船舶实际航速），所以 $AB/BC=EF/FH$，进而得到 $AB/EF=BC/FH$。故 $\triangle AMC \backsim \triangle EMH$，$AC /\!/ EH$。

特别要注意：ABC 的连线并非航迹线，但它一定与航迹线平行，是航迹线的平行线；如在空白纸上作图，物标 M 点可以任意定，不影响求航迹线。

风流压差的采用或改变由船长决定，或由驾驶员根据船长的指示进行。航行中，驾驶员对所采用的风流压差值，应不断地进行测校，当发现变化大时，应及时报告船长。

6. 艉迹流法

由于艉迹流可以视为船舶在风中的航迹，因此可以利用测定船尾水花，即艉迹流与艏艉线的夹角的方法，求取风压差 α 的近似值。如果从船尾抛下自制的简易小浮标，用来表示艉迹流的方向，这样测定就更为有效。测定时机最好选择在涌浪不大时，以便减少船舶摇摆和操舵不稳等对测定精度的影响，如图 3-1-22 所示。测定时，应在短时间内（每隔 5 s）反复测定，取其平均值作为航迹向，以便减少随机误差的影响。

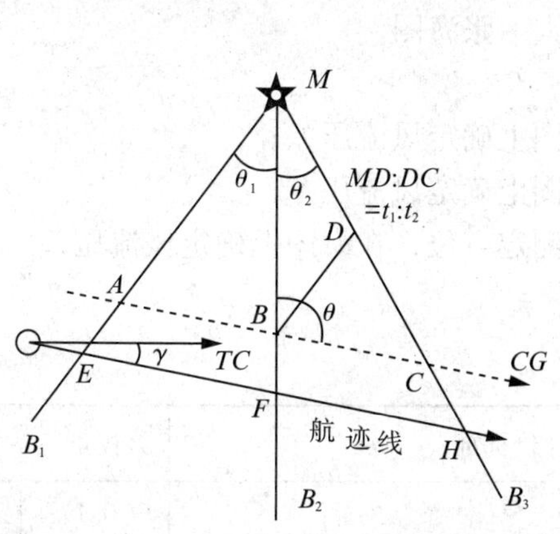

图3-1-21　单物标三方位求航迹向作图法

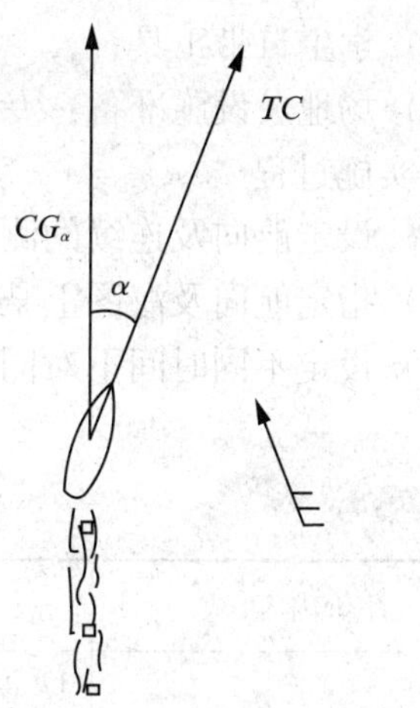

图3-1-22　艉迹流法测风压差

任务实施

任务1　海图作业

基本要求：

1. 正确掌握各种海图作业工具的使用；
2. 正确掌握海图作业的基本要求；
3. 正确进行海图作业。

实施步骤：

1. 准备工作

（1）学生自带工具；

（2）场地及设施准备：专用海图室，每人一张海图。

2. 实施过程

（1）熟悉基本作图工具的使用；

（2）熟悉航向、方位、船位、航程的确定；

（3）根据要求进行海图作业。

任务2　风流压差的测定

（设定条件在海图室完成）

基本要求：

1. 正确掌握各种风流压差的测定方法；
2. 通过在海图上作图，求得风流压差。

实施步骤：

1. 准备工作

（1）学生自带工具；

（2）场地及设施准备：专用海图室，每人一张海图。

2. 实施过程

（1）设定航向及连续的测定船位，在海图上确定风流压差；

（2）指定航向及海图上某组叠标，在海图上确定风流压差；

（3）设定不同时间下对同一物标的 3 个测定方位，在海图上确定风流压差。

任务评价

评价内容		评价标准	权重	得分
任务完成情况	任务	1. 正确运用作图工具	0. 1	
		2. 正确进行海图作业	0. 3	
		3. 正确进行各种标注	0. 2	
		4. 减小作图误差	0. 1	
		5. 画面整洁清楚	0. 1	
职业素养		1. 遵守实训室管理规定，服从老师安排 2. 按时认真完成学习及工作任务 3. 有问题能及时提问和反馈意见	0. 1	
创新意识		1. 能举一反三 2. 善于提出问题，总结经验	0. 1	
总得分				

任务拓展

1. 解释下列名词：

航迹推算、积算船位、推算船位、计划航向、风压差、流压差。

2. 画图说明真风、船风、视风三者之间的关系。

3. 简述风压差及其符号和影响因素。

4. 写出风压差经验公式并说明其适用条件。

5. 分别写出风中、流中和风流中航迹绘算的计算公式。

6. 画图说明实测风流压差的方法。

7. 简述提高航迹绘算精度的措施。

8. 某船 0800 时 $L_1 = 110'.0$，罗航向 $CC = 036°$，罗经差 $\Delta C = -2°$，航行海区有东风 3 级，风压差 α 取 3°，0800—0900 时东流 3 kn，0900 时 $L_1 = 130'.0$。试求 0800—0900 时的推算航迹向 CG 和推算航速 V_G。（比例尺: 1 cm = 2 n mile）

9. 确定风压差正负的方法是________。

A. 东风为正，西风为负　　B. 东风为负，西风为正

C. 左舷受风为正，右舷受风为负　　D. 左舷受风为负，右舷受风为正

10. 航向正东，受北风、北流影响，则风压差 α 与流压差 β 分别为________。

A. $\alpha>0$，$\beta>0$　　B. $\alpha<0$，$\beta<0$

C. $\alpha>0$，$\beta<0$　　D. $\alpha<0$，$\beta>0$

11. 某船在有流无风的水域航行，流向东南，如图所示。灯塔正横时的相对计程仪航程为________。

A. FA

B. FB

C. FC

D. FD

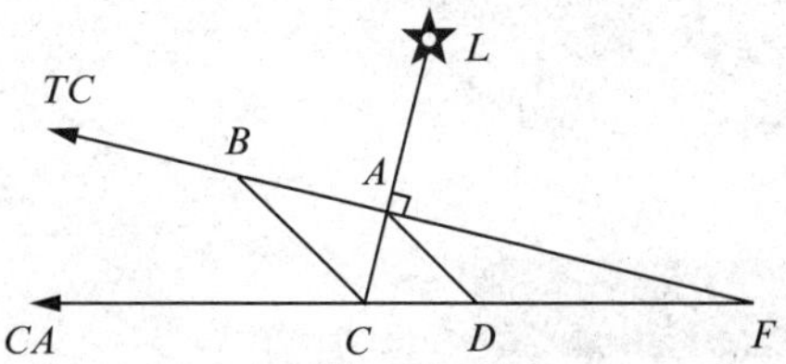

12. 某船的罗航向为005°，航行中测得某物标最小距离时的罗方位为280°，则风流压差等于________。

A. +10°　　B. −10°　　C. −5°　　D. +5°

13. 某船沿某叠标线航行，图示叠标方位为268°，陀螺罗经航向为269°，陀螺罗经差为−2°，则风流压差为________。

A. −2°　　B. +2°　　C. −1°　　D. +1°

14. 某船的陀罗航向为030°，航行中用雷达测得物标距离最近时的陀罗方位为303°，陀罗差为2°E，则实测风流压差为________。

A. +3°　　B. −3°　　C. +5°　　D. −5°

模块 2　航迹计算

模块描述

航迹计算法是根据起航点的经、纬度，航向和航程，运用数学计算公式求得到达点推算船位的经、纬度的方法。在通过数学公式变换后也可以求出船舶的推算航迹向和航程。

航迹计算能避免在小比例尺海图上进行海图作业引起的绘图误差；当遇机动航行等不便于海图作业时，多航向航迹计算法能代替海图作业；在计划航线的起、讫点不在同一张海图上时，也可用航迹计算法求得该航线的航向、航程等。航迹计算法不能完全替代海图作业，仅是在特殊情况下海图作业的一种补充方法。用航迹计算法求得的推算船位必须画到海图上，以便指导船舶航行。

学习目标

1. 掌握航迹计算法的适用时机；
2. 掌握平均纬度航法与墨卡托航法的特点和适用范围；
3. 掌握单航向航迹计算（平均纬度法）。

工作任务

航迹计算的应用。

知识准备

航迹计算主要适用于下列几个方面。

（1）在小比例尺海图上进行航迹绘算，作图误差较大，若辅以航迹计算，则可以提高航迹推算的精度；

（2）船舶在渔区或雾中等航行时需要频繁转向或变速，航迹绘算有困难，因此采用多航向航迹计算，可以求得较为准确的推算船位；

（3）在计划航线的起航点与到达点不在同一张海图上时，可以用航迹计算法来帮助海图作业；

（4）随着计算机技术在航海上的普及，利用计算机进行航迹计算来设计综合导航仪进而发展船舶驾驶自动化，已成为必然趋势。

应当指出的是：要指导船舶航行，就必须把航迹计算的结果标到海图上，因而它不如航迹绘算来得直观明了，所以航迹计算并不能完全替代航迹绘算。

一、航迹计算公式

在通常情况下，航迹计算法是指恒向线航线的航迹计算，即恒向线航法。设起航点的船位为（φ_1，λ_1），若能求得起航点与到达点之间的纬差（$D\varphi$）和经差（$D\lambda$），则可求得到达点的地理坐标（φ_2，λ_2），即 $\varphi_2=\varphi_1+D\varphi$，$\lambda_2=\lambda_1+D\lambda$。因此，航迹计算的核心问题是如何根据已知的航向和航程求取纬差和经差。

在图 3-2-1 中，A 点是航迹计算的起点船位，B 点是到达点的推算船位，整条恒向线 AB 的航程为 S。恒向线 AB 与每一椭圆子午线都相交成真航向 TC，将恒向线航程 S 分成 n 个等分，等分点为 a_1，a_2，a_3，a_4……a_{n-1}，在等分点处画上经线和纬线，由此经线、纬线和恒向线就可围成 n 个球面直角三角形，如果 n 值足够大，那么 n 个微小的球面直角三角形就可以认为是 n 个全等的平面直角三角形，其各自的斜边 $\mathrm{d}S$ 和锐角 C 都相等。$\mathrm{d}\varphi$ 表示一小段恒向线航程 $\mathrm{d}S$ 的南北分量，$\mathrm{d}w$ 表示 $\mathrm{d}S$ 的东西分量，于是可得

$$\mathrm{d}\varphi=\mathrm{d}S\cos C$$
$$\mathrm{d}w=\mathrm{d}S\sin C$$

通过积分计算得

$$D\varphi=S\cos C \tag{3-2-1}$$
$$Dep=S\sin C \tag{3-2-2}$$

上式表明，纬差等于航程乘以航向的余弦，但航程乘以航向的正弦并不是我们所要求的经差，而是东西距 Dep，东西距即恒向线航程的东西分量，因此，航迹计算要解决的主要问题是如何由东西距求出经差。下面介绍 2 种求经差的方法。

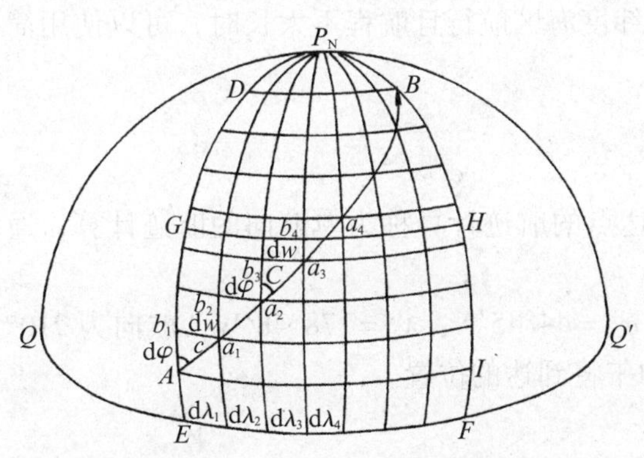

图 3-2-1　中分纬度算法原理

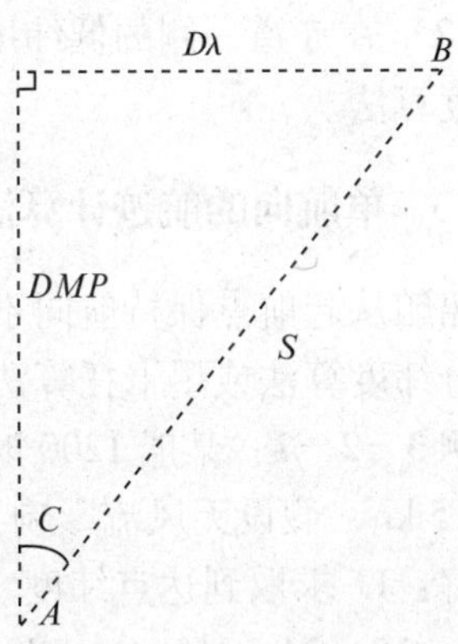

图 3-2-2　墨卡托算法

1. 中分纬度算法

从图 3-2-1 可以看到，AB 两点间的东西距必然比起航点与到达点子午线之间的纬度圈弧长 AI 小，但比纬度圈弧长 DB 大，因此，一定可以在 A，B 两地所在的子午线之间找到一条长度正好等于东西距的纬度圈弧长 GH，该纬度圈所在的纬度，叫做中分纬度 φ_n。如果将地球看作圆球体，则应有 $GH=EF\cos\varphi_n$，其中 EF 是到达点 B 与起航点 A 之间的经差 $D\lambda$。

当视地球为圆球体时，赤道上 1 分经度的弧长（1 赤道里）=1 n mile，于是有

$$D\lambda = Dep \cdot \sec\varphi_n = S \cdot \sin C \cdot \sec\varphi_n \ (') \qquad (3-2-3)$$

船在中低纬度海区航行且航程不太长时，中分纬度与起航点和到达点的平均纬度 φ_m 相差不大，因此可用 φ_m 代替 φ_n 求经差，即

$$D\lambda = Dep \cdot \sec\varphi_m \qquad (3-2-4)$$

在这里，中分纬度算法实际上就是平均纬度算法。

2. 墨卡托算法

墨卡托算法是利用墨卡托海图具有等角及恒向线为直线的特点而得出的经差计算方法，是一种精确的航迹计算方法。在墨卡托海图上，如图 3-2-2 所示，可得

$$\tan C = \frac{D\lambda}{DMP}$$

$$D\lambda = DMP \cdot \tan C \ (') \qquad (3-2-5)$$

式中：DMP 为起航点 A 与到达点 B 之间的纬度渐长率差，可用公式求取。

利用公式 $D\varphi = S\cos C$ 求出纬差后，再求得到达点 B 的纬度 φ_2，则

$$DMP = MP(\varphi_2) - MP(\varphi_1) \qquad (3-2-6)$$

如果利用纬度渐长率公式求 DMP，则可以得到比较精确的数据。DMP 也可用查表法求取，但必须注意：在高纬度海区，MP 值应进行非线性内插，否则将会产生较大的误差。

综合上述两种求经差的方法，可以得出以下结论。

（1）墨卡托算法是精确的航迹计算法，除在等纬圈上航行外，其他任何场合都可以使用。

（2）在赤道一侧的低纬度海区和中纬度海区航行且航程不太长时，可以使用简易中分纬度算法。

二、单航向的航迹计算法

船舶从起航点保持航向不变航至到达点的航迹计算称为单航向的航迹计算，通常利用中分纬度算法或墨卡托算法进行计算。

例 3-2-1：某船 1200 时的船位为 $\varphi_1 = 44°45'\text{N}$，$\lambda_1 = 178°48'\text{W}$，航向为 210°、航速为 15 kn，假设无风流影响，求次日中午将到达的位置。

解：1. 求取到达点纬度

$S = 15 \times 24 = 360$（n mile）

$D\varphi = S\cos C = 360 \times \cos 210° = -311'.8 = -5°11'.8 = 5°11'.8\text{S}$

$\varphi_2 = \varphi_1 + D\varphi = 44°45'\text{N} + 5°11'.8\text{S} = 39°33'.2\text{N}$

2. 求经差

（1）墨卡托算法求经差：

39°33′.2N	MP_2	2 573.152 7
44°45′.0N	−）MP_1	2 992.554 5
	DMP	−419.401 8

则 $D\lambda = DMP \cdot \tan C = -419.4018\tan 210° = -242'.1 = 4°02'.1W$

$\lambda_2 = \lambda_1 + D\lambda = 178°48'W + 4°02'.1W = 182°50'.1W = 177°09'.9E$

（2）平均纬度算法求经差：

$\varphi_m =（\varphi_1 + \varphi_2）/2 = 42°09'.1N$

$D\lambda = Dep \cdot \sec\varphi_n = S \cdot \sin C \cdot \sec\varphi_m$

$= 360\sin 210° \times \sec 42°09'.1 = -242'.8 = 4°02'.8W$

3. 求到达点经度

$\lambda_2 = \lambda_1 + D\lambda = 178°48'W + 4°02'.8W = 182°50'.8W = 177°09'.2E$

则次日中午将到达位置为：$\varphi_2 = 39°33'.2N$，$\lambda_2 = 177°09'.9E$。

例 3-2-2：某船拟由 $\varphi_1 = 40°N$，$\lambda_1 = 140°E$，驶往 $\varphi_2 = 42°N$，$\lambda_2 = 160°E$，求两地间的恒向线的航向和航程。

解：（1）墨卡托算法：

42°N	MP_2	2 766.299 7
40°N	−）MP_1	2 607.885 8
	DMP	158.413 9

$D\lambda = \lambda_2 - \lambda_1 = 160°E - 140°E = 20°E = 1\,200'E$

则 $\tan C = D\lambda / DMP = 1\,200/158.4139 = 7.575$

$C = 082°.5$

$S = D\varphi \cdot \sec C = 919.4$ n mile

（2）平均纬度算法：因船处在中低纬度地区且 $D\varphi$ 小，故可用此法作简便运算。

因为 $D\varphi = S \cdot \cos C$，$Dep = S \cdot \sin C$，$Dep = D\lambda \cdot \cos\varphi_m$，所以 $\tan C = S \cdot \sin C /（S \cdot \cos C）= Dep/D\varphi = D\lambda \cdot \cos\varphi_m / D\varphi$

其中：$D\varphi = 42°N - 40°N = 2°N = 120'N$，$D\lambda = 160°E - 140°E = 20°E = 1200'E$，$\varphi_m = 41°N$，代入公式可得

$\tan C = 1\,200'\cos 41°/120' = 7.547$

$C = 082°.5$

$S = D\varphi \cdot \sec C = 120'\sec 82°.5 = 919.4$ n mile

综上，运用平均纬度算法得出的结果与墨卡托算法一致，说明平均纬度算法在这种情况下运用是很合适的。

任务实施

任务　航迹计算的应用

基本要求：

1. 正确掌握航迹计算的基本方法；
2. 正确掌握航迹计算的具体应用。

实施步骤：

1. 准备工作

（1）学生自带工具；

（2）场地及设施准备：专用海图室，每人两张海图，两张海图相连且比例尺基本相同。

2. 实施过程

（1）在同一张海图上确定两点，用计算法确定航向、航程，并与海图上实测航向、航程作比较。

（2）已知出发点及航向、航程，用计算法求抵达点船位，并与海图上实测船位作比较。

（3）在两张海图的连接处附近确定两点，用计算法确定航向、航程。

（4）分析误差原因。

任务评价

评价内容		评价标准	权重	得分
任务完成情况	任务	1. 正确进行船位的确定	0.1	
		2. 正确进行航迹计算	0.4	
		3. 分析误差原因，回答相应问题	0.3	
职业素养		1. 遵守实训室管理规定，服从老师安排 2. 按时认真完成学习及工作任务 3. 有问题能及时提问和反馈意见	0.1	
创新意识		1. 能举一反三 2. 善于提出问题，总结经验	0.1	
总得分				

任务拓展

1. 说明航迹计算的应用时机。
2. 分别说明中分纬度算法与墨卡托算法的适用时机。
3. 航迹计算法主要适用于________。

A. 海区海图比例尺小，为了提高推算精度

B. 渔区航行需频繁转向的场合

C. 现代化导航仪中的航行计算

D. 以上都不对

4. 多航向航迹计算方法适用于________。

A. 船舶受风流的航迹计算　　B. 船舶在狭水道航行中的快速航迹计算

C. 船舶长距离大洋航行的计算　　D. 大圆航法

5. 除赤道外，两点间的东西距绝对值比两点间的经差绝对值________。

A. 相等　　B. 小　　C. 大　　D. 视北纬，南纬而定

6. 东西距是________。

A. 恒向线航程的南北分量　　B. 恒向线航程的东西分量

C. 航程中向东向西部分　　D. 经差在东西方向的距离

7. 中分纬度是________。

A. 平均纬度

B. 东西距与经差的比值

C. 起航点与到达点子午线之间等纬圈等于东西距的纬度

D. 起航点与到达点的平均纬度

8. 某船拟由（42°N，140°E）驶往（40°N，120°E），则恒向线航向为________。

A. 82°. 5　　B. 97°. 5　　C. 262°. 5　　D. 277°. 5

9. 两船同在23°N，相距420 n mile，如它们以同速向北航行1 927 n mile后，两船相距________n mile。

A. 261　　B. 250. 5　　C. 312　　D. 201

10. 某船从（00°00′，100°20′E）起航，向北航行1 800 n mile后，转向东航行500 n mile，则到达点船位是________。

A. 30°N，109°57′. 4E　　B. 30°N，090°42′. 6E

C. 30°N，109°30′. 7E　　D. 30°N，090°40′. 6E

项目四 陆标定位

核心概念

陆标定位，观测船位，位置线，方位位置线，距离位置线，两方位定位，三方位定位，距离定位，方位、距离定位，转移位置线，移线船位，特殊移线定位。

项目描述

利用航迹推算方法求得的推算船位的准确性较差，推算时间越长，误差越大，因此仅仅依据航迹推算是不能准确地执行航行计划的。为确保航行安全，必须利用一切机会和条件及时准确地测定船位。

陆标定位是测定船位的方法之一，是测定船舶与陆标之间的某一种位置上的相对关系（如方位、距离等），从而根据已知物标的位置和观测值求得本船位置的方法与过程。陆标定位主要有方位定位，距离定位，方位、距离定位等方法。在离岸不太远的海域航行时，陆标定位是一种简单、可靠的定位方法。

学习目标

1. 掌握海上物标的正确识别方法；
2. 掌握海上物标的方位、距离的测定方法；
3. 掌握两方位、距离定位的方法及有关误差；
4. 掌握三方位定位方法及误差三角形的处理方法；
5. 掌握提高定位精度的方法；
6. 掌握单物标方位、距离定位方法；
7. 了解有关移线定位的基本方法。

模块1　方位定位

模块描述

利用罗经同时观测2个或2个以上陆标的方位来确定船位的方法称为方位定位。方位定位具有观测与作图简单、迅速、直观等优点，是最基本和最常用的陆标定位方法之一。

学习目标

1. 正确掌握陆标的识别方法；
2. 正确掌握方位测定方法；
3. 正确掌握两方位、三方位定位方法及提高定位精度的措施。

工作任务

1. 方位的测定；
2. 方位定位作业。

知识准备

保持函数等于常数的点的轨迹称为等值线。航海上的航舶位置线是指保持观测值等于常数的点的轨迹。位置线（Line of Position）也是等值线。由于位置线绘画在墨卡托海图上的形状较复杂（特别是远距离时），而且也没有必要将整条位置线画出，因此在实际航海活动中经常取推算船位附近的一小段位置线（直线或曲线的切线）用于定位，该段位置线即为船位线。航海实践中也经常称船舶位置线为船位线。

就航行的船舶而言，位置线具有时间性和绝对性2个特点。时间性即在观测时刻船舶一定位于位置线上的某一点；绝对性即在观测时刻位置线上的所有点都须符合观测值，而符合观测值的所有点都必定在该位置线上。

一、位置线的种类

目前，航海上常用的位置线有方位位置线、距离位置线、方位差位置线和距离差位置线。由于地球上测者附近的小范围内的地面可视为平面，因此可认为测者与物标同处于该平面上，那么此种情况下的位置线统称为平面位置线。

当测者与物标距离较远时，上述的位置线应为球面位置线。较之平面位置线，球面位置线更复杂，在此不作描述。

1. 方位位置线

根据测者所在位置不同，方位位置线又可分为船测岸方位位置线和岸测船方位位置线。

（1）当船上测者对岸上某已知坐标的固定物标 M 进行方位测量（船测岸）时，由物标 M 画出的与 M 点的子午线相交成 $TB \pm 180°$ 的方位线 MP，就是相应的船测岸方位位置线，如图 4－1－1（a）所示。在 MP 上任一点的测者测物标 M 的真方位均为 TB，而在该线外任何一点观测物标 M 的真方位均不等于 TB。

（2）从岸上某已知坐标的固定物标 M 对船舶进行方位测量（岸测船），则相应的岸测船方位位置线，就是由物标 M 画出的与 M 点的子午线相交成 TB 的方位线 MP，如图 4－1－1（b）所示。测者在 M 点测量位于方位线 MP 上任一点的船舶的真方位均为 TB，而测量在该线外任何一点的船舶的真方位均不等于 TB。

总之，在平面上船测岸与岸测船的方位位置线都是船舶和物标两点之间的直线。

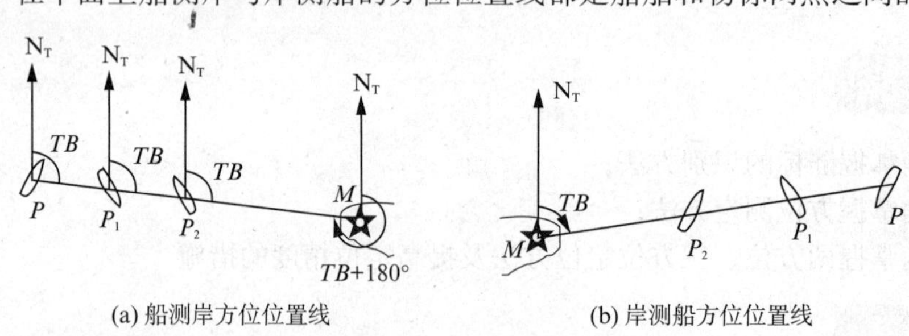

图 4－1－1　方位位置线

2. 距离位置线

船上测者对已知坐标的固定物标 M 进行距离测量，所测得的船与物标 M 间的距离位置线，是以物标 M 为圆心、所测距离 D 为半径的圆，如图 4－1－2 所示。可见，在该圆上，任一点到物标 M（圆心）的距离均等于 D，而在该圆周以外的任何一点观测物标 M 的距离均不等于 D。

3. 方位差位置线

方位差位置线又称水平角位置线。船上测者测量岸上 2 个已知坐标的固定物标之间的水平角，即测量它们的方位差。方位差位置线是船与两物标所连的三角形的外接圆圆弧的一部分，如图 4－1－3 所示。在该段圆弧上的任一点，对两物标所张的水平角，均等于圆周角 α；而在该段圆弧以外的任何一点，对两物标所张的水平角均不等于圆周角 α。

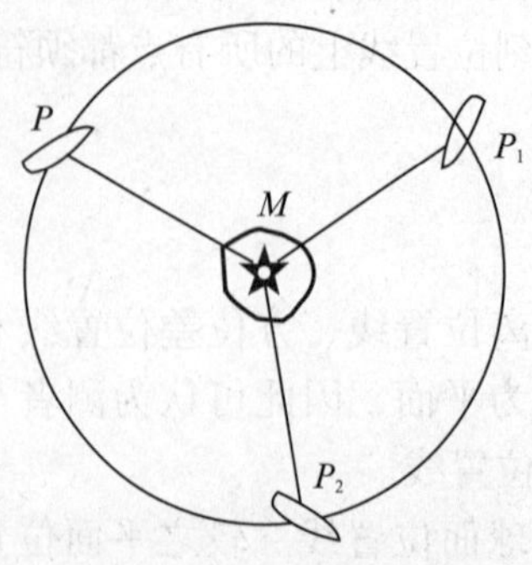

图 4－1－2　距离位置线

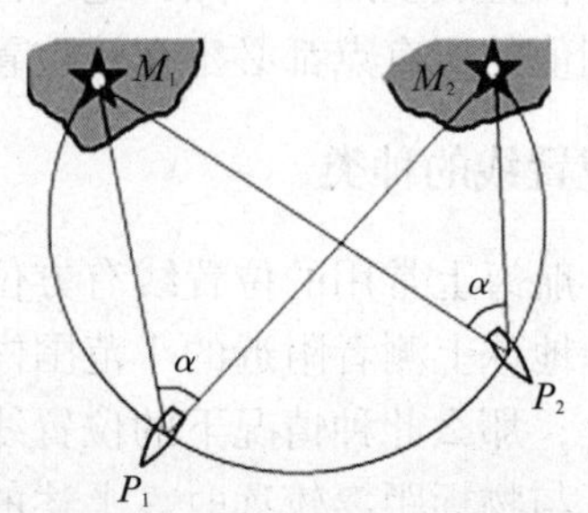

图 4－1－3　方位差位置线

4. 距离差位置线

船上测者若对岸上已知坐标的 2 个物标（如台站）进行距离差的测量，则距离差位置线是以这两个物标为焦点的双曲线，如图 4-1-4 所示，在该双曲线上任一点至两焦点的距离差值均为观测所得的常数。

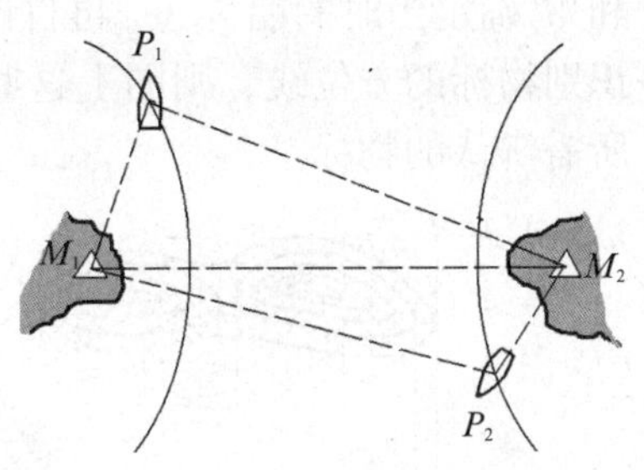

图 4-1-4　距离差位置线

如果不在测者附近的小范围内研究位置线，则不应把地面视作平面，而应将地球当作圆球体更为精确，此时这四种位置线在球面上和在海图上的形状就比较复杂。

二、陆标识别

陆标定位必须准确地辨认物标，确保事先在海图上所选定的定位物标和实际所测定的物标是同一物标。如果在实际测定或海图作业时错认了物标，则必将出现错误的观测船位，从而威胁船舶的航行安全。航海上常用的识别陆标的方法有以下几个。

1. 孤立、显著物标的识别

孤立的小岛、显著的山峰和岬角等物标，可直接根据它们的形状、颜色、相对位置关系、顶标和灯质等特点加以识别。因此，这些物标往往是陆标定位中的首选物标。

2. 利用对景图识别

在航用海图和航路指南中，经常附有一些重要山头和岛屿等的照片或有立体感的对景图，将实际观察到的景象与相应的对景图相比对，便可方便地辨认出对景图中所标明的一些重要物标。

同一物标，在不同的方位和距离上观看，其形状也各不相同。因此，每幅对景图都注有该图相对于图中某一物标的方位和距离，使用时要特别注意，如图 4-1-5 所示。

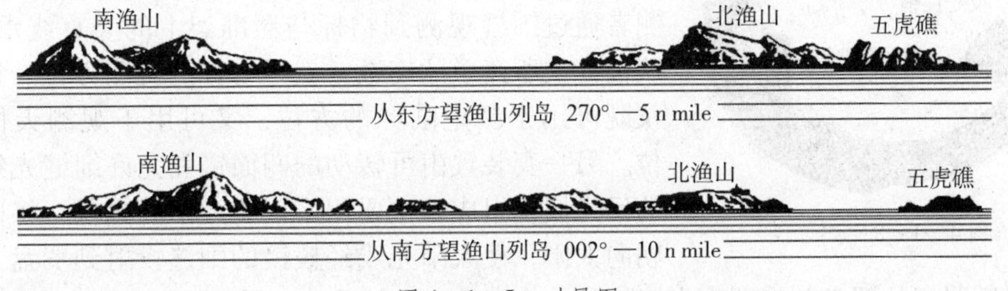

图 4-1-5　对景图

3. 利用等高线识别

在航用海图上，地貌特征通常是以等高线（地面上高程相等的各点的连线）来描绘的，有时也用草绘等高线（草绘曲线）或山形线来表示。等高线的疏密，与山形的陡峭程度密切相关，等高线越密，山形越陡峭；等高线越疏，山形越平坦。因此，可以根据等高线的疏密和形状来判断地貌的立体形状，如图 4-1-6 所示。

4. 利用船位识别

如图 4-1-7 所示，在实际工作中，可在测定附近易于识别的两三个物标（M_1 和 M_2）的方位的同时，测定所需识别的物标 M_3 的方位，然后先在海图上根据已知物标 M_1

和 M_2 确定当时的船位 A，再自该船位绘画待识别物标的方位线 TB_1，如此绘画出多个待识别物标的方位线，则图上这些方位线（TB_1，TB_2，TB_3……）的交点处的物标，就是所需辨认的物标。

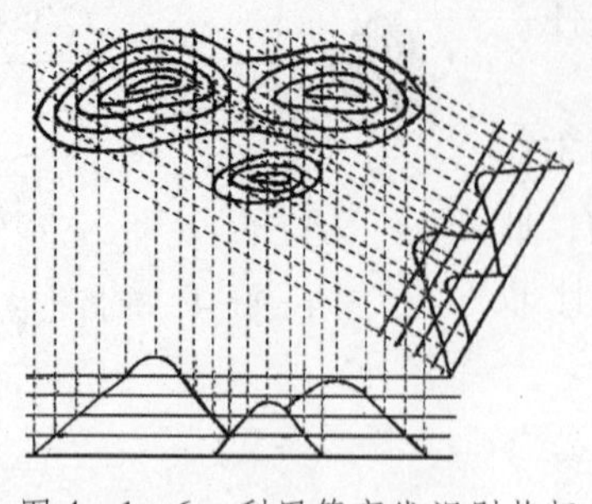

图 4－1－6　利用等高线识别物标

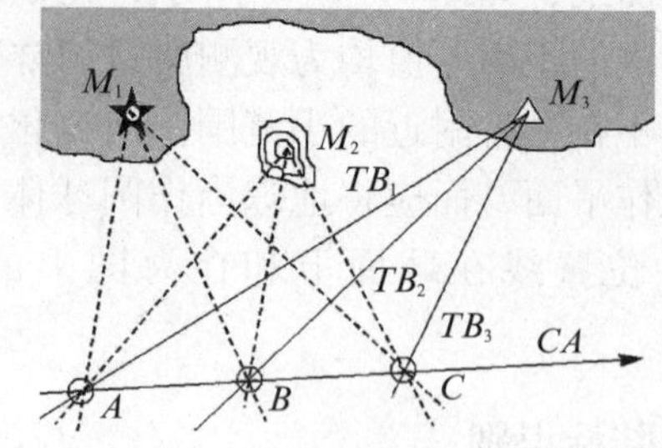

图 4－1－7　利用船位识别物标

同理，我们可以用上述方法，将某些并没有标绘在海图上，但具有显著的特征和一定的航海意义的物标，诸如新设置的钻井平台、沿岸和港口附近新建的高大建筑物和烟囱等逐一标绘在海图上，为船舶以后在该海区航行提供更多、更好的定位和导航物标。

三、方位的测定

1. 利用罗经观测物标方位

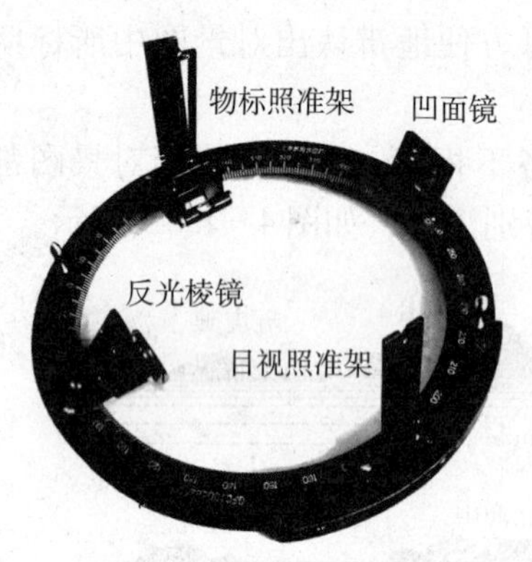

图 4－1－8　方位仪

航海上通常利用方位仪配合罗经观测物标的方位。如图 4－1－8 所示，方位仪有 2 套互相垂直的观测方位的装置，其中一套装置由目视照准架和物标照准架组成。在物标照准架的中间有一竖直线，下面装有天体反射镜、棱镜和水平仪；在目视照准架中间有一细缝，当测者通过细缝观测到物标与照准架上的竖直线重合时，从棱镜上所读取的度数，就是物标的观测方位。该方位仪既可用于测定陆标的方位，又可用于观测天体的方位。另一套装置由可转动的凹面镜和允许细缝光线通过的反光棱镜组成，主要用来观测太阳的方位。将凹面镜朝向太阳，使太阳光线经棱镜的细缝投射到罗盘上，此时光线所照亮的罗盘刻度即为太阳的罗方位度数。

利用磁罗经或陀螺罗经所观测到的物标方位分别为物标的罗方位和陀罗方位，在海图作业前，必须进行罗经差或陀螺罗经差的修正，将它们换算成相应的真方位。

2. 利用雷达观测物标方位

利用航用雷达的机械方位标尺或电子方位线可以方便地测量物标的方位。孤立的灯塔、灯桩、明礁和小岛等点状物标，应测量回波中心的方位。范围较大的物标应测量岸角，并使电子方位线或机械方位标尺与回波的同侧外缘相切。雷达采用北向上相对运动显示方式，陆标回波在雷达荧光屏上的分布情况与它们在海图上的图像一致，有利于目标的辨认。此外，在这种显示方式下，荧光屏固定方位刻度圈的 0°代表陀罗北，不仅可

以在该方位仪上直接读得物标的陀罗方位，而且当本船转向或船首偏荡时，物标回波在荧光屏上不动，图像清晰，观测方便、准确，可以避免船首偏荡引起的方位测量误差。应避免在船舶倾斜时测量物标的方位，以减小方位测量误差。当不可避免时，可选择在横摇时测量正横方向的物标方位，纵摇时测量艏艉线方向的物标方位。当使用机械方位标尺测量物标方位时，应确保扫描中心与雷达荧光屏中心重合。

四、方位定位

当船舶沿岸航行时，陆标定位是一种简单、可靠的基本定位方法。陆标是指海图上标有准确位置可供目视或雷达观测的，用以导航或定位的山头、岛屿、岬角、灯塔、立标及其他显著的固定物标的统称。观测陆标与本船的方位、距离和方位差等相对位置关系，从而根据已知物标的位置和观测值求得本船位置的方法和过程称为陆标定位。根据所测船位线的性质不同，陆标定位可分为方位定位、距离定位、方位距离定位和移线定位等。

利用罗经同时观测 2 个或 2 个以上陆标的方位来确定船位的方法和过程称为方位定位。方位定位具有观测与作图简单、迅速、直观等优点，是最基本和最常用的陆标定位方法之一。

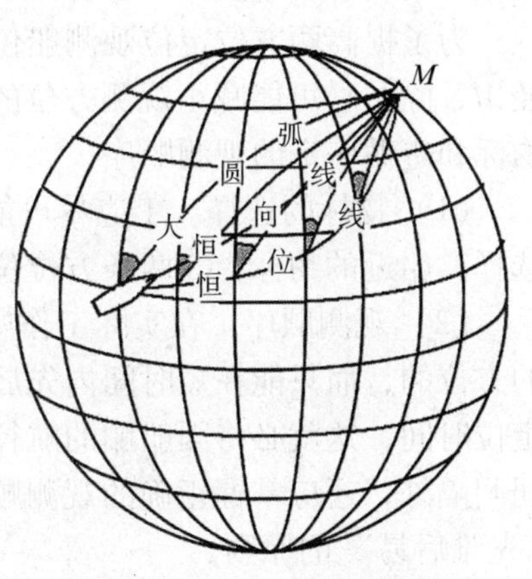

图 4－1－9　恒向线与恒位线

理论上讲，当船上测者 P 观测某已知坐标的固定物标 M 的方位时，这种船测岸方位位置线是通过测者 P、物标 M 和近极点 P_N（或 P_S）的恒位线，在恒位线上任何一点，对所测物标 M 都具有相同的大圆方位。当测者和物标同位于北半球或南半球时，恒位线在墨卡托海图上表现为一条凸向赤道的曲线，如图 4－1－9所示。但由于通常所测的物标都位于测者视界之内，两者之间的距离一般小于 30 n mile，因此，除了在极区航行外，我们可以用图上两点间的直线（恒向线）来代替恒位线进行方位定位。

1. 两方位定位

1）定位步骤

（1）在推算船位附近选择两适当的物标 M_1 和 M_2，并注意辨认；

（2）用罗经观测两物标的陀罗方位 GB_1、GB_2 或罗方位 CB_1、CB_2；

（3）按下式求取两物标的真方位

$$TB_1 = GB_1 + \Delta G = CB_1 + \Delta C$$
$$TB_2 = GB_2 + \Delta G = CB_2 + \Delta C$$

（4）如图 4－1－10 所示，在海图上分别按 M_1 和 M_2 向测者的方向，即 $TB_1 \pm 180°$，$TB_2 \pm 180°$ 的方向，绘画方位位置线，其交点即为观测船位。

2）观测船位误差

两方位定位，观测船位的误差可分为系统误差与随机误差。

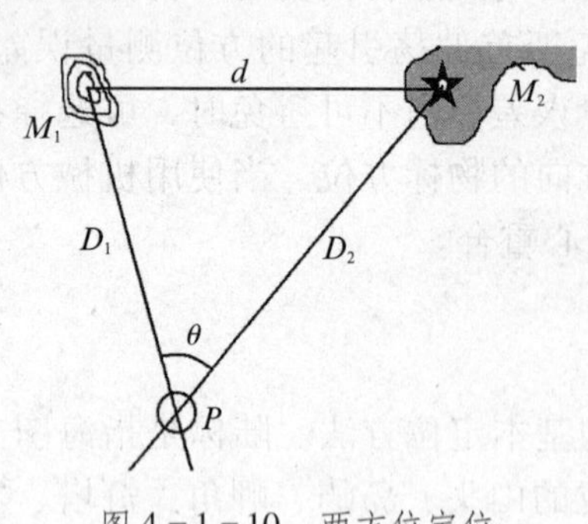

图 4-1-10　两方位定位

系统误差 ε_B 主要表现为罗经差中存在的误差。如图 4-1-10 所示，若两方位观测精度相等，即 $\varepsilon_1 = \varepsilon_2 = \varepsilon_B$，则由于系统误差影响所引起的船位系统误差 δ 为

$$\delta = \frac{\varepsilon_B^{\circ}}{57^{\circ}.3\sin\theta}\sqrt{D_1^2 + D_2^2 - 2D_1D_2\cos\theta} = \frac{\varepsilon_B^{\circ} \cdot d}{57^{\circ}.3\sin\theta}$$

随机误差 σ_B 主要包括观测误差（即罗方位 CB 或陀罗方位 GB 的读数误差）和海图作业误差。当 $\sigma_1 = \sigma_2 = \sigma_B$ 时，随机误差影响下的船位误差圆半径 M 为

$$M = \frac{\sigma_B^{\circ}}{57^{\circ}.3\sin\theta}\sqrt{D_1^2 + D_2^2}$$

3）提高观测船位精度的方法

为了提高两方位定位观测船位的精度，即减小观测船位系统误差 δ 和船位误差圆半径 M，除了尽可能减小观测方位的系统误差和随机误差之外，还应注意选择适当的定位物标和遵循一定的观测顺序。

（1）物标的选择。①应尽可能选择海图上精确测绘且显著易认的物标；②应尽可能选择离船近的物标；③两条方位位置线的夹角 θ 应大于 30°并小于 150°，最好为 90°。

（2）观测顺序。在实际工作中，一个驾驶员往往是不可能同时用罗经观测 2 个物标的方位的，而只能在短时间内先后观测所选物标方位，并以观测第二个物标的时间作为定位时间，这就必将因船舶的航行而产生船位误差。除了尽量缩短观测两物标方位的时间间隔外，还应掌握正确的观测顺序，以减小上述误差。观测顺序应遵循“先慢后快”、“先难后易”的原则。

白天观测，如图 4-1-11 所示，在船首方向附近有一物标 A，而在正横方向附近有一物标 B，由物标方位的变化特点可知，正横方向的物标方位变化较快，船首尾方向的物标方位变化较慢。设船舶位于 P_1 点，先测船首方向物标 A 的方位，得方位位置线 AP_1。当测正横方向的 B 物标时，船已移动到 P_2 点，测得方位位置线 BP_2，在海图上两方位位置线相交得观测船位点 F_1，因为是先测完两方位后记时间的，所以这时船的正确位置应为 P_2 点，可见船位的误差值为 P_2F_1；反之，如果先测 B 物标，后测 A 物标，则观测船位应为 F_2 点，船位误差值为 P_2F_2。显见，P_2F_2 大于 P_2F_1。由以上分析可以得出正确的观测顺序是：

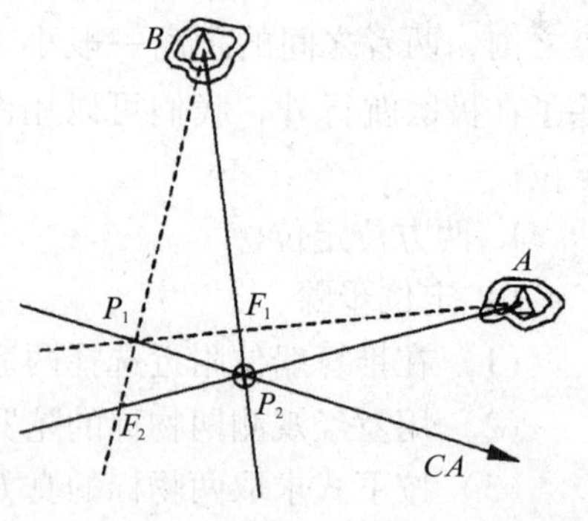

图 4-1-11　方位定位观测顺序分析

先测方位变化慢（船首尾方向附近）的物标，后测方位变化快（船舶正横方向附近）的物标。

夜间观测，先测闪光周期长、观测难度大的灯标，后测闪光周期短、观测难度小的灯标，以便尽量缩短观测两方位之间的时间间隔，提高定位精度。

2. 三方位定位

两方位定位简单、直观，但难以判断观测船位的准确性。如条件允许，应使用三方位定位，即同时观测3个物标的方位来测定船位，并判断是否存在粗差等影响。当采用三方位定位时，由于误差的存在，3条方位位置线通常并不相交于一点，而形成一个三角形，在大比例尺海图上尤为明显。在三方位定位中，由合理的、不可避免的误差所引起的三角形称为船位误差三角形。

1）船位误差三角形的成因

（1）观测三物标方位的时间不一致；

（2）观测方位中，存在观测误差；

（3）罗经差 $\Delta C/\Delta G$ 本身存在误差；

（4）作图误差；

（5）所测物标的海图位置不准所引起的误差。

2）船位误差三角形的处理

（1）小误差三角形的处理。在大比例尺海图（比例尺大于1∶200 000）上，如果船位误差三角形各边长小于5 mm，则一般可以认为是由于合理的随机误差所引起的。通常按照“短边大角”的原理来确定概率船位，即：直角三角形，船位靠近直角处；等腰三角形，船位位于短边中心附近；狭长等腰三角形，船位位于底边中点；等边三角形，船位位于三角形中心。当三角形附近存在危险物时，应将船位定在最接近危险物或对以后航行安全最不利的一点上，如图4－1－12所示。

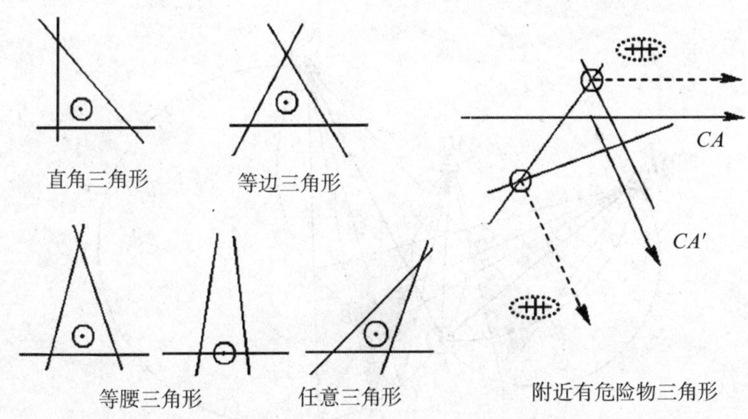

图4－1－12　船位误差小三角形的处理

（2）大误差三角形的处理。当三方位定位出现较大的三角形时，应在短时间内进行重复观测，再根据不同情况作相应处理。

①三角形基本消除或明显缩小。如果重复观测后，原有的三角形基本消除或变成了合理的小误差三角形，则可以认为初次观测所得的大三角形是由于测错、认错物标等粗差所造成的，新的小三角形是消除粗差后的合理的随机误差所引起的误差三角形，其处理方法与（1）中所述相同。②三角形的大小和方向无显著变化。如果三角形的大小和方向无显著变化，则可认为观测方位中存在较大的系统误差，可采用以下方法处理。

a. 差值法

由于系统误差与两物标的方位差角没有关系，即

$$\alpha = CB_2 - CB_1 = TB_2 - TB_1$$
$$\beta = CB_3 - CB_2 = TB_3 - TB_2$$

因此我们就可以利用水平角定位法来确定概率船位，如图 4-1-13 所示。

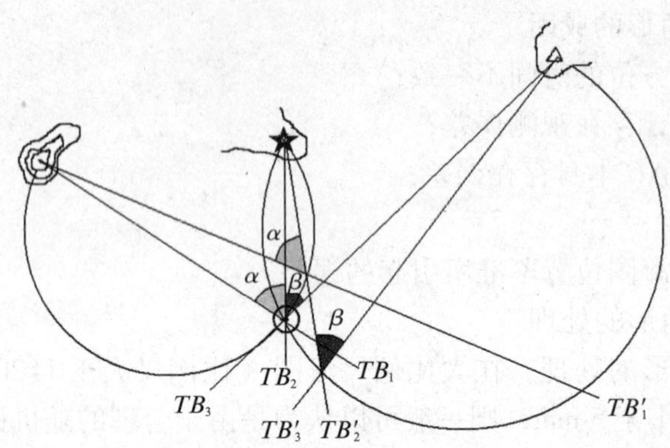

图 4-1-13　差值法消除系统误差

b. 改变罗经差法

从差值法中可以看出，等方位差角是在物标的外接圆弧上，所以，消除系统误差后的船位应位于三物标每两个彼此形成的 3 个外接圆圆弧交点处，如图 4-1-14 所示。

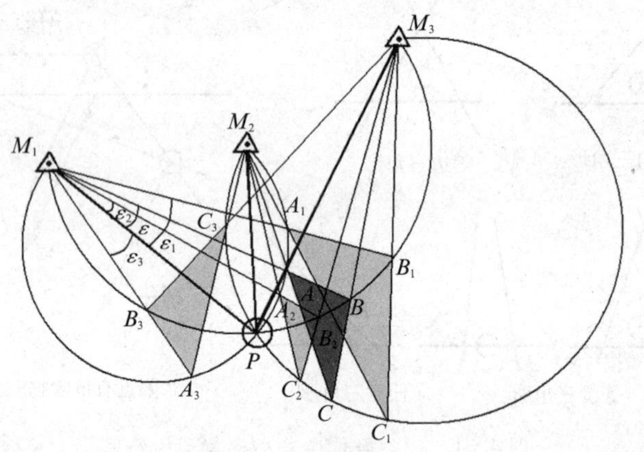

图 4-1-14　改变罗经差法消除系统误差

若观测方位中系统误差为 ε，则将得到的误差三角形为 $\triangle ABC$；若系统误差为 ε_1，则将得到的误差三角形为 $\triangle A_1B_1C_1$；若系统误差为 ε_2，则将得到的误差三角形为 $\triangle A_2B_2C_2$；若系统误差为 ε_3，则将得到的误差三角形为 $\triangle A_3B_3C_3$。可以看出圆弧 $A_1AA_2A_3$，$B_1BB_2B_3$，$C_1CC_2C_3$ 的交点 P 即为消除系统误差后的观测船位。由于误差三角形均处于实际船位附近，因此可视这三小段圆弧为直线，以直线连接三角形对应顶点，其交点即为观测船位。

在实际工作中，可以将罗经差改变 ±(2°～4°)，重作 3 条方位线，得到 1 个新的误

差三角形，用直线连接两三角形对应的顶点，3 条连线的交点即为消除了系统误差后的观测船位。如果上述 3 条连线相交成一小三角形，则该三角形是消除了系统误差后，由合理的随机误差造成的，可采用（1）所述方法确定观测船位。

在图 4-1-14 可以看出，与原误差三角形相比较，新的误差三角形可以有以下 4 种情况：①新误差三角形变大，说明改变的罗经差是增加了方位的系统误差，如$\triangle A_1B_1C_1$；②新误差三角形缩小，说明改变的罗经差是缩小了方位的系统误差，如$\triangle A_2B_2C_2$；③新误差三角形消失，说明改变的罗经差刚好消除了方位的系统误差，如 P 点；④新误差三角形倒置，说明改变的罗经差产生了相反的方位系统误差，如$\triangle A_3B_3C_3$。

根据以上分析，我们还可以求取观测时刻的实际罗经差及方位系统误差的大小和方向。在利用上述方法确定船位 P 后，可以得到真方位 TB，根据观测时的罗方位 CB（GB），求得 ΔC（ΔG），即

$$\Delta C\ (\Delta G) = TB - CB\ (GB)$$

可以采用数学平均值的方法求得更准确的罗经差，同时与原来的罗经差比较，得到系统误差的大小与方向。

由方位船位线的系统误差可知，船位线的误差不但与观测系统误差 ε 有关，还与测者到物标的距离有关。在航海实际工作中，三物标的观测通常认为是等精度的，但是，因为测者到三物标的距离不同，所以每条位置线的误差是非等精度的。3 条位置线的误差 E 与测者到三物标的距离 D 存在如下关系：

$$E_1 : E_2 : E_3 = D_1 : D_2 : D_3$$

消除了系统误差后的船位位于：①当三物标分布范围在 180°以内时（在同一侧），消除了系统误差的船位在误差三角形之外，如图 4-1-15 所示；②当三物标分布范围在 180°以上时，船位在误差三角形之内，如图 4-1-16 所示。

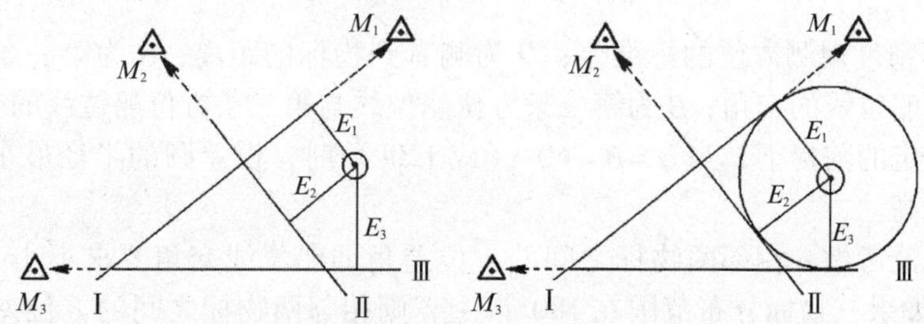

图 4-1-15　三物标分布范围在 180°以内

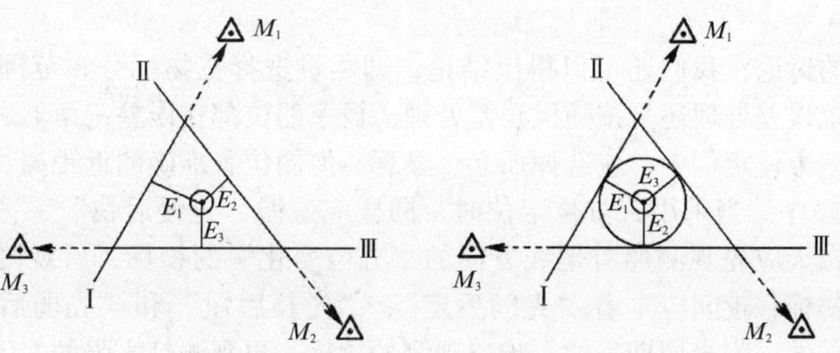

图 4-1-16　三物标分布范围在 180°以上

当3条方位位置线的系统误差均相等时，如三物标分布范围在180°以内，则消除了系统误差后的船位位于误差三角形的旁心；如三物标分布范围在180°以上，则消除了系统误差后的船位位于误差三角形的内心，如图4－1－15、图4－1－16右图所示。

（3）三角形的大小和方向变化无规律。重新观测后，新的误差三角形的大小和方向变化无规律，说明该三角形是由于较大的随机误差所引起的。这时，最好采用其他有效的定位方法加以核对，判定观测船位所在，或者如前所述，将船位定在三角形中最接近危险物或对以后航行安全最不利的一点上。

在实际航海活动中，3条等精度船位线的误差三角形可以按边距比法处理，即所确定的船位到三角形三边的距离与对应的边长成正比，处理后的最概率船位应在三角形之内，且靠近三角形的“大角短边”处。通常可以采用反中线法来确定船位，如图4－1－17所示。

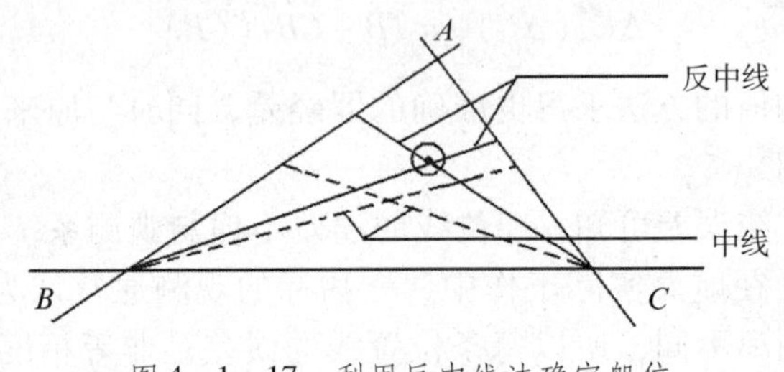

图4－1－17　利用反中线法确定船位

3）提高三方位定位精度的方法

（1）物标的选择。可以证明，三方位定位的最概率船位的船位误差即标准误差圆的半径为

$$M=\frac{m_B^\circ}{57^\circ.3}\sqrt{\frac{D_1^2D_2^2+D_2^2D_3^2+D_1^2D_3^2}{D_1^2\sin^2\beta+D_2^2\sin^2(\alpha+\beta)+D_3^2\sin^2\alpha}}$$

式中：m_B°为等精度观测方位的标准差；D为测者到物标的距离；α为第一条方位船位线与第二条方位船位线的交角；β为第二条方位船位线与第三条方位船位线的交角。

在概率一定的前提下，当$\alpha=\beta=60^\circ$（或120°）时，误差圆的半径最小，即最概率船位的精度最高。

从误差理论考虑，相邻两物标之间的方位差角即船位线交角要求不小于30°，以趋近60°为好；如果三物标分布范围在180°以上，则相邻两物标之间的方位差角即船位线交角要求不大于150°，以趋近120°为好。总之，一般情况下位置线交角θ应满足$30^\circ<\theta<150^\circ$。

根据前面的讨论，我们还可以得出结论，即尽量选择三物标分布范围在180°以上，这样无论按系统误差处理还是按随机误差处理，概率船位都在误差三角形之内。

同样，在三方位定位中，应选择孤立、显著、海图位置准确的近距离物标。

（2）观测顺序。当采用三方位定位时，同样应遵循“先慢后快”、“先难后易”的观测顺序，即白天应先观测船首尾线方向的、方位变化慢的物标，后观测正横附近的、方位变化快的物标；夜间应本着“先闪后定”、“先长后短”和“先弱后强”的原则，先观测灯光较弱的、闪光周期长的、难以观测的物标，再观测灯光强的、闪光周期短的、

容易观测的物标，尽量减小观测所产生的船位误差。

4）船位差

同一时刻的推算船位与观测船位之间的位置差称为船位差（Position Difference），用同一时刻的推算船位到观测船位的方向和距离来标注，符号为“ΔP”，如ΔP 060°—1′.5 表示从推算船位到观测船位的方向为060°，距离为1.5 n mile。

当船位差不大时，可以仍按推算船位继续进行航迹推算，仅仅从观测船位绘画一小箭矢，指向同一时刻的推算船位点，来表示它们之间的关系。当船位差较大，并且经系统地观测定位分析，确定观测船位比较可靠时，应报经船长同意后，将观测船位作为新的航迹推算起始点，继续进行航迹推算。在海图作业时，应用一曲线连接相应的推算船位点和观测船位点，如图4－1－18所示，并将船位差记入航海日志中。

进行长时间的航迹推算后，当船舶接近海岸测得第一个观测船位时，必须对船位差进行认真的分析，做好记录，以供以后参考。

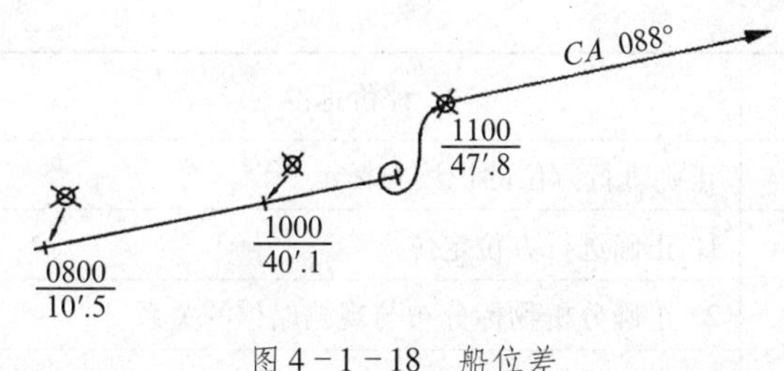

图4－1－18　船位差

任务实施

任务1　方位的测定

基本要求：

1. 正确掌握方位仪的使用方法及注意事项；
2. 正确掌握方位的测定方法。

实施步骤：

1. 准备工作

（1）学生自带作图工具；

（2）场地及设施准备：罗经实验室和室外场地，罗经方位仪。

2. 实施过程

（1）熟悉方位仪的各部位的作用；

（2）指定物标并测定其方位。

任务2　方位定位作业

基本要求：

1. 正确掌握方位位置线的作图方法；

2. 正确掌握在海图上量取方位的方法；
3. 正确掌握两方位、三方位的定位方法；
4. 掌握误差三角形的处理方法。

实施步骤：

1. 准备工作

（1）学生自带作图工具，如圆规、三角板、尺子、铅笔和橡皮等；

（2）场地及设施准备：海图室，海图。

2. 实施过程

（1）指定方位并在海图中标出；

（2）结合航迹推算进行两方位、三方位定位；

（3）人为设定系统误差，在海图上进行作图，分析误差。

任务评价

<table>
<tr><th colspan="2">评价内容</th><th>评价标准</th><th>权重</th><th>得分</th></tr>
<tr><td rowspan="4">任务完成情况</td><td>任务 1</td><td>正确进行方位的识读与标示</td><td>0.1</td><td></td></tr>
<tr><td rowspan="3">任务 2</td><td>1. 正确进行方位定位</td><td>0.2</td><td></td></tr>
<tr><td>2. 正确分析物标分布与观测船位的关系</td><td>0.3</td><td></td></tr>
<tr><td>3. 正确进行系统误差的求取</td><td>0.2</td><td></td></tr>
<tr><td colspan="2">职业素养</td><td>1. 遵守实训室管理规定，服从老师安排
2. 按时认真完成学习及工作任务
3. 有问题能及时提问和反馈意见</td><td>0.1</td><td></td></tr>
<tr><td colspan="2">创新意识</td><td>1. 能举一反三
2. 善于提出问题，总结经验</td><td>0.1</td><td></td></tr>
<tr><td colspan="2">总得分</td><td colspan="3"></td></tr>
</table>

任务拓展

1. 解释下列名词：

位置线、船位线、船位差、对景图。

2. 简述识别陆标的方法。
3. 简述提高两方位定位精度的方法。
4. 试述三方位定位时产生船位误差三角形的原因及其处理方法。
5. 简述船位差的表示方法。
6. 在海图对景图下标有“方位 180°，14 n mile”，表明对景图上的山形是________。

A. 从该物标的南方 14 n mile 所看到的形状

B. 从该物标的北方 14 n mile 所看到的形状

C. 从本船向南 14 n mile 所看到的形状

D. 从本船向北 14 n mile 所看到的形状

7. 下列足以证明两物标距离定位中物标的识别错误的是________。

A. 连续观测船位点沿直线分布

B. 连续观测船位点沿曲线分布

C. 所测物标的距离通过或然船位区

D. A + B + C

8. 在陆标定位时，有远近不等的数个物标分布在船舶周围，我们在选取时________。

A. 应远近搭配选用

B. 应选用离船远些的物标

C. 应选用离船近些的物标，且夹角适当

D. 应考虑夹角适当，不必考虑物标的远近

9. 在陆标定位中，以下物标应首先选用的是________。

A. 灯塔　　　　B. 灯浮

C. 岬角　　　　D. 山峰

10. 某船夜间航行，海图上在航线右正横附近距本船约 7′.0 处有一灯塔标注，查《灯标表》得该灯塔的备注栏：W120° ~ 220°（100°），关于该光弧下列说法不正确的是________。

A. 从海上看灯塔的方位

B. 以船为基准光弧范围为 120° ~ 220°

C. 以灯塔为基准光弧范围为 120° ~ 220°

D. 以灯塔为基准光弧范围为 300° ~ 040°

11. 在两方位定位时，为了提高定位精度，应缩短两次观测的时间间隔，两物标的观测顺序应为________。

A. 先测方位变化快的物标，后测方位变化慢的物标

B. 先测方位变化慢的物标，后测方位变化快的物标

C. 先测离船近的物标，后测离船远的物标

D. 先测离船远的物标，后测离船近的物标

12. 当三方位定位出现较大船位误差三角形时，应在短时间内重复观测定位，若三角形变化无规律，则船位误差三角形是由________引起的。

A. 粗差　　　　B. 系统误差

C. 随机误差　　　　D. 观测不“同时”

13. 3 条同一时刻的船位线相交在一点，则应认为________。

A. 3 条船位线中都不存在任何误差

B. 其交点是观测时的实际船位

C. 3 条船位线中仅存在偶然误差

D. 其交点是最或然船位

14. 如图所示，当三陆标方位定位时，实际船位位于系统误差三角形的________。

A. a区　　　　B. b区

C. c区　　　　D. d区

模块 2　距离定位

模块描述

如果能同时测得船舶与附近 2 个或 2 个以上的物标之间的距离，则可以分别以被测物标为圆心、以相应的距离为半径绘画距离位置线，它们的交点中靠近推算船位的一个交点即为观测时刻的船位，这种方法和过程称为距离定位。

学习目标

1. 掌握利用垂直角测定距离的方法；
2. 掌握两距离、三距离定位的特点、方法；
3. 掌握提高两距离、三距离定位精度的方法。

工作任务

距离的测定与定位。

知识准备

一、距离的测定

航海上一般用雷达和六分仪测定船舶与物标之间的距离。本模块仅介绍用六分仪测量物标垂直角求取距离的原理和方法。

1. 测距原理

如图 4－2－1 所示，用六分仪测得视界内某已知高度 H 的物标 M 的垂直角为 α，不考虑地面蒙气差和地面曲率的影响，则船舶到该物标的距离 D 为

$$D=\frac{H}{\tan\alpha}$$

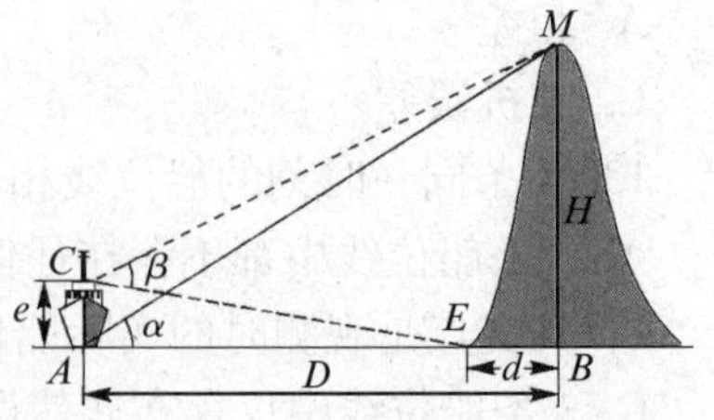

图 4－2－1　距离测定

因为 α 很小，通常以分为单位，所以

$$D=\frac{H\ (\mathrm{m})}{\alpha\ (')}\times\frac{57^{\circ}.3\times60}{1\ 852}$$

$$=1.856\times\frac{H\ (\mathrm{m})}{\alpha\ (')}\ (\mathrm{n\ mile})$$

2. 注意事项

（1）式中物标高度 H 是指测量时该物标的实际高度，即海图上所标的高程经潮高改正后，自测量时的水面到物标顶端的实际垂直距离。为了减小物标高度误差和测角误差对所测距离的影响，要求选择距离近、垂直角大的物标。

（2）由于测者都具有一定的眼高 e，物标顶点的垂足 B 也不可能在岸水线 E 点，因此，实际所测得的是 β 角（$\angle MCE$），而不是 $\angle MAB$。为了尽可能减小眼高 e、岸距 BE 对所测距离的影响，应选择岸距小、高度大和距离近的物标。

综上所述，只要船舶与所选物标 M 之间的距离 D 远远大于物标的高度 H，而 H 又大于测者眼高 e，并且物标高度 H 又大于物标顶点的垂足 B 到岸水线 E 点的岸距 d，即

$$D \gg H > e,\ H > d$$

那么按上述公式计算所得的距离 D 的误差 ΔD 将小于 3 倍的测者眼高，即

$$\Delta D < 3e$$

二、定位方法

如图 4－2－1 所示，分别测得本船到物标 M_1 和 M_2 的距离 D_1 和 D_2，分别以 M_1 和 M_2 为圆心、D_1 和 D_2 为半径绘画圆弧，两距离位置线通常有 2 个交点，其中接近推算船位的一点即为当时的观测船位 P。

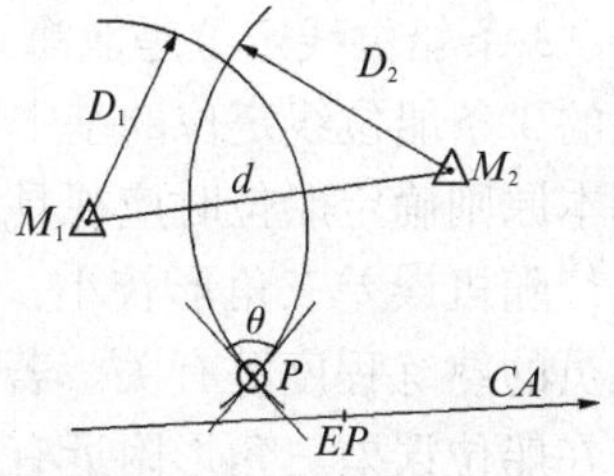

图 4－2－2　两距离定位

三、船位误差

两距离定位的误差分为系统误差和随机误差。

如果观测船位的系统误差相等，即 $\varepsilon_1 = \varepsilon_2 = \varepsilon_D$，则由于系统误差影响所引起的船位系统误差 δ 为

$$\delta = \frac{\varepsilon_D^{\circ}}{\sin\theta}\sqrt{D_1^2 + D_2^2 - 2D_1D_2\cos\theta} = \frac{\varepsilon_D^{\circ} \cdot d}{\sin\theta}$$

如果观测船位的随机误差相等，即 $\sigma_1 = \sigma_2 = \sigma_D$，则随机误差影响下的船位标准差即误差圆半径 M 为

$$M = \frac{\sigma_D^{\circ}}{\sin\theta}\sqrt{D_1^2 + D_2^2}$$

以上两式中的符号含义如图 4－2－1 所示。

四、提高观测船位精度的方法

为了提高两距离定位观测船位的精度，除减小观测中系统误差和随机误差外，还应注意选择适当的定位物标和遵循一定的观测顺序。

1. 物标的选择

（1）孤立、显著、海图位置准确且离船较近的物标；

（2）两物标的距离位置线交角 θ 应尽可能接近 90°，至少应满足：$30° < \theta < 150°$。

2. 观测顺序

为了减小“异时”观测所造成的船位误差，在观测顺序上，应遵循“先慢后快”的原则，先观测正横附近，距离变化慢的物标；后观测艏艉线附近，距离变化快的物标。

五、三距离定位及其误差

由距离船位线的系统误差可知，船位线的误差不但与观测误差 ε_D 或 σ_D 有关，还与测者到物标的距离 D 有关。在航海实际工作中，三物标的观测通常被认为是等精度的。但是，因为测者到三物标的距离不同，所以得到的船位误差三角形是非等精度的，因而三距离定位的处理方法基本同三方位定位。如果测者到三物标的距离相差不大，则处理的方法同三方位定位。三距离定位系统误差三角形的处理方法是：将三物标的距离同时增加或减小同一数值，得一新三角形，新三角形与原三角形对应顶点连线的交点即是消除了系统误差的船位。

3 条船位线定位是航海人员最常用的定位手段之一，这里给出了航海人员必须要掌握的 3 条船位线定位的基本原则。但是，海上的定位条件千变万化，航海人员根据这些基本原则确定船位时应视具体情况作出决定。在一般情况下，船位系统误差三角形较大，船位随机误差三角形较小，但是大与小只是一个相对概念，与海图比例尺、观测环境、人员的熟练程度等有关。若船位误差三角形较大，则有可能存在粗差而不可轻易定位。若在船位误差三角形附近有碍航物，则应考虑将船位确定在离危险物最近的位置上或对将来的航行安全最不利的位置上。

任务实施

任务　距离的测定与定位

基本要求：

1. 正确掌握距离的测定方法及注意事项；
2. 正确掌握距离定位方法。

实施步骤：

1. 准备工作

（1）学生自带作图工具；

（2）场地及设施准备：海图室，海图。

2. 实施过程

（1）设定六分仪的测定角度，根据海图上标注的小岛或灯塔高度，计算求得距离；

（2）根据以上结果进行距离定位。

任务评价

<table>
<tr><th colspan="2">评价内容</th><th>评价标准</th><th>权重</th><th>得分</th></tr>
<tr><td rowspan="4">任务完成情况</td><td>任务 1</td><td>正确进行距离的计算</td><td>0.3</td><td></td></tr>
<tr><td rowspan="3">任务 2</td><td>1. 正确进行距离定位</td><td>0.2</td><td></td></tr>
<tr><td>2. 正确分析中、英版海图上物标高程的标注</td><td>0.2</td><td></td></tr>
<tr><td>3. 回答相关问题</td><td>0.1</td><td></td></tr>
<tr><td colspan="2">职业素养</td><td>1. 遵守实训室管理规定，服从老师安排
2. 按时认真完成学习及工作任务
3. 有问题能及时提问和反馈意见</td><td>0.1</td><td></td></tr>
<tr><td colspan="2">创新意识</td><td>1. 能举一反三
2. 善于提出问题，总结经验</td><td>0.1</td><td></td></tr>
<tr><td colspan="2">总得分</td><td colspan="3"></td></tr>
</table>

任务拓展

1. 简述提高两距离定位精度的方法。

2. 某小岛的标注高程为 150 m，六分仪测得小岛的垂直角为 1°05′，求本船离小岛的距离。

3. 当用六分仪测定某物标的垂直角求距离时，采用中版海图的高程资料求得的物标距离与采用英版海图的高程资料求得的距离（不考虑潮汐）相比________。

A. 一样　　B. 前者大　　C. 后者大　　D. 无法确定

4. 用六分仪测得已知高度 H（m）的物标垂直角为 α（′），求船与物标的水平距离 D（n mile）的公式为________。

A. $D = H \cdot \tan\alpha$　　B. $D = H \cdot \cot\alpha$

C. $D = 1.856 \cdot H/\alpha$　　D. $D = 1.865 \cdot \alpha/H$

5. 在英版海图上，当用六分仪观测物标的垂直角求距离时，计算所用的物标高度应是________。

A. 海图上标注的物标高程　　B. 海图高程经潮高改正后的高度

C. 海图高程加上一个固定的数值　　D. 海图高程减去测者眼高

6. 在用六分仪测物标垂直角求距离时，如果物标的高度 H、测者距物标的距离 D、测者眼高 e 和物标垂足到岸水线的距离 d 满足：$D \gg H > e$ 和 $H > d$，则测距误差________。

A. $<3e$　　B. $<e$　　C. $<2e$　　D. $>3e$

7. 在用六分仪测物标垂直角求距离时，要求物标的高度 H、测者距物标的距离 D 和测者眼高 e 应满足________。

A. $D \gg H > e$　　B. $D < H$，$H > e$　　C. $H \gg D > e$　　D. $D \approx H > e$

8. 当用两距离定位时，为提高距离定位的精度，应使位置线交角 θ 接近 90°，在实际工作中判断 θ 角的大小是用（如图）________。

A. ∠1

B. ∠2 + ∠3

C. ∠1 + ∠2

D. ∠1 + ∠3

9. 当用两物标距离定位时，观测顺序与两方位定位时相反，先测正横附近的物标，后测艏艉方向的物标，是因为________。

A. 艏艉附近方位变化快　　B. 艏艉附近方位变化慢

C. 艏艉附近距离变化快　　D. 艏艉附近距离变化慢

10. 当用两物标距离定位时，在其他条件相同的情况下，两圆弧位置线的夹角为________时定位精度最高。

A. 30°　　B. 60°　　C. 90°　　D. 120°

11. 在下列定位方法中，一般最准确的方法是________。

A. 两物标方位定位　　B. 单物标方位距离定位

C. 三物标方位定位　　D. 两物标距离定位

模块3　方位、距离定位

模块描述

单物标方位、距离定位，是航海上经常使用的一种定位方法。只要能同时测得某物标的方位和距离，就可以确定观测时刻的船位。用雷达观测物标的方位和距离，观测灯塔初显（初隐）距离和方位以及用六分仪测定物标的垂直角的同时，用罗经测定物标的方位等，都可用来进行方位、距离定位。

本模块还讨论了船舶在无风流情况下定向、定速航行，将单物标两方位移线定位转化为单物标方位、距离定位的方法，从而简化了移线定位中的海图作业工作。

学习目标

1. 掌握单物标方位、距离定位的方法、特点；
2. 了解移线定位的基本方法；
3. 掌握特殊方位、距离定位的方法。

工作任务

单物标方位、距离定位，利用特殊舷角法进行定位，以及判断物标正横距离。

知识准备

利用视界内唯一可供观测的物标，同时测定其方位和距离，可得到该物标同一时刻的方位位置线和距离位置线，它们的交点即为观测时刻的船位。这种定位方法称为单物标方位、距离定位。

一、单物标方位、距离定位

同时观测某一物标的方位和距离，可以得到同一时刻的方位船位线和距离船位线，它们的唯一交点就是观测时刻的船位 F，如图 4-3-1 所示。

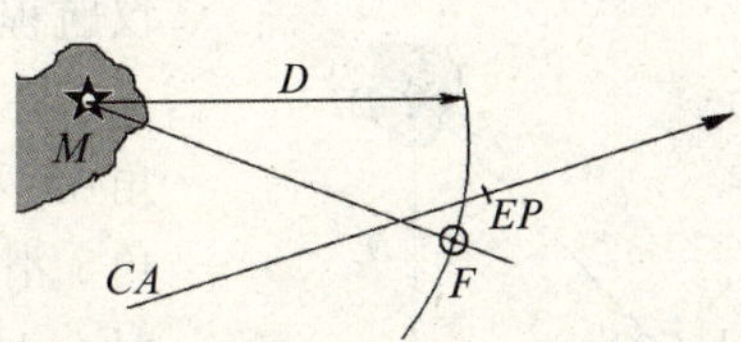

图 4-3-1　单物标方位、距离定位

具体方法是：同时测得某物标的方位与距离后，过该物标向测者作一条方位线，然后以该标为圆心，以所测距离为半径作一圆弧交方位线于一点，如图 4-3-1 中的 F 点，该点就是观测时刻的船位。

观测单一物标的方位和距离定位，既可解决某些物标因距离较远、方位变化慢造成的移线定位困难，又可避免推算误差和风流等对移线定位的影响。此外，单物标方位、距离定位，两位置线的交角始终等于90°，因此船位误差相对较小。

在单物标方位、距离定位中，船位误差主要取决于观测方位和观测距离的精度，为了提高单物标方位、距离定位的精度，除了要尽可能消除观测和绘画方位、距离时的系统误差，缩小观测和绘画方位、距离时的随机误差外，还应尽量选择离船较近的物标。

二、特殊方位、距离定位

特殊方位、距离定位一般是在无风流影响，船舶定向、定速航行情况下，利用特殊的舷角，求得某物标在某时刻、状态下的方位、距离，将较复杂的移线定位转化为单物标方位、距离定位。

航海上常用的特殊方位、距离定位方法有倍角法、四点方位法和特殊角法3种。

1. 倍角法

船舶在定向、定速航行时，第一次观测某物标方位时的舷角为 Q_1，第二次观测该物标方位时的舷角为 Q_2，且 $Q_2=2Q_1$，前后两次观测期间的计程仪航程等于 S_L，于是就可以得到第二次观测时刻的船位和物标正横时刻的船位。

如图4-3-2所示，显然，第二次观测时的船位到物标的距离

$$MB=AB=S_L$$

而且，还可以求得该物标的正横距离

$$D_{\perp}=MB\cdot\sin Q_2=S_L\cdot\sin Q_2$$

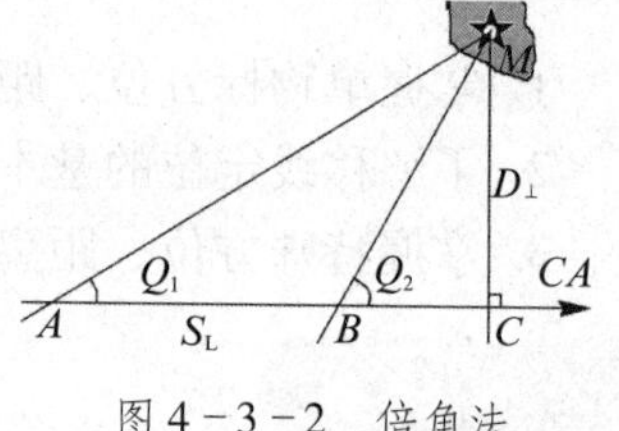

图4-3-2　倍角法

这样，利用单物标方位、距离定位很容易得到第二次观测时的船位和正横船位。自物标 M 绘画第二次观测所得的方位线和该物标的正横方位线，并在其上分别截取 S_L 和 $D_{\perp}$，截点 B，C 即为第二次观测时刻和物标正横时刻的船位。

2. 四点方位法

这里的四点指的是4个罗经点，因为一个罗经点为11°.25，四点就等于45°，此法名称由此而来。

四点方位法是倍角法的特例，如图4-3-3所示，如果在 A 点测得物标 M 的舷角 $Q_1=45°$，航行到 B 点时测得舷角 $Q_2=90°$，则物标正横距离就等于两次观测期间的计程仪航程 S_L。

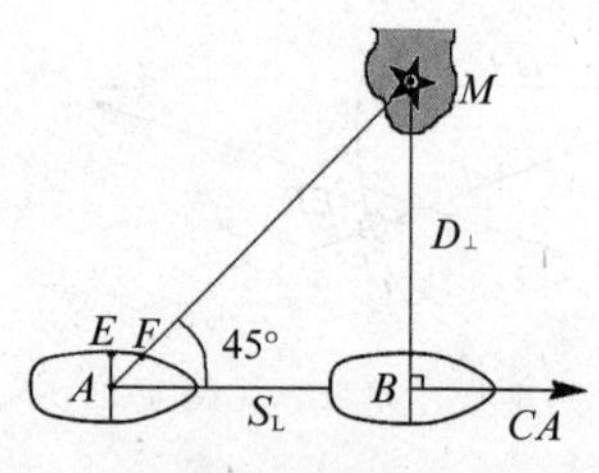

图4-3-3　四点方位法

在实际工作中，如果测者位于驾驶台某固定位置 A，在舷角45°和90°（正横）处各有一固定的参照物 E 和 F（如羊角、滑车、窗框等），航行中，只要测者分别记下物标通过 AF、AE 串视线的时间和计程仪读数，就能推算出物标的正横距离，并由此确定物标正横时的船位。可见，四点方位法的应用，并不一定要借助罗经来观测物标的方位。

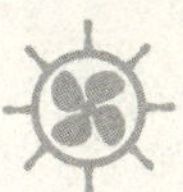

3. 特殊角法

如图 4-3-4 所示，当 $Q_1=26°.5$，$Q_2=45°$时，即：当第一次观测物标方位时的舷角为 26°.5，而第二次观测物标方位时的舷角为 45°时，物标正横距离 $D_{\perp}$ 就等于两次观测期间的计程仪航程 S_L，而第二次观测物标方位到物标正横之间的航程，等于物标的正横距离 $D_{\perp}$，也等于两次观测期间的计程仪航程 S_L。利用这对特殊的舷角，不仅可以在物标正横以前预知物标的正横距离，而且还可以预测第二次观测物标方位到物标正横之间的航程，同时也提供了两次测定物标正横距离的时机。

特殊角法是根据 26°.5 和 45°的正切值分别等于 1/2 和 1 的特性而选定的一种特殊的移线定位方法，即

$$\tan 26°.5=\frac{1}{2},\ \tan 45°=1$$

在图 4-3-4 中，因为

$$\tan\angle MAC=\frac{MC}{AC}=\tan 26°.5=\frac{1}{2},\ \tan\angle MBC=\frac{MC}{BC}=\tan 45°=1$$

所以

$$AC=2MC,\ MC=BC$$
$$AC=BC=MC=S_L$$
$$D_{\perp}=BC=AB=S_L$$

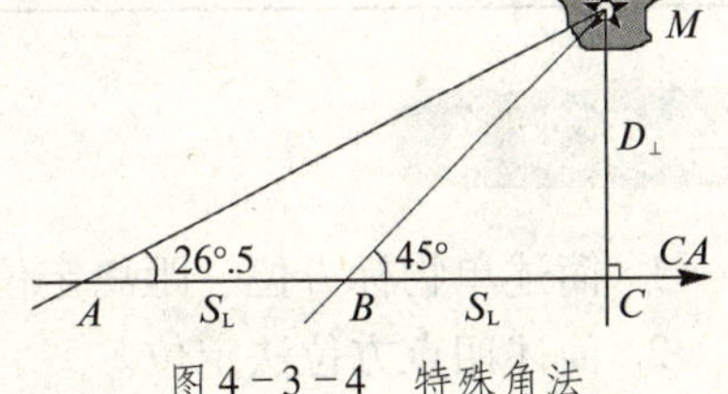

图 4-3-4　特殊角法

任务实施

任务　单物标方位、距离定位，利用特殊舷角法进行定位，以及判断物标正横距离

基本要求：

1. 正确掌握单物标方位、距离定位的方法；
2. 正确掌握利用特殊舷角法进行方位、距离定位。

实施步骤：

1. 准备工作

（1）学生自带作图工具；

（2）场地及设施准备：海图室，海图。

2. 实施过程

（1）给定方位、距离在海图上进行定位；

（2）根据海图上的灯标，设定条件利用初显、初隐定位；

（3）利用特殊舷角法（45°，26°.5 和倍角）进行定位。

任务评价

<table>
<tr><th colspan="2">评价内容</th><th>评价标准</th><th>权重</th><th>得分</th></tr>
<tr><td rowspan="4">任务完成情况</td><td rowspan="4">任务</td><td>1. 正确进行单物标方位、距离定位</td><td>0.2</td><td></td></tr>
<tr><td>2. 掌握灯光最大可见距离的计算</td><td>0.3</td><td></td></tr>
<tr><td>3. 设定特殊舷角进行定位</td><td>0.2</td><td></td></tr>
<tr><td>4. 回答相关问题</td><td>0.1</td><td></td></tr>
<tr><td colspan="2">职业素养</td><td>1. 遵守实训室管理规定，服从老师安排
2. 按时认真完成学习及工作任务
3. 有问题能及时提问和反馈意见</td><td>0.1</td><td></td></tr>
<tr><td colspan="2">创新意识</td><td>1. 能举一反三
2. 善于提出问题，总结经验</td><td>0.1</td><td></td></tr>
<tr><td colspan="2">总得分</td><td colspan="3"></td></tr>
</table>

任务拓展

1. 简述单物标方位、距离定位的特点。

2. 简述四点方位法定位。

3. 简述特殊角法定位的方法。

4. 在单一物标方位、距离定位中，精度最高的方法是________。

A. 利用雷达测定距离和方位定位

B. 利用初显距离和罗经方位定位

C. 利用六分仪测距和罗经方位定位

D. 利用测深确定物标距离和罗经方位定位

5. 在无风流条件下移线定位时，若第一次观测物标的舷角为________，第二次观测物标的舷角为________，则两次观测之间的航程即为该物标的正横距离。

Ⅰ. 26°.5，45°；Ⅱ. 45°，90°；Ⅲ. 22°.5，45°

A. Ⅰ，Ⅱ　　B. Ⅰ，Ⅲ　　C. Ⅱ，Ⅲ　　D. Ⅰ～Ⅲ

6. 某船的 $TC=357°$，测灯塔 A 的 $TB=330°.5$，半小时后又测得 A 的 $TB=312°$，若船速为 16 kn，则该船与 A 的正横距离为________。

A. 8′　　B. 7′　　C. 5′.6　　D. 6′

7. 某船的 $TC=265°$，测得某灯塔的 $CB=237°$，罗经差为 $+1°.5$，航行 10 n mile 后，又测得该灯塔的 $TB=220°$，试问船与该灯塔正横时的距离为________。

A. 10 n mile　　B. 12 n mile　　C. 15 n mile　　D. 13.2 n mile

8. 某船的眼高为 9 m，某灯塔高为 25 m，射程为 15 n mile，罗航向为 045°，该灯塔灯光初见时的罗方位为 035°，风流很小，忽略不计，则该灯塔的正横距离为________。

A. 2′.4　　B. 2′.7　　C. 2′.9　　D. 无法计算

9. 特殊方位移线定位主要适用于________。

A. 狭水道航行　　B. 风流影响可忽略不计情况下

C. 岛礁区航行　　D. 风流影响较大情况下

10. 特殊方位移线定位属于________。

A. 方位定位　　B. 距离定位

C. 方位、距离定位　　D. A，B 都对

11. 为提高方位移线定位的精度，物标所在的舷角最好在________附近。

A. 30°～150°　　B. 45°～135°　　C. 90°　　D. 0°或 180°

12. 为提高移线定位的精度应________。

A. 选择适当的时间间隔

B. 正确估计风流压差

C. 选择正横附近的物标移线，方位变化在 30°以上

D. A＋B＋C

13. 某船的 $TC=265°$，测得某灯塔的 $TB=291°.5$，航行 12 n mile 后，又测得该灯塔的 $TB=310°$，试问船与该灯塔正横时的距离为________。

A. 10 n mile　　B. 12 n mile　　C. 15 n mile　　D. 13.2 n mile

14. 某船的 $TC=310°$，测得某灯塔的 $TB=283°.5$，航行 10 n mile 后，又测得该灯塔的 $TB=265°$，试问船与该灯塔正横时的距离为________。

A. 10 n mile　　B. 12 n mile　　C. 15 n mile　　D. 13.2 n mile

项目五
时间系统的运用

核心概念

天球、第一赤道坐标系、第二赤道坐标系、地平坐标系、赤经、赤纬、格林时角、地方时角、天文三角形、天体高度与方位、天体周日视运动、太阳周年视运动、视太阳、平太阳、世界时、协调世界时、地方平时、区时、标准时。

项目描述

时间在航海上意义重大，如船舶航行所需时间、船舶预计抵达时间和测天时间等。而时间是建立在天体运行的基础上的，只有掌握了天体的运行规律，才能准确确定时间。

本项目主要通过对天体运行规律和时间系统有关知识的描述，从而帮助学生正确运用时间系统。

学习目标

1. 掌握天球及其基本点、线、圈的概念；
2. 掌握第一赤道坐标系、第二赤道坐标系和地平坐标系3种坐标以及它们之间的关系；
3. 掌握视时、平时、世界时、区时等的基本概念及相互之间的换算；
4. 掌握各国（地区）标准时、法定时的确定及查取方法；
5. 掌握船舶时间的调整方法。

模块1 天球上天体位置的确定

模块描述

若要掌握天体的运行规律，则应弄清天体坐标的变化，这就要求建立天球坐标系。本模块主要描述的是如何建立天球坐标系，然后确定天体在天球上的位置，从而准确掌握天体的运行规律。

学习目标

1. 了解天球的基本概念，掌握天球上的基本点、线、圈；
2. 掌握如何建立第一赤道坐标系、第二赤道坐标系和地平坐标系；
3. 掌握天文三角形的基本概念，解算天文三角形。

工作任务

绘制天球图及解算天文三角形。

知识准备

一、天球的基本知识

1. 天球的概念

人们在仰望天空时，总觉得天空像一个巨大的半球罩在地面上，所有可见的天体都像是固定在这个球面上，而地球恰好位于这个半球的中心。因此，为了方便研究，我们把以地球中心为球心，以无限长为半径所作的假想球体称为天球，所有天体无论远近，都以视点在球心的透视投影的方法投影在天球表面上，即将地心与某天体中心的连线无限延长交天球表面于一点，这个交点称为天体位置。而地心和天体中心的连线与地球表面的交点，称为天体地理位置，如图5-1-1所示，B为天体位置，b为天体地理位置。

2. 天体上的基本点、线、圈

为了将天体与地球间的联系进一步具体化，需要在天球面上建立坐标系，这就要先在天球上确定坐标系所需要的基本点、线、圈。如果采用视点在球心的透视投影方法，这些点、线、圈与地球上的点、线、圈存在着一定的对应关系，具体如表5-1-1所示。

表5-1-1　天球点、线、圈与地球点、线、圈的对应关系

项目	内容						
地球	地轴	地极	赤道	纬度圈	经线	格林经线	测者经线
天球	天轴	天极	天赤道	赤纬圈	时圈	格林午圈	测者午圈

各种圈又有大圆和小圆之分。凡是通过球心的平面与球表面所交的球面圆称为大圆，而不通过球心的平面与球表面所交的球面圆称为小圆，在数学上，大圆的圆弧是连接两点之间最短的球面距离。

1）天轴

将地轴 P_nP_s 向两端无限延伸，与天球相交而成的线段称之为天轴（Celestial Axis），如图5-1-1中的 P_NP_S。

2）天极

天轴在天球上的两个端点称为天极（Celestial Pole），其中，靠近地理北极 P_n 的称为北天极 P_N，靠近地理南极 P_s 的称为南天极 P_S。

3）天赤道

地球赤道平面 qq' 无限扩展，与天球面截得的大圆 QQ' 称为天赤道（Celestial Equator），或定义为与天轴垂直且通过天球中心的平面与天球相交而成的大圆，如图5-1-1所示。

天轴与天赤道面相垂直，两天极至天赤道上任一点的球面距离均为90°。天赤道面将天球等分为南、北天半球，含北天极的称为北天半球，含南天极的称为南天半球。

4）天体赤纬圈

过天体且平行于天赤道的小圆称为天体赤纬圈（Parallel of Declination），又称天体周日平行圈。如图5-1-1所示，连接赤纬圈上各点与天球中心，构成一个正圆锥，这个圆锥面与地球表面相交成的地面小圆正是天体地理位置所在的纬度圈。

5）天体时圈

过两天极和天体中心的半个大圆称天体时圈（Hour Circle）。图5-1-1中的 P_NBP_S 为天体 B 的时圈，并与其地理位置 b 的经度线相对应且在同一平面上。天体时圈与天赤道垂直，其所在的平面与地球表面所交的同侧的半个地面大圆正是天体地理位置的经度圈。

6）天顶与天底

将地球视为圆球体，连接地心与地面上任一点的直线即为该点的铅垂线，其中，通过测者的称为测者铅垂线。向两端无限延长测者铅垂线，与天球相交于两点，其中向上靠近测者的那一点称为测者天顶（Observer's Zenith），向下远离测者的那一点称为测者天底（Observer's Nadir）。同样，向两端无限延长通过格林尼治天文台中心的铅垂线，与天球相交于两点，其中向上的那一点称为格林天顶，向下的那一点称为格林天底。如图5-1-2所示，A 为测者在地球上的位置，Z 为测者天顶，Z' 为测者天底，Z_g 为格林天顶，Z_g' 为格林天底。

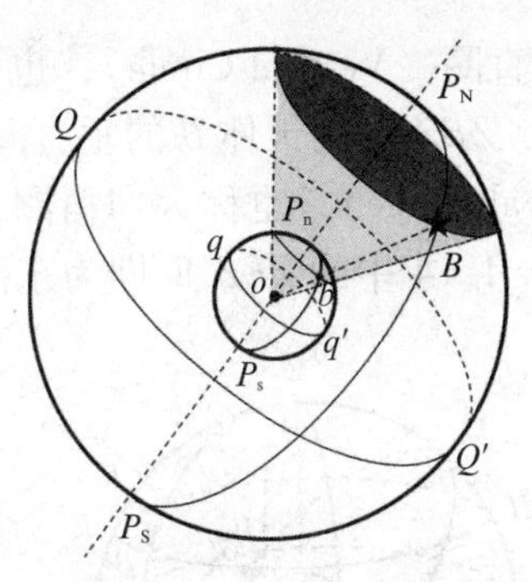

图5-1-1 天球上的点、线、圈（1）

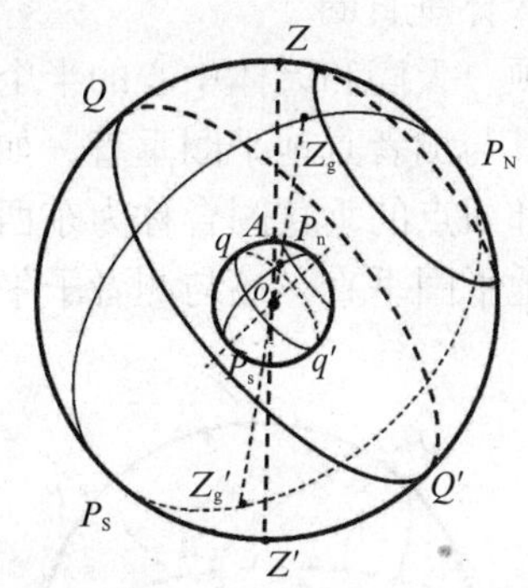

图5-1-2 天球上的点、线、圈（2）

7）子午圈

（1）测者子午圈。过测者天顶、天底和两天极的大圆称为测者子午圈，如图5-1-2中的P_NZP_SZ'。其可以认为是将地球上测者所在的经度圈无限延伸后与天球所交的截痕。

测者子午圈被两天极分成两半，其中，包含天顶的半个大圆称为测者午圈，包含天底的半个大圆称为测者子圈，如图5-1-2所示，P_NZP_S为测者午圈，$P_NZ'P_S$为测者子圈。午圈和测者经线对应，子圈和与测者经线关于地轴对称的经线对应。

测者子午圈将天球等分为东、西两天半球。

（2）格林子午圈。过格林天顶、天底和两天极的大圆$P_NZ_gP_SZ_g'$称为格林子午圈。其中两天极之间包含格林天顶的半个大圆$P_NZ_gP_S$称为格林午圈，包含格林天底的半个大圆$P_NZ_g'P_S$称为格林子圈。很显然格林午圈与地球上的0°经线相对应，格林子圈与180°经线相对应，四者都在同一个平面内。

8）测者真地平圈与方位基点

过地心且垂直于测者铅垂线的平面与天球表面截得的大圆称为测者真地平圈（Celestial Horizon），也称为地心真地平圈，如图5-1-3所示，*NESW*即为测者真地平圈。

测者真地平圈将天球等分为上、下天半球。包含天顶*Z*的为上天半球，包含天底*Z'*的为下天半球。天顶或天底至测者真地平圈上任一点的球面距离均为90°。

测者真地平圈与测者子午圈相交于两点，其中靠近北天极的交点称为北点*N*，靠近南天极P_S的交点称为南点*S*。测者真地平圈与天赤道也相交于两点，面向北点，右侧的交点为东点*E*，左侧的交点为西点*W*。这就是测者真地平圈上的*N*，*E*，*S*，*W*四个方位基点（Cardinal Points）。四个方位基点将真地平圈分成NE，NW，SE，SW四个象限，每个象限为90°。

9）仰极与俯极

仰极（Elevated Pole）与俯极（Depressed Pole）并非天球上的新极，而是将原来的南天极与北天极按照测者角度命名。其中，测者真地平圈以上的天极称为仰极，即与测者纬度同名的天极；测者真地平圈以下的天极称为俯极，即与测者纬度异名的天极。简单来说，北纬测者仰极为北天极，南纬测者仰极为南天极。如图5-1-3所示，此时P_N为仰极，P_S为俯极。

10）天体垂直圈

过天顶、天底和天体中心的半个大圆称为天体垂直圈（Vertical Circle），也称为天体方位圈。其与测者真地平圈垂直，如图5－1－4所示，ZBZ'即为天体B的垂直圈。其中，通过东点和西点的垂直圈合称为东西圈（Prime Vertical Circle），也称为卯酉圈，其不但与测者真地平圈垂直，还与测者子午圈垂直，如图5－1－4中的$ZEZ'W$即为东西圈。

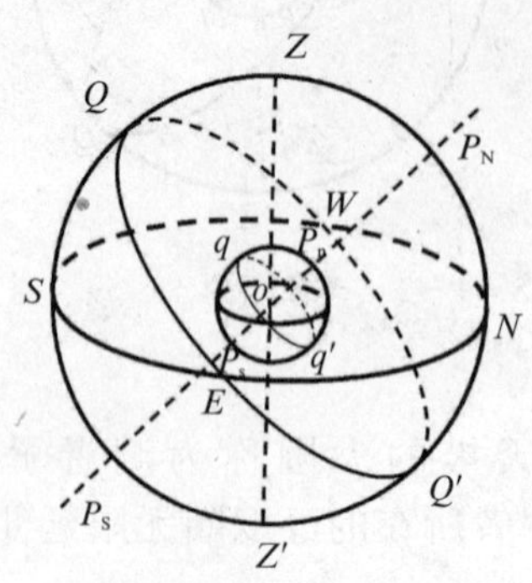

图5－1－3　天球上的点、线、圈（3）

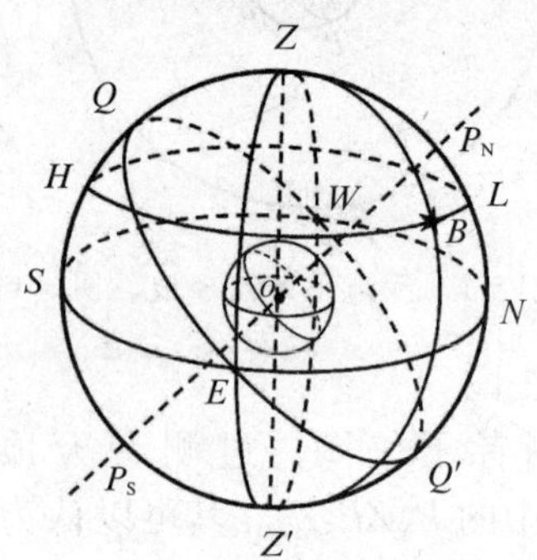

图5－1－4　天球上的点、线、圈（4）

11）天体高度平行圈

过天体中心且与测者真地平圈平行的平面与天球表面截得的小圆，称天体高度平行圈（Parallel of Altitude），也称等高度圈，图5－1－4中的HBL即为天体B的高度平行圈。

12）春分点时圈

地球绕太阳的公转轨道平面与天球截得的大圆称为黄道（Ecliptic），黄道与赤道的夹角为23°27′，称之为黄赤交角（Obliquity of The Ecliptic）。黄道与天赤道交于两点，春分点♈（Vernal Equinox）和秋分点♎（Autumnal Equinox），这两点在天球上的位置是不变的，其中过两天极和春分点的半个大圆称为春分点时圈（Hour Circle of Vernal Equinox），图5－1－5中的$P_N ♈ P_S$即为春分点时圈。

图5－1－5　天球上的点、线、圈（5）

二、天球坐标系

依据上述点、线、圈就可以在天球上建立坐标系，从而确定天体在天球上的位置。航海上常用的天球坐标系主要有第一赤道坐标系、第二赤道坐标系和地平坐标系，这些坐标系都是建立在球面上的二维坐标系，通过两个坐标值就可以确定天体的位置。

1. 第一赤道坐标系

第一赤道坐标系（First Celestial Equator System of Coordinates）又称时角赤道坐标系，以北天极为几何极，天赤道和格林（测者）午圈为基准圆，两者交点为坐标原点，天体时圈和天体赤纬圈为辅助圆。其坐标值为时角及赤纬。

1）纵坐标——天体赤纬

天体赤纬（Declination，*Dec*）是指天赤道和天体中心在天体时圈上所夹的弧距，自

天赤道起，沿天体时圈向北或向南度量至天体中心，范围在0°～90°。其中，向北天极度量的天体赤纬的命名为北（N）；向南天极度量的天体赤纬的命名为南（S），如图5－1－6中的 MB 弧即为天体 B 的赤纬。由分析可如，天体赤纬在数值和方向上应当与天体地理位置的纬度 φ_g 一致，即

$$\varphi_g = \mathrm{Dec} \tag{5-1-1}$$

纵坐标的另一种表示方法为天体极距（Polar Distance，P）。天体极距是仰极与天体中心在天体时圈上所夹的弧距，从仰极起，沿天体时圈一直度量到天体中心，范围在0°～180°。如图5－1－6所示，$P_N B$ 弧即为天体 B 的极距。

很显然，天体赤纬与极距之间存在如下代数关系：

$$P = 90° \pm Dec（赤纬与纬度异名取“+”；同名取“-”） \tag{5-1-2}$$

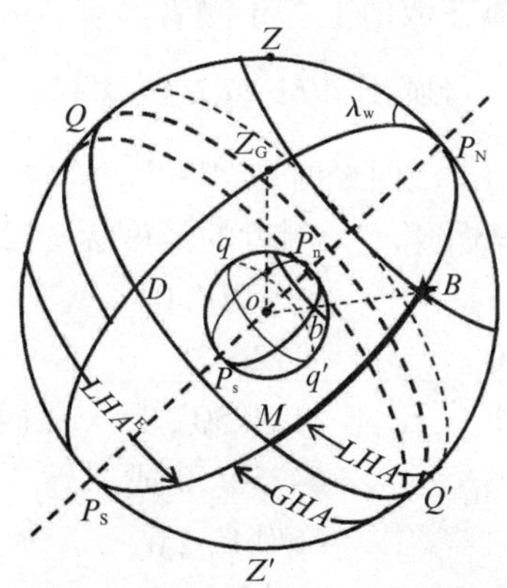

图5－1－6　第一赤道坐标系

2）横坐标——天体时角

由于横坐标可选择格林午圈或测者午圈作为基准圆，所以天体时角（Hour Angle）分为天体地方时角（Local Hour Angle，LHA）和天体格林时角（Greenwich Hour Angle，GHA）。

（1）天体地方时角，是指测者午圈与天体时圈在仰极所夹的球面角，或测者午圈与天体时圈在天赤道上所夹的弧距。地方时角有圆周和半圆2种量法。

①圆周地方时角：从测者午圈起，沿天赤道向西或顺时针度量到天体时圈，范围在0°～360°，不必命名。如图5－1－6所示，天体 B 的圆周地方时角 LHA_B 为优弧 $QQ'M$。②半圆地方时角：从测者午圈起，沿天赤道向西或向东度量到天体时圈，范围在0°～180°，其中，向西度量的半圆地方时角的命名为西（W），向东度量的则命名为东（E）。如图5－1－6所示，天体 B 的半圆地方时角 LHA 为劣弧 QM。

在天文计算中，一般采用半圆地方时角。半圆地方时角与圆周地方时角之间存在以下关系：

若圆周 $LHA<180°$，则圆周 LHA＝半圆 LHA（W）；若圆周 $LHA>180°$，则360°－圆周 LHA＝半圆 LHA（E）。

例如，圆周 $LHA=280°$，半圆 LHA＝（360°－280°）E＝80°E；圆周 $LHA=070°$，半圆 $LHA=70°$W。

半圆地方时角都必须在后面标注方向，未标注的均视为圆周地方时角。

（2）天体格林时角。天体格林时角是指格林午圈与天体时圈在天赤道上所夹的弧长或在仰极处所夹的球面角，或格林午圈与天体时圈在天赤道上所夹的弧距。其度量方向为西，范围在0°～360°，不用半圆法表示。如图5-1-6所示，天体B的格林时角GHA_B为优弧$DQQ'M$。

由于格林午圈、天体时圈、天赤道三者与地球上的格林经线、天体地理位置所在经线、赤道三者之间存在一一对应关系，因此GHA与天体地理位置的经度λ_g的关系为

$$\lambda_g=\begin{cases}GHA\ (W) & (GHA<180°)\\360°-GHA\ (E) & (GHA>180°)\end{cases}\qquad(5-1-3)$$

（3）LHA与GHA之间的关系。对于同一个天体的格林时角和圆周地方时角，由于其度量方法一样，只是度量起始线不同，所以，两者之间存在的差值为格林午圈与测者午圈在天赤道上所夹的劣弧，该弧在数值上等于测者经度，三者的关系为

$$\text{圆周}\ LHA=GHA+\lambda\qquad(5-1-4)$$

式中，当经度λ为东经时取“+”，西经时取“-”。

例5-1-1：已知$GHA=298°30'.0$，测者的经度$\lambda=126°20'.0E$，求LHA。

解：

GHA	298°30′.0
+）λ	+126°20′.0
LHA	424°50′.0　（超过360°，应减360°）
	64°50′.0 或
	66°14′.2W

例5-1-2：已知$GHA=15°20'.8$，测者的经度$\lambda=81°35'.0W$，求LHA。

解：

GHA	15°20′.8
+）λ	-81°35′.0
LHA	-66°14′.2　（负数，应加360°）
	293°45′.8 或
	66°14′.2E

例5-1-3：已知测者的经度$\lambda=120°25'.0E$，$LHA=60°10'.0$，求GHA。

解：

LHA	60°10′.0
-）λ	+120°25′.0
GHA	-60°15′.0　（负数，应加360°）
	299°45′.0

3）天体的地理位置P_G与第一赤道坐标系之间的关系

根据上述总结，我们可以建立天体的第一赤道坐标系坐标值与其地理位置P_G（φ_g，λ_g）的关系如下：

$$P_G\begin{cases}\varphi_g=Dec\\ \lambda_{g\,E}^{\ W}\begin{cases}GHA & (GHA<180°)\\360°-GHA & (GHA>180°)\end{cases}\end{cases}\qquad(5-1-5)$$

例5-1-4：已知测者的经、纬度分别为$\lambda=143°47'.0E$，$\varphi=32°18'.0S$天体M的赤

纬 $Dec = 31°38'.0S$，其地方时角 $LHA = 123°42'.0E$，求天体的地理位置。

解：天体地理位置纬度 $\varphi_g = Dec = 31°38'.0S$

LHA	$123°42'.0$
$-)\ \lambda$	$+143°47'.0$
GHA	$-20°05'.0$
	$339°55'.0$　大于 180°

天体地理位置经度 $\lambda_g = 360° - 339°55'.0 = 020°05'.0E$

4）第一赤道坐标系坐标与地球自转之间的关系

在第一赤道坐标系中，由于地球自转，测者子午圈和测者天顶的位置实际上都在不断改变，而天体时圈固定不变，在这一过程中，天体赤纬不发生变化，但时角在随之发生改变。所以，第一赤道坐标系中得到的天体坐标值是瞬时的，只能针对某一测者在某一特定时刻的天体的瞬间位置。为了使天体坐标与地球自转无关，引入了第二赤道坐标系。

2. 第二赤道坐标系

第二赤道坐标系（Second Celestial Eguator System of Coordinates）又称春分点赤道坐标系，以北天极为几何极，天赤道和春分点时圈为基准圆，春分点♈为坐标原点，天体时圈和天体赤纬圈为辅助圆。其坐标值为天体赤纬及赤经。

1）纵坐标——天体赤纬

第一赤道坐标系中的天体赤纬并不随地球自转而发生变化，所以在第二赤道坐标系中赤纬与第一赤道坐标系的一致。

2）横坐标——天体赤经

（1）天体赤经（Right Ascension，RA），是指从春分点♈起，沿天赤道向东度量到天体时圈的弧距，范围为 000°～360°，其度量方向与格林时角的度量方向正好相反，如图 5－1－7 所示。

（2）天体共轭赤经（Sidereal Hour Angle，SHA），是指从春分点♈起，沿天赤道向西度量到天体时圈的弧距，范围为 000°～360°。很显然，SHA 与 RA 两者度量的起始点一样，只是方向相反，所以两者数值之和应当为 360°，即

$$RA + SHA = 360° \tag{5-1-6}$$

3）第二赤道坐标系与第一赤道坐标系之间的关系

由于黄道与赤道在天球上的位置是基本固定的（变化非常缓慢），所以春分点可以视为天球上的一颗恒星，其位置基本不会随着地球的自转而发生改变，因而天体的赤经不会随着地球自转而发生改变，所以第二赤道坐标系是稳定的。

虽然第二赤道坐标系具有稳定性，但是由于春分点无法观测到，所以无法直接获取 RA 或 SHA 的数值，只能通过第一赤道坐标系进行关系转换。为了将其与第一赤道坐标系建立联系，我们引入了春分点格林时角的概念。

春分点格林时角（GHA♈）把春分点视为天体的一个特殊格林时角，是指从格林午圈起，沿天赤道向西度量到春分点时圈的弧距，范围为 000°～360°。

如图 5－1－7 所示，$GHA♈$ 与 RA，SHA，GHA，LHA 之间的关系为

$$GHA = GHA\varUpsilon + SHA = GHA\varUpsilon - RA \tag{5-1-7}$$

已知 $LHA = GHA \pm \lambda_{W}^{E}$，所以

$$LHA = GHA\varUpsilon + SHA \pm \lambda_{W}^{E} = LHA\varUpsilon + SHA \tag{5-1-8}$$

这样，在编制天文历时，就不需要对所有天体按照每小时给出格林时角值，只需要计算出每整小时的 $GHA\varUpsilon$，然后给出各可测天体的固定的 RA 值，就可以计算出天体的格林时角，这极大的简化了天文历的编制。

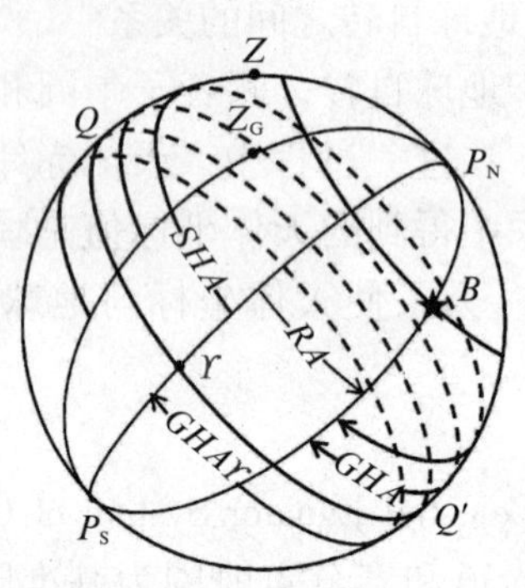

图 5－1－7　第二赤道坐标系

例 5－1－5：查表得某时刻春分点格林时角 $GHA\varUpsilon = 215°23'.5$，某恒星的 $SHA = 176°37'.2$，求该恒星的格林时角。

解：$GHA = GHA\varUpsilon + SHA$

$= 215°23'.5 + 176°37'.2 = 032°00'.7$

3. 地平坐标系

地平坐标系（Horizon System of Coordinates）以天顶或天底为几何极，测者真地平圈和测者子午圈为基准圆，以两者交点（N 点或 S 点）为坐标原点，天体高度平行圈和天体垂直圈为辅助圆。其坐标值为天体高度和方位，如图 5－1－8 所示。

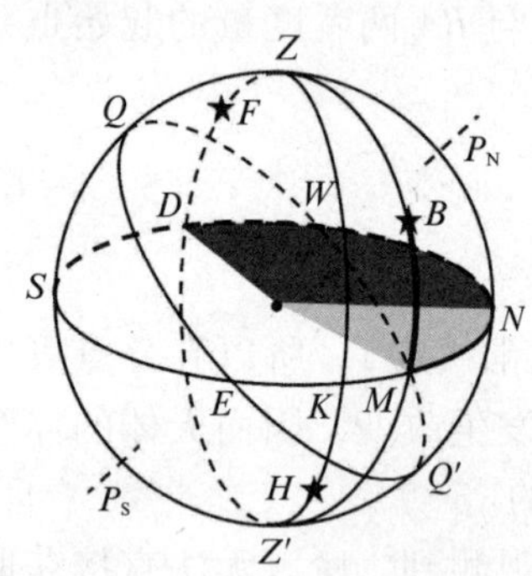

图 5－1－8　地平坐标系

1）纵坐标——天体高度

天体高度（Altitude，h）是由测者真地平圈起，沿天体方位圈度量到天体中心的弧距，范围在 0°～90°。天体在上半天球时，天体高度为正（＋）；天体在下天半球时，天体高度为负（－）。如图 3－1－8 所示，天体 B 的高度为 BM 弧，为正；天体 H 的高度为 KH 弧，为负。当然，负高度一般无法观测。

纵坐标还可以用顶距来表示，顶距（Zenith Distance，Z）是由测者天顶起，沿天体方位圈度量到天体中心的弧距，范围在 0°～180°。如图 5－1－8 所示，天体 B 的顶距为 ZB 弧，小于 90°；天体 H 的高度为 ZKH 弧，大于 90°。

很显然，对于同一天体，顶距与高度两者之和为 90°，即

$$Z + h = 90° \tag{5-1-9}$$

由图 5－1－8 可知，图中仰极的高度为 P_NN，弧 QZ 等于测者纬度，天顶到测者真地平圈及两天极到赤道的距离都等于 90°，即 $QZP_N = ZP_NN = 90°$。对比可知，$QZ = P_NN$，即仰极高度等于测者纬度。也就是说，如果仰极处存在一个天体（对于北半球测者而言，北极星就非常接近仰极），则观测其高度就可得到观测者所在的纬度，即可得出一条船位线。

2）横坐标——天体方位

测者子午圈与天体垂直圈在真地平上所夹的一段弧距，称天体方位（Azimuth，A），也等于测者子午圈与天体垂直圈在测者天顶所夹的球面角。其有 2 种度量法。

（1）圆周法：无论北纬还是南纬测者，天体方位都是从北点 N 开始（北半球测者从测者子圈，南半球测者从测者午圈起算），沿真地平圈顺时针（向 E 点方向）度量到天体方位圈的弧距，范围在 000°～360°之间。图 5－1－8 中的天体 B 的圆周方位为弧 NM，图 5－1－9 中的天体 B 的圆周方位为弧 $NESM$。

（2）半圆法：根据测者所在的纬度不同，度量起点不一样，北纬测者从北点 N 起算，南纬测者从南点 S 起算，均沿测者真地平圈向东或向西度量到天体垂直圈的弧距，范围在 0°～180°之间。度量的结果必须命名，第一名称与测者纬度同名（或与度量起始点同名），第二名称与度量的方向（E 或 W）同名。

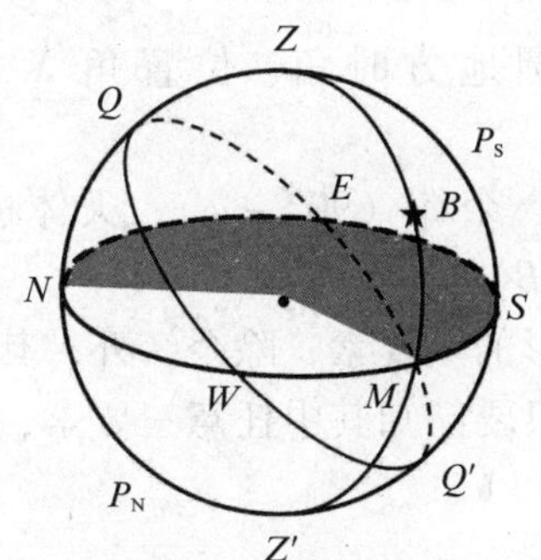

图 5－1－9　圆周方位

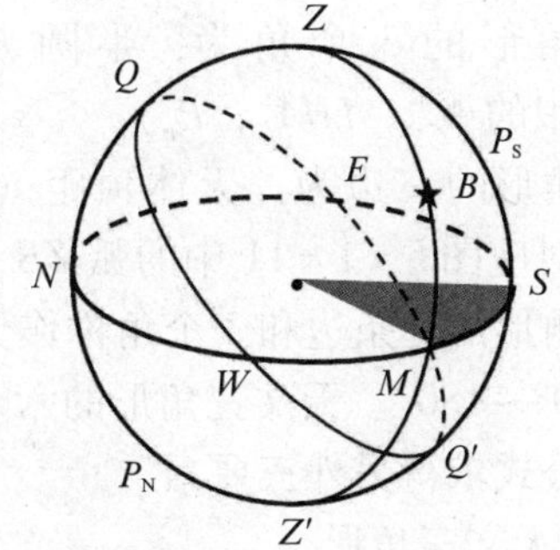

图 5－1－10　半圆方位

如图 5－1－8 所示，天体 F 的半圆方位为弧 NWD，方位命名为 NW，天体 B 的半圆方位为弧 NM，方位命名为 NE。图 5－1－9 及图 5－1－10 是同一测者（南纬）对天体天体 B 采取两种命名方式的示意图，很显然，用圆周法度量天体 B 的方位为弧 $NESM$，而半圆法度量为 SM，方向为 SW。

（3）半圆法与圆周法之间的转换。很显然，半圆法与圆周法之间的转换与第一章中半圆方位与圆周方位的转换基本一致，方法如下：

北纬测者：半圆方位 A^{NE} = 圆周方位　　　　360° − 半圆方位 A^{NW} = 圆周方位

南纬测者：180° − 半圆方位 A^{SE} = 圆周方位　　180° + 半圆方位 A^{SW} = 圆周方位

3）地平坐标系的特点

利用地平坐标系确定天体位置比较直观，但由于地球的自转，天顶在天球上的位置会发生改变，同时伴随垂直圈、高度平行圈的改变而改变，所以任意天体的高度和方位是时刻在改变的。故地平坐标系确定的天体坐标只是测者在某一时刻的瞬时坐标，对于不同地点的测者，同一天体即使在同一时刻时地平坐标也是不一样的。

4. 坐标转换

赤道坐标和地平坐标之间的相互转换，可通过解算球面三角形来实现。

1）天文三角形

天文三角形是由测者午圈、天体时圈和天体方位圈在天球上所构成的球面三角形，图 5-1-11 中的阴影部分即为天文三角形。

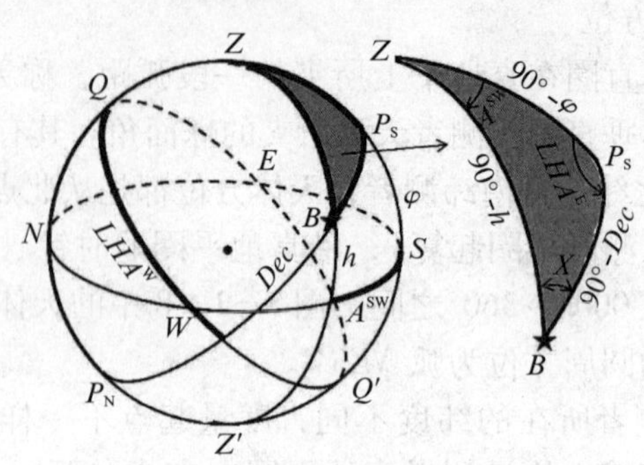

图 5-1-11　天文三角形

天文三角形的 3 个顶点为：测者天顶、天体、仰极（分别对应图 5-1-11 中的 Z，B，P_S）

天文三角形的 3 个角为：半圆方位、半圆地方时角、位置角 X（分别对应图 5-1-11中的 A^{SW}，LHA^E，P_S）

天文三角形的三边为：天体顶距（$90°-h$），余纬（$90°-\varphi$），天体极距（$90°-Dec$）（分别对应图 5-1-11 中的弧 ZB，ZP_S，P_SB）

天文三角形的 3 条边和 3 个角称作天文三角形的六要素，除余纬外，其他要素的取值范围均为 0°~180°。天文三角形的六要素中，只要已知其中任意三要素，便可利用球面三角函数公式求得另外三要素。

2）解算天文三角形

球面三角形的解算公式很多，对于天文航海而言，主要是利用已知或易于查表获取的纬度 φ、赤纬 Dec、半圆地方时角 LHA 来求取观测天体的计算方位 A_c 及计算高度 h_c。具体公式如下：

$$\sin h_c = \sin\varphi \sin Dec + \cos\varphi \cos Dec \cos LHA \qquad (5-1-10)$$

$$\cot A_c = \cos\varphi \tan Dec \csc LHA - \sin\varphi \cot LHA \qquad (5-1-11)$$

$$\cos A_c = \frac{\sin Dec}{\cos\varphi \cosh_c} - \tan\varphi \tan h_c \qquad (5-1-12)$$

利用公式解算三角形的注意事项有以下几点。

（1）纬度 φ 恒为正值，无论测者是在北纬还是南纬。

（2）赤纬 Dec 与纬度 φ 同名时取正值，与纬度 φ 异名时取负值。

（3）LHA 为半圆地方时角，无论名称是 E 还是 W 一律取正值。

（4）A_c 为半圆方位，第一名称与测者纬度 φ 同名，第二名称与半圆地方时角 LHA 同名；

（5）$\sin h$ 值为正，h 取小于 90°的正值；$\sin h$ 值为负，h 取小于 90°的负值，即为负

高度，在实际工作中无意义。

（6）按公式（5-1-11）计算方位，角度取0°~180°，即如反余切后求得的A_c为负值，则直接加上180°（余切函数的周期）改为正值即可。

具体解算常用方法有以下2种：

（1）函数计算器法。该方法利用函数计算器混合运算功能进行计算，要注意使用前将数字模式改为角度，有的计算器可以直接输入度分秒，有的只能输入度，需要在计算前将分秒转换为度的小数。由于函数计算器形式及使用方法各异，本书不作详细介绍，可参阅计算器说明书作进一步了解。但该方法的操作步骤较为繁琐，容易出错，在船上实际运用较少。

例5-1-6：已知推算船位$\varphi=22°32'.5N$，$\lambda=118°18'.5E$，天体的$Dec=31°19'.6N$，$GHA=197°24'.6$，求天体的计算高度h_c和计算方位A_c。

解：

$$\begin{array}{lr} GHA & 197°24'.6 \\ +)\ \lambda & 118°18'.5E \\ \hline LHA & 315°43'.1 \\ & 44°16'.9E \end{array}$$

将$\varphi=22°32'.5N$，$Dec=31°19'.6N$，$LHA=44°16'.9E$（此例三者都取+）代入公式

$$\sin h_c=\sin\varphi\sin Dec+\cos\varphi\cos Dec\cos LHA$$

$$=\sin22°32'.5\sin31°19'.6+\cos22°32'.5\cos31°19'.6\cos44°16'.9$$

$$h_c=\arcsin0.764138682=49°49'.8$$

$$\cot A_c=\cos\varphi\tan Dec\csc LHA-\sin\varphi\cot LHA$$

$$=0.412063634$$

$$A_c=\arctan(1/0.412063634)=67°.6NE=067°.6$$

（2）卫星导航仪计算法。如图5-1-12所示，天文三角形的三边——测者午圈（P_NZ_C）、天体时圈（P_NB）和天体方位圈（Z_CB）实际上与地球上测者经线（P_nc）、天体地理位置的经线（P_nb）、测者观测天体地理位置的大圆方位线（cb）存在一一对应关系，图中天文三角形Z_CP_NB与地面3个大圆形成的球面三角形cP_nb为相似三角形。

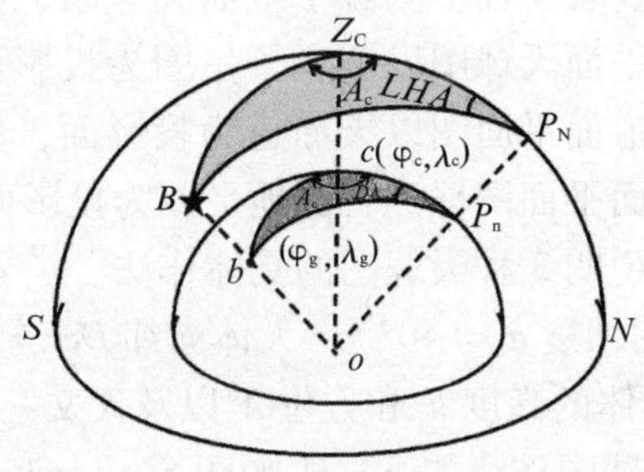

图5-1-12　天文三角形与地面的对应关系

很显然，半圆地方时角LHA对应着c，b两点的经差$D\lambda$，cb弧长以分为单位恰好等于两点之间的以海里为单位的大圆距离。只要求出地球上c，b两点之间的大圆方位与大圆距离即可转换为对应的天体方位和高度（以分为单位）。

一般船上装配的卫星导航仪（主要是GPS）都有求算任意两点之间的大圆航向和大

圆航程的功能，只需要输入起始点和到达点的经纬度即可自动计算出结果。我们可以将测者推算纬度和推算经度作为起始点的经、纬度输入 GPS，将天体的地理位置 P_G（φ_g，λ_g）（如前所述，P_G可以通过 *LHA* 和 *Dec* 求得）当作到达点的经、纬度输入 GPS，这样就能自动计算出天体的计算方位 A_c和顶距 Z（以分为单位）。最后得出 A_c和 h_c（计算高度 $h_c = 90° - Z$）。

例 5－1－7：同例 5－1－6 条件，用 GPS 求天体的计算高度 h_c和计算方位 A_c。

解：起始点：$\varphi_c 22°32'.5$N，$\lambda_c 118°18'.5$E

到达点：$\varphi_g = Dec = 31°19'.6$N

$\lambda_c = 360° - GHA = 360° - 197°24'.6 = 162°35'.4$E

将 GPS 计算功能改为大圆计算模式（Great Circle），分别输入两点的经、纬度，GPS 自动计算并显示两点的大圆方位为 067°.6，大圆距离为 2 410.17 n mile。

可知：$A_c = 067°.6$

$$h_c = 90° - (2\,410.17/60)° = 90° - 40°.169\,5 = 49°.83 = 49°49'.8$$

很显然，该方法更加简单，不易出错，在 GPS、船上电子海图及相关航路设计软件中都包含这种计算公式。而该方法唯一要注意的是，在计算前一定要确认选择的是大圆计算模式而不是恒向线计算模式。

除上述两种方法外，还可利用船上配备的《天体高度方位表》（中版 B105 表，英版 NP401 表）等表册来查取，这两个表册基本一样，查表引数实际上就是公式中的 3 个已知量，但需要针对每个量进行内插。该方法曾经是船上使用最多的传统方法，但由于其内插相对较为复杂，而且随着计算机技术的发展，已经较少使用该方法了。其使用方法在表册中都有详细说明，本书不作介绍。

3）绘制天球图

绘制天球图虽然不能准确地求算天文三角形的各个要素并进行坐标转换，但这种直观的图形表示方法能清楚的表现出各个要素之间的关系，从而加深我们对天球坐标的理解，为后面学习各种天文概念打下基础。

航海中常用的天球图主要有 3 种：测者子午面天球图、天赤道面平面图和测者真地平面平面图，其中：测者子午面天球图以测者子午圈为投影面，能较好的反映天体的赤纬、地方时角和高度；天赤道面平面图以天赤道为投影面，能直观的反映并度量天体地方时角和赤纬；测者真地平面平面图以测者真地平圈为投影面，能较为直观的反映高度、方位及时间系统。下面举例说明 3 种天球图的具体作法。

例 5－1－8：已知测者的纬度 $\varphi_c = 40°$N，天体赤纬 $Dec = 50°$N，天体地方时角 $LHA = 80°$W，绘出天球图并标出天体的高度 h_c和方位 A_c以及天文三角形。

解：（1）测者子午面天球图作法如下：①如图 5－1－13（a）所示，以适当半径画圆为测者子午圈，过圆心作相互垂直的两条直线，上标 Z 为天顶，下标 Z'为天底，并绘出测者真地平圈。②如图 5－1－13（b）所示，由于测者在北纬，先要确定 N 点的位置，图 5－1－13（a）中真地平圈与子午圈交点有 2 个，由于时角为 W，想要作图时 W 点的方向朝向纸外，图中 N 点必须在左侧，则 S 点即为右侧点。

由于测者纬度等于仰极的高度，靠近 N 点标出仰极 P_N，使 $NP_N = 40°$。连接 P_N和圆

心并延长交于子午圈另一侧，交点即为 P_S。过圆心作 P_NP_S 的垂线，交子午圈于 Q，Q' 两点，用弧线连接这两点成 QQ' 弧，即为赤道，其与真地平圈的交点即为 W 点。在天赤道上以 Q 为起点向西量弧 $QA = LHA = 80°W$，作弧线连接 P_N，A，P_S 得天体时圈，在天体时圈上从 A 点起向 P_N 量取弧 $AB = Dec = 50°N$，确定天体 B 的位置。③如图 5－1－13（c）所示，作弧线连接天顶 Z，天体 B，天底 Z' 得天体垂直圈，从真地平圈起沿垂直圈度量至天体 B 的弧长为天体高度 h，半圆方位为 A^{NW}，$\triangle ZP_NB$ 为天文三角形。

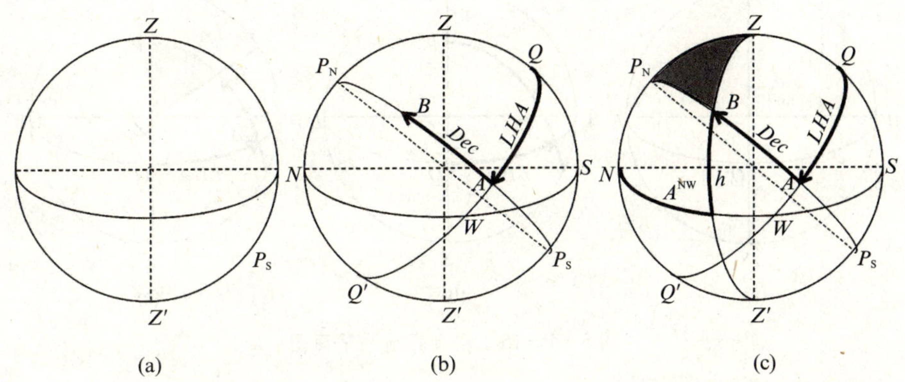

图 5－1－13　测者子午面天球图

（2）天赤道面平面图作法如下：①如图 5－1－14（a）所示，以适当半径画圆为天赤道，圆心为仰极 P_N，逆时针方向旋转（向旋转 E）。所有过两极的大圆在图上均为直线，过 P_N 向下画直线 P_NQ 为测者午圈，向上画虚线 P_NQ' 为测者子圈，在测者午圈上找一点 Z，使 $ZQ = \varphi = 40°$，Z 为天顶。②如图 5－1－14（b）所示，在天赤道上，以 Q 为起点向西量取弧 $Q_A = LHA = 80°W$，连接 A 和 P_N 得到直线 AP_N 即天体时圈，在该圈上从 A 点起向 P_N 量取天体赤纬 $Dec = AB = 50°N$ 得天体地理位置 B。③如图 5－1－14（c）所示，过天顶 Z、天体 B 所作的圆弧即为天体垂直圈，即得天文三角形。

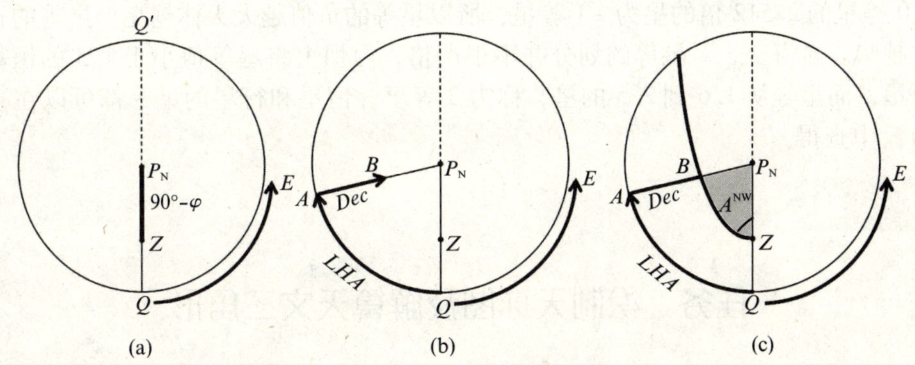

图 5－1－14　天赤道面平面图

（3）测者真地平平面图作法如下：①如图 5－1－15（a）所示，以适当半径画圆为测者真地平圈，圆心为测者天顶 Z，所有过天顶的大圆在图上均为直线，过圆心作相互垂直的 2 条直线，按上 N 下 S 左 W 右 E 标出 4 个方位点，直线 NZS 为测者子午圈，直线 WZE 为卯酉圈。由于测者的纬度等于仰极的高度，所以从 N 点起沿测者子午圈取 φ =

40°N 得仰极 P_N，由天顶 Z 沿测者子午圈向南量取 $\varphi=40°N$ 得 Q 点，过 Q，E，W 点所作的圆弧即为天赤道圈。②如图 5－1－15（b）所示，由 Q 沿天赤道向西量取 $LHA=80°W$ 得 A 点，过 A 点和仰极 P_N 作圆弧得天体时圈。③如图 5－1－15（c）所示，由 A 点沿天体时圈量取 $Dec=50°N$ 得天体位置 B，过天顶 Z、天体 B 所作的直线即为天体垂直圈，即得天文三角形。

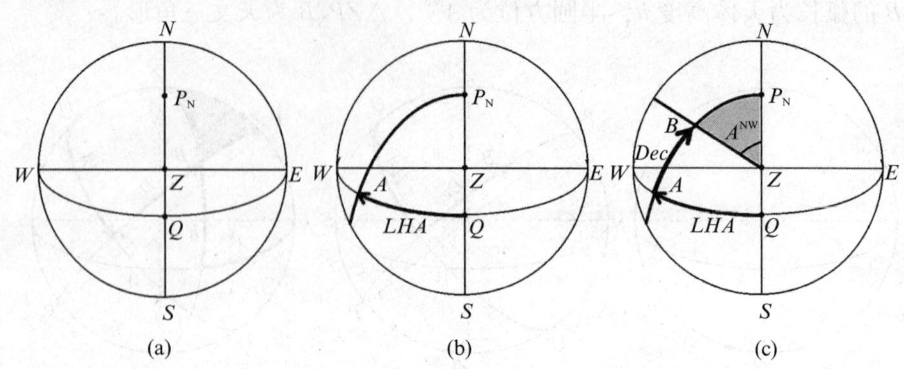

图 5－1－15　测者真地平平面图

5. 航用天体简介

日、月、星辰以及宇宙中其他聚集的自然物质，统称为天体。宇宙中的星星多不胜数，但能用于天文航海的，只有太阳、月亮、金星、火星、木星、土星和 159 颗恒星。这些自然天体统称为“航用天体”。1922 年国际天文协会将星空划分为 88 个区域，每个区域称为一个星座。

天体亮暗的等级用星等表示，星等数值越小亮度越大。通常规定肉眼所能看到的星为 6 等星，并规定 1 等星的亮度为 6 等星的 100 倍，每差一个星等增加的亮度倍数相同，因此相连星等之间的亮度倍数为 2. 512 倍，即亮度是 6 等星的 2. 512 倍的星为 5 等星，亮度是 5 等星的 2. 512 倍的星为 4 等星，并依次类推。亮度是 1 等星的 2. 512 倍的星为 0 等星，0 等星的 2. 512 倍的星为 －1 等星，所以星等的负值越大天体越亮，星等的正值越大天体越暗。航海上，对星等的划分并不很严格，习惯上将星等值小于 1. 5 的恒星，称为 1 等星，而星等从 1. 6 到 2. 5 的星，称为 2 等星。恒星和行星的星等都可以在《航海天文历》中查得。

任务实施

任务　绘制天球图及解算天文三角形

基本要求：

1. 正确理解天球的基本点、线、圈；
2. 正确掌握测者子午面天球图、天赤道面平面图、测者真地平平面图的画法。

实施步骤：

1. 准备工作

学生自带作图工具、计算器及作业本。

2. 实施过程

教师给定条件要求学生分别作出测者子午面天球图、天赤道面平面图、测者真地平平面图。最后估算出天体高度与方位，并通过解算天文三角形，将计算结果与作图结果作比较。

任务评价

评价内容		评价标准	权重	得分
任务完成情况	任务	1. 正确绘制天球图	0.4	
		2. 正确计算	0.2	
		3. 作图清晰	0.1	
		4. 回答相关问题	0.1	
职业素养		1. 遵守课堂纪律 2. 按时认真完成学习及工作任务 3. 有问题能及时提问和反馈意见	0.1	
创新意识		1. 能举一反三 2. 善于提出问题，总结经验	0.1	
总得分				

任务拓展

1. 解释下列名词：

天赤道、格林午圈、天体时圈、赤纬圈、天顶和天底、测者子午圈、测者午圈和测者子圈、真地平圈、垂直圈（天体方位圈）、东圈、西圈、南圈、北圈、高度平行圈、仰极、仰极高度、天体格林时角、天体圆周地方时角、天体半圆地方时角、赤纬、天体方位、高度、顶距、天文三角形及其三边和三角。

2. 分别说明第一赤道坐标系、第二赤道坐标系和地平坐标系的基准点、基准线、基准大圆、基准图、原点、辅坐标值。

3. 分别说明天赤道、真地平圈和测者子午圈如何平分天球。画图说明天体位置与天体地理位置的关系。

4. 画图说明天体半圆地方时角与天体圆周地方时角的关系。

5. 已知天体的赤纬 $Dec=42°35'.4S$，格林时角 $GHA=182°35'.4$，求天体地理位置。

6. 已知，测者经度 $\lambda_c=165°35'.4E$，天体格林时角 $GHA=185°35'.5$，求该天体的半圆地方时角。

7. 2012 年 8 月 8 日 $ZT1200$，测者 $\varphi_c=40°45'.4S$，$\lambda_c=162°35'.4E$，查《航海天文历》得知天狼星的赤纬 $Dec=16°44'.0S$，赤经 $RA=101°26'.0$，春分点格林时角 $GHA\Upsilon=168°38'.8$，求天狼星的半圆地方时角。

8. 比较测者子午面天球图、天赤道面平面图和测者真地平平面图的优劣。

9. 已知测者 $\varphi_c=40°S$，测者经度 $\lambda_c=120°E$，天体 $Dec=50°S$，半圆地方时角 $LHA=$

70°W，分别画出测者子午面天球图、天赤道面平面图和测者真地平平面图，并求天体的概略方位与高度。

10. 平行于________的小圆称为天体周日平行圈。

A. 真地半圈　　B. 天赤道

C. 高度圈　　D. 黄道

11. 过两天极且通过________的半个大圆称为测者午圈。

A. 天体　　B. 测者地理位置　　C. 天底　　D. 天顶

12. 以两天极为起止点且通过测者天底的半个大圆称________。

A. 测者子圈　　B. 测者午圈　　C. 测者子午圈　　D. 东西圈

13. 以天顶、天底为起止点且通过东点的半个大圆称________。

A. 天体时圈　　B. 天体垂直圈　　C. 东圈　　D. 西圈

14. 某测者的经度为100°E，晚上恰有一颗星体在其头顶上方，此时该星的格林时角约为________。

A. 260°　　B. 100°　　C. 000°　　D. 060°

15. 利用公式 $\sin h = \sin\varphi\sin Dec + \cos\varphi\cos Dec\cos LHA$ 求天体计算高度，下列说法正确的是________。

A. 测者纬度 φ 恒为“+”，求得的天体高度 h 有“±”

B. 天体赤纬 Dec 与测者纬度 φ 同名为“+”，异名为“-”

C. 天体地方时角 LHA 为半圆时角

D. A + B + C

16. 已知测者的纬度为30°30′.0S，天体赤纬为10°20′.0N，天体地方时角为23°23′.5E，则天体的计算高度等于________，半圆计算方位等于________。

A. 43°23′.3/147°.5SE　　B. 60°20′.7/127°.9SE

C. 59°27′.5/141°.8NE　　D. 59°27′.5/141°.8SE

模块 2　天体视运动

模块描述

本模块主要描述天体周日视运动规律、太阳周年视运动规律以及月球视运动规律，通过对天体视运动规律的了解，有助于掌握时间的确定方法。

学习目标

1. 掌握天体周日视运动规律；
2. 掌握太阳周年视运动规律；
3. 了解月球视运动规律，月相的变化规律；
4. 掌握中天高度的计算方法。

工作任务

分析天体运行规律、识读四季星空。

知识准备

一、天体周日视运动

人们在地球上观测到的天体在天球上的位置称为视位置，由于地球的自转和绕太阳的公转，以及天体自身的运行，天体的视位置随时间在不停的运动着，这种视位置的变化现象称为天体视运动（Apparent Motion of Celestial Body）。只有研究这些视运动现象，掌握其基本规律，才能解决天文定位当中一些关键问题。由于地球的运动包含自转与公转，周期分别为一天和一年，因此可以简单地将天体的视运动分解为周日视运动和周年视运动分别进行研究。

1. 天体周日视运动的成因

地面测者所观测到的天体每日东升西降，以一昼夜为周期的运动现象称为天体周日视运动（Diurnal Apparent Motion of Celestial Body）。

地球绕地轴自西向东进行自转，而天体在天球上保持不动，但在视觉上是天球带着所有天体按照地球自转的反方向（自东向西）旋转一周，其运动周期与地球自转周期相同。

对于恒星，赤纬基本保持不变，其周日视运动轨迹是平行于天赤道的天体赤纬圈（周日平行圈）；而对于太阳、月亮和行星，虽然赤纬在不断变化，但每天变化量很小，

可认为当天不变，所以也可以认为其周日视运动轨迹是天体赤纬圈，如果考虑赤纬的细微变化，其周日运动轨迹应当是一条连续的球面螺旋线。

2. 天体周日视运动的现象

在研究天体周日视运动时，通常认为测者所在的位置是固定不动的，此时与之相关的天顶、测者午圈、东西圈、测者真地平圈、四方位基点都保持不变，而由于天体在赤纬圈上运动，因此与之相关的天体垂直圈、高度平行圈、天体时圈都在发生变化。对应的各种坐标发生的变化如表5-2-1所示。

表5-2-1　周日视运动中天体坐标的变化情况

坐标值	第一赤道坐标系				第二赤道坐标系		地平坐标系		
	赤纬	极距	*LHA*	*GHA*	赤经	共轭赤经	高度	顶距	方位
变化与否	不变	不变	变化	变化	不变	不变	变化	变化	变化

即使纬度相同的测者，对于赤纬不同的天体，坐标变化规律也各不相同，产生的周日视运动现象也不相同；同时，对于不同纬度的测者，同一天体的坐标变化规律及对应的周日视运动现象也不相同。我们主要研究当测者纬度与天体赤纬一定时的周日视运动现象。

1）天体的出没

在周日视运动中，当天体中心通过测者地心真地平时称为天体真出没（True Rise and Set of Celestial Body）。其中，当天体中心位于东方真地平时称为真出（True Rise），位于西方真地平时称为真没（True Set）。

由于天体是在赤纬圈上运动的，因此凡是能观测到出没现象的天体，其赤纬圈必须要和测者真地平圈相交。各种出没现象及条件如表5-2-2所示。

很显然，天体的出没现象取决于赤纬与纬度的关系，当 $Dec>90°-\varphi$ 时无出没现象。同样，对于给定天体，只有当 $\varphi>90°-Dec$ 时，才会不出或不没。其中，当太阳不出时，称为极夜（Polar Night），不没时称为极昼（Polar Day）。由于太阳赤纬在23°27′S～23°27′N之间变化，所以，能够出现极昼或极夜的位置应当在 $\varphi>66°33'$ 的区域，其中每年3月21日到9月23日，北半球可以出现极昼，南半球可以出现极夜，9月23日至翌年的3月21日则正好相反。

例5-2-1：查《太阳方位表》可知2012年5月16日太阳的赤纬为16°18′N，求可见极昼及极夜测者的纬度界限。

解：$\varphi>90°-Dec=90°-16°18'=73°42'$

即当测者纬度高于73°42′N时，可见极昼现象，测者纬度高于73°42′S时，可见极夜现象。

表 5－2－2　天体出没现象及条件

示意图	条件		现象
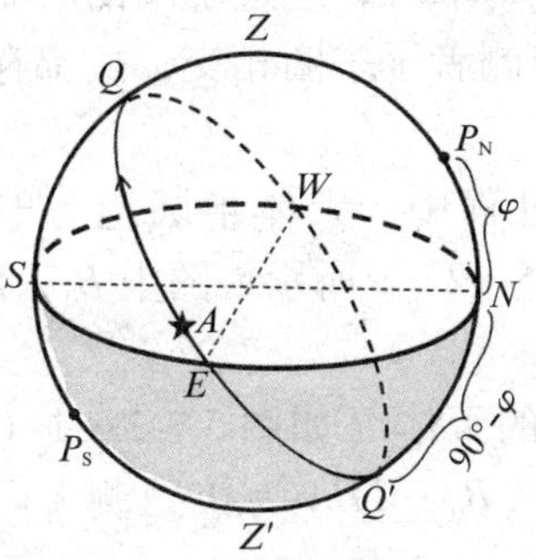	天体 $Dec=0$，即天体在天赤道上（如图中的天体 A）		天体在天赤道上作周日视运动，从 E 点出，没于 W 点，在上、下半天球运行的时间相同
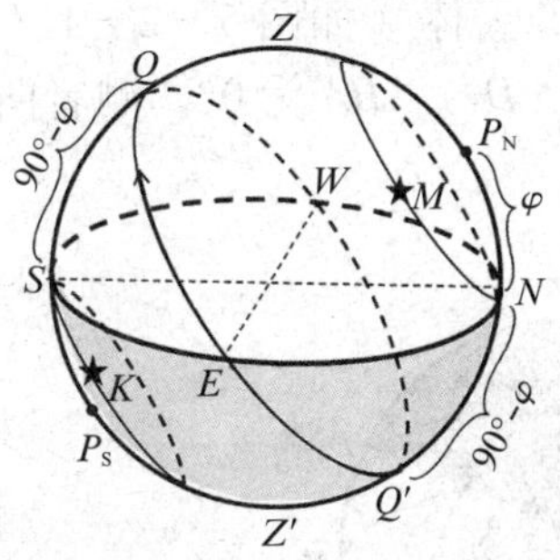	天体 $Dec=90°-\varphi$	天体赤纬与测者纬度同名（如图中的天体 M）	天体刚好不没，赤纬圈经过与纬度同名的方位基点，即对于北纬测者，天体赤纬圈过 N 点；对于南纬测者，天体赤纬圈过 S 点
		天体赤纬与测者纬度异名（如图中的天体 K）	天体刚好不出，赤纬圈经过与纬度异名的方位基点，即对于北纬测者，天体赤纬圈过 S 点；对于南纬测者，天体赤纬圈过 N 点
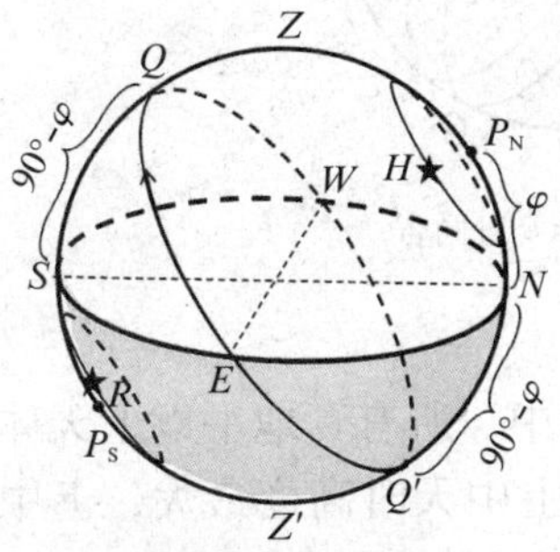	天体 $Dec>90°-\varphi$	天体赤纬与测者纬度同名（如图中的天体 H）	天体不没，只在上半天球运动
		天体赤纬与测者纬度异名（如图中的天体 R）	天体不出，只在下半天球运动
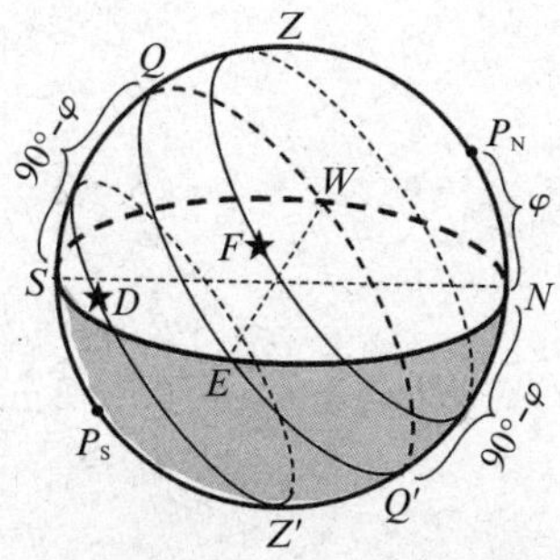	天体 $Dec<90°-\varphi$	天体赤纬与测者纬度同名（如图中的天体 F）	有出没现象，天体在上半天球运行的时间长于下半天球。对于北纬测者，天体从 NE 象限出，NW 象限没；对于南半球测者，天体从 SE 象限出，SW 象限没
		天体赤纬与测者纬度异名（如图中的天体 D）	有出没现象，天体在上半天球运行的时间小于下半天球。对于北纬测者，天体从 SE 象限出，SW 象限没；对于南半球测者，天体从 NE 象限出，NW 象限没

2）天体的中天

天体在周日视运动中，经过测者子午圈的时刻称为天体的中天（Meridian Passage），其中：当天体经过午圈的时刻称为上中天（Upper Meridian Passage）；经过子圈的时刻称为下中天（Lower Meridian Passage）。所有天体的赤纬圈都与测者子午圈相交，故都存在中天现象。

（1）上中天时天文三角形的三个角度值。在上中天过程中，天体半圆地方时角 *LHA*、半圆方位 *A* 及位置角 *X* 都在发生变化，时角变化如图 5－2－1 所示，图中 B_1，B_2，B_3和 D_1，D_2，D_3分别为 *B*，*D* 两天体逐渐中天的 3 个位置。

对于赤纬大于测者纬度（$Dec>\varphi$）且与测者纬度同名的天体（如图 5－2－1（a）中的 *B* 天体），随着接近上中天，*LHA* 逐渐减小，到中天时（B_3）*LHA* 为 0°，测者向北观测天体，方位角 *A* 为 0°，位置角 *X* 为 180°。

对于赤纬小于测者纬度（$Dec<\varphi$）且与测者纬度同名的天体（如图 5－2－1（b）中的 *D* 天体），随着接近上中天，*LHA* 逐渐减小，到中天时（D_3）*LHA* 为 0°，测者向南观测天体，方位角 *A* 为 180°，位置角 *X* 为 0°。

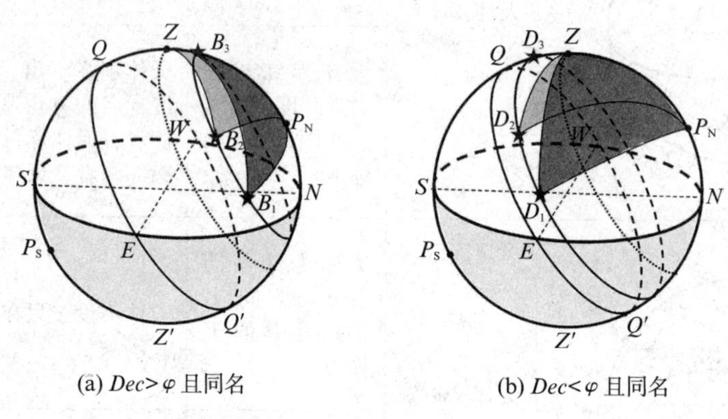

(a) $Dec>\varphi$ 且同名　　(b) $Dec<\varphi$ 且同名

图 5－2－1　天体上中天示意

（2）上中天过程中天体高度的变化。在接近上中天过程中，所有真地平以上天体的高度都在不断增大，出没时高度为 0，然后逐渐增大，到达上中天时高度最大，上中天后高度逐渐减小。当测者纬度与天体赤纬都不变时，天体上中天的高度称为中天高度，用 *H* 表示，如图 5－2－2 所示，天体中天高度 *H*、天体赤纬 *Dec* 与测者纬度 φ 存在如下关系：

当赤纬与测者纬度同名，且赤纬小于纬度时，有

$$H=(90°-\varphi)+Dec \tag{5-2-1}$$

当赤纬与测者纬度同名，且赤纬大于纬度时，有

$$H=(90°-Dec)+\varphi=180°-[(90°-\varphi)+Dec] \tag{5-2-2}$$

当赤纬与测者纬度异名时，有

$$H=(90°-\varphi)-Dec \tag{5-2-3}$$

上述 3 个公式可以简化为：$H=90°-\varphi\pm Dec$　　(5－2－4)

式（5－2－4）中纬度φ始终为“＋”，当赤纬Dec与测者纬度φ同名时，取“＋”，异名时取“－”。计算值如大于90°，则最后结果应用180°减去计算值。

同样的道理，当观测到某天体中天高度H，同时查出其赤纬Dec，则可倒用上述公式求出测者当时所在的纬度，得到一条船位线。

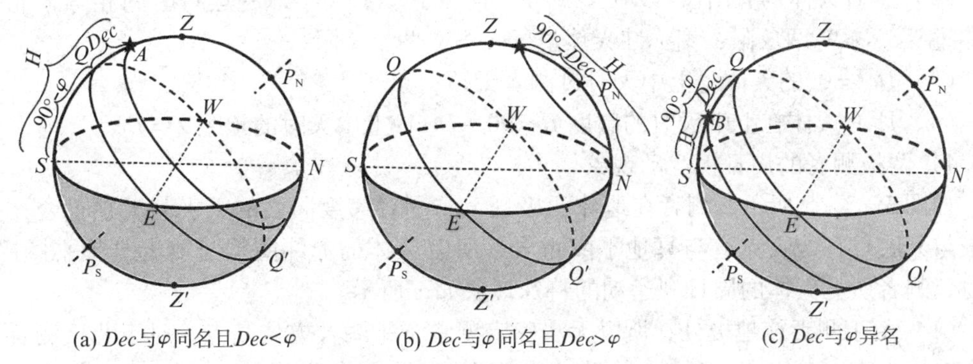

(a) Dec与φ同名且$Dec<\varphi$　(b) Dec与φ同名且$Dec>\varphi$　(c) Dec与φ异名

图5－2－2　中天高度与纬度、赤纬的关系

（3）上中天过程中天体方位的变化。不同于时角在上中天过程中角度逐渐减小最终为0°，方位角A的变化是不相同的。如图5－2－3所示，对于赤纬大于测者纬度（$Dec>\varphi$）且与测者纬度同名的天体（如图5－2－3（a）中的A天体，A_1，A_2，A_3，A_4，分别为其中天前的不同位置，其中在A_3点时的垂直圈恰好与赤纬圈相切），其赤纬圈与东西圈不相交，天体在中天前，由A_1经A_2运动到A_3，方位逐渐增大，到A_3点时达到最大，随后逐渐减小，到中天时为0°。天体只在NE与NW两个象限内运动。图中A_3点为赤纬圈与垂直圈相切的点，在这点上方位达到最大，位置角X为90°，天文上将该点称为距角，可以认为，凡是过测者天顶能作出赤纬圈球面切线的天体都有距角，切点处即为距角位置。

对于赤纬等于测者纬度且同名的天体，其赤纬圈与东西圈正好相切，也就是说其在中天时产生距角，其高度为90°，方位为0°或180°（天体在测者正上方）。

对于赤纬小于测者纬度且同名，以及所有赤纬与纬度异名的天体，由于其赤纬圈无法与垂直圈相切，不存在距角现象，其方位变化均逐渐增大。

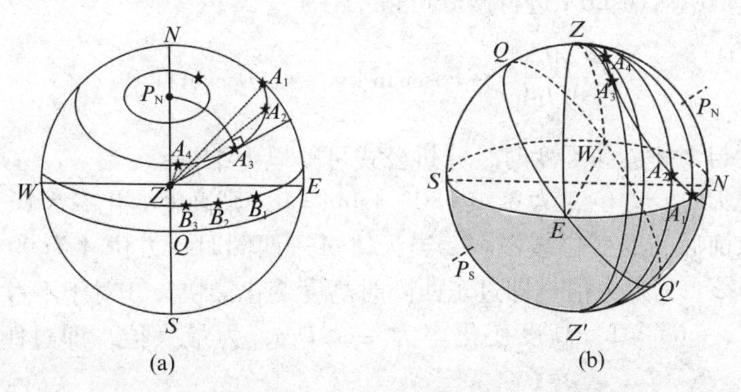

图5－2－3　天体方位变化及距角示意

3）赤道测者的周日视运动现象

如图5-2-4所示，测者在赤道，北天极与正北重合；南天极与正南重合，东西圈与天赤道重合。此时所见的天体周日视运动的特殊现象如下所示。

（1）所有天体的赤纬圈均与测者真地平圈相垂直，并被等分；

（2）所有天体均有出没（$Dec<90°$），且在上、下天半球的运行时间相等，北赤纬天体过NE，NW两象限，南赤纬天体过SE，SW两个象限；

（3）$Dec=0°$的天体，上中天时过测者天顶；

（4）所有天体在上中天时的高度$H=90-Dec$，上中天时的顶距$Z=Dec$。

4）两极测者的周日视运动现象

如图5-2-5所示，测者在地球两极处，与测者纬度同名的天极与天顶重合，另一天极与天底重合，天赤道与真地平圈重合，所有天体的赤纬圈均与测者真地平圈平行。此时，测者所见天体的周日视运动的特殊现象如下所示。

（1）由于测者在地极处，所以无法确定测者子午圈及方位基点。对于北极测者，所有方向均为南；对于南极测者，所有方向均为北。

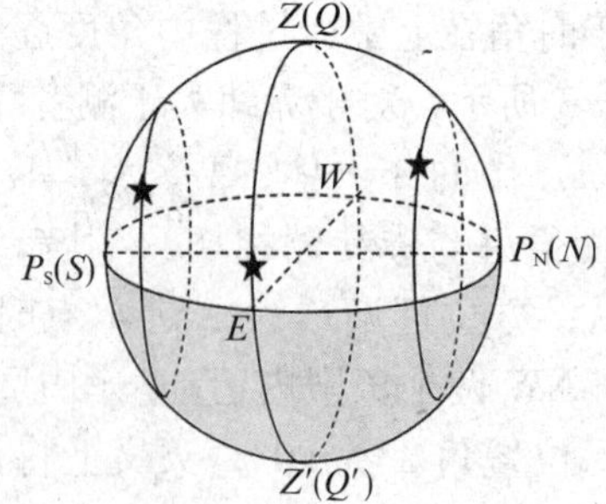

图5-2-4　测者位于赤道的天体周日视运动

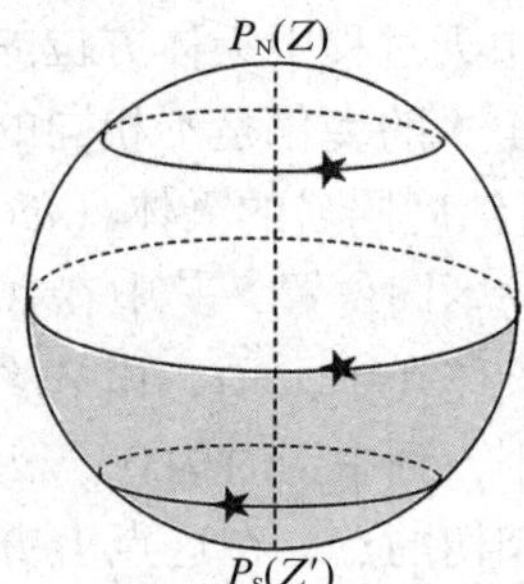

图5-2-5　测者位于两极的天体周日视运动

（2）所有天体均无出没现象，Dec与φ同名的天体，不没；异名的天体，不出。

5）周日视运动中天体高度H与方位A的定量分析

（1）天体时角LHA的变化对其高度h变化的影响。对球面三角形公式$\sin h_c=\sin\varphi\sin Dec+\cos\varphi\cos Dec\cos LHA$进行微分可得

$$\frac{\mathrm{d}h}{\mathrm{d}LHA}=-\cos\varphi\sin A=-\cos Dec\sin X \tag{5-2-5}$$

当测者纬度与天体赤纬不变时，分析公式可得以下结论：

①当天体中天时，方位A为0°或180°，$\sin A=0$，则高度变化率为0，即中天时高度变化最慢，中天前后高度变化缓慢。②当天体过东西圈时，方位A为90°，$\sin A=1$，高度变化率为$-\cos\varphi$，为最大值，即过东西圈时高度变化最快。③对于不过东西圈的天体，距角时X为90°，$\sin X=1$，高度变化率为$-\cos Dec$，为最大值，即过距角时高度变化最快。

（2）天体时角LHA的变化对其方位A变化的影响。对球面三角形公式$\cot A_c=\cos\varphi\tan Dec\csc LHA-\sin\varphi\cot LHA$进行微分可得

$$\frac{dA}{dLHA} = -\cos Dec\cos X\sec h = -\ (\sin\varphi - \cos\varphi\cos A\tan h) \qquad (5-2-6)$$

当测者纬度与天体赤纬不变时，分析公式可得以下结论：

①当天体中天时，高度 h 最大，则 $\sec h$ 最大，此时 X 为 0°或 180°，$|\cos X| = 1$，方位变化率最大，即中天时方位变化最快，中天前后高度变化较快，所以为了短时间获得较大的方位变化，在测太阳进行移线定位时一般选择中天前后观测。②当天体过东西圈时，方位 A 为 90°，$\cos A = 0$，高度变化率为 $-\sin\varphi$；当天体真出没时，$h = 0°$，$\tan h = 0$，高度变化率也为 $-\sin\varphi$，可推知，在天体真出后到过东西圈之前，方位变化缓慢，且之间应当存在某个点，使变化率为 0，即方位变化最慢。③对于不过东西圈的天体，距角时 X 为 90°，$\cos X = 0$，方位变化率为 0，即过距角时高度变化最慢。

二、太阳的周年视运动

在日常生活中，人们能够感受到四季的变化，能够发现在不同季节里所见的星空是不同的，如果再仔细观察记录太阳每天的赤纬、赤经、高度等数值会发现，这些量每天都在发生变化，且变化的周期恰好是一年，即地球绕太阳公转的周期。我们将太阳的这种以一年（约 365.242 2 日）为周期的运动现象称为太阳的周年视运动（Sola Annual Apparent Motion）

1. 太阳周年视运动的成因

太阳之所以会产生周年视运动，是因为地球以一年为周期围绕太阳做公转运动。由于地球上的人们观察不到地球的公转，相对地感到太阳是在绕着地球转动，因此，太阳的周年视运动是地球公转的相对运动的反映。

如图 5－2－6 所示，地球绕太阳自西向东方向公转，轨道面延伸交天球得到黄道，黄赤交角为 23°27′。当每年 3 月 21 日地球位置在位于公转轨道上 1 处时，可见到太阳在♈(春分点）处；6 月 22 日，地球公转至位置 2 处，看到太阳在♋(夏至点）处；9 月 23 日，地球公转至位置 3 处，看到太阳在♎(秋分点）处；12 月 22 日，地球公转至位置 4 处，看到太阳在♑(冬至点）处。这样，当地球沿着公转轨道自西向东按 1，2，3，4 位置运行一周，看到的太阳是在天球上自西向东沿♈，♋，♎，♑运行一周，运行的方向与地球公转方向相同。

很显然，测者看到的星空应当与太阳所在的星空是相对的，所以，当春分时，测者所见的星空应当是以秋分点所在的时圈（$RA = 180°$）为轴展开的，同理可知夏至、秋分、冬至所见星空分别是以 $RA = 270°$，000°，090°展开的。

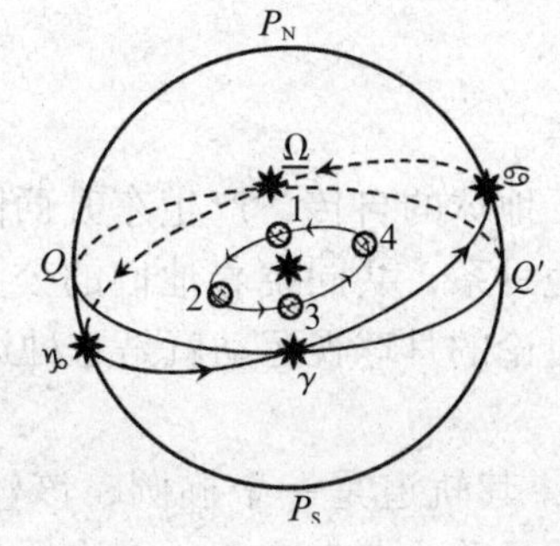

图 5－2－6　太阳周年视运动示意

2. 太阳周年视运动的规律和特点

太阳在周年视运动期间，通过分点、至点的日期、坐标值及其变化规律如表5－2－3所示。

表5－2－3　太阳周年视运动的基本规律

日期	分、至点	赤经	赤经日变化量	赤纬	北半球日照	说明
3月21日	春分♈	0°	54′.3	0°	昼夜相等	北半球天文春季开始，太阳北赤纬开始逐渐增大
6月22日	夏至♋	90°	62′.3	23°27′N	昼长夜短	北半球天文夏季开始，太阳北赤纬开始逐渐减小
9月23日	秋分♎	180°	53′.8	0°	昼夜相等	北半球天文秋季开始，太阳南赤纬开始逐渐增大
12月22日	冬至♑	270°	66′.6	23°27′S	昼短夜长	北半球天文冬季开始，太阳南赤纬开始逐渐减小

天文物理研究证明，地球绕太阳公转速度的不均匀性导致太阳的周年视运动速度也不均匀，其结果使得太阳从春分点运行到秋分点（赤经变化180°）需要约186天，而由秋分点运行到春分点（赤经变化180°）则需要约179天，两者相差约7天。

正是这种运动速度的不均匀性，加上黄道与赤道之间存在的黄赤交角，使得太阳的赤经、赤纬变化是不均匀的，如表5－2－3所示，太阳在春分、夏至、秋分、冬至的赤经日变化量分别为54′.3，62′.3，53′.8，66′.6，其中春分和秋分点前后变化小，夏至和冬至点前后变化大。太阳的赤纬日变化量为春分和秋分点大，近似为0°.4，夏至和冬至点最小，等于0；一般计算可近似认为春分和秋分点及其前后一个月赤纬日变化量为0°.4，夏至和冬至点前后一个月约为0°.1，其他时间约为0°.3。

3. 太阳视运动的轨迹

由于太阳周日视运动和周年视运动是同时存在的，因此我们所见的太阳视运动应当是这两种运动的合成运动，其中太阳的周日视运动表现为昼夜的交替变化，周年视运动表现为四季和四季星空的交替循环。所以，天球上太阳视运动的轨迹应当是连续的球面螺旋线，其变化范围不超过23°27′N和23°27′S的赤纬平行圈，这两个赤纬平行圈分别称为北回归线（或夏至线）和南回归线（或冬至线）。

三、月球视运动

1. 月球视运动的现象

月球是地球唯一的天然卫星。

月球与其他天体一样，由于地球的自传，产生东升西降的周日视运动。但是，除此之外，月球与地球还组成一个地月系，共同绕着他们的公共质心运转，也就是通常所说的月球绕地球公转，我们在此讨论的月球视运动就是这种运动。

2. 月球运行轨道与周期

月球绕地球自西向东公转，其轨道是一个椭圆，该轨道在天球上的投影，称白道（Moon's Path）。白道与黄道的夹角称为黄白交角，平均为5°09′，如图5－2－7所示。由

于黄赤交角为23°27′，因此月球赤纬的最大范围为18°18′～28°36′。

由于地球与恒星之间的距离远大于地球与太阳之间的距离，因此每天太阳中天总是落后于恒星中天，而同时月亮又绕地球自西向东公转，所以月亮中天又落后于太阳中天。由于一个回归年为365.2422天，因此每天太阳公转位移约为1°，也就是每天太阳中天比恒星中天推迟1°的时间，约4 min。月球在天球上沿白道自西向东运行，以恒星为参考点，在天球上转动一周称为一个恒星月，一个恒星月约为27.32天，所以每天月中天较恒星中天落后约13°.2（360°/27.32），比太阳中天则落后12°.2（13°.2－1°），约50 min。

根据上述的分析，月球在天球上沿白道自西向东运行，以太阳为参考点，在天球上转动一周称为一个朔望月，可以推出一个朔望月约为29.5天（360°/12°.2）。

3. 月相

月球本身不发光，只有依靠反射太阳光，才能被人们发现。由于月球在地、日之间的位置变化，它的亮面以不同的角度朝向地球，这样，在一个朔望月中，从地球上看到月面的形状呈现圆缺规律性的变化，这就是月相（Lunar Phases）。在地球上所见的月相主要有4种，即新月、上弦、满月和下弦，如图5－2－8所示。

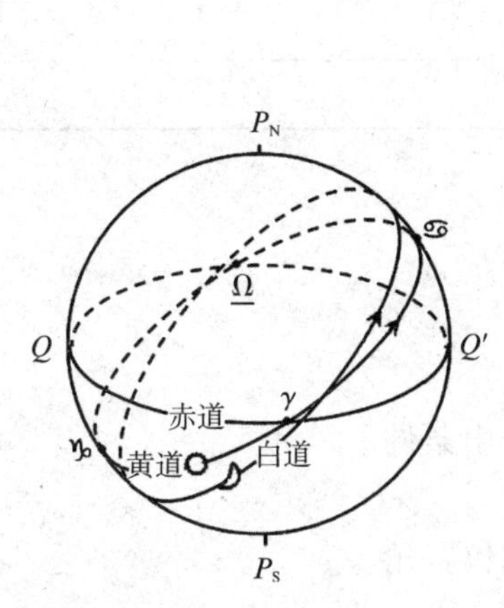

图5－2－7　赤道、黄道与白道

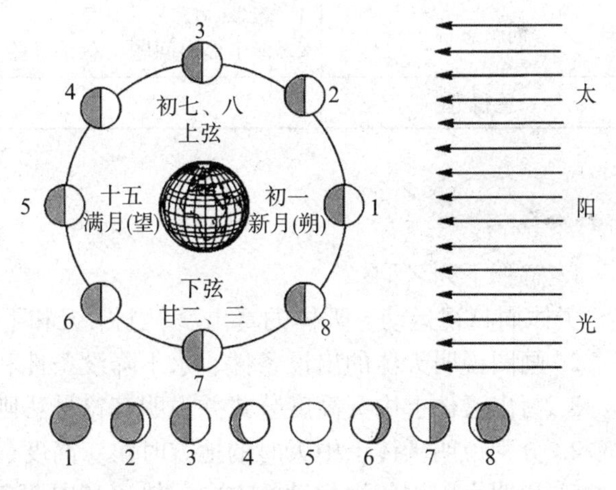

图5－2－8　月相

任务实施

任务　分析天体运行规律、识读四季星空

基本要求：

1. 正确理解天体运行的基本规律；
2. 正确识读四季星空图。

实施步骤：

1. 准备工作

天象馆，多媒体教室。

2. 实施过程

通过天体运行规律的演示，学生对宇宙有较直观的感性认识，并能激发其强烈的好奇心去进一步探寻宇宙。演示过程中适时作一些提问，演示完毕，要求学生分析一些天体运行的自然规律，正确进行有关计算。

任务评价

评价内容		评价标准	权重	得分
任务完成情况	任务	1. 正确进行天体运行规律的分析	0.4	
		2. 正确计算	0.2	
		3. 正确回答有关问题	0.2	
职业素养		1. 遵守实训室纪律 2. 按时认真完成学习及工作任务 3. 有问题能及时提问和反馈意见	0.1	
创新意识		1. 能举一反三 2. 善于提出问题，总结经验	0.1	
总得分				

任务拓展

1. 解释下列名词：

天体周日视运动、天体的真出没、上中天和下中天。

2. 画图说明天体的出没条件、永不降没条件和永不升出条件。

3. 写出天体上中天高度公式并说明其符号法则。

4. 分别说明天体上中天时的地方时角、高度、方位和位置角。

5. 说明太阳周年视运动的方向、轨道和周期。

6. 分别说明春分、夏至、秋分和冬至时太阳的赤经、赤纬值。

7. 分别说明在夏至和冬至时，至少在什么纬度上可见极昼和极夜现象。

8. 已知测者 $\varphi_c = 31°19'.6N$，分别求春分、夏至、秋分和冬至时太阳的中天高度。

9. 说明月亮周日视运动的速度和周期。

10. 天体周日视运动是由于地球每日________自转一周，而引起天球带着所有天体________的现象。

A. 自西向东/自西向东相对运动　　B. 自东向西/自西向东相对运动

C. 自西向东/自西向东真运动　　D. 自西向东/自东向西相对运动

11. 在天体周日视运动中，不同赤纬的天体的周日视运动的周期________。

A. 相同　　B. 赤纬低的天体周期短

C. 赤纬高的天体周期短　　D. 不同

12. 在天体周日视运动中，下列天体赤纬不变的是________。

A. 太阳　　B. 月亮　　C. 恒星　　D. 行星

13. 在天体周日视运动中，天体赤纬大时与赤纬小时的运动周期________。

A. 相同　　B. 赤纬高时周期短

C. 赤纬低时周期短　　D. 北赤纬的周期长

14. 有出没的天体，其赤纬 *Dec* 应满足________。

A. $Dec > 90° - \varphi$　　B. $Dec < 90° - \varphi$

C. $Dec = 90° - \varphi$　　D. $Dec \geqslant 90° - \varphi$

15. 已知测者纬度等于 60° N，天体赤纬等于 25° S，该天体在周日视运动中________。

A. 永不升出　　B. 降没时间大于升出时间

C. 升出时间大于降没时间　　D. 永不降没

16. 某天体上中天时，其地方时角等于________，半圆方位等于________，位置角等于________。

A. 180°/0°/180°　　B. 0°/180°/180°　　C. 0°/0°/0°　　D. 0°/0°/180°

17. 12 月 22 日，测者纬度等于 20°S，向________测得太阳中天高度等于________。

A. 南/86°. 5　　B. 北/86°. 5　　C. 北/46°. 5　　D. 南/46°. 5

18. 测者纬度 $\varphi = 0°$，天体赤纬 $Dec = 30°S$，该天体真没时的圆周方位等于________和半圆方位等于________。

A. 120°/60°SE　　B. 210°/30°SW　　C. 240°/120°NW　　D. 240°/60°SW

19. 3 月 21 日到 6 月 22 日，太阳赤纬为________，并且逐渐________。

A. 南/增大　　B. 北/增大　　C. 北/减少　　D. 南/减小

20. 每天恒星中天时间要比太阳中天时间平均________约 4 min，而月亮中天时间每天要比太阳中天时间平均________约 49 min。

A. 提前，推迟　　B. 推迟，提前　　C. 提前，提前　　D. 推迟，推迟

21. 下面说法正确的是________。

A. 农历廿二、三的上午在西部天空可见月亮

B. 农历廿二、三的上午在东部天空可见月亮

C. 农历廿二、三的下午在西部天空可见月亮

D. 农历廿二、三的下午在东部天空可见月亮

模块 3　时间系统的运用

模块描述

本模块主要描述了视时与平时，区时与世界时的基本概念及其相互之间的关系，以及时间在航海活动中的具体应用。

学习目标

1. 掌握协调世界时的基本概念；
2. 掌握视时与平时，区时与世界时的基本概念及其相互之间的关系；
3. 掌握船舶跨越时区时的拨钟方法；
4. 掌握标准时与法定时的概念及查阅方法；
5. 了解求测天世界时的方法。

工作任务

1. 各种时间的换算；
2. 拨钟方法；
3. 求测天世界时。

知识准备

一、时间系统概述

人们在实践中往往选择某种物质的周期运动作为时间的度量标准，但这种运动必须具有 2 个基本特征：一是稳定性，也就是说时间要具有均匀性；二是复现性，即周期运动要能不断重复。到目前为止，基本符合要求的时间系统主要包括以下 3 类：

（1）世界时系统——建立在地球自转基础上；

（2）历书时系统——建立在地球公转基础上，由力学定律所确定；

（3）原子时系统——建立在原子能级跃迁频率基础上。

在航海及人们日常生活中使用的主要是世界时系统和原子时系统。

1. 世界时系统

世界时系统（Universal Time System）是以地球自转为基础的时间计量系统。为了测量地球自转，人们在天球上选取 3 个基本参考点：春分点、视太阳（Apparent Sun）和平太阳（Mean Sun），由此确定的时间分别称为恒星时（Sidereal Time）、视太阳时

（Apparent Time，简称视时）和平太阳时（Mean Solar Time，简称平时）。其中，平太阳时又分为地方平时（Local Mean Time，LMT）和世界时（Universal Time，UT），世界时也称格林平时（Greenwich Mean Time，GMT）。

近现代科学已经证明，地球的自转实际上是不均匀的，存在着长期减慢、周期性变化、不规律变化等多种形式，究其原因很复杂，有些到目前还不能给出明确的科学解释。很显然，这种不均匀性已经影响到了时间的均匀性。为了保证时间的均匀性，并适应现代科技对时间的更高精度的要求，国际天文联合会决定自1956年起，对直接天文观测得到的世界时进行两项修正，所以世界时又被分为以下3类：

（1）UT0——直接由天文观测所得到的世界时，由于存在地球自转不均匀所带来的误差，因此不用作统一时间。

（2）UT1——对UT0进行极移修正（即修正地球在自转中产生的极移动所导致的对世界时观测值的影响）后得出的世界时。天文航海所用的时间就是UT1。

（3）UT2——对UT1进行季节改正后得出的世界时，这一时间是1972年以前国际上公认的标准时间。

2. 原子时和协调世界时

世界时系统中时间的不均匀性对日常生活是没有太大影响的，但在要求很高的生产、科研中就需要更精确的时间。20世纪50年代，人们利用物质的原子内部发射的电磁振荡频率为基准，制定了新的时间计量系统，由于这种振荡频率非常稳定，由此得到的时间的精度非常高，因此该时间被称为原子时（Autonic Time，AT）。1967年国际度量衡会议规定，铯-133原子基态的2个超精细能级在零磁场下跃迁辐射9 192 631 770周所持续的时间为1 s，原子时的起点定在1958年1月1日0时0分0秒（UT），即规定在这一瞬间原子时时刻与世界时时刻重合。但事后发现，在该瞬间原子时与世界时的时刻之差为0.003 9 s。这一差值就作为历史事实而被保留下来。在确定原子时起点之后，由于地球自转速度不均匀，世界时与原子时之间的时间差便逐年积累，到1986年10月1日，两者之间的差值在27 s以上，平均每年相差约1 s。

这样看来，世界时建立在地球自转基础上，虽然时间不均匀准确，但与人们日常作息相符；原子时均匀准确，但与地球自转产生的昼夜交替无关。如果一直沿用原子时，多年以后的时间可能与人们传统作息时间相背。于是，人们综合了两者的优点，在原子时与世界时之间作出协调，产生了协调世界时（Universal Time Coordinated，UTC）。

所谓协调世界时，是以原子时的秒长作为时间计量单位，但在时刻上与UT1基本保持一致，差值保留在±0.9 s以内。也就是说，协调世界时是受UT1制约的原子时。为了能保证满足±0.9 s以内的要求，必须定期对原子时时间进行调整，这一调整称为跳秒，是由国际时间局（BIH）根据天文测时情况作出的。一般跳秒的调整时刻是在每年12月31日或6月30日的最后一秒。对原子时增加1 s称正跳秒，减少1 s称负跳秒。通常$23^h59^m59^s$之后是次日的$00^h00^m00^s$，而对于正跳秒，$23^h59^m59^s$后是$23^h59^m60^s$，然后才是次日的$00^h00^m00^s$，这实质上是把原子时AT的时刻推迟1 s；对于负跳秒，$23^h59^m58^s$之后跳过$23^h59^m59^s$直接到$00^h00^m00^s$，这实质上是把原子时AT的时刻提前1 s。具体跳秒时间和方法可查阅英版《无线电信号表》第二卷或英版《航海通告》第Ⅵ部分。

二、视时

视时（Apparent Time）是根据视太阳（即我们在视觉上观测到的真实的太阳，用⊙表示，后面简称太阳）的周日视运动而确定的时间，视时与人们长期形成的日出而作，日入而息的生活习惯相适应。

1. 视太阳日

周日视运动中，视太阳连续 2 次通过同一个测者子圈所经历的时间间隔称为 1 视太阳日。1 视太阳日又按如下等分：1 视太阳日 = 24 视太阳小时（24 h）；1 视太阳小时 = 60 视太阳分钟（60 min）；1 视太阳分钟 = 60 视太阳秒（60 s）。

2. 视太阳时

在 1 个视太阳日中，太阳正好完成一整周（360°）的周日视运动，视时的起算是当太阳第一次通过测者子圈时（太阳下中天），此时视时为 00^h；当太阳上中天时，太阳离开子圈 180°（过测者午圈），视时为 12^h；当太阳再次通过子圈时，太阳正好完成 360° 圆周视运动，视时为 24^h；很显然，视时与视运动角度之间应当存在如下换算关系：$24^h = 360°$；$1^h = 15°$；$1^m = 15'$；$1^s = 15' = 0'.25$；$1° = 4^m$；$1' = 4^s$。

3. 视时的地方性

因为视时是由测者子圈起算的，所以不同经度的测者所确定的视时时刻肯定各不相同，存在地方性，即地方视时（Local Apparent Time，LAT）。其中，格林经线上测者的地方视时称为格林视时（Greenwich Apparent Time，GAT）。在所有时间计算中，都遵循“东大西小”的规律，即位于东侧的时间早于位于西侧的时间，如图 5－3－1 所示，不同经度测者之间的地方视时应当存在如下关系：

$$LAT_2 = LAT_1 \pm D\lambda_{W}^{E}，D\lambda = \lambda_2 - \lambda_1 \quad (5-3-1)$$

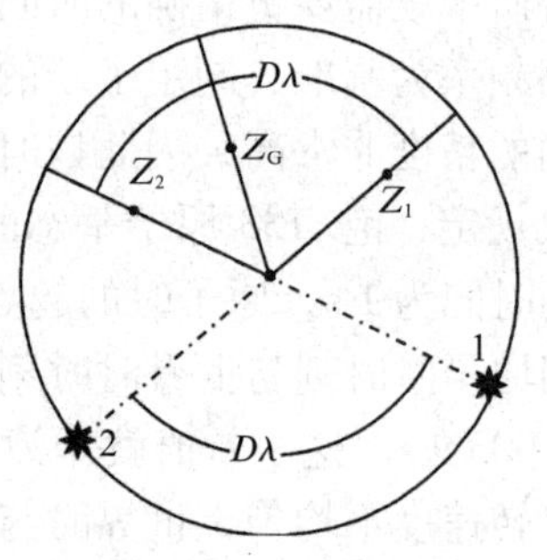

图 5－3－1　不同测者地方视时之间的关系

注意，在之前的地理坐标系的计算中，经差不能大于 180°，但在时间计算中，时间差应当在 0°～360°（$0 \sim 24^h$）之间变化，所以在计算中如果 $D\lambda$ 大于 180°，不需要用 360°减去结果然后变向。

例 5－3－1：求经度为 120°15′E 的测者 1 与 96°24′W 的测者 2 的地方视时之差。

解：$\Delta LAT = LAT_2 - LAT_1 = D\lambda = \lambda_2 - \lambda_1 = 96°24'W - 120°15'E$

$= -96°24' - 120°15' = -216°39' = -14^h26^m36^s$

即测者 2 比测者 1 的视时晚 $14^h26^m36^s$。

同理，LAT 与 GAT 之间的关系应当是

$$LAT = GAT \pm \lambda_{W}^{E} \quad (5-3-2)$$

即地方视时与格林视时的差值与经差等值。

4. 视时与时角的关系

由于太阳地方时角 $LHA^{\odot}$ 是从测者午圈起算的，而视时是从测者子圈起算的，因此，同一时刻地方视时 LAT 与太阳圆周地方时角 $LHA^{\odot}$ 相差 180°（12^h），如图 5－3－2 所示，两者之间的关系为

$$LAT = LHA^{\odot} \pm 180^{\circ} \begin{cases} LHA^{\odot} < 180^{\circ} \\ LHA^{\odot} > 180^{\circ} \end{cases} \tag{5-3-3}$$

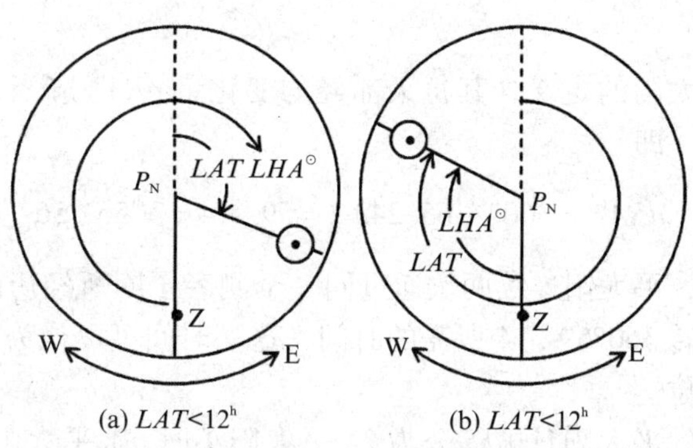

图 5－3－2　LAT 与 LHA 之间的关系

5. 视太阳日作为时间计量单位的缺陷

与恒星在天球上的位置“恒定”不同，在周日视运动中，太阳的赤纬和赤经时刻在发生变化，如图 5－3－3 所示，当测者天顶在 Z_1'处，太阳在位置 1 处过测者子圈，此时可认为 $LAT=0^h$；当天球旋转一周（360°）完成周日视运动时，由于太阳的视运动，其已经在黄道上运行到位置 2 处，产生太阳赤经的变化角度，该角度称为太阳赤经日变化量，用 $dRA^{\odot}$表示，则天球必须再旋转这一角度，才能让太阳第二次下中天，此时的 $LAT=24^h$。由此可见 1 视太阳日并非天球旋转一周（360°）所对应的时间，而是天球旋转（$360^{\circ}+dRA^{\odot}$）所需的时间。

由于 $dRA^{\odot}$ 是变量，至点大，分点小，因此视时是不稳定的时间，不符合时间的均匀性，不适宜作为时间计量单位。但在天文计算中有时需要使用视时，如利用《太阳方位表》（英版称为 Davis's Tables & Burdwood's Tables）查表就需要使用地方视时 *LAT*。

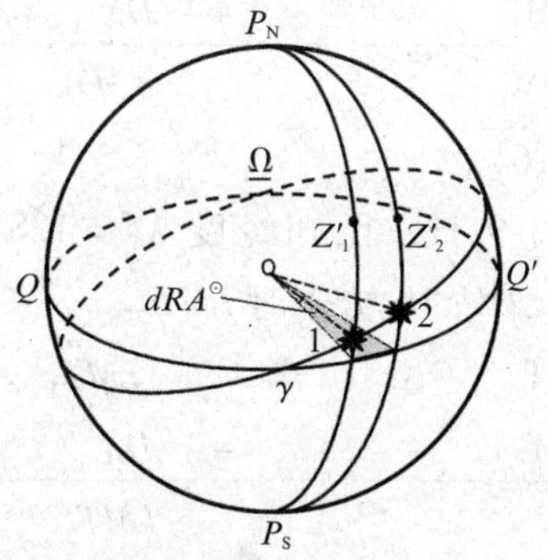

图 5－3－3　视太阳日示意

三、平时（mean time）

虽然视时由于其不均匀性不适合作为时间计量单位，但毕竟其能很好的适应人们的日常生活。为了确定既能与人们生活相适应，又准确均匀的时间计量单位，美国天文学家纽康（Simon Newcomb）提出一个假想太阳的概念。该假想太阳每年和真太阳同时从

春分点出发，在天赤道上由西向东匀速运行，速度等于视太阳在黄道上运行的平均速度，最后和视太阳同时回到春分点，周期为365.242 2日，这个假想太阳称为平太阳（Mean Sun），用符号⊕表示。

1. 平太阳日

很显然，根据平太阳的定义，其每天赤经的变化量 $dRA^{\oplus}$ 应当是固定的，是视太阳赤经日变化的平均值，即

$$dRA^{\oplus} = 360°/365.2422 = 59'.14 = 3^{m}56^{s}.56$$

在周日视运动中，平太阳连续两次通过同一个测者子圈所经历的时间间隔称为1平太阳日，其为天球旋转360°59′.14所需的时间，这一时间可以认为是固定的，所以平时可以用作时间计量单位。

和视太阳日一样，平太阳日被等分为24平太阳小时，1平太阳小时等分为60平太阳分钟，1平太阳分钟等分为60平太阳秒。

2. 地方平时

和视时一样，平时也是从测者子圈开始计量的，所以平时也具有地方性，称之为地方平时（Local Mean Time，LMT）。不同经度测者的地方平时之间的关系与视时相同，即存在以下关系：

$$LMT_2 = LMT_1 \pm D\lambda^{E}_{W} \qquad D\lambda = \lambda_2 - \lambda_1 \tag{5-3-4}$$

计算中同样遵循“东大西小（东正西负）”及 $D\lambda$ 可以大于180°的原则，此外，由于平时具有地方性，因此所有地方平时应当标注测者所在的经度，即具体日期。

例5-3-2：已知经度 $\lambda_1 = 120°E$ 的地方平时 $LMT_1 = 06^h24^m48^s$（2012年8月27日），求经度 $\lambda_2 = 120°W$ 的地方平时 LMT_2。

解：					
	λ_2	120°00′.0W	LMT_1	$06^h24^m48^s$	27/8/2012
	−）λ_1	120°00′.0E	−）$D\lambda$	$16^h00^m00^s$	
	$D\lambda$	240°00′.0W	LMT_2	$14^h24^m48^s$	26/8/2012
		$=960^m=16^h$			

例5-3-3：2012年9月9日，已知经度 $\lambda_1 = 128°15'.3E$ 的地方平时 $LMT_1 = 16^h44^m25^s$，求经度 $\lambda_2 = 85°32'.4E$ 的地方平时 LMT_2。

解：					
	λ_2	085°32′.4E	LMT_1	$16^h44^m25^s$	27/12/2012
	−）λ_1	128°15′.3E	−）$D\lambda$	$02^h50^m52^s$	
	$D\lambda$	42°42′.9W	LMT_2	$13^h53^m33^s$	27/12/2012
		$=168^m+171.6^s$			
		$=02^h50^m52^s$			

3. 平时与时角的关系

和视时一样，平太阳地方时角 $LHA^{\oplus}$ 也是从测者午圈起算的，而平时是从测者子圈起算的，因此，同一时刻地方平时 LMT 与太阳圆周地方时角 $LHA^{\odot}$ 相差180°（12^h），两者之间的关系和 LAT 与 $LHA^{\odot}$ 的关系一样，为

$$LMT = LHA^{\oplus} \pm 180° \begin{cases} LHA^{\oplus} < 180° \\ LHA^{\oplus} > 180° \end{cases} \quad (5-3-5)$$

4. 世界时（格林平时）

在周日视运动中，平太阳由格林子圈起，向西运行所经历的时间间隔称为世界时（Universal Time，UT）。世界时必须同时注明日期。实际上，世界时就是格林经线上测者的地方平时，所以也称格林平时（Greenwich Mean Time，GMT）。

如图5-3-4所示，地方平时 *LMT* 与世界时 *GMT* 之间的关系和前面地方视时 *LAT* 与格林视时 *GAT* 之间的关系相同，都存在“东大西小”，且时间差等于经度值的规律，关系为

$$LMT = GMT \pm \lambda_{W}^{E} \quad (5-3-6)$$

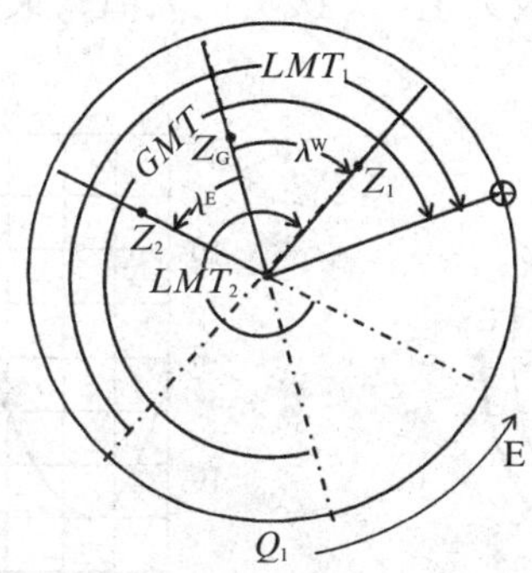

图5-3-4　地方平时与世界时的关系

例5-3-4：2012年7月15日，世界时 $GMT = 3^{h}00^{m}08^{s}$，求经度 $\lambda_1 = 127°25'.8W$ 的地方平时 *LMT*。

解：(1) 将经度转换为时间

$$\lambda_1 = 127°25'.8W = (127 \times 4^{m} + 25.8 \times 4^{s}) = 8^{h}29^{m}43^{s}$$

(2) 求 *LMT*

	GMT	$3^{h}00^{m}08^{s}$	15/7/2012
-)	λ_{W}	$8^{h}29^{m}43^{s}$	
	LMT	$18^{h}30^{m}25^{s}$	14/7/2012

计算中一般保留到秒的整数就可以了，如果结果大于 24^{h}，则减去 24^{h}，日期增加一天，如果不够减，则借 24^{h}，日期减少一天。

5. 时差

同一时刻的视时与平时之差称为时差（Equation of Time，ET），即

$$ET = LAT - LMT \quad (5-3-7)$$

如图5-3-5所示，结合 *LHA* 与 *LAT* 和 *LMT* 的关系，以及 *LHA* 与 *RA* 的关系，可知

$$ET = LAT - LMT = LHA^{\odot} - LHA^{\oplus} = RA^{\oplus} - RA^{\odot} \quad (5-3-8)$$

由公式可知：

（1）当 $LAT > LMT$，ET 为“+”时，在周日视运动中，太阳⊙在前，平太阳⊕在后，即当地方平时为 12^h 时，平太阳⊕上中天，而实际上在此之前太阳⊙已经上中天了；

（2）当 $LAT < LMT$，ET 为“-”时，在周日视运动中，平太阳⊕在前，太阳⊙在后，即太阳在地方平时为 12^h 时之后上中天；

（3）$LAT = LMT$，ET 为“0”时，在周日视运动中，平太阳⊕时圈与太阳⊙时圈重合，两者同时上中天。

很显然，时差是由于太阳与平太阳的赤经日变化量不一致而产生的。太阳的赤经日变化量在 53′.8～66′.6 之间逐日变化。而平太阳的赤经日变化量固定为 59′.14。这样，在一年中太阳有时在平太阳的东边，有时在平太阳的西边，所以时差 ET 的值是逐日变化的，其值可在当日的《航海天文历》或《太阳方位表》中查取。如图 5－3－6 所示，一年中 ET 有 4 次为零，2 次正极大值，2 次负极大值，最大为 $+16^m27^s$ 左右。

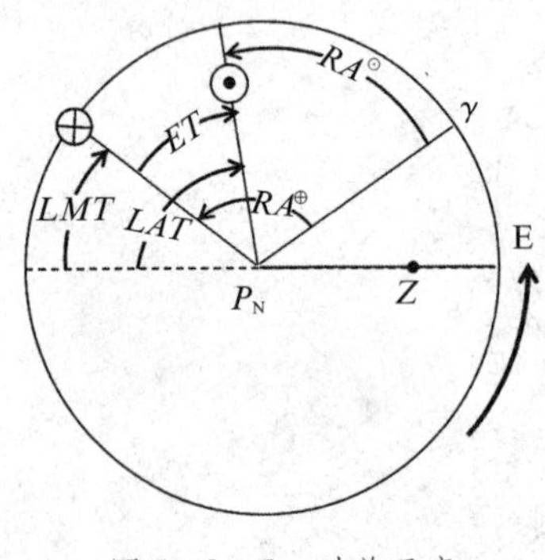

图 5－3－5　时差示意

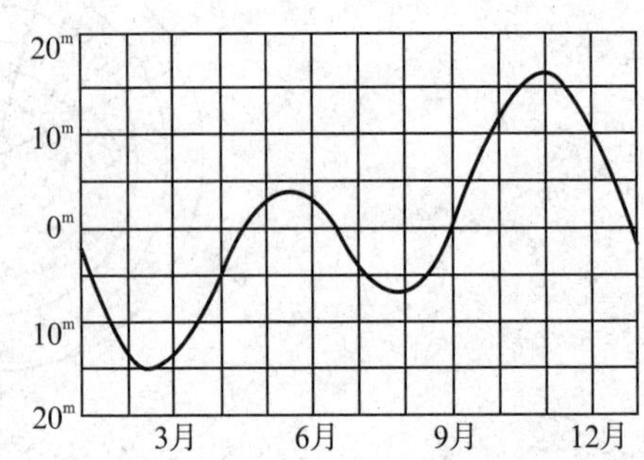

图 5－3－6　时差变化曲线

例 5－3－5：在《航海天文历》中查得 2012 年 4 月 10 日，时差 $ET = -3^m12^s$，求该日太阳上中天的地方平时。

解：当太阳上中天时，$LAT = 12^h$

$$LMT = LAT - ET = 12^h - (-3^m12^s) = 12^h03^m12^s$$

四、区时

由于地方平时的地方性，经度只要改变，时间就不一样，这给人们生活带来极大的不便。但如果都统一使用 GMT，又与人们的“日出而作，日入而息”的生活作息规律相违背（习惯上午 6 点左右天亮，下午 6 点左右天黑）。为了解决这个双重难题，1884 年，国际天文学会在平时的基础上，提出区时制度（Zone Time System）的建议，由此产生了我们沿用至今的区时（Zone Time，ZT）。

1. 区时制度

如图 5－3－7 所示，根据区时制度，全球按经度分成 24 个时区，以 0°经线为基准，向东、西各取经度 7°30′共计 15°经度划为一个时区，称零时区或中时区，0°经线是该时区的中央经度线，又称时区中线。从零时区东、西边界开始向东、向西每隔 15°经度划分为一个时区，依次为东一时区、东二时区、……、直到东十一时区，同样西时区也是从西一时区到西十一时区。剩下的西经 172°30′与东经 172°30′以 180°经线为中央经线，

合称为十二时区，也称东西十二区，每个时区采用一个统一的时间标准。在航海习惯当中，有时将这两个时区分开，分别称东十二区和西十二区，这样划分总共为25个时区。

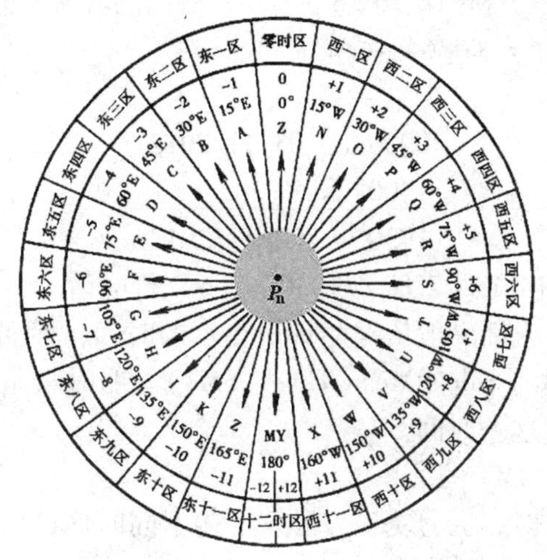

图5-3-7　时区的划分

2. 区号

280073495 为方便起见，需对时区进行必要的编号，即时区号（Zone Descripition，*ZD*）。区号的编号有2种方法，一种采用数字编号，零时区编号为0，东一区编号为（-1），东二区编号为（-2），后面顺次编号，直到东十二区编号为（-12）；同样，西一区到西十二区的编号分别为（+1）、（+2）一直到（+12）。另一种采用字母进行编号，零时区编号为*Z*，东一区到东十二区顺次用字母*A*到*M*进行编号（*J*除外）；西一区到西十二区分别用*N*到*Y*。根据时区划分规则可知，区号数值乘以15°正好等于时区中央经线的度数，如东8区的中央经线度数为8×15°，为120°，其时区东、西边界分别为120°±7°.5，即112°.5和127°.5。这样我们可以通过以下方法很快求出任意经度所在的时区区号：用经度除以15，看余数，如余数小于7°.5，则商为区号数，如余数大于7°.5，则商加1所得数值即为区号数。

例5-3-6：求经度$\lambda_1 = 87°25'.8$W的测者和$\lambda_2 = 138°13'.8$E的测者所在的时区。

解：（1）87°25′.8/15 =5……余12°25′.8 >7°.5，所以λ_1测者所在时区为+6区。

（2）138°13′.8/15 =9……余3°13′.8 <7°.5，所以λ_2测者所在时区为-9区。

3. 区时

每一时区都采用时区中央经线上的地方平时作为时区内的统一时间，该时间称为该时区的区时，区时必须标注区号及日期。在航海中一般时间准确到分钟，用4位数字表示，例如，东七区区时13点15分，可以记作*ZT*1315（-8）。零时区的区时即为*GMT*。

由于相邻时区中央经线之间的差值为15°，即为整小时，所以相邻时区的区时之差即为区号之差，不同时区区时之间的关系为

$$\begin{cases} ZT_2 = ZT_1 - DZD \\ DZD = ZD_2 - ZD_1 \end{cases} \tag{5-3-9}$$

例 5-3-7：求经度在 87°25′.8W 的测者想要与北京公司总部通话，如果想公司总部在 2012 年 11 月 3 日 *ZT*0930（-8）接到电话，需在船上时间几点打电话。

解：87°25′.8/15 =5……余 12°25′.8 >7°.5，所以测者所在时区为 +6 区，则

$DZD = ZD_2 - ZD_1 = (+6) - (-8) = 14$

$ZT_2 = ZT_1 - DZD$

ZT_1	0930	03/11/2012
-）DZD	1400	
ZT_2	1930	02/11/2012

需在船上时间 2012 年 11 月 2 日 *ZT*1930（+6）打电话。

在船上，日常工作及生活一般依据船钟所指示的时间，而船钟只能显示精确到分钟的区时，该区时称为船时（Ship's Mean Time，SMT）。船时只是近似区时，在精度要求较高的航海计算中不采用这一时间。

4. 区时 ZT 与世界时 GMT 的关系

世界时即零时区的区时，区号为 0，带入上述不同时区区时之间的关系公式，可得 *ZT* 与 *GMT* 的关系为

$$GMT = ZT + ZD \tag{5-3-10}$$

很显然，和前面所有时间计算一样，*ZT* 与 *GMT* 之间的关系同样遵循“东大西小”的规律，其时间差即为区号。如果是用船时 *SMT* 求近似的世界时（精确到分钟），则公式为

$$GMT = SMT + ZD \tag{5-3-11}$$

例 5-3-8：某船 2012 年 6 月 15 日观测天体，观测时间 $ZT = 09^h12^m35^s$，GPS 瞬时船位 $\varphi = 32°15'.0N$，$\lambda = 143°47'.8E$，求观测天体时的世界时 *GMT*。

解：143°47′.8/15 =9……余 8°47′.8 >7°.5，所以测者所在时区为 -10 区

ZT	$09^h12^m35^s$	15/6/2012
+）ZD	-10	
GMT	$23^h12^m35^s$	14/6/2012

5. 区时 *ZT* 与地方平时 *LMT* 的关系

区时是时区中央经线上的地方平时，所以，*ZT* 与 *LMT* 的关系与前面不同经度测者的地方平时的关系一致，即

$$LMT = ZT \pm D\lambda^{E}_{W} \qquad D\lambda = \lambda - \lambda_m \tag{5-3-12}$$

其中，λ_m为时区中央经线，计算中仍然遵循“东大西小”的规则。

例 5-3-9：2012 年 4 月 21 日，测者经度 123°25′E 的区时 $ZT = 15^h18^m33^s$，求该经度的地方平时。

解：123°25′/15 =8……余 3°25′ <7°.5，所以测者所在时区为 -8 区

-8 区的中央经线 $\lambda_m = 8 \times 15° = 120°E$

$D\lambda = \lambda - \lambda_m = 123°25'E - 120°E = 3°25'E = 13^m40^s$，测者在中央经线之东，根据“东大西小”的原则，取“+”

ZT	$15^h18^m33^s$	21/4/2012
+）$D\lambda$	13^m40^s	
LMT	$15^h32^m13^s$	21/4/2012

例 5-3-10：2012 年 6 月 18 日，测者经度 078°20′W 的地方平时 $ZT=07^h22^m46^s$，求测者所在时区的区时。

解：078°20′/15＝5……余 3°20′＜7°.5，所以测者所在时区为＋5 区

＋5 区中央经线 $\lambda_m=5\times15°=075°W$

$D\lambda=\lambda-\lambda_m=078°20'W-075°W=3°20'W=13^m20^s$，测者在中央经线之西，$ZT$ 大于 LMT

LMT	$07^h22^m46^s$	18/6/2012
+）$D\lambda$	13^m20^s	
ZT	$07^h36^m06^s$	18/6/2012

例 5-3-11：由《航海天文历》查得：2012 年 1 月 16 日，时差 $ET=-6^m24^s$，经度 118°20′E 的测者想观察太阳上中天，应当选择在区时什么时刻观测。

解：当太阳上中天时，$LAT=12^h$，则根据时差 ET 可求的当时的 LMT

$LMT=LAT-ET=12^h-(-6^m24^s)=12^h06^m24^s$（16/1/2012）

118°20′/15＝7……余 13°20′＞7°.5，所以测者所在时区为－8 区

－8 区中央经线 $\lambda_m=8\times15°=120°E$

$D\lambda=\lambda-\lambda_m=118°20'E-120°E=1°40'W=6^m40^s$，测者在中央经线之西，$ZT$ 大于 LMT

LMT	$12^h06^m24^s$	16/1/2012
+）$D\lambda$	06^m40^s	
ZT	$12^h13^m04^s$	16/1/2012

6. 日界线

按照时间“东大西小”的原则，越往东时间越早，但是地球是圆形的，这样就构成了一个时间上的闭合体，永远无法确定哪个地方才是一天的开始。为了解决这一悖论，国际上原则将 180°经线作为地球上“今天”和“昨天”的分界线，东西 12 区共用中央经线上的地方平时作为区时时刻，但西十二区的日期比东十二区的日期晚一天。在具体实施中，考虑到跨越 180°经线上国家的日期的一致，分界线有 3 处偏离 180°经线，这使得分界线成为一条折线。这条折线就是所谓的国际日期变更线，即日界线（Date Line）。所以，自东向西过日界线，或由东半球进入西半球，日期要减一天；反之，自西向东过日界线，或由西半球进入东半球，日期要加一天。跨越日界线及日期的变更需要记入航海日志。

五、标准时与法定时

时区的划分，完全没有考虑地球上的海陆分布和政治疆界。实际上，任何一个国家都不可能正好跨一个时区。现实当中，世界各国往往根据本国的具体情况，在区时的基础上，采用一些特别的计时方法，并以法律规定的形式将其作为本国或地区的统一时间，该时间称为标准时（Standad Time）。

标准时的制定各国各不相同，很多国家采用向东偏移的原则，如法国、荷兰、比利时、西班牙、马来西亚和新加坡等都采用比本国所在时区区时早 1 h 的时间作为标准时。有些幅员广阔的国家，多采取分区制度，即将国内划分多个时区，如美国、加拿大、澳大利亚等。我国虽然幅员辽阔，横跨 5 个时区，但统一用北京所在的时区（－8 区）的区时作为标准时。此外，还有些国家根据本国所跨的经度范围，采用半时区的标准时，其中央经线和理论时区的中央经线相差 7°.5，如亚洲的伊朗（－3.5 区）、阿富汗（－4.5区）、印度和斯里兰卡（－5.5 区）、缅甸（－6.5 区），澳大利亚中部（－9.5 区），太平洋中的瑙鲁（－11.5 区），北美洲的纽芬兰和南美洲的苏里南（＋3.5 区）。当然还有一些特例，如尼泊尔使用的时间比－6 区慢 20 min，南极圈及以外 400 km 范围内统一使用－4 区的区时作为统一标准时供科考人员使用。

为了充分利用日光以达到节约能源的目的，有些国家规定在夏季某个时间段将时间拨快 1 h 或 30 min，结束后再拨回原时间，这种时间称为夏令时（Summer Time）或日光节约时（Day Light Saving Time，DST）。目前，世界上大约还有 100 多个国家或地区采用夏令时制度，我国在建国后曾在 1986 年到 1991 年实施过夏令时，目前已经废止。

无论是标准时还是夏令时，一般都是以法律的形式予以公布并执行的时间制度，统称为法定时（Legal Time）。船舶在到达任何港口之前，都要掌握港口所在的国家或地区所采用的时间制度，以便以此为据安排工作，以免造成不必要的麻烦。在英版《无线电信号表》（ALRS）第二卷（NP282）中，专门有法定时时间表可供查阅，如图 5－3－8 所示。此外，中版《航海天文历》中也有类似的表格。

Territory	Standard Time	Daylight Saving Time		
			Begins	Ends
Albania	—01	—02	Last Sun in March 0200h LT	Last Sun in Oct 0200 LT
....	....	...	....	....
United State of America				
Zone 1 Eastern	+05	+04	Second Sun in March 0200LT	First Sun in Nov 0200 LT
Zone 2 No longer used				
Zone 3 Central	+06	+05	Second Sun in March 0200LT	First Sun in Nov 0200 LT
Zone 4 Mountain(except Arizona)	+07	+06	Second Sun in March 0200LT	First Sun in Nov 0200 LT
Zone 5 Arizona	+07	*		
Zone 6 Pacific	+08	+07	Second Sun in March 0200LT	First Sun in Nov 0200 LT
Zone 7 Alaska(East of 169° 30′w)	+09	+08	Second Sun in March 0200LT	First Sun in Nov 0200 LT
Zone 8 Alaska islands(west of 169° 30′w)	+10	+09	Second Sun in March 0200LT	First Sun in Nov 0200 LT
Zone 9 Hawai`ian Islands	+10	*		
....	....	...	....	....

图 5－3－8　ALRS 第二卷中的法定时时间表

六、拨钟

船舶一般利用船钟来安排日常工作和生活，当船舶驶入相邻时区时，一般应当将船钟对应的拨快或拨慢 1 h，否则时间就与一般习惯不相符。一般向东航行进入相邻时区，应将船钟拨快 1 h；向西航行进入相邻时区，应将船钟拨慢 1 h。但是，从东十二区进入西十二区或者相反，均不用拨钟，只需改变日期。

船上具体拨钟的方法以及是否需要拨钟由船长具体决定，二副或当班驾驶员具体实施，在拨钟前需要通知全船，拨钟动作要记录到航海日志当中。由于船上除了船钟外，还有其他设备也能显示区时，如雷达、GPS 等设备，对应也应当将其时间作出相同的调

整，这些设备一般都是通过改变时区来调整时间的，而不是在时间上直接改变；而且，有些设备时区的显示方法不同，调整后一定要确认显示的时间。例如，古野的雷达，有的用“+”表示东时区，用“-”表示西时区，一定要注意区分（实际上并非错误，其只是告诉雷达在GPS输入的世界时基础上加减几个小时以便得到区时）。同时，建议船员将自己的计时工具作出同样的调整，以便个人的工作、生活时间与船上一致。

下面以某船由-8区进入-9区为例，介绍一般拨钟方法。

方法一：只拨一次

由三副在 *ZT*2200（-8）将船钟拨快1 h，航海日志中应记录：

2200　　船钟拨快1 h，使 $SMT = GMT + 0900$

拨快所导致减少的1 h由3个班共同均摊，即当晚每班驾驶员只需实际值班3 h 40 min，所以交接班时间分别为：

三副与二副交接班船时 $SMT = 2400 + 0040 = 0040$（-9）；

二副与大副交接班船时 $SMT = 0400 + 0020 = 0420$（-9）；

大副与三副交接班船时 $SMT = 0800$（-9），至此交接班时间恢复正常。

方法二：分三次拨

将拨快的那个小时分摊到三班中，每班拨快20 min，具体为：

三副：*ZT*2200（-8）船钟拨快20 min，按正常时间（2400）交接班，并在航海日志中记录——拨快船钟20 min，使 $SMT = GMT + 0820$；

二副：0100船钟拨快20 min，按正常时间（0400）交接班，并在航海日志中记录——拨快船钟20 min，使 $SMT = GMT + 0840$；

大副：0500船钟拨快20 min，按正常时间（0400）交接班，并在航海日志中记录——拨快船钟20 min，使 $SMT = GMT + 0900$。至此时间变为-9区时间。

两种方法各有利弊，方法一只拨一次，时间只指示区时，简单但交接班时间较乱；方法二虽交接班时间固定，但时间与区时不一致，为记录及其后检查带来不便。

对于跨越日界线，不需拨钟，但要在航海日志中记载日期的变更。

七、船用计时工具

船上用于计时的工具有很多，主要包括以下几种。

1. 天文钟

天文钟（Chronometer）是指示世界时 *UT*1 的仪器，有机械式和石英天文钟2种，目前船上使用的基本都是石英天文钟。石英天文钟需要定期更换电池，并每天记录仪器误差。其主要依靠无线电授时台所发射的授时信号（含 *UT*1）手动测定时间误差，称之为对时。对时台的呼号、发射频率、发射时间、时间制式可查阅英版《无线电信号表》（ALRS）第二卷（NP282）或中版《航海天文历》附表。船上有时直接用GPS所显示的 *UTC* 时间来对时，由于 *UTC* 和 *UT*1 之间的误差小于 $\pm 0^s.9$，因此所产生的误差在一般航海计算中基本可以忽略不计。

从天文钟上直接读出的时间称为钟时（Chronometer Time，CT），天文钟的误差称为钟差（Chronometer Error，CE）或自差（Chronometer Deviation），两者之和为世界时 *GMT*，即

$$GMT = CT + CE \qquad (5-3-13)$$

很显然，当 *CE* 为“-”时说明天文钟快了，需要减少秒数；当 *CE* 为“+”时说明天文钟慢了，需要增加秒数。

钟差在条件允许的情况下由二副每天测定一次，并求算出日差（Daily Rate，Daily Deviation），将测定的结果记录到“天文钟钟差记录簿”（如图 5-3-9 所示）中。所谓日差是指钟差的每日变化量，其计算公式为

日差 =（本次测定的 *CE* - 上次测定的 *CE*）/两次间隔的天数　(5-3-14)

天文钟自差记录簿

Chronometer Deviation Records

年 Year		校对时刻 Check time		积差 Accumulation Deviation	日差 Daily Deviation		校对信号来源 Signal sources for check	气温 Temperature	备注 Remark
月 M	日 D	格林威治时刻 Greenwich Time	天文钟时刻 Chronometer Time		快+ Fast	慢- Slow			
	1								
	2								
	3								
	4								
	5								
	6								
	7								

图 5-3-9　天文钟自差记录簿

日差应当小而稳定，如果出现日差较大，应当查看是否电池没电，若更换电池后日差仍然很大，则需要由厂家进行修理或更换。在测天时，要根据日差求算测天时的钟差，公式如下：

测天时钟差 *CE* = 最近测定的钟差 *CE* + 日差 × 上次对时距离测天时的天数

(5-3-15)

例 5-3-12：2012 年 5 月 15 日 *ZT* = 1000（-8）对时，求得 *CE*1 = +20s，5 月 18 日 *ZT* = 1000（-8）对时，求得 *CE*2 = +32s，求 5 月 19 日 *ZT* = 0500（-8）观测天体时的天文钟钟差。

解：日差 =（*CE*2 - *CE*1）/间隔天数 =（$+32^s - 20^s$）/3 = $+4^s$

观测时距上次对时的时间差为

	*ZT*0500	19/5/2012
-	*ZT*1000	18/5/2012
	1900 = 0.8 d	

观测时钟差 = $+32^s$ +（$+4^s$）×0.8 = $+35^s.2$

2. 卫星导航设备

GPS 等卫星导航仪不光能定位，还能显示由卫星直接给出的授时信号，并且不需要校正时间信号，其显示的时刻为 *UTC* 时刻。在测天定位中，也可以将 GPS 指示的 *UTC* 时刻当作世界时 *GMT* 使用，主要是因为由此所引起的误差在允许忽略的范围之内。雷达、船舶组合电台（GMDSS 通信设备）、AIS、电子海图等电子设备中显示的时间一般都是通过船上 GPS 传送的同步信号。

3. 船钟

船钟（Ship's Clock）用于指示船时 *SMT*，也就是近似世界时，其是安排船上日常工作、生活的主要时间依据。目前船钟多为电子船钟，即所谓的子母钟。一般在海图室安装主设备（母钟），其他各处包括机舱、餐厅、船员房间、走廊、工作场所安装分设备（子钟），所有子钟的时间受母钟控制并与母钟同步。开航前备车时与机舱的“对时”指的就是核对上下子钟所显示的时间是否一致。在测天定位中，船钟主要用来求近似世界时，以判定准确世界时的日期。

4. 秒表

秒表（Shopwatch）是用来测定时间间隔的计时工具。在观测天体时，不能把天文钟带到外面进行观测，只能观测完后再看时间，或者观测前看时间。这样，必须要用秒表记录观测时到读取时间数据时的时间间隔，如果先观测天体再读取时间，则要在观测好后迅速启动秒表，再到天文钟前读取时间，看准时间的同时停下秒表，用读取的 *GMT* 减去秒表时间 *WT* 即可得观测时的世界时。如果是先读取时间，则同时启动秒表，然后在观测好天体的同时停止秒表，用读取的 *GMT* 加上秒表时间 *WT* 即可得观测时的世界时。

除此之外，秒表还在观测船舶摇摆周期、浪的周期时使用。

八、求测天世界时

根据观测天体时的天文钟时间 *CT* 和钟差 *CE*，可以直接求出测天的世界时 *GMT*，即

$$GMT = CT + CE \tag{5-3-16}$$

由于天文钟指示的是 *GMT* 而非区时 *ZT*，且天文钟钟面刻度为 $0^h \sim 12^h$，有时很难从天文钟的读数上判断世界时是上午还是下午及当时的具体日期，因此，在求测天世界时之前，应当先利用船钟显示的船时 *SMT* 求出测天时的近似世界时 *GMT′*，再根据近似世界时 *GMT′* 的整小时数和日期来判定观测天体的准确世界时（$0^h \sim 24^h$）和日期。

测天时刻与读钟时刻之间的时间差是用秒表来测量的，即 *WT*，则先测天还是先读钟，计算测天世界时的方法不同。

1. 先测天

如先观测天体的高度，则当所测天体与水天线相切时迅速启动秒表，如果观测的是天体方位，则当读出方位数值时迅速启动秒表，然后回到海图室先读出天文钟的秒的数值，同时停止秒表，再读出天文中的分钟和小时数，即可得到 *CT* 与 *WT*，最后求出测天时的钟差 *CE*，计算测天世界时的计算公式为

$$\text{测天世界时 } GMT = CT - WT + CE \tag{5-3-17}$$

2. 先读钟

若在测天前先读出天文钟时刻，同时启动秒表，再观测天体，观测结束时停止秒表，则可得到 *CT* 与 *WT*，再根据求测的钟差 *CE*，计算测天世界时，计算公式为

$$\text{测天世界时 } GMT = CT + WT + CE \tag{5-3-18}$$

例 5-3-13：2012 年 3 月 10 日，船时 $SMT=0655$（-8）观测某天体，停秒表时的天文钟时间 $CT=10^h53^m42^s$，秒表度数 $WT=01^m05^s$，天文钟差 $CE=00^m34^s$（快），求测天世界时 GMT。

解：（1）求近似世界时 GMT'

SMT	0655	10/3/2012
-）ZD	0800	
GMT'	2255	09/3/2012

（2）求测天世界时 GMT

CT'		$10^h53^m42^s$		
WT	-	01^m05^s		（先测天）
CE	-	00^m34^s		（钟差为快）
GMT		$22^h52^m03^s$	09/3/2012	（由 GMT'判断时间应当为上午时间）

例 5-3-14：2012 年 8 月 21 日，船时 $SMT=1752$（+9）观测天体，启动秒表时的天文钟时间 $CT=03^h49^m38^s$，秒表度数 $WT=01^m32^s$，天文钟差 $CE=1^m58^s$（慢），求测天世界时 GMT。

解：（1）求近似世界时 GMT'

SMT	1752	21/8/2012
+）ZD	1000	
GMT'	0352	22/8/2012

（2）求测天世界时 GMT

CT'		$03^h49^m38^s$		
WT	+	01^m32^s		（先测天）
CE	+	01^m58^s		（钟差为快）
GMT		$03^h53^m08^s$	22/8/2012	（由 GMT'判断时间应当为下午时间）

任务实施

任务 1　各种时间的换算

基本要求：

1. 正确理解时间的基本概念；
2. 正确进行地方平时、区时、世界时等之间的换算。

实施步骤：

1. 准备工作

多媒体教室。

2. 实施过程

通过一些专门设计的图例、习题，指导学生现场回答、计算，提高学生的学习兴趣，以利于其对知识点的掌握。

任务 2 拨钟方法

基本要求：

1. 正确掌握船时、区时及世界时之间的关系；
2. 正确进行拨钟。

实施步骤：

1. 准备工作

多媒体教室，钟表，航海日志。

2. 实施过程

模拟由东九区进入东八区，由东八区进入东九区的拨钟方法，并在航海日志中作正确记载。

任务 3 求测天世界时

基本要求：

1. 正确掌握天文钟钟差的概念及求算方法；
2. 求得正确的测天世界时。

实施步骤：

1. 准备工作

多媒体教室，天文钟，秒表。

2. 实施过程

两人一组，模拟观测天体高度，用不同的方法求得观测时刻的准确天文钟时间。

任务评价

评价内容		评价标准	权重	得分
任务完成情况	任务 1	1. 正确进行时间的换算	0.2	
		2. 回答有关问题	0.1	
	任务 2	1. 正确进行拨钟	0.1	
		2. 正确进行记载	0.1	
	任务 3	1. 正确进行观测	0.2	
		2. 正确进行计算	0.1	
职业素养		1. 遵守课堂纪律 2. 按时认真完成学习及工作任务 3. 有问题能及时提问和反馈意见	0.1	
创新意识		1. 能举一反三 2. 善于提出问题，总结经验	0.1	
总得分				

任务拓展

1. 解释下列名词：

恒星日、视太阳日、平太阳、平太阳日、恒星时、视时、平时、世界时、区时、原子时、协调世界时、时差。

2. 分别说明视太阳日和平太阳日与恒星日的关系。

3. 试述平太阳与视太阳的区别。

4. 某日的时差为正，分析该日平太阳与视太阳在运行中的相互关系。

5. 2001 年 10 月 20 日，时差 $ET = +15^{m}07^{s}$，求该日太阳上中天的地方平时。

6. 2001 年 10 月 20 日，$GMT = 0000$，太阳 $GHA = 182°46'.4E$，求该日的时差 ET。

7. 世界时 $GMT = 09^{h}15^{m}07^{s}$（5 月 27 日），求经度 162°35′.4E 的地方平时 LMT。

8. 已知经度 162°35′.4E 的地方平时 $LMT_1 = 09^{h}20^{m}15^{s}$（8 月 29 日），求经度 182°35′.4W的地方平时 LMT_2。

9. 试述时区的划分方法。

10. 求横滨（139°39′E）、汉堡港（009°58′E）和檀香山（157°52′W）所在时区的区号。

11. 我国某船航行在西六区，拟与国内总公司通过卫通电话联系，要使公司在 3 月 11 日 $ZT = 0800$（-8）接到电话，试问船长应在船时几点打电话？

12. 某船 12 月 26 日 $ZT = 0800$（$+5$）从纽约起航到上海，经巴拿马运河，穿日界线过太平洋，途中需航行 25 天，求到达上海的北京时间。

13. 试述过日界线变更日期的方法。

14. 以春分点的周日视运动的周期作为时间的计量单位得到________。

A. 恒星时　B. 视时　C. 平时　D. 协调世界时

15. 以太阳的周日视运动的周期作为时间的计量单位得到________。

A. 恒星时　B. 视时　C. 平时　D. 协调世界时

16. 以平太阳的周日视运动的周期作为时间的计量单位得到________。

A. 恒星时　B. 视时　C. 平时　D. 协调世界时

17. 每天春分点中天的时间比太阳中天的时间________。

A. 推迟约 4 min　B. 推迟约 4 s

C. 提前约 4 min　D. 提前约 4 s

18. 在日常生活中不使用恒星时的主要原因是________。

A. 春分点周日视运动不均匀

B. 时间的起算点不同

C. 春分点在天球上的位置不固定

D. 恒星日开始的时间与昼夜不固定

19. 测者经度等于 150°E，地方平时等于 1200，则经度等于 60°E 的地方平时为________。

A. 1200　B. 1000

C. 0600　D. 0800

20. 某地经度 $\lambda = 122°23'E$ 的地方平时 $LMT = 21^h04^m36^s$（3 月 5 日），则该地的区时为________。

A. $20^h55^m04^s$（3 月 5 日）　　B. $21^h55^m04^s$（3 月 5 日）

C. $21^h04^m36^s$（3 月 5 日）　　D. $20^h50^m00^s$（3 月 5 日）

21. 一船东行过日界线，同时另一船西行过日界线，过日界线后则两船________。

A. 时间相同，日期相同　　B. 时间不相同，日期相同

C. 时间相同，日期相差一天　　D. 时间不相同，日期相差两天

项目六
罗经差的测定

核心概念

陀罗差与罗经差、叠标、天体方位、太阳真出没、北极星方位、视时、春分点地方时角。

项目描述

船舶航向与方位的精度，直接影响到船舶的航行安全。而航向与方位的精度主要取决于罗经差是否准确。因此，船舶在航行中，要求航海人员利用一切机会来测定罗经差。一般情况下，一昼夜测定罗经差的次数不得少于2次。同时，还要通过观察罗经差的变化及比对来检查罗经工作是否正常。

当船舶近岸航行时，可以利用专设的方位叠标或天然叠标来测定罗经差。当船舶航行在宽阔的海面上时，可以利用天体来测定罗经差。本项目描述的就是如何利用陆标和天体来测定罗经差。

学习目标

1. 掌握罗经差的概念及求算方法；
2. 掌握利用陆标测定罗经差的方法；
3. 掌握利用太阳低高度方位测定罗经差的方法；
4. 掌握利用太阳真出没测定罗经差的方法；
5. 了解利用北极星方位测罗经差的方法。

模块1　利用陆标测定罗经差

模块描述

本模块主要介绍了利用陆标测定罗经差与利用航向比对法求罗经差的方法。

学习目标

1. 掌握测定罗经差的基本原理；
2. 掌握利用叠标法测定罗经差的方法；
3. 掌握利用 GPS 测定罗经差的方法；
4. 掌握利用航向比对法求罗经差的方法。

工作任务

利用叠标测定罗经差。

知识准备

一、利用叠标测定罗经差

船舶在近岸航行时，可以利用人工或天然叠标测定罗经差。

先选取一组适当的人工或天然叠标，并在海图上查出或量出叠标的真方位 TB。然后准备好方位仪，锁定海面上的物标。

航行中，当船舶经过叠标线的瞬间，即在如图 6－1－1 中的 A 位置时，在船上可以观察到两叠标串视，迅速读取叠标的陀罗方位 GB 或者罗方位 CB，即可求取船舶在该航向上的罗经差 ΔC 或陀罗差 ΔG，即

$$\Delta C\ (\Delta G) = TB - CB\ (GB) \tag{6-1-1}$$

二、利用 GPS 船位测定罗经差

利用方位仪可以测得海面上某物标的陀罗方位 GB 或者罗方位 CB。此时，如果本船的船位及物标的位置确定，便可求得罗经差 ΔC 或陀罗差 ΔG。目前，高精度的 GPS 船位完全可以满足罗经差的测定要求。

先在海面上选取一个合适的物标，最好具有孤立、显著、位置准确、距离适当的特点。然后准备好方位仪，在测定物标方位的同时，迅速记下 GPS 船位。

完成上述工作后，在海图上可以量取物标的真方位，再用式（6－1－1）求得罗经差。

图 6－1－1　利用叠标测定罗经差

三、利用航向比对法求取罗经差

通常，陀螺罗经的导航精度远高于磁罗经，而且在航海中导航定位均使用陀螺罗经，商船上的磁罗经仅作为应急设备而保留，并作为船舶适航的衡量标准之一。

由于磁罗经不依赖于电源，所以在船舶失电或陀螺罗经故障时，可以作为应急导航。这样，就必须要求航海人员及时掌握正确的罗经差。在航海实际工作中，航海人员除了利用陆标和天体测定罗经差以外，还经常采用陀螺罗经航向与磁罗经航向的比对来求得罗经差和自差。这也是航行值班驾驶员交接班时必做的一项工作。

磁罗经一般安装在罗经甲板上，其航向不能方便地复示，而陀螺罗经的航向可以利用分罗经（罗经复示器）在船舶的不同部位精确地复示出来，所以航海人员随时可以在船舶不同的位置方便地测定陀螺罗经差。这样已知陀螺罗经差，同时读取陀螺罗经航向和磁罗经航向，就可计算出真航向从而求出罗经差和自差，即

$$TC = GC + \Delta G$$
$$\Delta C = TC - CC$$
$$Dev = \Delta C - Var$$

前面已经提及，陀罗差 ΔG 通常仅与航速和纬度有关，而与航向无关。罗经差 ΔC 的变化主要取决于自差 Dev，而自差 Dev 是随航向的变化而变化的。在航海实践中，自差是从事先绘制好的自差表（或自差曲线）中查取的。以上几种测定罗经差的方法，都可以作为磁罗经自差的测定方法，但须注意的是，所求得的自差仅适用于测定时的罗航向。

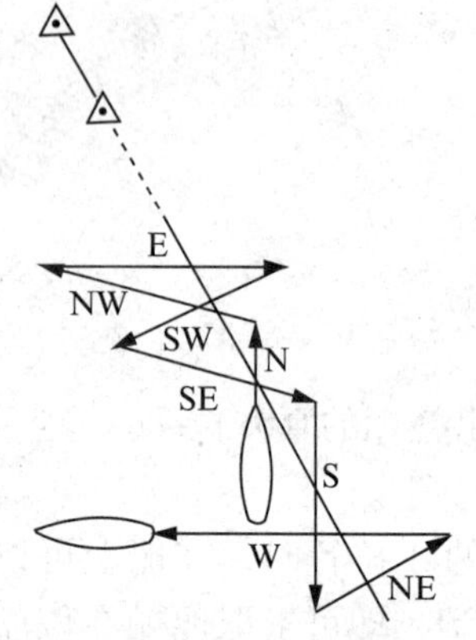

图 6－1－2　自差的测定航法

磁罗经在使用的过程中要定期校正，同时自差表也要更新。一般在绘制自差表和自差曲线时需要在 N，NE，E，SE，S，SW，W，NW 8 个方向上测定自差。

在航行中，如果有条件也可以按照图6－1－2 所示的航法测定这八个方向上的自差，即在 8 个航向中的每一个航向上均测定一次叠标的罗方位 CB，叠标的真方位 TB 在海图上可以量取。这样就可以求出以上 8 个航向上的自差 Dev，即

$$\Delta C = TB - CB$$
$$Dev = \Delta C - Var$$

如果不知道被测物标的真方位以及磁差，可以采用 8 个航向上物标罗方位的算术平均值来代替物标的磁方位 MB，从而求出 8 个航向上的自差，即

$$Dev_i = MB - CB_i = \frac{1}{8}\sum_{i=1}^{8} CB_i - CB_i \quad (i=1,\ 2,\ \cdots,\ 8) \qquad (6-1-2)$$

任务实施

任务　利用叠标测定罗经差

基本要求：

1. 正确掌握罗经差的基本概念；
2. 正确进行罗经方位的测定；
3. 正确进行计算。

实施步骤：

1. 准备工作

海图室，方位圈，罗经，多媒体教室。

2. 实施过程

两人一组，模拟观测海图上某组叠标的方位，并在海图上确定该组叠标的真方位，最后求得罗经差。

任务评价

评价内容		评价标准	权重	得分
任务完成情况	任务	1. 正确使用方位圈	0.2	
		2. 正确测定方位	0.2	
		3. 正确量取叠标方位	0.2	
		4. 正确进行计算	0.2	
职业素养		1. 遵守实训室各项规定 2. 按时认真完成学习及工作任务 3. 有问题能及时提问和反馈意见	0.1	
创新意识		1. 能举一反三 2. 善于提出问题，总结经验	0.1	
总得分				

任务拓展

1. 简述利用叠标法测定罗经差的原理和方法。

2. 已知某组叠标方位126°20′，某船的 $CA=075°$，经过叠标线时，测得叠标的 $CB=124°25'$，查得当地的 $Var=4°20'W$，求 Dev。

3. 某船的陀罗航向 $GC=002°$，陀罗差 $\Delta G=3°W$，已知磁罗经航向 $CC=003°$，求罗经差 ΔC。

4. 船舶在航行中，要求经常比对磁罗经航向和陀螺罗经航向，其主要目的是________。

A. 求罗经差　　B. 求自差

C. 及时发现陀螺罗经工作的不正常　　D. 为了记录航海日志

5. 船舶在航行中，应经常测定罗经差和自差，应该________。

A. 每天尽可能测定一次　　B. 每天尽可能早晚各测一次

C. 长航线改向后尽可能测定一次　　D. B 和 C 都要求

6. 船上磁罗经指示的 0°可能是________。

A. 真北方向　　B. 磁北方向　　C. 罗北方向　　D. A，B，C 都可能

7. 关于船舶磁罗经曲线或自差表，下列说法不正确的是________。

A. 每年重新测定一次

B. 每两年重新测定一次

C. 发现实测值与表列数值相差较大时需重新测定

D. 修船后船磁发生较大变化时需重新测定

8. 测定磁罗经自差的方法有________。

A. 利用比对航向测定自差　　B. 利用航标测定自差

C. 利用天体（太阳）测定自差　　D. A + B + C

9. 已知标准罗经航向为 100°，自差为 −1°，此时操舵罗经航向为 105°，通过与标准罗经航向比对，得操舵罗经自差为________。

A. +4°　　B. +5°　　C. +6°　　D. −6°

10. 已知过叠标时用磁罗经测得该叠标的罗方位为 287°，从海图上量得该叠标的真方位为 293°，*Var* = −1°，则该罗经的自差为________。

A. +5°　　B. +6°　　C. −6°　　D. +7°

11. 已知标准罗经航向为 094°，标准罗经自差为 −1°，此时，操舵罗经航向为 100°，则操舵罗经自差为________。

A. +5°　　B. +6°　　C. −5°　　D. −7°

12. 已知某灯塔的真方位等于 100°，当地磁差等于 7°E，用磁罗经测得该灯塔的罗方位等于 95°，则该航向的自差为________。

A. 12°E　　B. 12°W　　C. 2°E　　D. 2°W

模块2　利用天体测定罗经差

模块描述

本模块主要介绍利用太阳低高度方位、太阳真出没方位、北极星方位测定罗经差的方法，以及利用天体借助 GPS 求罗经差的方法。

学习目标

1. 掌握观测天体求罗经差的基本原理；
2. 掌握观测太阳低高度方位求罗经差的方法；
3. 掌握观测太阳真出没方位求罗经差的方法；
4. 了解观测北极星方位求罗经差的方法；
5. 了解观测天体借助 GPS 求罗经差的方法。

工作任务

1. 观测太阳低高度方位求罗经差；
2. 观测太阳真出没方位求罗经差。

知识准备

一、观测天体求罗经差的原理

观测天体求罗经差的基本原理与利用陆标测定罗经差基本相同，所测的罗经差也是天体的真方位与罗方位之差。所不同的是，在观测天体求罗经差的方法中，天体的真方位无法确切获取，只能在推算船位（φ_c，λ_c）的基础上，通过公式进行计算，用计算出来的方位 A_c 来代替天体的真方位 TB。再用罗经测出天体的罗经方位后，便可求得罗经差，即

$$\cot A_c = \cos\varphi_c \tan Dec \csc LHA - \sin\varphi_c \cot LHA \qquad (6-2-1)$$

$$\Delta C\ (\Delta G) = A_c - CB\ (GB) \qquad (6-2-2)$$

根据公式计算出来的方位 A_c 是半圆方位，应换算成圆周方位后，方可用于计算。

二、精度分析

显然，观测天体求罗经差的精度取决于天体的计算方位与观测天体的罗方位。

1. 计算方位的误差 ΔA

从式（6－2－1）中可以看出，天体计算方位 A_c 所使用的参数是推算船位（φ_c，λ_c）以及天体的位置（*Dec*，*GHA*），毫无疑问，以推算船位为基准求得的天体计算方位与天体真方位之间存在一定的误差 ΔA。通过计算，可以得出 ΔA 的函数关系，即

$$\Delta A = \tan h \sin A \Delta\varphi - \cos Dec \cos X \sec h \Delta\lambda \qquad (6-2-3)$$

由式（6－2－3）可以得出以下结论：

（1）ΔA 与被测天体的高度 h 有关，被测天体的高度越低，ΔA 越小；

（2）ΔA 与被测天体的赤纬 *Dec* 与方位 A 有关，当被测天体的赤纬 *Dec* 趋近 90°、方位 A 趋近 0°时，ΔA 趋近 0°。

在实际工作中，虽然用推算船位（φ_c，λ_c）代替实际船位不可避免会出现方位误差，但是能采用以上分析的结论，就可以大大减小由推算船位（φ_c，λ_c）带来的误差。由此也可知，北极星是北纬 35°以下海区在夜间测定罗经差的理想物标，由于其赤纬接近 90°、方位接近 0°，所以 ΔA 也趋于 0°。

2. 罗经盘面倾斜而引起的观测方位误差 ΔB

在观测天体方位时，由于船舶摇摆和操作方法不当，常会使罗经面发生倾斜，由此而产生所测天体的罗方位的误差，当罗经盘面的倾斜方向与天体方位垂直时，ΔB 达到最大，设罗经盘面的倾斜角为 θ，天体高度为 h，则

$$\Delta B = \theta \tan h \qquad (6-2-4)$$

由式（6－2－4）可知，当天体高度为定值时，罗经盘面倾斜角 θ 越大，观测误差 ΔB 越大。同样，当罗经盘面倾斜角 θ 一定时，被测天体的高度 h 越低，观测误差 ΔB 越小。

三、注意事项

为了提高观测天体求罗经差的精度，应注意以下几点。

（1）尽可能选择低高度天体测定罗经差，一般天体的高度不超过 30°，最好低于 15°。在观测北极星时，其高度应低于 35°。

（2）观测时尽量保持罗经面处于水平状态。

（3）观测时应测天体的中心方位。

（4）罗方位的读数精确到 0°.5，观测时间精确到 1^m；一般应连续观测 3～5 次取其平均值作为罗方位 *CB*，以减小观测的偶然误差和避免粗差。

（5）应尽可能使用较准确的推算船位来计算。

四、观测低高度太阳方位求罗经差

观测低高度太阳方位求罗经差是目前船舶在海上测罗经差普遍采用的方法。所谓低高度是指太阳的观测高度要求在 30°以下，最好在 15°以下。

1. 观测低高度太阳方位求罗经差的步骤

（1）观测低高度太阳的罗方位，同时记下观测时间；

（2）求太阳的计算方位 A_c；

（3）求罗经差。

2. 利用《太阳方位表》求罗经差

目前，在我国商船上使用的《太阳方位表》有中版和英版 2 种版本。这两种版本的排版格式基本相同，使用方法也完全一样。但由于这两种版本造表所使用的原始数据不尽相同，所以计算的结果可能稍有差别。

使用《太阳方位表》求罗经差的方便之处是不必借助《航海天文历》即可求得太阳计算方位 A_c。

1）《太阳方位表》的结构

该表分两册：

第一册纬度范围在 0°～30°（英版称 Davis's Tables，戴氏表）；第二册纬度范围在 30°～64°（英版称 Burdwood's Tables，柏氏表）。

每一册都分为主表和附表。主表分前后两半册，前半册赤纬和纬度同名，后半册赤纬和纬度异名。表的形式如图 6－2－1 和图 6－2－2 所示。

主表中查表引数是纬度、赤纬和视时，每页左列引数为上午（a. m.）视时，右列引数为下午（p. m.）视时。英版中视时用罗马数字表示。从表中可以查得太阳的半圆方位，第一名称与纬度同名，第二名称上午为 E，下午为 W。

附表主要是“太阳赤纬表”和“时差表”，如图 6－2－3 和图 6－2－4 所示。两表均按照 4 年中有一闰年的规定排列，故每一个附表中又分为 4 个小表，查表引数为观测的年、月、日。可查得世界时 $GMT12^h$ 的太阳赤纬 Dec 和时差 ET。使用附表一般不必进行内插。

2）利用《太阳方位表》求罗经差的步骤

（1）观测太阳罗方位 CB（GB），同时记下观测时间，确定推算船位。

（2）根据观测日期分别在“太阳赤纬表”和“时差表”中查取太阳赤纬 Dec 及时差 ET。

（3）根据观测时的区时 ZT 和推算船位的经度求视时 LAT，即

$$LAT = LMT + ET = ZT + D\lambda_m + ET \tag{6-2-5}$$

当视时 LAT 小于 12^h 时，为上午视时；当视时 LAT 大于 12^h 时，为下午视时。

（4）求计算方位 A_c。根据测者纬度 φ 和太阳赤纬 Dec 的同、异名，在主表的前半部或后半部，选择靠近表列引数的纬度、赤纬和视时，查取太阳的表列方位 A_t，由于实际的纬度、赤纬和视时不可能与表列的相同，所以，必须进行 3 项比例内插后方可求得太阳的计算方位 A_c，即

$$A_c = A_t + \Delta A_{Dec} + \Delta A_{\varphi} + \Delta A_{LAT} \tag{6-2-6}$$

式中，A_c 是半圆方位，第一名称与测者纬度同名，第二名称上午为 E，下午为 W。如果测者纬度为 0°，则方位命名第一名称与太阳赤纬同名。

（5）求罗经差。将所求得的半圆方位转化为圆周方位，求得罗经差，即

$$\Delta C\ (\Delta G) = A_c - CB\ (GB) \tag{6-2-7}$$

例6－2－1：2012 年 8 月 12 日，$CA=150°$，$ZT=0840$（－8）的推算船位为（34°38′.2N，123°28′.5E），测得太阳低高度罗经方位 $CB=101°.0$，用《太阳方位表》求罗经差 ΔC。

解：(1) 根据观测日期查附表“太阳赤纬表”（见图6－2－3）和“时差表”（见图6－2－4）得：

太阳赤纬 $Dec=14°48'N$，时差 $ET=-4^{m}56^{s}$

(2) 求视时 LAT

ZT	$08^{h}40^{m}$ (12/8/2012)	
$D\lambda_{m}$	$+13^{m}54^{s}$ $(123°28'.5-120°=3°28'.5=13^{m}54^{s})$	
ET	$-4^{m}56^{s}$	
LAT	$08^{h}48^{m}58^{s}\approx 08^{h}49^{m}$ (12/8/2012)	$Dec=14°48'N$　$\varphi_{c}=34°38'.2N$

(3) 求太阳真方位 A_c 和罗经差 ΔC：以 $\varphi_c=35°N$，$Dec=14°N$，$LAT=08^{h}48^{m}$ 为引数查《太阳方位表》，查得太阳真方位 $A_t=102°.7$（见图6－2－1），然后对这 3 项分别进行内插。

A_t	102°.7
ΔA_{Dec}	－0°.9
ΔA_{φ}	＋0°.6
ΔA_{LAT}	＋0°.2
A_c	102°.6NE
	102°.6
－) CB	101°.0
ΔC	＋1°.6

3. 利用《航海天文历》和三角函数计算器求罗经差

天体的计算方位的计算公式为

$$\cot A_c=\cos\varphi_c \tan Dec \csc LHA-\sin\varphi_c \cot LHA \tag{6-2-8}$$

利用式（6－2－8）计算应注意以下几点：

(1) 纬度 φ 恒为“＋”；

(2) 当赤纬 Dec 与纬度 φ 同名时，Dec 为“＋”，与纬度 φ 异名时 Dec 为“－”；

(3) LHA 为半圆地方时角；

(4) 计算方位 A_c 为半圆方位，第一名称与测者纬度同名，第二名称上午观测为 E，下午观测为 W。

该方法不但适用于观测低高度太阳方位求罗经差，而且还适用于观测低高度恒星方位和行星方位求罗经差。

例6－2－2：利用《航海天文历》和三角函数计算器求例6－2－1 中的罗经差。

上午	12°	13°	14°	15°	16°	17°	18°	19°	20°	21°	22°	23°	24°	下午
时 分	°	°	°	°	°	°	°	°	°	°	°	°	°	时 分
9 0	107.2	106.1	104.9	103.8	102.6	101.4	100.1	98.8	97.6	96:2	94.9	93.5	92.1	3 0
8 56	106.4	105.3	104.2	103.0	101.8	100.6	99.4	98.2	96.9	95.6	94.3	92.9	91.5	4
52	105.7	104.6	103.4	102.3	101.1	99.9	98.7	97.5	96.2	94.9	93.6	92.3	91.0	8
48	104.9	103.8	102.7	101.6	100.4	99.2	98.0	96.8	95.6	94.3	93.0	91.7	90.4	12
44	104.2	103.1	102.0	100.9	99.7	98.5	97.4	96.1	94.9	93.7	92.4	91.1	89.8	16
40	103.4	102.4	101.3	100.2	99.0	97.9	96.7	95.5	94.3	93.1	91.8	90.6	89.3	20
36	102.7	101.7	100.6	99.5	98.4	97.3	96.1	94.9	93.7	92.5	91.3	90.0	88.7	24
32	102.0	101.0	99.9	98.8	97.7	96.6	95.4	94.3	93.1	91.9	90.7	89.5	88.2	28
28	101.4	100.3	99.2	98.1	97.1	95.9	94.8	93.7	92.5	91.3	90.1	88.9	87.6	32
24	100.7	99.6	98.6	97.5	96.4	95.3	94.2	93.0	91.9	90.7	89.6	88.4	87.1	36
20	100.0	99.0	97.9	96.9	95.8	94.7	93.6	92.5	91.3	90.2	89.0	87.8	86.6	40
16	99.3	98.3	97.3	96.2	95.2	94.1	93.0	91.9	90.8	89.6	88.5	87.3	86.1	44
12	98.7	97.7	96.7	95.6	94.6	93.5	92.4	91.3	90.2	89.1	87.9	86.8	85.6	48
8	98.1	97.1	96.0	95.0	93.9	92.9	91.8	90.7	89.6	88.5	87.4	86.3	85.1	52
4	97.4	96.4	95.4	94.4	93.4	92.3	91.2	90.2	89.1	88.0	86.9	85.7	84.6	3 56
8 0	96.8	95.8	94.8	93.8	92.8	91.7	90.7	89.6	88.5	87.5	86.3	85.2	84.1	4 0
7 56	96.2	95.2	94.2	93.2	92.2	91.1	90.1	89.1	88.0	86.9	85.8	84.7	83.6	4
52	95.6	94.6	93.6	92.6	91.6	90.6	89.6	88.5	87.5	86.4	85.3	84.2	83.1	8
48	95.0	94.0	93.0	92.0	91.0	90.0	89.0	88.0	86.9	85.9	84.8	83.7	82.6	12
44	94.4	93.4	92.4	91.4	90.5	89.5	88.5	87.4	86.4	85.4	84.3	83.2	82.2	16
40	93.8	92.8	91.9	90.9	89.9	88.9	87.9	86.9	85.9	84.8	83.8	82.7	81.7	20
36	93.2	92.3	91.3	90.3	89.3	88.4	87.4	86.4	85.4	84.3	83.3	82.2	81.2	24
32	92.6	91.7	90.7	89.8	88.8	87.8	86.8	85.8	84.8	83.8	82.8	81.8	80.7	28
28	92.1	91.1	90.2	89.2	88.3	87.3	86.3	85.3	84.3	83.3	82.3	81.3	80.3	32
24	91.5	90.6	89.6	88.7	87.7	86.8	85.8	84.8	83.8	82.8	81.8	80.8	79.8	36
20	90.9	90.0	89.1	88.1	87.2	86.2	85.2	84.3	83.3	82.3	81.3	80.3	79.3	40
16	90.4	89.4	88.5	87.6	86.6	85.7	84.7	83.8	82.8	81.8	80.8	79.8	78.8	44
12	89.8	88.9	87.9	87.0	86.1	85.2	84.2	83.2	82.3	81.3	80.3	79.3	78.3	48
8	89.2	88.3	87.4	86.5	85.6	84.6	83.7	82.7	81.8	80.8	79.8	78.9	77.8	52
4	88.7	87.8	86.9	85.9	85.0	84.1	83.2	82.2	81.3	80.3	79.3	78.4	77.4	4 56
7 0	88.1	87.2	86.3	85.4	84.5	83.6	82.7	81.7	80.8	79.8	78.9	77.9	76.9	5 0
6 56	87.6	86.7	85.8	84.9	84.0	83.1	82.1	81.2	80.3	79.3	78.4	77.4	76.4	4
52	87.0	86.1	85.3	84.4	83.5	82.5	81.6	80.7	79.8	78.8	77.9	76.9	75.9	8
48	86.5	85.6	84.7	83.8	82.9	82.0	81.1	80.2	79.3	78.3	77.4	76.5	75.5	12
44	85.9	85.1	84.2	83.3	82.4	81.5	80.6	79.7	78.8	77.8	76.9	76.0	75.0	16
40	85.4	84.5	83.6	82.8	81.9	81.0	80.1	79.2	78.3	77.3	76.4	75.5	74.5	20
36	84.9	84.0	83.1	82.2	81.4	80.5	79.6	78.7	77.8	76.9	75.9	75.0	74.0	24
32	84.3	83.5	82.6	81.7	80.8	79.9	79.1	78.2	77.3	76.4	75.4	74.5	73.6	28
28	83.8	82.9	82.0	81.2	80.3	79.4	78.5	77.6	76.8	75.9	75.0	74.0	73.1	32
24	83.3	82.4	81.5	80.6	79.8	78.9	78.0	77.1	76.3	75.4	74.5	73.6	72.7	36
20	82.7	81.9	81.0	80.1	79.3	78.4	77.5	76.6	75.7	74.9	74.0	73.1	72.2	40
16	82.2	81.3	80.5	79.6	78.7	77.9	77.0	76.1	75.2	74.4	73.5	72.6	71.7	44
12	81.6	80.8	79.9	79.1	78.2	77.4	76.5	75.6	74.7	73.9	73.0	72.1	71.2	48
8	81.1	80.3	79.4	78.5	77.7	76.8	76.0	75.1	74.2	73.4	72.5	71.6	70.8	52
4	80.6	79.7	78.9	78.0	77.2	76.3	75.4	74.6	73.7	72.9	72.0	71.1	70.3	5 56
6 0	80.0	79.2	78.3	77.5	76.6	75.8	74.9	74.1	73.2	72.4	71.5	70.6	69.8	6 0
5 56	79.5	78.6	77.8	76.9	76.1	75.3	74.4	73.6	72.7	71.8	71.0	70.1	69.3	4
52	78.9	78.1	77.2	76.4	75.6	74.7	73.9	73.0	72.2	71.3	70.5	69.6	68.8	8
48	78.4	77.5	76.7	75.9	75.0	74.2	73.3	72.5	71.7	70.8	70.0	69.1	68.3	12
44	77.8	77.0	76.2	75.3	74.5	73.7	72.8	72.0	71.2	70.3	69.5	68.6	67.8	16
40	77.3	76.4	75.6	74.8	74.0	73.1	72.3	71.5	70.6	69.8	68.9	68.1	67.3	20
36	76.7	75.9	75.1	74.2	73.4	72.6	71.8	70.9	70.1	69.3	68.4	67.6	66.8	24
32	76.2	75.3	74.5	73.7	72.9	72.1	71.2	70.4	69.6	68.7	67.9	67.1	66.2	28
28	75.6	74.8	74.0	73.1	72.3	71.5	70.7	69.9	69.0	68.2	67.4	66.6	65.7	32
24			73.4	72.6	71.8	71.0	70.1	69.3	68.5	67.7	66.9	66.0	65.2	36
20	日出	日出		72.0	71.2	70.4	69.6	68.8	68.0	67.1	66.3	65.5	64.7	40
16	5时27分	5时24分	日出		70.7	69.9	69.1	68.2	67.4	66.6	65.8	65.0	64.2	44
12	日没	日没	5时21分	日出			68.5	67.7	66.9	66.1	65.3	64.4	63.6	48
8	6时33分	6时36分	日没	5时18分	日出	日出		67.1	66.3	65.5	64.7	63.9	63.1	52
4	方位	方位	6时39分	日没	5时15分	5时12分	日出		65.8	65.0	64.2	63.3	62.5	6 56
5 0	75°.5	74°.3	方位	6时42分	日没	日没	5时 9分	日出			63.6	62.8	62.0	7 0
4 56			73°.0	方位	6时45分	6时48分	日没	5时 6分	日出	日出		62.2	61.4	4
52				71°.8	方位	方位	6时51分	日没	5时 3分	5时 0分	日出		60.9	8
48					70°.6	69°.4	方位	6时54分	日没	日没	4时57分	日出		12
44							68°.1	方位	6时57分	7时 0分	日没	4时53分	日出	16
40								66°.9	方位	方位	7时 3分	日没	4时50分	20
36									65°.6	64°.4	方位	7时 7分	日没	24
32											63°.1	方位	7时10分	28
28												61°.9	方位	32
4 24													60°.6	7 36

图 6－2－1　《太阳方位表》——赤纬与纬度同名（纬度 34°）

上午		12°	13°	14°	15°	16°	17°	18°	19°	20°	21°	22°	23°	24°	下午	
时	分	°	°	°	°	°	°	°	°	°	°	°	°	°	时	分
9	0	108.1	107.0	105.9	104.7	103.6	102.4	101.1	99.9	98.6	97.3	96.0	94.7	93.3	3	0
8	56	107.3	106.2	105.1	104.0	102.8	101.6	100.4	99.2	97.9	96.7	95.4	94.0	92.7		4
	52	106.5	105.4	104.3	103.2	102.1	100.9	99.7	98.5	97.3	96.0	94.7	93.4	92.1		8
	48	105.7	104.7	103.6	102.5	101.3	100.2	99.0	97.8	96.6	95.3	94.1	92.8	91.5		12
	44	105.0	103.9	102.8	101.7	100.6	99.5	98.3	97.1	95.9	94.7	93.4	92.2	90.9		16
	40	104.2	103.2	102.1	101.0	99.9	98.8	97.6	96.5	95.3	94.1	92.8	91.6	90.3		20
	36	103.5	102.5	101.4	100.3	99.2	98.1	97.0	[illegible]	94.6	93.4	92.2	91.0	89.7		24
	32	102.8	101.8	100.7	99.6	98.5	97.4	96.3	95.2	94.0	92.8	91.6	90.4	89.2		28
	28	102.1	101.1	100.0	98.9	97.9	96.8	95.6	94.5	93.4	92.2	91.0	89.8	88.6		32
	24	101.4	100.4	99.3	98.3	97.2	96.1	95.0	93.9	92.8	91.6	90.4	89.3	88.1		36
	20	100.7	99.7	98.7	97.6	96.5	95.5	94.4	93.3	92.2	91.0	89.9	88.7	87.5		40
	16	100.0	99.0	98.0	96.9	95.9	94.8	93.8	92.7	91.6	90.4	89.3	88.1	87.0		44
	12	99.4	98.4	97.3	96.3	95.3	94.2	93.2	92.1	91.0	89.9	88.7	87.6	86.4		48
	8	98.7	97.7	96.7	95.7	94.7	93.6	92.6	91.5	90.4	89.3	88.2	87.1	85.9		52
	4	98.1	97.1	96.1	95.1	94.0	93.0	92.0	90.9	89.8	88.7	87.6	86.5	85.4	3	56
8	0	97.4	96.4	95.4	94.4	93.4	92.4	91.4	90.3	89.3	88.2	87.1	86.0	84.9	4	0
7	56	96.8	95.8	94.8	93.8	92.8	91.8	90.8	89.7	88.7	87.6	86.5	85.5	84.3		4
	52	96.2	95.2	94.2	93.2	92.2	91.2	90.2	89.2	88.1	87.1	86.0	84.9	83.8		8
	48	95.5	94.6	93.6	92.6	91.6	90.6	89.6	88.6	87.6	86.5	85.5	84.4	83.3		12
	44	94.9	94.0	93.0	92.0	91.1	90.1	89.1	88.0	87.0	86.0	84.9	83.9	82.8		16
	40	94.3	93.4	92.4	91.4	90.5	89.5	88.5	87.5	86.5	85.5	84.4	83.4	82.3		20
	36	93.7	92.8	91.8	90.9	89.9	88.9	87.9	86.9	85.9	84.9	83.9	82.9	81.8		24
	32	93.1	92.2	91.2	90.3	89.3	88.4	87.4	86.4	85.4	84.4	83.4	82.4	81.3		28
	28	92.5	91.6	90.6	89.7	88.8	87.8	86.8	85.9	84.9	83.9	82.9	81.9	80.9		32
	24	91.9	91.0	90.1	89.1	88.2	87.3	86.3	85.3	84.3	83.3	82.4	81.4	80.4		36
	20	91.4	90.4	89.5	88.6	87.6	86.7	85.8	84.8	83.8	82.8	81.8	80.9	79.9		40
	16	90.8	89.9	88.9	88.0	87.1	86.1	85.2	84.3	83.3	82.3	81.3	80.4	79.4		44
	12	90.2	89.3	88.4	87.5	86.5	85.6	84.7	83.7	82.8	81.8	80.8	79.9	78.9		48
	8	89.6	88.7	87.8	86.9	86.0	85.1	84.1	83.2	82.2	81.3	80.3	79.4	78.4		52
	4	89.1	88.2	87.3	86.4	85.4	84.5	83.6	82.6	81.7	80.8	79.8	78.9	77.9	4	56
7	0	88.5	87.6	86.7	85.8	84.9	84.0	83.0	82.1	81.2	80.3	79.3	78.4	77.4	5	0
6	56	87.9	87.0	86.1	85.3	84.3	83.4	82.5	81.6	80.7	79.7	78.8	77.9	76.9		4
	52	87.4	86.5	85.6	84.7	83.8	82.9	82.0	81.1	80.1	79.2	78.3	77.4	76.4		8
	48	86.8	85.9	85.0	84.2	83.3	82.4	81.5	80.6	79.6	78.7	77.8	76.9	75.9		12
	44	86.2	85.4	84.5	83.6	82.7	81.8	80.9	80.0	79.1	78.2	77.3	76.4	75.4		16
	40	85.7	84.8	83.9	83.1	82.2	81.3	80.4	79.5	78.6	77.7	76.8	75.9	74.9		20
	36	85.1	84.3	83.4	82.5	81.6	80.8	79.9	79.0	78.1	77.2	76.3	75.4	74.4		24
	32	84.6	83.7	82.8	82.0	81.1	80.2	79.3	78.5	77.6	76.7	75.8	74.9	73.9		28
	28	84.0	83.1	82.3	81.4	80.6	79.7	78.8	77.9	77.1	76.2	75.3	74.4	73.4		32
	24	83.5	82.6	81.8	80.9	80.0	79.2	78.3	77.4	76.5	75.7	74.8	73.9	72.9		36
	20	82.9	82.1	81.2	80.3	79.5	78.6	77.8	76.9	76.0	75.1	74.3	73.4	72.4		40
	16	82.4	81.5	80.6	79.8	78.9	78.1	77.2	76.4	75.5	74.6	73.7	72.9	72.0		44
	12	81.8	81.0	80.1	79.3	78.4	77.6	76.7	75.8	75.0	74.1	73.2	72.4	71.5		48
	8	81.2	80.4	79.6	78.7	77.9	77.0	76.2	75.3	74.5	73.6	72.7	71.9	71.0		52
	4	80.7	79.9	79.0	78.1	77.3	76.5	75.6	74.8	73.9	73.1	72.2	71.4	70.5	5	56
6	0	80.1	79.3	78.5	77.6	76.8	76.0	75.1	74.3	73.4	72.6	71.7	70.8	70.0	6	0
5	56	79.6	78.8	77.9	77.1	76.3	75.4	74.6	73.7	72.9	72.0	71.2	70.3	69.5		4
	52	79.0	78.2	77.4	76.5	75.7	74.9	74.0	73.2	72.4	71.5	70.6	69.8	69.0		8
	48	78.5	77.6	76.8	76.0	75.1	74.3	73.5	72.7	71.8	71.0	70.1	69.3	68.5		12
	44	77.9	77.1	76.3	75.4	74.6	73.8	73.0	72.1	71.3	70.4	69.6	68.8	67.9		16
	40	77.3	76.5	75.7	74.9	74.1	73.2	72.4	71.6	70.7	69.9	69.1	68.2	67.4		20
	36	76.8	75.9	75.1	74.3	73.5	72.7	71.9	71.0	70.2	69.4	68.5	67.7	66.9		24
	32	76.2	75.4	74.6	73.8	72.9	72.1	71.3	70.5	69.7	68.8	68.0	67.2	66.3		28
	28	75.6	74.8	74.0	73.2	72.4	71.6	70.7	69.9	69.1	68.3	67.5	66.6	65.8		32
	24		74.2	73.4	72.6	71.8	71.0	70.2	69.4	68.6	67.7	66.9	66.1	65.2		36
	20	日出 5时26分 日没 6时34分 方位 75°.3			72.1	71.2	70.4	69.6	68.8	68.0	67.2	66.4	65.6	64.7		40
	16		日出 5时23分 日没 6时37分 方位 74°.1	日出 5时20分 日没 6时40分 方位 72°.8		70.7	69.9	69.1	68.3	67.5	66.6	65.8	65.0	64.2		44
	12				日出 5时17分 日没 6时43分 方位 71°.6		69.3	68.5	67.7	66.9	66.1	65.3	64.5	63.7		48
	8					日出 5时14分 日没 6时46分 方位 70°.3		67.9	67.1	66.3	65.5	64.7	63.9	63.1		52
	4						日出 5时11分 日没 6时49分 方位 69°.1			65.8	65.0	64.2	63.4	62.6	6	56
5	0							日出 5时 7分 日没 6时53分 方位 67°.8	日出 5时 4分 日没 6时56分 方位 66°.6		64.4	63.6	62.8	62.0	7	0
4	56									日出 5时 1分 日没 6时59分 方位 65°.3		63.0	62.2	61.4		4
	52										日出 4时58分 日没 7时 2分 方位 64°.1		61.7	60.9		8
	48											日出 4时54分 日没 7时 6分 方位 62°.8		60.4		12
	44												日出 4时51分 日没 7时 9分 方位 61°.5			16
	40													日出 4时47分 日没 7时13分 方位 60°.2		20
	36															24
	32															28
	28															32
4	24														7	36

图 6-2-2 《太阳方位表》——赤纬与纬度同名（纬度 35°）

年度	1976, 1980, 1984, 1988, 1992, 1996, 2000, 2004, 2008, 2012, 2016											
日期	1月	2月	3月	4月	5月	6月	7月	8月	9月	10月	11月	12月
	° ′	° ′	° ′	° ′	° ′	° ′	° ′	° ′	° ′	° ′	° ′	° ′
1	南 23 02	南 17 13	南 7 22	北 4 46	北 15 15	北 22 08	北 23 04	北 17 52	北 8 05	南 3 24	南 14 36	南 21 53
2	22 57	16 56	6 59	5 09	15 33	22 15	23 00	17 37	7 43	3 47	14 55	22 02
3	22 52	16 39	6 36	5 32	15 50	22 23	22 55	17 21	7 21	4 11	15 14	22 10
4	22 46	16 21	6 13	5 54	16 08	22 30	22 49	17 05	6 59	4 34	15 32	22 18
5	22 39	16 03	5 50	6 17	16 25	22 36	22 44	16 49	6 36	4 57	15 51	22 26
6	22 33	15 45	5 27	6 40	16 42	22 42	22 38	16 33	6 14	5 20	16 09	22 33
7	22 25	15 26	5 03	7 02	16 58	22 48	22 31	16 16	5 51	5 43	16 26	22 40
8	22 18	15 07	4 40	7 25	17 14	22 54	22 24	15 59	5 29	6 06	16 44	22 46
9	22 10	14 48	4 16	7 47	17 30	22 58	22 17	15 41	5 06	6 28	17 01	22 52
10	22 01	14 29	3 53	8 09	17 46	23 03	22 10	15 24	4 43	6 51	17 18	22 57
11	21 52	14 10	3 29	8 31	18 01	23 07	22 02	15 06	4 21	7 14	17 34	23 02
12	21 43	13 50	3 06	8 53	18 16	23 11	21 53	14 48	3 58	7 36	17 51	23 07
13	21 33	13 30	2 42	9 15	18 31	23 14	21 45	14 30	3 35	7 59	18 06	23 11
14	21 23	13 10	2 18	9 37	18 46	23 17	21 35	14 11	3 12	8 21	18 22	23 14
15	21 12	12 49	1 55	9 58	19 00	23 20	21 26	13 52	2 49	8 43	18 37	23 18
16	21 01	12 29	1 31	10 19	19 14	23 22	21 16	13 33	2 26	9 05	18 52	23 20
17	20 49	12 08	1 07	10 40	19 27	23 24	21 06	13 14	2 02	9 27	19 07	23 22
18	20 38	11 47	0 44	11 01	19 40	23 25	20 55	12 55	1 38	9 49	19 21	23 24
19	20 25	11 26	南 0 20	11 22	19 53	23 26	20 44	12 35	1 16	10 11	19 35	23 25
20	20 13	11 04	北 0 04	11 43	20 06	23 26	20 33	12 16	0 53	10 32	19 49	23 26
21	20 00	10 43	0 28	12 03	20 18	23 26	20 22	11 56	0 29	10 54	20 02	23 26
22	19 46	10 21	0 51	12 23	20 30	23 26	20 10	11 35	北 0 06	11 15	20 15	23 26
23	19 32	9 59	1 15	12 43	20 41	23 25	19 57	11 15	南 0 17	11 36	20 27	23 25
24	19 18	9 37	1 39	13 03	20 52	23 24	19 45	10 54	0 41	11 57	20 39	23 24
25	19 04	9 15	2 02	13 22	21 03	23 22	19 32	10 34	1 04	12 17	20 51	23 23
26	18 49	8 53	2 26	13 42	21 13	23 20	19 18	10 13	1 28	12 38	21 02	23 21
27	18 34	8 30	2 49	14 01	21 23	23 18	19 05	9 52	1 51	12 58	21 13	23 18
28	18 18	8 08	3 13	14 20	21 33	23 15	18 51	9 31	2 14	13 18	21 24	23 15
29	18 03	南 7 45	3 36	14 38	21 42	23 12	18 37	9 09	2 38	13 38	21 34	23 12
30	17 46		3 59	北 14 57	21 51	北 23 08	18 22	8 48	南 3 01	13 58	南 21 44	23 08
31	南 17 30		北 4 22		北 22 00		北 18 07	北 8 26		南 14 17		南 23 03

图6-2-3　太阳赤纬表（每日世界时12时）

年度	1976, 1980, 1984, 1988, 1992, 1996, 2000, 2004, 2008, 2012, 2016											
日期	1月	2月	3月	4月	5月	6月	7月	8月	9月	10月	11月	12月
	m s	m s	m s	m s	m s	m s	m s	m s	m s	m s	m s	m s
1	− 3 18	− 13 32	− 12 19	− 3 48	+ 2 57	+ 2 09	− 3 53	− 6 16	+ 0 08	+ 10 28	+ 16 25	+ 10 51
2	3 46	13 40	12 06	3 30	3 04	2 00	4 04	6 12	0 27	10 47	16 26	10 28
3	4 14	13 47	11 54	3 12	3 10	1 50	4 15	6 07	0 47	11 06	16 26	10 04
4	4 42	13 53	11 40	2 55	3 16	1 40	4 25	6 01	1 07	11 24	16 25	9 40
5	5 09	13 59	11 27	2 37	3 21	1 29	4 36	5 55	1 27	11 42	16 24	9 15
6	5 36	14 03	11 13	2 20	3 25	1 19	4 46	5 48	1 47	12 00	16 21	8 49
7	6 02	14 07	10 58	2 03	3 29	1 08	4 55	5 41	2 08	12 17	16 18	8 23
8	6 28	14 10	10 44	1 47	3 33	0 56	5 05	5 33	2 28	12 34	16 13	7 57
9	6 53	14 13	10 28	1 30	3 36	0 44	5 14	5 25	2 49	12 50	16 08	7 30
10	7 18	14 14	10 13	1 14	3 38	0 32	5 22	5 16	3 10	13 06	16 02	7 03
11	7 42	14 15	9 57	0 58	3 40	0 20	5 30	5 06	3 31	13 21	15 56	6 35
12	8 05	14 15	9 41	0 43	3 41	+ 0 08	5 38	4 56	3 52	13 36	15 48	6 07
13	8 29	14 14	9 25	0 27	3 41	− 0 05	5 45	4 46	4 13	13 50	15 39	5 39
14	8 51	14 13	9 08	− 0 12	3 41	0 18	5 52	4 35	4 34	14 04	15 30	5 10
15	9 13	14 11	8 51	+ 0 02	3 40	0 30	5 58	4 23	4 55	14 17	15 20	4 41
16	9 34	14 08	8 34	0 16	3 39	0 43	6 03	4 11	5 17	14 30	15 09	4 12
17	9 55	14 04	8 17	0 30	3 37	0 56	6 09	3 58	5 38	14 42	14 57	3 42
18	10 15	14 00	8 00	0 43	3 35	1 10	6 13	3 45	5 59	14 54	14 45	3 13
19	10 34	13 55	7 42	0 56	3 32	1 23	6 17	3 31	6 21	15 05	14 31	2 43
20	10 52	13 50	7 25	1 09	3 29	1 36	6 21	3 17	6 42	15 15	14 17	2 14
21	11 10	13 43	7 07	1 21	3 25	1 49	6 24	3 02	7 03	15 25	14 02	1 44
22	11 27	13 36	6 49	1 33	3 20	2 02	6 26	2 47	7 24	15 34	13 46	1 14
23	11 43	13 29	6 31	1 44	3 15	2 15	6 28	2 31	7 46	15 42	13 30	0 44
24	11 58	13 20	6 13	1 55	3 10	2 28	6 29	2 15	8 06	15 50	13 12	+ 0 15
25	12 13	13 12	5 55	2 05	3 04	2 40	6 29	1 58	8 27	15 57	12 54	− 0 15
26	12 27	13 02	5 36	2 15	2 57	2 53	6 29	1 41	8 48	16 04	12 35	0 45
27	12 40	12 52	5 18	2 24	2 50	3 05	6 29	1 24	9 08	16 09	12 16	1 14
28	12 52	12 41	5 00	2 33	2 43	3 17	6 27	1 06	9 29	16 14	11 56	1 44
29	13 03	− 12 30	4 42	2 42	2 35	3 29	6 25	0 48	9 49	16 18	11 35	2 13
30	13 13		4 24	+ 2 49	2 27	− 3 41	6 23	0 30	+ 10 08	16 21	+ 11 13	2 42
31	− 13 23		− 4 06		+ 2 18		− 6 20	− 0 11		+ 16 24		− 3 10

图6-2-4　时差表（每日世界时12时）

解：(1) 求 LHA 和 Dec

ZT	0840 (12/8/2012)			
−) ZD	8			
GMT	0040 (12/8/2012)			
GHA'	178°44′.5	Dec'	14°54′.5N	d −0′.7
+) $m.s$	10°00′.0	d'	−0′.5	
GHA	188°44′.5	Dec	14°54′.0N	
+) λ_c	123°28′.5	φ_c	34°38′.2N	
LHA	312°13′.0 = 47°47′.0E			

(2) 求 A_c 和 ΔC

$A_c = \text{arccot}(\cos\varphi_c \tan Dec \csc LHA - \sin\varphi_c \cot LHA) = \text{arccot}(\cos 34°.64 \tan 14°.9 \csc 47°.78 - \sin 34°.64 \cot 47°.78) = 102°.6\text{NE} = 102°.6$

A_c	102°.6
−) CB	101°.0
ΔC	+1°.6

注：上例中涉及《航海天文历》的查算，具体比较麻烦，本书中不作详细介绍。此处就本例作一些简单说明。

太阳的格林时角 GHA 及赤纬 Dec 是根据世界时 GMT 在《航海天文历》中查取的，以英版《航海天文历》为例，见附录三“英版航海天文历摘录”，表中 GHA 及赤纬 Dec 的都是整点的示数，求当时世界时的 GHA 及赤纬 Dec 需内插，而内插也可查表。本例中先查 2012 年 8 月 12 日 0000 时太阳的 GHA' = 178°44′.5，Dec' = 14°54′.5N；0100 时太阳的 GHA' = 193°44′.6，Dec' = 14°53′.8N。经内插可以得到 GMT = 0040 时的 GHA = 188°44′.5，Dec = 14°54′.0N。

五、观测太阳真出没方位求罗经差

1. 观测太阳真出没的时机

所谓的太阳真出没，也就是在太阳周日视运动过程中，太阳中心经过地心真地平的时刻，此刻太阳真高度 $h_t^{\odot}=0$。

当太阳真高度 $h_t^{\odot}=0$ 时，就可以观测太阳的罗方位求罗经差，这样既不需要记录观测时间也不必求太阳的地方时角，只需要根据推算纬度和当时的太阳赤纬就可以求得太阳真出没时的计算方位，从而求得罗经差。利用该法可以相对简便地求出罗经差，是船上测定罗经差常用的方法之一。

前述，由于眼高差的存在，真地平一定高于视地平，也就是说当太阳真出没时，太阳一定在水天线之上，这样也为观测太阳的罗方位提供了必要的条件。可是，到底何时 $h_t^{\odot}=0$?

假定测者眼高为 16 m，查得眼高差 $d=7'$，取地面平均蒙气差 $\rho=30'$，视差 p 忽略不计，取太阳平均视半径 $SD=16'$，太阳视直径为 D，得太阳下边沿高度：

$$h_t^{\odot} = h_t^{\underline{\odot}} - d - \rho + p + SD$$

$$h_t^{\odot} = h_t^{\odot} + d + \rho - p - SD = 0 + 7 + 30 - 16 = 21' \approx \frac{2}{3}D$$

由此得知，当太阳下边缘离开水天线的高度约为太阳视直径的2/3时，测得的太阳罗方位就是太阳真出没时的罗方位，如图6－2－5所示。

2. 观测太阳真出没方位求罗经差

根据前面得出的求天体计算方位的公式：

$$\cos A_c = \frac{\sin Dec}{\cos\varphi \cosh} - \tan\varphi \tan h$$

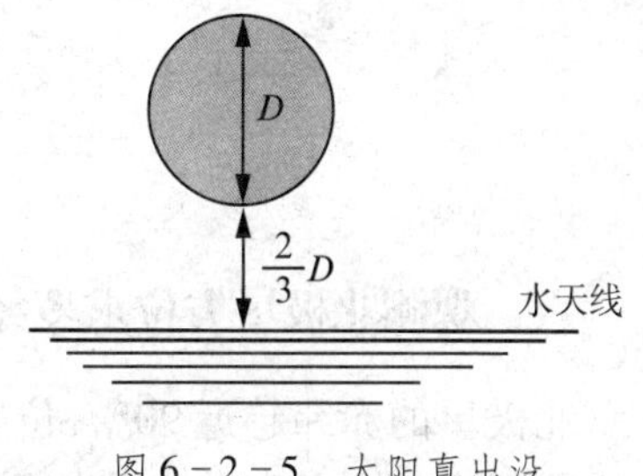

图6－2－5　太阳真出没

当天体高度 $h=0$ 时，公式转化为

$$\cos A_c = \frac{\sin Dec}{\cos\varphi} \qquad (6-2-9)$$

根据式（6－2－9），当太阳真出没时，只需要推算出纬度 φ 和太阳赤纬 Dec 就可以求得太阳真出没时的计算方位 A_c，这样就有 ΔC（ΔG）$=A_c - CB$（GB）。

使用式（6－2－9）应注意以下几点。

（1）纬度不分南北均为"＋"。

（2）太阳赤纬与测者纬度同名取"＋"；太阳赤纬与测者纬度异名取"－"。

（3）计算所得太阳方位 A_c 为半圆方位，第一名称与测者纬度同名，第二名称真出为E，真没为W。

3. 利用《航海天文历》和函数计算器求太阳真出没方位和罗经差

首先用《航海天文历》查出观测日世界时 12^h（或观测时刻的世界时）的太阳赤纬 Dec（也可以利用《太阳方位表》查得太阳赤纬），即可根据公式（6－2－9），用函数计算器求出计算方位 A_c。

例6－2－3：2012年6月18日，某船由 $CA=185°$，推算船位（34°38′.0N，122°28′.0E），测得太阳真没罗经方位 $CB=301°$，用《航海天文历》和计算器求罗经差 ΔC。

解：由《航海天文历》查得6月18日，$GMT=1200$ 时太阳赤纬 $Dec=23°25'$N，则

$$A_c = \arccos(\sin Dec/\cos\varphi) = 061°.1\ \text{NW} = 298°.9$$

A_c	298°.9
－）CB	302°
ΔC	－3°.1

4. 利用《太阳方位表》求太阳真出没方位和罗经差

在《太阳方位表》主表中，编有对应于 φ 和 Dec 的太阳真出没时刻的真方位，列于每一表列赤纬栏的最下面，并给出真出和真没时刻的地方视时 LAT，查表的引数为纬度 φ 和赤纬 Dec。从表中查得的太阳真出没方位，须进行纬度和赤纬2项比例内插，然后才能得到太阳真出没方位，即

$$A_c = A_t + \Delta A_{Dec} + \Delta A_{\varphi}$$

例6－2－4：利用《太阳方位表》求例6－2－3中太阳真出没方位和罗经差。

解：根据观测日期查“太阳赤纬表”得太阳赤纬 $Dec=23°25'N$

A_t	61°.9
ΔA_{Dec}	-0°.5
ΔA_{φ}	-0°.3
A_c	61°.1NW
	298°.9
-）CB	302°
ΔC	-3°.1

六、观测北极星方位求罗经差

北极星的赤纬趋近90°，位置很靠近北天极，极距不超过1°。它的周日平行圈是一个半径很小的圆。在北半球的低纬度海区，北极星的方位一昼夜之内变化不超过2°。在上述的精度分析中得知，北极星赤纬趋近90°，方位趋近0°，这样由推算船位的误差而引起的天体真方位的误差趋于0°。所以，北极星是北纬中、低纬度海区测定罗经差的一个很好的天体。

1. 北极星的计算方位

由于北极星的极距不超过1°，而且北极星的位置（赤经与赤纬）一年当中变化很小，其平均位置 Dec_0 和 RA_0 基本是一个定值。我们可以利用球面窄三角形公式求得北极星方位计算公式

$$A_c=(90°-Dec_0)\ \sin\ (LHA\Upsilon-RA_0)\ \sec\varphi \qquad (6-2-10)$$

《航海天文历》中的“北极星方位角表”就是根据式（6－2－10）编成的，查表引数为春分点地方时角 $LHA\Upsilon$ 和测者推算纬度 φ_c。用中版《航海天文历》查得的北极星计算方位 A_c 为半圆方位（不用内插），第一名称为N，第二名称使用左列 $LHA\Upsilon$ 引数查取时为W，使用右列 $LHA\Upsilon$ 引数查取时为E；用英版《航海天文历》查出的北极星计算方法 A_c 为圆周方位。

2. 观测北极星方位求罗经差的步骤

（1）观测北极星罗方位 CB，同时应记下区时 ZT，确定推算船位；

（2）根据区时求得近似世界时，查《航海天文历》求取春分点格林时角 $GHA\Upsilon$；

（3）求取春分点地方时角 $LHA\Upsilon$；

（4）利用 $LHA\Upsilon$ 和 φ_c 在“北极星方位角表”中查取北极星方位 A_c；

（5）求罗经差。

例6－2－5：2012年3月20日，$ZT=2040$（－8）推算船位（34°38′.0N，123°28′.0E），测得北极星罗方位 $CB=002°.8$，分别用中、英版《航海天文历》求罗经差 ΔC。

解：（1）使用中版《航海天文历》中的“北极星方位角表”，如图6－2－6所示。

ZT	2040（20/3/2012）
-）ZD	8
GMT'	1240（20/3/2012）

$$
\begin{array}{lll}
 & GHA\Upsilon' & 358°21'.3 \\
+) & m.s & 10°01'.6 \\
\hline
 & GHA\Upsilon & 8°22'.9 \\
+) & \lambda_c & 123°28'.0 \qquad \varphi_c \quad 34°38'.2N \\
\hline
 & LHA\Upsilon & 131°50'.9
\end{array}
$$

$$
\begin{array}{lll}
 & A_c & 0°.8NW = 359°.2 \\
-) & CB & 2°.8 \\
\hline
 & \Delta C & -3°.6
\end{array}
$$

（2）使用英版《航海天文历》。用同样方法求得 $LHA\Upsilon = 131°50'.9$，在英版《航海天文历》中的“北极星方位角表”中查出北极星的圆周方位。

$$
\begin{array}{lll}
 & A_c & 359°.2 \\
-) & CB & 2°.8 \\
\hline
 & \Delta C & -3°.6
\end{array}
$$

北极星方位角，2012年
AZIMUTH OF POLARIS, 2012

春分点地方时角 L. H. A. γ	纬度 Latitude													春分点地方时角 L. H. A. γ
	0°	15°	10°	15°	20	25°	30°	35°	40°	45°	50°	55°	60°	
°	°	°	°	°	°	°	°	°	°	°	°	°	°	°
42	0.0	0.0	0.0	0.0	0.0	0.0	0.0	0.0	0.0	0.0	0.0	0.0	0.0	42
47	0.1	0.1	0.1	0.1	0.1	0.1	0.1	0.1	0.1	0.1	0.1	0.1	0.1	37
52	0.1	0.1	0.1	0.1	0.1	0.1	0.1	0.1	0.2	0.2	0.2	0.2	0.2	32
57	0.2	0.2	0.2	0.2	0.2	0.2	0.2	0.2	0.2	0.3	0.3	0.3	0.4	27
62	0.2	0.2	0.2	0.2	0.2	0.3	0.3	0.3	0.3	0.3	0.4	0.4	0.5	22
67	0.3	0.3	0.3	0.3	0.3	0.3	0.3	0.4	0.4	0.4	0.5	0.5	0.6	17
72	0.3	0.3	0.3	0.4	0.4	0.4	0.4	0.4	0.4	0.5	0.5	0.6	0.7	12
77	0.4	0.4	0.4	0.4	0.4	0.4	0.5	0.5	0.5	0.6	0.6	0.7	0.8	7
82	0.4	0.4	0.4	0.5	0.5	0.5	0.5	0.5	0.6	0.6	0.7	0.8	0.9	2
87	0.5	0.5	0.5	0.5	0.5	0.5	0.6	0.6	0.6	0.7	0.8	0.9	1.0	357
92	0.5	0.5	0.5	0.5	0.6	0.6	0.6	0.6	0.7	0.7	0.8	0.9	1.1	352
97	0.6	0.6	0.6	0.6	0.6	0.6	0.6	0.7	0.7	0.8	0.9	1.0	1.1	347
102	0.6	0.6	0.6	0.6	0.6	0.7	0.7	0.7	0.8	0.8	0.9	1.0	1.2	342
107	0.6	0.6	0.6	0.6	0.7	0.7	0.7	0.8	0.8	0.9	1.0	1.1	1.2	337
112	0.6	0.6	0.7	0.7	0.7	0.7	0.7	0.8	0.8	0.9	1.0	1.1	1.3	332
117	0.7	0.7	0.7	0.7	0.7	0.7	0.8	0.8	0.9	0.9	1.0	1.2	1.3	327
122	0.7	0.7	0.7	0.7	0.7	0.7	0.8	0.8	0.9	1.0	1.0	1.2	1.3	322
127	0.7	0.7	0.7	0.7	0.7	0.8	0.8	0.8	0.9	1.0	1.1	1.2	1.4	317
132	0.7	0.7	0.7	0.7	0.7	0.8	0.8	0.8	0.9	1.0	1.1	1.2	1.4	312
137	0.7	0.7	0.7	0.7	0.7	0.7	0.8	0.8	0.9	1.0	1.1	1.2	1.4	307
142	0.7	0.7	0.7	0.7	0.7	0.7	0.8	0.8	0.9	0.9	1.0	1.2	1.3	302
147	0.7	0.7	0.7	0.7	0.7	0.7	0.8	0.8	0.9	0.9	1.0	1.1	1.3	297
152	0.6	0.6	0.7	0.7	0.7	0.7	0.7	0.8	0.8	0.9	1.0	1.1	1.3	292
157	0.6	0.6	0.6	0.6	0.7	0.7	0.7	0.8	0.8	0.9	1.0	1.1	1.2	287
162	0.6	0.6	0.6	0.6	0.6	0.7	0.7	0.7	0.8	0.8	0.9	1.0	1.2	282
167	0.6	0.6	0.6	0.6	0.6	0.6	0.6	0.7	0.7	0.8	0.9	1.0	1.1	277
172	0.5	0.5	0.5	0.5	0.6	0.6	0.6	0.6	0.7	0.7	0.8	0.9	1.0	272
177	0.5	0.5	0.5	0.5	0.5	0.5	0.6	0.6	0.6	0.7	0.7	0.8	1.0	267
182	0.4	0.4	0.4	0.5	0.5	0.5	0.5	0.5	0.6	0.6	0.7	0.8	0.9	262
187	0.4	0.4	0.4	0.4	0.4	0.4	0.4	0.5	0.5	0.5	0.6	0.7	0.8	257
192	0.3	0.3	0.3	0.4	0.4	0.4	0.4	0.4	0.4	0.5	0.5	0.6	0.7	252
197	0.3	0.3	0.3	0.3	0.3	0.3	0.3	0.3	0.4	0.4	0.4	0.5	0.6	247
202	0.2	0.2	0.2	0.2	0.2	0.3	0.3	0.3	0.3	0.3	0.4	0.4	0.5	242
207	0.2	0.2	0.2	0.2	0.2	0.2	0.2	0.2	0.2	0.2	0.3	0.3	0.3	237
212	0.1	0.1	0.1	0.1	0.1	0.1	0.1	0.1	0.2	0.2	0.2	0.2	0.2	232
217	0.1	0.1	0.1	0.1	0.1	0.1	0.1	0.1	0.1	0.1	0.1	0.1	0.1	227
222	0.0	0.0	0.0	0.0	0.0	0.0	0.0	0.0	0.0	0.0	0.0	0.0	0.0	222

用左侧春分点地方时角时，方位角是北偏西。 用右侧春分点地方时角时，方位角是北偏东。

图 6－2－6　北极星方位角表

七、利用 GPS 求罗经差

前面已经讲述过利用 GPS 船位求罗经差的方法，而这里的 GPS 求罗经差主要是借助于 GPS 的高精度定位及大圆方位计算功能。随着 GPS 定位精度的越来越高，在实际工作中，就能快速求出较高精度的罗经差。

1. 观测低高度天体的罗方位并利用卫星导航仪求罗经差

1）基本原理

利用观测低高度天体的罗方位求罗经差，既繁琐又受到推算船位精度的制约，而利用 GPS 求罗经差，这些问题将会得到有效解决。

在 GPS 卫星导航仪中均有按 $\cot A_c = \cos\varphi_1 \tan\varphi_2 \csc D\lambda - \sin\varphi_1 \cot D\lambda$ 关系设计的求两点间大圆航向的功能。在这里，出发点的船位（φ_1，λ_1）由 GPS 直接给出，到达点的位置（φ_2，λ_2）用天体的地理位置代替，天体的地理位置可以根据观测时间查《航海天文历》求得。而 $D\lambda$ 就是天体的半圆地方时角 LHA。这样，可由 GPS 求得大圆航向，该航向即为天体的计算方位 A_c。

2）求罗经差的步骤

（1）预求观测时刻的天体地理位置（φ_2，λ_2）：①利用预定的 ZT（取整，省略分秒内插）求得 GMT；②利用 GMT 在《航海天文历》中求得天体位置（Dec，GHA）；③将天体位置转化为天体地理位置（φ_2，λ_2），即

$$\varphi_2 = Dec，\ \lambda_2 = \begin{cases} GHA\ (GHA < 180°)，\ \mathrm{W} \\ 360° - GHA\ (GHA > 180°)，\ \mathrm{E} \end{cases}$$

（2）将天体地理位置（φ_2，λ_2）输入 GPS 中，即可显示当时船位到天体地理位置点的大圆航向，该航向即为当时天体的计算方位，注意不是观测时刻的计算方位。

（3）到预定时刻 ZT 测得天体的罗方位，同时读取此刻天体的计算方位 A_c，此时应注意，测天体的罗方位与读取天体的计算方位 A_c 在时间上应尽量同步。

（4）求得罗经差：$\Delta C\ (\Delta G) = A_c - CB\ (GB)$。

2. 观测单物标罗方位并利用卫星导航仪求罗经差

该方法与上述方法基本一样，只是在这里用陆标代替天体。

观测单物标罗方位求罗经差的步骤如下所示。

（1）在海图上选取适当的显著物标，量出其经、纬度（φ_2，λ_2）；

（2）将陆标位置（φ_2，λ_2）作为下一转向点输入 GPS 中；

（3）观测陆标罗方位的同时，记下 GPS 中显示的大圆航向，该航向即为陆标的计算方位 A_c；

（4）求得罗经差：$\Delta C\ (\Delta G) = A_c - CB\ (GB)$。

任务实施

任务 1　观测太阳低高度方位求罗经差

基本要求：

1. 正确掌握观测时机；

2. 正确查阅《太阳方位表》；

3. 正确进行有关计算。

实施步骤：

1. 准备工作

多媒体教室，《太阳方位表》。

2. 实施过程

由于方位的测定前面已有较多描述，在此不再累述。教师设定时间与太阳观测方位，学生查表计算求得罗经差。

任务2　观测太阳真出没方位求罗经差

基本要求：

1. 正确掌握太阳真出没时机；
2. 正确查阅《太阳方位表》；
3. 正确利用《太阳方位表》求取罗经差；
4. 正确利用公式计算求取罗经差。

实施步骤：

1. 准备工作

多媒体教室，太阳方位表，学生自带计算器。

2. 实施过程

教师设定太阳真出没时的观测方位，要求学生分别利用《太阳方位表》和公式求得罗经差。

任务评价

评价内容		评价标准	权重	得分
任务完成情况	任务1	1. 正确进行查表计算	0.2	
		2. 回答有关问题	0.1	
	任务2	1. 正确进行查表计算	0.2	
		2. 正确进行公式计算	0.2	
		3. 回答有关问题	0.1	
职业素养		1. 遵守课堂纪律 2. 按时认真完成学习及工作任务 3. 有问题及时提出和反馈意见	0.1	
创新意识		1. 能举一反三 2. 善于提出问题，总结经验	0.1	
总得分				

任务拓展

1. 简述观测天体方位求罗经差的原理。

2. 试述影响观测天体求罗经差准确性的主要因素。

3. 试述提高观测天体求罗经差精度的方法。

4. 试述观测太阳低高度方位求罗经差的步骤。

5. 简述《太阳方位表》的结构。

6. 说明计算太阳真方位的常用方法。

7. 试解释太阳真出没和视出没。

8. 试述用《太阳方位表》计算太阳真方位的方法。

9. 试述观测北极星方位求罗经差的条件和要求。

10. 试述观测北极星方位求罗经差的步骤。

11. 2012 年 3 月 18 日，$ZT = 0737$，推算船位（34°38′.2N，123°28′.5E），罗航向为 008°，观测低高度太阳罗方位 $CB = 089°28'.5$，试分别利用《太阳方位表》和《航海天文历》求罗经差 ΔC。

12. 2012 年 3 月 28 日，推算船位（31°38′.5N，125°25′.5E），罗航向为 120°，测得太阳真出罗方位 $CB = 095°25'$，分别利用《太阳方位表》和《航海天文历》求罗经差 ΔC。

13. 2012 年 8 月 18 日，$ZT = 0555$，推算船位（32°40′.5N，145°25′.5E），罗航向为 160°，测得北极星罗方位 $CB = 003°$，求罗经差 ΔC。

14. 观测低高度太阳方位求罗经差的原因以下不正确的说法是________。

A. 减小由于罗经盘面的倾斜而产生的观测太阳罗方位的误差

B. 减小由于推算船位的误差而产生的太阳真方位的误差

C. 此时太阳方位变化较慢，则观测误差较小

D. 此时观测太阳高度比较方便

15. 在观测低高度太阳方位求罗经差时，应先把查表求得的太阳方位由半圆周法换算为________。

A. 圆周法　　B. 倍角法

C. 象限法　　D. 以上均错

16. 《太阳方位表》英文版的名称是________。

A. Davis's Tables　　B. Burdwood's Tables

C. Azimuth Tables　　D. A 和 B

17. 观测低高度太阳方位求罗经差，《太阳方位表》的查表引数是________。

A. 纬度、赤纬、视时　　B. 纬度、赤纬、世界时

C. 纬度、赤纬、平时　　D. 纬度、半圆地方时角、赤纬

18. 利用《太阳方位表》求罗经差，如果北纬测者下午进行观测，从表中查得的太阳方位命名是________。

A. NE　　B. NW

C. SE　　D. SW

19. 船舶在中国沿海航行，上午利用《太阳方位表》求得的半圆方位的名称是________。

A. NE　　B. NW　　C. SE　　D. SW

20. 船舶在中国沿海航行，傍晚测得东天一星体罗方位，求得其半圆方位的名称是________。

A. NE　　B. NW　　C. SE　　D. SW

21. 在观测低高度太阳方位求罗经差中，求太阳计算方位的方法有________。

Ⅰ.《太阳方位表》；Ⅱ.《天体高度方位表》和《航海天文历》；Ⅲ.《航海表》；Ⅳ.《计算器》和《航海天文历》

A. Ⅰ~Ⅲ　　B. Ⅰ，Ⅱ，Ⅳ　　C. Ⅱ~Ⅳ　　D. Ⅰ，Ⅲ，Ⅳ

22. 与其他的表册相比，利用《太阳方位表》求罗经差的优点是________。

A. 不必内插　　B. 计算简便

C. 不用配备《航海天文历》　　D. 精度高

23. 太阳真出没是指________。

A. 太阳上边沿与水天线相切时

B. 太阳上边沿与测者地心真地平相切时

C. 太阳中心恰好通过测者地心真地平时

D. 太阳下边沿恰好与测者地心真地平相切时

24. 太阳的地心真高度等于0°时的瞬间称为________。

A. 太阳的视出没　B. 太阳的真出没　C. 太阳低高度　D. 太阳中天

25. 观测太阳真出没方位在________上要受到限制。

A. 观测仪器　B. 观测距离　C. 观测时间　D. 观测高度

26. 在观测太阳真出没方位求罗经差时，太阳真出没的时刻是指太阳下边沿的视高度约为________。

A. 2/3 太阳直径　B. 1/3 太阳直径　C. 3/2 太阳直径　D. 1/2 太阳直径

27. 当太阳真出没时，其视高度约为2/3 太阳视直径，则测者眼高约为________。

A. 5 m　　B. 10 m　　C. 16 m　　D. 21 m

28. 当太阳真出没时，太阳的真高度为________，此时太阳下边沿的视高度约为________太阳视直径。

A. 0°，1/3　　B. 90°，2/3　　C. 10°，3/5　　D. 0°，2/3

29. 太阳真出比太阳视出要________，太阳真没比太阳视没要________。

A. 晚/晚　　B. 晚/早　　C. 早/早　　D. 早/晚

30. 已知测者纬度等于30°N，3月21日测得太阳真没方位等于92°NW，则罗经差为________。

A. +2°　　B. −2°　　C. +1°　　D. −1°

31. 利用《太阳方位表》可以查算出太阳的________出没方位，查表引数为________。

A. 视/纬度和赤纬　　B. 真/纬度和赤纬

C. 真/地方平时　　D. 真/区时

32. 利用《太阳方位表》求太阳真出没方位的查表引数是________。

A. 纬度、赤纬和时角　　　　B. 纬度和视时

C. 纬度、视时和赤纬　　　　D. 纬度和赤纬

33. 在观测天体求罗经差时，可见水天线的方法是________。

A. 观测低高度太阳方位求罗经差　　　　B. 观测北极星方位求罗经差

C. 观测真出没太阳方位求罗经差　　　　D. 观测低高度恒星方位求罗经差

34. 在观测天体求罗经差时，不必记录观测时间的方法是________。

A. 观测低高度太阳方位求罗经差　　　　B. 观测北极星方位求罗经差

C. 观测太阳真出没方位求罗经差　　　　D. 观测低高度恒星方位求罗经差

35. 测者纬度 $\varphi = 30°\text{N}$，3 月 21 日，太阳真出时的位置角等于________。

A. 30°　　　　B. 45°　　　　C. 60°　　　　D. 90°

36. 测者纬度 $\varphi = 30°\text{N}$，3 月 21 日，太阳真出时的半圆地方时角等于________。

A. 30°　　　　B. 45°　　　　C. 90°　　　　D. 60°

37. 观测低高度北极星罗方位求罗经差的说法不正确的是________。

A. 可以使由推算船位求得的计算方位代替天体的真方位所产生的方位误差趋于零

B. 减小由于罗经盘面的倾斜而引起的观测天体罗方位的误差

C. 视差较小

D. 计算相对简便

38. 在观测北极星罗方位求罗经差时，查取北极星真方位的表册是________。

A. 《天体方位表》　　　　B. 《航海天文历》

C. 《太阳方位表》　　　　D. 《天体高度方位表》

39. 在观测北极星罗方位求罗经差时，查取北极星真方位时的查表引数是________。

A. 测者纬度、北极星赤纬和春分点格林时角

B. 测者纬度、北极星赤纬和春分点地方时角

C. 测者纬度和北极星赤经

D. 测者纬度和春分点地方时角

项目七 潮汐推算

核心概念

潮汐、潮汐成因、潮汐不等现象、潮汐术语、潮时差、潮高差、潮差比、潮信资料。

项目描述

潮汐对船舶航行的影响很大，作为船舶驾驶员应充分掌握潮汐变化规律，掌握必要的潮汐推算，以保证船舶航行安全、提高航行效率。

本项目主要描述潮汐的形成原因，潮汐的基本术语，中、英版《潮汐表》的使用，以及潮汐与潮流的推算。

学习目标

1. 掌握潮汐的基本成因；
2. 掌握潮汐的基本类型及潮汐术语；
3. 利用中、英版《潮汐表》进行潮汐计算；
4. 潮流的计算。

模块 1　潮汐计算

模块描述

本模块主要介绍了潮汐的形成原因，潮汐术语以及利用中、英版《潮汐表》进行潮汐计算的方法。

学习目标

1. 掌握潮汐的成因；
2. 掌握基本的潮汐术语；
3. 掌握《潮汐表》的使用方法；
4. 利用中、英版《潮汐表》进行潮汐推算。

工作任务

中、英版《潮汐表》的查阅及潮汐计算。

知识准备

一、潮汐对航海的影响

生活在海边的人们可以观察到，海面每天会产生周期性的升降运动现象，我们把这种现象称为潮汐。伴随着海面周期性的升降运动而产生的海水周期性的水平方向流动称为潮流。

其实，人类很早就发现了这种现象。中国古时候人们曾把早晨海水上涨的现象叫做潮，把黄昏上涨的现象叫做汐，合称潮汐。

潮汐与航海的关系非常密切，就船舶驾驶而言，意义重大，主要体现在以下几个方面。

（1）潮汐影响水深及通航高度。对于浅水航道、浅水海湾或者港口，吃水深的船舶就要利用高潮或涨潮才能进入，如我国的上海港、印度的加尔各答港和英国的伦敦港等。此外，对于桥梁、架空管线等通航高度受到限制的水域，上层建筑高的船舶尤其要注意潮汐的变化。

（2）潮汐影响航速、航向。船舶顺着潮流航行，就能加快航速，节约时间和燃料；反之，则航速变慢，航行时间和燃油消耗都将增加。此外，潮汐还直接影响到船舶的航向，影响到船舶是否航行在计划航线上。

（3）潮汐影响船舶的操纵。潮汐的变化，直接影响到船舶的航行、靠离泊、抛起锚等作业。

（4）潮汐还影响到船舶的停泊安全。靠泊船受潮汐的影响导致缆绳松紧发生变化；锚泊、系泊船受潮汐的影响，船位将发生较大的变化，甚至走锚等。

另外，潮汐与沿海地区的农业、渔业、盐业、港口建设、大地测量、潮汐能源开发和环境保护等方面都有着十分密切的关系。

本模块主要从航海实际应用出发，阐述潮汐的基本成因、潮汐术语以及潮汐、潮流的计算方法等内容。

二、潮汐的基本成因

人类很早就知道潮汐与月球有密切的关系。中国汉代的王充（公元27—97年）在《论衡》一书中指出："涛之起也，随月盛衰，大小满损不齐同"。古代的涛和潮通用，指的都是潮水。这段话科学地说明了潮汐与月球的关系。唐代的窦叔蒙（8世纪中后期）、北宋的燕肃（约961—1040年）、宋代的余靖（1000—1064年）也都对潮汐的成因有过科学的描述。

到了17世纪，英国科学家牛顿（1643—1727年）才根据他提出的万有引力定律，提出了平衡潮理论，用引潮力说明潮汐的成因，对潮汐作了科学的解释。继牛顿之后，瑞士科学家伯努利和法国科学家拉普拉斯分别建立了潮汐的静力学和动力学的基础理论。此后，不少学者继续对潮汐进行理论研究，直到19世纪60年代末，英国科学家开尔文和达尔文等人才提出潮汐分析和预报方法，并在得到广泛应用之后，形成较完善的潮汐学。目前，随着科学的迅速发展，潮汐理论更加完善。

本模块仅从航海实际需要出发，利用平衡潮理论（静力学理论）分析潮汐的基本成因。为了使问题简化，平衡潮理论有2个假设：

（1）整个地球被等深的大洋所覆盖，所有自然地理因素对潮汐不起作用。

（2）海水没有摩擦力和惯性力，外力使海水在任何时候都处于平衡状态。

平衡潮理论告诉我们，潮汐产生的原动力是天体的引潮力，即天体的万有引力和"地球-天体"相对运动所产生的惯性离心力的向量和，其中主要是月球的引潮力，其次是太阳的引潮力。以下根据月球的引潮力讨论潮汐的基本成因。

1. 月球的引力

根据牛顿提出的万有引力定律，在地球和月球的引力系统中，月球与地球之间的引力与地、月两球的质量成正比，与它们之间距离的平方成反比，即

$$f = k\frac{m_M \cdot m_E}{R^2}$$

式中：m_M为月球质量；m_E为地球质量；R为地球与月球中心间的距离；k为万有引力系数。

这样，地球上某单位水质点p所受的月球引力为

$$f_p = k\frac{m_M}{r^2}$$

式中：m_M为月球质量；r为地球上单位水质点与月球中心间的距离；k为万有引力系数。

对于地球上各点来说，其所受的月球引力的大小和方向均不相同，离月球近的水质点受力大，离月球远的则受力小，且引力的方向均指向月球中心，如图7-1-1所示。

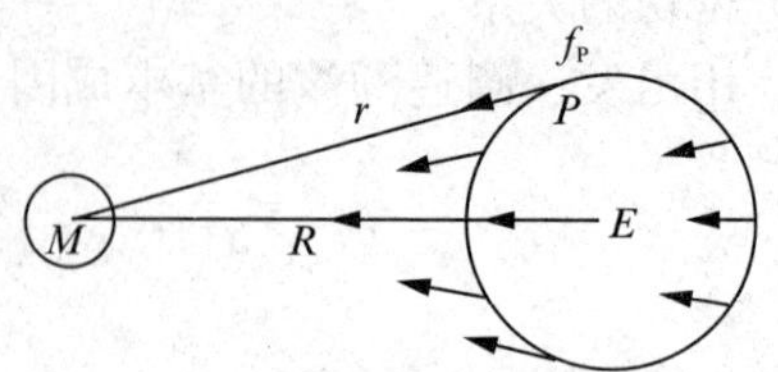

图7-1-1　地球上单位水质点所受的月球引力

2. 惯性离心力

1）地月系质心

月球对地球有吸引力，同样地球对月球也有吸引力。这样月地之间就构成一个互相吸引的引力系统，并有一个公共质心，称“月地系中心”或“地月系质心”。这个质心，可根据力矩平衡原理（即质心与月心、质心与地月心和质心与地心的距离之比等于地球和月球的质量之比）求得，地月系质心位于距地心0.73倍地球半径的地方，并且地心、月心和质心在一条直线上，如图7-1-2所示。

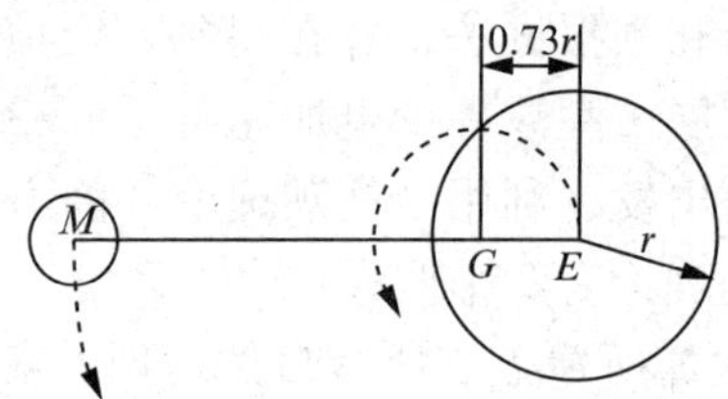

图7-1-2　月-地系统的运动

2）地球上各点的惯性离心力

众所周知，月球是绕地球公转的，其实这种运动是月球和地球绕着它们的公共质心（G）所做的圆周平动运动，周期为一个太阴月，约27.3日，运动的结果产生了惯性离心力。由于这种运动是圆周平动运动，所以地球上各点的惯性离心力方向相同、大小相等，方向背向月球，如图7-1-3所示。当只考虑地、月系统时，地球中心所受到的月球引力与地球绕公共质心的平动运动产生的惯性离心力处于平衡状态，所以地球上单位质点的惯性离心力f_E的大小都等于地心质点受到的月球引力的大小，即

$$f_E = k\frac{m_M}{R^2}$$

3. 月球引潮力与月潮椭圆体

通过上述讨论可知，地球上各点在任何时刻均同时受到月球引力和地球绕公共质心进行圆周平动运动所产生的惯性离心力的作用，这两个力的矢量和即为月球引潮力，如

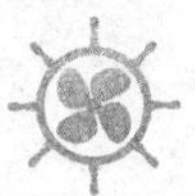

图 7－1－4 所示。在地球中心，引力和惯性离心力大小相等、方向相反，处于力的平衡状态，引潮力等于零，而在地球表面上各点的引力和惯性离心力不会相互抵消，其合力就是引潮力。虽然各点引潮力的大小和方向皆不相同，但就整个地球而言，仍处于一种平衡状态。

根据假设，整个地球表面被等深的海水所覆盖，则在引潮力的作用下，形成了长轴与月-地连线重合的椭圆体，该椭圆体称为月潮椭圆体，如图 7－1－4 所示。在月潮椭圆体上，所受引潮力指向球心的各点所组成的水圈称为照耀圈。

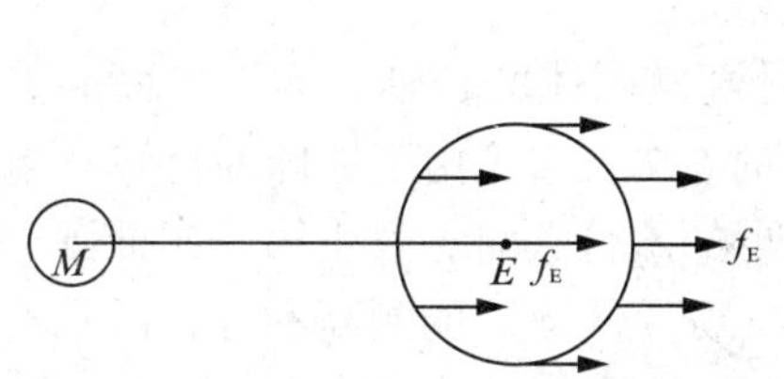

图 7－1－3　地球上质点受到的惯性离心力

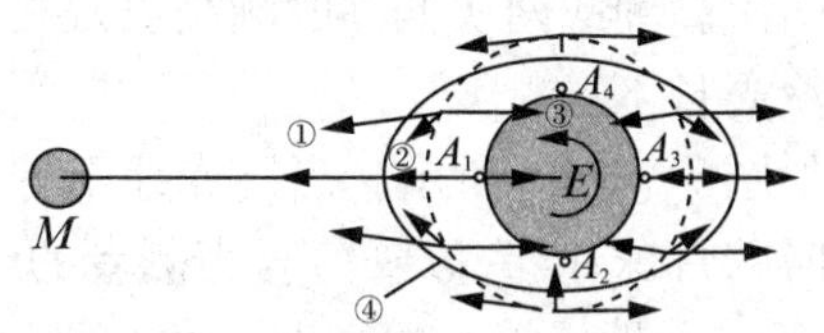

图 7－1－4　月球引潮力与月潮椭圆体

4. 潮汐的形成

图 7－1－4 中的月潮椭圆体是假定月球赤纬为零时的月潮椭圆体，A_1，A_2，A_3，A_4 分别表示地球表面上任意一点 A 在地球自转中的 4 个位置。A_1 点，月球在该点上中天，该地海面水位升到最高，产生该地当日第一次高潮；当地球自转至 A_2 点（第一次过照耀圈）时，海面水位下降到最低，产生该地当日第一次低潮；当地球自转到 A_3 点时，即月球下中天，海面水位再次升到最高，产生该地当日第二次高潮；当地球自转到 A_4 点（第二次过照耀圈）时，海面水位再次下降到最低产生该地当日第二次低潮；当月球再次上中天时又发生了高潮。月球连续两次上（下）中天的时间间隔称为一个太阴日，约 24 h 50 min。相邻两个高潮（低潮）的间隔（约为 12 h 25 min）称为一个潮汐周期。这样，在一个太阴日中发生了两次高潮与两次低潮，如图 7－1－5 所示。

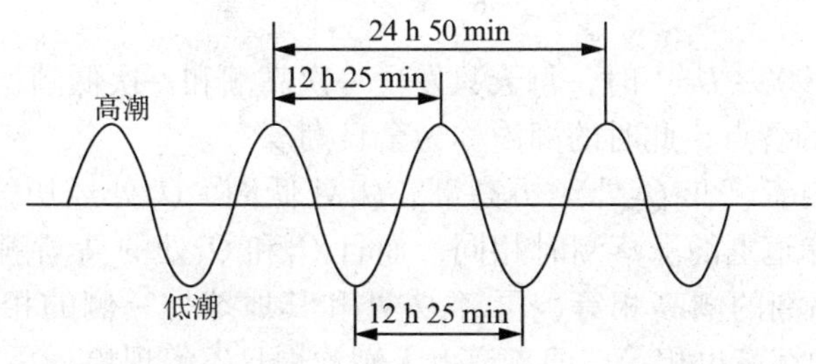

图 7－1－5　潮汐周期

以上是根据月球引潮力来分析潮汐的产生原因，太阳作为天体，同样对地球的水质点产生引潮力，称为日引潮力。太阳质量虽然比月球质量要大 2 710 万倍，但是太阳离地球的距离比月球离地球的距离大 389 倍。通过计算得知，月球引潮力是日引潮力的 2. 17 倍。所以，潮汐的产生主要是由月球引潮力引起的。

三、潮汐不等

1. 潮汐的周日不等

以上已经分析了在月赤纬等于0°的情况下地面某点潮汐一日的变化，从理论上讲，地面上各点在一个太阴日中发生的两次高潮潮高（低潮潮高）及相邻的高、低潮的时间间隔均相等，此时的潮汐称为分点潮。

实际上，由于月球赤纬的变化，以及地理环境等因素的影响，在同一太阴日中所发生的两次高潮或两次低潮的潮高以及相邻的高、低潮的时间间隔并不相等，这种现象称为潮汐周日不等。

如图7－1－6所示，当月赤纬不等于零时，月潮椭圆体的长轴与赤道平面的夹角等于当时的月球赤纬（$Dec^{☾}$）。当测者的纬度不为0时，如点Z，由于地球的自转，当Z点在Z_1处时，发生第一次高潮，过一段时间后，当处在Z_2位置时，发生第一次低潮。第二次高潮则发生在Z_3处，显然，同一太阴日中两次高潮（低潮）的潮高不等，而且$Z_1Z_2 \neq Z_2Z_3$，即相邻的高、低潮时间间隔不等，或涨落潮时不等。当月赤纬增大时，这种潮汐周日不等现象更为显著。当月球赤纬达到最大时，潮汐的周日不等现象最显著，此时的潮汐称为回归潮。

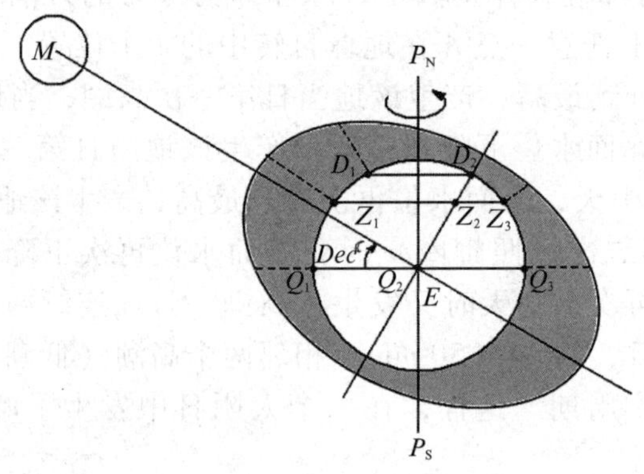

图7－1－6 潮汐的周日不等

当测者纬度$\varphi \geq 90° - Dec^{☾}$时，每天只发生一次高潮和一次低潮，如图7－1－6中的位于D_1，D_2纬圈上的各点，此时的潮汐称为全日潮。

对于赤道上的测者，在Q_1处经历高潮，Q_2处低潮，Q_3处经历第二次高潮。显然，$Q_1Q_2 = Q_2Q_3$，所以赤道上的涨落潮时相同，而且Q_1和Q_3处的高潮潮高相等，即赤道上的测者经历的两次高潮的潮高相等，再者Q_2处和其地球另一侧的相对点都位于照耀圈上，所以两次低潮的潮高也相等，即赤道上无潮汐周日不等现象。

上述是以月球引潮力为例说明了潮汐的成因及潮汐的周日不等。虽然太阳的引潮力是月球引潮力的1/2.17，但是太阳的引潮力同样会产生太阳潮汐椭圆体。同样，当太阳的赤纬不等于零时，也会发生潮汐的周日不等现象。

2. 潮汐的半月不等

太阳潮的存在增加了潮汐现象的复杂性，月球、太阳和地球的空间相对位置总是在周期性地改变着，在某些特定位置，太阳潮对潮汐的影响特别显著，这是产生潮汐半月

不等现象的主要原因。

如图7-1-7所示，当月球处在新月（月相●）或满月（月相○）位置时，太阳、月球潮汐椭圆体的长轴在同一平面内，即太阳潮汐椭圆体与月潮椭圆体的长轴方向基本一致，日、月引潮力互相叠加，出现高潮最高、低潮最低的现象，此时的潮差最大，称为大潮。

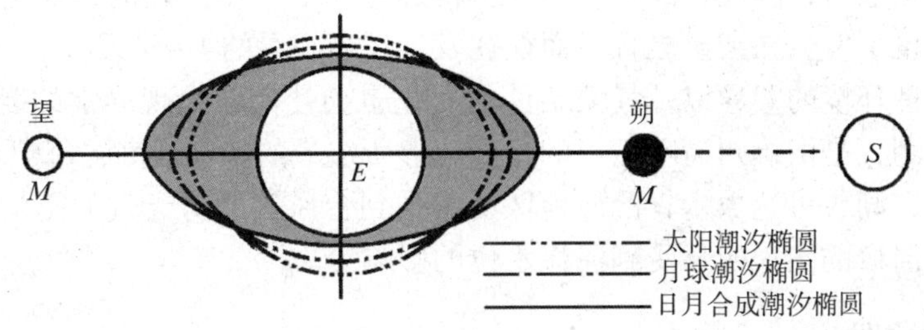

图7-1-7　大潮的产生

如图7-1-8所示，当月球在上弦（月相☽）或下弦（月相☾）位置时，太阳潮汐椭圆体与月球潮汐椭圆体的长轴方向相互垂直，因此引潮力互相抵消，出现高潮最低、低潮最高的现象，此时的潮差最小，称为小潮。可见，从朔（新月）、望（满月）到两弦，潮差在不断地变化。具体地说，就是从新月到上弦潮差逐渐变小；从上弦到满月潮差逐渐变大；到满月时潮差与新月时一样又达到最大；从满月到下弦，从下弦到新月又产生同样的反复。显然，潮差是以半个朔望月（约14.5天）为周期而变化的，称为潮汐的半月不等。

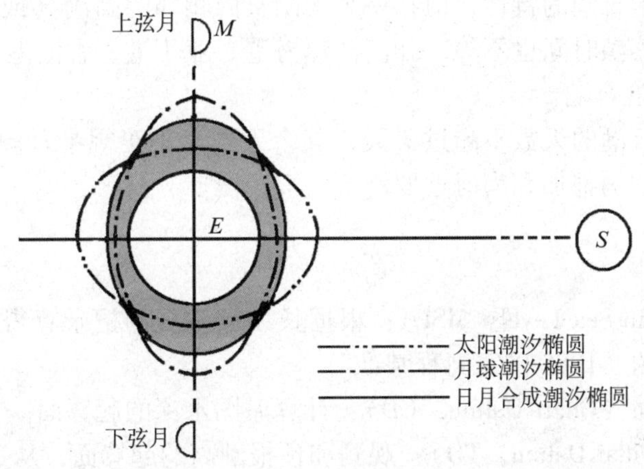

图7-1-8　小潮的产生

3. 潮汐的视差不等

月球是沿椭圆轨道绕地球转动的，地球在椭圆轨道的一个焦点上。当月球位于近地点时（距离约为57个地球半径），其引潮力要比位于远地点（距离约为63.7个地球半径）时的大40%，其周期为一个恒星月，约27.3天。太阳潮中也同样存在这种潮汐不等的现象，每年1月3日前后，地球离太阳最近，此点为近日点，而每年7月4日前，

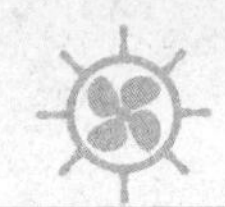

地球离太阳最远，此点为远日点，近日点的引潮力比远日点的引潮力大10%，其周期为一个回归年，约365.242 2天。这种由于地球与月球、太阳距离变化而产生的潮汐不等，称为潮汐视差不等。

上述对潮汐成因、潮汐不等问题的讨论，都是根据牛顿的潮汐静力学理论，在理想的假设条件下进行的。事实上，海水有粘滞性，海洋深浅不一，海底崎岖不平，海水与地面有很大的摩擦力，因此，高潮并不发生在月上（下）中天之时，而是滞后一段时间才发生。大潮也不发生在朔望之日，而往往发生在朔望后的1~3天。

另外，地理环境的差异以及气象条件的变化也会使潮汐出现异常的变化。例如：我国的钱塘江大潮，是由杭州湾喇叭口的特殊地形所造成的特大涌潮，每年农历八月十五，钱江涌潮最大，潮头可达数米；沿海地区由于受到台风等恶劣天气的影响会产生异常的风暴潮；入海河口的潮汐明显受到河流水位的影响等。

四、潮汐类型

潮汐的涨落现象因时、因地而异，地球上各地的潮汐归纳起来有4种类型。

1. 正规半日潮

一个太阴日内有两次高潮和两次低潮，两次高潮和两次低潮的高度都几乎相等，涨潮时间和落潮时间也接近相等。正规半日潮港如青岛港、巴拿马港等。

2. 正规日潮

在半个月中有连续1/2以上天数是日潮，而在其余日子则为半日潮。我国南海有许多地点（如北部湾、红岛、德顺港等）的潮汐，都属于正规日潮类型港口。

3. 不正规半日潮混合潮

它基本上具有半日潮的特性，但在一个太阴日内相邻的高潮（或低潮）的高度相差很大，涨潮时间和落潮时间也不等，如浙江镇海港、亚丁港、香港港等。

4. 不正规日潮混合潮

在半个月中，日潮的天数不超过7天，其余天数为不正规半日潮，如我国海南岛的榆林、鄂霍次克海的马都加和南海暹罗湾等。

五、潮汐术语

平均海面（Mean Sea Level，MSL）：根据长期潮汐观测记录算得的某一时期的海面平均高度，如我国的“1985国家高程基准”。

海图深度基准面（Chart Datum，CD）：计算海图水深的起算面。

潮高基准面（Tidal Datum，TD）：观测和预报潮高的起算面，从平均海面向下度量。潮高基准面一般与海图深度基准面一致。因此，实际水深等于当时潮高加上海图水深。如两者不一致，则在求实际水深时，应对两者的差值进行修正。

潮高（Tide Height）：从潮高基准面至某潮面的高度。

高潮（High Water，HW）：海面升到最高。

低潮（Low Water，LW）：海面降到最低。

涨潮（Flood Tide）：海面由低潮上升到高潮的过程。

落潮（Ebb Tide）：海面由高潮下降到低潮的过程。

平潮（Slack）与停潮（Stand）：高潮发生后，海面往往会持续一段时间，既不升高也不下降，称平潮；同样，低潮发生后海面也会出现此现象，称停潮。

潮时（Tide Time）：测定潮高的时间。高潮时是指高潮发生的时刻，一般取平潮的中间时刻为高潮时；低潮时是指低潮发生的时刻，一般取停潮的中间时刻为低潮时。

涨潮时间（Duration of Rise）：从低潮时到高潮时的时间间隔。

落潮时间（Duration of Fall）：从高潮时到低潮时的时间间隔。

大潮升（Spring Rise，SR）：从潮高基准面到平均大潮高潮面的高度。

小潮升（Neap Rise，NR）：从潮高基准面到平均小潮高潮面的高度。

平均高潮间隙（Mean High Water Interval，MHWI）：每天月中天时刻到当地高潮时的时间间隔的长期平均值。

平均低潮间隙（Mean Low Water Interval，MLWI）：每天月中天时刻到当地低潮时的时间间隔的长期平均值。

潮龄（Tidal Age）：由朔望至其后实际发生大潮时的时间间隔。潮龄一般为1～3天。我国沿海的大潮日一般为初三、十八，小潮日则为初十、廿五。

潮差（Tidal Range）：相邻高、低潮潮高之差。大潮时的平均潮差称大潮差，小潮时的平均潮差称小潮差。

高高潮（Higher High Water，HHW）：在一个太阴日中发生的两次高潮中潮高较高的高潮。

低高潮（Lower High Water，LHW）：在一个太阴日中发生的两次高潮中潮高较低的高潮。

高低潮（Higher Low Water，HLW）：在一个太阴日中发生的两次低潮中潮高较高的低潮。

低低潮（Lower Low Water，LLW）：在一个太阴日中发生的两次低潮中潮高较低的低潮。

有关术语的潮汐图解如图7－1－9所示。

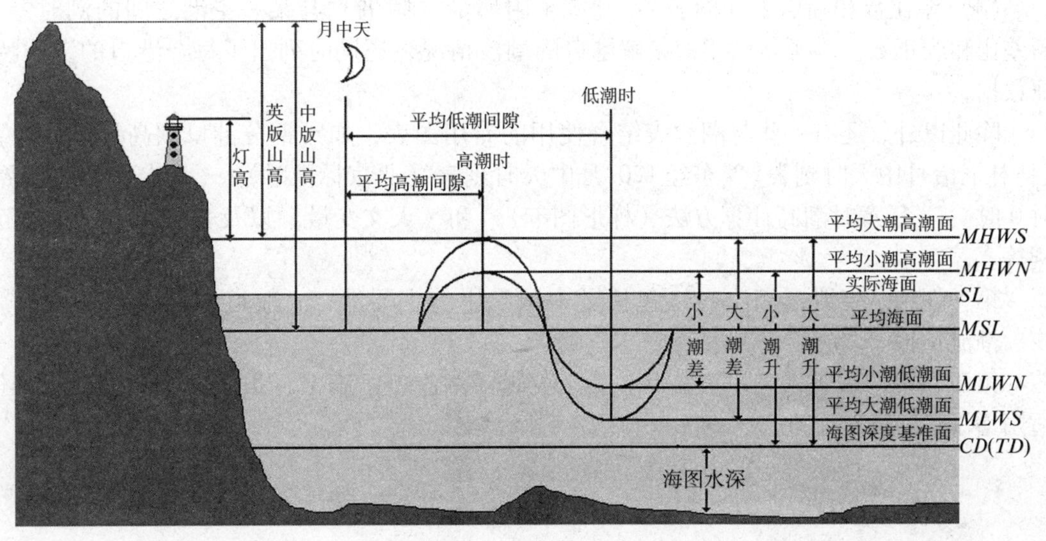

图7－1－9　潮汐图解

六、中版《潮汐表》

1. 出版情况

中版《潮汐表》的出版单位主要有国家海洋局海洋信息中心和中国人民解放军海军司令部航保部2个部门。目前，中国人民解放军海军司令部航保部出版的中版《潮汐表》共有4册，即：H101（黄、渤海海区）、H102（东海海区）、H103（南海海区）、H104（太平洋北西部）。本书以国家海洋局海洋信息中心出版的《潮汐表》为蓝本进行介绍。

由我国国家海洋局海洋信息中心编制、海洋出版社出版的《潮汐表》共分6册，分为中国沿岸3册和世界大洋区域3册。

第一册：中国渤海和黄海沿岸，从鸭绿江口至长江口

第二册：中国东海沿岸，从长江口至台湾海峡

第三册：中国南海沿岸及诸群岛，包括广东、广西和海南诸省

第四册：太平洋及毗邻水域，西起马六甲海峡，东到南北美西海岸，北起白令海，南到南极洲沿岸，还包括澳大利亚的整个沿岸港口

第五册：印度洋及毗邻水域

第六册：大西洋及毗邻水域

《潮汐表》每年出版一次，本年度的《潮汐表》均在上年度提前编印出版。根据使用情况，本节主要对中国沿岸（前3册）《潮汐表》的使用作详细介绍。

2. 主要内容

（1）主港潮汐预报表（主表）：刊载了各册表列区域的主港的每日逐时潮高和高（低）潮时、潮高预报，或只刊载每日高（低）潮时、潮高预报。图7-1-10是天津塘沽2012年1月份的潮汐。

（2）潮流预报表：刊载了部分海峡、港湾、航道以及渔场等潮流预报站点的每日潮流预报（第五、六册不含此项内容）。

（3）差比数和潮信表（附表）：刊载了附属港（附港）与某一主港之间的潮时差、潮差比和改正数。为了帮助用户了解港口的潮汐情况，还同时列出了每个港口的潮汐特征数据。

除此以外，还有一些与潮汐表结合使用的专用图表，如《部分港口潮高订正值表》《格林尼治月中天时刻表》《东经120°月中天时刻表（北京标准时）》《月赤纬表（世界时0时）》《任意时潮高计算方法（梯形图卡）》和《天文变量》以及表册说明和使用范例等。

第一、二、三册《潮汐表》包括了中国沿岸的主要港口、航道、渔场、海峡的潮汐、潮流预报。

第四、五、六册《潮汐表》除包括了英版《潮汐表》第Ⅰ，Ⅱ，Ⅲ卷的主港外，还适当增添了一部分主港。

塘　　沽

TANGGU

2012年潮汐表　　38°59′N　　117°47′E　　1 月

每　时　潮　高

日　期

时间	1 SU	2 M	3 TU	4 W	5 TH	6 F	7 SA	8 SU	9 M	10 TU	11 W	12 TH	13 F	14 SA	15 SU	16 M
0	156	203	246	277	289	280	251	210	161	114	74	50	46	61	89	131
1	116	161	211	256	288	302	297	273	234	189	142	98	65	53	64	94
2	94	129	176	227	271	303	319	317	297	263	220	175	130	92	72	78
3	102	117	151	197	246	288	317	334	335	319	290	252	210	166	124	99
4	144	132	144	176	218	261	297	324	341	345	335	312	281	245	202	169
5	205	174	161	169	195	230	266	298	321	338	345	343	329	307	275	234
6	269	229	198	183	185	203	231	261	288	310	326	338	343	340	326	298
7	318	283	244	212	193	189	199	220	246	272	293	309	324	338	344	337
8	339	319	286	250	217	194	183	187	204	227	261	272	289	308	328	341
9	331	331	313	284	250	216	189	172	171	186	207	228	248	267	290	315
10	301	318	319	305	280	249	216	185	163	157	167	184	202	221	243	271
11	258	287	305	309	300	281	253	220	186	160	147	149	159	173	192	220
12	207	242	274	296	305	302	288	264	231	195	162	139	129	132	143	166
13	169	193	230	266	292	306	309	300	279	248	210	168	132	110	105	118
14	124	147	183	223	262	292	311	318	313	296	267	227	176	127	93	84
15	113	116	139	177	219	260	293	315	325	324	310	283	241	182	122	81
16	132	110	112	134	172	215	257	291	313	325	329	319	295	250	185	118
17	176	130	106	106	128	165	208	248	281	304	319	329	325	301	253	183
18	228	171	124	99	98	118	153	194	232	263	287	308	325	327	303	250
19	273	219	161	114	88	86	105	137	175	211	241	268	286	319	324	298
20	297	281	207	149	102	76	72	89	118	153	186	218	250	284	311	316
21	299	284	247	195	138	92	65	59	73	98	130	163	198	236	275	303
22	280	288	273	238	189	135	89	59	49	58	80	110	145	184	228	269
23	245	274	284	271	239	194	143	96	61	45	49	67	95	133	178	226

每　时　潮　高

日　期

时间	17 TU	18 W	19 TH	20 F	21 SA	22 SU	23 M	24 TU	25 W	26 TH	27 F	28 SA	29 SU	30 M	31 TU
0	181	231	272	289	271	223	162	106	66	51	58	77	102	136	178
1	139	199	245	283	295	275	231	179	133	97	76	72	82	105	141
2	110	159	215	284	297	905	287	250	209	171	138	111	97	101	121
3	103	135	186	241	285	310	316	303	276	245	213	181	151	132	131
4	130	133	166	216	265	300	318	324	318	302	281	254	222	191	170
5	189	159	161	194	240	280	305	318	326	329	325	311	287	257	226
6	257	211	181	183	213	252	282	299	309	321	334	339	331	311	281
7	311	268	221	192	194	219	249	271	284	295	313	332	342	338	321
8	337	311	268	221	192	192	212	234	248	261	278	300	323	335	333
9	332	329	302	258	213	184	181	194	210	222	236	257	283	307	321
10	301	320	316	289	247	202	173	164	170	180	192	208	233	262	287
11	255	288	309	305	279	239	196	163	147	144	149	161	181	209	241
12	201	243	281	302	299	275	239	196	158	134	122	122	134	156	187
13	148	192	240	280	302	300	279	246	205	162	128	108	102	113	139
14	102	141	193	245	286	307	307	290	259	219	172	130	102	92	103
15	73	97	145	202	255	294	315	317	303	275	235	186	138	105	92
16	75	70	101	155	213	264	301	321	325	315	290	249	199	148	111
17	113	71	72	108	165	222	268	301	322	330	324	301	260	208	156
18	176	105	67	75	116	171	223	263	294	316	329	327	306	264	210
19	238	161	92	61	75	118	169	215	251	280	305	322	323	302	260
20	285	220	140	75	51	71	114	160	200	234	264	291	310	312	291
21	303	266	196	116	58	42	65	106	146	181	213	246	277	297	298
22	295	289	244	173	99	47	36	59	94	128	160	195	231	264	285
23	268	290	277	228	160	94	49	38	55	83	112	144	182	222	257

日期	潮时 时分	潮高 cm	日期	潮时 时分	潮高 cm
1	0217	93	16	0200	78
	0814	340		0738	343
SU	1452	113	M	1435	78
	2034	301	☾	2003	316
2	0258	117	17	0244	101
	0859	331		0820	339
M	1545	109	TU	1526	69
A	2144	289	P	2109	304
3	0348	144	18	0337	130
	0949	320		0910	329
TU	1645	105	W	1627	67
	2305	284		2232	292
4	0450	169	19	0442	160
	1044	310		1009	317
W	1749	98	TH	1740	66
5	0026	291	20	0007	289
	0602	185		0605	183
TH	1144	305	F	1120	306
	1854	98	S	1902	61
6	0133	305	21	0135	298
	0716	189		0735	190
F	1243	307	SA	1239	303
☽ N	1955	76		2019	50
7	0225	321	22	0246	311
	0815	182		0849	184
SA	1335	313	SU	1350	308
	2046	64		2123	39
8	0306	334	23	0335	320
	0902	172		0946	172
SU	1419	319	M	1451	315
	2131	55	●	2214	35
9	0341	342	24	0412	324
	0945	163		1033	159
M	1458	325	TU	1541	323
○	2213	48		2258	38
10	0415	346	25	0443	327
	1026	154		1113	146
TU	1534	328	W	1623	327
	2252	45		2336	47
11	0448	346	26	0514	330
	1106	147		1149	133
W	1610	329	TH	1702	330
	2329	44	E		
12	0520	345	27	0009	58
	1146	138		0546	335
TH	1648	329	F	1222	120
				1740	330
13	0006	46	28	0039	69
	0553	343		0618	340
F	1227	126	SA	1255	108
E	1730	329		1820	329
14	0042	51	29	0107	82
	0626	343		0651	343
SA	1308	110	SU	1330	98
	1817	328		1903	323
15	0120	62	30	0138	98
	0700	344		0724	341
SU	1350	92	M	1408	92
	1907	324	A	1951	313
			31	0212	121
				0759	333
			TU	1451	81
			☽	2048	299

时　区：－0800　　　　潮高基准面：在平均海面下 241　cm

图 7－1－10　塘沽潮汐表

3. 有关说明

（1）高（低）潮潮时用 4 位数表示，如 0812，表示 08 时 12 分；潮高单位为厘米（cm），当表中的潮高出现负值（－）时，表示潮面低于潮高基准面。潮高基准面在每页预报表下面有说明。

（2）《潮汐表》中主港预报表日期的下方为星期几的英文缩写，SU，M，TU，W，TH，F，SA分别表示星期日、一、二、三、四、五、六；星期下面的●，○，☽，☾，代表月相，分别表示新月、满月、上弦月、下弦月，N，S，E，P，A符号分别表示月球赤纬最北、赤纬最南、赤纬最小、近地点、远地点。发生时间使用格林尼治时间。

4. 注意事项

（1）《潮汐表》中所给的潮时为当地使用的标准时（Standard Time）。我国沿海港口用北京标准时（东八区时）；第四、五、六册中的外国诸港均在每页左下角注明所用标准时。若主、附港的标准时不同，在附表的潮时差中已包含其差别，使用者在计算附港潮时时无需再作此修正。

（2）在求实际水深时，必须注意潮高基准面（*TD*）与海图深度基准面（*CD*）是否一致。若两者不一致，应予以修正（详见本节“潮汐推算的应用”）。

（3）关于《潮汐表》的预报误差及水文气象对潮汐的影响。在正常情况下，中国沿岸主港的预报潮时的误差在20～30 min之间，潮高误差在20～30 cm之间，但是对于一些位于感潮河段中的主港预报潮高与实际水位相差较大。在下列情况下也可能出现较大误差，应予以注意：①有寒潮、台风或其他天气急剧变化时，水位随之发生特殊变化，潮汐预报值将与实际出入较大。寒潮常常引起“减水”，使实际水位低于预报很多，个别强烈的寒潮可使实际水位低于预报1 m以上。夏秋季节受到台风侵袭的地区（尤其是闽浙沿海）常常引起较大的“增水”，个别情况也有引起实际水位高于预报1 m以上的现象。此外，长江口附近春季经常有气旋出海而引起大风，也能引起水位的较大变化。②处在江河口的预报点，如营口、燕尾、吴淞、温州、海门和马尾等，每当汛期洪水下泄时，水位急涨，实际水位会高于预报值很多。③南海的日潮混合潮港，如海口、海安、北海等，因高潮与低潮常常有一段较长的平潮时间，预报的潮时有时会与实际差1 h以上，但这对实际使用影响不大，所报时间的潮高仍与实际比较相符。④潮流预报表的站位分为2种情况：一是往复流性质的站位，给出逐日的转流时间、最大流速时刻及其流速；二是回转流性质的站位，给出潮流回转一周（大约一个潮汐周期）过程中的两个极大值和两个极小值以及与其对应的时刻。潮流预报表中预报的只是水流中的潮流部分，在一般情况下，本表预报的潮流是水流中的主要成分，可以近似地视为实际水流，但是在特殊情况下，表层海流受到风的影响很大，使潮流规律不明显，这时表中的预报与实际水流有较大的差别。

七、利用中版《潮汐表》推算潮汐

1. 求主港潮汐

主港高、低潮的潮时和潮高，以及部分主港的每整点时刻的潮高，可直接按日期查《潮汐表》的主表求得。但应注意船时与表列标准时是否一致，若不一致，应将求得的潮时修正到相应的船时。

2. 求附港的高、低潮时和潮高

《潮汐表》中刊载的每日高、低潮的潮时和潮高预报的港口称为主港（Standard Port），它通常是重要港口或者能够代表某类潮汐特征的港口。如果某两个港口的潮汐特征类似，则两者之间具有几乎不变的潮时差和潮差比（差比关系）。此时，可利用其中

一个港口（主港）的逐日高、低潮的潮时和潮高预报，通过它们的差比关系推算另一港口的潮汐，根据与主港的差比关系来推算潮汐的港口称为附港（Secondary Port）。利用主港潮汐和主、附港间的差比数可推算求得附港潮汐，或利用港口的潮信资料也可以估算该港的潮汐。

1）利用差比数求附港潮汐

附表中给出的附港相对于其主港的高潮时差、低潮时差、潮差比和改正值，统称为差比数。

高（低）潮时差：附港与主港高（低）潮时之差的平均值，其值等于附港高（低）潮时减去主港高（低）潮时。因此，正号（+）表示附港高（低）潮时在主港高（低）潮时之后发生；负号（-）表示附港高（低）潮时在主港高（低）潮时之前发生。附港的高（低）潮时可用下式求得：

$$\text{附港高（低）潮时} = \text{主港高（低）潮时} + \text{高（低）潮时差} \qquad (7-1-1)$$

潮差比：对于半日潮港，是指附港的平均潮差与主港的平均潮差之比；对于日潮港，是指附港的回归潮潮差与主港的回归潮潮差之比。

改正值：使用潮差比由主港潮高计算附港潮高时，若附港基准面不是用主港基准面确定的，则需要对附港潮高加以订正，使之变为从附港基准面起算。此订正数就是表列的改正值。

附港的高（低）潮潮高可用下式求得：

附港高（低）潮潮高 =（主港高（低）潮潮高 -（主港平均海面 + 主港平均海面季节改正））×潮差比 +（附港平均海面 + 附港平均海面季节改正）　(7-1-2)

式（7-1-2）中，“主港高（低）潮潮高 -（主港平均海面 + 主港季节改正数）”实质上是主港的半潮差（$R/2$），而主港的半潮差乘以潮差比即得附港的半潮差，求得附港的半潮差后，只要加上经季节改正的附港平均海面就得附港高（低）潮潮高。

当主、附港的平均海面季节改正均不大（一般指 |平均海面季节| < 10 cm）时，可不必进行这一改正，而直接用差比数栏中的改正值求得附港的潮高，即

$$\text{附港高（低）潮潮高} = \text{主港高（低）潮潮高} \times \text{潮差比} + \text{改正值} \qquad (7-1-3)$$

式（7-1-3）中，改正值是当平均海面季节改正忽略不计时根据式（7-1-2）计算出来的，即

$$\text{改正值} = \text{附港平均海面} - \text{主港平均海面} \times \text{潮差比} \qquad (7-1-4)$$

当利用第四册《潮汐表》求附港潮高时，计算公式应为

$$\text{附港高（低）潮潮高} = \text{主港高（低）潮潮高} \times \text{潮差比} + \text{改正数} + \text{潮高季节改正数} \qquad (7-1-5)$$

式（7-1-5）中的潮高季节改正数是将主、附港海面季节变化结合考虑后计算出来的，仅供由主港推算附港潮高时使用，而不是各港口的平均海面季节变化值。

一般，主港潮汐资料页下方的“潮高基准面”与附表中所列的“主港平均海面”在数值上是一致的，但也有不一致的情况。使用中，当两者不一致时，计算公式中的“主

港平均海面”应采用主表中的“潮高基准面”。

需要注意的是，某一季节的平均海面由于受天气状况、海洋水文和海洋动力状况等因素的影响，与表中给出的平均海面可能略有差异。平均海面季节改正就是用以将表列中的平均海面改正到当月的平均海面。附表中列有“平均海面季节改正值表”。

例 7-1-1：求 2012 年 8 月 12 日铜沙的潮汐。

解：查 2012 年第一册《潮汐表》，铜沙并未在主港表中列名，故应为附港。在“差比数和潮信表”中查得铜沙的差比数及相关资料如下：

铜沙的港口编号：5012，其主港为吴淞，吴淞的编号：5006。

高潮时差：-0157，低潮时差：-0221；潮差比：1.21。

铜沙平均海面：260，吴淞平均海面：202。

根据主、附港编号从“平均海面季节改正值表”中分别查得吴淞和铜沙 8 月份的平均海面季节改正值均为 23（单位：cm）。

从“主港潮汐预报表”中可查出吴淞潮汐：

12 SUN	0256	167
	0737	220
	1403	156
	2044	300

附港铜沙的潮汐计算格式如下：

		高潮时		低潮时	
主港吴淞潮时		0737	2044	0256	1403
潮时差	+)	-0157	-0157	-0221	-0221
附港铜沙潮时		0540	1847	0035	1142
		高潮潮高		低潮潮高	
主港吴淞潮高		220	300	167	156
主港经季节改正后的平均海面（202+23）	-)	225	225	225	225
主港平均海面上的潮高		-5	75	-58	-69
潮差比	×)	1.21	1.21	1.21	1.21
附港平均海面上的潮高		-6	91	-70	-85
附港经季节改正后的平均海面（260+23）	+)	283	283	283	283
附港铜沙潮高		277	374	213	198

例 7-1-2：求 2012 年 4 月 2 日横沙的潮汐。

解：查中版《潮汐表》第一册得知，横沙的主港为吴淞，在“差比数和潮信表”中查得横沙的差比数及相关资料如下：

横沙的港口编号：5013，其主港为吴淞，吴淞的编号：5006。

高潮时差：-0052，低潮时差：-0102；潮差比：1.09；改正值：-11。

铜沙平均海面：210，吴淞平均海面：202。

根据主、附港编号从“平均海面季节改正值表”中分别查得吴淞和铜沙4月份的平均海面季节改正值均为－6（单位：cm）。4月2日吴淞的潮汐：0249　129；0846　267；1624　102；2141　239。

此处由于主、附港的平均海面季节改正值都为－6 cm，因此不必进行此项改正，可利用改正值计算横沙的潮汐。

		高潮时		低潮时	
主港吴淞潮时		0846	2124	0249	1624
潮时差	+）	－0052	－0052	－0102	－0102
附港横沙潮时		0754	2038	0147	1522
		高潮潮高		低潮潮高	
主港吴淞潮高		267	239	129	102
潮差比	×）	1.09	1.09	1.09	1.09
附港平均海面上的潮高		291	261	141	111
附港经季节改正后的平均海面（260+23）	+）	－11	－11	－11	－11
附港横沙潮高		280	250	130	100

2）利用潮信资料概算潮汐

利用附表给出的各港口的潮信资料，可以大致估算该港口的潮汐。附表中的潮信资料包括：平均高潮间隙（*MHWI*）、平均低潮间隙（*MLWI*）、大潮升（*SR*）、小潮升（*NR*）和平均海面（*MSL*）。有了这些资料，可用下列各式估算港口的潮汐：

（1）高、低潮时估算

$$当地高潮时=格林尼治月中天时+MHWI \qquad (7-1-6)$$

$$当地低潮时=格林尼治月中天时+MLWI \qquad (7-1-7)$$

或者根据月中天平均每天约推迟50 min（约0.8 h）的特点，按阴历日期先行估算当天的月中天时刻，然后用所求月中天时近似代替格林尼治月中天时，最后再按式（7-1-7），（7-1-8）求高、低潮潮时。因为初一的月上中天是1200，十五的月上中天是2400（即十六的月上中天是0000），所以上半月某日的月上中天时可用下式估算：

$$月上中天时=（阴历日期-1）\times 0.8+1200 \qquad (7-1-8)$$

而下半月某日的月上中天时可用下式估算：

$$月上中天时=（阴历日期-16）\times 0.8 \qquad (7-1-9)$$

对于半日潮港，应分别求出两次高潮和两次低潮的潮时，其间隔时间为12 h 25 min，即

$$第二次高（低）潮潮时=第一次高（低）潮潮时\pm 12\ h\ 25\ min \qquad (7-1-10)$$

（2）高、低潮高估算

平均大潮高潮高＝大潮升

平均大潮低潮高＝2×平均海面－大潮升

平均小潮高潮高 = 小潮升

平均小潮低潮高 = 2 × 平均海面 - 小潮升

由于从大潮到小潮的平均间隔约为 7.5 天，因此某日高潮潮高可根据大潮升和小潮升用线性内插法求得，即

$$\text{某日高潮潮高} = \text{大潮升} - ((\text{大潮升} - \text{小潮升}) \div 7.5) \times \text{该日与大潮日的相隔天数} \quad (7-1-11)$$

式（7－1－11）中的“（大潮升－小潮升）÷7.5”为每天的高潮潮高变化量。

$$\text{某日低潮潮高} = 2 \times \text{平均海面} - \text{该日高潮潮高} \quad (7-1-12)$$

值得注意的是，式（7－1－11）中，关键的问题是确定何日为大潮日。由于存在潮龄，大潮日因地而异，潮汐术语中已提到，我国沿海的大潮日一般为初三、十八。

例 7－1－3： 用潮信资料求 2012 年 6 月 25 日（农历五月初七）铜沙的潮汐。

解：查该年《潮汐表》附表得铜沙的潮信资料为：*MHWI* 1021，*MLWI* 0445，*SR* 450，*NR* 330，*MSL* 260。从《潮汐表》的“格林尼治月中天时刻表”中查得：月上中天为 1644、下中天为 0420。用式（7－1－6）和（7－1－7）计算高、低潮时，则铜沙的高、低潮时计算如下：

	高潮时		低潮时	
月中天时间	1644	0420	1644	0420
平均高（低）潮间隙	+）1021	1021	0445	0445
铜沙高（低）潮时	0215（2705－2450）	1441	2129	0905

当格林尼治月上（下）中天时间未知时，对于半日潮港，可用式（7－1－8）或（7－1－9）估算：

高潮时 =（7－1）×0.8 + 1200 + 1021 － 2450 = 0219

另一次高潮时 = 0219 + 1225 = 1444

低潮时 =（7－1）×0.8 + 1200 + 0445 = 2133

另一次低潮时 = 2133 － 1225 = 0908

两种计算结果基本相同。

用式（7－1－11）和（7－1－12）来计算铜沙潮高。因为我国沿海的大潮日一般是农历初三和十八，所以当日潮高：

高潮潮高 = 450 －（（450 － 330）÷ 7.5）×（7 － 3）= 386 cm

低潮潮高 = H_{LW} = 2 × 260 － 386 = 134 cm

3. 求任意时的潮高和任意潮高的潮时

在航海上，船舶如何根据潮汐的变化适时通过浅水航道或者通过通航桥孔等，除了应掌握航区的高、低潮的潮时、潮高外，还应掌握任意时刻的潮高或任意潮高的潮时的计算方法。

求任意时的潮高和任意潮高的潮时的方法通常有以下 2 种。

1）内插法

通常来讲，相邻整点潮高之间的潮高变化可近似看成线性变化，这样，就可以用线性内插法求得期间任意时的潮高或某一潮高的潮时。如果已知两相邻高、低潮的潮高、

潮时，则在精度要求不高的情况下，也可用内插法求得高、低潮之间的任意时的潮高或某一潮高的潮时。

2）公式法

通过对潮汐的观测，可以发现在整个潮汐周期内，潮汐涨落的速度是变化的。在高（低）潮的附近，潮汐涨落较缓慢，而在高潮与低潮之间的中间时刻，即接近于平均海面时，其涨落速度最快。而且，潮汐的涨落运动近似为简谐运动，从高潮到低潮或者从低潮到高潮的变化规律近似于余弦曲线，如图 7－1－11 所示。

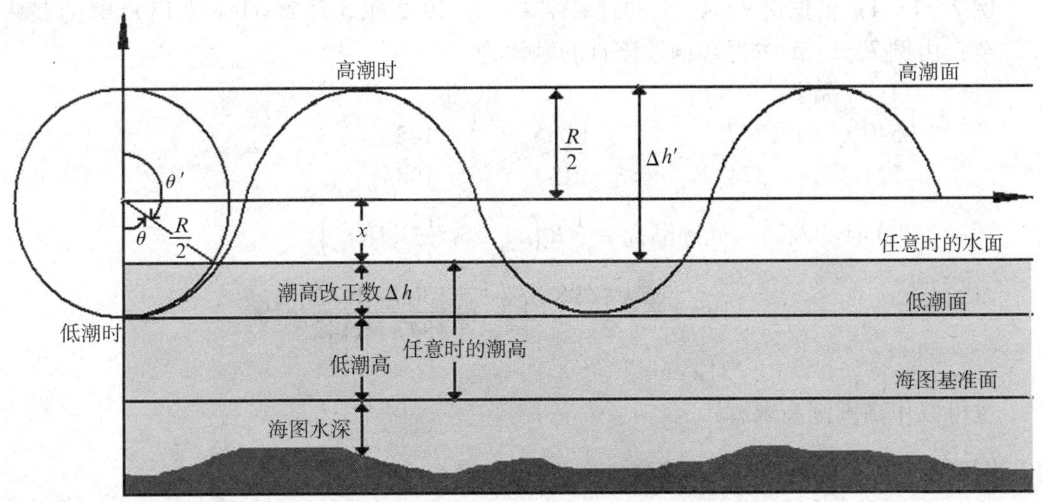

图 7－1－11　任意时的潮高

可以看出任意时的水面与低潮面的潮高改正数 Δh 为

$$\Delta h=\frac{1}{2}\text{潮差}-x=\frac{1}{2}R-\frac{1}{2}R\cos\theta=\frac{1}{2}R\ (1-\cos\theta) \tag{7-1-13}$$

式（7－1－13）中，θ 为任意时刻的相位角，由低潮时起算，从低潮到高潮相位变化为 180°，设涨潮或落潮的时间间隔为 T，任意时与低潮时的时间间隔为 t，则有

$$\theta=\frac{t}{T}\times180° \tag{7-1-14}$$

由此可以得出：

$$\text{任意时的潮高}=\text{低潮潮高}+\Delta h=\text{低潮潮高}+\frac{1}{2}R\left(1-\cos\frac{t}{T}\times180°\right) \tag{7-1-15}$$

同理，可以得出：

$$\text{任意时的潮高}=\text{高潮潮高}+\frac{1}{2}R\left(1-\cos\frac{t'}{T}\times180°\right) \tag{7-1-16}$$

式（7－1－16）中的 t' 是任意时与高潮时的时间间隔。

如要求任意潮高的潮时，则先利用式（7－1－15）或（7－1－16）求出任意潮高时

与高（低）潮潮时的时间间隔 t：

$$t=\frac{T}{180°}\arccos\left(1-\frac{2\Delta h}{R}\right) \tag{7-1-17}$$

注意，式（7－1－17）中 Δh 为任意潮高与相邻高（低）潮潮高的差值的绝对值。

然后根据具体情况，得出：

$$\text{任意潮高的潮时}=\text{高（低）潮时}\pm t \tag{7-1-18}$$

例7－1－4：根据例7－1－1的计算结果，求2012年6月25日铜沙1300时的潮高。

解：由例7－1－1中得知铜沙该日的潮汐为

高潮		低潮	
0540	1847	0035	1142
277	374	213	198

$$\text{铜沙 1 300 时的潮高}=\text{低潮潮高}+\frac{1}{2}R\left(1-\cos\frac{t}{T}\times180°\right)$$

$$=198+\frac{374-198}{2}\left(1-\cos\frac{1300-1142}{1847-1142}\times180°\right)$$

$$=212\text{ cm}$$

也可以用高潮潮高求解：

$$\text{铜沙 1300 时的潮高}=\text{高潮潮高}-\frac{1}{2}R\left(1-\cos\frac{t}{T}\times180°\right)$$

$$=374-\frac{374-198}{2}\left(1-\cos\frac{1847-1300}{1847-1142}\times180°\right)$$

$$=212\text{ cm}$$

例7－1－5：同例7－1－4，求2012年6月25日下午铜沙潮高达到300 cm时的潮时。

解：该题可直接将已知条件代入式（7－1－15）或（7－1－16）中求出 t' 或 t，便可求出潮时。

此处利用式（7－1－17）进行求解，得

铜沙潮高达到300 cm时的潮时与低潮的时间间隔：

$$t=\frac{T}{180°}\arccos\left(1-\frac{2\Delta h}{R}\right)$$

$$=\frac{1847-1142}{180°}\arccos\left(1-\frac{2\times(300-198)}{374-198}\right)=0354$$

所以，铜沙潮高达到300 cm时的潮时＝1142＋0354＝1536

同样，可以利用高潮时间计算：

$$t=\frac{T}{180°}\arccos\left(1-\frac{2\Delta h}{R}\right)$$

$$=\frac{1847-1142}{180°}\arccos\left(1-\frac{2\times(374-300)}{374-198}\right)=0311$$

所求潮时 = 1847 − 0311 = 1536

3）图解法

利用我国《潮汐表》中介绍的“等腰梯形图卡”，如图 7 − 1 − 12 所示，求取任意潮时及潮高。

“等腰梯形图卡”由以下 3 部分组成。

（1）主图：由左右两个等腰梯形构成。左侧表示潮时，右侧表示潮高。

（2）潮时尺：分两侧读数，即涨潮时尺和落潮时尺。涨潮时应将涨潮时尺向上，落潮时应将落潮时尺向上，尺的两头可以相接，使时间相连续，以便查算跨日潮汐。

（3）潮高尺：分上、下两种刻度。上段大刻度自 1 m 至 8 m，适用于一般潮高，下段小刻度自 1 m 至 12 m，适用于潮高大于 8 m 或小于 1 m 者（小于 1 m 时，可将潮高扩大 10 倍，查后再缩小 10 倍）。

例 7 − 1 − 6：已知某港某日低潮时为 0200，低潮潮高为 1.0 m，高潮潮时为 0800，高潮潮高为 4.0 m，求任意时的潮高及任意潮高的潮时。

解：如图 7 − 1 − 12 所示，因为该题所述的是个涨潮过程，所以应使涨潮时尺向上。

将右边读数 0800 和 0200 分别与主图左侧上、下两斜边相吻合，潮高尺读数 4.0 m 和 1.0 m 分别与主图右侧上、下两斜边相吻合。这时通过主图中的放射线即可查得：

0300 时的潮高为 1.2 m，0330 时潮高为 1.4 m，0400 时的潮高为 1.7 m；潮高为 1.5 m的潮时为 0335，潮高为 2.0 m 的潮时为 0420，潮高为 3.0 m 的潮时为 0540。

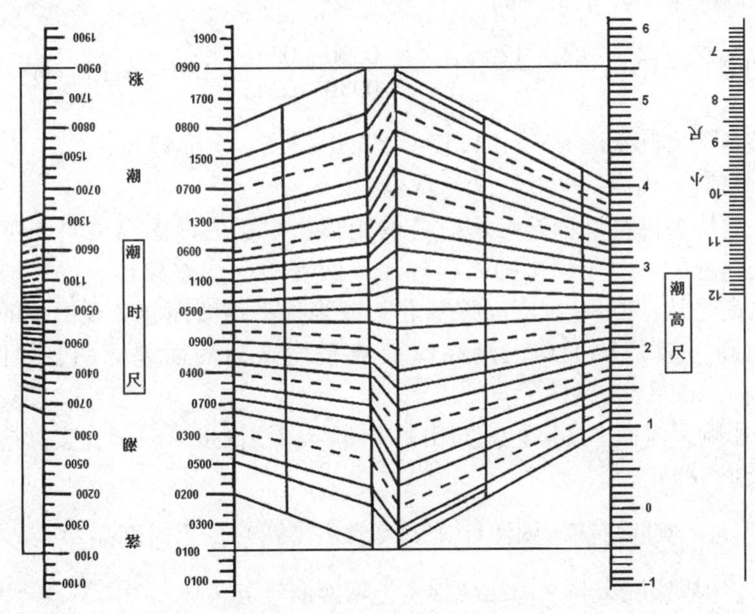

图 7 − 1 − 12　等腰梯形图卡

八、潮汐推算的具体应用

1. 求实际水深或海图水深

如图 7 − 1 − 13 所示，海图上标注的水深是海图深度基准面（*CD*）到海底的距离，

潮高是由潮高基准面（*TD*）向上计算到当时潮面的距离。潮高基准面一般与海图深度基准面一致，所以

$$实际水深=海图水深+潮高 \tag{7-1-19}$$

$$海图水深=实际水深-潮高 \tag{7-1-20}$$

当 *CD* 与 *TD* 两者不一致时，由于 *CD* 和 *TD* 的数值均是以 *MSL* 为基准给出的，所以可用下式计算实际水深：

$$实际水深=海图水深+潮高+（CD-TD） \tag{7-1-21}$$

$$海图水深=实际水深-潮高-（CD-TD） \tag{7-1-22}$$

式（7-1-20）和（7-1-22）在测深辨位中经常运用。航海上进行测深辨位时，用回声测深仪测得某地的水深后再求出相应的海图水深，以便与海图上标注的水深进行比较来辨认船位。回声测深仪所测的水深是船底到海底的水深。因此

$$实际水深=测深仪水深+吃水 \tag{7-1-23}$$

有了实际水深后，根据式（7-1-20）和（7-1-22）便可求出海图水深。

例 7-1-7：已知某地的潮汐为：0345　120，0930　450。该地海图深度基准面在平均海面以下 300 cm，潮高基准面在平均海面以下 350 cm，海图水深为 5.8 m，求 0500 时该地的实际水深。

解：先求得该地 0500 时的潮高：

$$0500\text{ 时的潮高}=120+\frac{450-120}{2}\left(1-\cos\frac{0500-0345}{0930-0345}\times180^\circ\right)=157\text{ cm}$$

0500 时该地的实际水深 =5.8+1.57+（3.0-3.5）=6.87 m。

2. 求实际灯高、山高

灯高是从平均大潮高潮面至灯塔灯芯的距离，中版航海图书资料与英版航海图书资料的定义是一样的。对于山高的高程标注，两者的标注差异较大。我国沿海地区中版海图上的山高是从“1985 国家高程基准”或当地平均海面起算到山顶的距离，而英版海图上的山高一般是从平均大潮高潮面或平均高高潮面起算的，如图 7-1-13 所示。

受潮汐的影响，海面上实际灯高与山高并非与图注高度一致，在实际应用过程中需根据当地潮汐进行修正。

$$实际灯高=图注灯高+大潮升（SR）-当时潮高 \tag{7-1-24}$$

$$中版实际山高=图注高程+平均海面（MSL）-当时潮高 \tag{7-1-25}$$

$$英版实际山高=图注高程+大潮升（SR）-当时潮高 \tag{7-1-26}$$

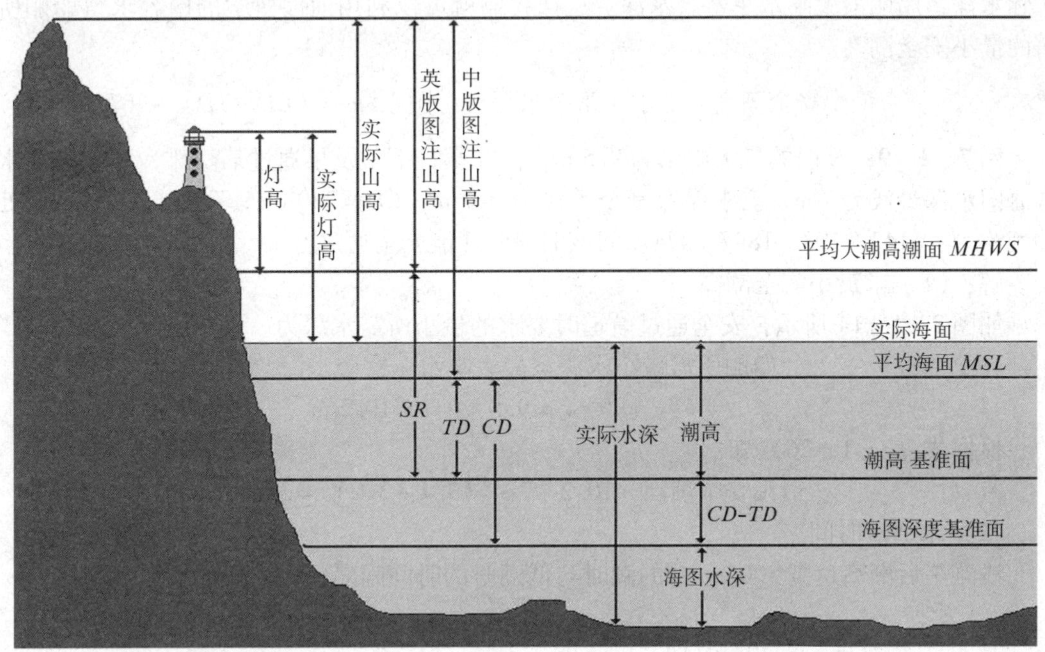

图 7－1－13　水深、灯高与山高

例 7－1－8：某船的眼高为 16 m，用六分仪测得某小岛最高点的垂直角为 1°02′，海图上查得该小岛最高点的图注高程为 158 m，并且该小岛上有一灯塔标注为：Fl（2）10 s 98 m 25 M。在潮信资料中查得大潮升为 550 cm，平均海面为 350 cm，并求得该海区当时的潮高为 3. 0 m，求小岛和灯塔的实际高度以及本船距小岛的距离。

解：（1）求实际灯高

$$\begin{aligned}实际灯高 &= 灯高 + 大潮升（SR）- 当时潮高 \\ &= 98 + 5.5 - 3.0 = 100.5 \text{ m}\end{aligned}$$

（2）求实际山高

$$\begin{aligned}实际山高 &= 图注高程 + 平均海面（英版应为大潮升）- 当时潮高 \\ &= 158 + 3.5 - 3.0 = 158.5 \text{ m}\end{aligned}$$

（3）求距离

$$本船距小岛的距离 = 1.856 \times H \div \alpha = 1.856 \times 158.5 \div 62 = 4.7 \text{ n mile}$$

3. 船舶过浅区及横跨建筑物

1）船舶过浅区所需的最小安全潮高

在狭水道、进出港航道、岛礁区和某些沿岸水域，以及许多内河水系的下游海港，往往存在着一些浅水区。大型船舶通过这些水域时，首要考虑的是水深是否满足本船的要求，当水深不足时，通常需要候潮，这就要求潮高不小于某值，即不小于船舶过浅区所需的最小安全潮高，如图 7－1－14 所示。

显然，当船舶过浅水区时，浅水区的实际水深必须满足安全航行的基本要求，即：

实际水深≥船舶最大吃水 + 富余水深。这样我们就可以利用前面所学的内容求得船舶所需的最小安全潮高。

$$最小安全潮高 = 吃水 + 富余水深 - 海图水深 - (CD - TD) \quad (7-1-27)$$

例 7-1-9：某船的最大吃水为 9.5 m，欲在某日下午及早通过某浅滩，已知该浅水区海图水深最浅为 7 m，要求保留富余水深为 0.7 m，$CD = 340$ cm，$TD = 320$ cm，该处的潮汐为：1142　198，1847　374。问该船何时才能安全通过？

解：(1) 求最小安全潮高

如图 3-1-14 所示，安全通过航道时要求的最小所需水深为

$$\begin{aligned}船舶所需最小水深 &= 最大吃水 + 富余水深 \\ &= 9.5 + 0.7 = 10.2 \text{ m}\end{aligned}$$

根据式 (7-1-26) 知：

$$最小安全潮高 = 10.2 - 7 - (3.4 - 3.2) = 3 \text{ m}$$

(2) 求通过时间

浅滩午后潮高达到 300 cm 时的潮时与低潮时的时间间隔：

$$\begin{aligned} t &= \frac{T}{180^\circ}\arccos\left(1 - \frac{2\Delta h}{R}\right) \\ &= \frac{1847 - 1142}{180^\circ}\arccos\left(1 - \frac{2\times(300-198)}{374-198}\right) = 0354 \end{aligned}$$

所以，该处潮高达到 300 cm 时的潮时 = 1142 + 0354 = 1536，即该船午后最早通过浅滩的时间为 1536。

2) 船舶通过横跨建筑物所需的最大安全潮高

在一些航道上方往往有一些横跨航道的建筑物，如桥梁、架空管线等，这些建筑物对上层建筑较高的大型船舶会构成障碍，当建筑物的通航高度不能满足船舶安全航行的要求时，船舶同样要候潮，要求潮高不能高于某值，即不能高于船舶所需的最大安全潮高，如图 7-1-14 所示。

通常，海图上标注的架空输电线或跨江海大桥的净空高度，是指平均大潮高潮面（或江河设计最高水位）至输电线或大桥最低处的垂直距离。

以船舶通过大桥为例，显然，大桥下方的实际空间应能安全容纳船舶在水面上的最大高度，即

$$实际空间高度 \geq 船舶水面上的最大高度 + 安全余量 \quad (7-1-28)$$

而实际空间高度受潮汐的变化而变化，即

$$实际空间高度 = 净空高度 + 大潮升 - 潮高 \quad (7-1-29)$$

根据式 (7-1-28) 和 (7-1-29)，就可以求出船舶所需的最大安全潮高：

$$最大安全潮高 = 净空高度 + 大潮升 - (船舶水面上的最大高度 + 安全余量) \quad (7-1-30)$$

式 (7-1-30) 中，船舶水面上的最大高度可以根据船舶资料，并结合船舶当时的

吃水求出，即

$$船舶水面上的最大高度 = 船舶总高 - 吃水 \qquad (7-1-31)$$

在资料不充分或者有误，以及根据当时具体情形要求比较高的情况下，船舶水面上的最大高度应进行实际测定。

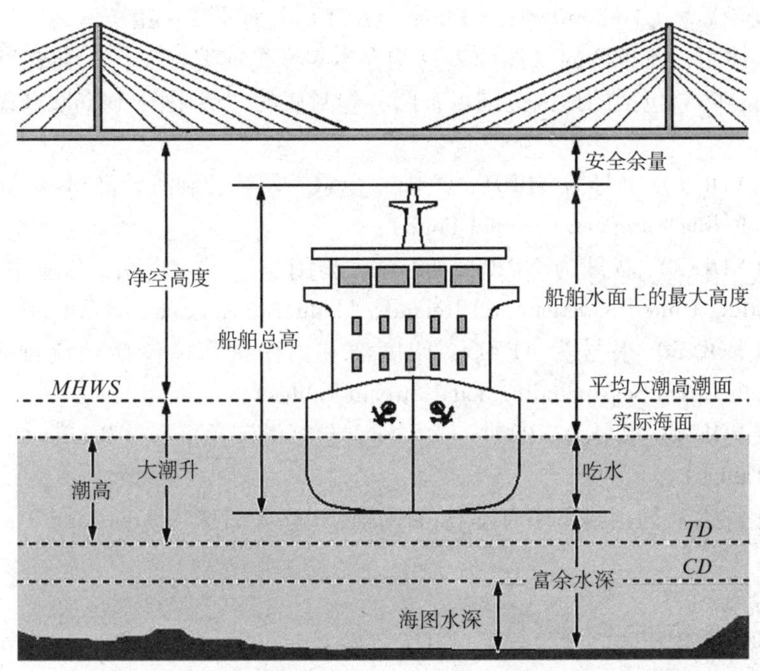

图 7-1-14　船舶过浅滩及横跨建筑物

例 7-1-10：某大桥的净空高度为 30.5 m，安全余量为 2.2 m。某船的最大吃水为 12.5 m，船舶总高为 42.8 m。当地潮汐：0630　4.5，1320　2.2；大潮升 5.5 m。该船预计在 0830 时过大桥。问该船 0830 时能否安全过桥？如不能，应在上午最早何时后才能安全过大桥？

解：(1) 求该船所需的最大安全潮高

$$\begin{aligned}最大安全潮高 &= 净空高度 + 大潮升 - (船舶水面上的最大高度 + 安全余量)\\ &= 30.5 + 5.5 - (42.8 - 12.5 + 2.2) = 3.5\ \text{m}\end{aligned}$$

(2) 求 0830 时的潮高

$$0830\ 时的潮高 = 4.5 - \frac{4.5 - 2.2}{2}\left(1 - \cos\frac{0830 - 0630}{1320 - 0630} \times 180°\right) = 4.05\ \text{m}$$

显然，0830 时船舶不能过大桥。

(3) 求潮高为 3.5 m 时的潮时

上午落潮到 3.5 m 时的潮时与高潮时的时间间隔：

$$t = \frac{1320 - 0630}{180°}\arccos\left(1 - \frac{2 \times (4.5 - 3.5)}{4.5 - 2.2}\right) = 0308$$

潮高为3.5 m时的潮时=0630+0308=0938

即本船最早应在上午0938时以后才能安全通过大桥。

九、英版《潮汐表》

1.《潮汐表》的出版情况

英版《潮汐表》(Admiralty Tide Tables，ATT)共有4卷，由英国海军水道测量局每年出版，当年使用，下年度的《潮汐表》均在本年度提前编好发行，刊有世界各主要港口的潮汐资料，各卷包括的地区范围可查阅各卷封底的“界限图(Limit of Admiralty Tide Tables)”。

第一卷(VOL 1)书号为NP201，英国、爱尔兰及英吉利海峡港口(United Kingdom and Ireland including European Channel Ports)；

第二卷(VOL 2)书号为NP202，欧洲(英国、爱尔兰除外)、地中海和大西洋(Europe excluding United Kingdom and Ireland，Mediterranean Sea and Atlantic Ocean)；

第三卷(VOL 3)书号为NP203，印度洋和南中国海，包括潮流预报表(Indian Ocean and South China Sea including Tidal Stream Tables)；

第四卷(VOL 4)书号为NP204，太平洋，包括潮流预报表(Pacific Ocean including Tidal Stream Tables)。

各卷《潮汐表》的副封里印有本卷范围内的地区及时区(Areas and Time Zones)界限图。

2. 各卷主要内容

各卷的编排大致相同，主要分下述几大部分：

1)第一部分：Part Ⅰ Tidal Predictions for Standard Ports

主港(Standard Ports)潮汐预报(主表)。预报主港的潮汐。预报主港每日高、低潮时和潮高。潮高以米(m)为单位。各港潮时采用当地标准时，并在每页的左上角用“TIME ZONE XXXX”标明。

第一卷还有一些主要港口的逐时潮高预报(Part Ia Hourly Height Predictions)；第三、四卷还有潮流表(Part Ia Tidal Stream Tables)，载有潮流日变化很大的重要海峡和水道的潮流资料，对于同时具有半日潮和半日潮流性质的潮流的地方，其潮流的推算可以参考适当主港的印在海图上的潮流资料进行。

有的表中在主港的潮汐预报前附有一张本港的平均大潮和小潮曲线图(MEAN SPRING AND NEAP CURVES)，可用于求取本港的任意时潮汐。

2)第二部分：Part Ⅱ Time and Height Differences for Predicting the Tide at Secondary Ports

用以预报附港潮汐的潮时差和潮高差。表中列出主港(用黑体字印刷)和附港编号(No.)、潮时差(Time Differences)、潮高差(Height Differences)，每两页的右下页还印有平均海面季节改正(Seasonal Changes in Mean Level)，表后有注意事项(Notes)，以便用这些资料求取附港的潮时和潮高。

3)第三部分：Part Ⅲ Harmonic Constants

调和常数。这部分提供了编号、地点、平均海面和4个主要分潮(M_2，S_2，K_1，

O_1）的调和常数；每 2 页的右下页还提供了平均海面和调和常数的季节改正（Seasonal Changes in Mean Level and Harmonic Constants），以便利用简化的调和常数法预报潮汐。

在第二至四卷之后还印有“关于潮流的调和常数”（Part Ⅲa Harmonic Constants for Tida1 Streams），以便利用简谐调和常数法预报潮流。

3. 辅助表（Supplementary Tables）

（1）表Ⅰ：米和英尺换算表（Conversion　Table：metres to feet）。

（2）表Ⅱ：乘积表（Multiplication Table），该表顶端引数为主（附）港的潮差（Range），左边引数是由任意潮时和潮高曲线图查得的系数（Factor），乘积表所列数值为潮差与系数的乘积（即潮高改正数/Δh），精确到小数点后一位，如要求更精确需自行计算。

（3）表Ⅲ：在英国以米为单位的海图基准面相对于法定基准面的高度（Height of Chart Datum relative to Ordnance Datum in the United Kingdom）（注：仅第一卷有）。

（4）表Ⅳ：英国以外国家以米为单位的海图基准面相对于陆地平面系统的高度（Heightof Chart Datum relative to the Land Levelling System in Countries outside the United Kingdom）。

（5）表Ⅴ：潮面资料（Tidal Levels）。所列潮面均由海图基准面起算。表中各栏内容包括：最低天文潮面（*LAT*）、平均大潮低潮面（*MLWS*）、平均小潮低潮面（*MLWN*）、平均海面（*MSL*）、平均小潮高潮面（*MHWN*）、平均大潮高潮面（*MHWS*）、最高天文潮面（*HAT*）以及观测和预报单位、观测年份。当潮面高度为“+”时，表示该潮面在海图基准面上；为“-”时，表示该潮面在海图基准面下；为“0”时，表示该潮面为海图基准面。

对于具有日潮或混合潮性质的主港，则用平均低低潮（*MLLW*）、平均高低潮（*MHLW*）、平均低高潮（*MLHW*）和平均高高潮（*MHHW*）潮面来表示。

（6）表Ⅵ：两周一次的浅水改正（Fortnightly Shallow Water Correction）。

（7）表Ⅶ：潮角和潮汐因子（Tidal Angles and Factors）。

（8）表Ⅷ：轨道要素（Orbital Elements）。

4. 其他内容

1）索引

（1）主港索引（Index to Standard Ports）：印在各卷封里页，按港名字母顺序排列，给出主港预报资料所在页数。港名前注有“*”号者，是指该港每日逐时潮高预报资料刊载于本卷之中。

（2）地理索引（Geographical Index）：印在各卷书末，按主、附港名字母顺序排列，给出各港编号，其中主港名用黑体字印刷。

2）高、低潮之间任意时的潮高曲线图

高、低潮之间任意时的潮高曲线图（The Height of Tide at Time between High and Low Water）：是根据潮汐涨落的运动曲线为余弦曲线的原理制成的曲线图，其原理和计算结果均与我国《潮汐表》中的梯形图卡基本相同，可以互用。

这种曲线图在第一卷和第二卷的欧洲水域（除威尼斯外），每个主港印有一张与该主港潮汐性质相符的曲线图，供求该主港和其附港任意潮时和潮高使用，且对于一些比较特殊的附港也提供专用的曲线图。第二卷也给出与第三、四卷相同的曲线图，供不能用专用曲线图的港口使用。第三、四卷中每卷各印1张，供求该卷所有港口的任意潮时和潮高使用。

3）其他

前言（Preface）、目录（Contents）、序言（Introduction）、用法说明（Instructions for the use of Tables）和潮汐出版物列表（List of Tidal Publications）等内容。

有关各卷《潮汐表》自付印之后的补遗和勘误等改正资料，均发布于《航海通告年度摘要》（Annual Summary of Admiralty Notices to Mariners）的年度通告第1号通告之中。该通告名为“英版潮汐表的补遗和勘误”（Admiralty Tide Tables Addenda and Corrigenda），同时亦应注意可能附在《潮汐表》中的勘误表。

十、用英版《潮汐表》推算潮汐

1. 求主港潮汐

用英版《潮汐表》求主港潮汐的方法与用中版《潮汐表》求主港潮汐的方法相同。可从各卷封里的“主港索引”查欲求港所在的页码，然后翻到此页，即可查到所求日的高、低潮时和潮高。如船时与表列标准时不一致，则应进行改正。

2. 求附港潮汐

求附港潮汐，需利用《潮汐表》的附表，从附表中查得附港对应其主港的潮时差和潮高差以及当月的主、附港的平均海面季节改正，然后用下列公式计算附港的潮时和潮高。

附港潮时 = 主港潮时 + 潮时差　　　　(7－1－32)

附港潮高 =（主港潮高 - 主港平均海面季节改正）
　　+ 潮高差（经内插）+ 附港平均海面季节改正　　　　(7－1－33)

当利用式（7－1－32）及（7－1－33）计算时，第一卷各港和第二卷的欧洲港口表列潮时差及全部四卷中的表列潮高差都需经内插求取。

求附港潮汐的计算步骤如下：

（1）根据附港选定《潮汐表》；

（2）在《潮汐表》的“地理索引”中查取附港的编号，并根据编号在第二部分“用以预报附港潮汐的潮时差和潮高差表”中查得该附港的主港名称及编号、潮时差、潮高差和平均海面的季节改正数据；

（3）根据第二部分表中所标注的主港页码查取主港的高、低潮时和潮高；

（4）经潮时、潮高的内插计算，并采用“潮汐预报表格”（TIDAL PREDICTION FORM）计算附港的高、低潮时和潮高。

例7－1－11：试求英国 Coverack 港2012年5月5日的高、低潮时和潮高。

解：（1）根据该港的位置，应选用英版《潮汐表》第一卷。

（2）从“地理索引”中查得 Coverack 港的编号为4，根据该编号在“用以预报附港潮汐的潮时差和潮高差表”中查得资料，如表7－1－1所示。

(3) 翻到第6页，查得 Plymouth (Devonport) 港5月5日的高、低潮资料如下：

	Time	m
5	0235	4.7
	0857	1.5
SA	1516	4.7
	2121	1.5

表7-1-1　预报附港潮汐的潮时差和潮高差

No.	Place	Lat. N	Long. W	Time differences				Hght differences (in meted)				MLZ_0m
				High Water Zone UT (GMT)		Low Water		*MHWS*	*MHWN*	*MLWN*	*MLWS*	
14	PLYMOUTH (DEVONPORT)	(see page 6)		0000 and 1200	0600 and 1800	0000 and 1200	0600 and 1800	5.5	4.4	2.2	0.8	
……												
4	Coverack	50°01′	5°05′	-0030	-0050	-0020	-0015	-0.2	-0.2	-0.3	-0.2	3.08

SEASONAL CHANGES IN MEAN LEVEL

No.	Jan. 1	Feb. 1	Mar. 1	Apr. 1	May. 1	June1	July1	Aug. 1	Sep. 1	Oct. 1	Nov. 1	Dec. 1	Jan. 1
1~60b	Negligible												

(4) 潮时差内插计算。①高潮时差：从表7-1-1中可以看出，主港高潮0000和1200时，对应的潮时差为-0030；主港高潮0600和1800时，对应的潮时差为-0050。

所以，主港高潮0235时介于0000与0600之间，高潮时差为

$$\text{潮时差} = (-0300) + \frac{0235-0000}{0600-0000} \times ((-0500) - (-0030)) \approx -0039$$

主港高潮1516时介于1200与1800之间，高潮时差为

$$\text{潮时差} = (-0300) + \frac{1516-1200}{1800-1200} \times ((-0500) - (-0030)) \approx -0041$$

②低潮时差：主港低潮0000和1200时，对应的潮时差为-0020；主港低潮0600和1800时，对应的潮时差为-0015。

所以，主港低潮0857时介于0600与1200之间，低潮时差为

$$\text{潮时差} = (-0015) + \frac{0857-0600}{1200-0600} \times ((-0020) - (-0015)) \approx -0017$$

主港低潮2121时介于1800与0000 (2400) 之间，低潮时差为

$$\text{潮时差} = (-0015) + \frac{2121-1800}{2400-1800} \times ((-0020) - (-0015)) \approx -0018$$

(5) 潮高差的内插计算。①高潮潮高差：从表7-1-1中可以看出，一般来讲，主港最高高潮在 *MHWS*，为5.5 m，对应潮高差为-0.2 m；主港最低高潮在 *MHWN*，为

4.4 m，对应潮高差为 -0.2 m。主港高潮潮高 4.7 m 介于 5.5 m 与 4.4 m 之间，但由于潮高差都为 -0.2 m，所以主港高潮潮高为 4.7 m 时的潮高差也是 -0.2 m，无须内插。②低潮潮高差：同样，主港最高低潮在 *MLWN*，为 2.3 m，对应潮高差为 -0.3 m；主港最低低潮在 *MLWS*，为 0.8 m，对应潮高差为 -0.2 m。主港低潮潮高 1.5 m 介于 0.8 m 与 2.3 m 之间，则潮高差为

$$潮高差 = (-0.2) + \frac{1.5-0.8}{2.3-0.8} \times ((-0.3)-(-0.2)) \approx -0.3\ \text{m}$$

（6）计算附港的高、低潮潮高和潮时，可采用竖式计算格式。以下采用英版《潮汐表》的“潮汐预报表格”（该表格以正式出版物形式出版，书号为 NP204）格式进行计算，表格式样和计算结果如图 7-1-15 所示。

表中栏目说明：①1，2 栏分别为主港的高、低潮潮时，3，4 栏分别为主港的高、低潮潮高；②5 栏为潮差；③6 栏为平均海面季节改正；④7，8 栏分别为高、低潮潮时差，9，10 栏分别为高、低潮潮高差；⑤11 栏为附港平均海面季节改正；⑥12，13 栏分别为附港高、低潮潮时；14，15 栏分别为附港的高、低潮潮高；⑦16 栏为涨落潮时间。

TIDAL PREDICTION FORM

STANDARDPORT PLYMOUTH TIME/HEIGHT REQUIRED ALL

SECONDARYPORT Coverack DATE 5 May TIME ZONE GMT

	TIME		HEIGHT		RANGE
	HW	*LW*	*HW*	*LW*	
STANDARD PORT	1 0235 1516	2 0857 2121	3 4.7 4.7	4 1.5 1.5	5 3.2 3.2
Seasonal change	STANDARD PORT		6 0	6 0	
DIFFERENCES	7 -0039 -0041	8 -0017 -0018	9 -0.2 -0.2	10 -0.3 -0.3	
Seasona change	SECONDARY PORT		11 0	11 0	
SECONDARY PORT	12 0156 1435	13 0840 2103	14 4.5 4.5	15 1.2 1.2	
Duration	16				

图 7-1-15 潮汐计算格式

例7－1－12：求 Sheshan Dao（佘山岛）2011年8月10日的潮汐。

解：（1）根据该港的位置，应选用英版《潮汐表》第四卷。

（2）从“地理索引”中查得 Sheshan Dao 的编号为7281，根据该编号在“用以预报附港潮汐的潮时差和潮高差表”中查得资料如表7－1－2所示。

表7－1－2　预报附港潮汐的潮时差和潮高差

No.	Place	Lat. N	Long. W	Time differences MHW (Zone －0800)	Time differences MLW (Zone －0800)	Hght differences (in meted) *MHWS*	*MHWN*	*MLWN*	*MLWS*	MLZ_0m
7284	WUSONG	(see page129)				3.5	2.5	1.4	1.0	
……										
7281	Sheshan Dao	50°01′	5°05′	－0135	－0235	＋0.5	＋0.4	＋0.3	－0.4	2.29

SEASONAL CHANGES IN MEAN LEVEL

No.	Jan. 1	Feb. 1	Mar. 1	Apr. 1	May. 1	June1	July1	Aug. 1	Sep. 1	Oct. 1	Nov. 1	Dec. 1	Jan. 1
7235～7283	－0.1	－0.2	－0.2	－0.1	0.0	0.0	0.0	＋0.1	＋0.2	＋0.2	＋0.1	0.0	－0.1
7284～7285	－0.2	－0.3	－0.2	－0.1	0.0	＋0.1	＋0.2	＋0.2	＋0.2	＋0.1	0.0	－0.1	－0.2

（3）翻到第129页，查得主港 WUSONG 2011年8月10日的高、低潮资料如下：

	Time	m
10	0512	1. 3
	1004	2. 5
W	1645	1. 3
	2233	3. 6

（4）潮时差。此潮时差无需内插，高潮时差：－0135，低潮时差：－0235。

（5）潮高差。①高潮潮高差：从表7－1－2中可以看出，主港高潮潮高为2.5 m时，对应潮高差为＋0.4 m；主港高潮潮高为3.6 m时，对应潮高差为＋0.5 m。无需内插。②低潮潮高差：主港低潮潮高为1.3 m介于1.0 m与1.4 m之间，则潮高差为

$$\text{潮高差} = (-0.4) + \frac{1.3-1.0}{1.4-1.0} \times (0.3-(-0.4)) \approx +0.1\ \text{m}$$

（6）Sheshan Dao 潮汐的计算结果如下：

TIDAL PREDICTION FORM

STANDARDPORT WUSONG TIME/HEIGHT REQUIRED ALL

SECONDARYPORT Sheshan Dao DATE 10Aug TIME ZONE －0800

		TIME		HEIGHT		RANGE
		HW	LW	HW	LW	
STANDARD PORT		1 1004 2233	2 0513 1645	3 2.5 3.6	4 1.3 1.3	5 1.2 2.3
Seasonal change	STANDARD PORT			6 -0. 2	6 -0. 2	
DIFFERENCES		7 -0135 -0135	8 -0235 -0235	9 +0.4 +0.5	10 +0.1 +0.1	
Seasona change	SECONDARY PORT			11 +0. 1	11 +0. 1	
SECONDARY PORT		12 0829 2058	13 0238 1410	14 2.8 4.0	15 1.3 1.3	
Duration		16				

3. 求任意时的潮高和任意潮高的潮时

通过计算求任意时的潮高和任意潮高的潮时的方法中、英版基本一样，在此不作赘述。

这里只介绍利用英版《潮汐表》中提供的“求任意时潮高曲线图”用图解法求任意时的潮高和任意潮高的潮时，其原理和计算结果与我国《潮汐表》中的梯形图卡基本相同，但这也是一种方便的方法，由第一卷的曲线图针对不同的主港和特别的附港给出，其精度也是较高的。下面用实例来解释该曲线图的使用方法。

例 7-1-13：已知英国 Coverack 港某日潮汐：0812　4.8 m；1450　1.0 m。求潮高为 3.0 m 时的时间和 1200 时的潮高。

解：因为 Coverack 港的主港是 Plymouth（Devonport），所以利用 Devonport 的曲线图进行求解。该曲线图位于 Plymouth 港资料的首页，如图 7-1-16 所示。该曲线图的说明如下：

（1）左边上、下横坐标是表示潮高的坐标，上横坐标表示高潮潮高，下横坐标表示低潮潮高；

（2）曲线图的右边是潮汐涨落曲线，其下是潮时坐标，中间表示高潮时，右侧表示高潮后间隔 1 h 的潮时，左侧表示高潮前间隔 1 h 的潮时；

（3）潮汐涨落曲线的中线上的数字为求任意时的潮高用的系数（Factor），与潮差相乘即为潮高改正数；

（4）第一卷各港的曲线图的涨落潮曲线共有 2 条，实线为大潮曲线，虚线为小潮曲线；大潮和小潮的潮差在图的右上方给出。在求任意潮高和潮时时，如果当时潮差等于或接近大潮潮差，则利用大潮曲线；如果潮差等于或接近小潮差，则利用小潮曲线；其他情况在两曲线间内插。

具体方法介绍如下：

（1）在曲线图左边上横坐标4.8 m点和下横坐标1.0 m点间连一辅助线。在潮时坐标高（*HW*）下的方格内填人高潮时0812，由于是落潮，再向右每间隔1 h的空格内填入相应时间至能将所求问题的时间包括在内为止。

（2）从图左部分上（或下）横坐标的3.0 m处向下（或向上）引一垂线交辅助线后水平向右引至大、小潮曲线之间并稍靠近大潮曲线处（因本例潮差为3.8 m，接近于4.7 m的大潮差），再由此处竖直向下引直线交潮时坐标轴于一点，此点即为潮高为3.0 m的潮时，约为1130。

（3）从潮时坐标1200向上引竖直线至大、小潮曲线之间并稍靠近大潮曲线处，再从此点水平向左引直线交辅助线后向上（或向下）作竖直线交潮高坐标轴于一点，该点坐标即为1200时的潮高，约2.5 m。

此外，从横直线与潮汐曲线中线的交点可得出系数，1200时的系数为0.39，用此系数乘以潮差（3.8 m）可得出潮高改正值（也可以在乘积表Ⅱ中利用该系数和潮差作引数查出）为1.5 m，该值与低潮潮高的相加值为2.5 m，即为1200时的潮高。

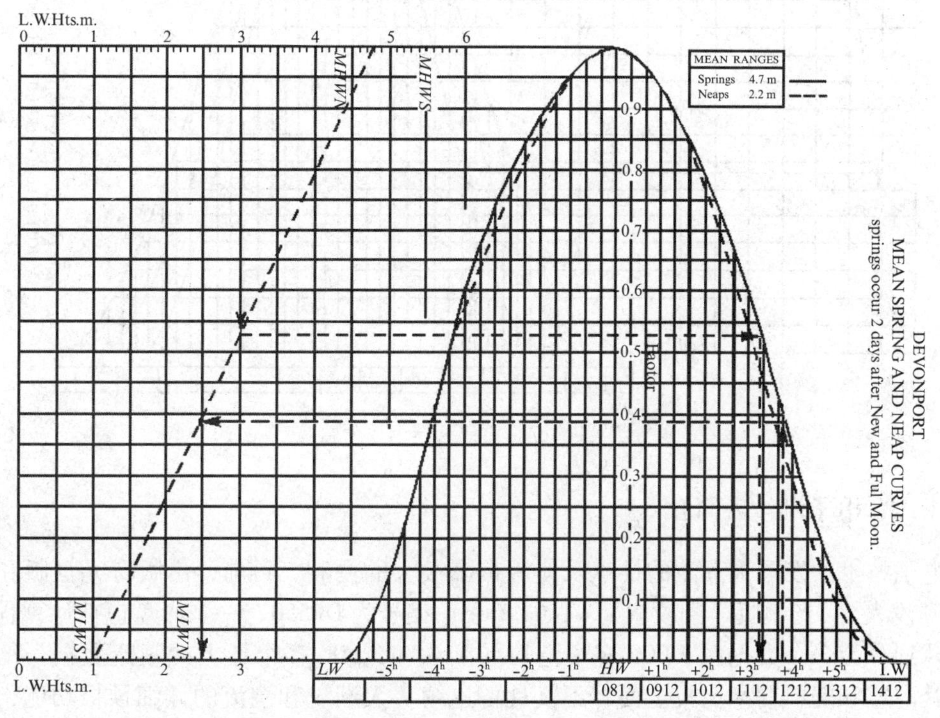

图7－1－16　求Devonport港潮汐的曲线

例7－1－14：已知韩国釜山港（Pusan Hang）某日的潮汐：1212　1.3 m；0655　0.2 m。求该港0900时的潮高。

解：该题应利用英版《潮汐表》第四卷提供的曲线图求解。该曲线图如图7－1－17所示。

与第一卷曲线图相比，其不同点在于它不是给出大、小潮曲线，而是给出涨落潮时间为5 h，6 h和7 h的3条曲线，以适应不同港口。

根据题意，0900 时位于 0655 时至 1212 时的涨潮过程中，0655 时的潮高为 0. 2 m，1212 时的潮高为 1. 3 m，按上述同样方法作辅助线，填写潮时。在 0900 处向上引竖直线至 5 h 和 6 h 两曲线之间并偏靠 5 h 曲线处（因为该题的涨潮时间为 0517，所以应在 0500 和 0600 之间内插），再从从此点水平向左引直线交辅助线后向下（或向上）作竖直线交潮高坐标轴于一点，该点坐标即为 0900 时的潮高时，约 0. 6 m。

注意，第二、三卷英版《潮汐表》所提供的通用曲线图只适合于涨（落）潮时为 0500 至 0700 之间且没有浅水改正的情况，如条件不满足，则必须使用调和常数法求取。

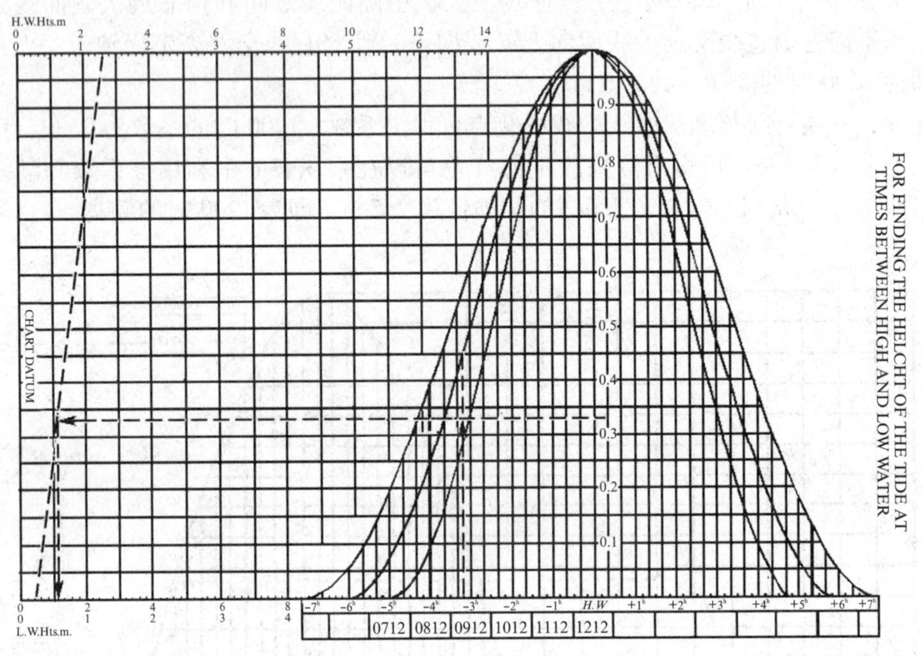

图 7－1－17　求任意港潮汐的曲线

十一、电子潮汐表简介

电子技术的发展为潮汐的推算及使用带来极大的便利。目前，出版有光盘版和网络版《潮汐表》。光盘版《潮汐表》（Total Tide）编号为 DP550，一张光盘包括计算程序和将全球划分为 7 个数据区 7 000 多个港口的潮汐和 3 000 多个地方的潮流数据，每年更新。其内容和资料信息比较全面，不仅具备连续 7 天潮汐和潮流的详细预报功能，而且可以根据船舶吃水进行安全进港所要求的计算，还可以根据使用者提供的调和常数计算其港口的潮汐。

网络版《潮汐表》（Easy Tide）是基于网络的潮汐预报程序，预报全球 6 000 多个港口的潮汐，供小型船舶使用。利用浏览器登录该潮汐表的网站（www. easytide. ukho. gov. uk），即可免费查阅登录之日始连续 7 天的潮汐预报，使用起来很方便。

例如，2012 年 8 月 30 日查得长江口（绿华岛）9 月 2 日—9 月 5 日的潮汐如下：

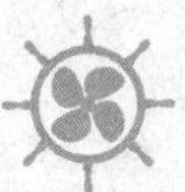

周日9月2日				周一9月3日				周二9月4日			周三9月5日			
LW	*HW*	*LW*	*HW*	*LW*	*HW*	*LW*	*HW*	*LW*	*HW*	*LW*	*HW*	*LW*	*HW*	*LW*
0508	1058	1716	2311	0538	1131	1749	2339	0605	1203	1820	0005	0633	1233	1851
0.9 m	4.5 m	1.0 m	4.6 m	0.9 m	4.5 m	1.2 m	4.5 m	1.0 m	4.4 m	1.4 m	4.3 m	1.1 m	4.3 m	1.6 m

任务实施

任务　中、英版《潮汐表》的查阅及潮汐计算

基本要求：

1. 正确掌握《潮汐表》的主要内容；
2. 正确查阅中、英版《潮汐表》有关潮汐资料；
3. 正确进行有关计算。

实施步骤：

1. 准备工作

多媒体教室，《潮汐表》，学生自带作业本、计算器等。

2. 实施过程

教师指定港口利用中、英版《潮汐表》查阅潮汐等资料，利用主港潮汐资料推算附港潮汐。

任务评价

评价内容		评价标准	权重	得分
任务完成情况	任务	1. 正确查阅潮汐资料	0.1	
		2. 利用中版潮信资料推算附港潮汐	0.2	
		3. 利用英版《潮汐表》推算附港潮汐	0.2	
		4. 求任意时的潮汐	0.1	
		5. 潮汐的应用计算	0.2	
职业素养		1. 遵守课堂纪律 2. 按时认真完成学习及工作任务 3. 有问题及时提出和反馈意见	0.1	
创新意识		1. 能举一反三 2. 善于提出问题，总结经验	0.1	
总得分				

任务拓展

1. 解释下列名词：

月球引潮力、潮汐周期、潮汐椭圆、分点潮、回归潮、高潮和低潮、涨潮与落潮、涨潮时间与落潮时间、平潮与停潮、平均高（低）潮间隙、潮龄、潮差、潮高差与潮时差、平均海面、大潮与小潮、大潮升与小潮升。

2. 简述潮汐的成因。

3. 简述潮汐周日不等现象。

4. 简述潮汐的类型。

5. 分别利用中、英版《潮汐表》推算 2012 年 8 月 9 日铜沙的潮汐。

6. 潮汐主要是由于________引起的。

A. 月球引潮力与地球公转　　B. 月球引潮力与地球自转

C. 月球引潮力与月球公转　　D. 月球引潮力与月球自转

7. 潮汐半月不等的潮汐现象是________。

A. 从新月到上弦潮差逐渐增大

B. 从新月到满月潮差逐渐减小

C. 潮差的变化是以半个太阴月为周期的

D. A，B，C 都不对

8. 潮汐半月不等主要是由于________引起的。

A. 月球赤纬较大

B. 太阳赤纬较大

C. 日、月与地球相互位置关系不同

D. 日、月与地球的距离变化

9. 产生潮汐的原动力是________，其中主要是________。

A. 月球引潮力、太阳的引潮力　　B. 天体引潮力、太阳的引潮力

C. 天体引潮力、月球引潮力　　D. 太阳的引潮力、月球引潮力

10. 潮汐的视差不等主要是由于________。

A. 太阳、月球与地球相对位置不同引起的

B. 月球赤纬不同引起的

C. 太阳、月球与地球的距离变化引起的

D. 太阳赤纬不同引起的

11. 潮汐视差不等主要是由于________。

A. 月球以椭圆轨道绕地球转动　　B. 地球自转

C. 地球平动　　D. 月球绕太阳运动

12. 下列有关潮汐的说法，正确的是________。

A. 潮汐的周日不等是由日、月引潮力的合力不同形成的

B. 平均海面是相邻高潮潮高和低潮潮高的平均值

C. A 和 B 都对

D. A 和 B 都错

13. 潮汐周日不等的潮汐现象是________。

A. 一天有两涨两落　　B. 两次高潮或两次低潮潮高不等

C. 涨落潮时间不相等　　D. A + B + C

14. 潮汐周日不等主要是由于________。

A. 月球、太阳赤纬较大引起的

B. 月球赤纬较大引起的

C. 太阳赤纬较大引起的

D. 太阳、月球与地球相对位置不同引起的

15. 从静力学理论分析，正规半日潮往往出现在月赤纬________。

A. 接近于零时　　B. 最大时

C. 与测者纬度相同时　　D. 以上都不对

16. 从理论上说，出现大潮的时间是________。

A. 近日点　　B. 上弦点　　C. 下弦点　　D. 朔望日

17. 从理论上说，某地出现高潮的时间是________。

A. 0 点　　B. 12 点　　C. 月中天时刻　　D. A，B，C 都对

18. 大潮的变化周期约为________。

A. 半个太阳月　　B. 一个太阴月　　C. 半个太阴月　　D. 以上都不对

19. 存在潮汐周日不等的海区，一个太阴日里相邻两次低潮中潮高较低的低潮称为________。

A. 高高潮　　B. 高低潮　　C. 低高潮　　D. 低低潮

20. “高潮间隙”是指________。

A. 从满月到大潮高潮发生的时间间隔　　B. 从月中天到高潮发生的时间间隔

C. 高潮与低潮的时间间隔　　D. 两次高潮的时间间隔

21. 从朔望日到实际大潮发生的时间间隔叫做________，从月中天到实际高潮发生的时间间隔叫做________。

A. 潮龄，高潮间隙　　B. 高潮间隙，潮龄

C. 大潮升，小潮升　　D. 小潮升，大潮升

22. 半日潮一个周期为________。

A. 12 h 50 min　　B. 12 h　　C. 24 h　　D. 12 h 25 min

23. 当高潮发生后，海面有一段时间停止升降的现象称为________。

A. 平潮　　B. 停潮　　C. 转潮　　D. 候潮

24. 当月赤纬为 0 时，一个太阴日中有相邻两个高潮和低潮潮高相差不大，涨落潮时间也很接近，这种潮叫做________。

A. 半日潮　　B. 混合潮　　C. 小潮　　D. 分点潮

25. 月球赤纬最小时的潮汐称为________。

A. 小潮　　B. 大潮　　C. 分点潮　　D. 同归潮

26. 低潮间隙是指________。

A. 从月中天到低潮发生的时间间隔　　B. 从新月到大潮低潮发生的时间间隔

C. 相邻两次低潮的时间间隔　　D. 从高潮到低潮的时间间隔

27. 小潮升是指________。

A. 从潮高基准面到平均大潮低潮面的高度

B. 从潮高基准面到平均小潮高潮面的高度

C. 从潮高基准面到平均小潮低潮面的高度

D. 从平均海面到平均小潮高潮面的高度

28. 小潮是指________。

A. 高潮最高、低潮也最高　　B. 高潮最低、低潮也最低

C. 高潮最高、低潮最低　　D. 高潮最低、低潮最高

29. 我国某主港潮汐 $T_{HW}=1038$，$H_{HW}=489$ cm，某附港的潮差比为0.76，潮时差为-0015，改正值为-30，则该附港的 T_{HW}，H_{HW} 为________。

A. 1023，295　　B. 1053，365　　C. 1053，335　　D. 1023，342

30. 我国某主港某日潮高为3.6 m，某附港潮差比为1.20，主港平均海面为220 cm，附港平均海面为222 cm，主、附港平均海面季节改正值为+18 cm，则该附港的潮高为________。

A. 3.64 m　　B. 4.12 m　　C. 4.02 m　　D. 3.86 m

31. 我国某主港某日高潮潮高为4.2 m，某附港潮差比为1.30，改正值为+14 cm，则该附港的高潮潮高为________。

A. 5.46 m　　B. 5.32 m　　C. 5.60 m　　D. 6.68 m

32. 我国某主港某日高潮潮时为1138，其附港高潮时差为0150，改正值为15，则该附港当日的高潮潮时为________。

A. 1328　　B. 1342　　C. 0948　　D. 1003

33. 从潮信表查得某海区的平均低潮间隙 *MLWI* 为1147，则8月28日（农历二十六）的低潮潮时约为________。

A. 0747，2011　　B. 0722，1947　　C. 0811，2025　　D. 0659，1923

34. 从潮信表查得某海区的平均高潮间隙 *MHWI* 为1125，则5月20日（农历十一）的高潮潮时约为________。

A. 1101，2325　　B. 1125，2349　　C. 0725，1949　　D. 0635，1900

35. 某海区的大潮升为506 cm，小潮升为406 cm，平均海面为310 cm，则该海区的平均大潮低潮潮高为________。

A. 96 cm　　B. 114 cm　　C. 196 cm　　D. 214 cm

36. 某海区的大潮升为542 cm，小潮升为430 cm，平均海面为310 cm，则该海区的平均小潮低潮潮高为________。

A. 78 cm　　B. 120 cm　　C. 190 cm　　D. 232 cm

37. 回声测深仪测得水深读数为2 m，当时的潮高为1 m，吃水为7 m，则该处的海图水深应为________。

A. 10 m　　B. 6 m　　C. 8 m　　D. 4 m

38. 某地当日的 $T_{HW}=0400$，$T_{LW}=1000$，$H_{HW}=5$ m，$H_{LW}=1$ m，则0600时的潮高应为________。

A. 1 m　　B. 2 m　　C. 3 m　　D. 4 m

39. 某地当日的潮汐资料为：0600 500 cm；1200 100 cm，则 0800 时的潮高为________。

A. 400 cm　　B. 300 cm　　C. 200 cm　　D. 100 cm

40. 某地当日的潮汐资料为：1200 400 cm；1900 136 cm，则潮高为 300 cm 时的潮时为________。

A. 1350　　B. 1457　　C. 1500　　D. 1330

41. 海图上某地图式为“＊（$\underline{1}_5$）”，该地当日的潮汐资料为：1227 393 cm；1851 122 cm，则 1530 时该障碍物上面的水深为________。

A. 1.5 m　　B. 1.2 m　　C. 2.7 m　　D. 3.0 m

42. 某地的海图图式为“＋（3_5）”，查《潮汐表》得知该处当时的潮汐为：1227　3.93 m；1851　1.22 m，则 1530 时该障碍物________。

A. 上面水深 3.5 m　　B. 高出水面 3.5 m

C. 上面水深 6.2 m　　D. 高出水面 6.2 m

43. 某船的吃水为 4 m，测深时为潮高为 6 m，测深仪读数为 21 m，则当时的可用水深为________。

A. 19 m　　B. 31 m　　C. 25 m　　D. 11 m

44. 某船的吃水为 8 m，欲通过海图水深为 7 m 的水道，保留富余水深为 0.7 m，该水道上空有一高度为 34 m 的桥梁，要求保留高度 2 m，本船水面上的最大高度为 33 m，该水道的大潮升为 4.5 m，小潮升为 3.3 m，则通过水道时的潮高范围为________。

A. 1.7 m < H < 2.3 m　　B. 1.7 m < H < 3.5 m

C. 1.0 m < H < 3.5 m　　D. 1.7 m < H < 2.9 m

45. 当利用英版《潮汐表》求附港潮高时，需进行内插求潮高差的为________。

A. 第一卷和第二卷的欧洲各港　　B. 第二卷和第三卷

C. 第三卷和第四卷　　D. 四卷均要求

46. 当利用英版《潮汐表》求附港潮时时，潮时差需进行内插的为________。

A. 第一卷和第二卷的欧洲各港　　B. 第二卷和第三卷

C. 第三卷和第四卷　　D. 四卷均要求

47. 在英版《潮汐表》第一卷中，每主港印有一张求任意时的潮高和任意潮高的潮时的曲线图，其中虚线代表小潮曲线，实线代表大潮曲线，则采用实线的时刻为________。

A. 潮差等于或接近大潮潮差时　　B. 潮差等于或接近小潮潮差时

C. 高潮时　　D. 低潮时

48. 在英版《潮汐表》第一卷中，每主港印有一张求任意时的潮高和任意潮高的潮时的曲线图，其中虚线代表小潮曲线，实线代表大潮曲线，下列说法错误的是________。

A. 潮差等于或接近大潮潮差时，利用大潮曲线

B. 潮差等于或接近小潮潮差时，利用小潮曲线

C. 潮差在两者之间时，两条曲线可任意使用

D. 潮差在两者之间时，在两条曲线间内插使用

49. 利用英版《潮汐表》求附港潮汐，主港某日的潮汐为：0929　1.0 m；1838

4. 0 m。主、附港的高潮潮时差为 - 0157；低潮潮时差为 - 0230，则附港高、低潮潮时分别为________。

A. 0659，1641　B. 0732，1608　C. 1126，2109　D. 1059，2035

50. 某主港低潮潮高为 1. 2 m，查得潮高查资料如下：

	MHWS	*MHWN*	*MLWN*	*MLWS*
主港	3. 5	2. 5	1. 4	1. 0
附港潮高差	+ 0. 6	+ 0. 4	+ 0. 4	- 0. 4

则与所给主港潮高对应的附港潮高差为________。

A. - 0. 2 m　B. + 0. 4 m　C. 0　D. + 0. 2 m

51. 某主港高潮潮高为 3. 4 m，查得潮高差资料如下：

	MHWS	*MHWN*	*MLWN*	*MLWS*
主港	3. 5	2. 5	1. 4	1. 0
附港潮高差	+ 0. 6	+ 0. 4	+ 0. 4	- 0. 4

则与所给主港潮高对应的附港潮高差为________。

A. + 0. 7 m　B. + 0. 6 m　C. + 0. 5 m　D. + 0. 8 m

52. 某主港高潮潮高为 4. 0 m，查得潮高差资料如下：

	MHWS	*MHWN*	*MLWN*	*MLWS*
主港	3. 5	2. 5	1. 4	1. 0
附港潮高差	+ 0. 6	+ 0. 4	+ 0. 4	- 0. 4

则与所给主港潮高对应的附港潮高差为________。

A. + 0. 7 m　B. + 0. 6 m　C. + 0. 5 m　D. + 0. 8 m

模块2 潮流计算

模块描述

本模块主要介绍了海图上潮流的表示方法，根据图例进行潮流计算；还介绍了中、英版《潮汐表》中潮流的表示方法及使用，利用潮流资料进行潮流计算。

学习目标

1. 掌握海图资料中潮流的表示方法；
2. 利用图例进行潮流计算；
3. 利用中、英版《潮汐表》进行潮流计算。

工作任务

潮流符号的识读及潮流计算。

知识准备

一、海图上的潮流资料与潮流推算

受月球和太阳引潮力的作用，地球上海水在产生周期性垂直运动的同时，也产生周期性的水平方向运动，海水水平方向的运动形成潮流。潮流变化的周期与潮汐变化的周期大致相同。潮流的流速与潮差成正比，大潮时潮差最大，流速也最大；小潮时潮差最小，流速也最小。著名的钱塘江潮，大潮时潮流流速可达8～10 kn。

潮流可以分为往复流和回转流2种。

1. 往复流

在海峡、河道、港湾和沿岸一带，由于受地形影响，潮流以相反的两个方向交互流动（流向相差180°），称为往复流。涨潮时，海水从外海向内海流动，称为涨潮流；落潮时，海水从内海向外海流动，称为落潮流。

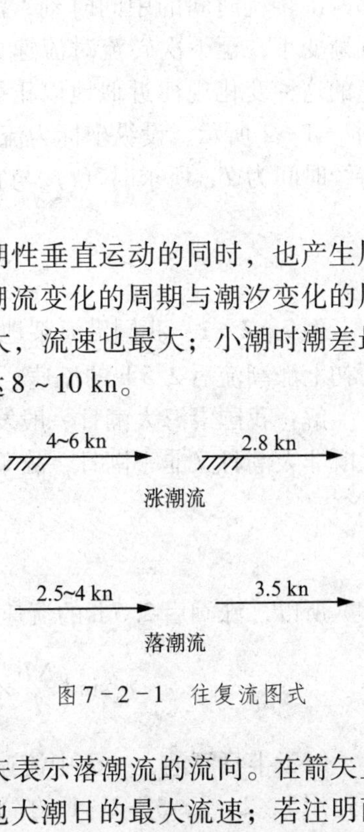

4~6 kn　2.8 kn

涨潮流

2.5~4 kn　3.5 kn

落潮流

图7-2-1　往复流图式

往复流的流向、流速在海图上的标注如图7-2-1所示。带羽尾的箭矢表示涨潮流的流向，不带羽尾的箭矢表示落潮流的流向。在箭矢上标注的数字表示流速（kn），仅注明一个数字的是指当地大潮日的最大流速；若注明两

个数值，则分别表示小潮日和大潮日的最大流速。对于只给出大潮最大流速的情况，小潮最大流速取大潮最大流速的一半。

利用箭矢上的潮流流速数据，可以求出每日的最大流速。一般认为大潮前后一两天内的当日最大流速都与大潮日最大流速相同；小潮前后一两天内的当日最大流速都与小潮日最大流速相同；其他数天内的当日最大流速可以取大、小潮最大流速的平均值，近似计算公式为

$$\begin{aligned}\text{平均最大流速} &= \frac{1}{2}\text{（大潮最大流速 + 小潮最大流速）}\\ &\approx \frac{3}{4}\text{大潮最大流速} \qquad (7-2-1)\\ &\approx \frac{3}{2}\text{小潮最大流速}\end{aligned}$$

当日最大流速确定后，根据往复流流速随时间变化的性质可以求取任意时的潮流流速。

潮流由涨向落或者由落向涨的变化，即潮流流向发生约180°变化时，流速接近于零，此时称为转流，也称平流或憩流（Slack Water），其中间时刻，称为转流时间（Slack Time）。在转流时流向不定，流速很小，可视为零节；转流以后流速逐渐由小增大，到相邻两次转流时间的中间时刻，流速达到最大；以后又逐渐变小，至下次转流时流速又降至零。我们可将流速的这种变化规律近似地以正弦函数曲线来描述，如图7－1－2所示。设纵坐标为流速，横坐标为时间，当天最大流速为 v_m，涨（落）潮流持续时间为 T，所求时（t）与它前面的转流时间间隔为 ΔT，则所求时的流速 v 为

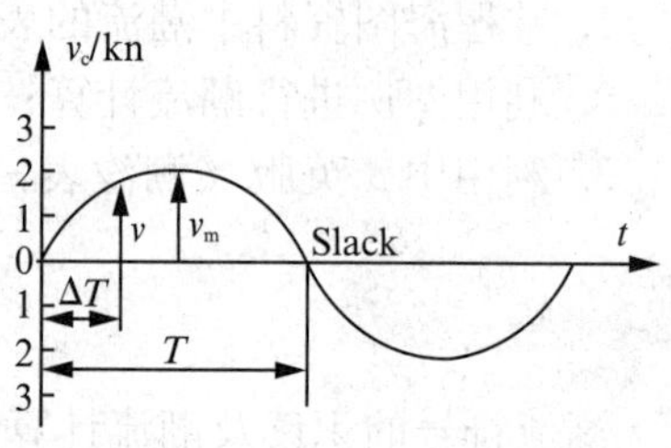

图7－2－2　往复流流速变化曲线

$$v = v_m \sin\left(\frac{\Delta T}{T} \times 180°\right) \qquad (7-2-2)$$

例7－2－1：我国沿海某地的往复流图式为 ⫽⫽ 6 kn →，涨落潮周期为6 h，求该地农历初七涨潮流后2.5 h的流速。

解：我国沿海大潮日一般发生在初三、十八，其前后两日的最大流速都为6 kn，初七既非大潮日又非小潮日，故单日最大流速为平均最大流速，即

$$v_m = \frac{3}{4} \times 6 = 4.5\ \text{kn}$$

所以，涨潮后2.5 h的流速为

$$v = v_m \sin\left(\frac{\Delta T}{T} \times 180°\right) = 4.5 \times \sin\left(\frac{2.5}{6} \times 180°\right) = 4.3\ \text{kn}$$

对于半日潮港，一天中流速的变化，可认为涨潮流和落潮流的时间均约为6 h，这样可运用1，2，3，3，2，1的简谐运动规律，概略估算任意时潮流的流速，具体方法如下：

转流后 1 h 内的平均流速（即转流后第 1 个小时内的平均流速，以下分别表示转流后第 2，3，4，5，6 个小时内的平均流速）是当日最大流速的 1/3；

转流后 1 ~2 h 内的平均流速是当日最大流速的 2/3；

转流后 2 ~3 h 内的平均流速是当日最大流速的 3/3；

转流后 3 ~4 h 内的平均流速是当日最大流速的 3/3；

转流后 4 ~5 h 内的平均流速是当日最大流速的 2/3；

转流后 5 ~6 h 内的平均流速是当日最大流速的 1/3。

例 7 －2 －2：我国沿海海图标注有箭矢：$\xrightarrow{4\ \text{kn}}$，求该处农历十一落潮流后第 2 个小时内的平均流速。

解：根据我国沿海潮汐特点，农历十一处在小潮日附近，所以该日最大落潮流流速为

$$v_{m} = \frac{1}{2} \times 4 = 2\ \text{kn}$$

落潮流后第 2 个小时内的平均流速为

$$v = \frac{2}{3} v_{m} = \frac{2}{3} \times 2 = \frac{4}{3}\ \text{kn}$$

2. 回转流

凡是在江河入海的附近、外海或广阔的海区，流向随时间顺时针（或逆时针）作 360°变化，流速也随时间变化的潮流称为回转流。对于半日潮，约 12 h25 min 回转一周（360°）；而全日潮，约 24 h50 min 回转一周（360°）。

在航用海图上，回转流的资料用 2 种方式给出，即回转潮流图和回转潮流表。

1）回转潮流图

图 7 －2 －3 为长江口附近某处的回转流图，中心地名表示主港港名，最外圈数字表示不同时间：0 表示主港高潮时，1，2，3……分别表示主港高潮前第 1 个小时，第 2 个小时，第 3 个小时……，Ⅰ，Ⅱ，Ⅲ……分别表示主港高潮后第 1 个小时，第 2 个小时，第 3 个小时……；数字所对应的箭矢为该时的潮流情况，箭矢的方向即流向；箭矢顶部的数字表示流速，较大的数字是大潮流速，较小的数字是小潮流速。

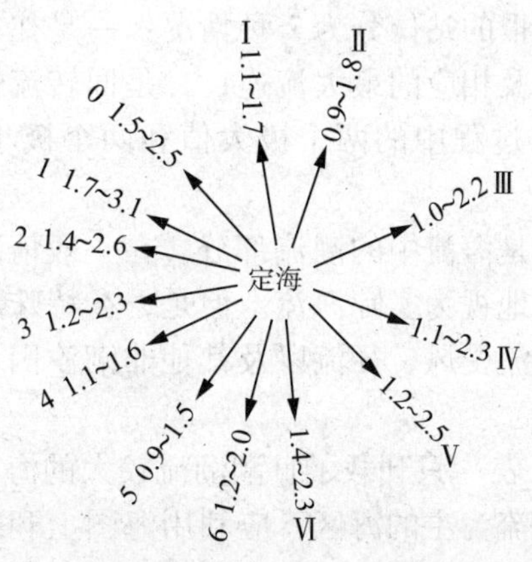

图 7 －2 －3　回转流图式

2）回转潮流表

表7－2－1是一张回转潮流表，一般印在海图标题栏或不影响船舶航行的位置，仅在潮流发生处用符号Ⓐ，Ⓑ，Ⓒ，Ⓓ…表示表列潮流发生的位置。回转流的流向可以根据主港高潮时与实际航行时间的关系查回转潮流图或回转潮流表来确定，如果时间不正好是图中或表中的时间可以进行内插求取。回转流的流速，可以根据航行日期与大潮日、小潮日的关系，参考往复流中求取每日最大流速的规律求取。

表7－2－1　回转潮流表

Hours		Ⓐ 51°20′.3N 1°34′.3E			Ⓑ 51°15′.0N 2°14′.0E		
			Rate/kn			Rate/kn	
		D_{tm}	*Sp*	*np*	D_{tm}	*Sp*	*np*
Before *HW* Dover	6	199°	2.0	1.2	248°	0.9	0.5
	5	204	2.6	1.5	236	1.6	0.8
	4	208	3.1	1.7	231	1.9	0.9
	3	213	2.8	1.5	225	1.7	0.7
	2	222	1.5	0.8	214	1.2	0.4
	1	357	0.8	0.5	166	0.5	0.2
HW		015	2.5	1.4	075	0.7	0.5
After *HW* Dover	1	023	3.2	1.8	058	1.5	1.8
	2	029	2.9	1.6	052	1.8	0.9
	3	044	2.2	1.3	045	1.7	0.8
	4	059	1.2	0.7	039	1.3	0.5
	5		slack		006	0.5	0.2
	6	197	1.4	0.8	260	0.7	0.4

二、中版《潮汐表》的“潮流预报表”与潮汐推算

1．潮流预报表的内容

我国《潮汐表》第一册至第三册中的“潮流预报表”给出了我国一些重要水道、港湾和渔场等的潮流资料。预报的站位分为2种情况：一是往复流性质的站位，逐日给出转流时间、最大流速时刻以及相应的最大流速；二是回转流性质的站位，给出潮流回转一周（大约一个潮汐周期）过程中的两个极大值和两个极小值以及与其对应的时刻和流向。

注意，表中的预报值只是海流中的潮流部分。在一般情况下，表中预报的潮流是海流中的主要部分，可以近似地视为实际海流。但是，在特殊天气或预报站位处于河口或非潮流因素较强的海域，海流受风、径流以及其他非潮汐因素影响较大，这时表中的预报值与实际海流差别较大。

第四册中的“潮流预报表”只刊载了日潮潮流较大的海区中的一些重要地点的逐日潮流预报，对于以半日潮潮流为主的海区，应利用海图上刊载的资料和专用的半日潮潮流图表，根据某一主港的潮汐预报推算邻近水域的潮流。

每册均在每一页预报资料的上方给出：预报站位名称，经、纬度，流速资料中的

“+”、“-”号所代表的具体流向，预报年度和该地的标准时。第四册还在每页的下方说明了预报值中是否包含海流。

2. 潮流推算

对于表中往复流的推算方法同例 7-2-3。

例 7-2-3：查表求成山角 2010 年 8 月 17 日 0930 时的流向与流速。

解：查 2010 年中版《潮汐表》第一册的“潮流预报表”，成山角 2010 年 8 月 17 日的潮流资料如下：

8　月

日期	转流	最大流	
17	时分	时分	流速
	0150	0454	-1.6
TU	0758	1108	1.8
	1422	1736	-1.7
	2058	2351	1.4

根据表中说明，“+”表示流向为 343°，“-”表示流向为 163°，流速单位为“kn”。

显然，0930 时的潮流发生在 0758 时与 1422 时两次转流之间，此段时间流向为“+”，最大流速为 1.8 kn，故 0930 时的流向为 343°，流速为

$$v = v_{\mathrm{m}} \sin\left(\frac{\Delta T}{T} \times 180^\circ\right) = 1.8 \times \sin\left(\frac{0930-0758}{1422-0758} \times 180^\circ\right) \approx 1.2 \text{ kn}$$

对于回转流性质的站位，给出潮流回转一周过程中的两个极大值和两个极小值以及与其对应的时刻和流向，其他时间的流向和流速可利用内插求取。查得 2010 年 7 月 16 日大沙渔场的潮流如下：

7　月

日期	时间	流向	流速	时间	流向	流速
	时分	度	节	时分	度	节
16	0122	302	1.3	0432	043	2.3
F	0856	142	0.9	1203	243	2.2
	1723	055	1.3	1851	094	1.3
	2019	129	1.3	2340	218	2.0

三、英版《潮汐表》中的“潮流表”与潮流推算

英版《潮汐表》中仅对某些重要而且潮流周日不等现象显著的区域编制潮流表。

欧洲大部分水域的潮流和潮汐均具有半日潮性质，附港的潮流可以根据海图上的潮流资料并参照主港的潮汐资料推算，所以，英版《潮汐表》第一、二卷没有编制潮流表，仅在第三、四卷中对某些重要而且潮流周日不等现象显著的地方编制了潮流表（PART Ia TIDAL STREAM PREDICTIONS）。潮流表资料的具体编排与中国《潮汐表》第四册的“潮流预报表”的编排基本一样，所不同的是在表的开头给出了包括半日潮、日

潮和混合潮港等港口的典型潮流曲线，以便对不同类型潮流的解释和理解。英版《潮汐表》的第二、三、四卷中都还印有“关于潮流的调和常数”，以供用简化的调和常数法推算潮流。

通常，英版《潮汐表》中的“潮流表”只预报往复流类型的潮流，同样可以利用计算公式（7－2－2）计算任意时的潮流。但应注意预报数据中是否包括有海流的成分，即“CURRENT INCLUDED IN PREDICTIONS”或“CURRENT NIL”，如果预报数据中包括有海流，计算时应在最大流速的取值中将海流流速部分减去后计算出任意时的潮流的大小，再与海流矢量合成求出当时的总流速和流向。

任务实施

任务　潮流符号的识读及潮流计算

基本要求：

1. 正确识读有关潮流符号；
2. 正确查阅《潮汐表》中潮流内容；
3. 正确进行潮汐计算。

实施步骤：

1. 准备工作

多媒体教室，海图，学生自带作图工具、计算器。

2. 实施过程

利用投影或直接利用海图，要求学生识读各种潮流符号，并针对一些符号作相应的潮流计算；指导学生如何查阅《潮汐表》中有关潮流部分的内容，并进行有关潮流方面的计算。

任务评价

评价内容		评价标准	权重	得分
任务完成情况	任务	1. 正确识别潮流符号	0.2	
		2. 正确查阅《潮汐表》	0.2	
		3. 正确进行有关计算	0.2	
		4. 回答有关问题	0.2	
职业素养		1. 遵守课堂纪律 2. 按时认真完成学习及工作任务 3. 有问题及时提出和反馈意见	0.1	
创新意识		1. 能举一反三 2. 善于提出问题，总结经验	0.1	
总得分				

任务拓展

1. 简述往复流与回转流。

2. 在英版《潮汐表》中的“潮流预报表”中，回转流给出________。

Ⅰ. 两流速的极大值及其时刻；Ⅱ. 两流速的极小值及其时刻；Ⅲ. 流向；Ⅳ. 转流时间；Ⅴ. 预报位置

A. Ⅰ～Ⅴ　　B. Ⅰ～Ⅳ　　C. Ⅰ～Ⅲ　　D. Ⅰ～Ⅲ，Ⅴ

3. 在英版《潮汐表》中的“潮流预报表”中，往复流给出________。

Ⅰ. 转流时间；Ⅱ. 最大流速；Ⅲ. 最大流速时间；Ⅳ. 流向；Ⅴ. 预报位置；Ⅵ. 包括海流

A. Ⅰ～Ⅴ　　B. Ⅰ～Ⅵ　　C. Ⅰ～Ⅲ　　D. Ⅰ～Ⅲ，Ⅴ

4. 对于回转流，潮流表一般提供各个期内的两次极大值和两次极小值的流向和流速及其对应时间，其他时间的流向和流速________。

A. 内插求取

B. 与所提供的最接近的时间的流向、流速相同

C. 根据半日潮港 1，2，3，3，2，1 规则求取

D. 以上都对

5. 海图上某地往复流箭矢上标注的一个数字是________。

A. 平均流速

B. 小潮日的最大流速

C. 大潮日的最大流速

D. 大潮日和小潮日流速的平均值

6. 回转流的特点有________。

Ⅰ. 在一个潮汐周期内流向改变 360°；Ⅱ. 流速、流向的变化是：在某一方向上由强转弱，然后改向；Ⅲ. 没有流速为零的时刻

A. Ⅰ，Ⅲ　　B. Ⅰ，Ⅲ

C. Ⅱ，Ⅲ　　D. Ⅰ～Ⅲ

7. 回转潮流图中，顶端有数字“2”的箭矢表示________。

A. 主港高潮前 2 h 时的流向　　B. 主港高潮后 2 h 时的流向

C. 主港转流流速为 2 kn　　D. 该方向的流速

8. 半日潮港，涨潮流箭矢上标注 2 kn，则该处大潮日涨潮流第 2 小时内的平均流速为________。

A. 2/3 kn　　B. 4/3 kn　　C. 8/3 kn　　D. 2 kn

9. 某河口大潮日的最大流速为 4 kn，则小潮日涨潮第 3 小时内平均流速为________。

A. 4 kn　　B. 3 kn　　C. 2 kn　　D. 1 kn

10. 某往复流港口的潮流资料为：转流时间 0154，0807；最大流速和相应时间 1.9 kn 0456，则该港 0300 时的流速为________。

A. 0.6 kn　　B. 1.0 kn　　C. 1.2 kn　　D. 1.7 kn

11. 中国沿海某海区海图上的往复流图式为：$\overset{3\ \text{kn}}{\rightarrow}$（带羽状符号），其意思为________。

A. 该海区涨潮流大潮日最大流速为 3 kn

B. 该海区落潮流大潮日最大流速为 3 kn

C. 该海区涨潮流大潮日最大流速为 6 kn

D. 该海区落潮流大潮日最大流速为 6 kn

项目八
助航标志的识别与运用

核心概念

助航标志、灯质、灯塔、灯船、浮标、立标、浮标系统、侧面标志、方位标志、孤立危险物标志、安全水域标志、专用标志、新危险物标志、应急沉船标志。

项目描述

助航标志是保证船舶安全航行的重要助航设施。本项目描述了助航标志的作用与分类，国际海区水上助航标志制度，中国水上助航标志，并简要介绍了中国内河助航标志。

学习目标

1. 熟悉助航标志的作用与分类；
2. 掌握国际海区水上助航标志制度、中国水上助航标志中各种助航标志的作用与特征；
3. 掌握国际海区水上助航标志制度中 A 区域与 B 区域两种浮标制度的区别与联系；
4. 了解中国内河助航标志。

模块　助航标志的识别与运用

模块描述

助航标志是保证船舶安全航行的重要助航设施。本模块描述了助航标志的作用与分类，国际海区水上助航标志制度，中国水上助航标志制度，以及中国内河助航标志制度。

学习目标

1. 了解助航标志的作用及分类；

2. 掌握国际海区水上助航标志制度、中国水上助航标志中各种助航标志的作用与特征；

3. 掌握国际海区水上助航标志制度中 A 区域与 B 区域两种浮标制度的区别与联系。

工作任务

助航标志的识别与运用。

知识准备

一、助航标志的作用

助航标志是保证船舶沿航道或预定航线安全航行的重要助航设施。其主要作用有以下几个。

（1）指示航道。在岛岸明显处，设置引导标志或在水上设立浮标、灯浮及灯船等，引导船舶沿航标所指示的航道航行。

（2）供船舶定位。利用位置固定、准确的航标测定船位。

（3）标示危险区。标示航道附近的沉船、暗礁、浅滩及其他危险物，指引船舶避开这些危险物。

（4）供特殊需要。标示锚地、检疫锚地、测量作业区、禁区、渔区以及供船舶测定运动性能和罗经差使用的水域等。

二、助航标志的分类

助航标志包括灯塔、灯标、浮标、立标、雷达站、无线电导航设备及雾号等。根据标志的主要特点与用途，助航标志分如下几类。

1. 固定航标

固定航标设置在海岸、水中礁石上和浅水区，其位置固定不动。

（1）灯塔（Light House）：如图8－1－1所示，灯塔一般设置在重要位置，如显著的岬角、港湾入口处、重要航道附近以及孤立危险物上。灯塔是一种比较高大而坚固具有显著形状和颜色并发出特定灯光的塔状建筑物，由基础、塔身和发光器3部分组成。灯塔是某些港口和地区的标志性建筑，如古代埃及亚历山大城的法罗斯灯塔，建成于公元前280年左右，高达135 m，被称为世界七大奇观之一。

灯塔所处位置一般较高且装有强光灯，以其特定的光色和光质作为识别特征，夜间能在较远的距离上被及时、准确发现。灯塔多附设雾号。有的灯塔还有音响信号、无线电信号等。在《航标表》中每座灯塔的外观及附属设备均有描述。

灯塔大多有专人看守，工作可靠，海图位置准确，是陆标定位的良好标志。灯塔通常有灯光初显和初隐，可以帮助驾驶员及时发现陆地与定位。

（2）灯桩（Light Beacon）：如图8－1－2所示，一般设置在航道附近的岸上或浅水处，以及孤立的礁石上或港口附近的防波堤上，常用于港内避险和导航。灯桩大多无人看管，结构比灯塔简单，多为柱状或铁架结构。灯桩的灯光强度较弱，一般无灯光初显和初隐。

（3）立标（Beacon）：大多设置在浅水区及水中礁石上，用以标示沙嘴和浅滩尽头以及礁石等较小碍航物，无发光灯，专供白天导航和避险。设在岸上的立标多作为导标或叠标，用于船舶进出港导航以及测定船舶运动性能和罗经差等。立标的结构更简单，杆状，其顶部带有球形或三角形等标志。

图8－1－1　灯塔

图8－1－2　灯桩

2. 漂浮航标

漂浮航标是指漂浮在水面上的标志，用锚或沉锤加锚链系留在海床上指定的位置。

漂浮航标可以在以固定位置为中心的一定范围内移动，并且在遇大风浪或遭遇船舶碰撞时可能会移位或漂失，故一般不能用于定位。漂浮航标包括以下几种。

(1) 浮标 (Buoy)：一般设置在港口、航道以及水下危险物附近，用以标示航道和指示碍航物位置。浮标按其用途不同而有其特定的形状、颜色和顶标。浮标可能装有发光器、音响设备和雷达反射器等。有发光器的灯标又称为灯浮标，简称灯浮 (Light Buoy)，灯浮的光力一般较弱。浮标水线以上部分的基本形状主要有罐形、锥形、球形、柱形和杆形 5 种。

(2) 灯船 (Light Vessel, Lt. V)：一种具有船体的大型漂浮标志，一般设置在不便建造灯塔的重要航道水域，用于标示港口、航道的进口和浅滩等。灯船具有能经受风浪袭击和顶住强流的坚实结构和牢固的锚泊设备，在甲板高处设有发光设备，灯光射程较远，可靠性较好。有的灯船还有人看管，其可靠性更好。灯船的船身一般涂红色，船体两侧有醒目的白色船名或编号，桅上悬挂黑球，供白天识别用，如图 8-1-3 所示。

中国海区的灯船船身及灯架均涂红色，甲板上的建筑物涂白色，船身两舷写白色船名，灯质视需要而定。当有人看守的灯船漂离原位时，原有灯光及雾号即停止工作，日间在船首尾各悬挂黑球一个，或红旗一面，并悬挂国际信号旗“PC”，表明“本船不在原位”；夜间在船首尾各悬挂红灯一盏。

(3) 大型助航浮标 (Large Navigational Buoy, Lanby)：设置在重要水域的大尺度浮标，我国称“蓝比”，这种浮标的浮体直径约 12 m，灯光高度 10 ~ 12 m，标型大，在美、英、法等国或某些水域用它代替灯船，以节省费用。这种大型浮标通常配置有灯器、雾号、无线电指向标和雷达应答器等，如图 8-1-4 所示。

图 8-1-3 灯船

图 8-1-4 大型助航浮标

3. 音响航标

音响航标是指附设有雾警设备的航标，能在雾、暴雨、大雪和霾等能见度不良天气时发出特定的音响以供船舶驾驶员导航避险之用。音响信号包括笛、角、哨、钟和锣等。

(1) 雾笛 (Siren)：多装在灯塔和灯船上，利用压缩空气经发声器发声或用电力推动发声，各种类型雾笛的音调和功率差别很大，大多声音清晰、洪亮，有效作用距离可达 3 ~ 10 n mile。

（2）雾角（Horn）：多装在港口附近的岸边或有发电设备的灯塔上，发声原理和普通电喇叭相似。雾角能清晰地发送信号编码，以便船舶收听和识别，有效作用距离为3～5 n mile。

（3）雾哨（Whistle）：一般装在浮标上，利用波浪起伏吸进和压出空气，经气流而发声。其声音大小随风浪大小而变化，有效作用距离为1～4 n mile。

（4）雾钟（Bell）：一般设在礁石或浅滩附近的灯浮或无人看守的船上，是一种古老、简单的音响装置，借助波浪起伏摇摆，自动打钟发声，也有机动和手动发声的。雾钟的声音强弱取决于钟和波浪的大小，有效作用距离1～2 n mile。

（5）雾锣（Gong）：通常装在有人看守的灯船上，在有的雾天气里，从听到船舶发放雾号时起，每隔一定时间鸣锣，有效作用距离1～2 n mile。

音响信号还有低音雾角（Diaphone），弱高音雾角（Reed），爆响雾号（Explosive）、莫尔斯码雾号（Morse Code Fog Signals）和雾炮（Gun）等。

4. 雷达航标

雷达航标包括雷达反射器、雷达指向标和雷达应答标等。

（1）雷达反射器（Radar Reflector）：是一种附装在航标或岬角、堤坝上的强反射体，具有一定的反射面积和将入射电波向原方向反射的特性，可以有效增加雷达目标回波的强度，使物标易于被雷达发现。

（2）雷达指向标（Radar Beacon，Ramark）：设于固定位置，供船舶测定方位。其本身具有发射设备，定期发射具有一定频带的信号，使用者可根据其信号被雷达接收后显示在荧光屏上的径向亮线测得雷达指向标的方位。

（3）雷达应答标（Radar Responder Beacon，Racon）：设于固定位置，是一种有源被动雷达信标，受船载雷达波的触发，发出具有一定符号特征（如莫尔斯码）的电波，电波被船载雷达接收后，可显示该标的具体位置，用于船舶定位与导航。

5. 无线电航标

装有无线电助航设施的航标统称为无线电航标。

（1）全向无线电信标（Non-directional Radio Beacon，RC）：是一种发射无方向性电波，供船舶测定方位用的无线电信标。它在规定的时间内无方向性地发射特定电波信号，供船舶无线电测向仪测定电波来向，用于定位和导航。

（2）无线电测向台（Radio Direction Finding Station，RG）：设于固定位置，用于测定船舶发射的无线电波的方位，即所谓的岸测船。

（3）定向无线电信标（Directional Radio Beacon，RD）：引导船舶循直线航道航行。它交替发射两种电波，两种电波的方向角在航道轴线方向及其可航范围内有一定的重叠。船上可用通信接收机收听其信号。当船舶听到两种信号音响合为一连续音响时，说明船舶是在其引导的航道上行驶；如仅听到其中的一种信号，则表明偏离航道。

（4）旋转式无线电信标（Rotating Rattern Radio Beacon，RW）：是将“8”字形指向特性的电波从正北按顺时针方向每旋转2°定时地发射出点信号，使用者用类似收音机的简单接收机接收信号，计算信号到最弱点的短点数，即可得知与信标台的相对方位。

（5）DGPS 信标（DGPS Beacon）：即差分 GPS，差分技术的原理是在一个已知精确坐标的固定点放置一台基准站 GPS 接收机接收 GPS 卫星信号并解算出系统的误差，再将误差修正参数传送至正在测量未知点坐标的移动站 GPS 接收机并消除该误差，从而使移动 GPS 定位数值的精度大大提高。

信标技术是利用现有的航海无线电信标台，在其所发射的信号中加一个副载波调制，以发射差分修正信号，提供米级精度的定位导航。目前，已在全球多数国家和地区建立并统一规定了频率，达到全球通用，极大地降低了用户的使用成本。

中华人民共和国海事局目前已经完成了我国沿海地区的信标台站的建设，现有的信标信号可以向沿海延伸 500 km，向内陆延伸 300 km，信标台站可以全天候播发 RTCM（The Radio Technical Commission for Marine Services）标准格式信号，用户可免费使用。

（6）船舶自动识别系统（AIS）：是一种新型无线电助航系统，是近年来几个国际组织，特别是国际海事组织（IMO）、国际航标协会（IALA）、国际电信联盟（ITI－R）共同研究的成果。

AIS 基站的目的是使安装有无线电应答器系统的船舶之间和安装 AIS 基站的岸站之间自动交换信息。信息中最重要的数据包括船籍、船位、航线、航速、航向和转向速度等。

AIS 使用海上移动 VHF 波段交换数据，其设备的成本相对于雷达设备要低，“可视”范围却几乎等于雷达。由于这种特性，AIS 将为船舶提供一种有效的避碰措施，并极大地增强雷达功能。配有 AIS 基站的 VTS 中心可以自动获得所有装有 AIS 船舶的完整的交通动态信息，提高了 VTS 的效率。此外，如果将定期航行和固定航线的船舶的相关信息按需加在传送信息中，AIS 将成为一种船舶报告系统。这些附加的信息包括船舶呼号、船名、货种、始发港和目的港以及实际吃水等。

如果在航标上安装 AIS 设备，不仅能够自动识别航标，而且当航标发生移位时，航标上的 AIS 设备就能把移动了的位置报告出来并报警，加强了船舶的航行安全。

（7）虚拟航标：建立在 AIS 技术与 ECDIS（电子海图）基础上。虚拟航标包括仿真航标与虚拟航标 2 种。仿真的虚拟航标具有航标实体，但有关的 AIS 航标信息并不在实体上发出，而在其他基站发出，这大大简化了真实航标的技术性，同时也加强了航标的可靠性。

一般的虚拟航标是指没有实体的航标，也就是说在实际水域并没有航标，而在 AIS 及 ECDIS 上相应的水域可以显示出航标的符号，驾驶员可以利用显示出的符号进行定位导航。虚拟航标特别有利于在有新危险物的水域以及实体航标设置起来难度较大的水域设置，具有简单、明了、成本低、安全可靠、不占用航道等特点，是航标发展的方向。

当然，虚拟航标并不能完全替代实体航标，主要原因是虚拟航标要求船舶必须装有 AIS 和 ECDIS，并且其可靠性也受到 AIS 和 ECDIS 的制约，还有船舶的视觉导航也离不开实体的航标。

三、国际海区水上助航标志制度

1. 概述

国际航标协会（International Association of Lighthouse Authorities，IALA）（1956 年成立）经过长期研究和反复协调，于 1980 年 11 月在东京召开的第 10 届国际航标会议上确定了完整的国际航标协会浮标制度。

国际航标协会将世界海区分为 2 个地区，即 A 区域和 B 区域，亦称为 A 制度和 B 制度。其中，B 区域包括美洲和亚洲的日本、韩国、菲律宾，其余地区均为 A 区域，具体划分界限如图 8－1－5 所示。

A 区域和 B 区域标志的主要区别在于两区域的侧面标志的颜色、顶标颜色、灯光颜色正好相反，其余均无差别，A 区域为“左红右绿”，B 区域则为“左绿右红”。

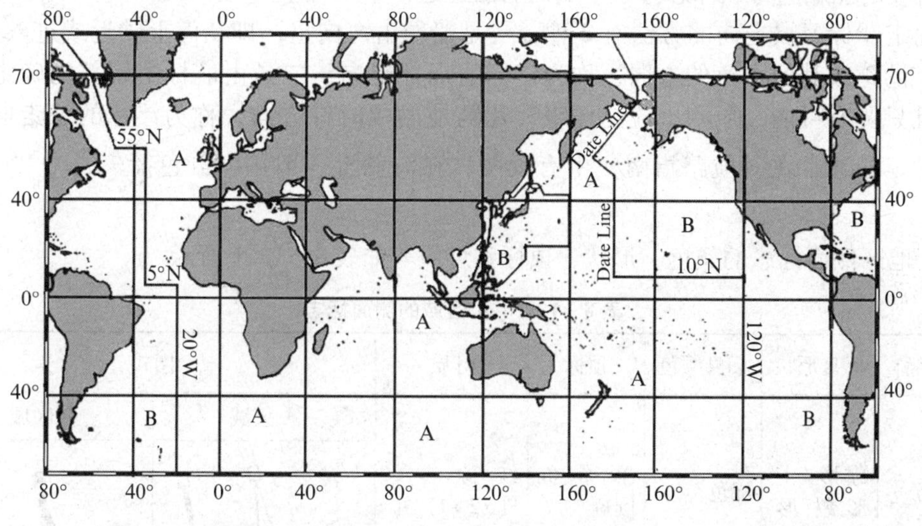

图 8－1－5　国际浮标制度 A 区域和 B 区域示意

（1）适用范围：浮标制度适用于所有固定和漂浮的标志（不包括灯塔、光弧灯标、导灯和导标、大型助航浮标、某些大船型灯浮和灯船），用以指明：可航水道的中央线、边侧界限；可能有待规定的航行区域；天然危险物和其他碍航物；与航海有重要关系的其他特征等。

（2）标志的类型：共有 5 种类型的标志：侧面标志、方位标志、孤立危险物标志、安全水域标志和专用标志。

（3）标志的颜色：红色和绿色为侧面标志专用色，黄色为专用标志专用色，黑黄或黑红横纹或红白竖纹用于其他类型的标志。

（4）标志的形状：共有 5 种基本形状：罐形、锥形、球形、柱形和杆形。也有可能出现其他形状，如船形等。

（5）顶标的形状：仅采用罐形、锥形、球形和 X 形 4 种顶标。

（6）灯光颜色：红光和绿光为侧面标志专用，黄光为专用标志专用，白光用于其他类型的标志，并以发光节奏加以区别。

（7）反光器：将反光性材料以特定方式和一定的编码置于不发光时浮标上，以便夜间对浮标进行识别。共采用标准码和组合码2种编码。在特定区域，只能使用一种编码，并对公布的编码在《航路指南》中加以说明。

2. 各种标志的特性及作用

1）侧面标志

侧面标志（Lateral Marks）包括左侧标、右侧标和推荐航道左侧标、推荐航道右侧标。

侧面标志结合浮标习惯走向，通常用于界限明确的航道。左侧标、右侧标标示航道左、右侧界限，顺航道走向行驶的船舶应将该标志置于本船同名舷通过。

当航道分叉形成两条航道可到达同一目的地时，主要航道称为推荐航道，另一航道称为支航道。推荐航道左侧标和推荐航道右侧标设在航道分叉处，标示推荐航道在该标志的异名侧，当用于特定航道时，标示该航道的左、右侧界限，顺推荐航道或特定航道走向行驶的船舶应将该标志置于本船同名舷通过。

确定浮标习惯走向的方法有2种：一是船舶由海向里，即从海上驶近或进入港口、河口、港湾或其他水道的方向，称为浮标的局部走向；二是由航标主管部门确定的方向，且只要有可能，原则上应是环绕大片陆地的顺时针方向，称为浮标的总走向。浮标的总走向通常在《航路指南》中有说明，在海图上一般用洋红色箭矢符号“⇨”标明。

A地区侧面标志的颜色、形状、顶标和灯质等如表8－1－1所示。

表8－1－1　A区域的侧面标志

标志名称	标身形状	标身颜色	顶标	灯质	图式	
					A区域	B区域
左侧标	罐形、柱形或杆形	红色	单个红圆罐	红，除Fl（2+1）外	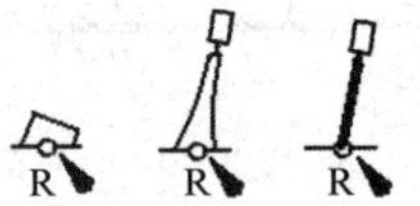 R R R	 G G G
右侧标	锥形、柱形或杆形	绿色	单绿圆锥锥尖向上	绿，除Fl（2+1）外	 G G G	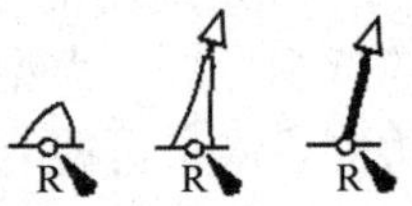 R R R
推荐航道左侧标	同左侧标	红色中间宽绿横纹	同左侧标	红，Fl（2+1）	 RGR	 GRG
推荐航道右侧标	同右侧标	绿色中间宽红横纹	同右侧标	绿，Fl（2+1）	 GRG	 RGR

A地区侧面标志的规律是左红右绿、左罐右锥，即A地区左侧标的标身、顶标和灯光均为红色，右侧标则均为绿色；左侧标的形状和顶标均为罐形，右侧标的形状和顶标均为锥形，如图8－1－6所示。B地区侧面标志只将表示颜色的规律改为左绿右红即可。

B 地区使用的侧面标志除标志的颜色、顶标的颜色和灯光的光色与 A 区左右相反外，其余均与 A 区标志相同。

侧面标志的编号，一般顺着浮标习惯走向顺序进行。

A 区域与 B 区域侧面标志的配布如图 8－1－7 所示。

图 8－1－6　A 区域侧面标志

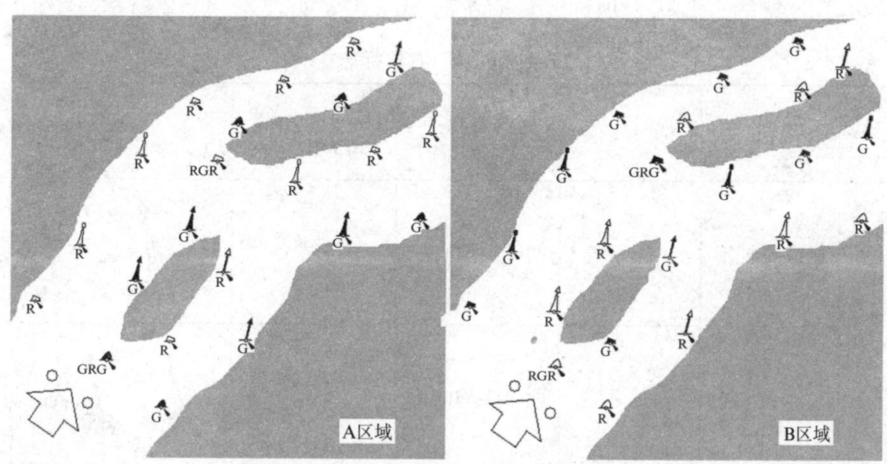

图 8－1－7　侧面标志的配布示意

2）方位标志

方位标志结合罗经使用，设在以危险物或危险区为中心的 4 个隅点方位线所划分的 4 个区域内，即真方位 NW 至 NE，NE 至 SE，SE 至 SW，SW 至 NW，并分别命名为北方位标、东方位标、南方位标、西方位标，如图 8－1－8 所示，标示可航水域在本标同名一侧。方位标志也可设在航道的弯道、分支汇合处或浅滩的终端。其作用如下所示。

（1）指明某个区域内最深的水域在该标名称的同名一侧。

（2）指明通过某危险物的安全一侧。

（3）引起对航道中的特征的注意，如弯道、河流汇合处、分支点或浅滩两端等。

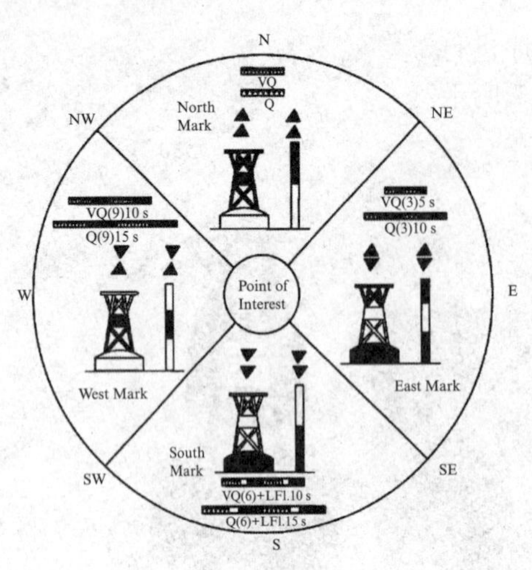

图 8－1－8　方位标志

方位标志的颜色、形状、顶标、灯质及海图图式等如表 8－1－2 所示。

表 8－1－2　方位标志

名称	标身	标身颜色	顶标（两黑色锥体组合）	灯质（光色均为白色）	海图图式
北方位标	柱形或杆形	上黑下黄	两锥尖均向上	VQ 或 Q	BY　BY VQ or Q
南方位标	同上	上黄下黑	两锥尖均向下	VQ（6）+ LFl. 10 s 或 Q（6）+ LFl. 15 s	YB　YB VQ(6)+LFl.10 s or Q(6)+LFl.15 s
东方位标	同上	上下黑中间黄	两锥底相对	VQ（3）5 s 或 Q（3）10 s	BYB　BYB VQ(3)5 s or Q(3)10 s
西方位标	同上	上下黄中间黑	两锥尖相对	VQ（9）10 s 或 Q（9）15 s	YBY　YBY VQ(9)10 s or Q(9)15 s

方位标志的两个圆锥形的顶标是每个方位标志在白天所看到的很显著的特征。

方位标志的光质可以和时钟联系起来记忆。

3）孤立危险物标志

孤立危险物标志（Isolated Danger Marks）固定或系泊在孤立的危险物之上，或尽量

靠近危险物的地方，标示孤立危险物所在，船舶应参照有关航海资料避开本标航行，如图 8－1－9 所示。

孤立危险物标志的颜色为黑色，中间有一条或多条宽阔的红色横纹；形状任选，如果是浮标则使用柱形或杆形；顶标是上下两个黑球；光色为白色，联闪 2 次。参见表 8－1－3。

孤立危险物标志的重要特征是顶标两个黑球与灯光联闪 2 次。

图 8－1－9　孤立危险标志

4）安全水域标志

安全水域标志（Safe Water Marks）设在航道中央或航道的中线上，标示该标志周围均为可航水域，船舶可在其任何一侧航行，该标亦可指明固定桥下最好的通过点，如图 8－1－10 所示。

安全水域标志的形状为球形浮标或带有球形顶标的柱形或杆形浮标；颜色为红白相间竖纹；顶标是单个红球。球形浮标不需安装顶标；光色为白色，光质为等明暗（Iso），明暗（Oc）或长闪 1 次周期 10 s（LFl. 10 s）或莫尔斯信号“A”（Mo（A））。参见表8－1－3。

安全水域标志的主要特征为单个红球和红白相间的竖纹。

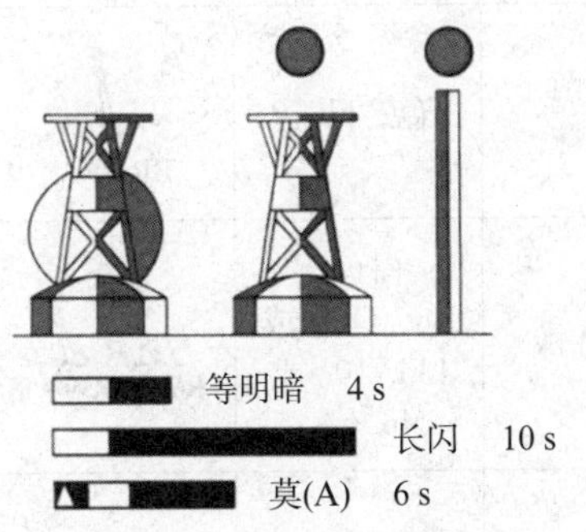

图 8－1－10　安全水域标志

5）专用标志

专用标志（Special Marks）主要不是为助航目的而设置的，它用于指示某一特定水域或特征，如海洋资料探测系统（ODAS）标志、分道通航制标志、弃土（淤泥）场地标志、军事演习区域标志、电缆或管道线（包括排水管）标志和娱乐区域标志等，如图 8－1－11 所示。

专用标志可标注字母以指出其用途。

专用标志的另一个作用是在航道内再划定航道。例如，在某一宽阔河口航道中，正常航行航道的界限用红色和绿色侧面标志标示，而深水航道的边界则用相应的侧面标志如黄色浮标标示，或者中心线用黄色球形浮标标示。

专用标志的形状可任选，但不得与侧面标志和安全水域标志所使用的形状相冲突。例如，一个位于航道左侧的排水管出口处的浮标，应是罐形而不是锥形；专用标标身的颜色为黄色；顶标是单个黄色“X”形；灯光为黄色，灯质除方位标志、孤立危险物标志和安全水域标志使用的白色光质外任选，但海洋资料探测系统标志的光质为联闪 5 次、周期 20 s（Fl（5）. 20 s）。参见表 8－1－3。专用标志的特征主要是黄色和“X”形顶标。

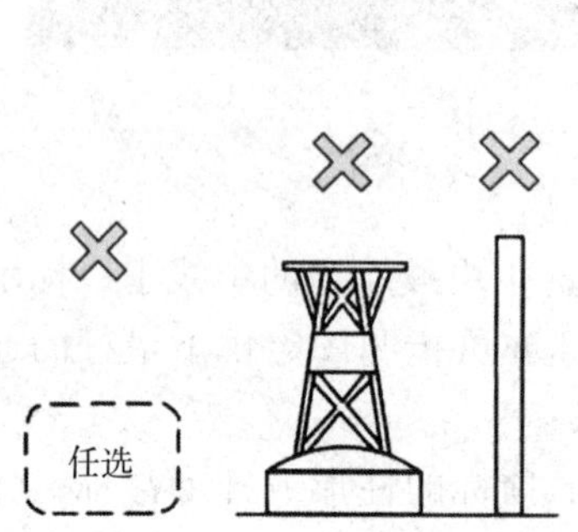

图 8－1－11　专用标志

表 8－1－3　孤立危险物、安全水域、专用标志

名称	标身形状	标身颜色	顶标	灯质	图式
孤立危险物标志	任选，浮标为柱、杆形	黑红横纹	上下两个黑球	白色，Fl（2）	BRB　BRB　Fl(2)W
安全水域标志	球形或柱、杆形	红白竖纹	单个红球	白色，Iso，Oc，或 LFl. 10 s或 Mo（A）	RW　RW　RW　Iso,or Oc,or LFl.10 s,or Mo(A)
专用标志	任选，但不与侧面标和安全水域标冲突	黄色	单个黄色“X”形	黄色，除方位标志、孤立危险标志和安全水域标志外任选	Y　Y　Y　Y　Fl.Y

6）新危险物及其标志

新危险物是指新发现的，但没有在海图上和《航路指南》中标明的，也没有利用航海通告发布的障碍物，包括自然出现的障碍物如沙滩、礁石，或人为的危险物如沉船等。新危险物可用下述方法标示：

（1）新危险物用一个或几个方位标志或侧面标志来标示。如果这个危险物特别严重，则其标志中至少有一个必须尽快地设置重复标志，直至该危险物的消息已经充分播报为止。

（2）灯光节奏应是甚快闪或快闪。如果用的是方位标志则显示白光；若用的是侧面标志则显示红光或绿光。

（3）新危险物可以装设雷达应答器来标示，发莫尔斯信号“D”，在雷达显示器上显示出1 n mile长度的信号。

四、中国海区水上助航标志

我国在国际航标协会浮标制度（A地区）的基础上，依据等效采用原则，于1984年制定了《中国海区水上助航标志》国家标准（GB 4696—1984），并于1985年8月1日付诸实施。1999年，原交通部海事局组织专家对该标准进行了较大的修改，制定了《中国海区水上助航标志》国家标准（GB 4696—1999），取代了旧国家标准（GB 4696—1984）。新标准自2000年4月11日起实施。

该标准适用于中国海区及其港口、通海河口的所有浮标和水中固定标志（不包括灯塔、扇形光灯标、导标、灯船和大型助航浮标）。水中固定标志是指水中的立标和灯桩，标志的基础或标身的一部分被平均大潮高潮淹没，如果其作用与浮标相同，则其颜色、顶标和灯质也都与相应的浮标或灯浮标一致。

国家标准（GB 4696—1999）的标志种类、性质和设置方法均与国际航标协会浮标制度（A区域）一致，故不再重复。现仅将我国国家标准中的某些具体规定介绍如下。

1. 航道走向

航道走向是船舶在沿海、河口的航道航行时用以确定航道左右侧的根据，即浮标系统习惯走向。具体规定如下：

（1）从海上驶近或进入港口、河口、港湾或其他水道的方向；

（2）在外海、海峡或岛屿之间的水道，原则上指围绕大片陆地顺时针航行的方向；

（3）在复杂的环境中，航道走向由航标管理机关规定，并在海图上用洋红色“ ”标示。

2. 标志的灯质

在国际浮标制度中，除方位标志外，对其他标志的灯光光质均未作详细规定，而在我国国家标准（GB 4696—1999）中则作了比较具体的规定。国际浮标制度与我国国家标准关于标志灯质的规定的比较，如表8-1-4所示。

表 8-1-4　国家标准（GB 4696—1999）关于标志灯质的规定

序号	标志名称	光色	国际浮标制度	我国国家标准（GB 4696—1999）
1	侧面标志	左红右绿	除 Fl（2+1）外任选	闪 4 s 或闪（2）6 s 或闪（3）10 s 或快闪
2	推荐航道侧面标	左红右绿	Fl（2+1）	闪（2+1）周期 6 s 或 9 s 或 12 s
3	北方位标	白色	VQ 或 Q	同左
4	东方位标	白色	VQ（3）5 s 或 Q（3）10 s	同左
5	南方位标	白色	VQ（6）5 s+LFl. 10 s 或 Q（6）5 s+LFl. 15 s	同左
6	西方位标	白色	VQ（9）10 s 或 Q（9）15 s	同左
7	孤立危险物标志	白色	Fl（2）	闪（2）5 s
8	安全水域标志	白色	Iso，Oc，或 LFl. 10 s 或 Mo（A）	等明暗 4 s 或长闪 10 s 或莫（A）6 s
9	专用标志	黄色	除 3~8 的光质外任选	莫尔斯码周期 12 s

3. 专用标志

在我国国家标准（GB 4696—1999）中，列举了专用标志的 7 种用途，即用于标志锚地、禁航区、军事演习区、海上作业区、分道通航、水中建筑物、娱乐区和水产作业区等。为了便于识别和使用，规定各种专用标志应在标体明显处漆以特殊标记。专用标志的灯质采用莫尔斯码。各种专用标志的标记和灯质的具体规定如表 8-1-5 所示。

表 8-1-5　国家标准（GB 4696—1999）关于专用标志的标记和灯质的规定

标志用途	标记特征		灯质（光色均为黄色）	
锚地	黑色锚形		莫（Q）— — · —	12 s
禁航区	黑色“×”形		莫（P）· — — ·	12 s
海上作业区	对角线等分矩形，半红半白		莫（O）— — —	12 s
分道通航	相反的两黑色单箭头		莫（K）— · —	12 s

（续表）

标志用途	标记特征		灯质（光色均为黄色）	
水中构筑物	黑空心三角形		莫（C）—·—·	12 s
娱乐区	半球形，红白竖条纹		莫（Y）—·——	12 s
水产作业区	黑色鱼形		莫（F）··—·	12 s

4. 新危险物—应急沉船示位标

应急沉船示位标是标示新发生的沉船所在。它设置或系泊在新沉船之上，或尽可能靠近新危险沉船的地方，船舶应参照有关航海资料，避开此标谨慎航行，如图 8－1－12 所示。

图 8－1－12　应急沉船示位标

应急沉船示位标根据《中国海区应急沉船示位标设置管理规则（试行）》设置，该规则是中华人民共和国海事局根据国家标准（GB 4696—1999）和有关法规、国际海事组织相关通函和国际航标协会相关建议和指南制定的，于 2007 年 9 月 1 日起施行。

应急沉船示位标的标记和灯质的具体规定如表 8－1－6 所示。

表 8－1－6　应急沉船示位标的标记和灯质

内容	特　征
形状	柱形或杆形
顶标	单个直立的黄色十字形（如装有）
标身颜色	蓝黄相间的垂直条纹（4~8 个条纹）
灯质	黄蓝互闪光，周期为 3 s（蓝 1 s + 暗 0.5 s + 黄 1 s + 暗 0.5 s）
其他	如果为标示同一危险沉船设置了多个标，其灯质必须同步闪光；可以考虑加设雷达应答器，其莫尔斯编码为“D”，或加装 AIS 应答器

5. 关于标志编号

（1）标志编号应遵循航道走向的顺序编排；同一航道的标志号码可按顺序连续编排，也可按左双右单编排；航道内增加的标志，其号码可暂用前一座标志的号码并在其后面另加一个数字，例如，在 13 和 14 号标志之间增加一个标志时，新增标志的编号即为“13－1”，以此类推。当标志变动过多，使用不便时，应对标志的编号进行全面

调整。

（2）杆形标志因为标身小，可不编号；水中固定标志，一般不编号，连续设置时，也可编号。

（3）编号一律用阿拉伯数字，写在浮体的顶板上和灯架横板上，字迹要求清晰明显。在红、绿、黑的底色上，编号用白色；在黄、白的底色上，编号用黑色。

6. 关于海图图式

我国国家标准（GB 4696—1999）的图式基本与国际航标协会浮标制度（A 地区）的图式一致，只是我国均采用中文来标识标志的颜色、灯质等。

五、中国内河助航标志制度

内河航标是设置在江河、湖泊、水库航道上的助航标志，其功能是反映航道尺度、确定航道方向、标志航道界限、引导船舶安全航行。

我国现行的内河航标标准，是 1994 年 9 月 1 日开始实施的《内河助航标志》（GB 5863—1993），现简要介绍如下。

1. 决定河流左、右岸的原则

按水流方向确定河流的上、下游。面向河流下游，左手一侧为左岸，右手一侧为右岸。

对水流方向不明显或各河段流向不同的河流，按下列顺序确定上、下游：

（1）通往海口的一端为下游；

（2）通往主要干流的一端为下游；

（3）河流偏南或偏东的一端为下游；

（4）以航线两端主要港埠间的主要水流方向确定上、下游。

2. 航标颜色的确定

左岸航标为白色（黑色），灯光光色是绿光（白色）；右岸航标为红色，灯光光色为红光。

不区分左、右岸的内河航标，其颜色按背景的明暗确定，背景明亮处为红色（黑色），背景阴暗处为白色。

3. 内河航标的分类

内河航标按功能分为航行标志、信号标志和专用标志 3 类（详见附录 6）。

1）航行标志

航行标志的功用是指示航道方向、界限和碍航物的位置。

航行标志包括过河标、沿岸标、导标、过渡导标、艄艉导标、侧面标、左右通航标、示位标、泛滥标和桥涵标等 10 种。下面仅将侧面标作一简单介绍。需要提醒注意的是，江河左岸和右岸，通常与国际海上浮标制度中的浮标习惯走向的左和右刚好相反。内河航标的走向是由江河入海即出口方向，而海上浮标习惯走向通常是由海进江河即进口方向。因此，下述的内河侧面浮标的左锥右罐与海上浮标的左罐右锥实际上是一致的。

侧面标标示航道的侧面界限，指示船舶在航道内航行。

侧面浮标的形状为柱形、锥形、罐形、杆形或桅顶装有球形顶标。需要同时以标志

形状的特征区分左右岸时，左岸一侧浮标为锥形或加装锥形顶标，右岸一侧浮标为罐形或加装罐形顶标；也可只在左岸一侧浮标加装球形顶标。固定设置在岸上或水中的侧面标（灯桩）可采用杆形或柱形。当杆形灯桩需要增加视距时，左岸一侧可加装锥形顶标，右岸一侧可加装罐形顶标。

侧面标左岸一侧颜色为白色（黑色）。杆形灯桩的标杆为白、黑相间横纹，浮标加装的的锥形或球形顶标为黑色（白色）。

侧面标右岸一侧为红色。杆形灯桩的标杆为红、白相间横纹。浮标加装的罐形顶标为红色。

灯船的球形顶标均为黑色。

侧面标的灯质，左岸一侧为绿色（白色），单闪光或双闪光；右岸一侧为红色，单闪光或双闪光。

在设置侧面标时，应保证其在航道同一侧相邻的两座浮标或同一侧相邻的浮标与岸标规定的最小安全航行距离的相连直线内，不得有小于维护水深或揭示水深的障碍物存在。

侧面标的设置可根据水位情况适当放宽或收窄。

2）信号标志

为航行船舶揭示有关航道信息的标志称为信号标志，包括通行信号标、鸣笛标、界限标、水深信号标、横流标及节制闸标 6 种。

3）专用标志

专用标志是标示沿、跨航道的各种建筑物，或标示特定水域的标志，包括管线标及专用标两种。其中的专用标，用于标示锚地、渔场、娱乐区、游泳场、水文测量、水下钻探和疏浚作业等特定水域，与国际浮标制度中的专用标志用途相似；其颜色为黄色，与国际海上浮标制度中的专用标志颜色相同。

任务实施

任务　助航标志的识别与运用

基本要求：

1. 正确认识助航标志的作用；
2. 正确识别助航标志的类型及作用；
3. 正确识读图书资料中的灯标标注内容。

实施步骤：

1. 准备工作

海图室，海图，多媒体等。

2. 实施过程

教师利用投影仪、海图、模型，可以模拟灯光显示方式、实景照片或图式等，要求学生识别各种助航标志，并说明其作用。

任务评价

评价内容		评价标准	权重	得分
任务完成情况	任务	1. 利用实景进行航标的识别	0.3	
		2. 利用海图进行航标的识别与识读	0.3	
		3. 回答有关问题	0.2	
职业素养		1. 遵守课堂纪律 2. 按时认真完成学习及工作任务 3. 有问题及时提出和反馈意见	0.1	
创新意识		1. 能举一反三 2. 善于提出问题，总结经验	0.1	
总得分				

任务拓展

1. 简述航标的作用。

2. 简述航标的分类。

3. 简述国际海区水上助航标志A区域与B区域标志的区别。

4. 安全水域标志只能显示________。

A. 红色闪光　B. 绿色闪光　C. 白色闪光　D. 黄色闪光

5. 北方位标的涂色为________。

A. 上黑下黄　B. 上黄下黑　C. 黑黄黑横纹　D. 黄黑黄横纹

6. 东方位标顶标的特征为________。

A. 两黑色圆锥，底对底　B. 两黑色圆锥，尖对尖

C. 两黑色圆锥，尖端向上　D. 两黑色圆锥，尖端向下

7. 孤立危险物标志的顶标为________。

A. 上下两垂直黑色圆锥　B. 上下两垂直黑色圆球

C. 单个红色圆球　D. 单个黑色圆球

8. 海区浮标制度规则规定，标准的浮标标身形状有________。

Ⅰ. 罐形；Ⅲ. 锥形；Ⅲ. 球形；Ⅳ. 柱形；Ⅴ. 杆形；Ⅵ. 叉形

A. Ⅰ~Ⅲ　B. Ⅰ~Ⅳ　C. Ⅰ~Ⅴ　D. Ⅰ~Ⅵ

9. 推荐航道左侧标位于推荐航道的________，其________为推荐航道。

A. 左侧，左侧　B. 右侧，右侧　C. 左侧，右侧　D. 右侧，左侧

10. 新危险物标可装雷达应答器，其莫尔斯编码为字母：________。

A. D　B. X　C. N　D. W

11. 夜间船舶发现某浮标的灯质为：VQ Fl (6) +LFl. 10 s，则应将其置于________通过。

A. 北侧　B. 东侧　C. 南侧　D. 西侧

12. 夜间船舶发现某浮标的灯质为：VQ Fl（9）10 s，则应从其________通过。

A. 北侧　　B. 东侧　　C. 南侧　　D. 西侧

13. 如在我国沿海发现一浮标，标身颜色为上黑下黄横纹，则船舶应从其____通过。

A. 北侧　　B. 东侧　　C. 南侧　　D. 西侧

14. 船舶在我国沿海航行，真航向为245°，发现某灯标的真方位为235°，下列表明该船正处在该标所标示的可航水域的是________。

A. 该标显示快闪光（Q）

B. 标身为黑黄黑横纹

C. 显示联快闪加一长闪光（Q（6）+LFl）

D. 顶标为两黑色圆锥，尖对尖

15. 中国海区水上助航标志制度规定，用于标示海上作业区的专用标的闪光节奏为________。

A. 莫尔斯信号“Q”　　B. 莫尔斯信号“P”

C. 莫尔斯信号“O”　　D. 莫尔斯信号“K”

16. 船舶由海上驶近非洲某海港，发现正前方有一红色罐形浮标，应________。

A. 转向将该标置于左舷通过　　B. 转向将该标置于右舷通过

C. 从该标的任意一侧通过　　D. 远离该标航行

17. 国际海区水上助航标志制度所包含的标志类型有________。

Ⅰ. 侧面标志；Ⅱ. 方位标志；Ⅲ. 安全水域标志；Ⅳ. 孤立危险标志；Ⅴ. 专用标志；Ⅵ. 新危险物标志

A. Ⅰ~Ⅴ　　B. Ⅱ~Ⅵ　　C. Ⅰ~Ⅵ　　D. Ⅱ~Ⅴ

18. 日本沿海右侧标的特征为________。

A. 红色锥形　　B. 绿色锥形　　C. 红色罐形　　D. 绿色罐形

19. 某船航行中发现前方有海图标注BY VQ or Q，则该船应该在该灯标的________通过是安全的。

A. 南侧　　B. 东侧　　C. 西侧　　D. 北侧

20. 某船在进入某水道航行中发现前方有海图标注 RGR，则该标在推荐航道的________。

A. 左侧　　B. 右侧　　C. 两侧　　D. 转向侧

21. 某船接近某航道入口，发现海图上有一个灯标的标志为 R，则该船应将该灯标置于________通过。

A. 左舷　　B. 右舷　　C. 任意一舷　　D. 远离该标

22. 根据IALA浮标制度规定，下列国家属于A区域的是________。

Ⅰ. 日本；Ⅱ. 韩国；Ⅲ. 菲律宾；Ⅳ. 南北美洲；Ⅴ. 欧洲；Ⅵ. 非洲

A. Ⅰ~Ⅲ　　B. Ⅰ~Ⅳ　　C. Ⅳ~Ⅵ　　D. Ⅴ，Ⅵ

项目九
航海图书资料的应用管理

核心概念

海图、航海图书资料、海图与航海图书资料的更新、海图与航海图书资料的使用与保管。

项目描述

海图和航海图书资料是航海必备的工具，是船舶安全航行的重要依据。驾驶员在制订适合于本船的航行计划，设计安全而经济的航线，确保船舶安全航行时，要了解和熟悉海区的水文气象、推荐航线、特殊规定等，这就需要驾驶员熟练使用和分析航海图书资料。

航海图书资料的运用和管理是按照中华人民共和国海事局《海船船员考试评估大纲》要求编入的重要项目，是学生在实践工作中必须掌握的基本专业技能。

本项目由中版、英版主要航海图书资料的查阅和使用，以及这些书籍的更新两大任务模块构成。学生通过本项目的学习与实践，要具备能熟练利用航海图书资料查阅所需航行资料的能力，并能对这些航海图书资料进行管理使其保持更新。

学习目标

1. 掌握各种航海图书资料的查阅和使用方法；
2. 掌握各种航海图书资料的更新与管理。

模块1　查阅和使用航海图书资料

模块描述

在学生已经掌握《船舶定位与导航》课程前期基础知识的前提条件下，本模块利用与船上实际使用完全一致的各种船用航海图书资料为教学资源，通过对每本航海图书进行结构介绍、主要内容了解、查阅方法讲解，并要求学生完成分项作业进行教学，要求学生掌握以下图书资料的查阅和使用方法：

中版图书资料：《航路指南》、《航标表》、《航海图书目录》、《航海通告》、《中国港口指南》。

英版图书资料：《Ocean Passage for the World》、《Routeing Charts》、《Marine's Hanndbook》、《Admiralty Sailing Directions》、《Admiralty List of Lights and Fog Signals》、《Admiralty List of Radio Signals》、《Catalogue of Admiralty Charts and Publications》、《Guide to Port Entry》、《Admiralty Notice to Mariners》。

学习目标

1. 学习各航海图书资料的结构和主要内容；

2. 熟练掌握每种航海图书资料的查阅和使用方法，能够查阅航海中常见必备的资料；

3. 能够根据具体航次任务查阅相关航海图书资料并进行信息综述。

工作任务

航海图书资料的识读、查阅及使用方法。

知识准备

一、《世界大洋航路》

1. 概况

《世界大洋航路》（Ocean Passage for the World）由英国海军水道测量部出版，主要介绍世界海区机动船和帆船的大洋推荐航线。该书仅一卷，书号为NP136，十几年出版一次，现行版为2004年第五版。

本书出版后定期出版补篇更新内容，新补篇发行后，前一期补篇即作废。新补篇未出版前，需更新的内容在周版英版《航海通告》的第Ⅳ部分印出。到月末仍然有效的通

告的通告号目录在每月最后一期周版《航海通告》中刊出，而至年底仍有效的通告重印在英版《航海通告年度摘要》第Ⅲ部分之中。在使用该资料时，必须参阅最新补篇和周版《航海通告》第Ⅳ部分。

《世界大洋航路》用于查阅机动船和帆船的深海推荐航线。书中介绍了水文气象、影响航线拟定的因素、推荐航线的资料及相关插图。

该书共10章内容，其中第一部分第1章是对航线设计的总体介绍；第二部分由第2～7章组成，各章按照不同海区分别介绍海区的气候条件和机动船的推荐航线；第三部分由第8～10章组成，各章按照不同海区分别介绍常用帆船的推荐航线。

该书中的机动船系指中等吃水并符合下列2种类型的船舶：

（1）高速船或能保持15 kn或15 kn以上海上速度的船舶，以下简称a类船舶；

（2）低速船或由于被拖带或损坏而不能满足高速船要求的船舶，以下简称b类船舶。

中等吃水船舶通常是指吃水为12 m以下的船舶，不包括吃水超过12 m以上的船舶。

该书中的机动船的推荐航线主要是为a类船舶所提供的。该类船舶在大多数情况下应用港口间的最近航路，但是在某些情况下，这类船舶采用推荐的航线也能够很大程度地减轻船体损坏并省时省油。建议b类船舶在大多数情况下最好采用该书中推荐的帆船航线。

该书中还印有一些图表：位于封里的英版《航路指南》分区索引图、航路设计图分区索引图、世界气候图、波高图、洋流与世界主要表层洋流分布图、载重线区域图、航线图、帆船航路图。

该书的书末附有5个附表，即表A蒲氏风级表、表B西太平洋和印度洋季风表、表C热带风暴表、表D世界标准时区图、表E欧洲和北非标准时区图。另外，还有附录A印度尼西亚群岛海上航线。

书末还有1个地名词典和2个索引。

1）地名词典

地名词典（Gazetteer）按地名首字母顺序列出主要地名及其经、纬度，除始发港和目的港外，其他地方的位置均是概位，已作废的名称列在新名称后的括号内，位置后带符号（※）者是始发港或目的港。如图9－1－1所示。

GAZETTEER

The approximate geographical positions of places mentioned in the text of this volume are listed in the Gazetteer. Obsolete names are given in brackets after the new names. Asterisks (*) follow locations which are Arrival and Departure Positions (1.4).

Abaiang Atoll	1°58′N, 172°50′E
Abang Kecil	0°33′N, 104°14′E
Abang, Selat	0°32′N, 104°15′E
‘Abd al Kūrī	12°10′N, 52°15′E
Abrolhos, Canal dos	17°50′S, 38°45′W
Abrolhos, Archipelago dos	18°00′S, 38°40′W
Acapulco	16°50′N, 99°55′W
Acasta, Batu	1°39′N, 106°18′E
Alphard Banks	35°03′S, 20°54′E
Alta Vela	17°28′N, 71°39′W
Alur Pelayaran=Passage	see proper name
Amami Guntō	28°00′N, 129°05′E
Amaya, Khawr al	29°25′N, 49°06′E
Amazonas, Rio	1°16′N, 49°30′W
Ambon*	3°41′S, 128°10′E
Amchitka Pass	51°20′N, 180°00′

图9－1－1 地名词典

2）相关标题索引

相关标题索引（Index of general subjects，INDEX），按字母顺序列出相关标题所在章节，该索引主要查取水文气候和注意事项等。

相关标题索引用三级结构排列，大类项目为第一级，在最左侧，有 Archipelagic Sea Lanes，Cautions，Charts，Magnetic anomalies，Natural conditions，Fog and visibilily，Ice，Swell，Winds and Weather……第二级缩进 2 个字符，是海域或地区；第三级再缩进 2 个字符，是该区域的大类下的具体细目及其所在的章节号，如图 9－1－2 所示。

INDEX

Archipelagic Sea Lanes
  Description 1.29
  Indonesian waters 7.130
Cautions
  Australia
    North coast, Recommended tracks 6.85
    North-west coast, Recommended
      tracks 6.85
    South coast, Fishing 6.86
    West coast
      Cape Leeuwin approaches 6.89
      Fishing 6.86
      Fremantle approaches 6.88
      Recommended tracks 6.85
  Bering Sea,
    Russian Regulated Areas 7.274.7
  Carribean Sea and Gulf of Mexico
    Charting 4.6
    Currents in channels 4.6.1
    Entrance channels 4.7
    Shoals 4.6
  Indian Ocean
    Approaching Suquṭrá 6.38.2
    Oilfields 6.32
    Rounding Raas Caseyr .. 6.38.1,6.38.3
    Sea conditions 6.22
  South Africa
    Abnormal waves 6.36
    Agulhas Current 6.35
    Tanker regulations 6.36
  Malacca Strait
    Deep-draught vessels 6.62
    Sandwaves 6.62
  North Atlantic
    Africa, W coast 2.90
    Bahamas 2.96
    Bay of Biscay 2.39,2.87
    Belle Isle, Strait of 2.41
    Bermuda 2.44
    English Channel, W approaches .. 2.37
    Gibraltar, Strait of 2.40
    Île d'Ouessant 2.38,2.87
    Ilha de Fernando de Noronha 2.45
    Newfoundland
      Coast 2.42
      Grand Banks, ... 2.43
    Penedos de São Pedro e São Paolo 2.45
    Portugal, W coast 2.39,2.87
    Spain, W coast 2.39,2.87
    West Indies Channels 2.96
  Pacific Ocean
    Aleutian Islands, Channels between
      .... 7.274.6
    Areas to be avoided 7.38
      Bass Strait 7.38.3
      Hawaiian Islands 7.38.1
      Java Sea 7.38.2
    Flotsam 7.37
    Inter-island currents 7.36
    Japan, Volcanic Areas 7.293
    Soundings 7.294
      Coral reefs 7.35
      Vigias 7.35
      Volcanic activity 7.35
    Tidal streams, Vancouver ... 10.105.1
  Sailing ships, Australia,
    Bass Strait Approaches 9.6
  South Atlantic
    Africa, West coast
      Abnormal refraction 3.27.1
      Oilfields 3.27.2
      Skeleton Coast 3.27
    Cabo de Hornos 3.14
    Cape of Good Hope 3.16
    Estrecho de Magallanes 3.15
    Ilha de Fernando de Noronha 3.13
    Penedos de São Pedro e São Paolo 3.13
    South Africa 3.27.3
      Tanker Regulations 3.27.3
    South America, East coast 3.18.1
      Off-lying shoals 3.18.1
  South China Sea
    Dangerous ground 7.86
    Fishing 7.90
    Pratas Reefs 10.86.3
    Soundings 7.90
    Tidal streams 7.90
Charts, Admiralty
  Digital charts 1.13
    Raster Chart Service 1.13.1
  Gnomic ocean charts 1.10
  Miscellaneous charts 1.11
  Ocean charts 1.9
  Routeing charts 1.8
Magnetic anomolies
  Arquipélago de Cabo Verde 2.117
  Iceland 2.49
  Jan Mayen 2.49

图 9－1－2 相关标题索引

3）航线索引

航线索引按字母顺序列出航线始发港名，在每一始发港名下按字母顺序列出各目的港名，其后是该航线所在章节号，其中帆船航线的章节用斜体字印出，本书的查阅主要使用该部分索引，如图 9－1－3 所示。

2. 主要内容

第一部分第 1 章“航线设计知识”（Planning a Passage）主要包括以下内容。

（1）世界大洋航路（Ocean Passage for the World），包括世界大洋航路、航线、指南、始发港与目的港、航程、无线电导航设备、地名词典和“索引”等。

（2）海图与书表（Charts and Publications），包括航路设计图、大洋图、大圆海图、图书（包括英版《航路指南》、英版《潮汐表》、英版《无线电信号表》、英版《里程表》、英版《航海通告》、英版《航海通告年度摘要》、《航海员手册》及 5011 海图）、数字化出版物等。

INDEX OF ROUTES

Adelaide (34°48′S, 138°23′E)
Routes to:
Aden 6.118
Brisbane 7.40
Cape Leeuwin 6.90
Cape Town .... .107
Durban 6.107
Hobart 6.91, 7.40
Melbourne 7.40
Melbourne (Port Phillip) 6.91
Routes east of 6.91
Sydney 7.40
Torres Strait 7.40

Aden (12°45′N, 44°57′E)
Routes to:
Adelaide 6.117
Cape Leeuwin 6.117
Colombo 6.57
Darwin 6.115
Dondra Head 6.57
Fremantle 6.117
Karāchi 6.44
Mahé Island 6.79
Melbourne (Port Phillip) 6.117
Mocambique Channel 6.38

Apia (13°47′S, 171°45′W)
Routes to:
Auckland 7.75
Brisbane 7.66
Callao 7.228
Guam 7.172
Hong Kong 7.168
Honolulu 7.187
Iquique 7.228
Juan de Fuca Strait 7.252
Manila 7.168
New Zealand 7.75
Nuku'alofa 7.80
Panama 7.235
Papeete 7.82
Prince Rupert 7.251
San Diego 7.254
San Francisco 7.253
Shanghai 7.172
Suva 7.79
Sydney 7.58
Torres Strait 7.71
Valparaíso 7.228
Verde Island Passage 7.168
Wellington 7.75

Selat Sumba 6.87.4
South Indian Ocean 6.87.1
Routes to:
Eastern Archipelago 7.138
South Africa 6.101

Bahía Blanca (39°10′S, 61°45′W)
Routes to:
Cabo de Hornos 3.20
Comodoro Rivadavia 3.20
Estrecho de Magallanes 3.20
Falkland Islands 3.23
Río de la Plata 3.20

Bali, Selat (8°10′S, 114°25′E) 7.84

Balikpapan (1°21′S, 116°56′E)
Routes to:
Hong Kong 7.118
Manila 7.123
Mindoro Strait 7.123
Singapore 7.112
Torres Strait 7.126
Verde Island Passage 7.123

Balintang Channel

图 9-1-3　航线索引

（3）自然条件（Natural Conditions），包括天气条件、季风、热带风暴、低气压、海浪与涌浪、异常波浪、洋流、冰、珊瑚礁水域、地磁异常等。

（4）航线设计，气象定线（Passage Planning，Weather Routeing），包括航线选取、气象航线、载重线规范、近岸设备、分道通航制、避离区域、全球航海警告系统、船舶报告系统、海域污染等。

第二部分包括第 2 ~ 7 章，分别介绍北大西洋、南大西洋、墨西哥湾与加勒比海、地中海、印度洋、太平洋及其附近海域等海区的机动船大洋航线。各章内容及编排大致相同，每章开卷均介绍本海区有关的风和气候、涌浪、海流、冰及注意和警告等内容，然后再介绍推荐航线。

第三部分包括第 8 ~ 10 章，分别介绍北大西洋、地中海、印度洋、红海和东部群岛及太平洋海区的帆船推荐航线。各章内容及编排大致相同，仅介绍推荐航线，不对本海区有关的风和气候、涌浪、海流、冰及注意和警告等内容再做介绍。供 b 类船舶和帆船参考采用。

3. 查阅航线资料的步骤

（1）根据始发港和到达港港名在“航线索引”（Index of Routes）中查得该航线资料所在的章节。

如果始发港和（或）目的港的名称没在“航线索引”中列出，则可找出在始发港和（或）目的港附近而又在索引中列出的港口予以代替；在航线较长时，可对计划航线予以适当分段。在各章节的资料中通常注有“Diagram（×. ×××）”字样，在阅读各章节的正文内容时，应参阅这些有关的插图（一般在资料介绍所在页及附近页）。由于查到的航线适合于 a 类船舶，因此对于 b 类船舶，这部分给出应参考的帆船航路部分的章节编号。

（2）阅读第 1 章和本航线所涉及的各章的水文气象资料及插图 1.14 和插图 1.18，以便了解航行季节中航区内的水文气象条件和有关航海注意和警告。

（3）根据关键词“Archipelagic SeaLanes，Cautions，Charts，Magnetic anomalies，Natural conditions，Fog and visibilily，Ice，……”等在“标题索引”中查得具体资料所在章节。

（4）在查阅《世界大洋航路》时，应与最新版每月航路设计图、有关《航路指南》及海图等资料一并阅读和分析。

（5）《世界大洋航路》及每月航路设计图只是根据大洋的盛行风、流及航行经验推荐的大洋航线，船舶应根据本船条件和当时大洋气象情况做具体分析，以便设计出一条安全经济的航线。

例 9－1－1：某船在 3 月份由新加坡（Singapore）航行至香港（Hong Kong），试查阅推荐航线的具体资料。

解：在“航线索引”（Index of Routes）中以始发港和目的港查得该推荐航线的章节号是 7. 114（即第 7 章第 114 小节），即可翻阅到该部分，现将该航线的具体情况摘录如下：

Singapore→Hong Kong

7. 114 Diagram（7. 111）

Main route（7. 112. 1）is the usual route at all seasons until midway between Macclesfield Bank and Bombay Reef，thence the route to Hong Kong Passes 15 miles W of Helen Shoal.

Distance 1460 miles.

译文提要：插图是（7. 111），主航线（具体介绍在第 7 章 112 小节第一点）是全年中常用航行航线，航行直至中沙群岛与 Bombay 礁之间，然后经过海伦（Helen）浅滩以西 15 n mile 至香港。

查阅 7. 112. 1 主航线的具体情况得：

North—South routes through South China Sea

7. 112. 1（Diagram 7. 111）

Main route is recommended for full-powered vessls，N-bound or S-bound at all seasons.

From Singapore the route is：

Midway between Pulau Aur and Pulau-pulau Anambas，thence：

10°00′N，110°05′E，passing 25 miles SE of Charlotte Bank，thence：

Midway between Macclesfield Bank and Bombay Reef，thence：

Either side of Pratas island（for directions when passing，See Admiralty Sailing Direction），thence：

To Taiwan Strait，passing W of Taiwan Banks.

For cautions regarding currents and Macclesfield Bank，See Admiralty Sailing Direction.

译文提要：主航线是高速船全年北航或南航的推荐航线。其航线是：从新加坡出发，中途经 Pulau Aur 与 Pulau-pulau Anambas 岛之间，然后到 10°00′N，110°05′E，经 Charlotte 浅滩东南 25 n mile，然后经中沙群岛与 Bombay 礁之间，再从 Pratas 岛任何一边通过（有关通过时的说明，参阅英版《航路指南》）。到台湾海峡时，则从台湾浅滩以西通过（有关海流和中沙群岛需注意的事项参阅英版《航路指南》）。

二、《航路设计图》

1. 概述

《航路设计图》（Routeing Charts）是拟定大洋航线时的重要参考资料之一。图中较为直观，简明地标绘出了各大洋航区的推荐航线及各港间的航程，以及各航线附近的风向、风力、洋流等资料。另外，在图中还绘有冰区界限、载重线区域、气象附图等资料。在使用本图时，可与《世界大洋航路》结合使用，互相参阅，以便拟定大洋航线。

《航路设计图》由英国海军水道测量部出版，按墨卡托海图投影方法绘制，图中未标注水深，具体制订大洋航线时，可作为大洋总图使用。世界海区被划分为五大洋区，每个洋区每个月各出版一张航路设计图，故该套图共计有 60 张，使用时可根据航行区域及月份选择相应的图号。各洋区的图名及图号如下：

（1）北大西洋航路设计图（Routeing Charts-North Atlantic Ocean）：5124（1）~5124（12）

（2）南大西洋航路设计图（Routeing Charts-South Atlantic Ocean）：5125（1）~5125（12）

（3）印度洋航路设计图（Routeing Charts-Indin Ocean）：5126（1）~5126（12）

（4）北太平洋航路设计图（Routeing Charts-North Pacific Ocean）：5127（1）~5127（12）

（5）南太平洋航路设计图（Routeing Charts-South Pacific Ocean）：5128（1）~5128（12）

2. 主要内容

《航路设计图》中的主要内容包括推荐航线、洋流、风花、冰区界限、国际载重线区域界限和气象附图资料等。

1）推荐航线

推荐航线（Recommended Route）是指根据各种资料进行分析研究后所提供的比较适宜的航迹线。在航路设计图中，推荐航线用淡绿色实线标绘，其中直线为推荐的恒向线航线，凸向近极的曲线为大圆航线，在各航线上还注明有出发港、到达港的名称以及两港间的航程（n mile）。航线箭头所示方向表示航线的走向，如航线两端均有箭头，则表示该推荐航线是双向航线，可以往返使用。以北太平洋航路设计图 5127（7）为例，其中有：

Sanfrancisco to Shanghai 5 823 to HongKong 6 234 to Manila 6 232，旧金山至上海的大圆航程为 5 823 n mile，至香港 6 234 n mile，至马尼拉 6 232 n mile。此航线可往返使用。

2）洋流

《航路设计图》中所标绘的洋流（Ocean Current）资料用蓝色箭头指向表示当月该水域表层洋流的主要流向，箭头的线形表示该洋流的持续性或稳定性。

——→ 高持续性，表示该洋流出现频率 >75%；

— — —→ 中等持续性，表示该洋流出现频率为 50% ~75%；

- - - - -→ 低持续性，表示该洋流出现频率 <50%；

··········→ 表示观测时该方向洋流微弱。

在各线形末端标注的数字表示平均流速（kn），如有“>1”，则表示当地流速略大于 1 kn。观测资料不足之处，用“··········→”表示可能的流向，那些地方的洋流一般比较弱。

3）风花

《航路设计图》中的风花（Wind Rose）用红色圆圈和不同类型的箭杆表示当地盛行风的可能风向出现的百分率和风力大小等数据。箭杆细端所指的方向，表示风向，箭杆的粗细代表不同的风力，箭杆的长度则按比例尺表示该风向可能出现的百分率，以 2 in 长（约 5 cm）表示 100%，如图 9－1－4 所示。

每个风花圈内一般有 3 个数字，上方的数字表示该月观测风的总次数，中间的数字表示不定风向和风速在全部观测次数中所占的百分比，下方的数字则为观测次数中无风所占的百分比。

在图 9－1－4 的风花中，当月共计观测 3 985 次，不定风占全部观测次数的 1.6%，无风占全部观测次数的 2.8%。其中，该海区该月盛行风是 5～7 级的东北风，最强风是 8～12 级。

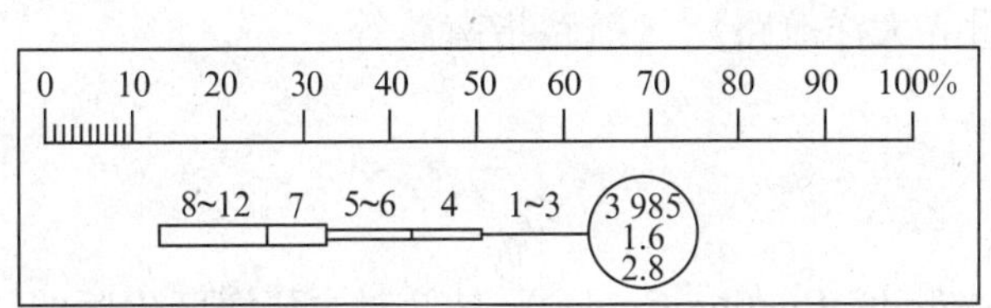

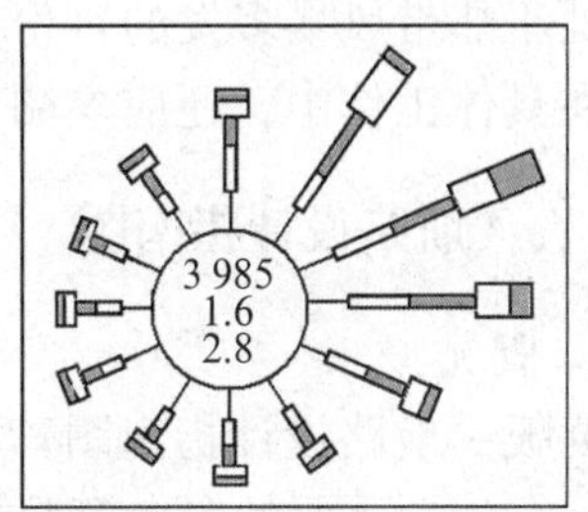

图 9－1－4　风花

4）冰区界限

冰区用蓝色“⌒⌒⌒⌒”表示流冰冰群、小冰山、冰山等的界限。

5）国际载重线区域界限

根据 1998 年国际载重线规则（Road Line Rules 1998），用不同的颜色表示各载重线适航的区域界线。其中，淡蓝色为冬季载重线适航区（Winter Zone），棕色为夏季载重线适航区（Summer Zone），淡绿色为热带载重线适航区（Tropical Zone）。有关详情可参考该公约区带、区域和季节期图或英版海图 D6083，或《世界大洋航路》中的 LOAD LINE ZONES（载重线区域图）。

6）气象附图

每月的航路设计图中，还附有以下 4 张气象附图，供拟定大洋航线时参阅。

（1）平均气温气压图。图中绿色等温线表示当月海平面平均气温（℃），红色等压线表示当月海平面平均气压（mb）。

（2）雾与低能见度图。图中红色曲线表示能见度低于 1 000 m（0.6 n mile）的百分率曲线，绿色曲线表示出现能见度低于 8 050 m（5 n mile）的百分率曲线，据此可了解航经海区出现雾和低能见度的可能性。

（3）露点温度与海水温度图。图中红线表示露点温度（℃），绿线表示平均海水表层温度（℃），据此两种要素，可用以分析和了解海雾生成的可能性。在两者温度值较接近的海区，当条件适合时易形成雾。

（4）7 级及 7 级以上大风和热带气旋路径图。图中绿色曲线表示当月出现 7 级或 7 级以上大风的百分率的曲线，红色曲线的走向是指自 1988 年以来所选择的若干条以往该月份所产生的热带风暴的路径，其中红色曲线上的红点代表每 24 h 热带风暴中心位置。

3. 应用举例

例 9-1-2：某船拟在 7 月份自日本横滨港，驶往加拿大温哥华，试根据航路设计图说明该推荐航线及其附近水文、气象及其有关的情况。

解：查阅英版北太平洋航路设计图 5127（7），可知由横滨港至温哥华的推荐航线仅能供单向（东航）航行使用。由该航线及其附近的有关资料，可知如下情况：

总航程为 4 344 n mile，该推荐航线包括大圆航线和恒向线航线，由横滨港至 180°经线可按大圆航线航行，由 180°经线至 140°W 可按等纬圈航行，由 140°W 至温哥华则仍采用大圆航线航行。洋流总的流向为东流，流速约 0.5 kn 左右。风向基本上偏西，风力在 6 级以上的百分率为 10% ~ 20%，过日界线后，7 级以上大风偶有出现。沿途属夏季载重线区域。在航经 150°W 以后，出现雾和低能见度的可能性增大。由横滨东航时，该月正处于热带风暴多发的月份，应注意气象预报并按时接收气象传真图。

在具体工作中，还应参阅《世界大洋航路》、《航路指南》等。

三、《航路设计指南图》

1. 概况

英版《航路设计指南图》（Admiralty Routing Guides）是针对主要海区出版的，给出拟定航行计划重要的参考资料，如交通管理等。该套图共 3 张，包括英吉利海峡、北海、苏伊士湾、马六甲和新加坡海峡，图号分别是 5500，5501，5502。

2. 主要内容

该海图给出航区的分道通航和航线资料，还包括大量的文字和图示说明。

（1）标题栏资料，包括航海通告、主要缩写、规则与建议、船舶应配备的图书资料、海图索引图、里程表、主要海图图式；

（2）重要说明部分，包括使用本指南图制订航次计划、航线确定、特殊船舶的航线确定、本海区存在的危险、无线电报告和船舶交通管理、海上无线电服务、航标、引航服务、潮汐资料、备忘录等。

四、中版《中国航路指南》

1. 概况

《中国航路指南》由中国人民解放军海军司令部航海保证部不定期出版，共分 3 卷，书号分别为 A101，A102，A103，是介绍我国沿海水文气象、航线航法的主要资料，是海图资料的重要补充。

《中国航路指南》出版周期 3 ~ 5 年，每 2 年出版一次补篇。各卷按海区划分如下：

第一卷：从鸭绿江口至长江口北角，包括渤海，黄海及沿海岛屿；

第二卷：从长江口北角至闽粤交界处的绍安湾的我国东海海区，包括舟山群岛、台湾岛、钓鱼岛及赤尾屿等沿岸群岛和岛屿；

第三卷：从闽粤交界处的绍安湾至北仑河口的我国南海海区，包括海南岛、南海诸岛、黄岩岛和沿岸岛屿。

除《中国航路指南》外，中国人民解放军海军司令部航海保证部还出版了亚洲及太平洋水域的《航路指南》，共 18 卷，其仅对《中国航路指南》的内容和使用加以介绍，

其他各卷《航路指南》的使用方法基本相同。

2. 主要内容

1）卷首说明

中版《中国航路指南》的卷首部分包括：前言、说明、索引图、目录和插图目录等几项内容。

2）正文内容

中版《中国航路指南》每卷内容的编排基本相同。第一章为总论，包括海区的自然地貌、助航设施、渔港渔场、海难救助、水文气象、航路、港湾锚地等内容。第二章开始按岸线顺序详略介绍包括海区概况、助航设施、水文气象、助航标志、碍航物、水道航法和港湾锚地等内容，其中包括一些可贵航行经验。在介绍详细资料前均先给出所应参考的海图图号，正文中还附有大量的有关水深、底质、水文气象和航线等的插图和对景图。

3）使用方法

首先按照所在海区选择所需卷号，根据目录查取所需要的有关内容。阅读具体内容时应与有关海图对照，以便于理解和领会。

五、英版《航路指南》

1. 概述

英版《航路指南》（Admiralty Pilot or Sailing Directions，ASD），共70余卷，书卷号为NP1～NP72。各卷《航路指南》所包括的海区范围，可查阅英版《海图及其他水道图书总目录》、《世界大洋航路》、《航海员手册》中的《航路指南》分区索引图，如图9－1－5所示。

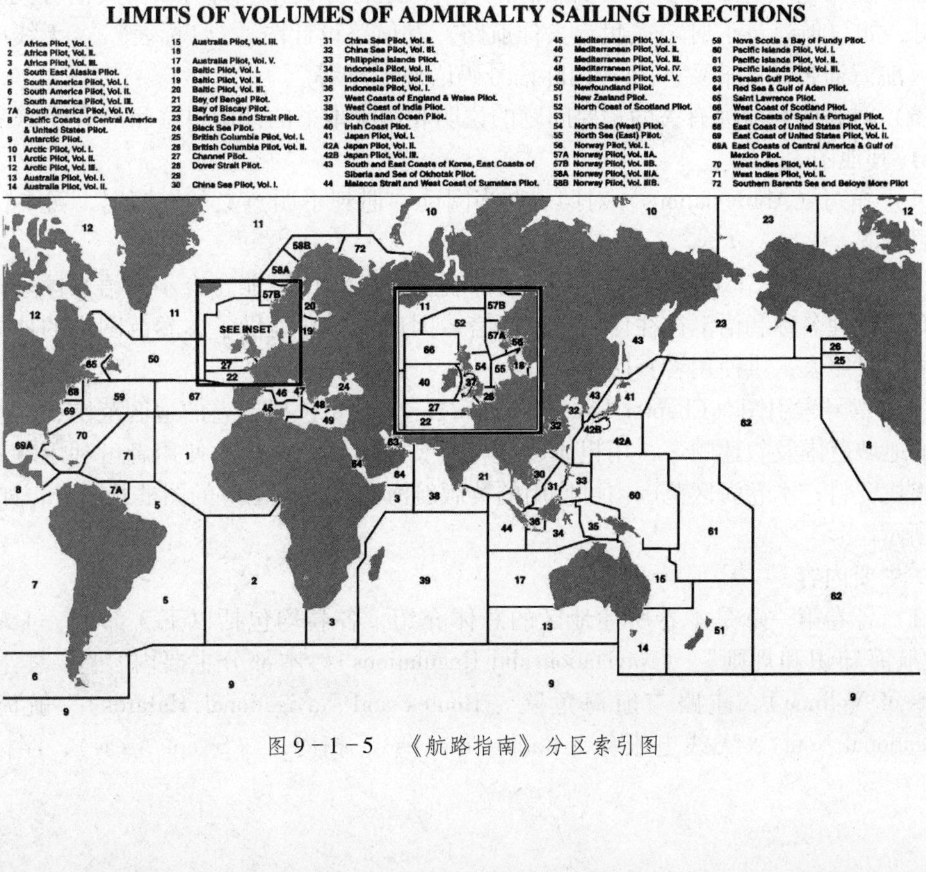

图9－1－5　《航路指南》分区索引图

英版《航路指南》通常每隔3年再版一次，期间不出补篇。也有隔2年，5年出版的，超过3年的，则每隔3年出补篇。各卷出版后的改正资料发布于英版周版《航海通告》（Admiralty Notices to Mariners）的第Ⅳ部分中，每年到1月1日仍有效的仅对《航路指南》进行改正的通告汇编在英版《航海通告年度摘要》（Annual Summary of Admiralty Notices to Mariners）第2分册。关于英版《航路指南》及其补篇的再版消息，均公布于《航海通告》中。

英版《航路指南》是对海图上资料的重要补充，是拟定沿岸、狭水道航线的重要参考资料。

2. 卷首说明部分

英版《航路指南》的卷首说明部分一般包括下列内容：前言（Preface）、目录（Contents）、注释（Explanatory Notes）和其他图表（Other Diagrams）。

1）前言

前言主要是说明该卷版本的编者和资料来源。

2）目录

目录给出本卷各章内容所在页数。

3）注释

注释是使用本书时应注意的事项，主要包括以下内容。

（1）首先指出："英版《航路指南》适合于船长12 m及以上的船舶使用，其扩充了海图上的航海资料，它载有在海图上和其他航海资料中没有的，但是安全航行所必需的参考资料。在阅读《航路指南》时，必须结合书中所引用的海图。"

（2）使用本书时必须参考最新补篇和《航海通告》的第Ⅳ部分以及其他有关航海图书资料，如《航海员手册》、《世界大洋航路》和航路设计图、《灯标表》、《无线电信号表》、《航海通告年度摘要》和《国际信号码语规则》等。

（3）对一些与航海有关的重要问题的说明和用于本书的计量单位和术语等。

4）其他图表

（1）缩写（Abbreviations）对照表。当阅读中遇到不明意义的缩写时，可参阅本缩写对照表。

（2）语汇表（Glossaries）。在同一本《航路指南》中可能含有不同语系国家，而文中的有些地理名称和语汇往往使用当地语言。因此，各卷提供了本卷范围内的地方语言与英语的对照表，供使用者查阅。

（3）章号索引图（Chapter Index Diagram）。其主要包括本卷的地区范围；本卷各章资料的地域范围及叙述顺序，用粗体数字与箭头及虚线框标出，使用者可利用章号及其顺序查找资料；本卷海区范围内可使用的英版航海图、港湾图等的图框及图号，如图9-1-6所示。

3. 主要内容

（1）各卷第一章是本卷所述地区的总体介绍，各卷均包括以下3部分。①A部分"一般航海知识和规则"（Navigation and Regulations）。本部分主要内容有：本卷范围（Limits of Volume）、航路与航海危险（Routes and Navigational Hazards）、航海注意（Navigational Note）、无线电服务（Radio Services）、扫海区（Swept Areas）、浮标制度

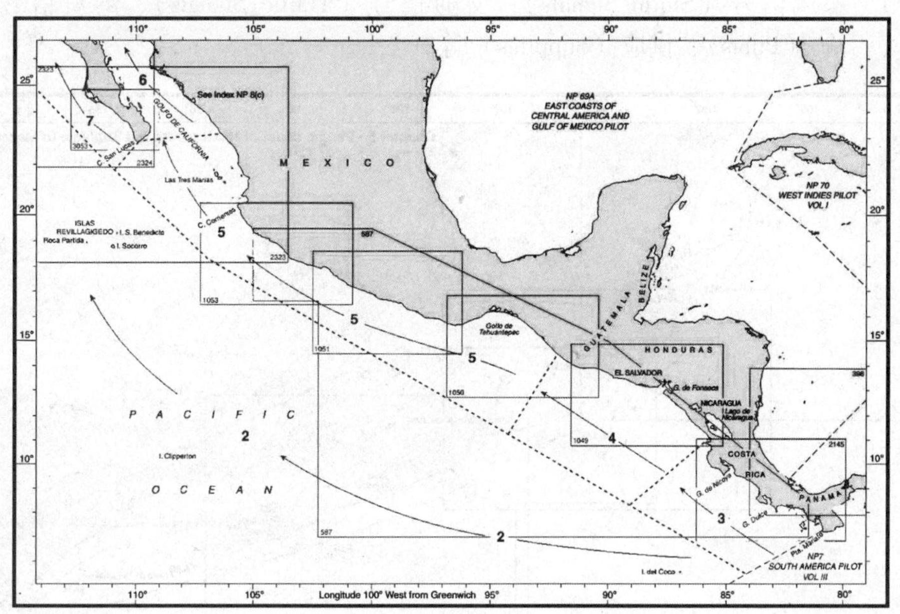

图 9－1－6　章号索引图

（Buoyage）、引航制度（Pilotage）、油污染（Oil Pollution）、规则（Regulation）、边防（Coastguard）、信号（Signals）、海难救助（Distress and Rescue）、分道通航制（Traffic Separation）、检疫和海关规定（Quarantine and Customs Rugulations）等。②B 部分“国家与港口”（States and Ports）。本部分主要内容有：各国的一般情况（General Remark），历史（History），政府（Government），人口和居民（Population and Inhaitants），语言（Languages），物产、工业和贸易（Products，Industries and Trade），币制、度量衡（Currency，Weight and Measures），节假日（Public Holidays），运输和交通（Transport and Communications），港口（Ports），健康（Health），修理（Repairs），服务实施与供应（Facilities and Supplies），灭鼠（De-ratting）等。③C 部分“自然条件”（Natural Conditions）。本部分主要内容有：海底的地形（Topography of the Sea Bed）、地磁异常（Magnetic Anomalies）、海浪和涌浪（Sea and Swell）、海流（Current）、海平面改正（Change in Sea Level）、潮流（Tidal Stream）、气候与天气（Climate and Weather）、气候表（Climate Table）、换算表（Conversion Tables）等。

（2）第二章及以后各章，一般是分海区顺岸分别叙述航海有关说明，个别卷的第二章为该卷所包括海区的航线介绍。每章的编排格式基本相同，各章开始前均附有一张索引图（如图 9－1－7 所示），图上提供了本章的地域范围、本章各节的范围及介绍顺序，使用者可根据本船的位置查找节号。

各章航海说明的主要内容有：总论（General Remarks）、地理情况（Aspect）、危险物（Dangers）、灯标（Lights）、立标（Beacon）、浮标（Buoy）、锚地（Anchorages）、禁止抛锚（Prohibited Anchorage）、潮流（Tidal Streams）、航法（Directions）、码头（Wharf）、突码头（Pier）、小码头（Jetty）、油船泊位（Tanker Berth）、登陆处（Landing Place）、水上飞机场（Seaplane Station）、港章（Harbour Regulations）、信号

(Signals)、暴风信号（Storm Signals)、交通信号（Traffic Signals)、港口信号（Port Signals)、引航（Pilots)、供应（Supplies）等。

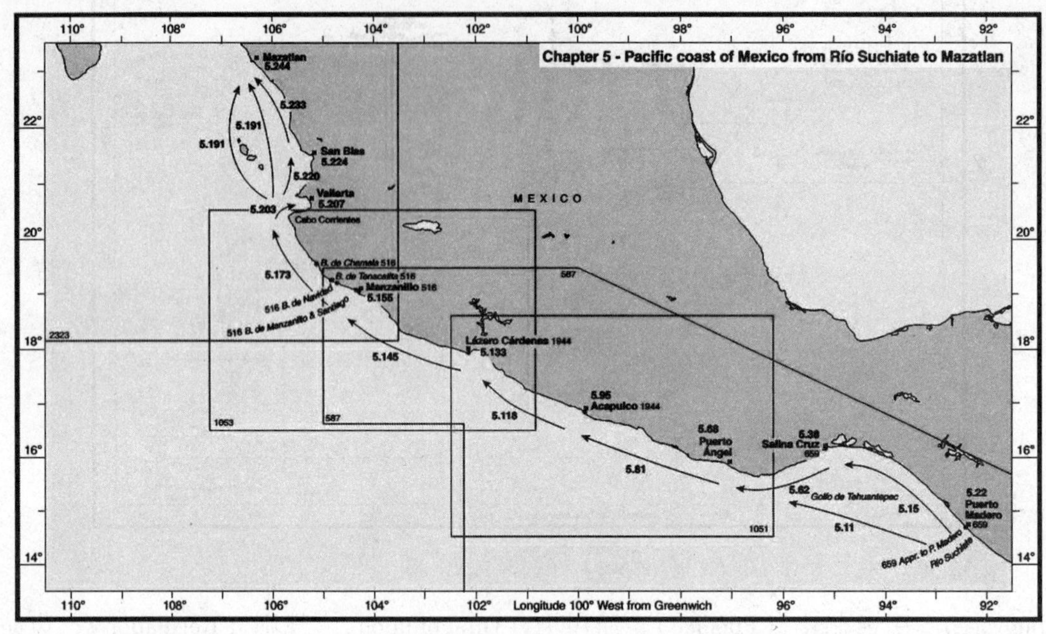

图 9－1－7　节号索引图

4. 附录、索引

（1）各卷《航路指南》均有一些附录（Appendix)，包括一些对本卷所包括国家和地区的特别规定、重要设施等的补充说明。

（2）各卷的末尾有该卷的索引（Index)，按地理名称字母顺序排列，以便查阅，如图 9－1－8 所示。

5. 查阅方法

（1）首先选择所需的海区资料的卷号，根据相关主题，使用目录或索引查找资料。

（2）利用目录查询。如需了解该卷《航路指南》所述地区的总的情况，可查阅第一章的目录。

（3）利用索引查询。卷末索引（Index）是按本卷范围内的地域、港口、物标、岛屿、水道、河道、岬角、浅滩等的名称字母顺序排列并给出资料所在的章、节号。如需了解沿岸重要物标、岛屿、水道资料及各港的有关航海说明，则可利用该索引，按地名查找其所在章节号。

（4）利用章、节号索引图查询。可按船舶所到海区直接从章号索引图中查得有关章号，从节号索引图中查得所需内容。

（5）当阅读《航路指南》时，应查阅其最新补篇和与《航路指南》有关的航海通告。

（6）当阅读《航路指南》时，对照相关海图进行研究，更加易于理解。

《航路指南》所提供的资料是对海图资料的重要补充。在拟定航线时，除参阅《世界大洋航路》、《航路设计图》等资料外，还应同时参阅《航路指南》的有关内容。

INDEX

Abalone Point: (39°40′N, 123°48′W) 11.36
Abalone Point: near Newport Bay ... 8.160
Abalone Point: Santa Catalina Island .. 8.83
Abbey Island ... 14.67
Aberdeen ... 14.22
Abernathy Point ... 13.55
Abreojos, Punta ... 7.55
Acajutla ... 4.155
Acamama, Punta ... 5.88
Acantilado Blanco ... 7.13
Acantilado, Pico ... 7.146
Acantilado, Punta: Baja California .. 6.248
Acantilado, Punta: Isla Angel de la Guarda ... 6.237
Acapulco ... 5.95
  Arrival information ... 5.102
  Berths ... 5.113
  Directions ... 5.108
  General information ... 5.95
  Harbour ... 5.103
  Limiting conditions ... 5.101
  Port services ... 5.116
  Small craft ... 5.117
Acapulco, Bahía de ... 5.103
Algodones, Cerro ... 6.191
Algodones, Estero ... 6.40
Algodones, Los ... 6.191
Alijos, Rocas ... 2.39
Allegany ... 12.71
Almagre Chico, Isla ... 6.70
Almagre Grande, Isla ... 6.59
Almejas, Bahía ... 7.21
Alotengo, Laguna de ... 5.86
Alphecca Seamount ... 2.38
Alsea Bay ... 12.95
Alsea River ... 12.95
Altamura, Estero de ... 6.22
Altamura, Isla ... 6.22
Altata, Bahía de ... 6.21
Altata, Puerto de ... 6.21
Alto, Cabo ... 5.202
Alviso Slough ... 10.150
Amapala, Puerto ... 4.103
Amapala, Punta de ... 4.123
Ameca, Río ... 5.216
Americano, Estero ... 11.17
Amortajada, Bahía ... 6.145
Amphitrite Point ... 1.28
Arenal=extensive area of sand; see proper name
Arenas, Bahía ... 3.28
Arenas, Ensenada ... 3.34
Arenitas, Punta ... 3.88
Arguello Canyon ... 2.70
Arguello, Point ... 8.291
Arista, Puerto ... 5.35
Arlington ... 13.167
Armeria, Río ... 5.151
Armuelles, Puerto ... 3.65
Army Point ... 10.243
Arranca Barba, Punta ... 3.187
Arranca Cabello, Punta ... 6.106
Arrecife=reef; see proper name
Arriba, Isla ... 3.185
Arrow Point ... 8.83
Arrowhead Point ... 9.65
Arroyo=stream, rivulet; see proper name
Arroyo Grande Creek ... 9.12
Artavio, Isla ... 3.30
Asadero, Barra ... 5.239
Aserradores, Isla de ... 4.67
Asososca, Cerro de ... 4.5

图 9-1-8 地名索引

六、《进港指南》

1. 概况

《进港指南》(Guide to Port Entry) 由英国航运指南公司发行，每 2 年一版，新版发行，即宣布原版本作废。目前，该书每版由 4 本组成，按英文国名第一个字母顺序排列，分为 4 册，其中包括 A ~ K，L ~ Z 港口资料正文 (Text) 2 册，对应于 A ~ K，L ~ Z 的港口泊位平面图 2 册，该书是进出港口的重要参考资料。

2. 主要内容

每本正文 (Text) 部分以国名首字母顺序编排，各国名除印在有关页来介绍该国港口内容之前外，还印在单数页的右上角，各国名后又以其重要港口名的字母先后顺序排列。

各港口资料提供下列内容：港口经度和纬度、港界 (Port Limits)、进港应提交的文件单证 (Documents)、引航制度 (Pilotage)、锚地情况 (Anchorages)、限制进港时间 (Restrictions)、最大尺度 (Max. Size)、健康 (Health)、无线电台 (Radio)、高频无线电话 (VHF)、雷达 (Radar)、拖船 (Tugs)、泊位 (Berthing)、起重机械 (Cranes)、散货装卸设备 (Bulk Cargo Facilities)、特殊货物起运设备 (Specialised Cargo - Handling Facilities)、桥梁 (Bridges)、装卸工 (Stevedores)、医疗 (Medical)、油船 (Tankers)、密度 (盐度) (density (salinity))、淡水 (Fresh Water)、燃料 (Fuel)、消防措施 (Fire Precautions)、领事 (Consuls)、修理 (Repairs)、干船坞 (Dry Docks)、验船师 (Surveyors)、舷梯/甲板看守人 (Gangway/Deck Watchman)、开关舱 (Hatches)、烟酒的海关允许量 (Customs Allowance: Tobacco/Wine Spirits)、货物传送设备 (Cargo Gear)、遣返回国 (Repatriation)、航空港 (Airport)、时制 (Time)、节假日 (Holiday)、警察/救护/火警电话 (Police/Ambulance/Fire)、船岸电话 (Telephones)、服务 (Service)、登岸 (Shore Leaves)、身份证 (Identification Cards)、规章 (Regulation)、装或卸燃料预计在泊位的延时 (Delays)、发展 (Developments)、船舶驾驶员报告 (Ship's Officers Reports)、其他有关资料 (General)、港口当局 (Authority)、代理 (Agent)。但

各港口情况有差异，因此上述内容不一定都有。

我国也出版有《港口资料》和《世界港口》。《世界港口》重点介绍了世界各国主要海港的地理位置、港口性质、航道、泊位、引航以及有关进出港手续和各种服务项目，是船长、驾驶人员以及外运专业人员的参考书。《世界港口》共分 10 册：亚洲部分 4 册，欧洲部分 2 册，美洲部分 2 册，非洲和大洋洲部分各 1 册。

3. 查阅方法

（1）根据港口所属国家名称的第一个字母确定查阅 A ~ K 卷或 L ~ Y 卷的正文或港图卷；

（2）翻到正文或港图卷后的索引“TEXT OR PLAN INDEX”（桔黄色书页），依据港名可查得资料和港图所在页数，翻到相应页即可查阅有关资料。

七、中国沿海《航标表》

1. 概况

（1）中国沿海《航标表》由中国人民解放军海军司令部航海保证部出版，每年出版一次，按海区分为 3 卷：第一卷，黄、渤海海区（G101）；第二卷，东海海区（G102）；第三卷，南海海区（G103）。

另外，中国航海图书出版社也出版了中国沿海《航标表》。本书仅对中国人民解放军海军司令部航海保证部出版的 3 卷中国沿海《航标表》进行介绍。

（2）每卷《航标表》主要由“航标表”、“罗经校正标、测速标表”、“无线电指向标及差分全球定位系统表”和“船舶自动识别基站”等部分组成，卷首部分列有中、英文两种文字印刷的前言、改正记录表、目录、说明、航标灯质图解、《中国海区水上助航标志》简图以及本卷航标索引图和改正记录表。改正记录表由《航海通告》的期号和日期两栏组成，当责任驾驶员根据某期《航海通告》对《航标表》进行改正后，应将改正日期填入该《航海通告》期号后面的日期一栏的横线上。

（3）凡使用《航标表》的单位，需及时根据“航海通告”有关内容对其进行改正。

2. 主要内容

1）航标表

航标表以编号、名称、位置、灯质、灯高、射程、构造和附记 8 栏列出各航标的详细情况，如表 9 - 1 - 1 所示。

（1）编号：一般按地理位置由北向南、由东向西、由海进港的顺序，将军用、民用航标统一连续编排。航标与其编号固定对应。若在两个相邻航标编号之间插入新的航标，则用带小数的航标编号表示。

（2）名称：均以新版海图为准。凡射程在 15 n mile 以上的灯标，其名称用黑体字排印，名称下注“有”字样，表明该标有人看守；无注明的，表明无人看守。无人看守的航标可靠性较差。

（3）位置（经、纬度）：均为概位，只供航海人员参照海图时便于检查之用。

（4）灯质：以光质、光色、周期（明 + 灭）列出，光质有定、闪、快闪、甚快闪、明暗、等明暗、莫尔斯、互光等 13 种，详细说明请参阅“航标灯质图解”。

（5）灯高：平均大潮高潮面至灯光中心的高度，以米为单位。

（6）射程：通常指在晴天黑夜条件下，按照观察者眼高在海面以上 5 m 所能看到灯塔（桩）灯光的最大距离，以海里为单位。由于能见度影响，实际灯光射程可能会超过或达不到表上所列数字。

（7）构造：指灯标建筑物的结构、颜色，便于日间辨认，所列数字为以米为单位的灯塔（桩）的自地面至塔（桩）顶的高度。

（8）附记：记有航标种类、灯光光弧界限、雷达反射器、雾警设备、无线电信标及其他说明。

表 9-1-1　航标表的内容

编号 No	名称 Name	位置 Position	灯质 Characteristic	灯高 Height	射程 Range	构造 Structure	附记 Remarks
4024	表角灯塔（有） Biao Jiao (Watched)	23°14′.3 116°48′.4	闪白 8 s	61.8 m	20 n mile	白色圆柱形混凝土塔；15.6	雾号：周期 20 s（鸣 5 s，停 15 s）音响距离2 n mile。雷达应答器：信号 K（—·—）
4024.5	濠江鱼礁 1 号灯浮 Haojiang Yujiao No. 1	23°14′.8 116°48′.0	莫（P） 黄 12 s			黄色柱形，顶标为黄色“X”	专用标

2）罗经校正标、测速标表

罗经校正标、测速标表以名称、位置、构造和附记 4 项内容编表。罗经校正标、测速标以场为单位，用相应注有“L”和“C”的偶数编排，奇数用作新插入的罗经校正场、测速场的编号。每个罗经校正场、测速场首页均有布标示意图。图 9-1-9 是海口湾罗经校正标表与校正场配标示意图。

名称 Name	位置 Position	构造 Structure	附记 Remarks
东组前标	20 01.8 110 15.0	白色三角形混凝土，中间漆一黑色竖条；15.0	东组前标与后左标：170°
东组后左标	20 01.7 110 15.0	白色三角形混凝土，中间漆一黑色竖条；15.0	与后中标：180°
东组后中标	20 01.7 110 15.0	白色三角形混凝土，中间漆一黑色竖条；15.0	与后右标：190°
东组后右标	20 01.7 110 15.0	白色三角形混凝土，中间漆一黑色竖条；15.0	

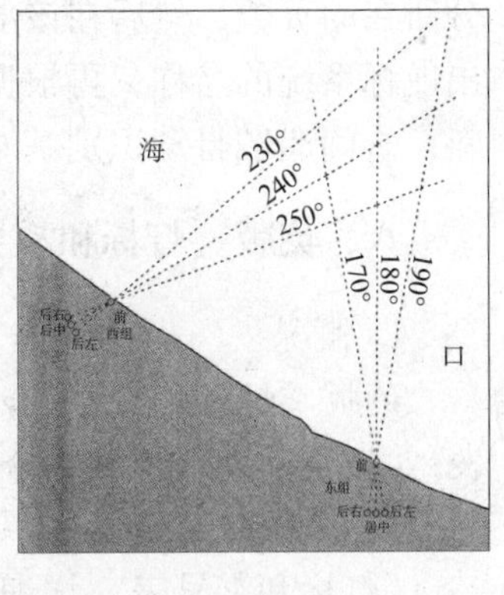

图 9-1-9　海口湾罗经校正标表与校正场配标

3）无线电指向标及差分全球定位系统表

首先给出该册所覆盖海区该种航标和系统的分布图，然后给出每种航标系统的编号、名称、位置、射程、频率、工作时间等资料。

4）船舶自动识别基站

首先给出该册船舶自动识别基站分布图，然后给出每个基站的名称、位置、频率、工作模式及海上识别码（MMSI）等资料。

3. 其他说明

（1）中国海区灯船的船身及灯架，均涂红色，甲板上的建筑物涂白色，船身两舷写白色船名，灯质视需要确定。

当有人看守的灯船漂离原位时，分别悬挂下列信号：①日间，在船首尾各悬挂黑球一个，或红旗一面，并悬挂国际信号旗“PC”，表明“本船不在原位”。②夜间，在船首尾各悬挂红灯一盏。

当有人看守的灯船离开原位时，原发射的灯光及雾号即停止工作。

（2）浮标和无人看守的灯船容易漂离原位或灯光熄灭，尤其在暴风雨后，更容易发生上述现象，航行时应加注意。

（3）我国沿海各灯塔附设的雾警设备有雾笛、雾角、雾钟、雾锣、雾哨等，航海人员使用时应注意：①雾警设备发声所达距离，常随天气情况（主要是风向）而变化，船舶不能以其声音大小作为定位依据。②有时灯塔附近已发生大雾，而灯塔处未发觉，故雾警设备未工作，这种情况夜间较多。③浮标上装的雾哨、雾钟在有风浪时才能发声，其声音大小随风浪大小而变化。

4. 《航标表》的使用

（1）根据所查航标所在的海区，抽选相应的中国沿海《航标表》。

（2）如需查阅航标资料，可参考目录找到并查相应册第一部分的“航标索引图”，在灯标附近查得一红色数字，此数字为该灯标资料在《航标表》中的页数，然后翻到该页，根据灯标的名称查出该灯标的8栏细节。

（3）如需查阅罗经校正场、测速场的资料，首先根据目录得出其所在页数，翻至该页即可查出该罗经校正场、测速场的详细资料。

（4）如需查阅无线电指向标和差分全球定位系统的资料，可首先根据目录得出该部分所在的页数，然后在该部分开始的“无线电指向标和差分全球定位系统分布图”中查出航标系统的名称，再根据名称，在正文中查得该指向标或差分全球定位系统的详细资料。查阅船舶自动识别基站的资料也是如此。

八、英版《灯标和雾号表》

1. 概况

英版《灯标和雾号表》（Admiralty List of Lights and Fog Signals，ALL）简称《灯标表》。按不同地理区域共分为11卷，书号自NP74～NP84，代号为A，B，C，D，E，F，G，H，J，K，L。

《灯标和雾号表》详细记载了全世界各种灯塔、灯桩、灯浮（主要是灯芯高度大于等于8 m者）的雾号资料，作为海图资料的补充。各卷《灯标和雾号表》包括的地区界限图均印在每卷《灯标和雾号表》的封底及英版《航海图书总目录》或《世界大洋航路》中的灯标表索引图上，如图9－1－10所示。

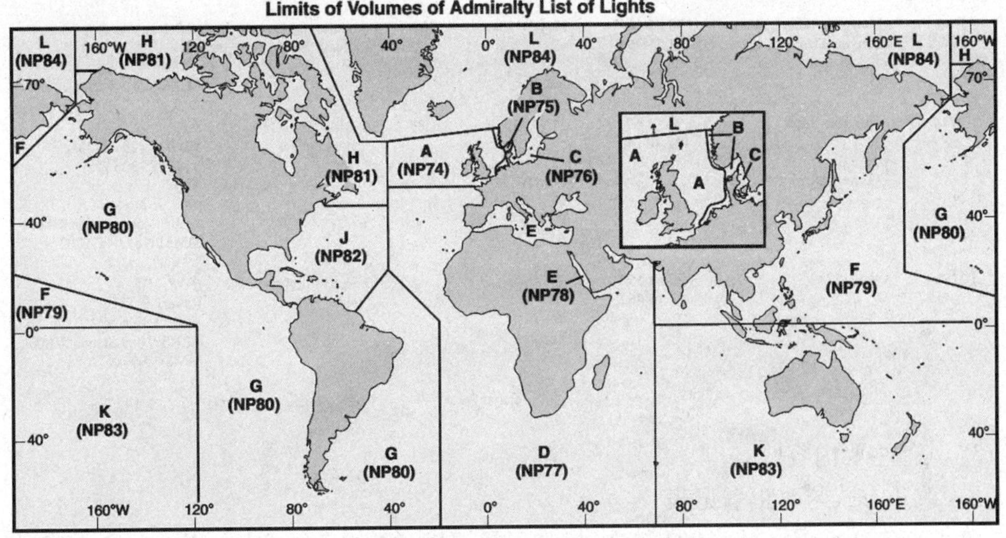

图 9-1-10　灯标表索引图

每卷《灯标和雾号表》每年重新出版一次，有关新版消息刊载在每季度末的周版《航海通告》中，每卷已改正到的日期可在封里和前言中查到，付印后的改正应根据英版《航海通告》(周版) 第Ⅴ部分的改正资料进行。

2. 主表内容

《灯标和雾号表》中主表部分的内容共分 8 栏，以载明每个灯标的细节和特征，这八栏是：

第一栏：灯标的编号（No.），由书卷号和数字序号构成，它是依照国际水道测量部确定的灯标的国际编号，无论什么时候涉及灯标，都要引用这种由字母和数字组成的国际编号。

第二栏：位置、名称（Location，Name）。位置是以大写字印刷的，凡射程等于或大于 15 n mile 的灯标名称用黑体字印刷；射程小于 15 n mile 的用正体字印刷；灯船名称用大写斜体字印刷，而所有其他灯浮名称则用小写斜体字印刷。

第三栏：纬度、经度（Lat，Long），均是概位。

第四栏：灯质和灯光强度（Characteristics and Intensity）。灯光强度以坎德拉（Canddelas）为单位，用小写斜体数字表示。

第五栏：灯芯高度（Elevation），以 m 为单位。

第六栏：射程（range），以 n mile 为单位，如射程等于或大于 15 n mile 者，用黑体数字；小于 15 n mle 者用正体数字。表列射程为主管当局发布的数字，使用额定光力射程（Nominal Range）的国家在"特殊说明（Special remark）"部分列出。

第七栏：结构的细节和以 m 为单位的塔（标）高（Structure Height in Metres），提供有关灯标建筑物结构的说明，所列塔（标）高系指由地面起算的建筑物的高度。

第八栏：备注（Remarks），注明灯光的节奏（Phase）（亮、灭的时间分配），光弧（Sectors），可见光弧，较小灯标（烛光较小的自动无人看守灯标）（Minor lights），如图 9-1-11 所示。

F3730	- Langgang Shan Liedao. Zhongkui Dao	30 26·16 N 122 55·96 E	Fl(4)W 10s	107	10	White round concrete tower 14	*(fl 0·5, ec 1) x 3, fl 0·5, ec 5*
⋮	- - -	..	Racon	..	..	..	ALRS Vol 2 Station 81750
F3746	**- Huaniao Shan**	30 51·67 N 122 40·34 E	Fl W 15s	89	**24**	Black and white round tower 16	*fl 1.* Vis 071°-294°(223°). Vis 301°-306°(5°)
⋮	- - Emergency light	..	Oc(4)W 34s	..	6		
	- -	..	Horn(5) 60s	..	..	..	*(bl 3, si 2) x 4, bl 3, si 37*
	- -	..	Racon	..	..	..	ALRS Vol 2 Station 81805
	- -	..	AIS	..	..	..	MMSI No 004132202
				m	M		
F3750	- *Nanzhi Lt V*	30 59·15 N 122 10·46 E	Fl W 10s	..	10	Red hull, name on sides	*fl 0·8.* Ra refl
	- -	..	Bell	..	..	..	Wave activated
	- -	..	Racon	..	..	..	ALRS Vol 2 Station 81800
	- -	..	AIS	..	..	..	MMSI : 999412209

图 9－1－11　《灯标和雾号表》主表内容

3. 其他主要内容

1）改正方式与改正登记表

改正方式（System of correction）与改正登记表（Notation of Amendments）印在《灯标和雾号表》的封里。改正方式说明《灯标和雾号表》改正资料的来源是英版《航海通告》，解释通告的格式、用语和符号，并简单介绍如何利用通告提供的资料对《灯标和雾号表》进行改正的问题。改正登记表与中国沿海《航标表》的改正记录表的编排和使用均一样。

2）地理能见距离表

地理能见距离表（Geographical Range Table）是根据地理能见距离公式编制的，利用眼高和物标的高度作引数可在表内查得物标的地理能见距离。

3）光力射程图

光力射程图（Luminous Range Diagram）可以用来求得不同能见度条件下灯光的可见距离。它的上边横坐标为额定光力射程，下边横坐标是以坎德拉为单位的灯光强度，左边纵坐标是不同能见度时的光力射程，单位均为 n mile，图中画有各种能见度曲线，如图 9－1－12 所示。

利用该图可以查得灯标在不同能见度条件下的光力射程。

如图 9－1－12 所示，例如，某灯标的额定光力射程为 21 n mile，在能见度为 5 n mile 时，该灯光的光力射程为 12. 4 n mile。又如，某灯标的光强为 10 000 坎德拉，如观测时气象能见度为 2 n mile，则该灯光的光力射程为 4. 5 n mile。

在使用此图时应注意：

（1）所求得的距离数为概值。

（2）测者与灯塔之间的大气透明度不一定一致，灯塔的背景亮度会在不同程度上减低灯光距离。

4）灯标的有关解释

（1）海空两用灯标（Aeromarine Lights）。这是一种航海灯标，但部分光束在水平面上有 10°～15°的仰角，可供飞机使用。

（2）航空灯标（Aero Lights）。灯光的强度及高度一般均较大，其灯光和光芒可能在接近陆地时最早被发现，从海上可见者列入《灯标和雾号表》中，并在灯质前有

"Aero"字样，此种灯标并非为航海而设置的，它常有变更，且往往不能迅速通知航海人员。

（3）航空障碍灯标（Obstruction Lights）。用来标示无线天线塔、烟囱及其他航空障碍物的灯标。与航空灯标一样，不是为航海所设。通常为红色定光、闪光或明暗光，或采取其他的颜色及灯质。其中，光力较强并能从海上见到者列入《灯标和雾号表》，并在第四栏中灯质前标有"Aero"字样，在第八栏加注"Obstruction"字样。灯光较弱者定为"次要灯光"（Minor Lights）并在第八栏中注明。

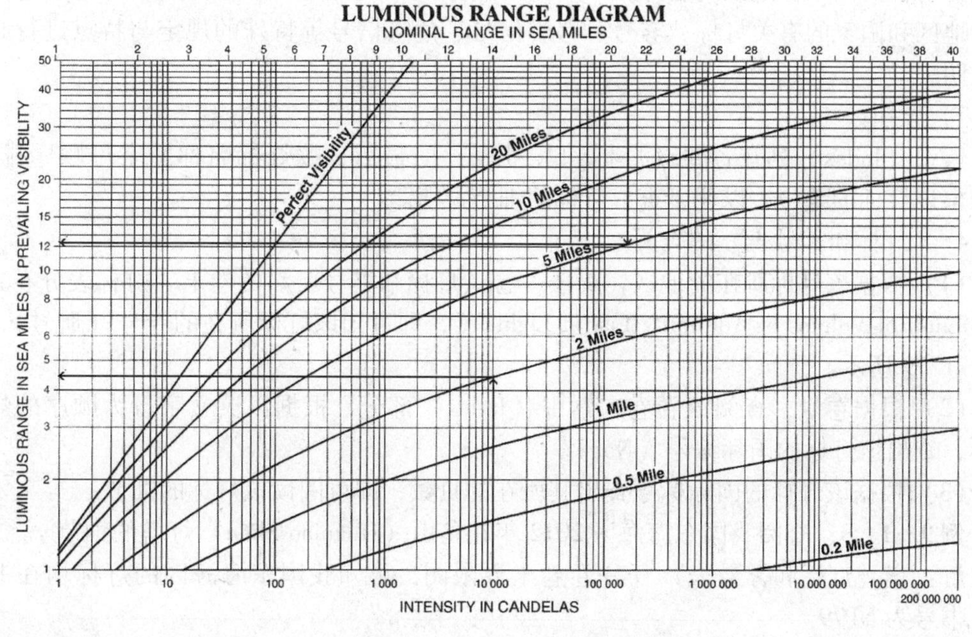

图 9－1－12　光力射程图

（4）白昼灯标（Daytime lights）。在 24 h 内均显示灯光，且其灯质不变，在第八栏中注明为白昼灯标；如果在白天其灯光和灯质有差异者，则在第四栏中标注"By day"。

（5）雾号灯标（Fog Lights）。凡是在低能见度时显示的灯质，均在第四栏中加注"In fog"。

（6）雾情探测灯标（Fog Detector Lights）。可以装于灯标站的结构上，也可以建在距灯标一定距离的位置上。它们的目的是自动地探测雾情和接通雾号，并且自动地将能见距离发送到数据中心以便向航海广播。在使用上有多种类型，一些仅仅在一个狭窄弧范围可见，一些显示强烈带蓝色白闪光，还有一些可能向前和向后扫描。

雾情探测灯白天和夜间都工作。

5）雾号

（1）雾号（Fog Signal）种类：①低音雾角（Diaphone），用压缩空气发声；②雾角（Horn），用压缩空气或电动发声；③雾笛（Siren），用压缩空气发声，各种类型的音调和功率差别很大；④弱高音雾角（Reed），用压缩空气发出较弱高音；⑤爆响雾号（Explosive），用爆炸物发声；⑥雾钟（Bell），分机动、手动和波击发声；⑦雾锣（Gong），同雾钟；⑧雾哨（Whistle），同雾钟；⑨莫尔斯雾号（Morse Code Fog

Signals)，按一个或数个莫尔斯信号发声。

（2）使用雾号应注意以下几点：①雾号可能在不同的距离上听到；②高音或低音组成的雾号，在某种大气条件下，其中之一可能听不到；③在雾号声源周围，偶尔会有听不到雾号的寂静区存在；④雾可能存在于距离雾号站远的距离处而没有被发现，因此雾号未启动；⑤某些雾号的发声器不能在发现雾后立即发声。

6）特殊说明

各卷《灯标和雾号表》的“特殊说明”（Special Remarks）首先列出本卷中采用额定光力射程的国家和地区的名称，未列出的国家则采用光力射程。然后，针对本卷所包括的地区和国家的有关灯标、雾号、遇难信号、危险信号等特殊的规定与特点进行必要的说明。

7）索引

索引（Index）列在各卷《灯标和雾号表》的最后，按灯标名称的字母顺序排列，并给出该灯标的编号，以便于查找灯标的细节说明。

4.《灯标和雾号表》的查阅

（1）根据该灯标所在的地区，查任一卷《灯标和雾号表》的卷末“灯标表分卷界限图（Limit of Volums of Admiralty List of Lights）”，即可知该灯标所在的卷号（册号），如图9－1－9 所示。

（2）根据卷号，查阅该卷卷末索引（Index）部分，根据以英文字母为顺序的灯标名称，查出该灯标的国际编号（No.）。

（3）根据该灯标的国际标号查出其所在的页数，即可阅读该灯标的细节。

例9－1－3：查阅我国东海海区 2012 年花鸟山（Huaniao Shan）灯塔的细节。

解：查《灯标和雾号表》任一卷卷末界限图，可知我国东海海区的灯标均在 F 卷中，书号为 NP79。

由 F 卷在灯标索引中查出该灯标的国际编号，可知该灯标的国际编号为 F3746。

查 2012 年版 F 卷正文中的国际编号 F3746，得知花鸟山灯标的细节为：灯塔位置在 $\varphi=30°51'.67N$，$\lambda=122°40'.34E$，灯质为白闪光，周期为 15 s，灯高为 89 m，射程为 24 n mile，塔高为 16 m，结构为黑白两色圆形塔状结构，该灯塔附有雾号、雷达应答器（Racon）、AIS 等，如图 9－1－10 所示。

九、英版《无线电信号表》

1. 概述

英版《无线电信号表》（Admiralty List of Radio Signals，ALRS）共分 6 卷，书号为 NP281～NP286，除第四卷每 18 个月改版一次外，其余每年出版一次。出版消息见周版《航海通告》，季末版也刊有各卷的现行版信息。出版后的改正资料发布于英版《航海通告》的第Ⅵ部分中。各卷主要内容如下：

第一卷（Volume 1，NP281）：Maritime Radio Statiom（海运无线电台），主要内容包括：Global Maritime Communications（全球海运通信）；Satellite Communication Services（卫星通信服务）；Coastguard Communications（海岸警卫通信）；TeleMedical Martime Assistance Service（TMAS）（海事远程医疗协助服务）；Radio Quarantine and

Pollution Reports（无线电检疫和污染报告）；Anti - Piracy Contact Table（防海盗联络表）等。

该卷按海区分为2册，第一册书号为NP281（1），海区包括欧洲、非洲和亚洲（不包括远东地区）；第二册书号为NP281（2），海区包括大洋洲、美洲和远东地区。

第二卷（Volume 2，NP282）：Radio Aids to Navigation（无线电航标）；Differential GPS（DGPS）（差分GPS）；Legal Time（法定时）；Radio Time Signals（无线电时号）；Electronic Position Fixing System（电子定位系统）。

该卷仅一册，主要内容包括：无线电助航标志（如雷达航标）、无线电时号、法定时、电子定位系统、卫星导航系统（如GPS，DGPS，GLONASS等）以及大量相关图表。

第三卷（Volume 3，NP283）：Maritime Safety Information Services（海运安全信息服务），主要内容包括：Marime Weather Services（海运气象服务）；Maritime Safety Information Broadcasts（海运安全信息广播）；Worldwide NAVTEX and SafetyNET Information（世界性的NAVTEX和安全网信息）以及与此有关的台站分布图等。

该卷按海区分为2册，第一册书号为NP283（1），海区包括欧洲、非洲和亚洲（不包括远东地区）；第二册书号为NP283（2），海区包括大洋洲、美洲和远东地区。

第四卷（Volume 4，NP284）：Meteorological Observation Stations（气象观测台站）。

该卷仅一册，主要包括气象观测站一览表及其相关图表。

第五卷（Volume 5，NP285）：Global Maritime Distress and Safety System，GMDSS（全球海上遇险与安全系统）。

该卷仅一册，主要包括全球海上遇险与安全系统（GMDSS）及供学生使用的GMDSS资料，还有大量解释性图表。

第六卷（Volume 6，NP286）：Pilot Services（引航服务）；Vessel Traffic Services and Port Operations（船舶交通服务及港口工作）。

该卷每年海区划分有所变化，以2011年版本为例，该卷按海区分为7册，第一册书号为NP286（1），海区包括英国、爱尔兰；第二册书号为NP286（2），海区包括东北大西洋；第三册书号为NP286（3），海区包括非洲；第四册书号为NP286（4），海区包括印度洋和南太平洋；第五册书号为NP286（5），海区包括北美洲和西北大西洋；第六册书号为NP286（6），海区包括东北亚和俄罗斯；第七册书号为NP286（7），海区包括南美洲。

该卷主要包括引航服务、港口业务和船舶交通服务、船舶报告制度的资料及相关图表。

2. 各卷的主要内容

英版《无线电信号表》虽然每卷内容不同，但在编排上有很多相同之处，掌握这一点对使用该表很有帮助，现将各卷的编排情况归纳如下：本卷改正指南；对航海通信类

出版物的介绍；总论；缩写；术语和定义。此外，还有目录（Contents）、前言（Preface）、注意（Notice）等。

正文编排上大都是在同类资料前给出详细资料的编排格式及细节介绍（Introduction），最后给出专项索引。以下仅对第二卷的主要内容和使用加以介绍，其他各卷可参照使用。

3. 第二卷的主要内容及使用

1）主要内容

第二卷的主要内容可分为无线电航标、雷达航标、卫星导航系统、法定时、无线电时号、电子导航系统和专用索引等几大部分，按目录编排顺序介绍如下：

（1）无线电航标地理区域索引（Index of Geographical Sections for Radio Navigational Aids）。利用该索引可根据国家或地区名称的字母顺序查得无线电测向台、雷达航标所在的页码，翻至该页码，可查得该国家或地区的航标的细节。

（2）无线电测向台（Radio Direction－Finding Stations）。其主要内容包括定义与总论（Definitions and General Information）、序言（Introduction）、服务资料细节（Service Details）。

VHF 测向台目前仅用于遇难船，由海岸警卫电台管理。在其作用距离内的遇难船可用 VHF 在规定频道上发射信号，VHF 测向台就能测出遇难船的方位。应遇难船请求，海岸警卫电台可在其测向点用测向天线发射遇难船的方位信号。资料编排格式如图9－1－13 所示。

UNITED KINDOM

VHF DIRECTION-FINDING SERVICE **0001**

This service is for EMERGENCY USE ONLY. Each VHF direction-finding station is remotely controlled by HM Coastguard Maritime Rescue Coordination Centre (MRCC). See diagram on previous page.

Watch is kept on Ch 16

Ship transmits on Ch 16 (distress only) or Ch 67 in order that the station can determine its bearing

Ship's bearing from the station is transmitted on Ch 16 (distress only) or Ch 67

Barra RG 57°00′·81N 7°30′·42W
Controlled by MRCC Stornoway

Bawdsey RG 51°59′·61N 1°24′·49E
Controlled by MRCC Thames

图 9－1－13　无线电测向台资料

（3）雷达航标（Radar Beacons）。这一部分与无线电测向台的编排基本相同，包括总论（General Information）、序言（Introduction）和服务资料细节（Service Details）。其中，服务资料细节包括类别、名称、周期、有效扇区、作用距离、识别信号、地理位置、编号、莫尔斯识别码和有关注释等，如图 9－1－14 所示。

如图 9－1－14 所示，给出的雷达航标资料有航标名称、编号、位置、航标类型

(Racon 或 Ramark)；3&10 cm 指雷达波长，即适合 3 cm 雷达和 10 cm 雷达，若无标注，说明该航标适用于 3 cm 雷达；对于低速扫描雷达航标，则给出在雷达荧屏上出现信号所需扫描时，如图中的 75 s；航标的作用范围是从海上看航标的方位范围，这里的 360°，标明为全方向航标；5 或 18 n miles 指航标的作用距离；T 指航标的莫尔斯识别码。

UNITED KINDOM

Inchkeith Fairway Lt Buoy Racon				56°03′·50N 3°00′·09W	**51280**
75s	360°	5 n miles	T		
Saint Abb's Head Lt Racon				55°54′·97N 2°08′·28W	**51310**
(3 & 10 cm)	360°	18 n miles	T		

图 9－1－14　雷达航标资料

(4) 卫星导航系统（Satellite Navigation Systems）。其主要内容包括：序言与误差源、导航卫星全球定位系统（The NAVSTAR Global Positioning System）、全球导航卫星系统（The Global Navigation Satellite System，GLONASS）、GPS 与 GLONASS 联合全球导航卫星系统（GPS and GLONASS Global Navigation System，GNSS）、卫星增强导航系统（Satellite Based Augmentation System，SBAS）和伽利略系统（Galileo）、关于海图水平基准面与卫星定位位置的说明（Horizontal Datums on Charts and Satellite-derived Position Notes）、DGPS 导航系统（Differential GPS，DGPS）。

(5) 标准时、法定时、世界时与无线电时号。①标准时（Standard Time）。这一部分介绍了统一时间制度（Uniform Time Sytem），包括海上保持区时制度（System of Time -Keeping at Sea by Means of Time Zone）、国际日界线位置（International Date Line）、特定标准时名称（Standard Time Designators）和世界时区图（The World：Time Zone Chart）。②法定时（Legal Time）。按国家或地区首字母顺序给出各国家或地区的法定时，"—"代表东时区，法定时在世界时前，"＋"代表西时区，法定时在世界时后。有些国家或地区因季节变化采用夏令时，表 9－1－2 中给出其由标准时变为夏令时的生效细节。表中星号（＊）表示该国家或地区本年度预期不执行夏令时。③世界时（Universal Time）。这一部分主要介绍协调世界时（UTC－Co-ordinated Universal Time）、世界时（Universal Time，UT）、格林尼治平时（Greewich Mean Time，GMT）、国际原子时（International Atomic Time，IAT）、世界时与协调世界时之差（DUT1），以及时号的播发、跳秒（Leap Seconds）等。④无线电时号（Radio Time Signals）。这一部分主要包括序言（Introdution）、服务资料细节（Service Details），按时号发射台编号排列，给出编号、名称、呼号、概位、频率、发射制式、功率、发射时间、时号类别、DUT1 信号来源和精度等细节。

表 9-1-2　法定时

Territory	Standard Time	Daylight Saving Time		
			Begins（LT）	Ends（LT）
Sweden	-1	-2	Last Sunday in March 0200h	Last Sunday in October 0300h
Switzerland	-1	-2	Last Sunday in March 0200h	Last Sunday in October 0300h
Syria	-2	-3	First Friday in April 0000h	Last Thursday in October 2400h
Taiwan	-8	*		
United Kingdom	0	-1	Last Sunday in March 0100h	Last Sunday in October 0200h
United States of America				
Zone 1 Eastern（EST）	+5	+4	Second Sunday in March 0200h	First Sunday in November 0200h
Zone 2 Central（CST）	+6	+5	Second Sunday in March 0200h	First Sunday in November 0200h
……				

（6）电子定位系统（Electronic Position Fixing Systems）。本部分主要介绍罗兰 C 系统的一般情况和现行工作状态（Current Operation Status）、罗兰 C 台的资料（Loran - C: Chains in Operation）、罗兰 C 的覆盖区域图。

（7）7 个专项索引。①无线电测台向索引（Index of Radio D - F Stations）。根据无线电测向台的名称查得测向台的编号，利用编号便可查得资料的细节。②雷达航标索引（Index of Radar Beacons）。根据雷达航标的名称查得其编号，利用编号便可查得资料的细节。③ DGPS 信标国家索引（Beacons Transmitting DGPS Corrections - Index of Countries）。根据国家或地区名称查得该国家或地区 DGPS 信标资料的起始页码，在该页有该国家或地区该项资料的说明。④DGPS 信标索引（Index of Beacons Transmitting DGPS Corrections）。根据信号标的名称查得该表资料所在的页码，根据页码便可查得资料细节。⑤无线电时号的地理区域索引（Index of Geographical Sections for Radio Time Signals）。根据国家或地区的名称查得该国家或地区的时号发射台所在的页码，根据页码便可查得资料细节。⑥时号发射台索引（Index of Stations Transmitting Time Signals）。根据时号发射台的名称查得页码，根据页码便可查得资料细节。⑦时号发射台呼号索引（Index of Call Signs of Stations Transmitting Time Signals）。根据收到的时号发射台的呼号或台名查得所在页码，根据页码便可查得资料细节。

2）第二卷的使用

（1）如果要查阅某国家或地区的无线电测向台、雷达航标或时号发射台的资料，可利用该卷后面的不同索引，查找相应的内容。如雷达航标资料的查阅，按照雷达航标名称首字母顺序在雷达航标索引中找到对应的航标国际编号，即可在正文中找到具体航标信息。

（2）查找国家和港口的标准时、法定时，可直接查阅目录。

4. 第六卷的主要内容及使用

第六卷主要提供引航服务、船舶交通管理服务和港口工作情况等方面的资料。

正文内容主要分 2 部分，第一部分给出国家或地区的“GENERAL NOTES”，介绍有关保安通信、引航规定、抵港注意事项及报告制度，如图 9-1-15（a）所示。

紧接着的第二部分给出国家或地区的主要港口水域引航服务、船舶交通管理服务和

港口工作情况的具体信息。这些信息包括概述、服务地区、台站呼号、岸台工作细节、联络情况、频率的表示方法、服务时间、申请引航或进港应遵循的要领、报告点的位置、重点报告点、事故报告点、雷达监控、雷达协助、紧急协调中心、信息广播等。图9－1－15（b）是中国北海港有关的引航等业务的资料。

英版《无线电信号表》第六卷的查阅方法如下：

（1）首先在《航海图书总目录》或《无线电信号表》各卷封底查阅分区索引图，选择港口所在的卷号；

（2）如要查阅国家或地区的船舶交通管理及其规定，用户只需按国家或地区的名称从“CONTENTS LIST”中查找页码即可；

（3）查阅具体港口的引航业务等信息可根据港口或地域名称的英文字母从卷末索引（Index）中直接查找页码，也可以按港口所属国家或地区的名称从“CONTENTS LIST”中查得港口所在页码；

（4）有关缩写、正文中的术语以及有关内容的解释、改正等内容可以在目录中查得所在页码。

CHINA

See diagram CHINA (NORTH) Ports.
See diagram CHINA (SOUTH) Ports.

GENERAL NOTES

ISPS DESIGNATED AUTHORITY:
Ministry of Communications, Department of Water Transportation.
Telephone: +86(0)1 65292626
Fax: +86(0)1 65292642
E-mail: sys627@moc.gov.cn

PILOTAGE:
Pilotage is compulsory for vessels entering and departing Chinese ports.

NOTICE OF ETA:
(1) Vessels should send ETA to the relevant Harbour Superintendency Administration via agents 7 days in advance.
(2) 24h prior to arrival (or on departure from a port less than 24h away), vessels should confirm ETA and advise draught (fore and aft).
(3) Any changes in ETA should be notified immediately.
(4) Vessels carrying class 1 hazardous cargoes should apply for a visa via agents 3 days prior to ETA.

CHINA SHIP REPORTING SYSTEM - CHISREP:
For details of the China Ship Reporting System (CHISREP), see CHINA - SHIP REPORTING SYSTEM (CHISREP).

（a）

BEIHAI (PEI-HAI) 21°29′N 109°03′E
UNCTAD LOCODE: CN BHY

Pilots and Port
CONTACT DETAILS:
Pilots
VHF Frequency: Ch 16; 14
Telephone: +86(0)779 3922249
Port Authority
VHF Frequency: Ch 16; 14
Telephone: +86(0)779 3903481
Fax: +86(0)779 3906387
Website: www.bhport.cn
Marine Safety Administration (MSA)
VHF Frequency: Ch 09
Telephone: +86(0)779 3033492
Fax: +86(0)779 3032591
HOURS: H24
PROCEDURE:
(1) **Pilotage is compulsory** for foreign vessels entering and leaving the port.
(2) **Notice of ETA:** Vessels should advise ETA via agent 7 days, 5 days, 72h, 48h and 24h in advance.
(3) **Pilot ordering:**
(a) Vessels must apply to the Port Superintendency for pilotage 24h prior to arrival, and confirm 12h prior to arrival at the anchorage
(b) Departing vessels must apply for pilotage 12h prior to departure
(4) **Pilot boards** in the vicinity of Lt buoy No 1 (21°21′·27N 109°00′·22E).

（b）

图9－1－15　英版《无线电信号表》第六卷正文资料的格式

十、中版《航海图书目录》

1. 概述

中版《航海图书目录》为中国人民解放军海军司令部航海保证部每年出版，它供使用者查阅中国海区的现行航海图、港湾图以及渔业图等专用图和航海书、表（簿）的名称、编号、范围等。该书的修改根据中国人民解放军海军司令部航海保证部发布的周版《航海通告》进行。

2. 主要内容

中版《航海图书目录》主要有四大部分内容。

第一部分为中国海区海图，首先是海图图号索引（包括图号、图名、页码、图积），其次是分区索引图，标识该海区海图所在的页码，再次是中国海区及附近的总图索引图，给出小比例尺的图号，最后是各海区海图分区索引图。

第二部分为航海书、表示意图，用于选择所需图书的卷号。

第三部分为航保部航海图书供应站分布图和航海图书价格表。

第四部分为航海通告改正登记表，用以登记《航海通告》对每部分的改正情况。

3. 应用

（1）抽选航用海图：首先根据航经海区，在分区索引图中得到各分区所在页码，然后翻到各分区图中便可查得本航线所需要的海图图号，在其左页表中，有海图的详细说明，包括图号、图名、比例尺、出版年月等。

（2）抽选航海书、表：在“航海书、表示意图”中按航行海区找出本航线所需的中版《航路指南》、《航标表》、《中国港口指南》和《潮汐表》等，在其左页表中，有图书的详细说明，包括书号、书名、出版年月等。

（3）查取中版航海图书供应站地点及图书资料的价格：根据“航海图书供应站分布图”，便可获取中版航海图书资料的地点，右页是供应站分布示意图，左页是供应站名称、地址、联系方式等。

（4）校验本船的航海图书是否适用，可作为添置航海图书资料的依据。根据《航海通告》改正到最近之日，即可利用《航海图书目录》中所列的海图和图书的详细资料，检验本船的海图和图书是否适用，并据其查出本船需添置的航海图书资料。

十一、英版《海图及其他水道图书总目录》

1. 概况

英版《海图及其他水道图书总目录》（Catalogue of Admiralty Charts and Other Hydrographic Publications）简称《航海图书总目录》，包括由英国海军水道测量部出版的全部海图及其他航海图书的详细信息，书号为NP131，每年1月修订再版。

本书的改正，一是利用本书出版时自带的“补遗和勘误表”来改正印刷中的遗漏或错误；二是根据其付印之日以后的周版《航海通告》第Ⅰ部分和季末版《航海通告》发布的图书新版进行改正。

2. 主要内容

每年版本虽稍有变动，但基本包括下述6个方面的内容。

1）总论及其他

本部分包括总目录（Contents）、图书目录的改正说明与登记表（Directions for Updating this Volume）、总论（General Information）、英版海图和图书指定代销店分布图（Distribution of Appointed Agents for the Sale of Admiralty Charts and Publications）、英版海图及图书代销店一览表（List of Admiralty Charts Agents for the Sale of Charts and Hydrographic Publications）、适用于英版光栅扫描海图和电子海图的设备和软件的制造商一览表（ARCS/ENS Compliant Equipment Software Suppliers）、航用海图（Navigational Charts）、航海通告的获取与在线服务（Availability of Notices to Mariners and-On-Line－Services）。

2）航用海图

本部分内容主要用于抽选和检验航用海图（Navigational Charts），主要包括以下

方面。

（1）英版海图分区索引图的界限图（Limits of Admiralty Charts Indexes）：以字母和数字标出各海图索引分区的页码，便于索查。

（2）索引图 AA 是比例尺很小的制订航次计划用海图索引图；索引图 A 是世界大洋总图的索引图；索引图 A1 是世界 1∶3 500 000 或同等比例尺的海图索引图；索引图 A2 则是东北大西洋、欧洲水域、地中海小比例尺海图索引图。

（3）各分区海图索引图均印在 B ~ W 页的右页，左页为该分区内所有海图的细节说明，包括图号、图名、比例、出版年月、新版年月等。凡图号旁注有“*”号者，表示该图中另包含一平面图（Plan）；注有“I”号者，表示该图为国际海图（International Chart）；注有“⊙”号者，表示该图另有光栅扫描海图（ARCS）可供使用；注有“V”号者，表示该图为小艇海图。

3）专用海图

专用海图（Thematic Charts）主要包括下列海图和图表。

航路设计图（Routeing Charts）、航路设计指南图（Routeing Guides Charts）、心射投影海图（Gnomonic Charts）、教学用图（Introduction Charts）、水道测量工作和符号图表（Hydrographic Practice and Symbols）、天文图表（Astronomical Charts）、气象图表（Meteorolgical Charts）、磁差曲线图（Magnetic Varation Charts）、潮汐要素图表（Tidal Charts）、空白定位图（Plotting Diagram and Sheets）、深海测量图（Navigational Publications）等。

4）航用图书

本部分内容主要用于抽选和检验航用图书（Navigational Publications），主要包括以下方面。

无线电信号表（Admiralty List of Radio Signals）、《航路指南》（Sailing Directions）及其索引图、《灯标和雾号表》（Admiralty List of Lights and Fog Signals）及其索引图、《世界大洋航路》（Ocean Passages for the World）、《航海员手册》（The Mariner's Handbook）、潮汐图书（Tidal）、数字化灯标表（Digital List of Lights）、光盘版潮汐表（Total Tide）、每年再版的英国水道测量局图书目录（Admiralty Catalogues Published Annually）、航海通告累计表与年度摘要（Admiralty Notices to Mariners - Cumulative Lists and Annual Summary）等。

5）其他

有关英版出版物（Related Admiralty Publications）：英版航海通告（Admiralty Notices to Mariners）；里程表（Distance Tables）；天文用图和出版物（Astronomic Charts and Publications）；航海通告的获取和在线服务（Availability of Notices to Mariners and Online Services）；海图图号索引（Numerical Index）一览表与价格表（Price List）等。

3. 主要用途

1）抽选航用海图

（1）利用索引图 AA 查取本航线所需制订航行计划用海图，利用索引图 A 查取所需总图，利用索引图 A1 查取 1∶3 500 000 的海图，利用索引图 A2 查取东北大西洋、欧洲水域和地中海小比例尺海图。

（2）查阅分区索引图，可知本航线将航经的分区字母代码，即页码。

（3）分别翻到本航线所需分区索引图字母页，查取所需航用海图的图号。

例9-1-4：试抽选新加坡（Singapor）（Johor Port）至大连（Dalian）所需的各种大小比例尺航用海图。

解：（1）抽选航行计划用海图。AA：4016；A1：4508，4509；航路设计图：5126。

（2）根据航路设计图的推荐航线，查分区索引图界线图：I2，J，J3，K，K1。

（3）翻到各字母页，查得航用海图。I2：4044，4043，4042，3831；J：2403，2869，3482；J3：3483，3489，1968，2412；K：1760，1761，1754，1759，1199，3480；K1：1254，1255，3697，3690。

注意，在抽选海图之前应初步拟定好航线，并参考有关推荐航线的资料，作为抽选海图的依据。航用海图的抽选原则是抽选比例尺大小适当的海图，如沿岸及狭水道水域应选较大比例尺海图，洋区一般选小比例尺海图，海图之间相邻水域应能衔接，同时视具体情况，抽选必要的航行参考图。在我国沿海航行应使用中版航海图书资料。

2）抽选本航次所需航海图书

根据航次命令，利用该书的第四部分航海图书（Publications）抽选本航次所需航海图书，如《航路指南》，《灯标和雾号表》，《潮汐表》和《无线电信号表》等。

例9-1-5：试抽选新加坡（Singapor）至安特卫普（Antwerp）航线的《航路指南》、《灯标和雾号表》、《潮汐表》和《无线电信号表》。

解：以2011年版本《航海图书总目录》查阅。

（1）从第四部分的《航路指南》分区索引图（Limits of Volumes of Admiralty Sailing Directions）查得该航线需要的《航路指南》卷号为：NP44，NP38，NP64，NP49，NP45，NP67，NP22，NP27，NP28。

（2）从第四部分英版《灯标和雾号表》分区索引图（Limits of Volumes of Admiralty List of Lights）中查得该航线所需卷号为F，E，D，A，B。

（3）从"潮汐图书"（Tidal Publications）查得所需《潮汐表》第一卷（NP201）、第二卷（NP201）。

（4）从《无线电信号表》中查得所需卷号为：NP281（1），NP281（2），NP282，NP283（1），NP283（2），NP284，NP285，NP286（1），NP286（3），NP286（4），NP286（6）。

3）查验船上所存海图、图书是否适用

（1）翻至该书的"海图图号索引"（Numerical Index），根据抽选的本船所存的海图图号或书号，查得该图、书的细节所在页码。

（2）翻到该图、书所在页码，查得的信息中有海图、图书的出版日期（Date of Publication）、新版日期（New Edition），将本船的海图、图书的出版日期、新版日期与从《航海图书总目录》中查得的日期比较，便可知本船的海图、图书是否适用。

例9-1-5：某船2009年4月15日从上海开往新加坡，需用长江口海图1602，船上该海图的出版日期是Dec. 1980，新版日期为Sept. 2008，查验该海图是否适用。

解：查阅2009年《航海图书总目录》中第九部分的"海图图号索引"知1602号图在第78页，查得该海图的出版日期是Dec. 1980，新版日期为Sept. 2008，故该海图为最

新版，是适用的。

4）查阅海图和图书代销店和获取航海通告地点

查阅海图和图书代销店和获取航海通告的地点，从而添置航海图书资料和获取航海通告。

在《航海图书总目录》的第一部分“总论和其他”中，利用“英版海图和图书指定代销店分布图”和“英版海图及图书代销店一览表”便可查到本航线沿途可购海图和图书的代销地址，而利用“航海通告的获取”页，可查得本航线沿途获取《航海通告》的机构，在海图和图书代销点也可获得《航海通告》的复印本。此外，当新船需要配置航海图书资料时，可首先在《航海图书总目录》中查得需要的航海资料清单，然后选择适当的代销点的代销店配置资料。

4. 抽选海图的注意事项

（1）在抽选航用海图之前应初步拟定航线，并绘画到总图上，作为查找分区代码的的依据。

（2）当同一海区有不同比例尺海图时，原则是尽量抽选较大比例尺海图，同时视具体情况，抽选必需的航行参考图。

（3）在抽选海图时，相邻的海图必须要能够很好的衔接。

十二、中版《航海通告》

航海通告（Notice to Mariners）用以通报涉及的航行安全信息，改正海图、图书的定期或不定期出版物，通常每周出版一期，不同国家还出版每月，每年的各种汇编。通告按生效情况可分为永久性通告、临时性通告和预告性通告 3 种。英国海军水道测量部出版的《航海通告》使用较广。中版《航海通告》有 2 种版本，即由中国人民解放军海军司令部航海保证部出版的纯中文版，中国航海图书出版社出版的中英文对照版。《航海通告》的发行有传统的纸面印刷和数字化发行两大类，数字化《航海通告》现已在不少船上使用，如中版、英版《航海通告》可直接在中国人民解放军海军司令部航海保证部、英国水道测量部的网站上免费下载。

1. 中版《航海通告》

每周出版一期，主要包括以下内容。

1）Ⅰ“海图、图书出版信息和索引”

海图、图书出版信息主要用于改正中版《航海图书总目录》，由“地理区域索引”和“关系海图索引”两部分组成，用以指明本期通告的内容所涉及的有关海区和需要改正的有关海图及图书。

2）Ⅱ“航海通告”

航海通告主要刊载了与航行安全有关的海区资料变化情况和新的航海图书资料的出版消息等，其编排顺序是先国内海区后国外海区，国内又以渤海、黄海、东海、南海为序，一般先刊印永久性通告，后刊印临时性通告和预告。

3）Ⅲ“无线电航行警告”

本部分的内容覆盖国际划分的 NAVAREA XI 区的范围，由两部分组成，前一部分是至今仍有效的航行警告的年份与号码的汇编，后一部分刊印新的航海警告内容。

4）Ⅳ“航标表改正”

按照我国《航标表》的卷名、编号顺序编排，每个编号的改正资料按八栏单面印出，以便于贴改。

5）Ⅴ“航路指南及港口资料改正”

刊印对我国《航路指南》及有关港口资料的改正。

6）Ⅵ“其他”

凡不能包括上述五项而又与航行安全有关的内容均在此栏刊出，但是这六部分的内容不一定每期都有。

2. 使用中版《航海通告》的注意事项

（1）《航海通告》中有的通告号后有（临）、（预）、（参）等字样，分别表示该项目内容是临时性、预告性或参考性的，这类通告仅用铅笔改到有关海图和航海图书上，而凡通告号后未加注者，为永久性内容，应用红色墨水笔在有关海图和航海图书上进行改正。

（2）《航海通告》中给出的位置是以最大比例尺的最新版海图为准，用经、纬度或方位、距离表示，如在位置数数据后面附加以“概位”或“疑存”等字样，则表示为概略位置或怀疑存在（危险物）。

（3）方位均系真方位，但所记灯光光弧或导标方位线等，系自海上视灯塔、灯桩的方位。

（4）每一号码的航海通告一般由通告号码与标题、通告本文、应改正的海图图号（该图号之后用小括号括起来的数码表示该号海图应该改正本通告中的第几款内容，而中括号内的数码表示该号海图应该改正上次的通告号码）和资料来源4部分组成，例如，2010年第3期121号：

121　南海　雷州湾东南方——存在沉船

加绘　概位 (沉船符号)（1）在20°43′00″N，110°59′00″E

(沉船符号)（2）同上述（1）

海图　15770（1）［2009—1740］　15700（1）［2009—1892］　15020（1）［2009—1945］

10016（2）［2009—1954］　104（2）［2010—75］　102（2）［2010—75］

F10517（1）［2009—1892］　F11009（2）［2009—1954］

资料来源　英版通告2008—（28）—3718

该例中海图后面的15770（1）［2009—1740］表示对15770号海图仅改正通告中的第1款内容，而［2009—1740］则表示该海图的上一次小改正应是2009年的1740号通告。

十三、英版《航海通告》

1. 概述

英版《航海通告》（Admiralty Notices to Mariners，ANM）每周末出版一期，它汇集了英国水道测量部发布的全部航海通告，并提供对所有英版海图及其他航海图书的改正资料。

周版《航海通告》封面内容如图9－1－16所示。

封面的基本信息有：右上角为英国水道测量部徽标；左上角为本期的通告号（英国水道测量部对其所发的通告按发布顺序全年连续进行编号）的范围（如3032—3130/

13)，月末版还注有有效的临时通告和预告（T & P Notices in Force），季末版注有有关图书改正或出版标题（如：Updates to Sailing Directions in Force；Current Hydrographic Publications；Cumulative List for Admiralty List of Radio Signals）；周版号（如 Weekly Edition 28）及出版日期；目录（CONTENTS）；对航海者提供有关信息要求；网上《航海通告》的信息等。

目前，英版《航海通告》提供以下部分内容：

（1）Ⅰ Explanatory Notices，Publications List（注释、出版物清单）；

（2）Ⅱ Admiralty Notices to Mariners，Updates to Standard Nautical Charts（航海通告，海图的更新）；

（3）Ⅲ Reprints of Radio Navigational Warnings（无线电航海警告的重印）；

（4）Ⅳ Updates to Admiralty Sailing Directions（《航路指南》的更新）；

（5）Ⅴ Updates to Admiralty List of Lights and Fog Signals（《灯标和雾号表》的更新）；

（6）Ⅵ Updates to Admiralty Lists of Radio Signals（《无线电信号表》的更新）；

（7）Ⅶ Updates to Miscellaneous Nautical Publications（其他各种航海出版物的更新）；

（8）Ⅷ Admiralty Digital Products and Service（英版数字出版物的更新与服务）。

Notices
3032 - 3130/13

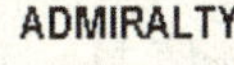

ADMIRALTY
NOTICES TO MARINERS
Weekly Edition 28
11 July 2013
(Published on the UKHO Website 1 July 2013)

CONTENTS

I　Explanatory Notes. Publications List
II　Admiralty Notices to Mariners. Updates to Standard Nautical Charts
III　Reprints of NAVAREA I Navigational Warnings
IV　Updates to Admiralty Sailing Directions
V　Updates to Admiralty List of Lights and Fog Signals
VI　Updates to Admiralty List of Radio Signals
VII　Updates to Miscellaneous Admiralty Nautical Publications
VIII　Updates to Admiralty Digital Products and Services

Mariners are requested to inform the UK Hydrographic Office, Admiralty Way, Taunton, Somerset TA1 2DN immediately of the discovery of new or suspected dangers to navigation, observed changes to navigational aids and of shortcomings in both paper and digital Admiralty Charts or Publications.
The Hydrographic Note Form (H102) is to be used to forward this information and to report any ENC display issues.
Form H102A is to be used for reporting changes to Port Information
Form H102B is to be used for reporting GPS/Chart Datum observations.
Copies of these forms can be found at the back of the Admiralty Notices to Mariners and on the UKHO website

The following communication facilities are available:

Notices to Mariners Website:	Web:	www.ukho.gov.uk/msi
Searchable Notices to Mariners:	Web:	www.ukho.gov.uk/nmwebsearch
Urgent navigational information:	e-mail:	navwarnings@btconnect.com
	Phone:	+44(0)1823 353448
	Fax:	+44(0)1823 322352
H102 forms (see back pages of this Weekly Edition)	e-mail:	sdr@ukho.gov.uk
All other enquiries/information	e-mail:	customerservices@ukho.gov.uk
	Phone:	+44(0)1823 337900 (24/7)

Printed in the United Kingdom for the UKHO　　For UKHO use only 213428

图 9－1－16　英版《航海通告》的封面

英版《航海通告》可以从设于各港的代发单位索取，也可在《航海通告年度摘要》的第14号通告和英版《海图及其他水道图书总目录》中查阅分发地址。

2. 各部分内容的说明

1）注释、出版物清单

（1）网络版《航海通告》及注释。网络版《航海通告》提供网络版通告的形式、网址信息等；注释是关于每期通告的截止日期、改正等的说明；提醒使用者要注意。

（2）海图、出版物的出版、新版、作废等信息。①有关变更的海图、出版物清单（Admiralty Charts affected by the Publication List）。②新出或新版的英版海图和出版物信息（Admiralty Charts and Publications Now Published and Aveilable），包括以下两部分：新图、新出版物（New Admiralty Charts and Publications）；新版图和出版物（New Editions of Admiralty Charts and Publications）。该部分是英版《海图及其他水道图书总目录》更新的主要资料。它们的信息有：海图出版日期、图号、标题及说明、比例尺、所在图夹号、该图在本年度《总目录》中的页码；某张图有光栅扫描海图，则在图号前用符号“⊙”标出。③即将出版的海图和出版物信息（Admiralty Charts and Publications to be Published）。刊有近期将要出版的海图和出版物及与此图有关联的图书将要作废的信息。④永久性作废的海图和出版物（Admiralty Charts and Publications Permanently Withdrawn）。⑤有关电子出版物信息，包括：Admiralty Vector Chart Service and Ecdis Service；Admiralty Raster Chart Service - Latest Issue Dates of Regional Discs。⑥现行版的图书（Current Nautical Publications）。刊有目前最新的 Sailing Directions，List of Lights，Lists of Radio Signals，Tidal Publications & Digital Publications 等的版本信息。

（3）月末、季末周版增加的内容。在每月月末版《航海通告》（在下一个月初出版）的一期航海通告中还包括：临时性通告和预告月度汇编（IA Temporary and Preliminary Notices），首先列出本月取消的临时性通告和预告的清单，然后按26个地区顺序汇编列出至该月底仍有效的此类通告内容，包括通告编号、相关海图、位置与主题和图夹编号的汇编。

在每季度末出版的《航海通告》中还包括：季末版《航海通告》增加的仍有效的临时性通告与预告的汇编和图书出版一览表（Current Hydrographic Publications），该一览表有《航路指南》及其补篇，《灯标和雾号表》，《无线电信号表》，《潮汐表》等图书现行版本一览表，以便了解和检验航用海图书的新版情况。

2）航海通告，海图的更新

（1）3个索引。①地理索引（Geographical Index）：共有27项，前26项是各海区地理索引，第27项为临时性通告与预告的索引，如图9-1-17所示。②通告与图夹编号索引（Index of Notices and Chart Folios）：列出了每个通告所在页码和该通告涉及的图夹的编号，如图9-1-18所示。③相关海图索引（Index of Charts Affected）：列出本期有关改正海图的图号与通告，以供登记与海图相关的通告号码，如图9-1-19所示。

GEOGRAPHICAL INDEX

(1)	Miscellaneous	2.6
(2)	British Isles	2.6 – 2.10
(3)	North Russia, Norway, The Færoe Islands and Iceland	2.10 – 2.11
(4)	Baltic Sea and Approaches	2.11
(5)	North Sea and North and West Coasts of Denmark, Germany, Netherlands and Belgium	2.12 – 2.14
(6)	France and Spain, North and West Coasts, and Portugal	2.14
(7)	North Atlantic Ocean	2.14 – 2.15
(8)	Mediterranean and Black Seas	2.16 – 2.18
(9)	Africa, West Coast and South Atlantic	2.19
(10)	Africa, South and East Coasts, and Madagascar	2.19
(11)	Red Sea, Arabia, Iraq and Iran	2.19 – 2.20
(12)	Indian Ocean, Pakistan, India, Sri Lanka, Bangladesh and Burma	2.20 – 2.21
(13)	Malacca Strait, Singapore Strait and Sumatera	2.21 – 2.22
(14)	China Sea with its West Shore and China	2.22 – 2.24
⋮		
(24)	East Coast of South America and The Falkland Islands	2.29
(25)	Caribbean Sea, West Indies and the Gulf of Mexico	2.29
(26)	East Coast of North America and Greenland	2.30
(27)	T & P Notices	2.31 – 2.39

图 9－1－17　地理索引

INDEX OF NOTICES AND CHART FOLIOS

Notice No.	Page	Admiralty Chart Folio	Notice No.	Page	Admiralty Chart Folio
1362	2.21	55	**1419(T)/13**	2.48	63
1363	2.22	55	**1420(T)/13**	2.48	64
1364	2.22	55	**1421(T)/13**	2.49	65
1365	2.22	55	**1422**	2.25	52
1366	2.22	55	**1423**	2.28	48
1367	2.22	55	**1424***	2.33	96
1368	2.23	55	**1425**	2.33	98
1369	2.23	53, 55	**1426**	2.32	74
1370	2.23	53	**1427**	2.17	25
1371	2.23	54	**1428**	2.11	13
1372	2.24	54	**1429**	2.17	26, 27
⋮	⋮	⋮	⋮	⋮	⋮
1405	2.17	30	**1462**	2.28	58, 59
1406	2.12	10, 11	**1463***	2.10	1
1407	2.12	11	**1464**	2.18	24
1408(P)/13	2.43	43	**1465**	2.34	87
1409	2.20	43	**1466**	2.38	81
1410	2.26	46	**1467**	2.39	81
1411	2.26	46	**1468**	2.35	87
1412(T)/13	2.45	66	**1469**	2.5	5, 47
1413(T)/13	2.46	66			
1414(T)/13	2.47	66			
1415(T)/13	2.47	66			
1416(T)/13	2.47	66			
1417(T)/13	2.48	66			
1418(T)/13	2.48	66			

图 9－1－18　通告与图夹编号索引

INDEX OF CHARTS AFFECTED

Admiralty Chart No.	Notices	Admiralty Chart No.	Notices
2	1389	**2258**	1435
18	1463	**2262**	1402
45	1395P	**2291**	1452
84	1408P, 1409	**2296**	1406, 1407
86	1393	**2299**	1407
90	1409	**2303**	1403
119	1439T	**2506**	1424
140	1440T	**2537**	1464
144	1395P	**2538**	1464
187	1429	**2589**	1455
194	1464	**2638**	1462
⋮	⋮	⋮	⋮
2056	1410, 1411	**4749**	1451
2107	1454	**4751**	1441
2123	1464	**4752**	1441
2124	1464	**4757**	1445
2137	1411	**4762**	1449
2182B	1438P	**4765**	1450
2182C	1390, 1438P	**4767**	1449
2182D	1389, 1390	**4770**	1450
2194	1468	**4776**	1446
2202	1399	**4789**	1447
2205	1399, 1400	**4790**	1447
2209	1469	**4953**	1448
2212	1399, 1400		
2232	1400		
2243	1400		

图 9-1-19　相关海图索引

（2）航海通告。该部分主要用来对英版海图出版或新版后的更新。航海通告分为永久性通告、临时性通告和预告 3 种。①永久性通告。图 9-1-20 为 2013 年第 13 期的一则永久性通告。改正海图的永久性通告的内容包括通告编号（如 1400）、通告涉及的地点与更新标题（如 UKRAINE - Odesa North - Eastwards and South - Eastwards - Wreck. Obstruction. Depths.）、资料来源（通告号码旁注有“＊”者，是指通告来源于原始资料）、通告所涉及的海图（Chart 2212）、上次改正的通告号/年份（Previous update 1399/13）、海图坐标系（WGS-84 DATUM）、具体更新内容等。②临时性通告和预告。临时性通告和预告在通告号码后面分别用缩写（T）和（P）注明，这类通告列于永久性通告的后面，并且单面印刷，以便于汇编成册，如图 9-1-21 所示。③澳大利亚和新西兰周版《航海通告》的重印。在第Ⅱ部分的末尾部分是重印的澳大利亚和新西兰某些周版《航海通告》，周版的期数也同时给出。

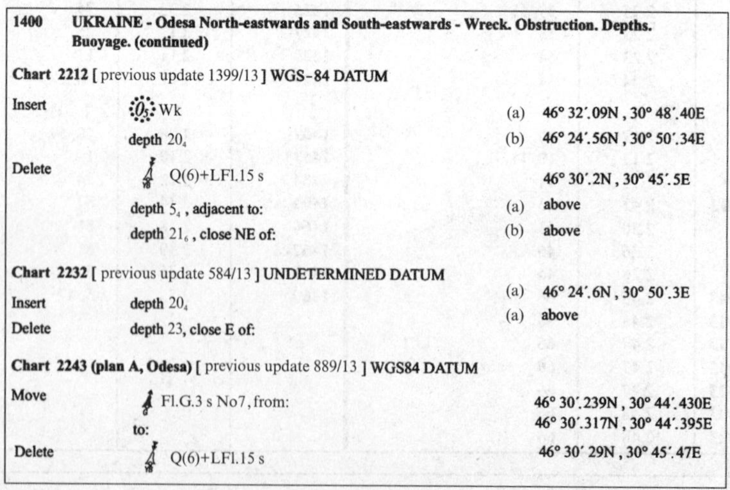

1400　UKRAINE - Odesa North-eastwards and South-eastwards - Wreck. Obstruction. Depths. Buoyage. (continued)

Chart 2212 [previous update 1399/13] **WGS-84 DATUM**

Insert	0_5 Wk	(a)	46° 32′.09N , 30° 48′.40E
	depth 20_4	(b)	46° 24′.56N , 30° 50′.34E
Delete	Q(6)+LFl.15 s		46° 30′.2N , 30° 45′.5E
	depth 5_4 , adjacent to:	(a)	above
	depth 21_6 , close NE of:	(b)	above

Chart 2232 [previous update 584/13] **UNDETERMINED DATUM**

Insert	depth 20_4	(a)	46° 24′.6N , 30° 50′.3E
Delete	depth 23, close E of:	(a)	above

Chart 2243 (plan A, Odesa) [previous update 889/13] **WGS84 DATUM**

Move	Fl.G.3 s No7, from:	46° 30′.239N , 30° 44′.430E
	to:	46° 30′.317N , 30° 44′.395E
Delete	Q(6)+LFl.15 s	46° 30′ 29N , 30° 45′.47E

图 9-1-20　永久性通告的格式

1379(T)/13　　**JAPAN - Kyūshū - South Coast - Kagoshima Wan - Kagoshima Kō - Shinkō Kō - Groyne. Works.**

Source: Japanese Notice 9/5130(T)/13

1. Groyne construction works are taking place, until 22 June 2013, in the vicinity of position 31° 34′·9N., 130° 34′·2E. (WGS84 Datum).

Chart affected - 654

1398(P)/13　　**INDONESIA - Kalimantan - Selat Makassar - T. Bayur Eastwards - Works.**

Source: DG SeaComm

1. Works are in progress to install eight anchor points centred on position 0° 44′·03S., 118° 20′·52E. (WGS84 Datum).
2. Mariners are advised to navigate with caution in the area.
3. The chart will be updated when more information becomes available.

Chart affected - 2893

图 9－1－21　临时性通告与预告

（3）改正字条与贴图。在该部分最后印有小块复印图，称贴图（Blocks），一般用来根据该部分正文相关通告对较大比例尺海图进行贴改，如图 9－1－22 所示；还有改正字条（Notes），也要根据该部分相关通告贴到有关海图的指定位置，如图 9－1－23 所示。

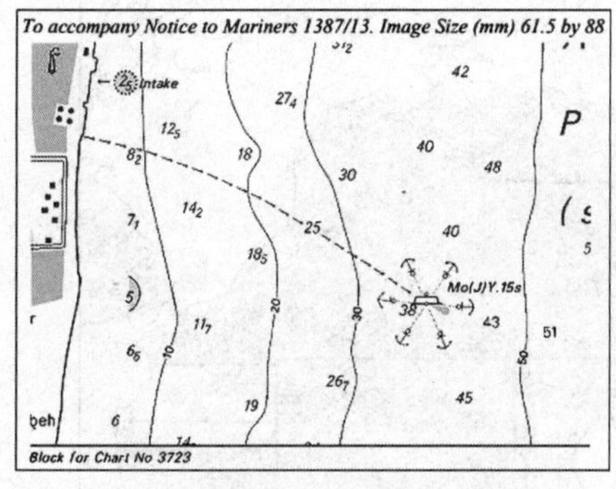

图 9－1－22　贴图

To accompany Notice to Mariners 1469/2013

On Chart 2209

CHART 1757: POSITIONS
To agree with the smaller scale chart 1757 which is referred to ETRS89 Datum, positions read from chart 2209 must be adjusted by 0·02 minutes SOUTHWARD and 0·07 minutes WESTWARD.

图 9－1－23　改正字条

3）无线电航海警告的重印

（1）无线电航海警告概述。无线电航海警告（Radio Navigational Warnings）是将有关资料变更消息通过无线电快捷地发布出来。周版《航海通告》第Ⅲ部分就是将截至该期通告出版之日仍有效的这些无线电航海警告的编号及本周内发布的警告报文的复印汇编。

无线电航海警告多数属临时性质，有些警告的有效期可达数周，直至最后为航海通告所代替。无线电航海警告可能包括下述内容：定位系统及重要浮标的变迁或变更；在航路附近的石油勘探装置等的动态；在拥挤水域中的工程作业；新发现的危险沉船或弃船；操纵不便的大型船舶的动态；在拥挤水域中的漂雷；海上军事演习等。

（2）无线电航海警告的分类。无线电航海警告分为全球分区性警告（NAVAREA Warnings）、沿岸性警告（Coastal Warnings）和地区性警告（Local Warnings）3 类。①全球分区性警告。国际水道测量组织（IHO）和国际海事组织联合建立了世界范围航海警告业务（World Wide Navigational Warning Service，WWNWS），将全世界水域划分成 16 个航警区域（NAVAREAS），如图 9－1－24 所示。每一区域内的无线电航海警告由指定国家、指定海岸电台负责发布。除了全球分区性警告外，美国的远距离警告（Long Range

Warnings）业务也提供 HYDROLANT 和 HYDROPAC 两个大区的警告。上述两种无线电航海警告共覆盖18 个区：Navarea Ⅰ（NE Atlantic）；Navarea Ⅱ（E Atlantic）；Navarea Ⅲ（Mediterranean）；Navarea Ⅳ（NW Atlantic）；Navarea Ⅴ（W Atlantic）；Navarea Ⅵ（SW Atlantic）；Navarea Ⅶ（SE Atlantic）；Navarea Ⅷ（Indian Ocean）；Navarea Ⅸ（Persian Gulf，Red Sea，NW Arabian Sea）；Navarea Ⅹ（Australia，New Guinea）；Navarea Ⅺ（Malacca Strait，China Sea，N Pacific）；Navarea Ⅻ（NE Pacific）；Navarea XIII（NW Pacific）；Navarea XIV（SW Pacific）；Navarea XV（SE Pacific）；Navarea XVI（E Pacific）；Hydropacs（Pacific，Indian Ocean）；Hydropacs（Atlantic）。《航海通告年度摘要》的13 号年度通告中概述了全球分区性警告的情况，并给出了区域划分图及区域内的警告发布国、发布电台及其代号等资料。②沿岸性警告：播发某特定沿岸水域重要的信息。其多于全球分区性警告，且仅限于危险出现地点周围的水域，这种警告通常是全球分区性警告的补充，世界各地的沿岸性警告由警告发布国播发。③地区性警告：对沿岸性警告进行补充，通常特指近岸水域并由海岸警备队、港口或引航当局发布。

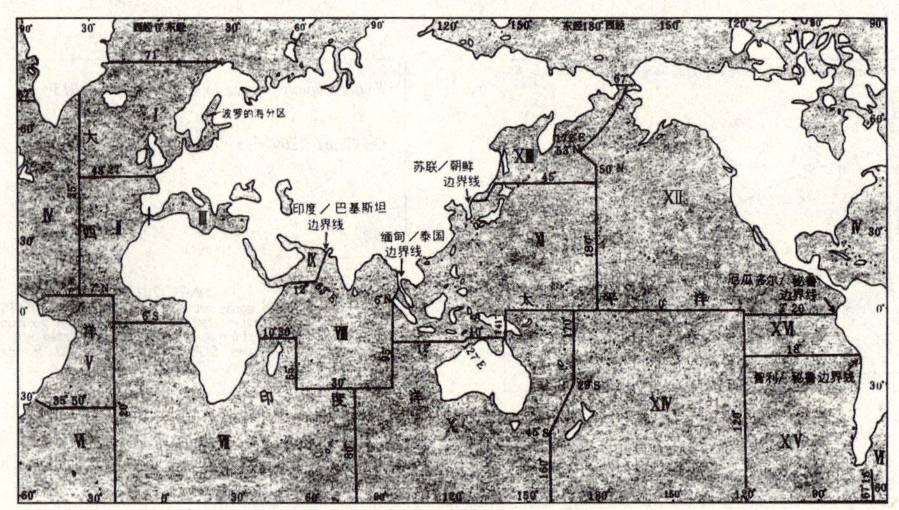

图 9-1-24　全球航警区域划分

（3）无线电航海警告的重印。在周版《航海通告》第三部分开始是一个简要的说明，所有重印的警告内容分区编排，并采用单面印刷。每一区域内，先列出至本期出版之日仍有效的警告的年份和号码，已撤销的警告号码不再列出。然后是新近发布的警告内容，文字简明，阅读时应注意。每一条警告仅抄引一张英版海图图号，但这并不意味着该警告只与这一张海图有关。重印的无线电航海警告的主要内容形式如图 9－1－25 所示。

目前，英版《航海通告》只复印 Navarea Ⅰ的航行警告，其他可在国际水道组织官方网站上查询。

（4）对《航路指南》的改正。第Ⅳ部分中列出了对《航路指南》的改正资料，包括至本期周版通告刊印之日仍有效的关于《航路指南》改正的周版通告期号汇编，该汇编分《航路指南》书号、页数、标题、周版期号（Weekly Edition）4 栏。

月末版的《航海通告》中还有“有效的改正《航路指南》通告月度汇编”。

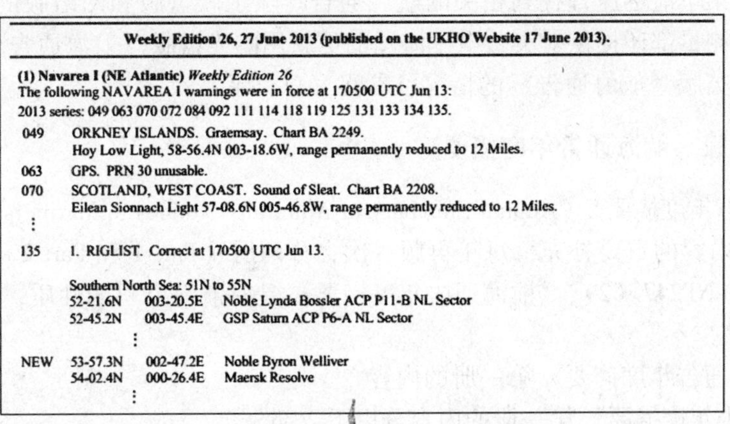

Weekly Edition 26, 27 June 2013 (published on the UKHO Website 17 June 2013).

(1) Navarea I (NE Atlantic) *Weekly Edition 26*
The following NAVAREA I warnings were in force at 170500 UTC Jun 13:
2013 series: 049 063 070 072 084 092 111 114 118 119 125 131 133 134 135.

049　ORKNEY ISLANDS. Graemsay. Chart BA 2249.
Hoy Low Light, 58-56.4N 003-18.6W, range permanently reduced to 12 Miles.

063　GPS. PRN 30 unusable.

070　SCOTLAND, WEST COAST. Sound of Sleat. Chart BA 2208.
Eilean Sionnach Light 57-08.6N 005-46.8W, range permanently reduced to 12 Miles.

⋮

135　1. RIGLIST. Correct at 170500 UTC Jun 13.

Southern North Sea: 51N to 55N
52-21.6N　003-20.5E　Noble Lynda Bossler ACP P11-B NL Sector
52-45.2N　003-45.4E　GSP Saturn ACP P6-A NL Sector
⋮
NEW　53-57.3N　002-47.2E　Noble Byron Welliver
54-02.4N　000-26.4E　Maersk Resolve
⋮

图 9-1-25　重印的无线电航海警告

（5）对《灯标和雾号表》的改正。改正的资料按书卷号的顺序（A，B，…，L）编排，各卷内的灯标按灯标编号顺序编排，编号前有卷号，如 A1848。资料格式与《灯标和雾号表》上的格式完全一致。在改正《灯标和雾号表》时，只要将相应的改正条目剪下并贴到相应书卷的对应灯标编号处即可，注意不要贴死原条目的资料。

（6）对《无线电信号表》的改正。改正的资料按书卷号的顺序编排。通告内容包括3个方面：各卷的卷号、版本、出版周；上次改正的通告期号与该期的出版时间；改正内容及其所在的页码。

改正时按要求进行删改、增设等，还要根据要求将电台资料等剪贴到相应书卷中，但不要将原文贴死。

（7）对其他各种出版物的更新。这部分通常针对《潮汐表》、《世界大洋航路》、《航海员手册》、英版海图图式、国际浮标系统等英版图书资料的改正。

（8）英版数字出版物的更新与服务。

3. 数字化的英版《航海通告》

1）软盘版《航海通告》

软盘版《航海通告》与纸质《航海通告》具有相同的内容，数据格式为 . pdf。另外，还有可供快速改正的描图（Tracing）。软盘版《航海通告》可通过代理获取。

2）网络版《航海通告》

网络版《航海通告》提供了自 2000 年及以后的所有《航海通告》，可免费下载。下载可登录英国水道测量部网站主页（www. ukho. gov. uk/msi）。

网络还提供可选项目的查询下载，单击英国水道测量部网站主页的 Searchable NMs，或直接进入 www. nmwebsearch. com，便出现可选的菜单项，如下：Search for Updates by Chart Number——根据海图号查航海通告；Search for Updates by Chart Number + from a specified NM Number/Year only——根据海图号和周版号/年份查航海通告；Search for Updates by Chart Number + from aspecified date only——根据海图号和日期查航海通告；Search for Individual Notices to Mariners by NM Number and Year——根据通告号和年份查航海通告；View Update list by Chart Number——根据海图号查看航海通告号、年份、改正标题列表。

利用上述菜单能迅速查找到相关的航海通告。除了软盘版和网络版的《航海通告》外，英国水道测量部还提供对英版电子海图的更新用的光盘版《航海通告》。

数字化的英版《航海通告》的情况可参阅《总目录》。

十四、英版《航海通告年度摘要》

《航海通告年度摘要》（Annual Summary of Admiralty Notices to Mariners）是《航海通告》（周版）内容的重要补充，每年再版一次，分两册（Part 1 和 Part 2），书号分别为 NP247（1）和 NP247（2），《航海通告年度摘要》具有航海资料的性质，在必要时应予以查阅。

1. 《航海通告年度摘要》第一册的内容

《航海通告年度摘要》第一册的内容分以下 2 部分。

1）每年最初的 1～25（26）个航海通告

这些通告与改正海图无关，但与航海安全有关。如 1 号通告是对本年度英版《潮汐表》的补遗和勘误，还包括英版海图和特殊代销店一览表，海难与救助，炮火演习区，《航海通告》的获取，分道通航制，航海图书的配置，加拿大海图与图书规则，美国关于海图与图书的安全规则，高速船，海洋环境高危区域等。年度通告的通告编号、标题与内容每年有所变化，但变化不大。凡通告内容与上年有变化的，在书中左侧用黑线标出，以示醒目，部分内容刊载在《航海员手册》中，在此不再重印。以 2013 年版为例，各项内容大致如下：

INDEX OF 2013 ANNUAL NOTICES

(Annual Summary dated 24th December 2011 is hereby cancelled and should be destroyed)

Notice number and title Page

1. Admiralty Tide Tables 2013——General Information. The addenda and corrigenda previously contained in this Annual Notice to Mariners have been transferred to the Weekly Notices to Mariners, Section Ⅶ.

2. Suppliers of Admiralty Charts and Publications.

3. Safety of British merchant ships in periods of peace, tension, crisis or conflict.

4. Distress and Rescue at Sea——Vessels and Aircraft. The information previously contained in this Annual Notice to Mariners has been fully included in Admiralty List of Radio Signals NP285.

5. Firing Practice and Exercise Areas.

6. Mined Danger Areas, Cleared Routes and Instructions regarding conventional and chemical munitions picked up at sea. The information previously contained in this Annual Notice to Mariners has been transferred to the 9th Edition of the Mariners Handbook (2009) at Paragraphs 9.34～9.35, 13.115～13.123.

7. Number not used.

8. Information Concerning Submarines. The information previously contained in this Annual Notice to Mariners has been transferred to the 9th Edition of the Mariners Handbook (2009) at

Paragraphs12. 7, 12. 10 ~ 12. 28.

9. Hydrographic Information: Policy for the Promulgation and Selection of Navigationally Significant Information for Charts. The information previously contained in this Annual Notice to Mariners has been transferred to the 9th Edition of the Mariners Handbook (2009) at Paragraphs 4. 1 ~ 4. 5, 4. 29 ~ 4. 30, 4. 43, 4. 45.

10. Mine – Laying and Mine Countermeasures Exercises——Waters around the British Isles.

11. United Kingdom – Offshore Renewable Energy Installations (OREIs). The information previously contained in this Annual Notice to Mariners has been transferred to the 9th Edition of the Mariners Handbook (2009) at Paragraphs 9. 36 ~ 9. 62.

12. National Claims to Maritime Jurisdiction.

13. World – Wide Navigational Warning Service and World Meteorological Organization. The information previously contained in this Annual Notice to Mariners has been transferred to the 9th Edition of the Mariners Handbook (2009) at Paragraphs 4. 6 ~ 4. 24.

14. IALA Emergency Wreck Marking Buoy. The information previously contained in this Annual Notice to Mariners has been transferred to the 9th Edition of the Mariners Handbook (2009) at Annex C Paragraphs C. 51 ~ C. 57.

15. Under – Keel Allowance (Reliance on Charts and Predicted Tides). Negative Surge Warning Service, Vertical Clearance Heights. The information previously contained in this Annual Notice to Mariners has been transferred to the 9th Edition of the Mariners Handbook (2009) at Paragraph 5. 21.

16. Protection of Historic, Dangerous and Military Wreck Sites.

17. Traffic Separation Schemes and Information Concerning Routeing Systems Shown on Admiralty Charts.

17a. United Kingdom——Automatic Identification System (AIS) Network. The information previously contained in this Annual Notice to Mariners has been transferred to the 9th Edition of the Mariners Handbook (2009) at Paragraph 11. 71.

18. Carriage of Nautical Charts and Nautical Publications—Regulations. The information previously contained in this Annual Notice to Mariners has been transferred to the 9th Edition of the Mariners Handbook (2009) at Annex A.

19. Global Navigation Satellite System Positions, Chart Accuracy and Horizontal Datums. The information previously contained in this Annual Notice to Mariners has been transferred to the 9th Edition of the Mariners Handbook (2009) at Paragraphs 2. 18 ~ 2. 25, 11. 23 ~ 11. 60.

20. Mandatory Expanded Inspections——EU Directive 2009/16/EC.

21. Canadian Charts and Nautical Publications Regulations.

22. US Navigation Safety Regulations Relating to Navigation, Charts and Publications.

23. High Speed Craft.

24. Submarine Cables and Pipelines——Avoidance of and Associated Dangers. The information previously contained in this Annual Notice to Mariners has been transferred to the 9th

Edition of the Mariners Handbook（2009）at Paragraphs 9. 64 ~ 9. 70.

25. Electronic Navigational Charts——Guidance on the use and Limitations of ENC and ECDIS Systems. The information previously contained in this Annual Notice to Mariners has been transferred to the 9th Edition of the Mariners Handbook（2009）at Paragraphs 2. 77 ~ 2. 105.

26. Marine Environmental High Risk Areas.

2）临时性通告（T）和预告（P）汇编

重印至本年1月1日仍有效的临时性通告和预告全部内容，通告按26个区域顺序排列。可通过该部分的地理区域索引和通告号索引，查阅所在的页码。

2.《航海通告年度摘要》第二册的内容

《航海通告年度摘要》第二册的内容分以下2部分：

(1）现行版《航路指南》及其最新补篇一览表；

(2）对《航路指南》改正的有效的通告汇编。

本部分重印至本年1月1日对《航路指南》改正仍有效的通告内容，通过《航路指南》卷号索引，可查得某卷改正通告的所在页。这部分内容作为《航路指南》资料的重要补充，在阅读《航路指南》时应查阅该书。

十五、英版《航海通告累计表》

英版《航海通告累计表》（Cumulative List of Admiralty Notices to Mariners）的书号为NP234，是英国海军水道测量部每半年（1月和7月）出版一期的表册，该表册有两大部分。

第一部分是海图改正内容，共3栏，第一栏为英国海图图号，首先为英国海图，其次为澳大利亚海图和新西兰海图；第二栏为海图的最新版日期；第三栏为改正的航海通告列表，按照先后顺序列出近2年内的永久性航海通告的编号。该表不仅可在一定程度上替代海图卡片和“本船航用海图图号表”，而且可供船舶驾驶员和主管部门检验海图是否为最新版时用。

第二部分是图书出版一览表（Current Hydrographic Publications），该一览表有《航路指南》及其补篇、《灯标和雾号表》、《无线电信号表》、《潮汐表》等图书现行版本一览表，以便了解和检验航海图书的新版情况。

《航海通告累计表》与《航海通告》一样，本身是免费提供的，但船方需向代销店付一定的运输、管理和服务费。

十六、英版数字化《航海通告》

目前，英版数字化《航海通告》主要是利用3.5寸软盘和网络版发行，并附带有支持其数据格式的免费读取软件。提供这种数字化《航海通告》的海图代销店可从英版《海图及其他水道图书总目录》中查取。

1. 软盘版《航海通告》

软盘版《航海通告》除了与纸面印制的《航海通告》具有同样的内容外，还有以下明显的优点。

(1）对通告有选择性。海图代销店可以根据船舶海图的配置情况和需要，对数据进行用户化的选取后利用电子手段向船舶传送。

（2）对通告分类查阅和排序。提高航海者的工作效率，节省了时间。

（3）可打印通告描图。打印在透明纸上改正海图，使海图改正工作更迅速、准确。

（4）存储方便。利用电子手段对资料库副本进行储存和取出，节省空间。

（5）通告和图书改正所需的备用副本可根据需要按区域打印。

2. 网络版《航海通告》

目前，这种《航海通告》有 2 种方式提供使用：一种为全文下载方式（Notices to Mariners ON - LINE）；另一种为查询下载方式（Searchable Notices to Mariners）。下载后的读取软件与软盘版相同。

1）全文下载方式

全文下载方式提供的下载内容包括：周版《航海通告》（Weekly ANM），内容与书面印刷版相同，除可以全文下载外，也可以单独下载第Ⅱ部分和改正贴图、字条。当使用这种方式时，可通过英国水道测量部网站（www. ukho. gov. uk）中航海通告的超级链接（Notices to Mariners）进入，或者直接输入该下载方式的地址（http：//www. ukho. gov. uk /notices _ to_ mariners. html）进入，下载所需资料。

2）查询下载方式

这种下载方式可以下载的内容只是周版《航海通告》中关于海图改正的部分，包括永久性通告，预告和临时性通告。提供的查询项包括以下内容。

（1）仅根据海图图号查询（Search NMs by Chart Number only）：输入海图图号，即可查得与该海图有关的自 2000 年 1 月 1 日或海图出版之日以后的《航海通告》。

（2）根据海图图号和以前某《航海通告》的编号和年份查询（Search NMs by Chart Number + Previous NM/Year）：输入海图图号和通告号及年份，即可查得与该海图有关的自输入的通告编号以后的《航海通告》。

（3）根据日期查询（Search NMs by Chart Number between Previous and Present Dates）：输入海图图号、开始日期与结束日，即可查得与该海图有关的所需期间的所有《航海通告》。

（4）查询单一通告（Search for a single NM by NM/Year）：输入某通告的编号和年份，即可查得该通告。

（5）查询小艇用通告（Search for Small Craft Leisure NM Corrections）：输入小艇用海图图号，即可查得与该海图有关的自 2000 年 1 月 1 日或海图出版之日以后的《航海通告》。所查得的通告的正文、改正贴图和改正字条可单独阅读和下载。

除了软盘版和网络版的《航海通告》外，英国水道测量部还提供光盘版的《航海通告》，但目前只是用于对英版电子海图的修改和更新。

任务实施

任务　航海图书资料的识读、查阅及使用方法

基本要求：

1. 掌握船舶上图书资料的配备要求；

2. 正确查阅和使用各种航海图书资料。

实施步骤：

1. 准备工作

海图室，海图，各种图书，多媒体等。

2. 实施过程

教师利用投影仪、海图等设定问题，要求学生查找资料，通过现场提问，解决问题。也可以将问题设成答卷的形式，要求学生通过查找资料，以卷面的形式回答问题。该部分内容还将在专项训练中进行培训。

任务评价

评价内容		评价标准	权重	得分
任务完成情况	任务	1. 正确识读有关图书资料	0.2	
		2. 正确查阅图书资料	0.3	
		3. 回答有关问题	0.3	
职业素养		1. 遵守课堂纪律及实训室规定 2. 按时认真完成学习及工作任务 3. 有问题及时提出和反馈意见	0.1	
创新意识		1. 能举一反三 2. 善于提出问题，总结经验	0.1	
总得分				

任务拓展

1. 简述《世界大洋航路》的作用及主要内容。
2. 利用《世界大洋航路》查阅上海至巴拿马的航线资料。
3. 简述《航路设计图》的作用。
4. 简述《航海图书目录》的作用。
5. 简述英版《航海通告》的主要内容。
6. 简述英版《航海通告》所提供的3个索引及其作用。
7. 简述永久性通告、临时性通告与预告。
8. 试述利用《无线电信号标》查阅有关区域的法定时的方法。
9. 中版《航海图书目录》可用于________。

A. 查阅某航线所需的航用海图　　B. 查阅某航线所需的航海图书

C. 检验船上海图和航海图书是否适用　D. 以上都是

10. 要了解中版航海图书供应站地点，可查阅________。

A. 中版《航路指南》　　B. 中版《航海通告》

C. 中版《航海图书目录》　　D. 以上都是

11. 中版《航海通告》第Ⅵ部分所刊印的内容是________。

A. 对海图的改正资料

B. 无线电航海警告资料

C. 对《航路指南》和《航标表》的改正资料

D. 凡A，B，C中无法包含，而又与航行安全有关的重要资料

12. 中版《航海通告》某通告末尾的“海图22154（2）［99—585］”中圆括号内的数字是指________。

A. 该通告的改正项目总数　　B. 该海图应改正的项目编号

C. 该海图上次应改正的通告号码　　D. 该海图的新版次数

13. 中版《航标表》中，某灯标的名称用黑体字印刷，则表示该灯标________。

A. 射程大于等于15 n mile　　B. 射程大于等于10 n mile

C. 射程小于15 n mile　　D. 射程等于10 n mile

14. 《世界大洋航路》中提供的推荐航线是________。

A. 气象航线　　B. 气候航线　　C. 最短航程航线　　D. 最佳航线

15. 当查阅《世界大洋航路》了解有关大洋航线资料时，必须同时参考________。

A. 《进港指南》　　B. 《航路指南》

C. 《航海图书总目录》　　D. 《灯标表》

16. 《世界大洋航路》的补篇提供了________。

A. 该书的补充说明　　B. 该书出版以来所有的改正资料

C. 该书有关改正资料的年度汇编　　D. A + C

17. 《世界大洋航路》和《航路设计图》是根据________推荐的大洋航线。

A. 气象资料　　B. 气候资料　　C. 航行经验　　D. B + C

18. 下列________资料不是英版《航路设计图》中4张附图所提供的。

A. 平均气温气压曲线　　B. 雾和低能见度曲线

C. 海水温度和冰区界限　　D. 大风频率和热带气旋路径曲线

19. 英版《航路设计图》中，风花中心一般有3行数字，其中上面的数字表示该处该月资料中________。

A. 无风的百分数　　B. 观测的总次数

C. 不定风的百分数　　D. 7级以上大风的频率

20. 英版《航路设计图》中，蓝色箭矢尾端的数字代表________。

A. 最大流速　　B. 大潮日最大流速

C. 平均流速　　D. 最小流速

21. 要了解海岸无线电台（国际通信）的资料，应查阅________。

A. 英版《无线电信号表》第一卷　　B. 英版《无线电信号表》第二卷

C. 英版《无线电信号表》第六卷　　D. 英版《航路指南》

22. 要了解无线电医疗咨询方面的有关资料，应查阅________。

A. 英版《无线电信号表》第一卷　　B. 英版《无线电信号表》第二卷

C. 英版《无线电信号表》第六卷　　D. 英版《航路指南》

23. 要了解世界各港口有关引航服务和港口业务方面的有关资料，应查阅________。

A. 英版《无线电信号表》第二卷　　B. 英版《无线电信号表》第五卷

C. 英版《无线电信号表》第六卷　　D. 英版《无线电信号表》第三卷

24. 英版《灯标和雾号表》各卷出版时已改正到的日期刊印在该书的________。

A. 封面　　B. 副封面　　C. 前言　　D. B + C

25. 英版《灯标和雾号表》中灯标的名称用黑体字印刷，则表示该灯标________。

A. 是强光灯塔　　B. 是弱光灯塔　　C. 射程≥15 n mile　　D. 射程≤15 n mile

26. 英版《航海图书总目录》中，索引页“A”可用于查阅________。

A. 各分区索引图的界限范围及在该书中的页码

B. 某航线所需的世界大洋总图

C. 某航线所需的总图和小比例尺海图

D. 某航线所需的航用海图

27. 要根据英版《航海通告》了解某图号海图应改正的通告号码，应查阅该通告的________。

A. 通告和海图图夹索引　　B. 海图图号索引

C. 地理索引　　D. A 或 B

28. 英版《航海通告》第Ⅵ部分所包括的主要内容为________。

A. 对英版《无线电信号表》的改正资料

B. 重印的无线电航海警告

C. 对英版《航路指南》的改正资料

D. 对英版《灯标和雾号表》的改正资料

29. 英版《航海通告》中有关海图的改正通告是按________顺序编排的。

A. 海图图号　　B. 通告号码

C. 地区　　D. 有关航海资料的变更时间

模块2　航海图书资料的更新

模块描述

在学生熟练掌握模块一中所有航海图书资料以及前期学习的海图相关知识能力后，利用《航海通告》对海图及航海图书资料进行更新。本模块是船上二副的一项主要的常规工作，对海图及航海图书资料的更新是事关航海安全的关键因素之一，也是中华人民共和国海事局《海船船员考试评估大纲》中要求的一项重要评估项目。本模块以“讲述—示范—学生能力评估”为主线进行讲解，力图使学生掌握更新航海图书资料的能力。

学习目标

1. 掌握海图改正的要求及注意事项；
2. 掌握航海图书资料适用性的校验；
3. 掌握海图改正的方法；
4. 掌握主要航海图书资料的改正（包括《潮汐表》，ASD，ALL，Catalogue，ALRS，Ocean Passage for the World，Mariner's Handbook）。

工作任务

海图与航海图书资料的改正及适用性检验。

知识准备

由于海区的事物总在不断变化，所以，航海图书资料出版发行后，为及时反映变化的情况，驾驶员应及时了解最新信息，及时对航海图书资料进行更新，以保持其处于最新状态。

保持航海图书资料处于最新状态的主要方式有：出新版、出最新补篇、发布航海通告和发布无线电航海警告等。补篇、航海通告和无线电航海警告是英版航海图书出版后的基本改正手段。

补篇刊有相关出版物自现行版发行后一段时间内的所有改正资料，通常只针对出版周期较长的出版物，如《世界大洋航路》、非连续改版的《航路指南》和《航海员手册》等；周版《航海通告》是改正航海图书资料的最频繁、使用最直接的手段和主要依据，每周一本，不仅可通过船舶代理代为获取，还可从网上下载；无线电航海警告能及时地将影响航行安全的资料变更情况通过海岸无线电台或广播的形式进行发布，是目

前船舶获得改正资料最快捷的方式之一。

随着电子海图的发展与应用，目前已出现了光盘和网络形式的航海通告，使用者可将相关内容打印出来进行纸质资料的改正，或者将改正光盘插入存有电子海图的机算机中，自动改正电子海图。

为了充分利用航海图书资料，除了及时认真地对它们进行改正外，还应该对它们进行高效的管理。航海图书资料的更新与管理工作主要是资料的添置、存放、改正与作废。这些工作具体由二副负责，船长负有检查、监督之责。本模块仅介绍英版航海图书资料的更新和管理，其他的可参照进行。

一、海图改正

海图的改正是根据《航海通告》和无线电航海警告进行的。

1.《航海通告》的获取

英版《航海通告》是改正英版海图及其他航海资料的主要依据，因此必须及时地取得《航海通告》，以便对海图、图书资料进行改正。

(1) 船舶到港前，通过代理及时获取未收到的《航海通告》，有条件的船舶可使用软盘版数字化《航海通告》，索取与本船航海图书资料有关的通告，也可直接在网上下载，若船舶在港口停留时间较长，则亦应索取在停留期间发布的《航海通告》。

可查阅英版《海图和出版物总目录》和《航海通告年度摘要》第二号通告查找可以索取《航海通告》的港口。

(2) 各期《航海通告》送船后，二副应检查是否缺期，并在每期通告上注明送船日期及停留港的名称，做好相应的登记，如表9－2－1所示。对于软盘版《航海通告》应在查明其内容后在盘面上注明送船日期和停留港的名称，以上工作做完后请船长审阅。

表9－2－1　海图改正记录簿

通告期号	收到日期	相关海图图号	改正日期	改正人	备注

2.《航海通告》的处理

(1)《航海通告》的第Ⅰ部分刊有新出版的、新版的以及作废的海图信息。航海人员应据此校核本船所备有的海图的适用性，及时购置新版海图或用最近的海图替换。

(2)《航海通告》的第Ⅱ部分是针对海图改正的航海通告，航海通告有3种类型：永久性通告、临时性通告和预告。永久性通告反映了海图资料的永久性变动；临时性通告是对那些资料变更的时间不能确定时所发的通告，表明资料的改正只是暂时性的；预告则仅仅对资料的可能变更作出预告。驾驶员可根据要求对海图进行改正。

(3)《航海通告》第Ⅲ部分是重印的无线电航海警告，可拆下来，按地区逐期加以装订，同时根据最近一期《航海通告》勾销已失效的警告，这种“航海警告汇编簿”在航海中应置于驾驶台备查。

(4)《航海通告》第Ⅳ部分是对《航路指南》的改正，该部分如有改正的内容，将通告期号登记在相应的《航路指南》的补篇上，小的改正可直接在《航路指南》中改正。

(5)《航海通告》的第Ⅴ部分是对《灯标和雾号表》的改正，可以将该部分拆下

来，将有关页分别插入相关的各卷《灯标和雾号表》中，以便及时剪贴改正。对于软盘版《航海通告》可采取随时检索、打印通告内容并剪贴改正的方法进行。

(6)《航海通告》的第Ⅵ部分是对《无线电信号表》的改正，也可拆下来（对于软盘版《航海通告》可将有关部分打印出来）送交负责改正《无线电信号表》的人员进行改正，或由二副及时改正。

(7) 在《航海通告》的拆卸过程中，应注意不要将改正海图用的贴图和改正字条丢失。

3. 海图改正及注意事项

海图代销店负责海图永久性通告的改正，不负责临时性通告和预告的改正。因此，新到海图的小改正以及所有的临时性通告和预告的改正均应由使用者负责。

1）海图改正的步骤

海图改正要及时和准确，由于船舶配备的海图数量多，改正工作量很大，因此要熟练掌握海图的改正方法。海图改正的步骤如下：

(1) 首先根据“本船海图图号表”与《航海通告》第Ⅰ部分“相关海图索引”(Index of Charts Affected) 比对，将本期本船需改正的海图号勾出来，在海图卡片上或在英版《海图改正登记簿与图夹索引》中登记通告号和年份。

(2) 将所需改正的海图一一抽选出来。

(3) 根据通告号在《航海通告》第Ⅰ部分中的“通告和图夹编号索引”(Index of Notices and Chart Folios)，查阅该通告所在页码或按照通告号直接翻阅，找到该条通告。

(4) 改正前的比对。根据通告末尾海图图号后的上一次改正（Last Correction）的通告号与海图小改正登记比较。若两者一致，方可改正本通告，如果不一致，则查阅上次改正通告，直到衔接一致为止，并逐一改正。在改正前应仔细阅读通告的内容，避免误解。

(5) 根据经、纬度在海图上找出参考点的位置，然后根据通告改正的要求进行删除、插入、替换等改正工作。改正时，永久性通告用细尖红墨水钢笔进行，其他通告用铅笔改正。《航海通告》中的符号、文字和缩写，原则上都要求填入海图。符号、文字或缩写的填入要严格按照海图图式的规定进行，字体端正，符号清晰正确，不致被人误解。填入的内容所占位置要足够小，且不可掩盖海图上的原有资料。符号在规定位置填画不下时，可移至一边，并用箭头指明其准确位置，具体方法是：位置处用一小圆圈表示，符号画在其他空处，箭头指向小圆圈。被删除的符号或缩写仅用一红线划掉原内容，这样既表示删除原内容，且原内容仍可辨。如有贴图或者改正字条，应将贴图或改正字条贴在通告指定的地方，对正贴齐。

(6) 改正后，应在海图卡片上或《海图改正登记簿与图夹索引》中将登记的通告号码用对勾勾掉，并在“小改正”登记栏中按年份登记改正过的通告号码，临时性通告和预告用铅笔另起一行登记。

2）海图改正注意事项

(1) 海图改正应在航线拟定前结束，并交船长审阅。对航行有重要影响的改正应报告船长，作拟定航线和制订航行计划时的参考。与本航次航行无关的海图，也要根据工

作的轻重缓急，安排时间改正，以免长期积压不改，用时只能购买新图，造成不应有的浪费。

（2）凡涉及灯光光弧及导标方位等改正，应明确光弧界限及导标方位都是指从海上看灯标的真方位；而其他一切用方向、距离来指明位置者，都是指从参考点出发的方向，两者方向恰好相反。

（3）改正海图时应严肃认真，对航行安全负责。所有《航海通告》的内容原则上都应按要求改正到有关海图上，同一通告可先改大比例尺海图，后改小比例尺海图。对同一张海图上所需改正的各个通告，原则上还是从前往后改正；如采用自后向前改正，则要预先将各通告看一遍，以防发生差错。

（4）应注意通告中也会有差错，特别是方位、距离、经度和纬度等数据，如有异议，则根据其他有关资料，反复核对查实。

3）临时性通告和预告的改正

（1）临时性通告和预告因其内容是临时和未来的，所以海图代销店不对这类通告进行改正。故使用者对此类通告的有效性要追查到该图出版或新版之日，并对至今仍有效的临时性和预告进行改正。

（2）临时性通告和预告一律用铅笔进行改正，在改正处应注明临时性通告或预告的号码与年份，然后在海图“小改正”栏用铅笔另起一行专门登记这类通告的改正。

（3）为了查阅方便，周版《航海通告》第Ⅱ部分最后的临时性通告和预告，可按26个地区汇编成“临时性通告和预告汇编簿”，在船保留1年即可，主要是因为来年1月1日出版的《航海通告年度摘要》将重印仍有效的全部临时性通告和预告。

（4）利用月末版《航海通告》中的“临时性通告和预告每月汇编”，可按地区查核此类通告是否有效。因此，在改正海图时，按此汇编查核通告是否有效，如已失效应将通告勾销，并将海图上的改正擦去。

4. 无线电航海警告的收听及处理

（1）船舶建立“无线电航海警告汇编簿”，将每期《航海通告》中重印的航海警告按地区根据编号逐期汇订成册。这种汇编簿还应包括每年第一期《航海通告》中重印的仍有效的航海警告的内容。无线电“航海警告汇编簿”以1年为限，次年另设，以免混乱。每期《航海通告》收到后或至少在开航前，应对照最近期《航海通告》中有效警告号码表，将已撤消的警告在该汇编簿中划去。

（2）船舶开航前，应按所经地区查阅“无线电航海警告汇编簿”，阅读与本航次有关的内容并用铅笔改注在海图上，对于撤消的警告应予以擦去。与航行安全有关的重要警告及时报告船长，作拟定航线及航行计划的参考。

（3）船舶在航行中要定时收听该地区的航海警告，与航行有关的内容应根据船长指示标注在海图上。全球分区性航海警告的抄收稿应保存至这些警告的复印内容收到后为止；沿岸性和地区性航海警告的抄收稿应保存至本航次结束。

（4）无线电航海警告一方面由指定的海岸电台广播，同时又通过航空或其他较快的手段将这些报文分送到某些港口主管部门或海关，因而通常能在收到《航海通告》之前收到这些报文内容。建议船舶在港期间，向港方有关机构索取报文的内容。如在港停留的时间较短，则应保持收听本区域的警告。

二、海图管理

1. 海图的配备与添置

在配备与添置海图时，既要满足航行安全的需要，又要本着厉行节约的精神，反对浪费。在接收新船后配备海图时，应考虑将本船预定航行区域的总图、航用海图及参考用图配齐。当配备港泊图时，不仅要考虑到船舶营运可能到达的港口，而且也要考虑到避风锚地等因素。海图常有新版，应避免久备不用，造成浪费。在购买海图前，应了解海图的版本及新版情况的预告信息，避免买后不久即告作废的情形发生。

远洋船舶还应备有足够数量的空白定位图，其纬度范围应包括本船要航行的大洋水域，对于本船航线接近东西向的大洋区域，其纬度范围的空白定位图应有一定的重复数量。

海图送船后，应检查该图是否是最新版，海图中的小改正是否改正到最近的有关通告，不合格的应予以退回。

新图及新版图添置或更新后，应设立或更换海图卡片，其图号应加入“本船海图图号表”及“本船海图新版及作废登记簿”中，如果使用英版《海图改正登记簿与图夹索引》，也要同样登记。

2. 海图存放的要求

（1）海图应存放在阴凉、干燥的海图桌内。海图一旦受潮，应平压在玻璃板下阴干，忌烘烤、暴晒，以免变形。根据海图图幅尺寸，来检验海图是否变形，如伸缩变形过大，则不宜使用。

（2）当海图平放在柜内时，图号应保持在右下角；当海图折放时，背面图号应朝上，以便于抽选使用。

（3）因英版海图的数量较多，其在海图柜的存放方式有：按图号顺序存放，按区域或图夹存放。如班轮航线，单独按航线顺序存放，如按分区域存放，则应另编海图序号和目录，以便于抽选和查找。

3. 建立海图卡片

海图卡片是船舶海图的档案卡，每张海图配备一张海图卡片（如果一张不够使用可附加），用于记载图号、图名、出版发行资料，并留出大部分空间用于登记与该海图改正有关的《航海通告》的编号。海图卡片的样式如图9－2－1所示。

图号

海图卡片

航区＿＿＿＿＿　编号＿＿＿＿＿
图夹＿＿＿＿＿　编号＿＿＿＿＿

图名＿＿＿＿＿＿＿＿＿＿　海图目录区域＿＿＿＿＿＿＿＿
出版年月＿＿＿＿＿＿＿＿　出版国家＿＿＿＿＿＿＿＿＿＿
新版或改版日期＿＿＿＿＿＿＿＿＿＿＿＿＿
航海通告登记＿＿＿＿＿＿＿＿＿＿＿＿＿＿＿＿＿＿＿＿

图9－2－1　海图卡片

每张航用海图都应建立一张海图卡片，用以反映海图的出版和改正情况，便于登记改正和查阅。海图卡片应按图号顺序存放在卡片盒内妥善保管，卡片上的登记及勾销应能及时地反映出海图的新版和小改正情况。如有英版《海图改正登记簿与图夹索引》，则应将本船海图的图号用醒目标记标示，以便代替海图卡片。

4. 编制“本船航用海图图号表”

应自行按图号顺序编制打印一份“本船航用海图图号表”，以反映本船实际备有的全部航用海图。专用海图、图书资料也应列出清单，以便及时掌握本船航海图书资料的情况。

5. 建立“本船海图新版及作废登记簿”

海图的新版及作废的登记，目前有 2 种方式：一种是建立登记簿，每期逐行登记；另一种是登记在海图卡片上。前者登记简便，但查核十分混乱，后者虽不易混乱，但登记比较费时，且查核时也麻烦。最好的方法是设立“本船海图新版及作废登记簿”，其可与“本船航用海图图号表”合用。该登记簿中各栏均用铅笔登记，当新版海图到船后，及时修改海图新版日期，其可长期使用。

6. 用《航海通告累积积表》建立海图管理档案

最新的《航海通告累积表》不仅反映出最新的海图，而且反映出最新的小改正信息。用它来管理海图显得十分方便。一本《航海通告累积表》几乎就可以代替海图卡片箱。

（1）直接在《航海通告累积表》上对本船常用海图进行标记。

（2）利用《航海通告累积表》对现有的海图进行校核。

航海图书资料的正确使用与改正管理，是拟定航线、安全航行的重要保证，因而是船上二副工作的一项重要内容，这项工作重要而繁琐，应以严肃认真的态度，建立科学而合理的管理制度，务求把这一工作做好。

三、《航路指南》的改正与管理

1. 《航路指南》的改正

1）利用补篇（Supplements）的改正

《航路指南》的出版方式现有 2 种：一种为每隔约 2 ~ 3 年出新版（连续改版），期间不出补篇；另一种是出版周期在 3 年以上（非连续改版），期间大约每隔 3 年发行一期补篇。各卷及其补篇的现行版信息刊于季末一期周版《航海通告》中。

补篇汇集有关《航路指南》的改正资料。每期新补篇发行，即宣布上期补篇作废。补篇按《航路指南》的页数（以黑体数字印在行间的中央）、行数（左行以 L，右行以 R 并跟以行数）顺序列出改正资料。

收到《航路指南》的最新补篇后，应夹在对应的卷中，并抽出原补篇作废，然后登记到“本船《航路指南》及补篇一览表”中。将补篇中的改正内容在《航路指南》的相应处作一记号，提醒读者注意该处应参阅最新补篇，如是小的改正，则用红笔直接在书中改注。

2）利用《航海通告》的改正

在新补篇发行前后的有关《航路指南》的改正资料载于周版《航海通告》的第Ⅳ部

分中。对于连续改版的《航路指南》，可直接改正或用剪贴法改正。而对于非连续改版的《航路指南》，由于其仍有补篇，因此应将该通告号码注明在相应的补篇上，并登记到“本船《航路指南》及补篇一览表”中，以便参考。

此外，在每季度末的一期周版《航海通告》中，刊有出版日仍有效的改正《航路指南》的通告以及所涉及的书号、标题及通告号，用以检查改正《航路指南》通告汇订本中的通告的有效性。在英版《航海通告年度摘要》中重印了至当年年初仍有效的对《航路指南》改正的所有改正资料。

2. 《航路指南》的管理

为做好《航路指南》的管理工作，应建立“本船《航路指南》及补篇一览表”，用铅笔登记本船《航路指南》的书号、书名、版别、出版年份、补篇的期数、年份、通告号码、期号，以便与季末的《航海通告》中最新补篇的现行版别、年份、期数进行核对和及时更新。此表可长期使用，在阅读《航路指南》时，查阅此表，便可知与本卷《航路指南》有关的最新补篇期数、通告期号，可一并抽出阅析。

四、《灯标和雾号表》的改正

（1）新版《灯标和雾号表》，图书代销机构不负责改正，一切改正资料均发布于《航海通告》第Ⅴ部分中，第Ⅴ部分的改正资料按 A ~ L 册的顺序单面印出，以便剪贴改正。

（2）收到《航海通告》后，将第Ⅴ部分拆下来分别插入各册以便抽空剪贴。改正资料的格式和《灯标和雾号表》一致，空白栏表示无更改。

（3）改正时应按灯标的国际编号，将剪下来的改正贴条贴在相应灯标上，各栏要对齐但不要贴死，使原始说明资料仍可见。小的改正直接用红色钢笔改正，新增灯标根据其编号顺序插入到有关灯标之间，注意不要将原上、下灯标资料贴死。简单的改正可用红墨水钢笔直接在表上进行改正。

（4）改正完毕，应在《灯标和雾号表》封里的“改正登记表”中登记改正的通告号与改正日期。

五、英版《海图和出版物总目录》的更新与改正

英版《海图和出版物总目录》每年出新版，其印刷期间的资料变更或印刷错误用随附本书的一张勘误表（Addendum）改正，其后的更新按周版《航海通告》的 Section I 中的有关通告用红墨水钢笔进行改正，以使《总目录》能随时反映英版图书的现行版情况。改正后，应在 CONTEN 页的右下角表（Directions for Updating This Volume）中将改正日期填写到对应的周版号右侧。

Section I 中的有关通告主要有：

（1）NEW ADMIRALTY CHARTS AND PUBLICATIONS（新图、新出版物）。船舶驾驶员必须将新图、新书的这些信息添加到《总目录》中去。

（2）NEW EDITIONS OF ADMIRALTY CHARTS AND PUBLICATIONS（新版图、新版出版物）。船舶驾驶员必须将《总目录》中原有的这些海图、出版物的版本信息诸如版本号、新版日期等进行更新。

(3) ADMIRALTY CHARTS AND PUBLICATIONS PERMANENTLY WITHDRAWN（永久性作废的海图和出版物）。驾驶员必须将《总目录》中的这些资料用红线划去。

(4) ADMIRALTY CHART AGENT/DISTRIBUTOR INFORMATION（英版海图代销机构等的更变信息）。这是对代销机构的修改。

(5) ADMIRALTY ENC（Electronic Navigational Charts），AVCS（Admiralty Vector Chart Service）AND ECDIS（Electronic Chart Display & Information Systems）SERVICE（英版电子海图和出版物信息），ADMIRALTLTY RASTER CHART SERIES，ARCS（英版光栅扫描海图光盘信息）。这些也是对《总目录》中相应信息的补充和修改。

六、其他航海资料的改正

1.《潮汐表》的改正

《潮汐表》的改正资料在《航海通告年度摘要》的第1号通告中，该通告为“英版《潮汐表》的补遗勘误”（Admiralty Tide Tables-Addenda and Corrigenda），并且还应注意表本身附的勘误表。

2.《无线电信号表》的改正

《无线电信号表》是利用《航海通告》第Ⅵ部分提供的单面印刷资料进行粘贴改正的，改正方法类似于《灯标和雾号表》的改正。改正完成后，应将改正用的通告的周刊号及改正日期按顺序登记在卷首封里的 RECODE OF AMENDMENTS（改正登记表）内。

3.《世界大洋航路》的改正

《世界大洋航路》的改正资料来源于补篇和《航海通告》的第Ⅶ部分，其改正方法与《航路指南》的改正相同。同样，用周版《航海通告》改正后，应在该书封里的改正登记表（Record of Amendments）中将周版号登记在相应的年份栏。

任务实施

任务　海图与航海图书资料的改正及适用性检验

基本要求：

1. 正确理解《航海通告》的内容；
2. 正确利用《航海通告》对海图与航海图书资料进行改正；
3. 符号应规范并正确进行改正后的登记；
4. 检查海图与航海图书资料是否适用。

实施步骤：

1. 准备工作

海图室，海图，各种图书，多媒体等，学生自带工具。

2. 实施过程

教师利用投影仪、海图等，设定改正项目，学生根据要求进行海图及航海图书资料的改正。

任务评价

<table>
<tr><td colspan="2">评价内容</td><td>评价标准</td><td>权重</td><td>得分</td></tr>
<tr><td rowspan="6">任务完成情况</td><td rowspan="6">任务</td><td>1.《航海通告》内容的识读</td><td>0.2</td><td></td></tr>
<tr><td>2. 海图的改正</td><td>0.2</td><td></td></tr>
<tr><td>3. 航海图书资料的改正</td><td>0.1</td><td></td></tr>
<tr><td>4. 符号规范及改正登记</td><td>0.1</td><td></td></tr>
<tr><td>5. 海图及航海图书资料的适用性检验</td><td>0.1</td><td></td></tr>
<tr><td>6. 回答有关问题</td><td>0.1</td><td></td></tr>
<tr><td colspan="2">职业素养</td><td>1. 遵守课堂纪律及实训室规定
2. 按时认真完成学习及工作任务
3. 有问题及时提出和反馈意见</td><td>0.1</td><td></td></tr>
<tr><td colspan="2">创新意识</td><td>1. 能举一反三
2. 善于提出问题，总结经验</td><td>0.1</td><td></td></tr>
<tr><td colspan="2">总得分</td><td colspan="3"></td></tr>
</table>

任务拓展

1. 简述更新海图的方法。
2. 简述更新《世界大洋航路》的方法。
3. 简述更新《航路指南》的方法。
4. 试述判断一张海图是否适用的方法。
5. 试述利用《航海通告累积表》判断一张海图是否改正到最新的方法。
6. 简述《灯标和雾号表》的更新。
7. 试述海图改正的具体步骤。

项目十
引导航行

核心概念

大洋航行、大圆航线、限制纬度、混合航线、沿岸航行、狭水道、避险线、叠标导航、导标导航、雾中航行、冰区航行、船舶定线、航行计划、航线设计、航海日志。

项目描述

船舶应根据航次任务，拟定合理的航行计划。在实施过程中，通过对各种通航环境条件的综合评估，合理选择航线，采取正确的导航方法，并严格遵守有关通航规则，引导船舶在各种通航环境条件下安全航行，同时做好有关必要的记录工作。

本项目主要介绍航行计划的拟定工作，船舶在各种通航环境条件下的航行方法及注意事项，现代船舶的交通管理，航海日志的记载与管理。

学习目标

1. 掌握船舶大洋航行的航线选择与航法要领；
2. 掌握船舶沿岸航行的航法要领；
3. 掌握船舶狭水道航行的基本方法，包括各种导航、转向、避险等方法；
4. 掌握船舶岛礁区航行的基本要领；
5. 掌握船舶雾中航行的基本要领与注意事项；
6. 掌握船舶冰区航行的基本要领；
7. 掌握航行计划的拟定步骤；
8. 掌握航线设计的基本方法；
9. 掌握船舶交通管理的内容，正确引导船舶航行；
10. 掌握航海日志的记载方法，正确记载航海日志。

模块 1　引导船舶大洋航行

模块描述

本模块主要描述大洋航行的特点，大洋航线的拟定方法，大洋航行的基本要领与航行注意事项。

学习目标

1. 掌握大洋航行的特点；
2. 掌握大圆海图的特点及大圆航线的拟定方法；
3. 掌握混合航线的拟定方法；
4. 掌握大洋航行应注意的问题。

工作任务

1. 大圆航线的拟定；
2. 混合航线的拟定。

知识准备

一、大洋航行与航线选择

所谓的大洋航行也就是引导船舶跨越大洋的长距离航行。

1. 大洋航行的特点

（1）离岸远，航行时间长，气象、海况变化大，一旦遇到灾害性天气较难避离；

（2）受洋流、冰况影响较大；

（3）驾驶员对多变的大洋海区的了解熟悉程度不够，往往只能依赖航海图书资料的介绍与气象预报；

（4）水深大、障碍物少、海域广阔，避让条件好，航线有较大的选择余地。

基于上述特点，船舶在大洋中航行，在保证安全的同时，做到节省航行时间，这对降低运输成本和减少航行风险具有重要的实际意义。

2. 大洋航线的选择

大洋航行可采用以下几种航线。

（1）大圆航线。它是地球圆球体上两点之间航程最短的航线。但它与所有子午线相交成不等的角度（子午线和赤道除外），即沿大圆弧航行时，必须时刻改变航向。

（2）恒向线航线。它不是地球面上两点之间航程最短的航线（子午线和赤道除外）。但在低纬度海区或航向接近南北时，它与大圆航线的航程相差不大。

（3）等纬圈航线。若两地在同一纬度，则沿纬度圈航行，即计划航迹向为090°或270°。它是恒向线航线的特例。

（4）混合航线。为了避开高纬度的航行危险区，在设置一限制纬度的情况下，采用大圆航线与等纬圈航线相结合的最短航程航线。

大洋航行中，两地相距较远，根据具体情况整个航程可能并不采用一种固定航线。如果按考虑航线上可能遭遇到的水文气象因素来讲，则大洋航线又可分为以下几种。

（1）最短航程航线。即地球面上两点之间的大圆航线或混合航线。

（2）气候航线（Climatic Route）。它是在最短航程航线的基础上，考虑了航行季节的气候条件和可能遭遇到的其他因素而设计的航线。如《航路设计图》和《世界大洋航路》中推荐的航线。

（3）气象航线（Weather Route）。它是气象定线公司在气候航线的基础上，再根据中、短期天气预报，考虑气象条件和船舶本身条件后，向航行船舶推荐的航线。

（4）最佳航线（Optimum Route）。其是在上述各种航线的基础上确定的航行时间最少、船舶周转最快、营运效率最高的航线。

二、大圆航线

大圆航线是跨洋长距离航行时所采用的地理航程最短的航线。若将地球当作圆球体，则地面上两点间的距离，以连接两点的小于180°的大圆弧为最短，而当航线所在纬度较高且横跨的经差较大时，大圆航程比恒向线航程有时会缩短达数百海里。

例如，从美国的诺福克到法国的布雷斯特，航线横跨大西洋，恒向线航程为3 227 n mile，而大圆航线航程为3 111 n mile。

由于大圆弧与各子午线的交角，除赤道与子午线外，都不相等。因此，船舶若要沿着大圆航线航行，就要随时改变航向，这既麻烦又很难做到。所以，实际上所谓的大圆航线，并不是船舶真正沿着大圆弧航行，而是将大圆弧分成若干段，每一段仍按恒向线航线航行，整条航线只是接近大圆航线，分段越多越接近。

大圆航线可以取大圆弧内接分段恒向线，如图10－1－1所示，即在A，B两点间的大圆弧上作分点a_1，a_2，a_3，……，每段航线可以是相邻分点间的恒向线弦线Aa_1，a_1a_2，a_2a_3，……；也可以取大圆弧外切分段恒向线，如图10－1－2所示，即各分点的恒向线切线AA_1，A_1A_2，A_2A_3，……。这样，只要分点足够多，整个航线就基本上接近大圆航线。

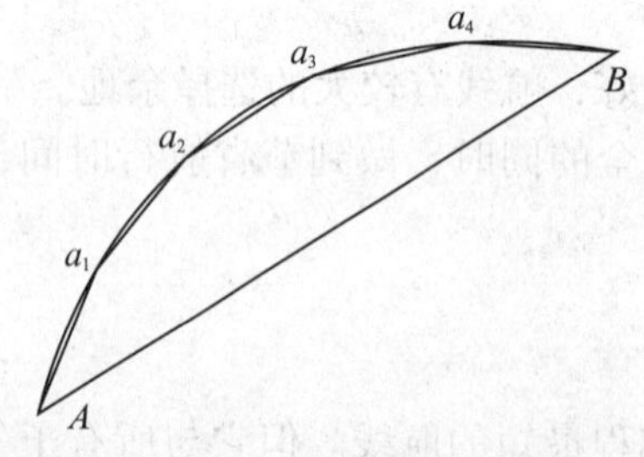

图10－1－1　大圆弧内接分段恒向线

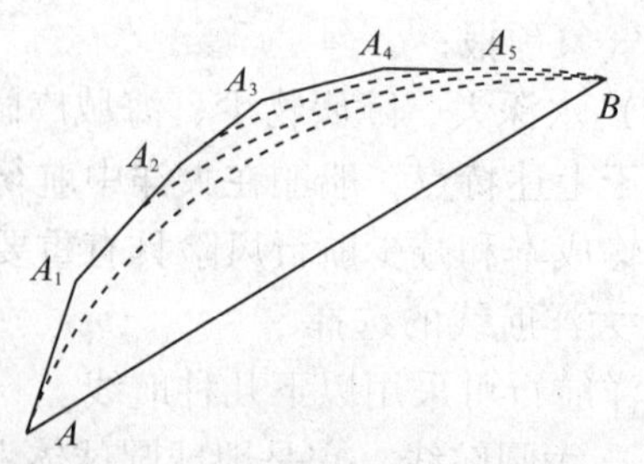

图10－1－2　大圆弧外切分段恒向线

根据以上所述，大圆航行主要是解决两个问题。

（1）求分点，即将整个大圆航线划分若干段。大圆航线的分段原则是每隔经差5°或10°，或一昼夜左右的恒向线航程为一个分段，且一般将分点经度取为整度。因而，若能求出大圆航线的分点坐标，就能在墨卡托海图上绘画出大圆航线。

（2）求各分点间的恒向线航向和航程。

求算大圆航线的方法主要有以下几种。

1. 大圆海图法

大圆海图（Gnomonic Chart）是根据心射平面透视投影原理绘制的，由于是心射投影，因此大圆海图上所有大圆弧呈现为直线（大圆弧平面都过球心，大圆弧平面与投影平面的交线为直线）。利用大圆海图这一特点，可以在大圆海图上求得大圆航线分点的经、纬度。具体步骤如下：

（1）根据航行海区查《航海图书总目录》抽选相应的大圆海图。

（2）选择大圆航线的起始点和到达点。起始点最好选择在能够利用灯塔、陆标和雷达测得准确船位的地点；到达点附近最好不存在暗礁和其他障碍物等，并有从远处可看见的显著物标和有利于雷达观测的物标。

（3）将起始点和到达点按其坐标标在大圆海图上，用直线连接两点，即为大圆航线。

（4）在大圆航线上确定各分点。一般按每隔经差5°或10°，或一昼夜左右的恒向线航程为一个分段来确定分点，通常取整度经线与该线的交点为一分点，然后量出各分点的经、纬度，如图10－1－3所示。

（5）在航用海图上确定分点及大圆航线。将各分点按其经、纬度移画到航用海图上，并用直线连接相邻分点，便得折线状大圆航线，每段折线即为分点间恒向线航线，如图10－1－4所示。

（6）量出各段恒向线的航向和航程，并列表备航。

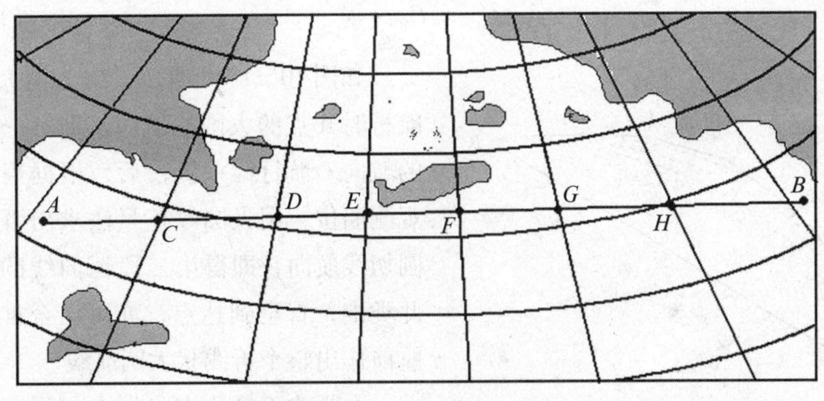

图10－1－3　在大圆海图上确定分点

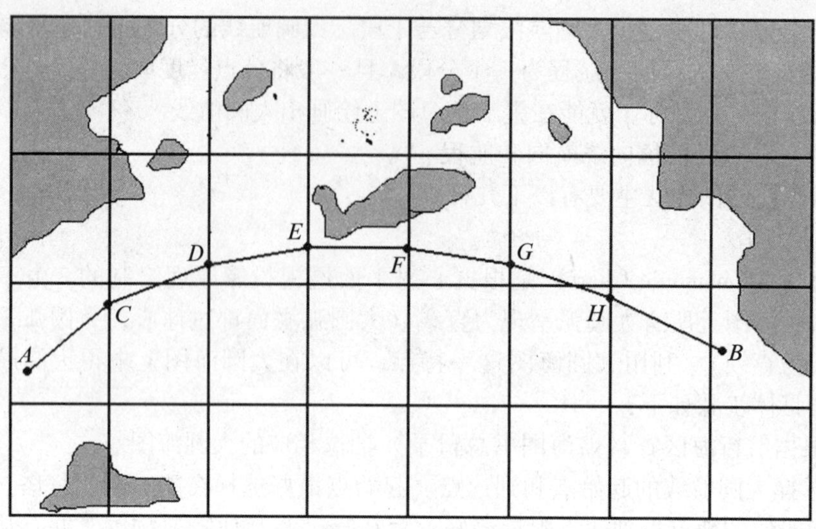

图 10-1-4　在墨卡托海图上确定大圆航线

2. 大圆改正量法

当两点间距离不太远时，在航用海图上两点间的大圆方位和恒向线方位相差一个大圆改正量值 ψ。

$$\psi = \frac{1}{2}(\lambda_B - \lambda_A)\sin\frac{1}{2}(\varphi_A + \varphi_B) \qquad (10-1-1)$$

实际工作中，可在航用海图上用恒向线连接起始点、到达点，量出其恒向线航线的航向 C_R，利用式（10-1-1）算出或从航海表中的“大圆改正量表”查得 ψ，于是可以求得大圆的起始航向 C_G。

$$C_G = C_R - \psi \qquad (10-1-2)$$

如图 10-1-5 所示，C_G 为沿大圆弧切线航行时 A 点的大圆始航向，即第一段恒向线的航向。航行约一昼夜后，根据当时的准确观测船位，用大圆改正量法求出下一段的大圆切线航向，即得第二段恒向线的航向，以此类推，直至到达点，亦可结合推算，在开航前作出整个折线状大圆航线。

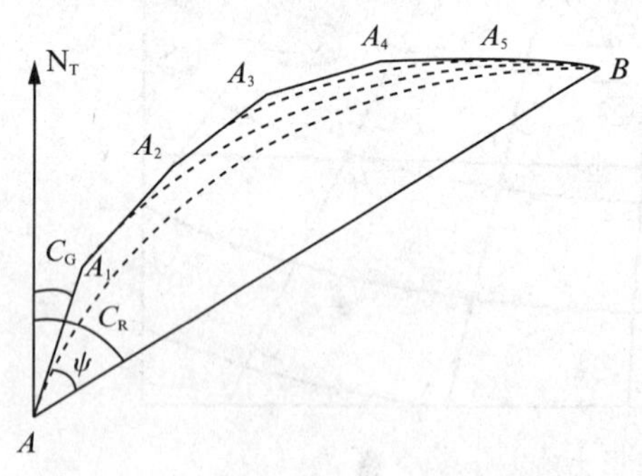

图 10-1-5　利用大圆改正量法求算大圆航线

大圆改正量法在出发点与到达点之间距离较远时会出现较大误差，所以这种方法只适用于距离较近的大圆航行。

3. 公式计算法

根据球面三角形公式，利用计算机可方便地计算出大圆航线的航向、航程和分点坐标。随着电子计算技术的发展，人们越来越习惯于利用计算法求取大圆航线的初始航向和航程以及各分点的坐标。目前应用较多的是利用卫星导航仪和数字航海计算器。使用中，一般只要输入起、终点经、纬度，再输入各分点的经度（任选），便可计算出对应的各分点的纬度，也可计算出各分点之间的恒向线的航向与航程。航海人员只要将它提供的数据绘画到航用海图上，就能得到大圆航线，甚是方便。当然，利用一般的三角函数计算器也能计算大圆航线的分点坐标、航向和航程。

如图 10－1－6 所示，A（φ_A，λ_A），B（φ_B，λ_B）分别为大圆航线的起始点与到达点。利用球面三角形的余弦公式，可得大圆弧航程（Great Circle Distance）S_G为

$$\cos S_G = \sin\varphi_A \sin\varphi_B + \cos\varphi_A \cos\varphi_B \cos D\lambda \qquad (10-1-3)$$

利用球面三角形的四联公式，大圆初始航向 C_G为

$$\tan C_G = \frac{\sin D\lambda}{\cos\varphi_A \tan\varphi_B - \sin\varphi_A \cos D\lambda} \qquad (10-1-4)$$

或者当求得 S_G后，用下式求 C_G：

$$\cos C_G = \frac{\sin\varphi_B - \cos S_G \sin\varphi_A}{\sin S_G \cos\varphi_A} \qquad (10-1-5)$$

式中，$D\lambda = \lambda_B - \lambda_A$。

在利用上述公式计算时，经差（$D\lambda$）和起始点的纬度（φ_A）恒取正值，到达点的纬度（φ_B）若与 φ_A同名，则 φ_B取正值，若与 φ_A异名，则 φ_B取负值。求得的 C_G为半圆航向。

$$C_G = \begin{cases} C_G & (C_G \text{ 大于 } 0 \text{ 时}) \\ C_G + 180° & (C_G \text{ 小于 } 0 \text{ 时}) \end{cases} \qquad (10-1-6)$$

而半圆航向的命名规则为：第一名称与起始点的纬度（φ_A）同名，第二名称与经差（$D\lambda$）的方向同名。最后应将半圆航向换算成圆周航向 C_G。

C_G为沿大圆弧切线航行时 A 点的大圆始航向，即第一段恒向线的航向。航行约一昼夜后，根据当时的准确观测船位，用公式计算法求出下一段的大圆切线航向，即得第二段恒向线的航向。以此类推，直至到达点。

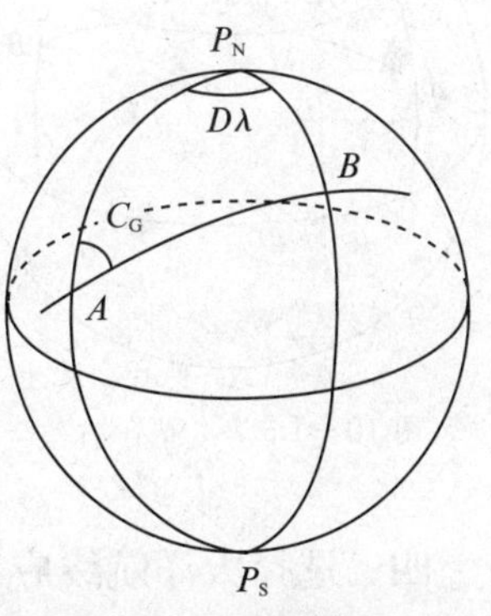

图 10－1－6　利用公式计算法求算大圆航线

例 10－1－1：某船位于 41°30′N，145°24′W，拟采用大圆航线到 47°30′N，125°24′W 处，求大圆始航向和航程。

解：$D\lambda = \lambda_B - \lambda_A = -125°24' + 145°24' = 20°E$

$$\begin{aligned} \cos S_G &= \sin\varphi_A \sin\varphi_B + \cos\varphi_A \cos\varphi_B \cos D\lambda \\ &= \sin 41°30' \sin 48°30' + \cos 41°30' \cos 48°30' \cos 20° \\ &= 0.466\,34 + 0.496\,27 = 0.962\,62 \end{aligned}$$

$S_G = 15°.761 = 942'.95$

$$\tan C_G = \frac{\sin D\lambda}{\cos\varphi_A \tan\varphi_B - \sin\varphi_A \cos D\lambda}$$

$$= \frac{\sin 20°}{\cos 41°30' \tan 48°30' - \sin 41°30' \cos 20°}$$

$$= 1.527\,685$$

$$C_G = 56°.8\text{NE} = 056°.8$$

三、混合航线

当航舶采用大圆航线航行时，往往要通过高纬度地区。为了避开高纬度地区的恶劣水文气象条件或岛礁等航行危险区，例如：北太平洋有阿留申群岛阻隔，冬季多风暴、夏季多雾；北大西洋多冰山等。因此，可以根据航行季节及航区具体情况，设置一限制纬度（φ_L），使船舶不超过此纬度航行，但又要尽可能缩短航程。而混合航线就是有限制纬度时的最短航程航线，如图 10－1－7 所示。混合航线由 3 段组成：

第一段：由起始点 *A* 到与限制纬度圈相切的点 *M* 的大圆航线 *AM*；

第二段：在限制纬度圈上由点 *M* 到点 *N* 沿等纬圈的恒向线航线 *MN*；

第三段：由到达点 *B* 到与限制纬度圈相切的点 *N* 的大圆航线 *NB*。

混合航线同样可以利用大圆海图求算，也可以用公式计算。在此主要介绍利用大圆海图求算混合航线，其步骤如下：

（1）查阅、分析航海图书资料，选取大圆海图，确定限制纬度。

（2）在大圆海图上从起始点 *A* 和到达点 *B* 分别作限制纬度圈的切线，切点分别为 *M*，*N*，则航线分为 *AM*，*BN* 和 *MN* 3 段，*AM*，*BN* 两段为大圆航线，*MN* 为等纬航线，如图 10－1－8 所示。

（3）利用大圆航线的求算方法求出两段大圆航线的分点坐标和各分点间的恒向线航向和航程；等纬圈航线的航向为 090°或 270°，航程可从航用海图上直接量出。

（4）将各段恒向线的航向和航程列表备航。

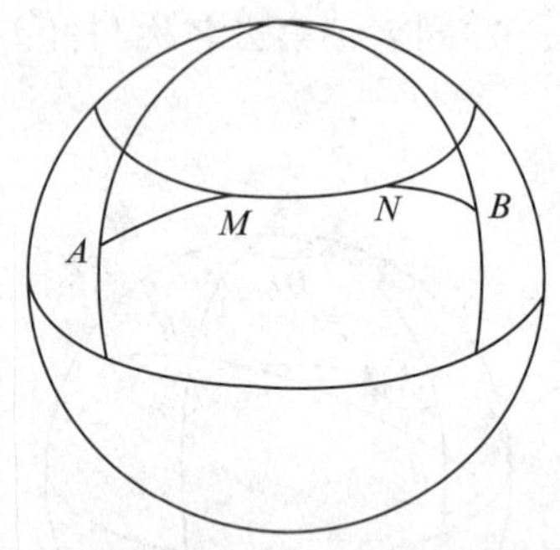

图 10－1－7　混合航线

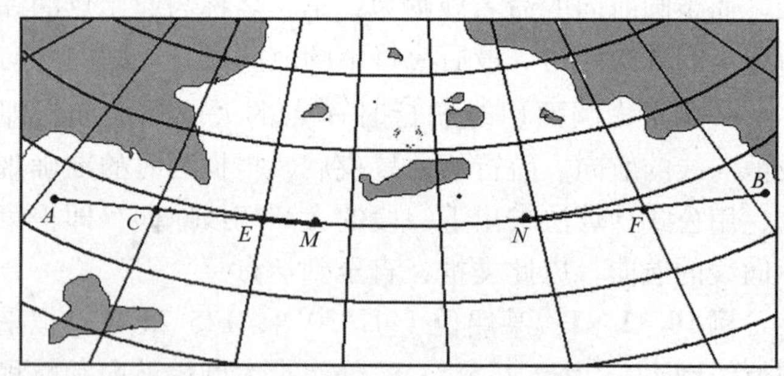

图 10－1－8　利用大圆海图求算混合航线

四、选择大洋航线应考虑的因素

选择大洋航线应该在保证安全的前提下选择航行时间最短、经济效益最高的航线，但是这条航线并不一定是航程最短的航线。在拟定大洋航线时，主要应考虑以下几个因素。

1. 气象条件

主要应考虑本航次中遭遇大风和灾害性天气的可能性。为此，驾驶人员对大气环流的一般规律，应当有所了解。

(1) 世界风带。一般大洋的风是比较有规律的，但随季节和海区也稍有变化。世界风带的一般规律如图 10－1－9 所示。

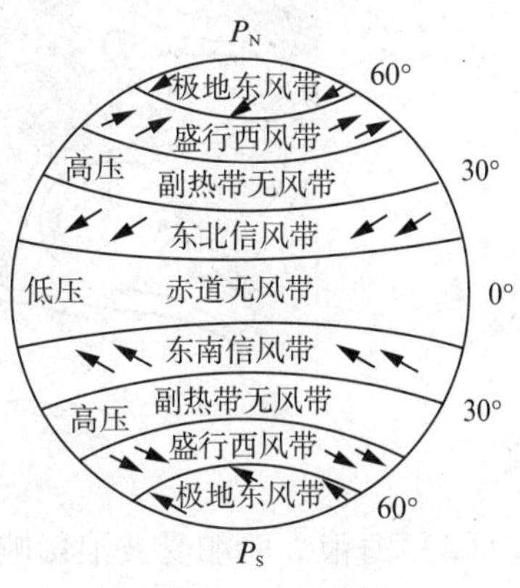

图 10－1－9 世界风带

从副热带高压带（纬度 30°附近）吹向赤道的风，由于地球偏转力的影响，北半球为东北风，南北球为东南风。因为这种风的风向稳定、风力不大，一般只有 3～4 级，其中心区域可达 5 级，若无台风影响，几乎全年如此，被称为信风或贸易风，所以人们把南、北纬度 10°～30°之间的东风带，叫做信风带。

南、北信风带之间在赤道附近的静稳区，叫赤道无风带。

从副热带高压带向极地吹的风，在地球偏转力的影响下，北半球为西南风，南半球为西北风，风力平均有 5～6 级，故将这一带（纬度 30°～60°）叫做盛行西风带，而在好望角附近叫作咆哮西风带。

在纬度 30°附近，即在信风带和盛行西风带之间是副热带无风带。

由于从极地高压区向中纬度吹的是偏东风，因此在纬度 60°～90°之间形成了极地东风带。

(2) 季风（Monsoon）。冬季从陆地吹向海洋，而夏季从海洋吹向陆地的周期性的风叫季风。我国是世界上著名的季风国家。我国冬季东海岸吹西北风、南海岸吹东北风；而夏季则相反，东海岸吹东南风、南海岸吹西南风。转换期一般在四、五月和九、十月。冬季季风比夏季季风强，冬季季风一般可达 8 级，而夏季一般只有 3～4 级。

印度洋北部季风也特别强盛，冬季吹东北风，夏季吹西南风。在阿拉伯海西部西南季风特别强盛。

(3) 热带低气压和温带低气压。热带风暴一般产生在夏、秋季的低纬度大洋上，形成后会构成灾害性天气，应特别注意。西北太平洋的温带低气压和比斯开湾的低气压在秋冬季节非常强盛。

(4) 雾。世界上的多雾区，大都在寒流和暖流的交会处，如大西洋的纽芬兰和英吉利海峡附近，太平洋的北海道东南岸、千岛群岛、阿留申群岛和美洲西岸等，在夏季多有浓雾。

2. 海况

与航海有重大关系的主要是海流和波浪。

(1) 大洋环流。洋流对船舶航行有较大的影响，合理利用洋流可以提高船舶运输效率。大洋环流与风带有着密切关系。

近海海流受季风影响较大，如中国沿海，东北季风期间，产生西南海流，西南季风则产生东北海流。印度洋北部的海流也是随着强大季风的变化而变化的。大洋环流分布如图 10－1－10 所示。

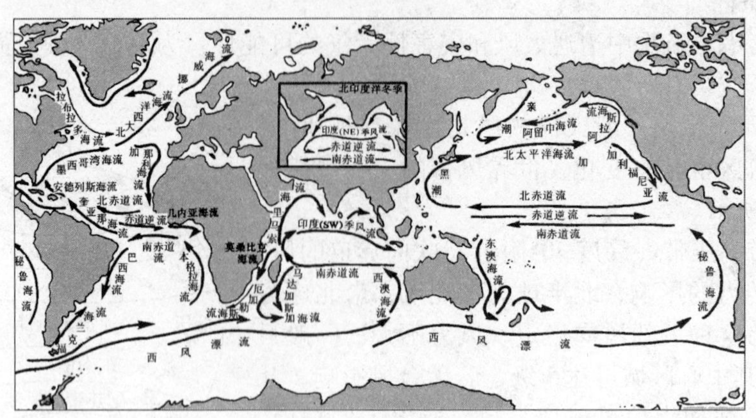

图 10－1－10　世界大洋环流

（2）海浪。船舶受波浪影响后，产生横摇和颠簸，船速降低，船体遭受很大的冲击力，使所载货物可能发生移动，船舶稳性受到影响。波浪还使船首经常没入水中、船尾时常被抬出水面，产生打空车的现象。同时，船首常常被风浪压向下风而偏离航向，不得不经常用较大舵角来保持航向。较大风浪使船舶安全受到威胁、船员生活受到影响。因此，在选择航线时，应尽可能地避免穿越大风浪区。

（3）流冰和冰山。鄂霍次克海、北海道南岸局部地区有流冰。冰山多见于大西洋纽芬兰附近，常出没于欧美航线附近，非常危险，应予以注意。

3. 障碍物

大洋上一般很少有障碍物，但在高纬度地区则不然。北太平洋高纬度地区岛屿比较多，北大西洋高纬度地区冰山则经常出没，使采用大圆航线往往受到限制。因此，必须对岛礁、冰山等危险障碍物予以充分注意，设计航线应留有足够的安全距离。

4. 定位与避让条件

当选择航线时，应充分考虑到利用各种定位方法。在接近陆地时，应选择有显著物标或有明显特征等深线的水域。还要重视避让条件，特别是当能见度不良时，更应尽可能避免航线通过渔区和拥挤水域。

5. 本船条件

在选择大洋航线时，必须充分考虑本船条件。例如，本船的新旧、船型、吨位、船舶结构强度、航行性能、船速、船舶吃水、续航能力、船员的应变能力和技术水平，以及所载货物的性质、特点与布局等。

（1）船龄。船龄对船舶的结构强度影响较大，老船因船壳锈蚀，容易在大风浪中被冲击漏水，所以选择航线时要慎重考虑。即使是新船，也会因遭遇风浪而发生意想不到的事故。

（2）吃水。空船吃水浅，船体受风面积大，车效和舵效都不能充分发挥，而满载则上浪厉害，容易损伤船体。

（3）船速。低速船在大风浪中顶风航行，航程进展小，傍风航行又会产生较大偏移，舵效较差。因此，船舶在大风浪中航行应合理选择船速，以减小风浪对船体的影响。

（4）船舶吨位。一般来说，吨位大的船舶抗风能力也大。此外，船型不同，船舶的

适航性能也不同。但只要措施得当，吨位大小并不是重要因素，而船长与波浪长度的关系对船舶的抗浪能力及船舶安全有较大影响。

（5）客货载情况。航线选择应考虑满载还是空载，是散装货还是杂货，有无危险品，有无甲板货，封舱、衬垫和绑扎情况如何，稳性大小如何等。对于客船，应选择风浪小的航线。

（6）船员。船员的技术水平、熟练程度和对紧迫局面的应变能力密切关系到船舶的航行安全。在其他条件一定的情况下，船长的经验和船员集体的应变能力，是选择航线应当考虑的一个重要因素。

由于大洋航行航行时间长，各种不确定的因素比较多，因此对于上述各种因素的利弊，应当充分加以权衡。总之，航线的选择，首先应考虑的是船舶安全，在保证安全的前提下，应合理选择航线，缩短船舶航行时间，以提高船舶营运效率。

五、气象定线概述

在选择大洋航线时，考虑的一个很重要的因素是航行期间航行海区的气象与海况。《世界大洋航路》和《航路设计图》上介绍的航线，是根据长期的统计资料，经综合分析后推荐的，一般称之为“气候航线”，它们具有很高的参考价值。然而，船舶航行期间的实际情况，往往与统计情况不一致，因此在设计航线时还必须考虑气象和海况预报。

随着收集海洋资料和气象资料先进技术的发展，以及气象预报技术和船舶通信技术（包括气象卫星）的出现和发展，船舶能较方便而迅速地得到最新气象预报、天气形势图以及海浪、冰况等预报，从而可以根据气象海况条件并结合被导船舶的性能、船型、装载情况、航行要求等拟定并实施最佳天气航线，这个过程也就是气象定线。事实证明，气象定线对于保证航行安全和缩短航行时间以及节省燃料和减少船、货的损失方面具有显著效果。有关的统计数字表明，大约 300 h 的跨洋航行，采用气象定线，平均可节省航行时间 5 h，相当于总航行时间的 1.6%。

气象定线，通常由岸上的专门机构来进行，故简称岸导，也就是由岸上的专门机构向接受气象定线的船舶提供航线设计指导或航行期间的航线修改建议。岸导的一般步骤如下：

（1）起航前数天向有关岸导机构提供本船资料。一般包括：①船名、呼号及船速；②受雇公司的名称、地址；③预计起航时间；④出发港、目的港及中途港；⑤船舶的稳性、干舷、吃水和载货情况等；⑥其他要求与说明。

气象定线公司收到船舶的申请后，结合气象预报资料，通过计算机及时分析处理，为船舶提出推荐航线和开航后未来 5 天的天气形势、风浪、海雾、海流等情况；同时，根据各种类型船舶船速曲线的特点和货载安全的需要，向被导船舶提供导航指导意见。

（2）船舶收到气象定线公司的定线咨询电报后，应在仔细分析的基础上确定本船的计划航线。起航后尽快将船舶实际开航时间（*ATD*）电告气象定线公司。

（3）航行中，船舶与气象定线公司应密切配合。一般情况下，船舶每 2 天把中午船位、航向、航速、风向、风级和海况等电告气象定线公司；气象定线公司也每 2 天发一次跟踪导航的指导电报。如果船舶因非天气原因发生故障或减速，或船舶自行改变航线，则应尽快电告气象定线公司；如遇复杂的天气情况，双方加发电报联系协调。

(4) 当航行结束时，船长应尽快电告气象定线公司船舶实际到达时间（*ATA*）；气象定线公司将及时作出航次总结并发给船公司，副本送船长。

目前，岸导已广泛应用于大西洋、太平洋航区。有关岸导的费用、联系方法及其他细节，可查阅英版《无线电信号表》或从岸导机构获取。

应当指出，岸导机构不负有指导失误的法律责任。航线的制订和修改权掌握在船长手里。

采用气象定线，要求用无线电传真机及时接收地面分析图、24 h 和 48 h 的地面预报图，以及 72 h 和 96 h 的 500 mb 高空图。同时，应具备航行海域的风浪预报图和海流图，分析地面和高空预报，以掌握长期的风暴动态和海况。当本船装备有较完善的气象传真机等仪器，船长和驾驶员又有较丰富的气象知识和相当的分析及判断能力时，可根据充分的海洋气象预报资料、天气传真以及现场观察资料，由船长和驾驶员自己实施气象定线或局部气象导航，也就是所谓的自导。

岸导与自导相比，岸导具有较高的准确性。这主要是因为岸上机构的仪器及分析手段完备、资料丰富、气象预报人员受过专门训练且富有经验。从目前的实践来看，已有越来越多的船舶接受岸导，尽管要付出一些费用，但与船舶安全、节省燃料和减少货损等相比，仍是有利的。

船舶气象导航已成为现代航海技术的一个组成部分，它在保证船舶航行安全、提高航行经济效益方面所起的作用已被国内外航运界所承认。

六、大洋航行注意事项

在大洋航行中，应综合各种因素，选择最佳航线，这无疑是很重要的。但是，在航行过程中应及时发现并补充航线选定方案中的不足，以及根据变化的情况不断修正航线，采取及时、正确的航海措施，这些也是保证航行安全不可或缺的重要环节。为此，应注意以下一些事项。

1. 认真推算

在大洋航行中，推算船位既是进行天文定位、无线电定位等的基础，又是发现观测船位错误的重要参数，因而不可忽视航迹推算对于航行安全的重要作用。为了尽可能提高推算的准确度，发挥航迹推算的作用，应该做到：

(1) 航迹推算的起始点应是利用陆标等测定的准确观测船位。

(2) 应尽可能利用计程仪测定准确航程，以提高推算的精度。在航行中，应经常注意计程仪的工作情况，掌握准确的计程仪改正率。

(3) 罗经工作正常与否，直接关系到航行安全与航迹推算的准确性。因此，远洋航行中应注意：①在每次改向后或长时间在同一航向上航行时，应每隔 1 ~ 2 h 对比一下磁罗经与陀螺罗经之间、标准罗经与操舵罗经之间的读数，计算磁罗经差。如发现有问题，则应立即查明原因，采取适当措施，并把情况记入航海日志。②应利用天体测定罗经差。每天利用太阳出没或太阳低高度方位，早晚各求一次罗经差，并把测定结果记入航海日志。③应根据航行地域的地磁变化，计算磁罗经差。④当航行跨越赤道后，应对罗经自差进行检查，看其有无较大的变化。

(4) 正确计算风流压差。虽然洋流的流速不大，但在长时间、长距离航行中，其累

积影响也很可观。

2. 充分利用机会进行船位观测

尽管目前的GPS具有很高的定位精度，但为了可靠起见，也应抓住其他测定船位的机会，如太阳移线船位、测星定位以及无线电导航仪器定位等，并应注意分析船位差产生的原因，以便作为继续进行航迹推算的参考。有时若只能测得单条位置线，也不要轻易放过，它可以作为分析推算误差的参考。

3. 掌握转向点

在到达转向点之前，尽可能求得观测船位，然后根据观测船位与转向点之间的航行时间或计程仪读数进行改向。而当根据推算船位转向时，必须掌握推算船位的准确度。改向后应及时寻找机会测定船位，校验改向后的船位是否在计划航线上。

4. 注意接近海岸前的安全

（1）远航接近海岸前，要特别仔细地研究海图，注意识别物标、准确定位，以确保航行安全。除应选择显著物标作为接岸点外，必须仔细了解接岸区的地形特点、水深变化规律、水中危险障碍物位置、水流情况和助航设施等。

（2）在估计在望沿岸物标时，应提前加强瞭望。当初次发现陆标时，千万不能主观臆断，必须用雷达、罗经等反复观测或与已知船位进行核对，直到确认无误时为止。

（3）应采用一切有效手段测定船位，只有在确认船位后，才可接近海岸和港口，不可贸然行动。

（4）如已接近海岸，但未看到预计能够看到的物标，或对所见物标有疑问，则应根据当时情况许可，采取减速、停车或抛锚，等弄清情况后再续航。

5. 认真收听气象报告和接收气象传真图

由于气象变幻莫测，灾害性天气时有出现，大洋航行时，必须按时收听有关气象台站的气象报告和传真图，并结合本船的气象观测资料进行分析和判断。如有灾害性天气，则应采取必要的避离和预防措施。

6. 按时接收航海警告

大洋航行，持续时间长，应按时收听航行海区的无线电航海警告，并及时对航海图书资料进行必要的改正。

7. 拨钟

在大洋航行中，为了维持正常的作息时间，并使船时与所航行海区的时间一致，应及时按时区拨钟，通过日界线时应变更日期，并记入航海日志。

8. 正确使用空白定位图

航行在大洋上，航用海图的比例尺一般都比较小，为了提高推算和定位的准确性，应该选用比例尺适当、与航行纬度匹配的空白定位图（Plotting Sheet）来进行海图作业。

目前，远洋船舶上使用的多为英版空白定位图，也有用中版、日版或美版的。英版空白定位图的比例尺为1∶670 000，纬度为0°～69°，共23张，每张图的纬度范围为3°。

空白定位图的特点是，图上只有经、纬线及其图尺，而且只在纬线上标明纬度读数，而经线上则未标任何读数，可由使用者根据航行经度范围自行标注。空白定位图南、北纬可以通用，只要纬度合适即可。空白定位图上纬度图尺有正倒两个读数，当用于南纬时，仅需将海图上下倒置，纬度图尺读数采用由北向南（即由上向下）逐渐增加的那一个。图上的向位圈也有内外两圈，当用于南纬时，应使用内圈。

在大洋航行中使用空白定位图时，首先应根据航区的纬度选用适当的空白定位图。然后根据航区的经度在空白定位图上用铅笔将经度值标注在适当的经线处。因此，只要纬度合适，同一张空白定位图可重复使用经度线，只要改写经度值即可。

在使用空白定位图时，必须经常对照该海区的航用海图，并应将早、中、晚的观测船位移到航用海图上，以便及时了解船舶周围的海区情况。

9. 注意航速与燃油消耗的关系

大洋航行由于可能遭遇灾害性天气等意外，有时会延长航行时间，造成燃料储存短缺。因此，船舶除应有额外燃油储备（一般不少于 2 天的耗油量）外，航行中应注意航速与燃油消耗的关系，选择适当航速，以保证船舶续航至中途港或目的港。

船舶航行时每日耗油量 Q（单位：t）与船舶排水量 D（单位：t）和航速 V（单位：kn）的关系为

$$Q = D^{\frac{2}{3}} \cdot V^3 \qquad (10-1-7)$$

船舶航行时耗油量 F（单位：t）与航速 V（单位：kn）和航程 S（单位：n mile）的关系为

$$F = V^2 \cdot S \qquad (10-1-8)$$

例 10－1－2：某船以 18 kn 航行，已知航行 1 000 n mile 所需燃油为 100 t。现仅存燃油 80 t，但船舶至目的港尚有 1 200 n mile 航程。为使船舶能在不增加燃料的情况下续航至目的港，试求船舶应采用的适当航速。

解：设船舶应驶的适当航速为 x kn，根据式（10－1－8），得

$$(18^2 \times 1\,000):(x^2 \times 1\,200) = 100:80$$

$$x = \sqrt{\frac{18^2 \times 1\,000 \times 80}{1\,200 \times 100}} \approx 15 \text{ kn}$$

即船舶应降速至 15 kn，方能抵达目的港。

例 10－1－3：某船的排水量为 10 000 t，以 15 kn 航速航行 1 天燃油消耗量为 28 t，试求：

（1）若航速增加 1 kn，1 天燃油消耗将增加多少 t?

（2）加载 2 000 t 货物后，以 14 kn 航速航行，1 天燃油消耗多少 t?

解：（1）设航速增加 1 kn，1 天燃油消耗增加 x t，根据式（10－1－7）得

$$(10\,000^{\frac{2}{3}} \times 15^3):(10\,000^{\frac{2}{3}} \times 16^3) = 28:(28+x)$$

$$x = \frac{10\,000^{\frac{2}{3}} \times 16^3 \times 28}{10\,000^{\frac{2}{3}} \times 15^3} - 28 = 5.98 \text{ t}$$

即航速增加 1 kn 后，1 天燃油消耗将增加 5.98 t。

（2）设加载 2 000 t 货物后，以 14 kn 航速航行，1 天燃油消耗量为 y t，根据式（10－1－7）得

$$(10\,000^{\frac{2}{3}} \times 15^3):(12\,000^{\frac{2}{3}} \times 14^3) = 28:y$$

$$y = \frac{12\,000^{\frac{2}{3}} \times 14^3 \times 28}{10\,000^{\frac{2}{3}} \times 15^3} = 25.71 \text{ t}$$

即船舶加载 2 000 t 货物后，以 14 kn 航速航行，1 天燃油消耗量为 25. 71 t。

七、大洋航线选择举例

1. 北太平洋航线

1）航线拟定应考虑的主要因素

（1）本船条件。

（2）东航还是西航。一般东航是顺风顺流，选择航线时要研究如何充分利用这些自然条件。西航则相反，主要是如何回避不利的自然条件。此外，理论上大圆航线航程最短，但如加上气象和海洋因素，航行总时间就不一定最短，因此在具体运用时要全面考虑。

（3）气象。北太平洋的气象特征主要有：①由北太平洋高压、阿留申低压、赤道低压这三个恒定气压带形成的风。此外，还有由于季节的变化在大陆产生的气旋和反气旋形成的风。②在北纬 30°~60°一带的西风带，从 12 月至翌年 2 月最显著。在 180°经线以东，平均风力为 5~6 级。180°经线以西，平均风力可达 6~7 级。3 月份起风力逐渐减弱，夏季海面基本平稳。冬季除了偏西大风外，还经常有从大陆来的气旋经过，所以几乎每天都有大风。③大致从北纬 5°~25°，东经 150°距加里福尼亚海岸约 200 n mile 的海域，受东北信风带影响，东部风向为东北，西部为偏东，风力一般可达 4~5 级，在夏威夷群岛附近常达 6 级或 6 级以上。④航行中的天气预报，在西太平洋可收听日本台，在东太平洋可收听旧金山台，在 170°E 到 160°W 之间可收听阿拉斯加台、火奴鲁鲁台和关岛台，但这些地区因观测资料少，往往不太准确，因此在分析天气预报或天气图时要参考当地的天气和海面情况。⑤冬季在北太平洋航行时，很少有测天的机会。

（4）海流。在北纬 30°~47°、东经 130°到西经 150°区域内，有按顺时针方向回转的北太平洋环流。环流的北部为东流，从日本一直向东到加拿大哥伦比亚省沿岸，后折向东南到南，再折向西南。环流的南部为西流，横断太平洋一直到菲律宾东岸，其中大部分折向西北到北，称黑潮，经中国台湾省东部转向东北，再通过琉球西岸、日本南岸折向太平洋。在日本附近黑潮的流程每天可达 20~60 n mile。如图 10-1-10 所示。

（5）季节。北太平洋的航线选择主要是由气象条件决定的，而气象条件又因季节不同而不同，因此季节不同应选择的航线也不同。

在载重线区域图中把北太平洋北纬 35°以北海区的大部分划为冬季季节航区，这也是对气象情况进行统计分析和研究后得到的结果。

在实际中，很多低速船在冬季航行时，往往采用夏季吃水沿 35°N 以南的平行纬度圈航行。有的东航船开航时为夏季吃水，待燃料、淡水等消耗到冬季吃水时再进入冬季航区航线。

2）航线举例

以“上海—温哥华”航线为例，如图 10-1-11 所示。

（1）东航：最短航程航线是航经对马海峡、日本海和津轻海峡（Tsugaru Kaikyo），在驶离襟裳岬（Erimo Missaki）后放洋，以恒向线航线航至49°N，180°处，然后再按恒向线航线航行直至胡安德富卡海峡（Juan de Fuca Strait）入口处。最后，进入海峡并航行至温哥华，航程约5 080 n mile。

这条航线基本上为顺流。在海峡入口处的维尔岬角附近有灯塔，物标易识别，并有无线电信标可供利用。

（2）西航：可用阿留申群岛的南侧航线和北侧航线，为避免逆流的不利影响及冬季高纬度地区的恶劣天气，冬季西行船还可航行于较低纬度的中纬航线。①南线：从胡安德富卡海峡放洋取恒向线航经49°30′N，130°W；50°10′N，135°W；50°35′N，140°W；50°45′N，145°W；50°50′N，150°W；50°50′N，160°W；50°40′N，165°W；50°30′N，170°W；50°30′N，175°W；50°30′N，180°。到达180°经线后，根据不同季节选取某一恒向线航线：11月—翌年3月间，航经50°30′N，175°E；50°10′N，170°E；49°30′N，165°E；48°20′N，160°E；46°30′N，155°E；44°N，150°E。4月—10月间，航经50°N，175°E；49°15′N，170°E；48°20′N，165°E；47°10′N，160°E；45°20′N，155°E；44°N，152°E。然后航经津轻海峡和对马海峡到上海。②北线：从胡安德富卡海峡放洋取大圆航线航至54°10′N，162°45′W，然后驶经乌尼马克水道（Unimak Pass.）到54°25′N，165°30′W，驶大圆航线至52°25′N，175°00′E，接驶大圆航线至43°40′N，147°00′E。然后航经津轻海峡和对马海峡到上海。紧靠阿留申群岛南侧通过的航线，总体上位于西风的北部，且整个航线几乎都受到西流的有利影响。该航线航经一俄罗斯管制区域（50°55′N，164°00′E与47°35′N，167°35′E之间，其详情可参阅《航路指南》）。③中纬航线：从胡安德富卡海峡放洋先采用大圆航线航至30°N，180°处，然后基本上沿纬度圈航行，通过鸟岛（Tori Shima）与须美寿岛（Sofu Gan）之间，经大隅海峡（Osumi Kaikyo）到上海。航程约5 780 n mile。

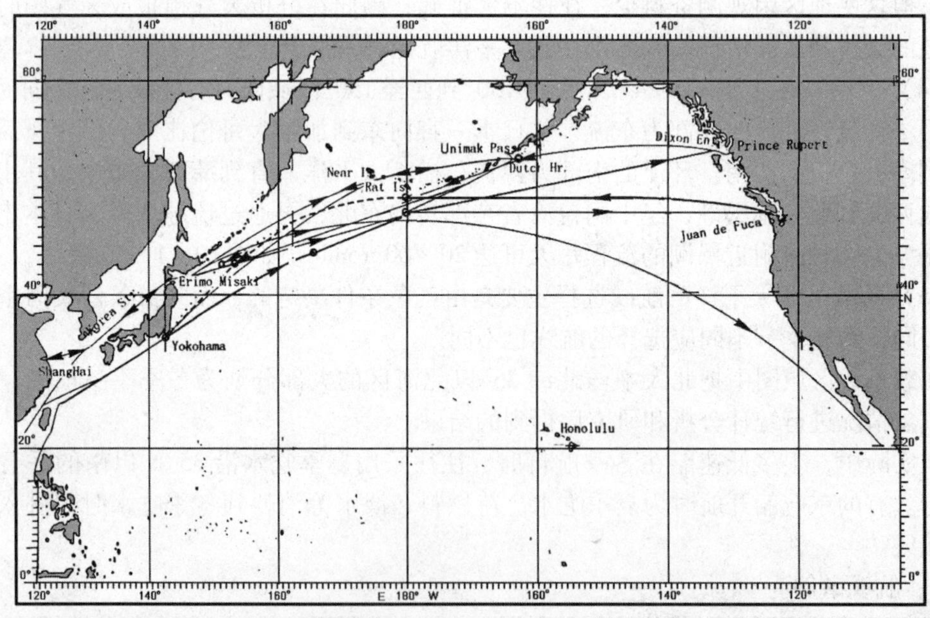

图10-1-11　北太平洋航线

2. 北大西洋航线

1）应考虑的气象与海况

北大西洋的低压整年在冰岛、格陵兰和加勒比海附近，高压则在亚速尔群岛南方，呈东西约 600 n mile、南北约 300 n mile 的椭圆形。其中心在冬季约位于 38°N，39°W，夏季约在 36°N，32°W。

（1）风系：中纬度高压区与赤道低压带之间，整年吹热带偏东风。中纬度高压区以北是偏西风带。

（2）低气压：北大西洋的低气压，一般由纽芬兰南面向东北东方向通过苏格兰北部，有时向英吉利海峡方向袭去，它随亚速尔高压区的强弱而异。冬季发生的低气压异常猛烈，船舶难以航行。北大西洋的热带低气压称气旋。它与北太平洋的台风一样，大都产生在 10°N ~ 20°N，40°W ~ 70°W 的地方，其路径大约是在 17°N 以南向西西北方向移动，在 20°N ~ 30°N，75°W 附近转向，然后向北东北方向挺进。

（3）雾：纬度 40°N 以北海域，由于墨西哥暖流与拉布拉多寒流的汇合，长年有雾。特别是在 7 月份，纽芬兰以东经常有浓雾出现。在 40°N ~ 50°N，48°W ~ 55°W 地方雾日约有 45%，在它的南方与东方则显著减少。

（4）北大西洋环流：北赤道流的主流在 15°N ~ 20°N 之间，向西流至西印度群岛后转向东北成墨西哥湾流，在 45°N，30°W 附近分成两股。南方一股东进至欧洲沿岸，成为葡萄牙海流，经非洲沿岸向西南流去，成为加那利海流，然后接上北赤道流。北方一股也就是北大西洋海流，向东北—东北东方向流到英国和挪威沿岸。这个环流在佛罗里达半岛附近的流速 1.3 ~ 4 kn；在北美沿岸 0.5 ~ 2 kn；在这以后只有 0.5 ~ 1 kn，如图10 - 1 - 10 所示。

（5）拉布拉多寒流：从北极圈每天以 6 ~ 20 n mile 的速度南下，至纽芬兰海岸的东方与墨西哥湾流汇合，对雾的发生和冰山漂流影响很大，如图 10 - 1 - 10 所示。

（6）冰山：在格陵兰西部海岸有 100 多条冰河，每年流向大海的冰山达 7 000 座之多。这些冰山一部分随东格陵兰寒流或拉布拉多寒流沿拉布拉多海岸南下，在纽芬兰海岸东边与从西南方向来的墨西哥湾流混合，在暖风和暖水中融化。在那里拉布拉多寒流水温只有 0.5 ~ 2 ℃，而墨西哥湾流水温竟达 15 ℃。

在纽芬兰海岸附近，4 月—6 月经常有冰山出现，其中以 5 月份为最多，曾流到39°N以南海域，7 月开始减少，11 月—翌年 1 月则比较稀少。

（7）波浪：北大西洋的波浪，从 12 月到翌年 1 月，以 55°N，22°W 为中心的地区为最甚，波高 4 m 的出现率可达 40%，多为 SW—NW 向。

2）航线

在西北欧至北美的航线上，要经过纽芬兰大滩（Grand Banks）附近。那里由于是墨西哥湾暖流和拉布拉多寒流的汇合处，整年发生浓雾，夏季冰山漂流，且渔船很多。为避免这些不利条件，防止碰撞，曾由有关国家轮船公司协商定出不同季节，往返欧美之间的协定航线，并在 1960 年《国际海上人命安全公约》对协定航线作了规定。

由于大滩附近是世界上最繁忙的航路之一，同时也是最危险的航路之一。浮冰、冰山经常出没于此，浓雾常见，低气压通过此地常伴有大风，加上渔船众多，油气和矿产开发平台渐增。因此，1974 年国际海上人命安全会议忠告所有船舶，应尽可能远离大

滩、远离 43°N 以北的纽芬兰渔场，远离冰山危险水域航行。

国际冰山巡逻服务忠告，在 4 月中旬之前不应进入 45°30′N 以北的冰山危险区。因此，欧美往返推荐航线都经过大滩之南 42°30′N，50°00′W 处。从北美各港与该转向点间为恒向线航线，转向点与欧洲各港间基本采用大圆航线，如图 10－1－12 所示。

5 月—11 月之间，比斯开湾及以北港口与北美港口间也可选择 Cape Race 以南 20 n mile作为转向点，同样，从北美各港与该转向点间为恒向线航线，该转向点与欧洲各港间基本采用大圆航线。

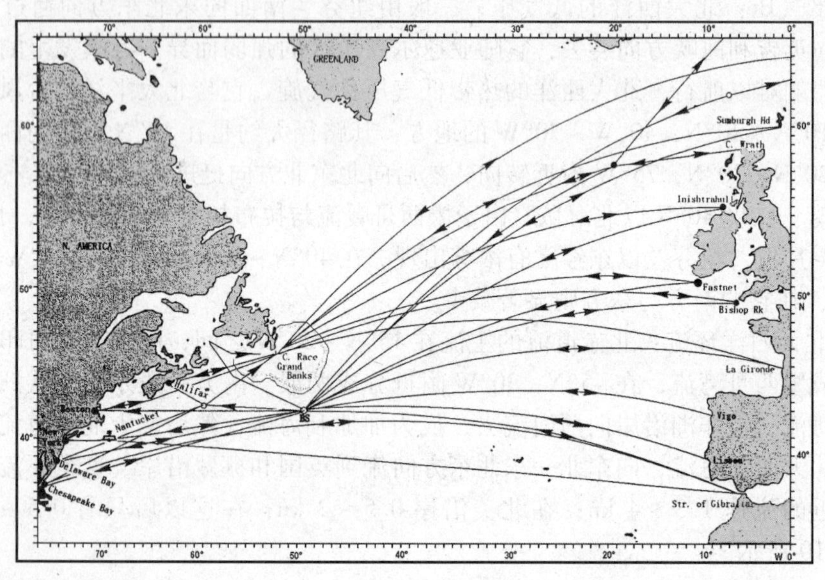

图 10－1－12　大西洋航线

3. 印度洋航线

1）选择航线应考虑的气象与海况

（1）气象。印度洋主要受季风影响。①东北季风：冬季亚洲大陆冷高压向赤道低压带移动，形成东北季风。它从 10 月开始至翌年 4 月，其中在 12 月和 1 月为最盛期。东北季风从阿拉伯海和印度西岸开始，逐渐向南延伸，所以阿拉伯海西部此时有风向固定、风力达 4 ~ 5 级的东北风。此期间印度沿岸空气干燥、天气良好。②西南季风：夏季亚洲大陆受太阳强烈照射，产生宽广的低压区，形成从海洋吹向大陆的西南风。4 月开始从印度洋南部刮西南风，至 7 月达到最盛期。阿拉伯海西部最大风力平均达 6 ~ 7 级，可是在 62°E 以东，9°N 以南风力较弱。西南季风期间一般多雨，能见度不良。季风转换期为 4 月和 10 月。③北印度洋热带偏东风很不明显。但南半球的盛行西风带，因陆地很少，比较发达，在 40°S 附近常达 11 级，有咆哮西风带之称。④印度洋的热带低气压称“气旋”。北印度洋“气旋”大都发生在 5，6 月和 10，11 月，源地在尼科巴群岛和马尔代夫群岛，进路为西北—北北西。南印度洋“气旋”大都发生在 11 月—翌年 5 月，源地主要是塞舌耳群岛，最盛期 1 月—3 月路经毛里求斯附近。

（2）海况。北印度洋的海流主要是季风海流，如图 10－1－10 所示。①冬季海流。北印度洋由于东北季风流形成逆时针的环流。在南印度洋南部也是逆时针的环流，但在

北部还有一个顺时针的环流。a. 东北季风流：在东北季风开始后一个月，即12月份在阿拉伯海和孟加拉湾开始形成逆时针的东北季风流。近岸边是西南西或西南流，大洋中主要是偏西流，与北赤道流一致。它们在靠近非洲沿岸时左转变成南流，以后与赤道逆流连接。2月以后，孟加拉湾和阿拉伯海北部沿岸会产生顺时针方向的回流。b. 赤道逆流：在3°S附近有一股强大的向东海流。当靠近苏门答腊时，逐渐左转向东北，而后向北，在5°N附近向西接上东北季风流，形成冬季北印度洋的环流。c. 南赤道流：在10°S～15°S的南赤道海流西流，于马达加斯加岛东方分成两股，一股南下成为莫桑比克海流和厄加勒斯海流，该流强且稳定。另一股沿大陆东岸北上，与赤道逆流连接形成南印度洋北部的顺时针环流。南赤道流的另一股，沿马达加斯加岛南下，与西风漂流连接形成南印度洋南部的逆时针环流。d. 西风漂流：在40°S附近是环绕全球的西风漂流东流。它流至澳大利亚西岸，其中一股北上成为西澳海流。这支海流流至20°S附近汇入南赤道流。②夏季海流。印度洋北部为顺时针环流，南部则仍是逆时针环流。a. 西南季风流：在北印度洋的主流是偏东流。在阿拉伯海和孟加拉湾是东北流、东北东流或东南流。沿岸形成顺时针方向的流。b. 赤道逆流：与西南季风流几乎一致。c. 南赤道流：沿非洲北上的南赤道流，在7°N附近分成两股，一小部分向瓜达富伊角海岸流去，与阿拉伯海的东北流汇合，大部分转向索科特拉岛附近形成东流。所以，夏季北印度洋形成顺时针方向的环流。d. 西风漂流：与南赤道流仍形成印度洋南部的逆时针环流。

2）新加坡—亚丁（Aden）航线

（1）往航。出新加坡海峡后，从Pulau Iyu Kechil灯塔起航，过Fair channel bank和Long Bank之间的西北方，从一拓浅滩处通过至韦岛西方5°49′N，95°00′E处，然后驶恒向线至斯里兰卡南端的栋德拉头外海，再通过加勒角航至米尼科伊岛灯塔南面8°06′N，73°00′E附近。①东北季风期（10月—竖年4月）：从米尼科伊岛灯塔南方定航向，对着亚西尔角（Ras Asir）的瓜达富伊角灯塔航行，并以10 n mile距离绕过该岬角，直驶亚丁。②西南季风强盛期：从米尼科伊岛灯塔南方定航向，到索科特拉岛东北方13°10′N，54°50′E（距岛约40 n mile）处，然后直航亚丁。为避开阿拉伯海的强风，也有从米尼科伊岛灯塔南方，经8°N，60°E，再通过索科特拉岛东北方，驶往亚丁的备选航线。③西南季风期的低速船航线：通过八度海峡后，航至6°N，67°E，然后沿等纬圈航至60°E，再经过8°N，52°40′E驶向瓜达富伊角灯塔，最后绕过亚西尔角直驶亚丁。

米尼科伊岛灯塔南方水很深，易识别，北方有暗礁。夏季在索科特拉东部有很强的偏东流，有时很不稳定，且能见度不佳，不宜靠近该岛。东北季风时，航线应从索科特拉岛南方通过，西南季风时则从其北方通过，以策安全。如图10－1－13所示。

（2）返航。①通过索科特拉岛南方（10月—竖年4月）：从瓜达富伊角外海（12°25′N，50°30′E）驶向八度海峡8°06′N，73°00′E。然后驶恒向线经栋德拉头南方5°50′N，80°36′E至韦岛，再经马六岬海峡到新加坡。②通过索科特拉岛北方（5月—9月）：出亚丁港，通过索科特拉岛北方，经13°10′N，54°50′E到米尼科伊岛南方8°06′N，73°00′E，然后经栋德拉头南方至新加坡。如出索科特拉岛转向受横风较大，可改驶孟买方向，待经过62°E之后再转向八度海峡。③出亚丁港后，经瓜达富伊角沿非洲海岸南下至哈丰角后，改驶070°～080°航向，经62°E之后驶向八度海峡去韦岛。④低速船也可经哈丰角后南下直插“One and Half Degree Channel”，再驶向韦岛，如图10－1－13所示。

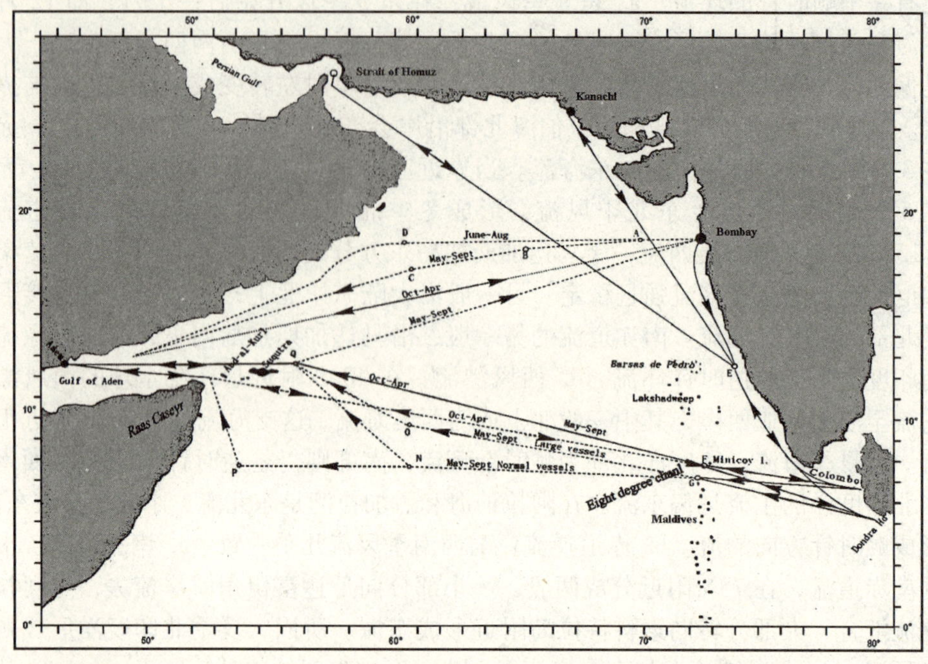

图 10－1－13　印度洋航线

任务实施

任务 1　大圆航线的拟定

基本要求：

1. 正确掌握大圆海图的特点；
2. 正确掌握大圆航程的计算方法；
3. 正确进行大圆航线的拟定。

实施步骤：

1. 准备工作

海图室，海图（包括大圆海图）等，学生自带作图工具。

2. 实施过程

教师设定海区，确定大圆航线的起讫点，学生根据要求进行大圆航线的拟定，并要求学生利用公式计算法求算大圆航线的航程及大圆起始航向。

任务 2　混合航线的拟定

基本要求：

1. 正确掌握混合航线的分点的确定方法；
2. 正确进行混合航线的拟定。

实施步骤：

1. 准备工作

海图室，海图（包括大圆海图）等，学生自带作图工具。

2. 实施过程

教师设定海区，确定大圆航线的起讫点及限制纬度，学生根据要求进行混合航线的拟定。

任务评价

评价内容		评价标准	权重	得分
任务完成情况	任务1	1. 求大圆航线的分点	0.1	
		2. 在航用海图上画出大圆航线	0.1	
		3. 列出航线表	0.1	
		4. 求大圆航线的航程及起始航向	0.1	
	任务2	1. 混合航线的分点的确定	0.1	
		2. 在航用海图上画出混合航线	0.2	
		3. 列出航线表	0.1	
职业素养		1. 遵守课堂纪律及实训室规定 2. 按时认真完成学习及工作任务 3. 有问题及时提出和反馈意见	0.1	
创新意识		1. 能举一反三 2. 善于提出问题，总结经验	0.1	
总得分				

任务拓展

1. 解释下列名词：

恒向线航线、大圆航线、限制纬度、混合航线、等纬航线、气象航线、气候航线、大圆改正量。

2. 简述大洋航行的特点。

3. 选择大洋航线应考虑的因素主要有哪些？

4. 简述大洋航行的注意事项。

5. 简述利用大圆海图拟定混合航线的方法。

6. 某船拟由34°40′N，140°00′E处取大圆航线航行至44°40′N，163°40′E，求大圆始航向与大圆航程。

7. 某船的航速为18 kn，航行1 000 n mile需消耗燃油100 t，现仅剩余燃油80 t，离中途港加油航程尚有1 200 n mile，试求该船应采用的适当航速。

8. 大洋航行中，等纬圈航线是________。

A. 大圆航线　　　　　　　　　　　　B. 等角航线（恒向线航线）

C. 最短航程航线　　　　　　　　　　D. A + C

9. 船舶在赤道无风带内穿越大洋时，一般采用较为有利的航线是________。

A. 大圆航线　　B. 恒向线航线　　C. 混合航线　　D. 最短航程航线

10. 当船舶采用混合航线时，首先应确定限制纬度，则确定限制纬度时应考虑的因素有________。

Ⅰ. 季节；Ⅱ. 气象；Ⅲ. 海况；Ⅳ. 本船条件；Ⅴ. 船员

A. Ⅰ，Ⅲ，Ⅳ　　B. Ⅰ ~ Ⅲ　　C. Ⅰ ~ Ⅴ　　D. Ⅱ ~ Ⅴ

11. 混合航线是为了避开恶劣水文气象条件而采用的最短航程航线，通常由________组成。

Ⅰ. 大圆航线；Ⅱ. 恒向线航线；Ⅲ. 等纬圈航线；Ⅳ. 气象航线；Ⅴ. 气候航线

A. Ⅰ，Ⅱ，Ⅳ　　B. Ⅰ，Ⅲ　　C. Ⅰ ~ Ⅴ　　D. Ⅰ ~ Ⅴ

12. 起航点为35°S，120°E，到达点为35°S，150°E，则两点间大圆航线所经过的纬度________。

A. 大于35°S　　B. 小于35°S　　C. 等于35°S　　D. 不一定

13. 在北半球，若两点间的大圆始航向为045°，则恒向线航向________。

A. 大于045°　　B. 等于045°　　C. 小于045°　　D. 不一定

14. 为了便于南、北纬通用，空白定位图上的向位圈有相应的内外两圈，船舶在南纬航行使用空白定位图时，应使用________。

A. 内圈读数　　B. 外圈读数　　C. 内外圈通用　　D. 两圈读数之差

15. 在航速一定的条件下，船舶每日耗油量与________成正比。

A. 排水量　　　　　　　　　　　　B. 排水量的1/3次方

C. 排水量的2/3次方　　　　　　　D. 排水量的平方

16. 某船以18 kn航行1 000 n mile，需要燃油100 t。现仅存燃油80 t，但至目的港尚有800 n mile的航程。船舶计划预留燃油20 t作为备用，为了使船舶续航至目的港，则该船应采用的航速为________。

A. 15 kn　　B. 15.6 kn　　C. 16 kn　　D. 16.5 kn

17. 某船的排水量为12 000 t，以航速14 kn航行1天，耗油25 t，现改用12 kn的航速航行，则每日耗油量为________。

A. 18 t　　B. 15.7 t　　C. 16.9 t　　D. 13.5 t

模块2 引导船舶沿岸航行

模块描述

本模块主要描述沿岸航行的特点，沿岸航行航线的选择，沿岸航行的基本要领与航行注意事项。

学习目标

1. 掌握沿岸航行的特点；
2. 掌握沿岸航线的拟定方法；
3. 掌握沿岸航行的基本要领；
4. 掌握沿岸航行应注意的问题。

工作任务

沿岸航线的拟定。

知识准备

一、沿岸航行的特点

沿岸航行是指船舶在沿海各港口间的近岸海上航行。沿岸航行时的交通环境复杂，事先选择一条安全、经济的航线，了解航线附近水文气象、地形和助航设施、交通管理规章等特点，对确保船舶航行安全、提高营运效益都具有十分重要的意义。

沿岸航行离岸线近，许多情况下船舶回旋余地较小，航行中驾驶员要集中精力，谨慎驾驶，以确保船舶的航行安全。航行前要仔细研究航海图书资料，熟悉航区特点。沿岸航行有如下特点。

（1）距沿岸的危险物近，地形复杂，水深一般较浅；

（2）潮流影响大，水流较为复杂；

（3）交通密度大，来往船舶和各种渔船较为密集，航行和避让都有较大的困难；

（4）当遇到紧迫局面时，船舶操纵困难；

（5）沿岸航行所涉及的航海图书资料一般详尽、准确；

（6）沿岸航线距岸较近，可用于导航定位的物标较多，能较容易获取较为准确的陆标船位；

（7）沿岸交通复杂，大多实现交通管制，以确保船舶安全航行。

二、沿岸航线的选择

沿岸海区船舶通航的历史较长，航区内的图书资料比较详尽，许多地方均有推荐航线，在条件允许的情况下应予以采用。同时，在沿岸航行时随时间的变化，航线也不是固定不变的。在具体选定航线时，应充分做好以下3个方面的工作。

1. 分析航次情况

根据航次任务，综合考虑本船性能、仪器设备性能、积载情况、航程长短，以及航区的风、流、能见度、障碍物、可能出现的灾害性天气及避风港选择等情况。

2. 研究有关资料

根据航次任务的一般要求，详细研究有关航海图书资料并及时根据《航海通告》和航海警告对有关航海图书资料进行认真而仔细的改正。对本航次中可能遇到的困难条件，应做到心中有数并做好必要的安排工作。

3. 拟定航线

在确定和预画航线前，应根据安全和经济的原则，充分考虑如下内容：

（1）尽可能采用推荐航线。在没有特殊原因的情况下，应尽可能采用海图和《航路指南》中的推荐航线，包括通航分隔航路。

在IMO采纳的分道通航制区域或其附近航行时，必须遵守船舶定线制和《国际海上避碰规则》的有关规定。不使用分道通航制的船舶应尽可能远离该区域。

使用通道分航制的船舶，拟定航线时应：①将航线设计在相应的通航分道内，并尽可能从其端部与该分道内交通流总流向成尽可能小的角度进入或离开。②所选航线尽量与分道内船舶总流向相一致，并注意让开分隔带和分隔线，双向航路内的航线应尽量靠近航道的右侧。③谨慎使用深水航路。深水航路是考虑到船舶吃水和水域内的水深，为有必要利用这种航路的船舶提供的。不考虑这些因素的船舶，应尽可能将其航线设计在深水航路以外。④当选择双向推荐航线时，应将航线设计在推荐航线右侧适当的地方，以尽可能地避免航行中与来船构成对遇和不协调避让局面。

（2）确定适当的航线离岸距离。航线离岸距离应根据船舶吃水的大小，航程的长短，测定船位的难易，海图测绘的精度，能见度的好坏，风、流影响的大小，白天还是夜间，航行船舶的密集程度以及本船驾驶员的技术水平、航行经验等情况加以确定。有些海区还要考虑该水域的治安情况与政治气氛，例如，有无海盗活动、国际关系是否正常、国内形势是否稳定等。同时，还应为避让和转向留有足够的余地。

一般情况下，在能见度良好的条件下，距陡峭无危险的海岸2 n mile以上通过，以保证能清楚地辨认岸上物标。当沿较平坦倾斜的海岸航行时，大船应以20 m等深线为警戒线，小船可以10 m等深线为警戒线，或至少应在本船吃水2倍的等深线之外航行。夜间航行，如定位条件不好或能见度不良，应在离岸10 n mile以外水域航行，以策安全。在定位条件不好的海区沿岸航行时，采取与岸线总趋势平行的航线是有利于船舶安全的。在夜间，特别是在可能遇到吹拢风或向岸流影响时，应将航线再适当地向外海偏开一些，以确保航行安全。为了有利于避让，航线应避开船舶的交会点，应尽可能避开渔船作业区，在必要时以绕航为宜。

（3）确定航线离危险物的安全距离。沿岸航行，确定航线距其附近的暗礁、沉船、

浅滩、鱼栅、鱼礁等危险物的安全距离，应根据下列因素决定：①从接近危险物前所能测到的最后一个陆标船位距危险物的航程长短和所需的航行时间：一般情况下，这段航程越远、航行时间越久，通过时的或然航迹区距该危险物的距离也就越近，则航线距离危险物的距离也应远些。②危险物附近海图测量的精度：通过粗测区比通过精测区的距离应远些。当通过精测区的危险物时，可从其外缘以 1 n mile 为半径画出危险圆，并考虑本船的船位误差范围再确定距危险圆的距离。③危险物附近有无显著的可供定位和避险的物标。④通过危险物时的能见度情况，是白天还是黑夜。⑤风、流对航行的影响。⑥水下障碍物是否是可见障碍物以及是否设有危险物标志。一般在有陆标可供不断观测定位时，至少应在 1 n mile 以上通过危险物。如果是在潮流影响较大的海区或者受吹拢风影响，或者能见度不好，则离危险物的距离应该加大。在通过远离陆地，而又未设有标志的危险物时，应根据水流情况和最后一个实测船位到危险物航程的远近，以 6 ~ 10 n mile的距离通过。当黑夜或者能见度不好时，此距离还应当增大。

此外，为了确保船舶航行安全，在拟定沿岸航线时，最好应避开以下水域：①周围水深较浅、水深变化不规则的水深空白区；②连续的长礁脉及其边缘附近；③孤立的岩礁以及水深明显比周围浅的点滩；④未经精确测量的岩礁和岛屿之间的狭窄水域；⑤珊瑚礁附近未经系统的扫海测量，水深浅于 100 m 的水域。

（4）绕航。选定沿岸航线，有时为了避开风浪、不利水流或者为了安全通过危险物等原因而需要绕航。须知避离危险物的绕航，即使离开危险物距离增大 2 倍，由此而增加的航程也是很有限的，而船舶的航行安全却因此而得到较大的保证，如图 10－2－1 所示。从 A 到 B 直航时的航程为 110 n mile，航线离危险物为 2 n mile；为了避离危险物 C 更远些，拟在距其 12 n mile 处通过，绕航后的全程为 $AC + CB = 112$ n mile，航程仅增加 2 n mile，绕航渔区的情况也是如此。

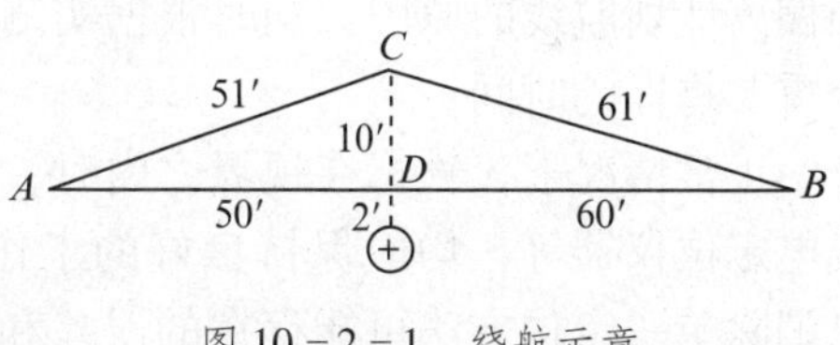

图 10－2－1　绕航示意

（5）定位与转向条件。沿岸航行，应考虑在各种航行情况下，都能有较好的定位条件。在重要转向点，应选择在转向侧正横附近的位置准确的显著物标作为转向物标，如灯塔、立标、岛屿、山头等，避免用平坦的岬角或者浮标作为转向物标。

绕岛屿与岬角航行，不必都采用正横转向，主要是因为这样转向，船与物标的距离会越来越近。若连续 3 次正横转向 30°，则最后距物标的距离约为原先第一次转向时的 2/3。最好采用定距绕航的方法：先在海图上画出航线，标出几个转向点，然后用雷达观测距离，使船舶保持在计划航线上航行；也可采用平行方位转向法保证转向后船舶航行在新航线上。此外，还应根据本船吃水，设定适当的避险位置线，以防转向中接近海岸或危险物。

三、沿岸航行注意事项

船舶在沿岸航行时，一般应注意以下一些问题。

1. 正确选用与使用海图

沿岸航行时为了进一步提高推算和定位的精度，应尽可能采用新版大比例尺海图。

这是因为在大比例尺海图上，资料比较详尽、准确。海图作业应按规定进行，并要保持海图整齐、清洁。在换海图后，只要条件允许，应立即定位进行核对。此外，航行中应注意收听航海警告，并进行资料及海图的改正工作。

2. 准确、连续进行航迹推算

沿岸航行一般均离岸较近，除了有定位精度较高的GPS定位外，获得准确的陆标船位也较为容易。但是，认为沿岸航行定位方便而忽视航迹推算甚至中断推算，一旦出现异常情况，就可能丢失船位，其后果是十分严重的。因此，平时应注意分析推算的精度，积累资料，以作为能见度不良时或者情况异常时航行的参考。

推算起始点应是准确的观测船位。在到达推算起始点前，应启用计程仪，并使其正常工作。航迹推算应保持连续性，在水流影响显著地区航行，每小时推算1次船位；在其他地区航行，一般情况下，每2或4 h定位1次。到达引航水域或者接近港界有物标可供定位航行时才可终止推算。

3. 做好定位工作

如果条件许可，在一般情况下，航速15 kn以下的船舶应每隔30 min测定船位一次。接近危险地区或航速在15 kn以上，应适当缩短定位时间间隔。在能见度不良时，应充分利用雷达定位。通过一系列的观测船位，检查船舶是否偏离计划航线；系统地分析船舶偏离计划航线的原因；同时根据实测船位的间距，计算出实际航速及看到或到达下一个重要物标的时间。

正常情况下，物标在视界之内时，应尽量使用目测定位。雷达、回声测深仪以及无线电定位仪器等，均应保持良好的工作状态。在重要航区，应采用多种定位方法定位，以消除单一定位方法可能存在的误差和局限性。在必要时可采用方位、距离定位，方位测深定位，天文船位线定位和助航仪器定位等综合定位方法测定船位。当使用转移船位线时，应特别注意推算的准确度。

准确识别物标是准确定位的前提。只有物标在确认无疑后，方可用以定位和导航。如：浮标在大风之后常有移位或漂失的情况；灯浮有时也会灯光熄灭；灯塔的灯光也可能被云雾遮住，而不能及时发现等。

4. 加强瞭望

许多海事，特别是碰撞事故，大部分是由于瞭望疏忽引起的。瞭望应由近及远地连续扫视水平线内的一切事物。不要忽视任何微小的异常现象，如海面的漂浮物、平静海面的异常浪花、海水颜色的突然改变等，它们往往是危险的预兆。在航行条件比较复杂的情况下，更应尽量做到保持连续不间断的瞭望，以提前发现危险。当夜航时，应注意尽可能减少在海图室内逗留的时间，保持夜眼。在必要时应及时开启雷达，使用雷达协助瞭望。

5. 把握最佳转向时机

转向前应尽可能地测得准确船位，以此推算出到达转向点的时间。要事先选择好显著易认的、转向侧正横附近的转向物标。在重要的转向点，必要时可多选择一个转向物标，以便在一个转向物标因故被遮蔽时利用另一个。在转向时最好选用小舵角逐渐转过。如果船至转向物标的横距比设计的距离过大或过小，可适当提前或延后转向，以使船舶转向后驶上计划航线。在转向时应特别注意避让，主要是因为在重要的转向点，往往也

是船舶的交会点，此处的对遇或者横交局面随时在变化，不易判断。因此，应特别加强瞭望，谨慎驾驶。在转向后，应在海图上和航海日志中记下转向时间、计程仪读数和船位，然后在条件许可时，应立即利用一切机会测定船位，校验转向后的船舶是否偏离计划航线。

6. 应充分利用单一位置线

如能正确利用单一位置线，有时对航行安全会起到一定的保证作用。如果测得一条与计划航线垂直的船位线，则可用以判断船位超前或落后于推算船位的程度；如果测得一条与计划航线平行的船位线，则可用以判断船位偏离计划航线的程度。若船位线是南北方向的，则可用它确定船舶的经度；若船位线是东西方向的，则可用它求纬度。总之，单一位置线可以缩小推算船位的或然船位区，也可以用来避险、导航和测定仪器误差等，还可用于转向，故应充分利用。

7. 正确识别岸形和物标

当沿岸航行或大洋航行接近目的港时，正确识别岸形和物标是搞好定位、保证航行安全的前提。实践证明，许多海事是由于对岸形和物标识别的错误引起的。即使充分使用了对景图等有关航海资料，也不能完全避免识别错误，特别是浮标，在大风之后，常有移位或漂失的情况；有时灯浮也会灯光熄灭，应当注意识别，不可主观臆断。只有对物标确认无疑，方可用以定位和导航。因此，仔细分析、反复辨认和判断物标识别情况是完全必要的。常见的判断方法有以下几种。

1）参考概率船位区判断

如图 10－2－2 所示，船在推算船位 *F* 点，发现岸上的一个物标，其外形与海图上的 *A* 和 *B* 物标相似。因此，首先必须辨认 *A* 和 *B* 哪一个是所发现的物标。为此，在推算船位点 *F* 附近画出概率船位区，并在图上分别自两物标画出所测得的方位位置线。结果从图上物标 *A* 画出的方位位置线通过概率船位区。显然可以肯定，图上的 *A* 是所发现的物标。推算精度越高，这种识别方法的效果会越好。如果概率船位区位于两条距离线中间，那就难以判断了。

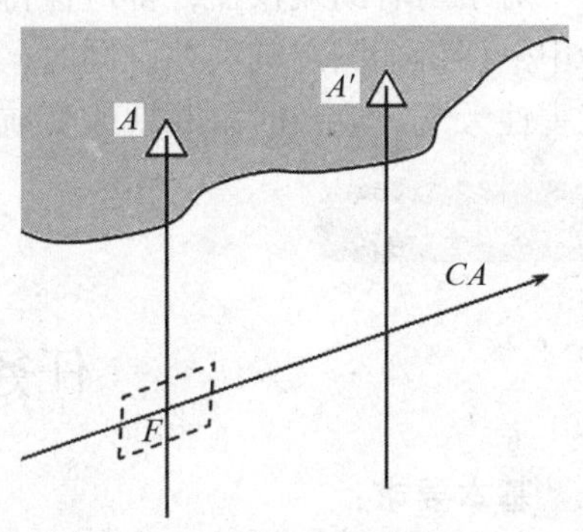

图 10－2－2　参考概率船位区识别物标

如果在视界内只有一个物标可供观测，由于这时造成的物标识别错误没有其他办法可以帮助发现，并在随后的航行定位中会继续被误用，因此这是最危险的。在这种情况下，务必细心，防止盲目自信，要注意分析，并尽可能获得其他的校验办法。在确有把握之前，不能轻易转移船位。

2）根据船位的分布判断

（1）两方位定位。在船舶沿计划航线保向、保速航行，连续利用两物标方位定位时，如果错误识别了物标，则将因此而得出错误的船位，并按一定规律分布。如果连续观测定位，所得船位点不是沿直线分布的，而是出现曲线分布，且各船位之间的距离也不与观测时间间隔或航程成比例，则可判定识别物标存在错误。图 10－2－3 就是当误以 *B′* 为 *B* 进行观测，而从 *B* 画方位线时错误船位的分布曲线情形。当然，罗经差有误差时也会出现类似情况，应该当注意分析辨别。

（2）两距离定位。

图 10 -2 -4 为船舶沿直线航行，当 A 物标识别正确，而误以 B' 为 B 时，两距离定位所得船位分布情况。如果在航行中连续多次采用两物标距离定位的船位分布呈曲线状，且各船位之间的距离与相应的航程不成比例，或者出现两圆弧位置线无法相交的情况，则表明物标识别有错误。

由于物标相对位置关系等因素，错误船位分布的曲线，可能是椭圆、抛物线或双曲线中的任何一种。

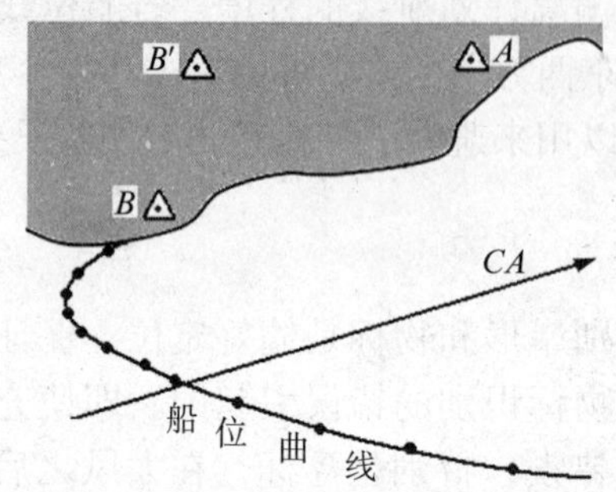

图 10 -2 -3　两方位定位错误船位分布曲线

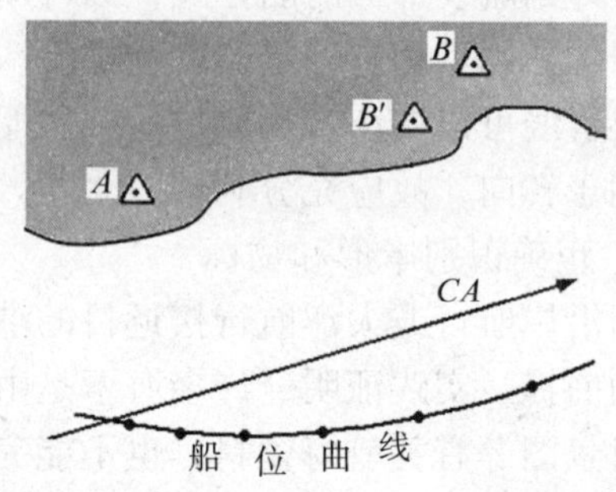

图 10 -2 -4　两距离定位错误船位分布曲线

8. 其他

对于所有助航仪器，都应保持非常良好的工作状态。对于罗经和计程仪，应利用航行中一切机会测定其误差。同时，注意收听有关的气象预报，如发现船舶航进的前方有灾害性天气，应及时果断地改变航行计划，借以避离。

任务实施

任务　沿岸航线的拟定

基本要求：

1. 正确掌握沿岸航行时离岸距离的确定原则；
2. 正确掌握离危险物距离的确定原则；
3. 正确进行沿岸航线的拟定；
4. 正确掌握沿岸航行的注意事项。

实施步骤：

1. 准备工作

海图室，海图，学生自带作图工具。

2. 实施过程

教师设定海区，确定沿岸出发港与目的港，学生根据要求进行沿岸航线的拟定。

任务评价

评价内容		评价标准	权重	得分
任务完成情况	任务	1. 沿岸距离的确定	0.2	
		2. 危险物距离的确定	0.2	
		3. 航线拟定	0.2	
		4. 航线表的制订	0.2	
职业素养		1. 遵守课堂纪律及实训室规定 2. 按时认真完成学习及工作任务 3. 有问题及时提出和反馈意见	0.1	
创新意识		1. 能举一反三 2. 善于提出问题，总结经验	0.1	
总得分				

任务拓展

1. 简述沿岸航行的特点。
2. 简述预画沿岸航线时应考虑的因素。
3. 简述沿岸航行时选择转向物标时应考虑的因素。
4. 简述沿岸航行的注意事项。
5. 简述沿岸航行时识别岸形和物标的方法。
6. 沿岸航行，确定离岸距离的原则是________。

A. 大船应在 10 n mile 以上　　B. 小船应在 10 n mile 以上

C. 水深大于 2 倍于本船吃水的水域　　D. 以上都是

7. 在能见度良好时，沿岸航线距陡峭海岸的最近距离为________。

A. 1 n mile　　B. 2 n mile

C. 5 n mile　　D. 10 n mile

8. 沿岸航行，一般情况下，小船的航线应设计在________。

A. 10 m 等深线以外　　B. 20 m 等深线以外

C. 2 倍于本船吃水的海区　　D. A，C 中水深较大的海区

9. 沿岸航行，在没有夜航灯标，船位较难测定的海区，离岸距离一般应为________。

A. 3 ~ 5 n mile　　B. 5 ~ 10 n mile

C. 10 n mile 左右　　D. 15 n mile 左右

10. 当拟定沿岸航线，确定航线离危险物的安全距离时，应考虑的因素是________。

Ⅰ. 风流对航行的影响；Ⅱ. 船员的技术水平；Ⅲ. 有无避险物标；Ⅳ. 危险物的测量精度

A. Ⅰ ~ Ⅱ　　B. Ⅰ ~ Ⅲ　　C. Ⅰ ~ Ⅳ　　D. Ⅰ，Ⅱ，Ⅳ

11. 在拟定沿岸航线时，为保证船舶航行安全，应尽量避开海图上的________。

A. 水深点空白区　　　　　　　　　　B. 连续长礁脉
C. 水深明显比周闱浅的点滩　　　　　D. 以上都是

12. 在拟定沿岸航线选择转向物标时，应尽量避免选择的物标是________。

A. 立标　　　B. 平坦的岬角　　　C. 浮标　　　D. B + C

13. 在沿岸航行中，利用同名侧物标进行转向时，若发现船舶至转向物标的横距比预定的距离大，则应________转向，以使船舶转向后行驶在计划航线上。

A. 提前　　　B. 推迟　　　C. 大舵角　　　D. 小舵角

14. 沿岸航行中，船舶转向后应在航海日志中记录________。

Ⅰ. 转向时间；Ⅱ. 计程仪航程；Ⅲ. 船位；Ⅳ. 转向时的风流情况；Ⅴ. 能见度

A. Ⅱ ~ Ⅴ　　　B. Ⅰ ~ Ⅲ　　　C. Ⅰ，Ⅱ，Ⅳ，Ⅴ　D. Ⅰ，Ⅱ，Ⅲ，Ⅴ

15. 在拟定沿岸航线时，在能见度良好的情况下，航线与附近有显著物标可供定位和避险的精测危险物之间的距离，至少应保持在________。

A. 5 n mile 以上　B. 1.5 n mile 以上　C. 1 n mile 以上　D. 2 n mile 以上

16. 下列有关船舶燃油储备量的说法中，正确的是________。

A. 近岸航区，储备量不少于 1 天的耗油量
B. 沿岸航区，储备量不多于 2 天的耗油量
C. 远洋航区，储备量不少于 3 天的耗油量
D. 各类航区，储备量均不少于 2 天的耗油量

17. 船舶定向、定速航行，利用两物标方位定位，下列能说明观测船位是可靠的是________。

A. 观测船位成直线分布　　　　　B. 船位间距与航时成正比
C. 观测船位成曲线分布　　　　　D. A 或 B

18. 船舶定向、定速航行，利用两物标距离定位，下列能说明观测船位是可靠的是________。

A. 观测船位成直线分布　　　　　B. 船位间距与航时不成正比
C. 观测船位成曲线分布　　　　　D. A 或 B

模块3　引导船舶在狭水道、岛礁区航行

模块描述

本模块主要描述狭水道航行、岛礁区航行的特点，狭水道航行、岛礁区航行的基本方法。

学习目标

1. 掌握狭水道航行、岛礁区航行的特点；
2. 掌握过浅滩的要领；
3. 掌握狭水道航行导航、转向、避险的基本方法；
4. 掌握岛礁区航行的基本方法。

工作任务

1. 狭水道航线的拟定及导航方法；
2. 岛礁区航线的拟定及导航航法。

知识准备

一、狭水道航行的特点

狭水道是港口、海峡、江河、运河以及岛礁区等水道的总称。一般而言，狭水道内航道狭窄弯曲、水深和水流变化明显、航道距危险物近、通航密度大，一般不能用通常的定位方法保证航行安全，航行较为困难。因此，驾驶员了解狭水道的航行特点，掌握狭水道内各种导航、转向和避险等航行方法以及通过浅滩、岛礁区等的特殊方法十分必要；同时，在狭水道航行时更应谨慎驾驶，并不断注意积累和总结狭水道航行的经验，以提高驾驶水平。

1. 航道狭窄、弯曲，水深浅且变化大

狭水道往往狭窄而弯曲，船舶航行没有足够的回旋余地。例如，我国许多港口的主航道多为人工疏浚，有的航道宽度不足 100 m，大多数港口的进出口航道水深都有限。特别是江河入海口处的航道，往往由于上游挟带大量泥沙的沉积而形成浅滩，这种浅滩的位置，随季节和江河水势的差异而多有变迁，因此航道水深变化较大，船舶进出这些水道一般都要候潮。这些都给船舶航行和操纵带来了较大的困难。因此，许多狭水道内除有天然和人工陆标可供定位、避险和导航外，还专门设有浮标指示航道或航海危险物。

大部分狭水道，近年来都实施了分道通航制。

2. 离危险物近，水流情况复杂

由于狭水道受岸形的限制，可航水道一般离浅滩、暗礁等航行危险物较近。同时，由于航道狭窄，流向一般较复杂，流速分布也不均匀。对于直而短的狭水道，潮流流向系沿航道轴线方向。但在弯曲度大的水道，主流向往往与水道横交，流速也有较大变化，航行中应充分注意。船舶一旦偏离航线或者被水流压向航道外都是很危险的。因此，一切航行措施要求准确、迅速，决不能犹豫和盲动。

3. 来往船舶密集，避让余地小

狭水道一般都是航行重要水道，是来往船舶密集区域，且船舶类型繁多、大小不一，有些航道时有小船堵道，给船舶的操纵与避让增加了困难。在有超大型船舶通过的狭水道，要注意大船预告，注意避让。否则，由于大船行动迟缓，又不能偏离深水航道，容易造成紧迫局面。

4. 可供定位的物标多、距离近

狭水道航行，可用以定位的物标多、距离近，但物标的方位变化快。因此，用一般的航海定位方法，在速度和精度上都不能确保航行的安全，必须预先研究和掌握各物标的特点，采用目视引航方法来确定狭水道航行的安全。

二、过浅滩的航行方法和注意事项

1. 最小安全水深的确定

许多内河水系，特别是下游港口，经常有海船进出。江河入海口航道上，往往有拦江沙滩，由于浅水效应，会使船舶阻力增大、船速降低、舵效变差、吃水增加，造成航行和操纵上的困难。大船通过浅滩往往需要候潮，所需最小安全水深可由下式求得：

最小安全水深＝最大吃水（出发港）－油水消耗减少吃水＋咸淡水差＋横倾增加吃水＋船体下沉＋半波高＋富余水深　（10－3－1）

现对式（10－3－1）中各项分别讨论如下：

（1）出发港最大吃水。通常，在受载时就应根据航行时间、油水消耗量、潮汐预报情况等预先进行预算，合理受载，以期在通过浅滩时，既可达到艏、艉吃水适当，又有足够的保留水深，争取尽早安全通过。

（2）油水消耗减少吃水。根据本船每天油水消耗量、每厘米吃水吨数和航行天数，可按下式计算油水消耗减少吃水的厘米数：

$$\text{油水消耗减少吃水（cm）} = \frac{\text{每天油水消耗量} \times \text{航行天数}}{\text{每厘米吃水吨数}} \tag{10-3-2}$$

（3）咸淡水差。船舶由一种密度的水域驶入另一种密度的水域，由于水密度的变化，其吃水将随之发生改变，相应的变化量 δd 为

$$\delta d = \frac{\Delta \rho}{100TPC}\left(\frac{1}{\rho_2} - \frac{1}{\rho_1}\right) \tag{10-3-3}$$

式中：δd 为不同水密度的水域中吃水改变量，m；Δ为进入新水域前的排水量，t；TPC

为该排水量下的标准海水密度时的每厘米吃水吨数，t/cm；ρ 为标准海水密度（$\rho = 1.025\ g/cm^3$）；ρ_1 为原水域的水密度；ρ_2 为新水域的水密度。

（4）横倾增加吃水。在水深有限的狭水道中航行，要考虑横倾会增加吃水的因素。如图 10-3-1 所示，吃水增加量可按下式近似计算：

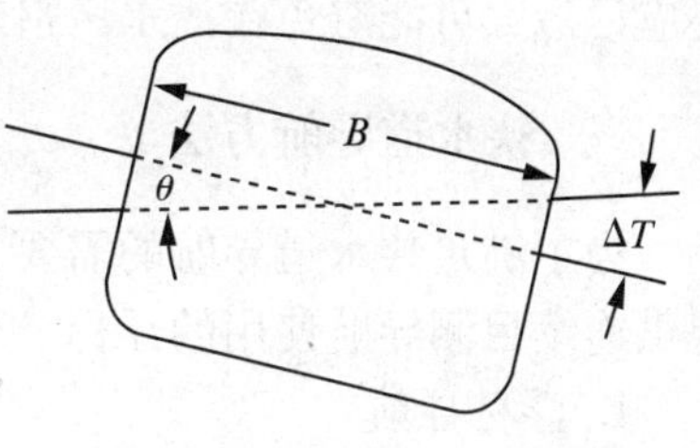

图 10-3-1　横倾增加吃水

$$\Delta T = \frac{B \cdot \theta}{2 \times 57.3} \approx \frac{B \cdot \theta}{120} \qquad (10-3-4)$$

式中：ΔT 为横倾增加吃水，m；B 为船宽，m。

（5）船体下沉及吃水差变化。船舶在浅水中航行，船底至海底之间过水断面变小，水流速度加快，水压降低，原来的平衡被破坏，通过船体下沉达到新的平衡，从而使吃水增加。由于艏、艉下沉量不同，因此吃水差发生变化。

浅水中船体下沉及纵倾变化，较之深水更为激烈。船首上浮的时机较早，而且水深越浅，达到最大艏倾和开始变为艉倾所需船速越低。在商船速度范围内，浅水中低速时就出现船体下沉，船速越快或是肥胖型的船舶，船体下沉及吃水差的变化程度就越大。

（6）半波高。波浪有波峰和波谷，当船舶处于波谷时，相当于水深变浅，通常减小半个波高。当过浅滩遇有波浪时，有必要考虑半波高，以免坐底。

（7）富余水深（保留水深）。富余水深应视该浅滩处潮高预报误差、海图水深测量误差和底质性质确定。确定保留水深时要注意留有充分余地，通常可取 0.1～0.5 m 的保留水深。

2. 过浅滩注意事项

（1）调整吃水。船舶到达浅滩以前，应及时调整船舶吃水，使其到达浅滩时刚好为平吃水且无横倾。如当地水深允许，则可将船舶调整至适当艉倾，以改善船舶操纵性能。值得注意的是，当船舶由咸水水域进入淡水或半淡水水域时，平均吃水增加，船舶浮心后移，导致吃水差增加。因此，要保证船舶在淡水或半淡水水域时为平吃水，则在咸水水域时应有适当的艉倾。

（2）候潮。过浅滩往往需要候潮，一方面过浅滩的最佳时机通常选择在当地高潮前 1 h，此时水面已上涨到一定的高度，有利于船舶安全通过浅滩。另一方面，船舶一旦搁浅，因尚未达到高潮，潮水还在不断的上涨，船舶还有可能自行脱浅。

（3）控制航速。浅水中的船体下沉和纵倾变化，较之深水更为剧烈，对船舶操纵影响较大，甚至可能产生擦碰海底的事故。当船舶通过仅有少量富余水深的浅滩时，必须控制好航速，在必要时可使用拖船协助停车淌航。

（4）掌握最新资料。拦江沙浅滩往往随季节和时间有所变化，应查阅最新资料。受风向的影响，有时潮水也会提前或推迟到达浅滩。大船通过浅滩前，可向有关部门查询当时的实际潮高和水深，以资核对。

（5）尽量避免在浅水区会遇和追越。船舶在浅水区的舵效较差，相距较近还会出现船吸现象，可提前通过 VHF 相互协调，使其中一船先行通过，另一船在浅滩外航道上慢车等候。万一两船在浅水区会遇，应各自靠航道右侧航行，采用减速和变速对驶通过，

还应尽最大可能避免在浅水区追越。

三、狭水道导航方法

为了满足狭水道导航的需要，狭水道中除了有众多的天然物标外，还设有许多用于提供连续目测导航使用的浮标、导标和叠标等。

1. 浮标导航

在江河入海口处，往往岸线低平，必须设置一系列的灯船、灯浮等来标示航道、指示危险，引导船舶安全进出港。某些海上雷区航道，由于离岸较远，导航准确度要求较高，也设置浮标导航。我国长江口南水道就是一个比较典型的使用浮标导航的水道。

1）导航方法

（1）查看前后浮标法。查看前后浮标，将前后浮标设想连成直线，能直观地判断本船是否行驶在航道内。如图 10－3－2 所示，*A*，*B* 是前后两个浮标，设置在航道南侧，北侧为可航水道。*a*，*b*，*c* 分别表示船的 3 个位置。*a* 位在前后标连线的右侧，说明本船已偏离航道进入浅水区，应立即左转离开此地；*b* 位在前后浮标连线上，说明本船已进入航道边线，也应左转离开连线位置；*c* 位在前后连线的左侧，说明本船在航道内。

（2）前标舷角变化法。如图 10－3－3 所示，船位于 *A* 浮标正横附近时测得前标 *B* 方位为 *Q*，航行中不断观测前标 *B* 的舷角，即可判断船舶偏航情况：如果航行中舷角不断增加，表明船舶在通过前标前将行驶在航道内；如果舷角不变，船舶将与前标 *B* 碰撞；一旦舷角越来越小，船舶将偏离航道进入航道另一侧的浅水区。

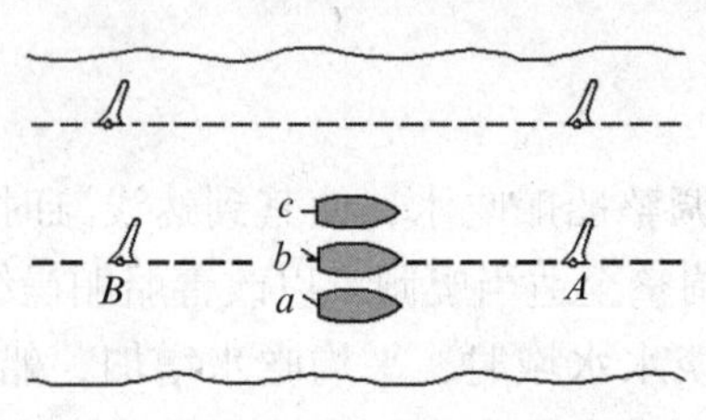

图 10－3－2　查看前后浮标法导航

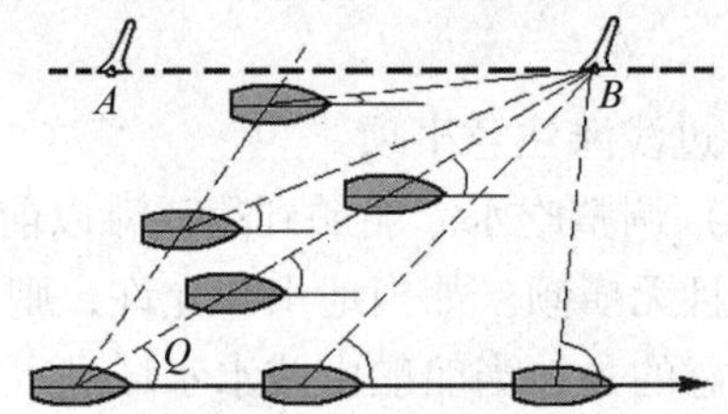

图 10－3－3　前标舷角变化法导航

（3）舷角航程法。浮标导航目测正横距离，可判断船舶是否偏离计划航线。在无风流情况下，除四点方位法外，还可以使用舷角航程法。如图 10－3－4 所示：*A*，*B* 为两浮标，其间距设为 6 n mile。当船与 *A* 浮标正横时，测得 *B* 浮标的舷角 $Q = 1°$，则船通过 *B* 浮标的正横距离，可按下式算得：

$$BD = AB \times \frac{Q°}{57°.3} \qquad (10-3-5)$$

$$= 6 \times \frac{1}{57°.3}$$

$$= 0.1 \ (\text{n mile})$$

图 10－3－4　舷角航程法导航

2）注意事项

浮标导航方法，实际上就是逐个通过浮标的航行方法。航行前，应查阅海图和《航路指南》等资料，了解浮标制度和浮标的配置情况，预画好航线，并熟记相邻浮标之间

的航向和航程。航行中要认真地逐一核对灯浮的形状、颜色、灯质、灯标和编号等，确保船舶行驶在计划航线上。

当浮标导航时，应在航道内靠本船右舷一侧航行。通过浮标的距离不宜过近，防止因风流影响将船压上浮标。转向时机应根据船舶性能、装载量、水流的大小和方向以及船位偏离航线的远近来确定。正常情况下，选择在浮标正横时转向。顺流航行，适当提前转向；顶流航行，则应适当推迟转向。如果转向前船位偏在航线某侧，则当新航线向同一侧改向时，应适当推迟转向；否则，应适当提前转向。具体转向位置和提前量应根据船位偏移情况和转向角度，通过海图标绘来确定。

江河口外的浮标或灯船，在大风浪之后有时会发生位移、灯光熄灭，甚至漂失等。应不断根据前后两浮标间的航行时间计算出航速，用它推算到达下一个浮标的时间。如果估计应该看见的浮标而看不见或位置不对，则应立即采取措施，谨慎驾驶，在必要时应立即减速或停车，同时尽可能利用各种手段反复校验船位，确定船位正确才可以继续航行。若发现浮标移位、漂失等，则应向有关部门报告。此外，某些港口因冬季结冰，可能撤除浮标，或用其他标志代替，航行时应予以注意。

在浮标导航中，要特别加强瞭望，注意避让，严格遵守有关的国际和地方规则。当能见度不良时，要充分考虑昼夜、吃水和航道等条件，只有在避让和导航均有把握的前提下，才能继续航行。

2. 叠标导航

1）方位叠标导航

在许多港口和狭水道地区，为了准确地引导船舶按照推荐航线安全航行，通常设置专用的方位叠标。方位叠标由前后两个标志组成，离船近的称为前标，离船远的称为后标。两标志连线向航道一侧的延长线，即为相应的方位叠标线。只要船舶准确地沿方位叠标所指示的推荐航线航行，就能保证行驶在安全的航道上。船舶一旦偏离叠标线，前后标就会互相错开，从而及时发现船舶偏离推荐航线，以便采取必要的措施。

（1）导航方法。当方位叠标导航时，方位叠标线就是船舶的计划航线，航行中只要始终保持前后两叠标标志重叠，就能保证船舶航行在计划航线上。利用船首叠标导航，如发现前标偏左，则表明船舶偏右，应及时用小舵角操船左转；如发现前标偏右，则表明船舶偏左，应及时用小舵角操船右转。当利用船尾叠标导航时，正好与上述情况相反，即如发现前标偏左，则表明船舶偏右，此时应及时用小舵角操船右转；如发现前标偏右，则表明船舶偏左，应及时用小舵角操船左转。

（2）方位叠标灵敏度。船上测者能够发现前后叠标标志错开时的船舶偏离叠标线的最小距离，称为叠标灵敏度。如果船舶偏离叠标线很远，叠标才呈现错开现象，则这种叠标的灵敏度是比较低的；反之，只要船舶稍微偏离叠标线，即能发现两叠标错开，则这种叠标的灵敏度是较高的。使用灵敏度高的叠标导航，可增加导航的准确性和安全性。

如图10－3－5所示，A 和 B 表示彼此相距为 d 的两个叠标（即 $AB=d$），C 表示在方位叠标线上的船位，距前标 A 的距离 $CA=D$。设当船舶偏离方位叠标线至 S 点（$CS=p$）时初次发现两标志错开，则 p 即为该叠标的灵敏度。由于人眼目测可分辨 A，B 对船舶的张角的最小值为 $1'$，因此可以证明，方位叠标的灵敏度 p 为

$$p = \frac{D(D+d)}{d} \cdot \text{arc}1' \qquad (10-3-6)$$

或

$$p(\text{m}) \approx \frac{1\,852D(D+d)}{3\,438d} \approx \frac{D(D+d)}{2d} \qquad (10-3-7)$$

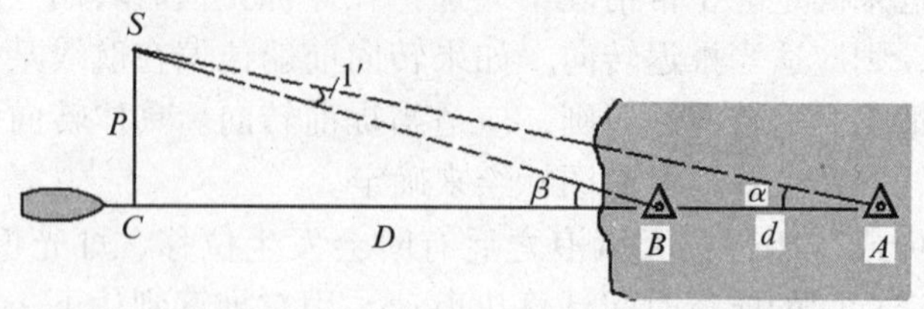

图 10-3-5　叠标导航灵敏度

p 值越小，叠标的灵敏度越高。在叠标标志之间的距离 d 已定的情况下，船舶距前标的距离 D 越近，叠标灵敏度越高。对于供校正罗经等专用的叠标，D 和 p 基本固定，则叠标灵敏度取决于两标志之间的距离 d。d 越大，灵敏度越高。此外，叠标的灵敏度还与标志的大小、形状和标志本身及背景的亮度有关。这是因为只有当两标志之间呈透光现象时，才有可能发现标志错开。当然，叠标过于灵敏，也不是所希望的，主要是因为在容许的范围内，船舶稍微偏离航道轴线，亦不要求标志立即呈现错开。

综上所述，一般选用方位叠标应符合下列条件：①在 $\frac{d}{D} \geqslant \frac{1}{3}$ 时，便符合一般导航要求；②叠标标志越细长越好，良好的自然物标，如旗杆、烟囱、教堂尖顶或精测过的山峰等，亦可选作叠标标志用；③注意标志本身和背景的亮度，应易于辨别。

2）雷达距离叠标导航

如图 10-3-6 所示，单向通航航道，计划航线在航道轴线上，A，B 为两个测距标志，AB 的垂直平分线为航道轴线。在实际导航时，用雷达的活动距标连续测定两标志的距离，只要保持 $D_A = D_B$，即两标志的回波同时保持在活动距离圈上，就可以准确而简便地使船舶保持在推荐航线上。保持活动距离圈始终与较近的一个标志的回波相切，此时若发现右侧的 B 标志的回波呈现在距离圈之外，则表明船舶已偏左，应向右调整航向；反之，若左侧的 A 标志回波在距离圈之外，则表明船舶已偏右，应向左调整航向。

在双向航道上，则可设两组距离叠标，如图 10-3-7 所示，船舶可利用叠标保持在各自的计划航线上航行。

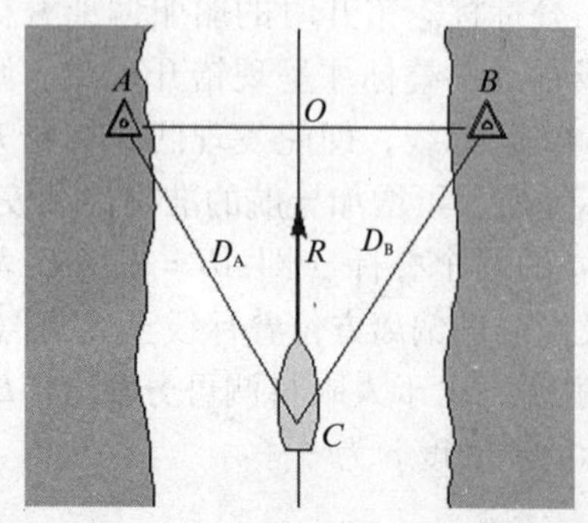

图 10-3-6　雷达距离叠标导航

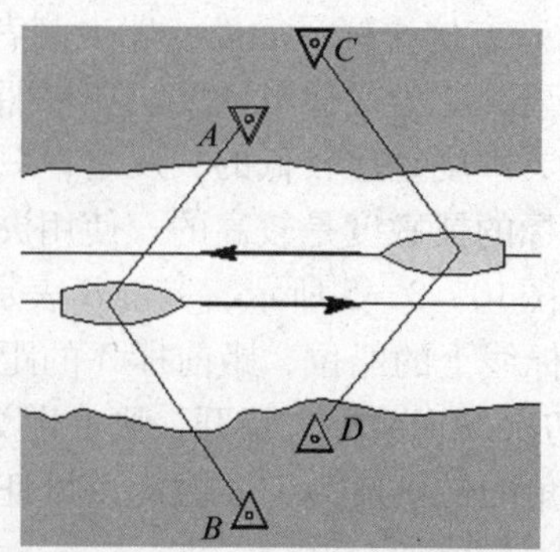

图 10-3-7　距离叠标对遇情况下导航

雷达距离叠标不受能见度限制，这是它突出的一个优点。这种叠标标志可设在岸上，在必要时亦可设在水中，为了使回波易于发现和辨认，可在所设标志上加装雷达反射器。

距离叠标导航，两标志间的距离越大，叠标越灵敏；而船距标志连线 AB 的距离 R 越大，则灵敏度越低；当 $R=0$ 时，即船在 AB 连线上时，距离叠标的灵敏度最高。

在弯曲航道上，为了便于转向，可设 3 个标志组成两组距离叠标，使转向前后的导航互相衔接起来，如图 10－3－8 所示。

3. 导标方位导航

如果预定的航线上没有合适的叠标，则可在航线的正前方或后方选择一个明显的物标，作为导标来导航。航行中，只要保持该导标的方位不变，即可安全航行在该导标所指示的计划航线上。

当导标方位导航时，应事先根据海图确定所选导标的真方位，然后结合本船罗经差，换算成相应的陀罗方位或罗方位。航行中，应保持该导标实测方位等于事先设定的方位值。利用航线前方的导标导航，如图 10－3－9 所示，如果发现实测的方位（TB_1）增大，说明船向左偏离了航线，应用右舵纠正；反之，如果发现方位（TB_2）减小，则表明船向右偏离了航线，应用左舵纠正。利用航线后方的导标导航，刚好与上述情况相反。

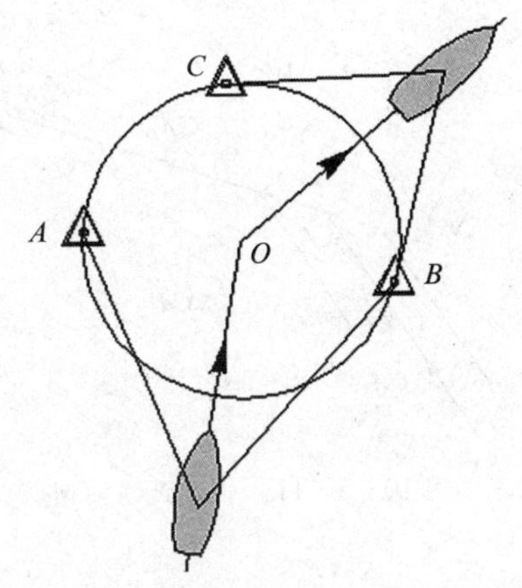

图 10－3－8　弯曲航道距离叠标导航

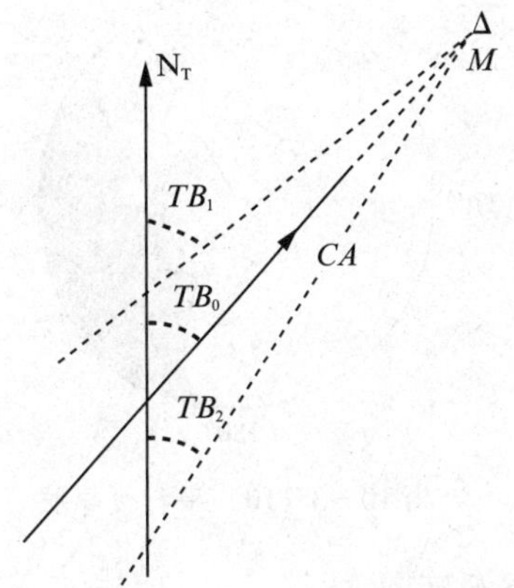

图 10－3－9　导标导航

4. 平行线导航

当航线前后无适当的叠标或导标可供导航时，可借助雷达，利用航线两侧附近的物标进行平行线导航。

平行线导航应事先结合海图，选取离航线近、显著、海图位置准确的物标，并量取该物标至计划航线的最近距离。调整雷达至北向上相对运动显示方式，活动距标至相应的最近距离值，电子方位线与计划航线平行，在调整电子方位线扫描中心，使其刚好在物标同侧与活动距标圈相切，如图 10－3－10 所示。航行中，根据物标回波和电子方位线的相对位置关系调整航向，使物标回波始终沿该电子方位线作相应的移动，即可确保船舶顺利航行在计划航线上。普通雷达，利用平行方位标尺，也可达到类似的导航目的。但由于视差等的影响，其导航精度要低一些。

为了提高平行线导航精度，应尽可能选择船舶正横附近离船较近的导航物标，长航

线应及时更新导航物标。

目前，世界上许多国家在本国沿海建立了定位精度为米级的DGPS系统，为狭水道导航提供了可能性。在准确使用坐标系修正量的基础上，DGPS结合电子海图是狭水道航行中非常有效和可靠的先进导航方式。

四、转向方法

通常，狭水道内航道狭窄弯曲、水流复杂、危险物众多，船舶转向时机的把握对确保船舶航行安全起到很重要的作用，为了使船舶在转向后仍能航行在计划航线上，要求航海人员能借助适当的标志，简便、直观而且迅速地把握转向时机，及时使船舶准确地转至新航线上。

1. 物标正横转向

利用转向点附近物标正横确定转向时机简便、直观，在航海上被普遍采用，如图10－3－11所示。应尽可能选择转向同一侧的孤立、显著、准确的人工或自然标志作为转向物标。当转向时，应根据当时船舶的偏航情况和水流的顺逆，并结合船舶的操纵性能，适当提前或推迟转向。

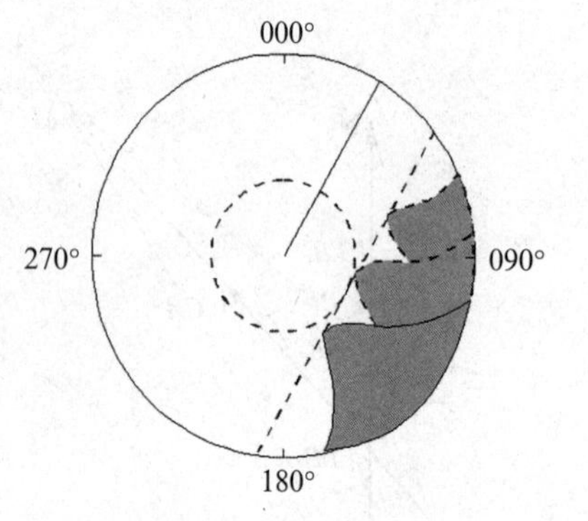

图10－3－10　平行线导航

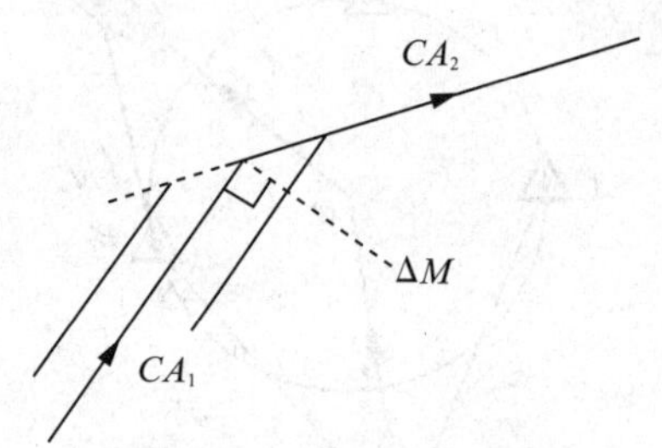

图10－3－11　物标正横转向

2. 逐渐转向

在狭窄且弯度较大的航道中转向，通常不能一次旋回就能转入下一航线。为了保持船舶能在弯曲的航道中央航行，必须逐渐改变航向，称为逐渐转向法。

当弯道不太长时，可根据岸形采用小舵角，保持离岸或某物标一定距离连续转向。转向过程中，要根据船舶回转速率和航道情况不断变换舵角大小和车速的快慢，甚至停车和正舵，以操纵船舶逐渐转向，安全驶过弯道。

当弯道较长时，应事先在海图上绘画计划航线，选择适当的导航和转向物标，分段逐渐转向，如图10－3－12所示。

3. 导标方位转向

当新航线正前方或后方有适当的导标时，可直接观测该导标方位确定转向时机。这样，不论转向前船舶是否偏离计划航线，均能确保船舶顺利地转到新航线上，如图10－3－13所示。利用新航线正前方或正后方的导标，可判断转向时机。转向后还可以用它来导航。

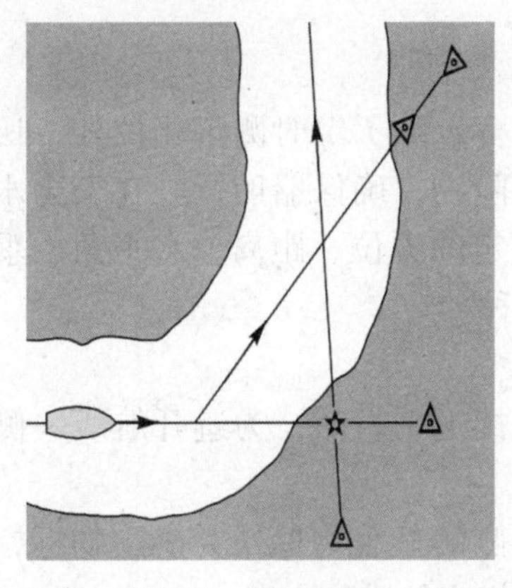

图 10-3-12　弯道分段逐渐转向

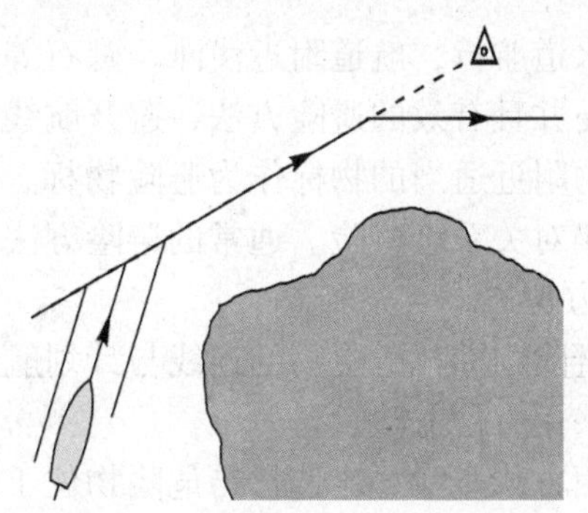

图 10-3-13　左右导标方位转向

4. 平行方位线转向

如果新航线两侧有危险物，又没有合适的导标来确定转向时机，则可采用平行方位线转向法。如图 10-3-14 所示：CA_1 和 CA_2 为转向前后两条计划航线，在转向点附近，尽量靠近新航线处选择一明显物标 M，在海图上过 M 作新航线的平行线 MA，并求取相应的罗方位。根据航速推算由 A 点航行到 B 点所需的时间 T。航行中，当测得 M 的罗方位等于预先求取的罗方位时按下秒表，经过时间 T 后转向，即可转到新航线上。考虑从驾驶员发令到船舶实际转到新航向上需要一定的时间 t，故应在经过时间 $T-t$ 后，即当船舶在 B'点时发出转向指令。采用平行方位线转向法，无论转向前船舶是否偏离原航线，转向后都能使船舶准确地转到新航线上，从而安全避开新航线两侧的危险物。

5. 平行线转向

利用转向点附近某一孤立、显著的物标，可使用平行线转向法确定转向时机。如图 10-3-15 所示，在转向前，船舶按导航要求调整雷达电子方位线 EL_1 与 CA_1 平行，保持物标 M 的回波沿电子方位线 EL_1 移动（a_1，a_2，a_3，……），引导船舶行驶在转向前的计划航线上。当接近转向点时，按导航要求迅速调整电子方位线 EL_2 与 CA_2 平行，一旦物标的回波抵达 M，即可判定船舶已抵达转向点。转向后保持物标回波沿电子方位线 EL_2 移动（b_1，b_2，b_3，……），可确保船舶行驶在新的计划航线上。采用平行线转向法，物标的选择余地较大，转向前后还可使用平行线导航法导航。

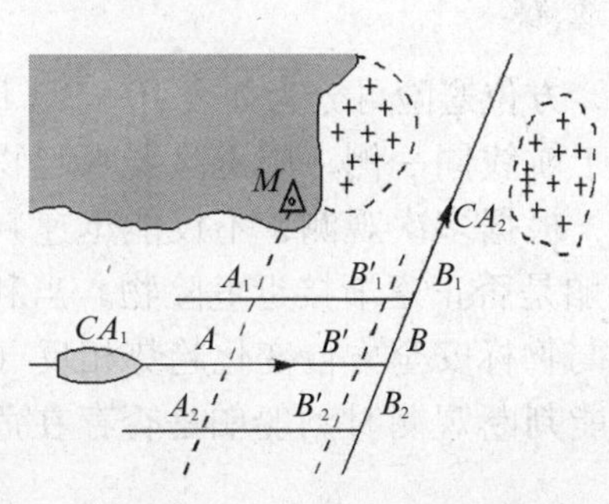

图 10-3-14　平行方位线转向

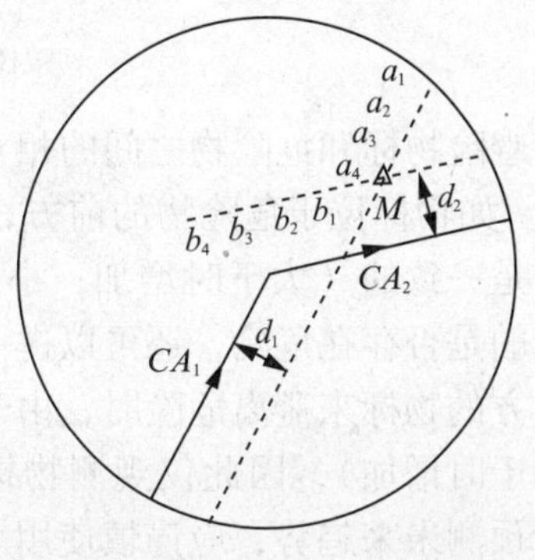

图 10-3-15　平行线转向

五、避险方法

狭水道航行，航道附近浅滩、礁石等危险物众多，除了定时测定船位外，还应适当采取简便并且有效的避险方法，避开航线附近的危险物，确保船舶行驶在安全水域。选择危险物附近适当的物标作为避险物标，可根据一定的方位、距离、水平角、垂直角和横距等相对关系来避险。通常的避险方法有以下几种。

1. 方位避险

当避险物标与危险物的连线与计划航线平行或接近平行时，为避开航线一侧的危险物，可采用方位避险。

采用方位避险，应选择与危险物位于航线同一侧的显著物标作为避险物标，并根据避险物标、危险物和船舶之间的相对位置关系确定相应的避险方案。

在海图上以危险物为圆心，最小安全距离 d 为半径画圆弧，再自 M 作靠近航线一侧的圆弧的切线，该切线即为方位避险线。量取避险线真方位 TB_0，即为相应的避险方位。如图 10－3－16（a）所示，如所选择的避险物标 M 与危险物同位于航线的右侧，且避险物标位于危险物的前方，则在航行中，只要保持实测 M 的真方位 $TB \geqslant TB_0$，即可安全地避开该危险物；如避险物标 M 与危险物同位于航线的右侧，但避险物标位于危险物的后方，如图 10－3－16（b）所示，则应保持实测方位 $TB \leqslant TB_0$，方可安全避开该危险物；如果避险物标和危险物同位于航线的左侧，避险方案刚好与上述相应情况相反；当避险物标位于危险物前方时，如图 10－3－16（c）所示，为安全避开危险物，应保持实测方位 $TB \leqslant TB_0$；当避险物标位于危险物后方时如图 10－3－16（d）所示，应确保实测方位 $TB \geqslant TB_0$。

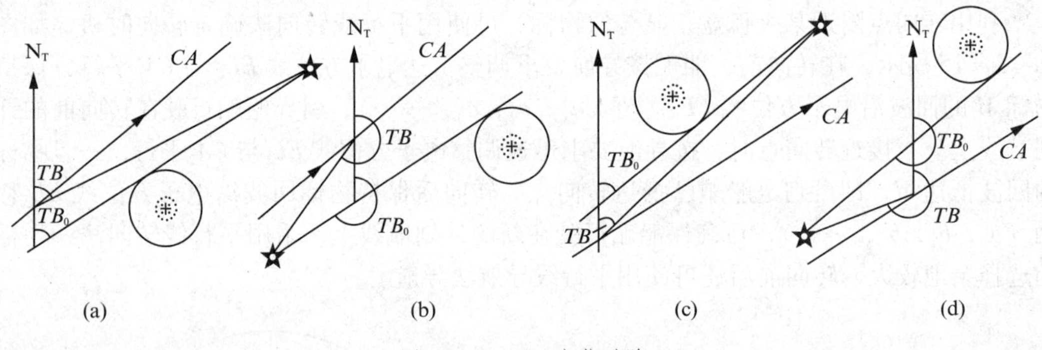

图 10－3－16　方位避险

根据避险物标和危险物之间的相对位置关系，方位避险可分为如表 10－3－1 所示的 4 种情况。如物标位于危险物的前方，且两者位于航线同一侧，则避险要求与物标方位安全变化是一致的（大于时增加；小于时减小），根据多次观测，不仅能迅速判断每次观测时船舶是否存在危险，还可以进一步预测船舶是否正逐渐接近危险物。当利用位于危险物后方的物标来避离危险时，由于避险要求与物标安全方位变化趋势相反（大于时减小；小于时增加），因此仅观测物标方位，只能判断观测时刻船舶是否存在危险，而无法正确预测未来趋势，应谨慎使用。

表 10－3－1　不同情况下的方位避险

相对位置关系		避险要求	方位安全变化趋势
同在航线右侧	物标在危险物前方	$TB \geqslant TB_0$	TB 逐渐增大
	物标在危险物后方	$TB \leqslant TB_0$	TB 逐渐增大
同在航线左侧	物标在危险物前方	$TB \leqslant TB_0$	TB 逐渐减小
	物标在危险物后方	$TB \geqslant TB_0$	TB 逐渐减小

2. 距离避险

当所选避险物标与危险物的连线与计划航线垂直或接近垂直时，可采用距离避险法避险。

如图 10－3－17 所示，采用距离避险法避险，应选择与危险物位于航线同一侧的避险物标。首先确定距危险物的最近距离 d，再进一步确定避险距离 D_0。航行中，只要保持雷达所测得的船舶至该标的距离 $D \geqslant D_0$，即可避离该避险物标附近的危险物。当避险物标与危险物位于航线两侧时，应避免直接采用距离避险法避险。

3. 平行线避险

利用航线附近物标可进行平行线导航，它们也同样可用于平行线避险，如图 10－3－18所示。

平行线导航引导船舶始终行驶在计划航线上。事实上，由于船舶在航行中受避让操纵等影响，往往不得不暂时偏离航线。如果事先根据海图确定出船舶最大偏航距离，从而进一步确定航行中船舶与所选物标之间的最大（最小）距离，再按平行线导航中所述方法设定避险线，则在航行中，只要保持物标的雷达回波始终位于该避险线的安全一侧，即可确保船舶安全地避离航线附近的危险物。

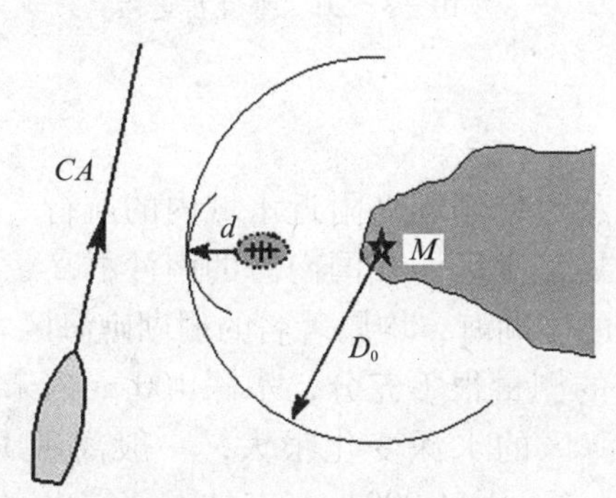

图 10－3－17　距离避险

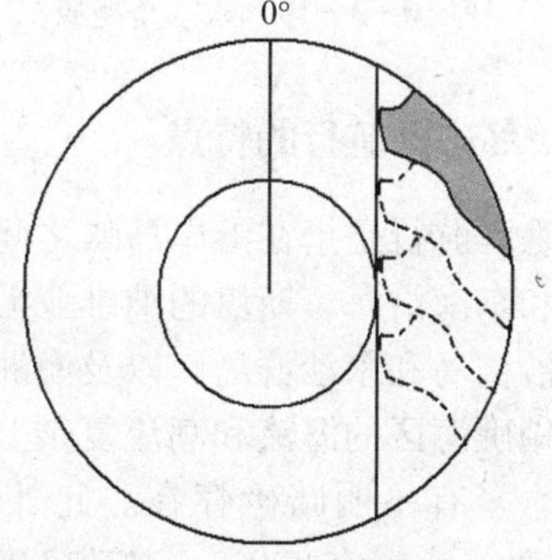

图 10－3－18　平行线避险

4. 水平角避险

如图 10－3－19 所示，为避开 M，N 之间的危险水域，在海图上过 M，N 作包含整个危险水域的圆弧 MN，其水平角为α_{max}，航行时测得 M，N 间的水平角为α，只要满足$\alpha \leqslant \alpha_{max}$，船舶即可安全地避开危险物水域。

当航线的另外一侧还有危险物时，用同样的方法作排除该危险水域的圆弧，其水平角为α_{min}，显然，当船舶在两危险物中间的狭窄水域航行时，只要保证用六分仪所测物

标 M，N 间的水平角α满足：$\alpha_{min} \leqslant \alpha \leqslant \alpha_{max}$，即可以保证船舶的航行安全。

5. 垂直角避险

利用危险物附近已知高度的高大、显著物标，可采用垂直角避险法来避开航线附近的危险物。

如图 10－3－20 所示，设物标 M 的高度为 H，D_{min} 和 D_{max} 分别是船舶为了避开两危险物而应与物标 M 保持的最小和最大距离。根据 H，D_{min} 和 D_{max}，可分别求出相应的最大垂直避险角 α_{max} 和最小垂直避险角 α_{min}。同样，当船舶航行在危险物附近时，只要保证用六分仪所测物标 M 的垂直角α满足：$\alpha_{min} \leqslant \alpha \leqslant \alpha_{max}$，即可安全地避开航线两侧的危险物。

海图上所标物标的高程是指高程基准面以上的海拔高度。在有潮汐的海区，应根据船舶通过危险物时当地的潮汐情况，将海图所标避险物标的高度换算为该物标当时的实际海拔高度，以确保船舶的航行安全。

无论是水平角避险还是垂直角避险，当避险物标与危险物位于航线同一侧时，要求实测角α满足 $\alpha \geqslant \alpha_{max}$，这一条件只有在危险物附近航行时才成立，而在远距离上是不成立的。实际工作中，往往还要事先确定相应的适用范围，使用时要特别谨慎。

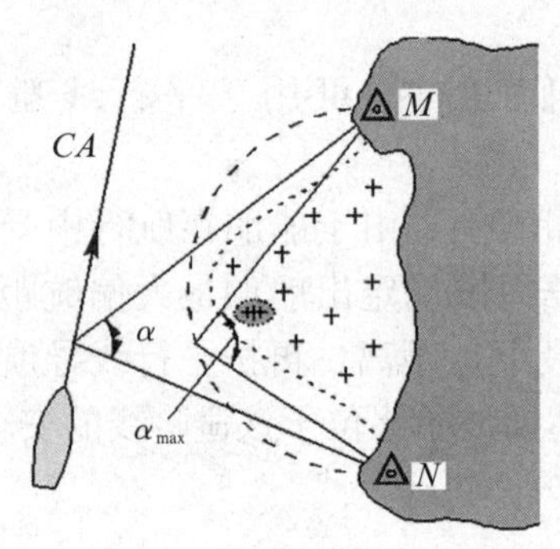

图 10－3－19　水平角避险

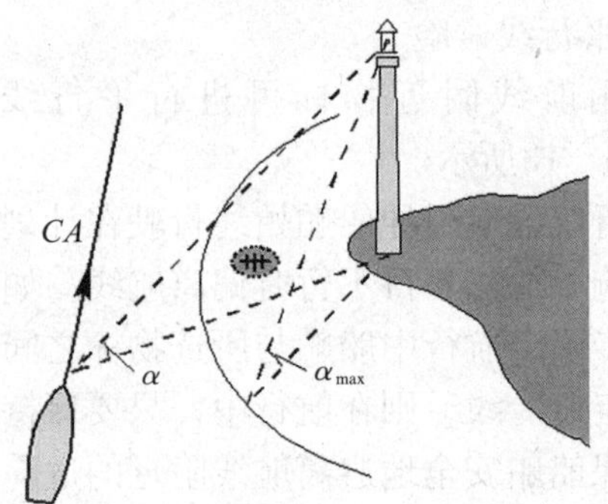

图 10－3－20　垂直角避险

六、岛礁区航行的特点

岛礁区航行是指在沿岸岛屿之间的内水道和热带珊瑚岛附近水域内的航行。我国舟山群岛和东南沿海、斯堪的纳维亚沿岸的岛区属岛礁区。我国南海的南沙群岛、西沙群岛、中沙群岛和东沙群岛，以及澳洲东北海岸的珊瑚海，均属著名的珊瑚礁海区。

珊瑚礁海区的海流和潮流复杂。这些海区的测量很不充分，水深 100 m 内未经扫海的地区，多有不明暗礁存在。此外，珊瑚礁海区的水深变化很大，一般离礁 1 500 ~ 2 000 m 处，水深有 800 m；离礁 3 000 m 处，水深可达 1 000 m。有的上部露出水面的桌形珊瑚礁，距其 800 m 处，水深就有 800 m。但是，即使在 1 500 m 深的珊瑚礁海区航行，也有可能因水深突然变浅而导致触礁。同时，珊瑚礁大部分都是干出礁，在高潮时可能被淹没，低潮时可能露出，目测和雷达观测有时不易发现。因此，珊瑚礁海区可供定位和导航的物标很少。在白天，能见度良好时，浅水的礁盘有如下特征。

（1）礁盘所在的水天线附近，天空常有反光。晴天该处的水天线及其上空比别处明亮。若其上空有白云，则云底呈淡青色。这种反光在面向太阳时不易看出，在背对太阳时比较明显。如注意观察，距离 10 n mile 左右即可发现。

（2）稍有风浪，礁盘边缘即起白浪。由上风向望去特别明显。当能见度良好时，距离 4 ~ 5 n mile 即可看到沿礁缘呈现一长条滚滚白浪。

（3）礁盘上水呈青绿色，礁盘边缘浅水区呈浅蓝色，与周围海水颜色有显著不同。船舶只要不接近变色海水就无危险。这种大片变色海水，在白天距离 3 ~ 4 n mile 即可看到。

七、岛礁区导航

1. 正确选择航线，使用最新的大比例尺海图

当海图上测深点稀疏时，应尽量把航线画在测深点上，航线离礁距离至少在 5 ~ 6 n mile以上，不宜过分接近岛屿或珊瑚礁。在选定航线以后，还应根据航行时的气象条件和船位观测的难易程度，进行必要的修正。如有风，则应将航线设计在礁盘的上风通过礁区，主要是因为上风侧浪花大，容易发现礁盘。当必须通过两礁间的水道时，航线应在两礁间最窄处的岛礁连线的垂直平分线上通过，这样比较安全。

2. 正确选择航行时间

岛礁区航行应选择白天，最好中午前后。在低潮时，太阳在背后高照，海面有微波，是发现珊瑚礁的最好时机。应避免太阳在岛礁方向且高度甚低、海面阳光反射强烈时接近岛礁。如需夜间经过礁盘，则必须与礁盘保持足够的距离，估计最大船位差也不至于触礁，主要是因为在夜间很难辨认礁盘。

3. 根据水色波纹来判断浅区礁盘

在预计接近岛礁之前，应安排有经验者在桅顶或其他高处协助瞭望。这是因为在高处更容易发现岛礁上的特殊波纹和浪花。在高处瞭望，很远就能发现水中 5 ~ 7 m的暗礁。太平洋的一些礁区岛屿海域，可参考水的颜色估计水深。水深 1 m 呈淡褐色，2 m 以内呈绿中带棕色，5 m 以内呈绿中带黄色，10 m 呈绿中带青色，15 m 呈青中带白色，20 m 呈青色，30 m 以外呈紫青色等。即使是孤立的暗礁，只要注意瞭望，有些亦可根据浪花、水色发现暗礁的存在。当夜航时，满月晴夜可与白天的观察几乎相同。发现岛礁后，应减速并认真辨认，决不能在没有准确船位的情况下接近岛礁。

4. 采用多种目视定位、导航、避险等手段

在沿岸岛屿之间的航道，多为狭窄、弯曲、水流急、危险物多，但可供定位和导航的物标一般也比较多。岛礁区航行与狭水道航行有许多共同之处，也是以目视导航为主。

在岛屿间航行，可充分利用方位、距离避险线避离危险。其中，使用叠标避险线，即两物标（如山头、小岛等）的开门和关门的机会更多。如图 10 – 3 – 21 所示，船舶在沿 CA_1航行过程中，只要保持 *A* 岛和 *B* 岛西端闭视以及 *E* 角和 *B* 岛东端开视，即可避开航线两侧的危险物。*A* 岛东端和 *B* 岛上的灯塔串视，可用于导航。*E* 角和 *G* 岛“开门”，可用于确定由 CA_1 到 CA_2 这一转向时机。由 CA_2 到 CA_3 的转向时机，可利用 *D* 岛和 *F* 角“关门”来确定。当船舶沿 CA_3航行时，保持 *D* 岛北端和 *B* 岛南端开视，即可避开航线右侧的航海危险区。

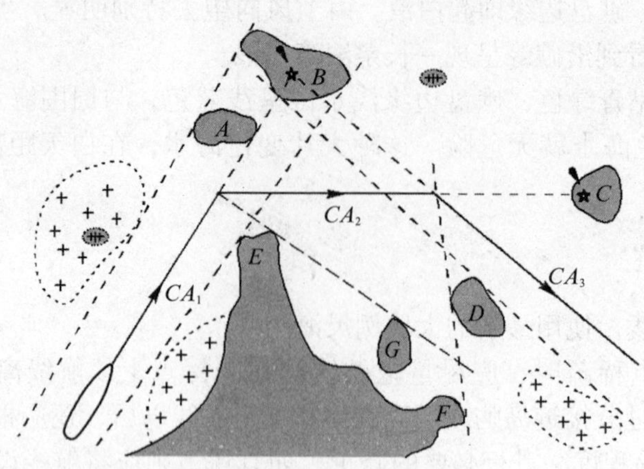

图 10－3－21　岛礁区航行

5. 采用“二次转向法”

在岛礁区航行时，可采用“二次转向法”：先将转向点附近某物标置于航线正前方，用来导航，待物标接近到一定距离时，适当向该物标安全一侧转向，到该物标正横时再转至下一航向，而不采用该物标一次性正横转向法。采用二次转向法，直观、方便，有利于导航和避险，能大大减轻航海者的工作紧张程度，对航程的影响也较小，可忽略不计。

八、岛礁区航行注意事项

1. 研究航海资料

航行前仔细研究海图及有关的航海图书资料，拟定好航行计划，选择好各种导标、叠标及转向物标，设计好合适的避险线。最好在比较困难的航道上，多设想几种航行方法，以防发生意外。

2. 掌握准确船位

岛礁区航行，掌握准确船位是非常重要的，但陆标定位条件较差，因而即使有 GPS 这样的高精度定位系统，也不应忽略测天与其他方法定位，甚至利用单一位置线，以确保航行安全。推算的准确度是掌握船位的重要依据，同时应根据准确的观测船位随时修正推算船位。要吸取在礁区失去推算船位，或单凭经验而忽视航向、航程的正确推算，致使发生触礁、沉船事故的沉痛教训。

3. 注意测深，观察水深的变化

岛礁区海底崎岖，水深往往从几百米迅速减至几十米，应注意经常测深，观察水深的变化。在水深急剧变浅时，应慢车、停车或倒车，仔细观察水色，以防触礁。

4. 加强瞭望

在岛屿间航行，必须加强瞭望，特别是在夜间或能见度不良时，要警惕小船和渔船的突然出现。对每一有用物标，应反复核对，防止认错。

九、江河航行的特点

许多国家的部分港口位于内河的深处，兼有海船通航，在经济发展中起着重要的作

用。因此，了解江河航行的知识对于船舶驾驶员来说非常必要。江河航行除有一般狭水道航行的特点外，还具有如下特点。

1. 航道狭窄、弯曲且变迁明显

江河航道与海上航道有很大的不同，航道一般较狭窄，深度和宽度都受到较大的限制。有时河面看上去很宽，但实际可航宽度却很窄，只能单向通航，尤其是在枯水期更为明显。同时，航道多弯曲，航行中必须频繁转向；并且航道在洪水期和枯水期的水深变化较大，个别地方可相差十余米，经过洪水期的冲刷和泥沙的沉淀，航道两侧的岸形、宽度和深度经常发生显著变化，这些导致航道的位置不仅可能年年有变，而且有时是一年数变。

2. 水流变化明显

江河中，水流分布不均匀，流速、流向与季节、河道的深度和宽度及走向有关。洪水期，在河道窄而河槽坡度大的地方，流速很大；而在枯水期和河道较宽的地方，流速则较小；在河底和两岸附近流速最小，水面流速从两岸向最大水深处逐渐增大。在弯曲的航道中，凸岸流速较小，凹岸流速较大，流向一般与航道轴线平行；沿岸可能形成回流，流向与主航道流向相反。同时，受潮流影响的河段，落潮比涨潮时的流速大。

3. 航标特点

根据江河航道的具体特点，有关当局一般都制定有相应的助航标志制度，并设置专用的江河航标，以标示江河航道的方向、界限与碍航物等，为船舶航行指示安全航道。

我国早在 1986 年就制定了适用于我国江、河、湖泊、水库航道的《内河助航标志》，现行的内河航标是国家技术监督局 1993 年 12 月 4 日批准，1994 年 9 月 1 日起实施的《内河助航标志》(GB 5863—1993)，并引用《内河助航标志的主要外形尺寸》(GB 5864—1986)。《内河助航标志》规定了航行标志、信号标志和专用标志三大类 18 种内河航标。

4. 船舶操纵性能变化

海船驶入江河航道，由于在浅水中兴波阻力的增加，航速将会降低。浅水与深水相比，造成兴波阻力的浅水临界航速要比深水低很多。在浅水区，当达到船体阻力急剧增加的航速时，虽然再增加主机转速，但是也不能按正常比例加快航速。这就是当船舶从深水进入浅水时，航速会突然下降的原因。同时，由于通过船底的流速增加、水压减小，船舶吃水增加；当船舶自海上驶入江河水域时，水密度会发生变化，同样会增加吃水，这样在浅水区航行，由于船底富余水深有限，有时会发生舵效降低或失灵的现象。船舶在两舷水深不同的水域航行时，由于浅水侧船首前方水位被抬高且较难扩散，使船首受水压力向深水一侧偏转，而在船中后，由于浅水侧流速大、水压小，对船后产生吸引作用，因此会增加船首找浅水的偏转作用。

十、江河航行的注意事项

（1）为了保证江河航行的安全，在航行前应全面了解和熟悉航道、航标、岸形、水深、水流和气象条件等航行条件，在结合船舶实际和船员的情况下，认真确定航线。同

时，事先要将航线、航向、等深线、重要物标等绘画在江河航用图册上，并熟记各航段的航向、航程以及重要导航物标的特点，以便随时查阅与核对。

（2）在江河航行时，不宜对江河航行图过于信赖，必须获取最新的有关资料并加以研究；即使有引航员在船引航，也不能放松警惕，坚守好船长、驾驶员应尽的职责。

（3）应特别注意弯曲航道、浅滩、急流等困难航段。在这种航段航行时，应严格遵守避碰规则和有关的地方规则，加强瞭望，控制航速，在必要时备车、备锚航行。

（4）当利用浮标导航时，应逐一核对每一座航标，正横一个浮标后，力求及早发现下一个浮标，并警惕风、流的影响，及时采取适当的措施，保持足够的距离通过，切勿使船舶压向浮标。

任务实施

任务1　狭水道航线的拟定及导航航法

基本要求：

1. 正确掌握狭水道航行航线拟定的要领；
2. 正确掌握狭水道航行各种导航与转向方法；
3. 正确掌握各种避险方法。

实施步骤：

1. 准备工作

海图室，海图，学生自带作图工具。

2. 实施过程

教师设定海区，确定狭水道航区，如津轻海峡、马六甲海峡等，学生根据要求进行航线的拟定。

任务2　岛礁区航线的拟定及导航航法

基本要求：

1. 正确掌握岛礁区航行航线拟定的要领；
2. 正确掌握岛礁区危险水域的识别方法；
3. 正确掌握岛礁区航法要领；

实施步骤：

1. 准备工作

海图室，海图，学生自带作图工具。

2. 实施过程

教师设定海区，确定岛礁区海域，如舟山群岛海域等，学生根据要求进行航线的拟定。

任务评价

评价内容		评价标准	权重	得分
任务完成情况	任务1	1. 狭水道航线的拟定	0.2	
		2. 导航要领	0.1	
		3. 转向要领	0.1	
		4. 避险要领	0.1	
	任务2	1. 岛礁区航线的拟定	0.2	
		2. 岛礁区航法要领	0.1	
职业素养		1. 遵守课堂纪律及实训室规定 2. 按时认真完成学习及工作任务 3. 有问题及时提出和反馈意见	0.1	
创新意识		1. 能举一反三 2. 善于提出问题，总结经验	0.1	
总得分				

任务拓展

1. 试述狭水道航行的特点。

2. 试述利用浮标导航的方法和注意事项。

3. 试述利用叠标导航的方法和注意事项。

4. 试述利用导标导航的方法和注意事项。

5. 试述方位避险与距离避险的使用区别与方法。

6. 试述过浅滩航行时的注意事项。

7. 试述能见度良好时，临近浅水礁盘的特征。

8. 试述岛礁区航行的注意事项。

9. 试述江河航行的特点。

10. 雷达距离叠标导航，保持雷达活动距标圈始终和前方较近的导标回波相切，此时若发现左侧标志的回波呈现在距标圈外，则表明船舶________。

A. 偏左，应向右转向　　　　B. 偏右，应向左转向

C. 偏左，应向左转向　　　　D. 偏右，应向右转向

11. 浮标导航，连续观测前方某浮标舷角，如航行中该浮标舷角保持不变，则表明________。

A. 船舶在通过该浮标前一定行驶在该浮标安全一侧

B. 船舶正逐渐被压向该浮标，并将与之发生碰撞

C. 船舶将偏离航道，进入航道一侧的浅水区

D. 以上都有可能

12. 采用方位避险，如所选的避险物标与危险物同在航线右侧，且避险物标位于危险物前方，避险方位为060°，陀罗差为2°W，则下列表明船舶不存在航行危险的是________。

A. 实测陀罗方位为060°　　B. 实测陀罗方位为058°

C. 实测真方位为062°　　D. 以上都不存在危险

13. 当船舶过浅滩时，确定最小安全水深可不考虑的因素是________。

A. 船体下沉　B. 保留水深　C. 航道变迁　D. 横倾增加吃水

14. 当船舶过浅滩时，确定最小安全水深可不考虑的因素是________。

A. 吃水　B. 保留水深　C. 咸淡水差　D. 寒潮天气

15. 出港航行，利用船尾的方位叠标导航，如发现后标偏在前标的左面，则表明船舶偏在叠标线的________（测者自海上观测叠标时的左右），应及时________调整航向。

A. 左面，向左　B. 左面，向右　C. 右面，向右　D. 右面，向左

16. 出港航行，利用船尾的方位叠标导航，如发现前标偏在后标的右面，则表明船舶偏在叠标线的________（测者自海上观测叠标时的左右），应及时________调整航向。

A. 左面，向左　B. 左面，向右　C. 右面，向右　D. 右面，向左

17. 浮标导航，如果看不见估计应该看见的下一浮标或该标位置不对，则此时船舶应________。

A. 继续按计划航线航行，直到看见该浮标为止

B. 立即停车、抛锚，查明原因再续航

C. 立即掉头返航，驶往安全水域

D. 立刻采取措施，谨慎驾驶，在必要时停车、抛锚

18. 浮标导航，应首先正确辨认各个浮标。通常辨认浮标是观察该标的________。

Ⅰ. 颜色；Ⅱ. 顶标；Ⅲ. 灯质；Ⅳ. 形状；Ⅴ. 编号；Ⅵ. 射程

A. Ⅰ~Ⅲ　B. Ⅰ~Ⅳ　C. Ⅰ~Ⅴ　D. Ⅰ~Ⅵ

19. 进港航行，利用船首的方位叠标导航，如发现前标偏在后标的左面，则表明船舶偏在叠标线的________（测者自海上观测叠标时的左右），应及时________调整航向。

A. 左面，向左　B. 左面，向右　C. 右面，向右　D. 右面，向左

20. 雷达距离叠标导航，保持雷达活动距标圈始终与前方较近的导标回波相切，此时若发现右侧标志的回波呈现在距标圈外，则表明船舶________。

A. 偏左，应向右转向　　B. 偏右，应向左转向

C. 偏左，应向左转向　　D. 偏右，应向右转向

21. 利用船尾叠标导航，叠标方位为090°，当驶真航向275°时，恰好保持前后标呈一直线，表明________。

A. 船舶应向左转向　　B. 受较大西南流的影响

C. 船舶应向右转向　　D. B或C

22. 利用浮标导航，两浮标间距离为5 n mile，当第一浮标位于船舶正横时测得下一浮标舷角为2°，则当船舶通过下一浮标时，该浮标正横距离约为________。

A. 1.75 n mile　B. 1.25 n mile　C. 1.88 n mile　D. 2.29 n mile

23. 连续观测航行前方航道一侧某浮标的舷角导航，如发现该浮标的舷角逐渐增大，

则表明________。

A. 船舶行驶在计划航线上

B. 船舶行驶在该浮标所标示的航道安全一侧

C. 船舶可能将偏离航道，进入航道另一侧的浅水区

D. 以上都有可能

24. 设前后两方位叠标标志间的距离为 d，船与前标之间的距离为 D，当选择自然方位叠标标志时，为提高导航灵敏度，要求________。

A. 前后标志愈细长愈好　　B. 标志的标身和背景的亮度易于识别

C. $D \leqslant 3d$　　D. 以上都对

25. 某船在狭水道航行，计划航向为 060°，选择航线正前方某单一物标进行导标方位导航，如航行中实测该导标的真方位为 060°，陀罗差为 2°E，则该船应________。

A. 向左调整航向　　B. 向右调整航向

C. 保持原航向　　D. 无法确定

26. 物标正横转向，应结合本船的操纵性能、水流的顺逆和船舶的偏航情况，适当提前或推迟转向，通常顶流航行船舶应________。

A. 适当提前转向　　B. 适当推迟转向

C. 物标正横时转向　　D. 定位确认抵达预定转向点后转向

27. 采用方位避险，如所选的避险物标和危险物同在航线右侧，且避险物标位于危险物后方，避险方位为 060°，陀罗差为 2°W，则在下列表明船舶不存在航行危险的是________。

A. 实测陀罗方位为 060°　　B. 实测陀罗方位为 058°

C. 实测陀罗方位为 062°　　D. 以上都不存在危险

28. 先将转向点附近某物标置于航线正前方用来导航，当接近到一定距离时，适当向该物标安全一侧转向，当该物标正横时再转至下一个航向。这种转向方法称________。

A. 开门转向法　B. 关门转向法　C. 串视转向法　D. 二次转向法

29. 岛礁区航行，利用物标“开门”和“关门”的方法转向、避险，其实质是利用________来转向避险。

A. 方位位置线　　B. 方位叠标位置线

C. 距离位置线　　D. 距离叠标位置线

30. 岛礁区航行，应选择在低潮、背向太阳，且太阳高度________时，从珊瑚礁的________方向通过。

A. 较高，上风　B. 较高，下风　C. 较低，上风　D. 较低，下风

模块4 特殊条件下引导船舶航行

模块描述

本模块主要描述船舶在一些特殊条件下的导航方法，包括引导船舶在冰区航行及在雾中航行的方法。

学习目标

1. 掌握冰区航行的特点；
2. 掌握雾中航行的特点；
3. 掌握冰区航行的基本要领；
4. 掌握雾中航行的基本要领。

工作任务

1. 雾中航行要领；
2. 冰区航行要领。

知识准备

一、雾中航行

雾中航行，是能见度不良情况下航行的一种习惯叫法。根据国际雾级规定，凡能见距离在4 km以下者，称能见度不良（Poor Visibility），包括因雾、降雨、下雪、霾等使能见度受到限制的情况在内，其中雾又是造成能见度不良的最主要和最常见的因素。

雾根据其成因可分为平流雾、锋面雾、辐射雾和地形雾。其中，平流雾浓度大、厚度大、水平范围广、持续时间长，是由暖湿空气流经冷水面或沿岸形成的，有很强的季节性和区域性，对航行安全威胁最大。

1. 海洋雾区

世界海洋的雾主要产生在冷暖海流汇合处的冷水面以及信风海洋东岸附近的翻腾冷流上，一般多出现在春末夏初季节。

1）我国沿海主要雾区

我国沿海的雾大致可分为两大类：一类主要是受下垫面影响而形成的雾，如辐射雾、平流雾等；另一类与某些天气系统的活动和变化直接有关，如锋面雾等。我国沿海各地的海雾日数，总的趋势是南方少北方多，以黄海、东海沿岸较多，渤海和南海沿岸较少。

多雾区主要分布在黄海沿岸的山东成山头到石岛、长江口到福建北茭一带、辽东半岛东部沿岸大鹿岛到大连一带以及琼州海峡附近。海南岛以南及台湾以东终年受暖流控制，水温较高，雾极少出现。总体雾季有从南向北推迟的规律。我国沿海各地的海雾日数分布如下：

（1）老铁山水道：年均雾日30天，6，7月最显著。

（2）成山头海域：年均雾日87天，6，7月最显著，最多年份达到96天，最长连续日竟达27天，被称为我国的“雾窟”。

（3）长江口、舟山群岛海域年均雾日60天以上，5，6月最显著，多平流雾。

（4）台湾海峡年均雾日35天，3，4，5月最显著。

（5）珠江口水域年均雾日30天，3，4月最显著。

（6）琼州海峡水域年均雾日41天，2，3月多雾。

2）世界主要雾区

（1）日本北海道东部至阿留申群岛。这里是黑潮暖流与亲潮冷流的汇合处，雾多出现于6～8月的夏季，7月为最盛。冬季多为锋面气旋产生的锋面雾。

（2）纽芬兰附近海面。这里是墨西哥暖流与拉布拉多冷流的交汇处。4～8月的春夏季雾最盛。此海面冬季多为锋面气旋产生的锋面雾。

（3）挪威、西欧沿岸与冰岛之间的海面。由于北大西洋暖流和冰岛冷流在西北欧水域交汇、加之英吉利海峡因潮汐涨落、冷暖交换频繁等原因，西北欧近大西洋沿岸、英吉利海峡、北海沿岸等水域常年多雾，是世界著名的雾区之一，闻名遐迩的“雾都”伦敦就在此区域。整个欧洲水域常年多雾。冬季整个西欧沿岸和北欧多受锋面气旋的影响而多锋面雾。而5，6，7，8月份为欧洲雾季最盛的时期，尤其是英吉利海峡和北海沿岸，在这段时间几乎天天被浓雾所笼罩。

（4）阿根廷东部海面、塔斯马尼亚与新西兰之间的海面、马达加斯加南部海面等海面的雾多发生在夏季。在南纬40°以南整个中高纬度海区，终年有雾。

（5）加利福尼亚沿海、秘鲁和智利沿海、北非加那利海面和南非西岸海面等信风带海洋的东岸，每年的春夏季雾较多，但范围和浓度都不大。

2. 雾中航行的特点

雾中航行，首要的特点就是能见度不良，值班船员的视线受限，视觉瞭望时对周围海域的风、流、物标、航标、船舶动向等的判断效果大大降低，从而对船舶定位、导航和避让等操作造成很大的困难。

此外，雾中航行采用安全航速后，风、流对船舶的影响加大，使推算航速和航程的准确性受到较大影响，降低了推算船位的精度，同时，也直接影响到船舶在浅滩等危险物附近的航行安全。这些困难在船舶开行前制订航行计划时就应该给予充分考虑并制订出有效可行的应急预案，在航行中遇到能见度不良的情况时按照应急预案并根据当时的情况采取措施可以最大限度的保证船舶航行的安全。

3. 雾航前的准备工作

船舶进入雾区之前，应尽快完成下述各项准备工作：

（1）通知机舱备车，及时报告船长；

（2）采用一切可行方法测定出准确船位，为后续工作打好基础；

（3）尽可能了解周围水域情况以及附近船舶动态；

（4）根据实际情况由船长确定安全航速，施放雾号；

（5）充分利用好各种航海仪器，如开启雷达、ARPA，如有备用雷达设备也要一并开启；

（6）船首和其他必要场所增派瞭望人员；

（7）操舵模式由自动舵转为随动舵；

（8）保持肃静，打开驾驶台门窗，以保证一切必要的听觉和视觉瞭望。

4. 雾中航行

在雾航时，由于能见度不良，无法用陆标和天文定位。但可根据海区条件进行无线电定位导航或测深辨位导航。

1）使用无线电助航仪器

（1）大洋航行，可利用卫导、罗兰 C 等远程定位系统定位，雷达用于协助瞭望和避碰。

（2）充分利用 DGPS 进行定位与导航。

（3）当海岸在雷达作用距离范围之内时，雷达也可用于定位与导航。狭水道航行，雷达的定位、导航以及避让作用，更加明显。

（4）充分利用 AIS，VHF 等，进行导航和协助避让。

2）测深辨位与导航

（1）测深辨位的方法。测深辨位方法的具体做法是：在海图上推算船位的附近沿航线选定数个水深点，量出各相邻两点之间的大致距离。根据本船当时的航速，计算出各相邻两点之间所需的航行时间，作为测深时间的依据。如此连续测深，记下测深时间、计程仪读数和水深数据，并将测得的水深改正到相应的海图水深：

$$海图水深 = 测深值 + 吃水 - 潮高$$

按与海图相同的比例尺将计划航线和各次测深时的推算船位画在透明纸上，并将改正潮高后的水深标注在相应的推算船位附近；将透明纸转移至海图上计划航线附近，平行移动透明纸，并保持其上计划航线与海图上的计划航线相平行，直至透明纸上的各水深点与海图上的相应水深点大体一致时为止。此时，最后一个水深点位置即为最后一次测深时的大概船位。

（2）测深辨位精度。该测深辨位法的精度，主要取决于计划航线上水深的变化情况：如果计划航线上水深变化明显且均匀，则结果精度较高；反之，如果计划航线上水深变化不明显或存在急剧的不规则变化，则辨位精度较差。而计划航线上的水深变化又与计划航线和等深线的交角有关：当交角较大，两者相互垂直或接近垂直时，水深变化较明显；当交角较小，两者平行或接近平行时，水深就很少发生变化。所以，测深辨位的精度主要取决于计划航线与等深线的交角，当两者相互垂直时，辨位精度最高。此外，测深辨位法的精度还取决于测深和潮高改正的准确性、海图水深点的位置、所标水深的准确性等。

（3）特殊水深测深辨位。当船舶接近特殊水深（点滩）区时，可去寻找该特殊水深，一旦测得这样的水深，便可得知船舶的所在。

(4) 等深线的其他作用。①避险。若所选航线与等深线平行，则航行中可利用等深线来避离航线靠岸一侧的危险物。②判断离岸距离。当航线与等深线垂直时，各条等深线与岸的距离可在海图上量出。因此，可根据所测得的水深来判断离岸距离。③缩小概率船位区。当雾航时，一般推算船位的误差较大，即概率船位区较大。船舶在通过等深线前后利用测深仪测深，可缩小概率船位区。

3）逐点航法

(1) 定义。所谓逐点航法，就是将原来较长的直航线改成若干段短航线组成的曲折航线，各段航线的转向点选择在物标附近，从而由一个物标正对着下一个物标航行的方法。

(2) 适用范围。航线附近有适当的物标（如灯塔、浮标、雾号站等)，而其周围危险物又较少时。

(3) 优缺点。逐点航法的优点是在不易测得船位的情况下，可以不断地控制和缩小推算误差；缺点是必须故意接近物标，在能见度极差时具有较大的危险性。

(4) 注意事项。①转向点不可离物标太近，只要在雷达作用距离内即可；②航行时，应根据航速和两物标之间的距离，预算到达下一物标的时间，注意瞭望；③如到时不能发现物标，则应及时抛锚待航，决不可盲目航行。

5. 船舶雾航时的注意事项

船舶进入雾中航行应注意以下事项。

(1) 应及时适当地调整航线的离岸距离，如果按能见度良好设计的计划航线离岸距离为2～3 n mile，则在雾航中航线与海岸之间应有3～4 n mile的距离，甚至5 n mile以上，以保证船岸之间有足够的回旋余地。

(2) 值班驾驶员要认真做好航迹推算工作。为提高推算船位准确性，迫不得已时不宜频繁改变航向、航速。

(3) 当沿岸航行时，测深是检查推算的重要方法之一。有时，某一等深线还可作为避险警戒线用。测深数据和时间应记在海图上相应的推算船位附近，以供分析航迹推算情况和估计以后的趋势。对推算船位的准确度要有适当的估计，在必要时应画出并设法缩小概率船位区。一旦仪器发生故障，推算船位就成为唯一的船位根据。

(4) 尽可能利用一切可获得的手段来定位和导航，尤其要充分使用雷达。当利用雷达进行瞭望时，应选择适当的距离档：大洋航行可用12～24 n mile距离档；沿岸航行可用6～12 n mile距离档；狭水道航行应远近距离档兼用，以2～6 n mile为主。但不可盲目地相信和依赖雷达而忽视目视瞭望。为了不影响值班驾驶员的瞭望和工作，在雾航时可安排专门人员负责雷达观测和标绘。

(5) 雾中航行，应时刻掌握当时能见度状况下的实际能见距离。这可在利用目视发现某一物标的同时，用雷达测出其距离的办法求得。当然，雾中的能见距离会根据雾的浓度有所变化，不可能是固定不变的，应予以注意。

(6) 注意倾听声号。雾中声号的作用是向船舶警告危险之所在。声音的作用距离随天气（风向、风力等）因素变化而变化，不能根据声音的大小判断距离的远近。声音在空气中并非直线传播，特别是在声源附近呈不规则现象。虽处声源附近，但在不同的位置上，有时会听不到声号，即有寂静区存在。当雾号站附近海上有雾而其周围无雾时，雾警设备可能不工作，船舶就不能听到雾号，这种情况尤其在夜间经常发生。此外，雾哨、雾钟仅在有风浪时才工作，且声音随风浪大小而变化。因此，雾中航行，不可单凭声音的大小或有无来判断船舶航行安全情况。总之，听见声号，应视船舶在危险区域内，注意采取一切必要的避险措施。在应该听见的位置上而未听见声号，亦不应武断认定尚未进入危险区。

(7) 在沿高而陡的岸边 2 ~ 3 n mile 距离航行时，根据本船声号的回声，可粗略推算出船岸距离，即当开始施放声号时启动秒表，听见回声时停秒表。按声音的传播速度乘上秒表读数的 1/2，即得船岸的大概距离。在实际应用时，可取下式概算离岸距离：

$$D = 0.09\,t$$

式中：D 为船岸距离，n mile；t 为本船发出声号到听到回声之间的秒表读数，s。

(8) 及时发现船舶周围的任何微小变化。当风向、风速稳定时，波浪突然减弱，则说明船舶可能已接近上风的海岸或浅水区；反之，若风浪突然增大，则说明上风沿岸可能有大的湾口。航行条件没有变化，而风突然变小，则说明船可能已接近高陡的岸边；如果海水越来越浑浊，则说明船可能已接近泥底海岸或河口；在海上发现漂浮物，如海草、海藻等，这是接近海岸的迹象；如果海面发现渔具、垃圾和油迹等，则说明附近有船舶等。

(9) 在雾航时，各种定位方法可交叉使用，以便彼此核对。无线电航海仪器无论怎样可靠，都存在一定的局限性，均不可与目视导航的直观性相比。

(10) 当雾航时应严格遵守有关雾航的规定，如《国际海上避碰规则》、《海上雾中航行规则》等。

知识拓展

海上雾中航行规则

（注：仅作航行参考，原规则已失效）

第一章　适用范围

第一条　本规则只适用于我国航海商用机动船。

第二章　平时准备

第二条　船长和驾驶员应当对危险而且多雾航区的水道、潮流和特点，结合本船的性能，平时悉心研究，作为雾中航行的参考。

第三条　船长和驾驶员应当对下列航行仪器的校验工作特别注意，保证在雾中能够正确使用：

(1) 罗经、计程仪、无线电测向仪、回声测深仪、雷达，须经各种方法校验求出误差；

(2) 机械测深仪、手锤、汽笛和汽笛牵索，须经仔细检查并且保持正常状态。

第四条　船长应当督促驾驶员和轮机员经常检查船上排水设备和水密设备，并且保持良好状态。

第三章　雾中航行

第五条　船舶遇雾、雹、雪、暴风雨或者任何其他同样限制情况（以下简称雾）除应遵守本规则外，并应遵守海上避碰章程的规定，以及海港港章的有关规定。装有雷达的船舶，对于海上避碰章程有关缓速的规定，也不可以忽视。

第六条　当值驾驶员在雾袭到以前，应当抓紧时机，利用航行仪器测定船位。

第七条　当值驾驶员在雾袭到的时候，应当立即采取下列措施，并且报告船长：

（1）摇预备车，适当减低速度（见附注一）并且将遇雾情况通知当值轮机员；

（2）开始发放雾号；

（3）派遣水手到船首瞭望，如果风浪过大不能在船首瞭望，可以安排在驾驶台瞭望；

（4）根据情况，下令关闭全部或者部分水密门；

（5）准备各类救生设备，以便随时使用，并准备至少救生艇一艘在立即下放的状态。

第八条　船长获悉雾袭后，必须立即到驾驶台亲自指挥。当值驾驶员并将船位、四周环境和已采取的措施告知船长。船长应当研究已采取的措施并应特别注意现行船速是否确当。

第九条　不论船速多少，当值轮机员应当使锅炉保持全部汽压，以便在紧急情况下，能全速倒车。

第十条　保持全船寂静，严禁喧哗，以免扰乱驾驶人员的听觉。

第十一条　在本船发放雾号的时候，听到他的雾号，不应猝然中止，应当继续发放，以免他船发生误会，但是再发雾号，应当力求避免同他船雾号声音重叠。

第十二条　他船雾号才停，本船切勿紧接发出雾号，免被他船误认为是他发出雾号的回声。

第十三条　本船停车后，且已不在水上行动的时候，才能发放二长声的声号（以下简称停车信号）。

第十四条　在没有看到他船的情况下，不可以使用海上避碰章程第二十八条所规定的声号。

第十五条　听到他船雾号在本船正横之前，应当立即停车，如有必要，可以使用短时间的倒车，使本船很快的停止前进，然后仔细辨明他船航向；在未辨明前，本船不应盲目转向避让或者前进。

第十六条　在有交叉航线地段，听到他船雾号的时候，应当特别注意。

第十七条　在本船已停止，准备让他船驶过的时候，可能发放国际信号“R”的声号（一短声、一长声、一短声），以表示“我船已停止前进了，你可以小心探索经过我船。”

第十八条　在雾中航行，应当充分利用航行仪器和助航设备，并应时时校对船位。

第十九条　雾中航行，船舶报务员在船长指示下，应按有关规定与附近船舶取得密切联系并掌握该船的船名、位置、航速、航向和雾情的资料。

第二十条　在雾中航行的计划航线，对岸边、岛屿、礁石或者其他障碍物要比平时保持较多的距离。

第二十一条　雾中航行达到转向点，必须进行数次测深，查看水深、底质，对船位有一定把握后，再行转向。对无线电测向仪或者雷达测定的转向点，也应当进行测深核对。

第二十二条　雾中在岸边、岛屿、港口或者狭窄航道附近航行的时候，应当加密测深，注意潮流的作用和雾号的回声，准备双锚缓速前进。如果对船位有疑问时，切勿盲目航行。在条件许可下，应当立即下锚，或者转向相反航向缓速行驶，以待视线转清。

第二十三条　灯塔、灯标所发的雾号，只能作为方位的参考，不能作为判断船位的根据（附注二）。

第二十四条　雾起和雾散的时间，计程仪的示数，测深的时间，减速、停车的时间，发放停车雾号和“R”声号的时间，派在船首瞭望人的姓名，都须详细记载船舶日志中。

第四章　附则

第二十五条　本规则由原交通部公布施行。

（附注一）：缓慢速度的程度，应当根据当时的视距，船舶倒车的能力和灵活性决定，也就是在雾中航行，如果突然发现来船，一般要求能够在来船的半距上，停止本船前进。

（附注二）：由经验证明，声音在雾中传播，不是直线的，水平的，垂直的，并且有静止区，因此我们不能作出以下的结论：

（1）假若在应听到的范围中，听不到它的声音，就认为这个装置停止；

（2）声音低弱就认为距离远；

（3）声音很大就认为距离近。

二、冰区航行

由于冰区的特殊性质，船舶在冰区航行、作业会面临很多限制及航行危险，这就要求船员充分掌握冰区特点、应对措施以及注意事项，采取一切必要措施保证航行安全。

世界冰区分布于南北两极附近水域，冰区范围随着季节变化，冬季向低纬度扩大。南半球商船通常挂靠的港口和基本航线一般不受冰区影响。北半球可航水域冬季冰区分布广，例如：北美大西洋沿岸包括圣劳伦斯湾；格陵兰水域；波罗的海的波的尼亚湾、里加湾和芬兰湾；北太平洋东部太子港以北沿岸及其河流；北太平洋西部日本海北部、鄂霍次克海和白令海沿岸；北极地区和南极地区；渤海和黄海北部部分港口和沿岸水域；其他高纬度的港口、河流和海岸附近；西欧和太平洋东岸太子港以南水域由于受到暖流的影响海上一般不结冰，但河道内和部分沿岸可能轻微结冰。

1. 有关冰况的概念

（1）冰山。冰山是南北两极附近冰川崩塌滑落而漂浮于水面或在浅水区域搁浅的巨大冰块，通常高数十米，长百余米，有的表面平坦，也有的呈尖塔形。尖塔形冰山的吃水深度约为水面高度的 1 ~2 倍，而其水上和水下部分的体积比例，视其对海水的比重而定，大致约为其总体积的 1/8 和 7/8。

流冰主要随风漂流，也受潮流和海流的影响。流冰的移动速度约为风速的2%，移动方向在下风侧偏右30°～40°。冰山随风、洋流向低纬度海域漂移，北太平洋的冰山南移平均到58°N，个别可南下到40°N；北大西洋的冰山南移到纽芬兰东南部；南极冰山也可能进入太平洋和印度洋航线。

（2）海冰。海冰是海水在－1.9℃以下结冻生成。按其生成过程可分为：冰晶（Ice Crystal），薄片状的结晶，对船舶正常航行无影响；冰泥（Ice Slush），浮于海面的初期极薄冰层，对船舶正常航行安全不会产生影响；软冰（Sludge），由冰泥固结的软冰层，直径0.3～3 m，成圆盘状，对低速航行船舶无碍；荷叶冰（Pancake Ice），厚度达0.3 m，直径0.3～3 m，冰块与冰块之间相互接缘，对船舶航行产生较大的影响，操作不当将造成船体或螺旋桨损坏；冰群（Pack Ice），在风浪和潮流的作用下，由海岸或冰原的破碎冰和海上形成的冰聚集而成。大部分冰群较为平坦，但冰与冰相互挤压重叠可结冻为冰丘（Ice Ridge），船舶应避免进入冰群海域。

（3）冰量。冰量是指冰在海面上的覆盖率。在冰情警告和预报中通常采用百分之几或十分之几来描述冰量，但一些场合也有将十分之几称为几度来描述冰量的。同时，根据船舶在冰区航行的困难程度有时用如下名称代表冰量：无屏蔽水域（Open Water），海面冰的覆盖率为1/10以下，船舶可自由航行；稀疏冰（Scattered Ice），冰量在1/10～5/10，船舶应根据冰况改向航行；疏散冰（Broken Ice），冰量在5/10～8/10，船舶无破冰船协助难以单独航行；固结冰（Consolated Ice），海面100%被冰覆盖并形成冰原。

2. 冰区航行的特点

除非迫不得已，一般不要随便进入冰区航行，只要有可能，应尽量绕过冰区走曲折航路。倘若一定要通过冰区，一定要做好充分准备，谨慎航行。

（1）冰区冰情复杂，碰撞危险增加，对船舶航行安全构成严重威胁。

（2）冰区航行，出于避让海冰的需要，船舶经常改向、变速，计程仪一般无法正常使用；在冰区，测定风流压差也困难。因此，冰区航行时无法正常进行航迹推算。

（3）冰区航行，地处高纬，且频繁改向、变速，故罗经工作的可靠性大大降低。

（4）操纵和控制船舶困难增加。

（5）低温可能会影响船舶上机械设备的正常运转，存水舱室和管路结冰。

（6）冰区情况复杂，雷达回波不易识别；无线电波传播和大气折射异常，因此陆标定位、无线电助航仪器定位及天文定位都困难。

（7）冰区通常能见度较低，目视瞭望效果不佳。

（8）浮冰可能对船体及操纵设备造成损害。

（9）船员工作环境恶化。

3. 进入冰区前的各项准备工作

（1）开航前应检查船舶有无冰区加强措施。

（2）收集冰情资料，掌握航行区域的冰区组织、通信联系、冰区引航点、破冰船队航行操作等情况。认真分析有关冰情资料和冰情报告，做好紧急情况的应对方案。通常冰量在6/10以下，冰厚在30 cm时还能航行。

（3）确保主机和操舵系统、助航设备和通信设备等处于良好工作状态，特别是雷达

要能够正常工作。

（4）调整好船舶的吃水和吃水差，一般应尽可能增大吃水，并保持 1 ~ 1.5 m 的艉倾，使螺旋桨尽可能没入水中。这样，既能使船舶具有较好的破冰能力，提高稳性并保护螺旋桨和舵不受损伤，又不会因为过大的艉倾而影响船舶的操纵性能。

（5）在船首尾和驾驶台设置性能良好的探照灯，以便在夜间航行时能及时探明冰情。

（6）准备好各种堵漏器材，包括千斤顶、电钻、各种大小堵漏用的螺栓和铁板、长短方木、快干水泥等。当船壳轻微渗漏时应积极想办法堵漏。

（7）准备好各种御寒器材，甲板管线做好防冻处理，管道内积水应尽量排干，压载水舱不可注满，关闭水密门窗。

4. 接近冰区的预兆

1）接近流冰的征兆

（1）晴天，蓝色的天空下，在远处水天线附近出现冰光，犹如一条明亮的黄色光带。

（2）船舶远离陆地，周围波浪突然减弱，通常的大洋涌浪也逐渐减小，也能确认上风方向有浮冰存在。

（3）发现零星碎冰通常意味着将接近大片的浮冰。

（4）浮冰边缘上方经常有浓雾出现，雾中发现局部出现的小片白色浓雾，表明近处有浮冰存在。

（5）在北冰洋远离陆地，突然出现海象、海豹和鸟类，表明船舶正逐渐接近浮冰区。

（6）通常表层水温下降到 +1 ℃时，从安全角度考虑，应认为船舶距离浮冰边缘不超 100 n mile 或 150 n mile；当表层水温降至 -0.5 ℃时，表明船舶距离最近的浮冰不超过 50 n mile。

2）接近冰山征兆

（1）远离陆地，海面有清风，但海浪突然消失，表明上风方向有较大的冰山存在。

（2）宁静的夜晚，船舶以慢速航行，如能听到冰山崩解或冰块破裂坠海所发出的巨响，可判定附近有冰山存在。

（3）水温、气温下降，听到本船汽笛等的回音，说明附近可能有冰山存在。

（4）发现冰片或碎冰，表明附近有冰山，并处于上风方向。

5. 冰区航行要领

（1）航行时开启雷达及早发现冰中比较清爽的水域，尽量选择在冰最少、冰质弱或在冰裂缝中航行。遇到冰山应及早在下风保持适当的距离避航。避开任何形式的冰川、冰群、冰山。

（2）尽量从冰区的下风方向接近冰区，并保持船首与冰缘垂直，将冲力降到最小。当船首顶住冰块时，再逐渐增加车速，推开冰块，驶向冰块松散的水域。

（3）采用适宜航速。航速过高，会导致船体损伤；航速过低，又有被冰围困的危险。一般应采取 3 ~ 5 kn，即维持舵效的最低航速。

当有破冰船引航时，航速将由破冰船指定：一般冰量为4/10时，可取8 kn航速，冰量每增加1/10，航速减少1 kn；当冰量大于7/10～8/10时，航速不应超过5 kn。

（4）天黑后，如果没有好的探照灯，不要进入冰区航行。夜晚，可开启驾驶台的灯航行，以协助瞭望。如果能见度不好，船舶滞航，则应保持螺旋桨低速旋转。

（5）加强瞭望和雷达观测，以便及早发现浮冰、冰山。随时准备采用全速倒车，当用倒车时，应格外小心，应确认螺旋桨附近没有浮冰及障碍物，并保持正舵。

（6）抓住一切时机测定船位。应利用各种无线电导航仪器等尽可能地测定准确的船位。

（7）当有破冰船引航时，应注意与破冰船保持适当距离。一般取2～3倍船长，必须熟悉破冰船的引航信号，加强联系，注意动态，确保安全。

（8）尽量避免在冰区内抛锚，若必须抛锚，则应选择在冰层最薄处下锚，且出链长度不得超过当地水深的2倍。

6. 冰困后的措施

冰区航行，船舶可能会被冰所困，即所谓的冰困。通常冰困的形成与航速的平方成反比，在轻度冰中，一般12 kn的航速不会出现冰困。因此，船舶应根据冰的集结程度、船体结构、能见度等，选择合理的航速防止冰困。

冰中航行，一旦发生冰困，应立即设法使船脱困。否则，船随冰漂，可能导致船舶进入危险水域或船体被冰挤压损坏。脱困的措施主要有以下几点：

（1）全速前进，左右满舵，以使船首有所松动，然后再用快倒车正舵退出。

（2）通过调节压载水舱的水，使船身左右或前后倾侧，以松动船身。

（3）在船尾抛下冰锚，带缆绞船，并配合倒车。

（4）根据具体情况采用机械或爆破的方法松动冰块。

（5）等待破冰船救助或气候转佳。

特别要注意的是，冰困中，不论是采取脱险措施，还是等待破冰船救助或气候转佳，都应保持螺旋桨和舵的转动，以免水道被冰完全封住。

7. 冰情资料

进入冰区航行前应尽量收集相关的冰情资料，为及时调整航行计划、船舶操纵和制订应急预案提供可靠依据。

（1）收听冰况警告和报告；

（2）有关的《航路指南》；

（3）按月份出版的有关北极海区、西北大西洋和北太平洋的冰情图（Monthly Ice Charts）；

（4）北半球冰区图册（Ice Atlas of the Northern Hemisphere）；

（5）北大西洋引航图（Pilot Chart of the North Atlantic Ocean）；

（6）英版“北大西洋航线每周冰情报告”；

（7）北大西洋航路设计图（North Atlantic Routing Charts）；

（8）《世界大洋航路》中的冰区推荐航路；

（9）《无线电信号表》第Ⅲ卷中的“无线电航海警告和冰情报告”（Radio Navigational Warnings and Ice Reports－Service Details）；

（10）美国海岸警卫队每年2月末3月初开始并持续至6月末、每天2次向船舶播发的“国际冰情监视（International Ice Patrol）报告”；

（11）英版《航海员手册》（The Mariner's Handbook）。

此外，卫星照片可显示大冰山的动态。

我国渤海湾沿岸的初冰出现于12月上、中旬，终冰在次年2月中、下旬或3月初。天津航道局，每年冬季发布冰凌预报，告知大沽、塘沽、新港、渤海等港口和海面的冰冻情况。冰情预报共分为3级，用代号表示：代号（1）表示航行无阻；代号（2）表示航行尚宜；代号（3）表示航行困难。如遇特殊情况，另行通知。

任务实施

任务1　雾中航行要领

基本要求：

1. 正确掌握雾中航行的准备工作；
2. 正确掌握雾中航行的基本要领及注意事项。

实施步骤：

1. 准备工作

模拟驾驶台，海图室，海图，学生自带作图工具。

2. 实施过程

在模拟驾驶台，模拟雾中航行，训练学员按要求进行联系与施放雾号以及操纵船舶。在海图室，按要求进行测深辨位等。

任务2　冰区航行要领

基本要求：

1. 正确掌握冰清资料的查阅；
2. 正确掌握冰区航行的基本要领及注意事项；
3. 正确掌握冰困后的应急措施。

实施步骤：

1. 准备工作

模拟驾驶台，海图室，多媒体，图书资料等。

2. 实施过程

在模拟驾驶台，模拟冰区航行，识别冰况。在海图室，要求学生查阅有关冰情资料。

任务评价

评价内容		评价标准	权重	得分
任务完成情况	任务 1	1. 雾航中与各方联络	0.1	
		2. 正确施放雾号	0.1	
		3. 雾航要领	0.2	
		4. 测深辨位	0.1	
	任务 2	1. 冰情资料查阅	0.1	
		2. 冰区航法要领	0.1	
		3. 冰困后的应急措施	0.1	
职业素养		1. 遵守课堂纪律及实训室规定 2. 按时认真完成学习及工作任务 3. 有问题及时提出和反馈意见	0.1	
创新意识		1. 能举一反三 2. 善于提出问题，总结经验	0.1	
总得分				

任务拓展

1. 简述雾中航行的特点及航行注意事项。
2. 简述测深辨位的要领。
3. 简述冰区航行的特点。
4. 冰区航行航速一般如何确定？
5. 简述冰区航行的注意事项。
6. 通常情况下，与测深辨位的准确性有关的因素是________。

A. 测深和潮高的改正的准确性
B. 计划航线上水深的变化规律
C. 海图上所标水深点的位置和水深的准确性
D. 以上都是

7. 通常情况下，连续测深辨位的准确性主要取决于________。

A. 测深的准确性　　B. 潮高改正的准确性
C. 航线与等深线的交角　　D. 测深次数的多少

8. 船舶在沿岸雾中航行时，下列说法错误的是________。

A. 船舶进入雾区前尽可能准确的测定船位
B. 船舶进入雾区前尽可能了解周围船舶的动态
C. 为提高定位准确性，应适当减小离岸距离
D. 测深是检查推算的重要方法

9. 对于航海人员来讲，比较直观的导航方法是________。

A. 雷达导航　　B. 目视导航　　C. VTS 导航　　D. GPS 导航

10. 冰区航行，如船舶不得不进入冰区，则应________，并且保持船首与冰区边缘呈________驶入。

A. 快速，尽可能小的角度　　B. 快速，直角

C. 慢速，直角　　D. 慢速，尽可能小的角度

11. 冰区航行，应采用适当的安全航速，通常应采用________的航速。

A. 3 ~ 5 kn　　B. 2 ~ 3 kn

C. 维持舵效的最低航速　　D. A + C

12. 冰区航行，主要的定位手段为________。

A. 无线电导航仪器定位　　B. 天文定位

C. 陆标定位　　D. 移线定位

13. 冰区航行的可能性取决于冰量、冰质及本船条件，通常冰量在________以下，冰厚在________时尚可航行。

A. 4/10，30 cm　　B. 6/10，50 cm

C. 4/10，50 cm　　D. 6/10，30 cm

14. 船舶进入冰区以前，应适当调整本船的吃水和吃水差，通常应尽可能地________吃水，并保持 1.0 ~ 1.5 m 的________。

A. 增加，艉倾　　B. 增加，艏倾

C. 减少，艏倾　　D. 减少，艉倾

15. 下列接近冰区的征兆中，最不可靠的是________。

A. 出现灰白色反光或薄雾带

B. 远离陆地，波浪突然减弱

C. 附近无陆地，出现海象等动物和鸟类

D. 水温下降

16. 下列不能作为接近冰区的预兆的是________。

A. 海面漂浮物突然增多　　B. 某方向出现灰白色反光

C. 发现某区域出现带状薄雾　　D. 远离陆地，波浪突然减弱

模块5 船舶交通管理

模块描述

本模块主要描述船舶的交通管理，通过建立起船舶交通管理系统，可以进一步加强船舶交通安全，提高交通效率，保护水域环境。

学习目标

1. 掌握船舶交通管理的内容、手段；
2. 掌握定线制的内容及方法；
3. 掌握船舶报告系统的内容及报告方法。

工作任务

1. 船舶在定线制水域中航线的拟定及航行要领；
2. 船舶报告系统的应用。

知识准备

一、船舶交通管理系统

船舶交通是指在一定范围水域中的船舶有目的的运动和行为的总和。海上的船舶交通也称海上交通。船舶交通管理是对指定水域内船舶的运动与行为总体进行管理。目前，世界许多港口、狭水道等水域都已建立起船舶交通管理系统，其目的就是增进该水域内船舶交通安全，提高交通效率，保护水域环境。

1. 现代船舶交通的特点

随着世界经济与科学技术的迅速发展，船舶运输业得到快速发展。主要反映在以下方面。

(1) 船舶类型多样化。出现了油船、散货船、集装箱船与滚装船等专用船舶，还出现了水翼船等新型船舶。这些船舶的出现使得船舶性能差异加大，船舶行动的协调变得困难。

(2) 船舶趋于大型化。为降低运输成本，现代船舶不断向大型化发展，超级油船，大型散货船、集装箱船与滚装船越来越多的被制造和使用带来了新问题：大型船舶本身的操纵难度大，这对航路、港湾等提出了新的要求，即要为其航行安全提供良好的交通环境、特殊的措施和服务；同时，大型船舶与中小型船舶之间以及各自的航行性能之间

的差异增大，造成相互间的行动协调变得困难。

（3）船舶交通流量大大增大。交通流量的增大使得港口和狭水道等水域变得拥挤繁忙，增大了有限水域内船舶的会遇次数，从而增加了船舶交通的危险度。

（4）船舶设备条件不断改善。现代科技的发展，使得船舶各种设备有了很大的改善，尤其是导航定位、操纵避让及通信设备不断更新，为有效的交通管理提供了必要的条件。

（5）航路条件得到改善的同时，也受到了更多的限制。各国为了发展船舶运输而积极地创造良好的交通环境，从航路的开辟及助航设施的改善方面着手，改善交通环境，增进船舶的航行安全。同时，各国对保护水域环境已越来越重视。因此，对航行水域的管理也日益加强，相关法规不断颁布，法定航路不断增多，这既对船舶航行安全有利，也给船舶的航行增加了多方面的限制。

（6）世界范围水域内的导航系统日趋完善。世界范围水域内的导航系统日趋完善，航行服务项目不断增多，对保证船舶航行安全和提高营运效率起到积极作用。

（7）船舶交通法规不断完善。船舶的各种交通法规的实施对整顿船舶交通秩序、维护船舶交通安全和水域安全具有非常重要的作用。

2. 船舶交通管理系统

船舶交通管理（Vessel Traffic Management，VTM），是通过监控、整顿船舶交通，建立良好的交通秩序，协助船舶航行，减少海上事故，特别是碰撞、搁浅、触礁等船舶交通事故的发生，从而保证船舶航行安全，保护水域环境和社会环境，提高船舶交通效率。

船舶交通管理不是单纯的管制船舶航行、约束船舶行动，而是通过对管理水域内的船舶交通状态的掌握，提供航行环境信息，指导并支持船舶航行，从而达到交通管理的目的。因此，船舶交通管理可以说是一种积极意义上的服务，故国际上称其为船舶交通服务（Vessel Traffic Service，VTS）。从局部看，维持港口及进出港航道、狭水道等交通要道的畅通对保证船舶正常营运和港口正常生产十分重要；从整体看，维持了运输体系的正常运转，才能保证国民生产的正常进行和良好的经济秩序。此外，船舶事故的发生会造成严重的海洋污染，破坏生态及社会环境，从而造成巨大的社会经济损失。因此，实施船舶交通管理已不仅是航运界的要求，而且是整个社会的要求，故 IMO 提出“航运更安全、海洋更清洁”的目标。多年来实施船舶交通管理的经验和效果充分说明，通过一定形式的船舶交通管理与服务确实可以增进船舶交通安全，提高船舶交通效率。

为了对船舶交通进行有效的管理与服务，必须建立一系列有效的管理法规，这样既可以使管理机关有法可依，也可使船舶航行有法可循。目前，涉及船舶交通管理的国际性法规有《1972 年国际海上避碰规则》，它对缔约国船舶具有法律效力。另外，还有《船舶定线》、《船舶报告系统》等，这些文件不具有法律效力，只是 IMO 成员国对这些问题的共同认识的反映，各国在制定相应的法规时，应参考这些文件。

目前，我国有关船舶交通管理的法规有《中华人民共和国海上交通安全法》、《中华人民共和国对外国籍船舶管理规则》、《中华人民共和国船舶交通管理系统安全监督管理规则》等。

交通服务是船舶交通管理的另一有效手段。服务的形式有信息服务、助航服务等，主要通过向船舶提供各种交通信息来对船舶交通实施动态和即时的管理。

3. 船舶交通管理系统的原理与组成

VTS 系统的基本原理简单来说，是在岸上建设基站，通过雷达、AIS 等对重点水域的所有目标实施监控，从而达到监控、管理与服务的目的。

VTS 系统由雷达扫描、数据处理与显示、VHF 通信等主要部分组成。雷达扫描就是利用雷达收发信息设备，获取指定水域的船舶、航标、沙滩、码头等目标的数据，经视频处理后，存入数据库。根据雷达扫描数据，系统软件在维护终端上形成实时的船舶动态图象。再利用 VHF，AIS 与船舶进行交流，管理人员就可以确认船舶身份，并进行标识，各种记录同时存入数据库备份。通过维护界面作图的方式，可完成确定航道、定位航标、设立警戒区等工作。这样，管理人员通过 VTS 就可以实现对船舶的监控、管理与服务。

4. 船舶交通管理系统的功能

船舶交通管理系统是实施船舶交通管理所必需的硬件系统，是广义的船舶交通服务系统的一个组成部分。广义的船舶交通服务系统是交通管理机关所建立的以增进船舶交通安全和提高交通效率以及保护环境为目的的综合性服务系统，它的范围从提供简单的信息到广泛管理一个港口或水道的交通。其主要功能包括以下几项。

（1）数据收集（Data Collection）。广泛地收集各种交通数据或信息，以便为船舶交通管理的正确决策提供依据，数据收集可包括用适当的设备如水文气象传感器、雷达、VHF 和 AIS 等收集航道和交通状况的数据；在指定的海上安全和遇险频道上保持值班守听；接收船舶报告；获取有关船体、船机、设备或人员以及有关运载的危险或有害货物等船舶情况的报告。动态数据和静态数据。动态数据包括：船舶的航向、航速、船位等有关船舶运动的数据；气温、气压、能见度等有关水文气象方面的数据。静态数据则包括：有关船体、船机、设备、人员和运载的货物等方面的数据以及有关航道、助航设施的信息。

（2）数据评估（Data Evaluation）。数据评估是根据由各种方式所收集到的信息、数据来判断管辖水域内的船舶有无违反国际的、国家的或当地港口的法规和法令的船舶行为。

（3）信息服务（Information Service）。信息服务包括播送有关船舶动态、能见度条件或他船意图的信息以协助所有船舶；与船舶交换有关安全的信息（航行通告、助航设施状况、气象与水文资料等）；与船舶交换有关交通条件与情况的信息（如驶近船舶或被迫追越船舶的动态和意图）；向船舶发布诸如操纵能力受限制的船舶、密集渔船群、小船、特殊作业的船舶等航行障碍的警告，并提供选择航线的有关信息等。

（4）航行协助服务（Navigational Assistance Service）。航行协助服务简称助航服务，是应一艘船舶的请求或在 VTS 中心认为必要时提供的服务，也包括在困难的航行或气象环境下，或一旦出现故障或损坏时协助船舶。这项服务与信息服务同为船舶交通管理系统实施船舶交通管理的主要形式。

（5）交通组织服务（Traffic Organization Service）。交通组织服务在一定程度上是对船舶交通进行调度指挥，即具有强制性质。使用 VTS 的船舶有义务接受 VTS 的交通组织服务。

（6）支持联合行动（Support Allied Activities）。支持联合行动是与其他海上交通管

理部门密切配合，特别是在通信联系、传达信息和现场指挥等方面的联合行动。

知识拓展

中华人民共和国船舶交通安全管理系统安全监督管理规则

第一章　总则

第一条　为加强船舶交通管理，保障船舶交通安全，提高船舶交通效率，保护水域环境，根据《中华人民共和国海上交通安全法》、《中华人民共和国内河交通安全管理条例》等有关法律、法规，制定本规则。

第二条　本规则适用于在中华人民共和国沿海及内河设有船舶交通管理系统（以下称 VTS 系统）的区域内航行、停泊和作业的船舶、设施（以下简称船舶）及其所有人、经营人和代理人。

第三条　中华人民共和国港务监督机构是全国船舶交通管理系统安全监督管理的主管机关（以下简称主管机关）。

主管机关设置的船舶交通管理中心（以下称 VTS 中心）是依据本规则负责具体实施船舶交通管理的运行中心。

第二章　船舶报告

第四条　船舶在 VTS 区域内航行、停泊和作业时，必须按主管机关颁发的《VTS 用户指南》所明确的报告程序和内容，通过甚高频无线电话或其他有效手段向 VTS 中心进行船舶动态报告。

第五条　船舶在 VTS 区域内发生交通事故、污染事故或其他紧急情况时，应通过甚高频无线电话或其他一切有效手段立即向 VTS 中心报告。

第六条　船舶发现助航标志异常，有碍航行安全的障碍物、漂流物或其他妨碍航行安全的异常情况时，应迅速向 VTS 中心报告。

第七条　船舶与 VTS 中心在甚高频无线电话中所使用的语言应为汉语普通话或英语。

第三章　船舶交通管理

第八条　在 VTS 区域内航行的船舶除应遵守《1972 年国际海上避碰规则》和《中华人民共和国内河避碰规则》外，还应遵守交通运输部和主管机关颁布的有关航行、避让的特别规定。

第九条　船舶在 VTS 区域内航行时，应用安全航速行驶，并应遵守交通运输部和主管机关的限速规定。

第十条　船舶在 VTS 区域内应按规定锚泊，并应遵守锚泊秩序。

第十一条　任何船舶不得在航道、港池和其他禁锚区锚泊，紧急情况下锚泊必须立即报告 VTS 中心。

第十二条　船舶在锚地并靠或过驳必须符合交通运输部和主管机关的有关规定，并应及时通报 VTS 中心。

第十三条　VTS 中心根据交通流量和通航环境情况及港口船舶动态计划实施交通组织。VTS 中心有权根据交通组织的实际情况对航行计划予以调整、变更。

第十四条　船舶在 VTS 区域内航行、停泊和作业时，应在规定的甚高频通信频道上

正常守听，并应接受VTS中心的询问。

第十五条　在VTS区域内航行的船舶和船队的队形及尺度等技术参数均应符合交通运输部和主管机关的有关规定。

第四章　船舶交通服务

第十六条　各VTS中心根据其现有功能应为船舶提供相应服务。

第十七条　应船舶请求，VTS中心可向其提供他船动态、助航标志、水文气象、航行警（通）告和其他有关信息服务。

VTS中心可在固定的时间或其他时间播发上款规定的信息。

第十八条　应船舶请求，VTS中心可为船舶在航行困难或气象恶劣环境下，或船舶一旦出现了故障或损坏时，提供助航服务。

船舶不再需要助航时，应及时报告VTS中心。

第十九条　为避免紧迫局面的发生，VTS中心可向船舶提出建议、劝告或发出警告。

第二十条　VTS中心认为必要的时候或应船舶或其所有人、经营人、代理人的请求，可为其传递打捞或清除污染等信息和协调救助行动。

第二十一条　应船舶或其所有人、经营人、代理人的请求，有条件的VTS中心还可为其提供本规则第四章规定以外的服务。

第五章　法律责任

第二十二条　对违反本规则的，主管机关依据有关法律、法规和交通运输部颁布的有关规章给予处罚。

第二十三条　本规则的实施，在任何情况下都不免除船长对本船安全航行的责任，也不妨碍引航员和船长之间的职责关系。

第二十四条　为避免危及生命财产或环境安全的紧急情况发生，船长和引航员在背离本规则有关条款时，应立即报告VTS中心。

第六章　附则

第二十五条　本规则下列用语的含义：

“船舶”是指按有关国际公约和国内规范规定应配备通信设备及主管机关要求加入VTS系统的船舶。

“VTS系统”是指为保障船舶交通安全，提高交通效率，保护水域环境，由主管机关设置的对船舶实施交通管制并提供咨询服务的系统。

“VTS区域”是指由主管机关划定并公布的，VTS系统可以实施有效管理的区域。

“VTS用户指南”是指由设置VTS系统的主管机关，根据本规则制定颁发的便于船舶加入和使用VTS系统的指导性文件。

“船舶动态报告”是指船舶在某一VTS区域内，按照主管机关的规定通过甚高频无线电话或其他有效手段向VTS中心进行有关航行动态的报告。

第二十六条　凡设置VTS系统的主管机关根据本规则制定本VTS系统的船舶交通管理细则，报备中华人民共和国港务监督局。

第二十七条　本规则由中华人民共和国交通运输部负责解释。

第二十八条　本规则自1998年1月1日起施行。

二、船舶定线

1. 概述

船舶定线（Ships' Routeing）是由岸基部门用法规或推荐的形式指定船舶在海上某些区域航行时应遵循或采用的航线、航路或通航分道，以规范船舶的航行秩序，增强船舶的航行安全。船舶定线是船舶交通管理系统的一个重要组成部分。

首个分道航行的建议是由美国的JONES提出的。在一次美国客船与法国货船于海上雾航时发生碰撞导致300多名旅客和船员丧生后，JONES向美国海军MAURY上尉提出分道航行建议，MAURY立即推荐了分隔汽船的通航分道，并建议所有船舶采用。1967年6月1日，多佛尔海峡在世界上首次实现分道通航，并以航行通告方式通知船舶并在海图上标明。多佛尔海峡实施分道通航制后，在保障该水域船舶交通安全和减少对遇、碰撞童事故方面取得了极大的成效。

为了指导各国具体参考和建立实施船舶定线制，1977年IMO第10届大会通过A.378（X）决议，颁布了《船舶定线制的一般规定》这份规范性文件，至此，船舶定线制的应用步入成熟阶段。目前，世界上许多重要海区都建立了分道通航制，如多佛尔海峡、博斯普鲁斯海峡、劳伦斯海峡等。实践表明，船舶定线制的建立，大大减少了船舶碰撞事故。

我国的船舶定线制与国际相比，起步相对较晚，但发展步伐相对较快。1996年9月，《成山角水域船舶定线制》、《成山角水域强制性船舶报告制》在国际海事组织航行安全分委会第45次会议上获得通过。2000年5月，经国际海事组织海上安全委员会第72届大会审议，以大会93号决议通过，并于2000年12月1日起施行，作为强制性要求对所有相关船舶生效。这两个规定是中国政府提出的海事领域第一个经IMO审议通过并对中外籍船舶施行的国际性法规。接着在长江口、大连的大三山、香港等地也相继实施了船舶定线制，并推广到内河水域。

2. 《船舶定线》

《船舶定线》是IMO出版的文件，凡被IMO所采纳的船舶定线制均刊载在该书中。《船舶定线》共分以下几个部分：

Part A：船舶定线的一般规定（General Provisions on Ships' Routeing）；

Part B：分道通航制（Traffic Separation Schemes）；

Part C：深水航路（Deep－Water Routes）；

Part D：避航区（Areas to be Avoided）；

Part E：其他定线措施（Other Routeing Measures）；

Part F：有关航行的规则和建议（Associated Rules and Recommendations on Navigation）；

Part G：强制的船舶报告制、船舶定线制和禁止抛锚区（Mandatory Ship Reporting Systems，Mandatory Routeing Systems and Mandatory No Anchoring Areas）；

Part H：岛屿间航路采用、指定和替代（Adoptioion，Designation and Substitution of Archipelagic Sea Lanes）。

其中，PART A是船舶定线的一般规定，阐明了船舶定线的目的、定义、程序与责

任、方法、规划、设计标准、分道通航制的临时调整、定线制的使用和海图上的表述方法等9个方面的具体要求。PART B 以后的部分开始印有 IMO 采纳的世界各水域的各种定线制和规则等的详细资料，并附有图式，船舶航行至相关水域时可结合海图使用这些资料。

3. 船舶定线制的目的与作用

船舶定线制（Ships' Routeing System）是指以减少海上事故为目的，而为船舶实施的单一航路或多航路和定线措施。它是船舶交通管理系统的一个重要组成部分，其目的是增进船舶较集中、交通密度大，或由于航路上的碍航物使船舶操纵受限，或因水深有限、气象条件不利使船舶操纵受限的水域中船舶的航行安全。

船舶定线制具体包括以下某一或全部内容：

（1）分隔相反方向航行船舶的交通流，以减少船舶对遇；

（2）减少横向穿越船舶与通航分道内航行船舶之间发生碰撞的危险；

（3）简化船舶汇聚区域的交通流形式；

（4）在近岸海洋勘探、开发活动集中的水域内，组织安全的交通流；

（5）对所有船舶或某类船舶的交通流进行组织，以避开航行危险区域；

（6）在水深易变或存在危险的水域，为船舶提供特别指导，以减少搁浅危险；

（7）指导船舶避开渔场或组织船舶通过渔区。

4. 船舶定线制的种类和定义

凡是以减少海难事故为目的的任何一条或多条航路或定线措施，均称为船舶定线制。它包括分道通航制、双向航路、推荐航路、避航区、沿岸通航区、环行航道、警戒区和深水航路等。

（1）分道通航制（Traffic Separation Schemes，TSS）：是通过适当方法建立通航分道，分隔相反方向交通流的一种定线措施。

（2）分隔线（带）（Separation Line（Zone））：将相反或接近相反方向行驶的交通流的通航航路分隔开，或将通航航道与相邻海区分隔开，或将同方向行驶的特殊类型船舶的指定通航航道分隔开的线（带）。

（3）通航分道（Traffic Lane）：在规定界限内建立的单向通航的限定区域——船舶的通航航路，其边界可以是指定的，也可能是由自然碍航物所构成。

（4）双向航路（Two - way Route）：是确立了双向通航交通的航路，其目的是在航行困难或危险水域内为通航船舶提供安全航路。

（5）推荐航路（Recommended Route）：是为船舶通过方便而设置的未指定宽度的航路，一般用航路中线浮标作为其标志。

（6）推荐航线（Recommended Track）：是经过专门测量，确保船舶无航行危险，并建议船舶沿该航线航行的一种航线。

（7）指定的交通流方向（Established Direction of Traffic Flow）：指定交通流的方向，船舶要顺其航行，在图上用空心实线箭矢表示其方向。

（8）推荐的交通流方向（Recommended Direction of Traffic Flow）：在不可能或不必要采用指定交通流方向时，建议船舶通航的交通流方向，在图上用空心虚线箭矢表示其方向。

(9) 避航区（Area to be Avoided）：航行特别危险，因而所有船舶或特定类型船舶必须避离的区域。

(10) 沿岸通航带（Inshore Traffic Zone）：是指分道通航制的向岸一侧边界与相邻海岸之间的水域。该水域内一般不允许过境船舶使用，并适用地方性特别规定。

(11) 环行航道（Round About）：在限定的范围内，由分隔点或圆形风隔带与一规定界限的环形通航分道组成的航路。在该航道内船舶绕分隔点或圆形分隔带逆时针循通航分道环行，从而实现交通流的分隔。

(12) 警戒区（Precautionary Area）：船舶必须谨慎驾驶的区域，在警戒区内可能有推荐的交通流方向。

(13) 深水航路（Deep Water Route）：水深业已经过准确测量的适于深吃水船舶航行的航路。

(14) 禁锚区（No Anchoring Drea）：是指一个具有规定界限的区域所构成的定线措施，该区域内禁止所有船舶或者某类船舶抛锚，除非船舶或者人员面临紧迫危险。

5. 船舶定线的方法

为达到船舶定线的目的，可以根据水域的自然环境条件、交通状况等因素，采用船舶定线制中的一种或多种方式组合，最终建立起最有利于水域船舶安全航行的最佳船舶定线制。这种组合方法有以下几种。

(1) 采用分隔带或分隔线。如图10－5－1所示，用分隔带或分隔线将相反或接近相反方向的交通流分隔开，在无法采用分隔带时采用分隔线，有条件时以使用分隔带为宜。在海图上，分隔线仍是以具有一定宽度的着色线表示的，要注意其与分隔带的区别。

(2) 利用自然碍航物和地理位置明确的物标分隔相反方向的交通流。这一方法适用于有岛屿、浅滩和岩礁的水域，这些碍航物限制了船舶的航行，但也给船舶提供了与相反方向的交通流分离的参照物，如图10－5－2所示。

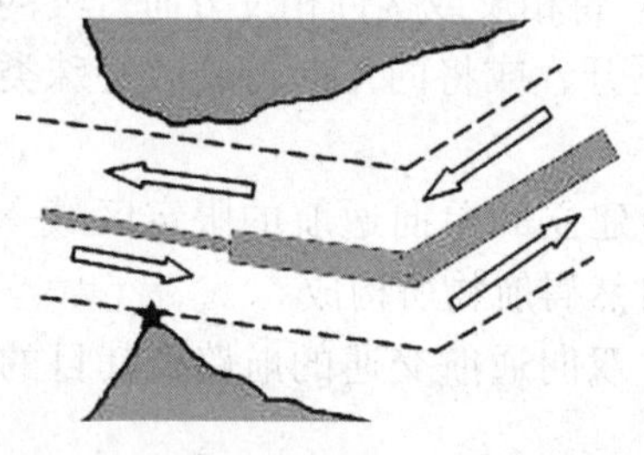

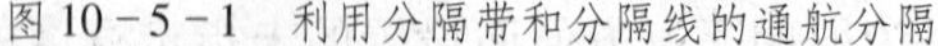

图10－5－1　利用分隔带和分隔线的通航分隔

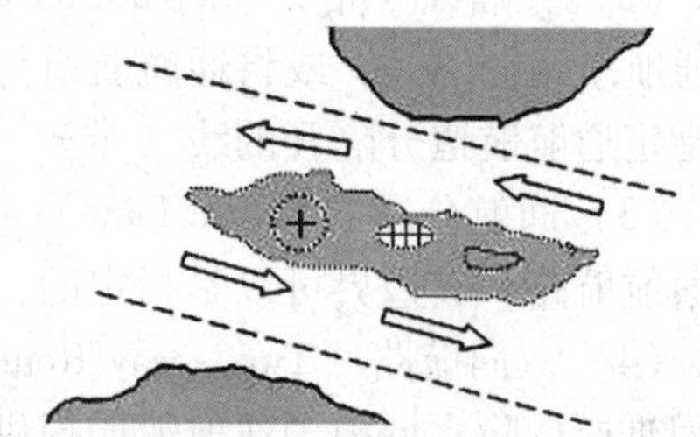

图10－5－2　利用自然物标的通航分隔

(3) 利用沿岸通航带分隔过境船舶和地方船舶的交通。如图10－5－3所示，在分道通航区向外海一侧的边界之外的水域，船舶可以以任何航向航行。向岸一侧的分道的外边界与沿岸通航带之间可设分隔线或分隔带。这种方式使得过境船舶交通和地方船舶交通分离，而过境船舶通常只能使用分道通航区通过该水域。

(4) 在交通汇聚区附近，设置扇形通航分道。在船舶从各个方向汇聚到一点或一狭小区域，如港口进出口处、海上引航站、近陆浮标或灯船设置处、狭水道和河口等，可设置扇形通航分道，如图10－5－4所示，以分隔不同方向汇聚来的交通流。

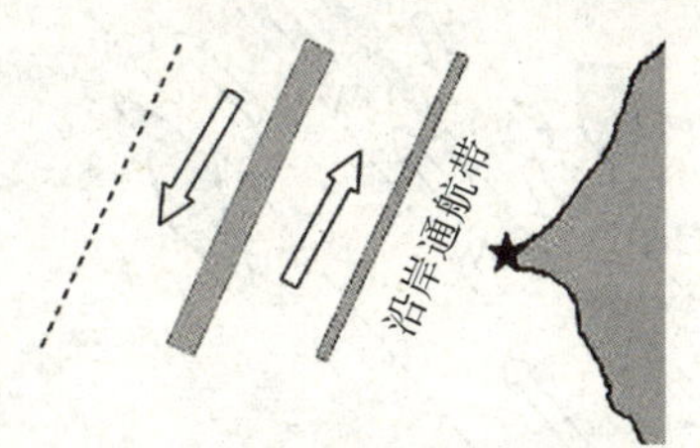

图 10－5－3　利用沿岸通航带的通航分隔

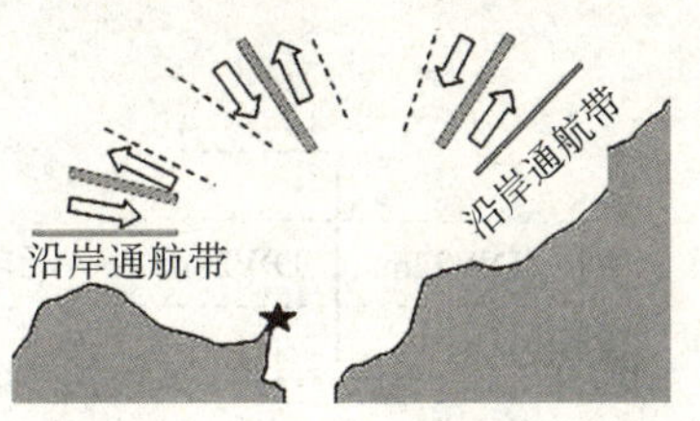

图 10－5－4　扇形通航分道

（5）在交通汇聚区、航道连接处或航道交错区，可从如下定线制方式中选择最合适的定线制方法：①环行航道：在交通汇聚区，可设置环行航道，如图 10－5－5 所示，使不同方向来的船舶绕环行航道按逆时针方向航行。②交叉航道：两条航路连接处或交叉处，可采用图 10－5－6 所示的方法。在连接或交叉处的各部分交通流方向按相应的相邻通航分道内的交通流设定。分隔带的中断是为了强调船舶应以正确的航行方法通过该区域。在中断处应谨慎驾驶。③警戒区：在交通汇聚处，也可不设环行航道而设置如图 10－5－7 所示的警戒区，以强调在此处应谨慎驾驶。

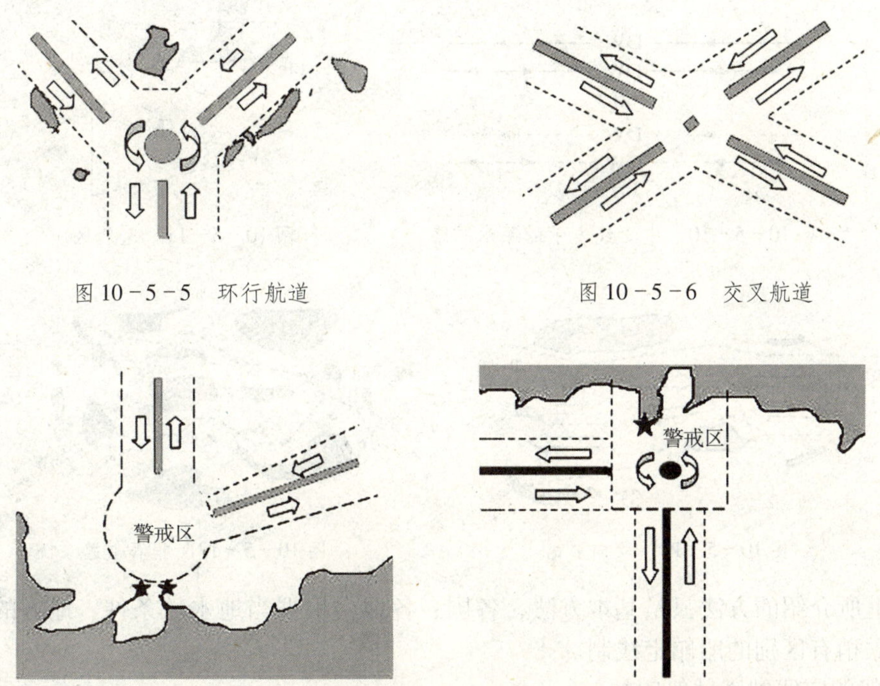

图 10－5－5　环行航道

图 10－5－6　交叉航道

图 10－5－7　警戒区

（6）深水航路。其是在划定的界限内经过精确测量、海底或海图所标障碍物上的水深足够的航路。图 10－5－8 为双向深水航路，并标有航路的最浅水深数字；图 10－5－9 为单向深水航路，未标水深数据。

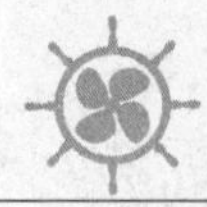

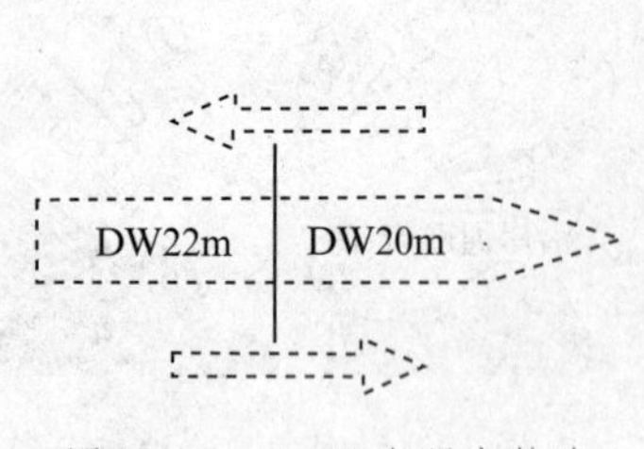

图 10-5-8 双向深水航路

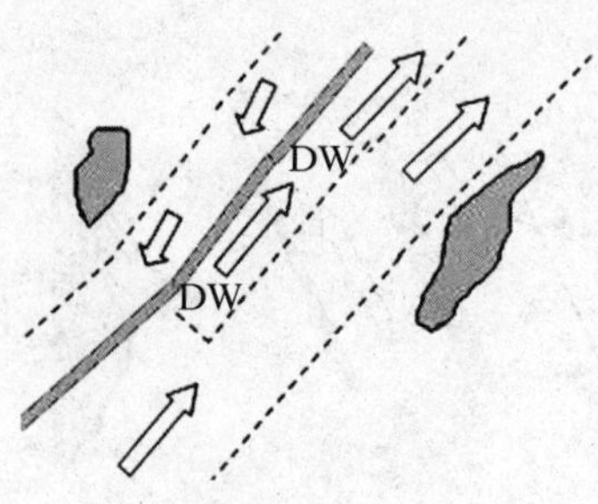

图 10-5-9 单向深水航路

有的是仅标注中心线的深水航路，其中实线一般表示有固定导航标志的深水航路，如图 10-5-10（a）所示；虚线表示推荐的深水航路，如图 10-5-10（b）所示，无固定导航标志。箭头表示航路方向。

（7）其他定线方法

其他定线方法还有很多，如避航区（图 10-5-11）、双向航路（图 10-5-12）及推荐航路（图 10-5-13）等。

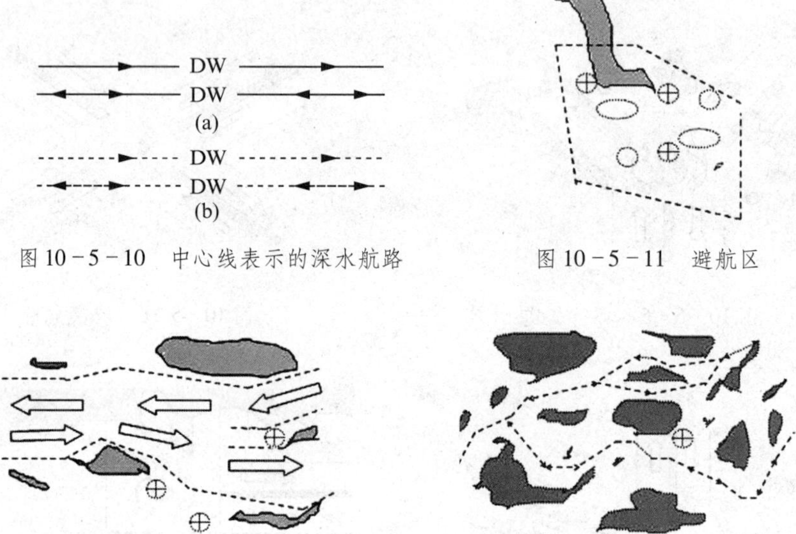

图 10-5-10 中心线表示的深水航路

图 10-5-11 避航区

图 10-5-12 双向航路

图 10-5-13 推荐航路

以上所介绍的方法只是基本方法，各国、各地会根据当地水域条件、地方的习惯做法而建立稍有区别的船舶定线制。

6. 船舶定线制区域船舶的航行

在某一水域建立船舶定线制的最终目的是提高船舶的航行安全。航路的指定通常是由有关部门依法进行的，指定航路的使用、航路内的航行方法等一般均是依法规规定执行，船舶应予以遵守。

指定航路内的船舶操纵，根据航路所在地点不同可适用当地法规或《国际海上避碰规则》。在 IMO 的《船舶定线制一般规定》中，对指定航路的利用也有具体的建议。

（1）船舶定线制中的指定航路及其航行方法在不冻水域和不需要特殊操船行动或不

需要破冰船援助的薄冰区域内，任何时间、任何气象条件下均适用。

（2）除有特殊说明外，一般指定航路及其航行方法对所有船舶适用。当船舶利用指定航路时，应考虑到水深问题，出现问题的后果是由船舶承担的。

（3）在 IMO 认可的分道通航区或其附近航行的船舶必须遵守《国际海上避碰规则》第 10 条的规定，且该规则的其他条款在所有情况下均适用。

（4）在船舶汇聚区域，完全的通航分割实际上是行不通的。因此，在这种区域内船舶应十分谨慎，且任何船舶均无任何特权。

（5）深水航路是考虑到船舶吃水、水域内的水深，为有必要利用这种航路的船舶提供的。可不考虑这些因素的船舶应尽可能不使用深水航路。

（6）在双向航路（包括深水双向航路）上，船舶应尽可能地靠右行驶。

（7）海图上所标示的指定航路中的交通流方向箭矢仅表示交通流设定或推荐的大致方向，船舶没有必要严格按其所指方向航行。但船舶的航迹要与航路内交通流设定或推荐的方向保持一致。

（8）不利用与通航分道或深水航路相连接的警戒区的船舶或进出附近港口的船舶，在可能情况下应当避离警戒区航行。

（9）《国际信号规则》中规定的信号“YG”表示“你似乎没有遵守分道通航制”，用以提醒船舶遵守分道通航制。

地方性交通管理法规中，有的也涉及船舶定线制。这种法规的制定考虑了当地水域的实际情况，国家的管理策略以及管理方法，也可能会参考有关的国际法规和规定。所以，船舶应随时随地了解航行水域内的适用法规，并在航行中予以遵守。

《国际海上避碰规则》第 10 条仅就分道通航制这一指定航路形式，规定了这种航路上的航行方法、避让关系及责任等，对其他形式的指定航路上的航行问题没有涉及。

三、船舶报告系统

1. 船舶报告系统的目的

船舶报告系统（Vessel Reporting Systems，VRS）是通过无线电通信或其他手段提供、搜集和交换与船舶救助、交通管理、防污和天气预报有关的信息的系统。

目前，船舶报告系统主要有以搜索救助为主要目的的报告系统和以船舶交通管理为主要目的的报告系统。这两个报告系统都兼顾海洋、水域防污和天气预报所需信息的收集、交换和提供。

1）以搜索救助为主要目的的报告系统

以搜索救助为主要目的船舶报告系统的具体任务是：①缩短从与船舶失去联络至开始搜救活动的时间；②迅速确定能及时提供救助支援的船舶；③在有限区域内准确确定搜索区域；④及时向无医生在船的船舶提供医疗援助或建议。

这种报告系统将被引入已经建立的全球海上遇险安全系统中，它也是船舶交通服务的一部分。显然，其主要目的是监视海难事件是否可能发生；提供避免海难事故发生的信息；在事故发生后，及时对遇难船实施搜救；保护船舶财产和船员的生命安全，防止船舶造成海洋污染。在这种系统中，船岸之间相互按一定程序和要求交换有关信息，如船舶基本参数、航行计划、船位、气象海况数据等。

岸上主管部门负责：①对实施船舶报告的船舶的航迹进行标绘，跟踪船舶；②按照规定的程序、时间、报告格式接受船舶的报告；③对信息予以记录、处理，向船舶提供所必需的咨询。

以搜索救助为主要目的的船舶报告系统一般以较大海域为服务对象，对船舶不予限定，服务一般是免费的。现在使用的系统有美国的 AMVER、日本的 JASREP、澳大利亚的 AUSREP、新西兰的 VOLUNTORY SHIP REPORTING SYSTEM。中国的是 China Ship Reporting System，简称 CHISREP。不同的系统采用不同的报告格式、报告程序、报告手段，船舶在利用这些系统时应查阅相关资料。

船舶是否要利用以搜索救助为主要目的的船舶报告系统，是由船舶来确定的。

2）以船舶交通管理为主要目的的报告系统

以船舶交通管理为主要目的的报告系统一般隶属于船舶交通管理系统。其目的是收集管理水域内航行船舶的有关参数、航行计划、载货状态等信息，建立与船舶的联系，并随时进行相应的信息服务和助航服务等。在船舶交通管理系统中，船舶报告对某些船舶是强制的，该类船舶应严格按规定进行报告。

船舶报告系统的加人和退出都比较简单，向船舶报告系统提交了航行计划报告就被视为加入；作出最终报告即被视为退出。

2. 船舶报告的标准格式

IMO 在《船舶报告系统的一般原则》中提出了船舶报告应包括的项目及应使用的标准格式，见表 10-5-1。IMO 所列项目有 26 项，在进行船舶报告时，有些项目在各种报告中是必须要明确的，如欲参加的系统的名称，即报告对象、报告种类、船名呼号等。有些项目可根据报告种类以及具体情况进行取舍，如船舶尺度（项目 U）数据在报告中报告一次即可，在其他的报告中不必再进行报告。

每一种报告在报告完必需项目后，再根据该类报告的要求报告其他项目的内容。当使用无线电报进行报告时，项目名称可使用表的最左侧栏的单字母符号。报告的形式可以用无线电话、电报，有些国家也可用书面报告。报告使用的语言可以是英语和当地语言，当使用英语时，应尽可能使用 IMO 规定的标准航海英语。

3. 报告的种类、程序、内容

根据 IMO 船舶报告系统文件，船舶报告分为一般报告、特殊报告和其他报告。一般报告有：船位报告（Position Report，PR）；变更报告（Deviation Report，DR）；最终报告（Final Report，FR）。特殊报告有：危险货物报告（Dangerous Goods Report，DG）；有害物品报告（Harmful Substances Report，HS）；海洋污染报告（Marine Pollutants Report，MP）；其他报告（Any Other Report）。

表 10-5-1　船舶报告的标准格式和要求

标报告的项目名称		项目内容	报告的信息及格式
电报字符	无线电话		
A	ALPHA	船舶	船名、呼号、国籍或船站识别码
B	BRAVO	日期和时间	6 位数，前 2 位表示日期，后 4 位表示时间。当不使用 UTC 时，必须注明时区号

（续表）

标报告的项目名称		项目内容	报告的信息及格式
电报字符	无线电话		
C	CHARLIE	船位	纬度：4 位数后跟 N/S；经度：5 位数后跟 E/W。精确到分
D	DELTA	船位	物标名称、方位（3 位数，°）、距离（n mile）
E	ECHO	真航向	真航向（3 位数，°）
F	FOXTROT	航速	航速（3 位数，kn）前 2 位表示整数，后 1 位表示小数
G	GOLF	上一港	上一港名称
H	HOTEL	加入系统的日期、时间、地点	日期、时间表示法同 B，地点同 C 或 D
I	INDIA	目的港及预计到达时间	目的港名及日期、时间（同 B）
J	JULIET	引航员情况	说明是否有深海引航员或港内引航员在船
K	KILO	退出系统的日期、时间、地点	同 H
L	LIMA	航路信息	计划航线
M	MIKE	无线电	船舶电台全称和保护频率
N	NOVEMBER	下次报告时间	同 B
O	OSCAR	当前的最大吃水	4 位数，前 2 位表示米，后 2 位表示厘米
P	PAPA	载货	货物及有关危险货物（可能对人或环境有危害）的简单描述
Q	QUEBEC	故障、缺陷、受损及受限情况	故障、缺陷、受损及受限情况的简单描述
R	ROMEO	污染或者危险货物丢失情况	污染（油类、化学品）或者危险货物丢失的种类及位置（同 C 或 D）的简单描述
S	SIERRA	气象情况	当前气象、海况的简单描述
T	TANGO	船舶所有人和（或）船舶所有人代表	船舶所有人和（或）船舶所有人代表的名称及所要求的其他详细资料
U	UNIFORM	船舶类型和尺度	船长、船宽、吨位、船舶类型及所要求的其他资料
V	VICTOR	医务人员	医生、医生助理、护士或无医务人员
W	WHISKEY	在船人数	人数
X	XRAY	其他事项	任何其他事项、信息

1）一般报告

（1）航行计划报告。它是船舶进入相应的报告系统区域或者在该系统区域内开始活动时作出的报告，是船舶发送给船舶报告中心的第一份报文。航行计划报告既是船舶加

入船舶报告系统的正式申请，也是船舶报告中心对船舶进行跟踪标绘的依据。

当船舶在船舶报告区域内港口并准备加入船舶报告系统时，应在离港前或接近离港时发送航行计划报告；或当船舶从非船舶报告区域进入船舶报告区域并准备加入船舶报告系统时，应在接近报告线或进入报告线后发送航行计划报告。

航行计划报告的内容一般包括船名、船舶呼号或船舶识别码、出发日期和时间（UTC）、出发地点、下一停靠港、航行计划（航法和重要转向点）、航速及预计到达时间（ETA）和到达日期等详细情况。

例如，澳大利亚的 AUSREP，航行计划报告（SP）：①从海外进入 AUSREP 区域，必须报告的内容有 A，F，G，H，K，L，M，N，V，X。报文：AUSREP SP，A. ASIA ANGEL/J8JP2；F. 12kts；G. QING DAO，P. R. CHINA；H. 230900UTC 1200S 1160IE；K. 251200UTC DAMPIER；L. RL175 TO Pilot Station；M. 9VG，VIP，XSQ（INMARSAT C 437600334）；N. 0600UTC；V. NO MEDIC；X. PASS TO AMVER NAME/CALLSIGN CHANGED FROM DELAWARE/ELDL2 SINCE LASTREPORT。②在 AUSREP 区域内某港开往区域外某港，必须报告的内容有 A，F，H，I，K，L，M，N，V，X。报文：AUSREP SP，A. ASIA ANGEL/J8JP2；F. 12；H. 020500UTC DAMPIER；I. 181600UTC TIANJIN PRC；K. 040100UTC 1200S 1160IE；L. RL355 TO EXIT POINT；M. VIP. XSQ（INMARSAT；C 43760334）；N. NO MEDIC；X. Nil。③从 AUSREP 区域内的某港驶往另一港，必须报告的内容有 A，F，H，I，L，M，N，V，X。报文：AUSREP SP，A. UESPERUS/BCBC；F. 12；H. 212200UTC ADELAIDE；I. 231400UTC；M. ELBOURNE；L. COADTAL DIRECT；M. VIM；N. 0100UTC；V. NO MEDIC；X. NIL。④在 AUSREP 区域内过境，必须报告的内容有 A，F，G，H，I，K，L，M，N，V，X。报文：AUSREP SP，A. UESPERUS/BCBC；F. 12；G. DURBAN；H. 120800UTC 3550S07500E；I. SURABAYA 192000UTC；K. 172330UTC 0806S 10107E；L. GC；N. 0600UTC；V. NO MEDIC；X. PASS TO AMVER。

（2）船位报告。它是由船舶发出的表示船舶当时所在位置的报告，目的：一是用于船舶报告中心更正跟踪的船位；二是表达船舶安全状态即船舶是否遇险。首次报告一般在航行计划报告后 24 h 或 48 h 作出，此后每隔 24 h 或 48 h 发送。报告内容比较少，一般只有船名、时间、船位。例如，AUSREP PR：

AUSREP PR，A. ASIA ANGEL/J8JP2；B. 050200UTC；C. 1657S 11628E；E. 355；F. 12；X. ETA NOW 060330UTC。

（3）变更报告。这是在实际船位与已报告的预计船位相差甚远，或改变航行计划，或船长认为必要时作出的报告。其内容是当前的船位以及航行计划中改变的项目等。例如，AUSREP DR：

AUSREP DR，A. ASIA ANGEL/J8JP2；B. 050200UTC；C. 1806S 11608E；F. 8；I. PT. HEDLANG；X. REDUCED SPEED DUE TO MAIN ENGINE PROBLEMS。

（4）最终报告。这是船舶参加报告系统发送的最后一份报告，是船舶到达目的地或离开报告系统覆盖区域时作出的报告，表示船舶已脱离该报告系统。船舶报告中心收到该报文后，将停止对该船舶的跟踪与标绘。最终报告的内容包括船名、船舶呼号或船舶识别码、离开本系统覆盖区域或到港的日期和时间（UTC）等。例如，AUSREP FR：

①抵达某一澳大利亚港口。AUSREP FR，A. ASIA ANGEL/J8JP2；K. 250330UTC

DAMPIER；X. FINAL REPORT。②驶出 AUSREP 区域。AUSREP FR，A. ASIA ANGEL/J8JP2；K. 060306UTC 1200S 11600E；X. FINAL REPORT。

2）特殊报告

（1）危险货物报告。这是当船舶运载的危险货物在距岸 200 n mile 范围内因故散失，或可能散失于海上时所作出的报告。其内容包括船名、时间、船位、船舶电台呼号、载货情况、船舶损失情况、污染物情况、天气、船舶代理、船舶的参数及其他内容。

（2）有害物品报告。这是当散装的有毒液体货物（依据 MARPOL 73/78 公约附录Ⅰ）或燃油（MARPOL 73/78 公约附录Ⅱ）因故散失或可能散失时作出的报告。其内容包括船名、时间、船位、航向、航速、航线信息、船舶电台呼号、下次报告时间、载货情况、船舶损坏情况、货物散失情况、天气、船舶的代理、船舶参数及其他内容。

（3）海洋污染报告。这是国际海上危险货物运输规定中被定义为海洋污染物（MARPOL 73/78 公约附则Ⅲ）的有害物品因故散失或可能散失时作出的报告。其内容与危险货物报告大致相同。

（4）其他报告。这是按照报告系统的规定程序所必须作出的上述报告之外的任何其他报告。其内容视具体情况而定。

四、中国船舶报告系统

中国船舶报告系统（China Ship Reporting System，简称 CHISREP）是中国为履行《1974 年国际海上人命安全公约》、《1979 年国际海上搜寻与救助公约》等国际公约，保障海上人命和财产安全，由原交通部批准于 1998 年建立并于 2001 年 6 月 1 日起实施的。它是 GMDSS 的一个重要组成部分。其任务是及时、准确的提供船舶动态信息，保证船舶的航行安全，提高搜救效率，防止和控制船舶造成的海洋污染。

1. 适用区域和对象

（1）适用区域。CHISREP 的报告区域为 9°N 以北、130°E 以西的海域，但不包括其他国家的领海和内水。

（2）适用船舶。强制参加 CHISREP 的船舶有：①航行于国际航线 300 总吨及以上的中国籍船舶；②航行于中国沿海航线 1 600 总吨及以上的中国籍船舶；③自 2005 年 1 月 1 日起航行于中国沿海航线的 300 总吨及以上、1 600 总吨以下的中国籍船舶。

自愿参加 CHISREP 的船舶有：①上述航程不足 6 h 的船舶；②上述船舶以外的其他中国籍船舶；③外国籍船舶。

2. 加入方式

当船舶进入 CHISREP 区域时，按照《CHISREP 船长指南》规定的格式向中国船舶报告中发送报告。

当船舶首次加入 CHISREP 时，可由船公司或其代理向中国船舶报告中心提供船舶基本概况表。

如果船舶的基本概况发生变化，船公司、代理或船舶应当将变化的情况及时向中国船舶报告中心报告。

当船舶加入 CHISREP 后，可通过下列方式发送报文：

(1) 通过 CHISREP 指定的上海、广州和大连 3 个海岸电台发送船舶报告。

(2) 如果船舶在某一个中国沿海港口，可以通过电传、传真或电子邮件的方式直接向中国船舶报告中心报告航行计划报告或最终报告。

(3) 可通过 INMARSAT—A，B，C，M 地球站发往中国船舶报告中心。

(4) 中国船舶报告中心也接收船公司或代理通过电子邮件或电传方式发送的集团报告。

(5) 由于某种原因不能发送船位报告和最终报告的船舶，可通过他船或岸上的有关机构代为报告。

3. CHISREP 的报告格式、种类和内容

CHISREP 共有 7 种类型，每一种报告类型由若干个按规定次序排列的报告构成。报告以 CHISREP 加报告类型的识别字母开头，以报告项 Z 结尾。这七种报告又可分为一般报告（航行计划报告、船位报告、变更报告、最终报告）和特殊报告（危险货物报告、有害物品报告、海洋污染物质报告）两大类。

(1) 航行计划报告。船舶在离开中国沿海港口或从国外进入 CHISREP 区域时，应向中国船舶报告中心发送航行计划报告，并应遵循以下规定：①在进入 CHISREP 区域的划定界限前 24 h 至进入后 2 h 之内发送；②在离开任何中国沿海港口前 2 h 之内发送。

从国外进入 CHISREP 区域，并停靠中国港口或者国内两个港口之间的航行计划报告的必报项：CHISREP SP A（船名呼号）、F（航速）、G（上一停靠港）、H（日期时间 UTC/进入 CHISREP 区域的船位）、I（下一停靠港及其 ETA）、L（计划航线信息）、M（船舶电台全称和保护频率）、Z。当船舶认为必要时，可加入 E，K，N，O，S，T，U，W，X 和 Y 项。

从中国港口驶往外国港口的或者过境船（自国外某港口到国外某港口，其航线穿过 CHISREP 区域的船舶）的航行计划报告的必报项：CHISREP SP A，F，G，H，I，K，L，M 和 Z。当船舶认为必要时，可加入 E，N，O，S，T，U，W，X 和 Y 项。

(2) 船位报告。船舶按照规定的时间或约定的报告时间向 CHISREP 发送船位报告，使中国船舶报告中心掌握足够的船舶信息。

第一份船位报告要求在最新航行计划报告后 24 h 内发出，以后每隔 24 h 或在每天约定的时间发送，但两个报告之间的时间间隔不应超过 24 h，直到抵达中国沿海港口或驶离 CHISREP 区域界线。船位报告中的信息将被 CHISREP 用来更新该船的船舶动态。

如在船位报告发送前 2 h 发送变更报告，那么下一份船位报告的发送时间应改为变更报告后 24 h。预计抵达目的港或 CHISREP 分界线的时间应当在最后一次的船位报告中得到确认。船舶改变 ETA，可在任何一份船位报告中更正。如船舶的航行时间小于 24 h，可不发船位报告，只要在开航时发航行计划报告并在抵港时发一份最终报告即可。

(3) 变更报告。船舶发生下列情况时必须发送变更报告：①船舶改变其计划航线时；②船舶的实际船位偏离计划航线超过 2 h 的航程时。

(4) 最终报告。当船舶抵达中国沿海港口或驶离 CHISREP 区域界线前后 2 h 内，应

发送最终报告。危险货物报告、有害物质报告、海洋污染物质报告如前所述。

4. 船舶延误报告处理

（1）船舶超过规定报告时间或约定报告时间 3 h，系统将自动对该船进行预报警，提醒工作人员检查中国船舶报告中心是否已收到船舶的报告，直接与配有 INMARSAT 设备的船舶进行联系并在海岸电台通报表上列出该船舶，提醒其发送报文。

（2）延时超过 6 h 的船舶，将在海岸电台通报表中，对这些船舶进行呼叫。

（3）延时超过 12 h 的船舶，将对船公司代理、经营人及可能见过该船或与该船联系过的其他船舶进行查询，核实该船是否安全。

（4）延时超过 18 h 的船舶，将在海岸电台通报表中，对这些船舶进行紧急呼叫，并在该船呼号后加 PANPAN。

（5）延时超过 24 h 的船舶，船舶报告中心制订搜救方案并报指挥端站（中国海上搜救中心），由指挥端站指定海上救助协调中心（RCC）进行搜寻救助，开始搜救行动。

任务实施

任务 1　船舶在定线制水域中航线的拟定及航行要领

基本要求：

1. 正确掌握船舶定线的方法；
2. 正确掌握船舶定线制的应用。

实施步骤：

1. 准备工作

海图室，多媒体，图书资料等，学生自带作图工具。

2. 实施过程

通过多媒体要求学生识别各种船舶定线的方法，在定线制水域中进行航线拟定，说明航法要领。

任务 2　船舶报告系统的应用

基本要求：

1. 正确掌握船舶报告系统的种类、程序及格式；
2. 正确掌握船舶报告的编制。

实施步骤：

1. 准备工作

多媒体，船舶报告录像资料等。

2. 实施过程

通过多媒体要求学生识别各种船舶报告的方法，根据要求，编制船舶报告报文。

任务评价

评价内容		评价标准	权重	得分
任务完成情况	任务 1	1. 船舶定线制水域的识别	0.2	
		2. 船舶定线制方法的应用	0.1	
		3. 船舶定线制水域航线的拟定	0.2	
	任务 2	1. 船舶报告的种类、程序及格式	0.1	
		2. 船舶报告报文的编写	0.1	
		3. 回答有关问题	0.1	
职业素养		1. 遵守课堂纪律及实训室规定 2. 按时认真完成学习及工作任务 3. 有问题及时提出和反馈意见	0.1	
创新意识		1. 能举一反三 2. 善于提出问题，总结经验	0.1	
总得分				

任务拓展

1. 解释下列名词：

船舶定线、通航分道、推荐航线、深水航路、双向航路、航行计划报告、船位报告、最终报告、危险货物报告、有害物品报告、海洋污染物质报告。

2. 简述船舶交通管理系统的功能。

3. 简述船舶定线制的目的。

4. 简述船舶使用定线制时的一般要求。

5. 我国船舶交通管理系统安全监督管理的主管机关是________。

Ⅰ. 国家港务监督机构；Ⅱ. 地方港务局；Ⅲ. 国家海洋局

A. Ⅰ，Ⅲ　　B. Ⅱ，Ⅲ　　C. Ⅰ，Ⅱ　　D. Ⅰ ~ Ⅲ

6. 下列不属于船舶交通管理系统的主要功能的是________。

A. 信息服务　　B. 引航服务　　C. 航行协助　　D. 救捞服务

7. 根据 IMO 船舶定线文件，船舶定线制的目的是增进船舶在________的航行安全。

Ⅰ. 汇聚区域；Ⅱ. 通航密度大的区域；Ⅲ. 受限水域；Ⅳ. 存在航行障碍的水域；Ⅴ. 水深受限的水域；Ⅵ. 气象条件使船舶操纵受限的区域；Ⅶ. 内河；Ⅷ. 渔区；Ⅸ. 沿岸水域；Ⅹ. 近海水域；Ⅺ. 雾区

A. Ⅰ ~ Ⅵ　　B. Ⅱ ~ Ⅶ　　C. Ⅱ ~ Ⅷ　　D. Ⅰ ~ Ⅺ

8. 船舶定线制的主要内容之一是________。

A. 分隔反向或接近反向的交通流　　B. 分隔同向或接近同向的交通流

C. 分隔小角度交叉相遇的交通流　　D. 分隔各转向点附近的交通流

9. 船舶定线制的主要内容之一是________。

A. 疏理同向或接近同向的交通流　　　B. 分隔小角度交叉相遇的交通流

C. 引导特殊水域的交通流　　　　　　D. 分隔各转向点附近的交通流

10. 当船舶航行在环行航道区域时，应________。

A. 在环行航道内，船舶按逆时针方向绕分隔点或圆形分隔带航行

B. 在环行航道内，船舶按顺时针方向绕分隔点或圆形分隔带航行

C. 在环行航道内，船舶向左绕分隔点或圆形分隔带航行

D. 在环行航道内，船舶出口时向左、进口时向右绕分隔点或圆形分隔带航行

11. 根据 IMO 船舶报告系统文件，变更报告是在________情况下所作的报告。

A. 实际船位与已报告的预计船位相差甚远

B. 改变航行计划

C. 船长认为必要时

D. 以上都有可能

模块6　航次计划的制订

模块描述

航次计划是船舶能够顺利完成航次任务的重要保障。船舶航次计划制订的好坏将直接影响到船舶和海上人命安全，以及海洋环境保护。船舶在接到航次任务后，应充分考虑本船的技术状态、货物情况、物料和燃油、淡水数量，以及航区的水文气象资料等因素，综合利用航海技术知识，拟定好本航次的航次计划。

本模块主要描述航次计划的拟定步骤，并着重描述航线设计的方法。

学习目标

1. 掌握航次计划的拟定步骤；
2. 掌握航线设计的方法。

工作任务

1. 航次计划的拟定；
2. 航线设计的步骤及航线表的编制。

知识准备

一、拟定航次计划的步骤

1. 备妥各种航海图书资料

根据航次命令，利用《海图及其他水道图书总目录》查取有关航海图书资料，包括海图和各种图书资料，并且利用《航海通告》改正到最新。

2. 研究各种资料，了解航线详细情况

(1) 查阅有关港口的《航路指南》、《进港指南》、港口介绍、港图、港章等，了解本航次所经港口的详细资料。

(2) 查阅有关气候图、洋流图、《航路设计图》、气象预报、《潮汐表》和潮流图表等，了解航区航行季节的水文气象条件、可能遇到的灾害性天气以及可以利用的风、流条件等。

(3) 查阅《灯标和雾号表》、《无线电信号表》和海图等，了解航区助航设备的条件、浮标制度和必要的图表等。

(4) 查阅海图、《航路指南》和地方性规则等，了解近岸航区的危险区域、禁

区、渔区、船舶交汇点、分道通航制、协定航线、海上交通安全法规、内河避碰规则等。

3. 确定航线，估算航行时间

根据航次任务及航行条件，选定进出港航行、沿岸航行和大洋航行等的计划航线，确定是否需要采用大圆航线、混合航线或气象定线等。然后在总图或者大洋图上粗略画出航线和量出大致的航程，估算航行所需的时间。

4. 绘制航线

随后应在大比例尺海图上绘制出全程航线，求出准确的航程及航行时间。

5. 确定燃料与备品

根据航线与本船的特点以及航行时间，船长应与大副、轮机长协商，预先确定并落实本航次所需的各种燃物料、淡水以及备品的数量。

无论在哪个航区航行，燃料总储备量的富余量不得少于船舶2天的耗油量。

6. 航法研究

航行中的航法是航行计划的重要环节，在航行过程中应特别注意以下水域的航行方法。

（1）本航线经过的狭窄水域、岛礁区、浅区等航行困难水域。

（2）受潮汐、风浪影响较明显的水域。

7. 航行中可能遭遇的海况及恶劣天气

及时获取各种气象信息，了解航行中可能遭遇的海况及恶劣天气，制订相应的预防与应急措施。

8. 抵港信息

抵达港口的信息对船舶安全顺利进港至关重要，应根据《进港指南》、《无线电信号表》和海图等掌握港口概况、通信方式、引航、通航规则及航道特征等。

9. 制订航行计划书

航行计划最终应以书面的形式出现，一方面用于本船的航行参考与指导，另一方面以备港口PSC检查。

二、航线设计

航线设计是航行计划的重要组成部分，是航行计划的具体实现。船舶应通过航行资料的研究，并结合本船的特点，拟定出一条安全经济的航线。

1. 航线设计应考虑的主要因素

（1）本船因素，包括本船的大小及装载情况、本船的续航能力、船员情况、技术状态、装备等。

（2）航线的水文与气象条件。

（3）航线附近障碍物、复杂水域、未精测水域等。

（4）根据船舶的定位与避让条件，以及其他环境因素，如白天还是夜间、通航密度、渔区等，合理选择航线。

大洋航线应特别考虑使用推荐航线，是否应采用大圆航线或混合航线，可根据《航路设计图》和《世界大洋航路》，选择一条适合本船的大洋航路；沿岸航线应充分考虑船舶富余水深、离岸距离、与危险物应保持的安全距离，以及各种航行受限水域等。

（5）船舶航行受限水域，如禁航区、限制区、分道通航等。

2. 航线设计的具体步骤

（1）抽选海图与图书资料。根据航次任务，利用《海图及其他水道图书总目录》或《航海图书总目录》抽选航次所需的海图与图书资料。

（2）草拟航线，估算时间。通过研究各种有关的航海图书资料、气象情况，选定航线。在总图或者大洋图上草拟航线，确定转向点及量出各分段的航向、航程。

（3）绘制航线。将上述的草拟航线移画在大比例尺航用海图上，同时做好正确的标注工作。①列出起始点、各转向点和讫点的经、纬度，或（和）以某物标的方位和距离表示。②标出各点间的计划航程、计划航向。③在海图上标出必要的警戒线。④标出重要的灯标、雷达目标等。⑤标出重要航区的潮流情况。

（4）填写航线表。将本航次所需的海图及图书资料整理归类，并将其信息填入海图及图书资料一览表中。将计划航线上的转向点、航向、航程和累积航程等资料填入航线表中。计算出总的航行时间。

航行计划的参考用表主要有以下几种：

（1）海图及图书资料一览表。①航用海图表，如表10－6－1所示。②图书资料表，如表10－6－2所示。

表10－6－1　航用海图表

编号	图号	图名	比例尺	出版日期	新版日期	最新改正	备注

表10－6－2　图书资料表

编号	书号	书名	出版时间	最新改正	备注

（2）航线表，如表10－6－3所示。

表10－6－3　航线表

编号	转向点位置	转向时间		计划航向	航程	累计航程	剩余航程	海图图号	备注
		ZT	*GMT*						

3. 航线设计应注意的问题

（1）首先应考虑安全，然后再考虑缩短航程、节省航行时间、提高航速等问题，即

如何提高营运效率问题。

（2）航线设计应符合海图作业规范，清楚、简洁、明了，并尽量使用大比例尺海图。

（3）注意避开障碍物、危险物、浅点、特殊水域等，为了航行安全，应尽可能设计绕航航线。对航线附近的重要物标应作必要的标注。

（4）对于航行受限水域，应注意遵守有关规定和避离。

（5）航线绘制完毕，应认真核对。

航行受限水域通常可分为有关当局公布的受限水域和有关国际公约规定的受限水域。

（1）有关当局公布的受限水域。①军事演习区。禁止驶入已经宣布为禁航区的军事演习区；临时的演习区可以在演习时段外驶入，但应注意加强瞭望和收听航行警告，还要注意不宜在此区域进行捕捞、锚泊和疏浚等作业。②倾倒区和雷区。航线设计一般应避开此类区域。③禁区。禁锚、禁渔区一般可通航。但禁航区不应驶入，没有说明禁区的种类，一般以禁航区看待。④海上油田。通常航线设计应远离设施 1.5 n mile 以外，如海图上标有油田区界线，则航线应离界线 500 m 开外。⑤历史性与危险性沉船禁区。航线设计时应特别注意水深，通常应避开这样的禁区。

（2）有关国际公约规定的受限水域。①分道通航制水域。船舶应严格遵守分道通航制和其他通航规定。分道通航制水域的航线设计应注意以下几点：ⅰ. 在航线设计时切勿随意将航线画入沿岸通航带内。ⅱ. 进出通航分道的航线应与通航分道的船舶总流向形成尽可能小角度。应避免在通航分道的端部，将航线画成近直角右转进出通航分道的端部，更忌以接近直角左转进出其端部。ⅲ. 一般情况下，应将航线画于通航分道的中线上。但当两对驶的通航分道仅有一分隔线之隔或只有一个狭窄分隔带相隔，则宜将航线置于距分隔线或分隔带稍远之处；反之，如通航分道的左侧有很宽的分隔带或有很好的航标显示其界限，而通航分道右侧的边缘仅有海图上的一条线且无航标显示其界限，则宜将航线置于稍偏向左侧的分隔带。ⅳ. 穿越通航分道，则应尽量以直角通过，勿斜穿过其通航分道与分隔带。对于穿越地点的选择除了靠近目的港所在处外，一般可选择两对驶的通航分道之间的较宽敞的分隔带为宜，以利于船舶在分隔带中有条件等待时机直角通过前方的通航分道。但不宜选择通航分道的端部或附近、几条通航分道的汇合处、环形航道及其附近以及水上交通频繁的警戒区。ⅴ. 深水航路。深水航路为深吃水船和吃水受限船使用，一般吃水船可不采用此航路，但在不妨碍深吃水船和吃水受限船的情况下，也可以驶入。ⅵ. 避航区。根据具体情况选择避开此区域。②载重线季节区域。船舶应根据本船吃水考虑是否受到《国际载重线公约》的制约。③领海与内水（Territorial Sea & lnternal Waters）。领海水域一般有无害通过权，但不宜在此停泊、抛锚、旋回试验、校正仪器等；内水一般不宜驶入，除非情况特殊，如避风、救助等，但也必须报告有关当局。④渔业管辖区和专属经济区。渔船的进入应考虑有关渔业管辖区的有关规定；船舶应尽量避免进入沿岸国在该区域所设立的海上工程设施与勘测活动区的范围。

三、拟定航行计划的注意事项

航行计划的拟定过程，就是船舶出航前的航海准备过程，所以必须认真、周密、仔细地对待。拟定航行计划应注意以下问题：

（1）航行计划应力求措施适当、时间准确、切实可行，须经船长审核、批准后正式确认。在执行过程中，驾驶员也应认真核对，及时发现不当甚至错误之处。

（2）航行计划在执行过程中，船长应根据实际情况及时进行修改，做好必要记录，并告知全船人员。在必要时可根据具体情况重新拟定航行计划。

（3）航行计划在执行过程中，值班驾驶员对船位或航行方式有任何怀疑，应立即报告船长，并在必要的情况下，采取对船舶安全有利的措施。

（4）当航线较长时，可以先拟定航行计划总概要，然后分段完成，先具体完成前一段的计划，后一段的计划在航行过程中逐步充实完善。

任务实施

任务 1　航次计划的拟定

基本要求：

1. 正确掌握航次计划的拟定步骤；
2. 熟悉航次计划的编制。

实施步骤：

1. 准备工作

海图室，多媒体，图书资料等。

2. 实施过程

通过研究有关资料，熟悉航次计划的编制要求及拟定方法。

任务 2　航线设计的步骤及航线表的编制

基本要求：

1. 正确掌握船舶图书资料的作用及查阅；
2. 正确掌握航线设计的步骤；
3. 正确进行航线设计；
4. 正确进行航线表的编制。

实施步骤：

1. 准备工作

海图室，多媒体，海图及各种图书资料，学生自带作图工具。

2. 实施过程

指定航线，要求学生完成航线设计。

任务评价

<table>
<tr><th colspan="2">评价内容</th><th>评价标准</th><th>权重</th><th>得分</th></tr>
<tr><td rowspan="6">任务完成情况</td><td rowspan="3">任务 1</td><td>1. 航次计划拟定的步骤</td><td>0.1</td><td></td></tr>
<tr><td>2. 航次计划的主要内容</td><td>0.1</td><td></td></tr>
<tr><td>3. 航次计划的编制</td><td>0.1</td><td></td></tr>
<tr><td rowspan="3">任务 2</td><td>1. 图书资料的查阅</td><td>0.1</td><td></td></tr>
<tr><td>2. 航线绘制</td><td>0.2</td><td></td></tr>
<tr><td>3. 航线表的编制</td><td>0.2</td><td></td></tr>
<tr><td colspan="2">职业素养</td><td>1. 遵守课堂纪律及实训室规定
2. 按时认真完成学习及工作任务
3. 有问题及时提出和反馈意见</td><td>0.1</td><td></td></tr>
<tr><td colspan="2">创新意识</td><td>1. 能举一反三
2. 善于提出问题，总结经验</td><td>0.1</td><td></td></tr>
<tr><td colspan="2">总得分</td><td colspan="3"></td></tr>
</table>

任务拓展

1. 简述航行计划的拟定步骤。
2. 简述航线设计应考虑的因素。
3. 简述航线设计的步骤。
4. 简述航线设计过程中应注意的问题。
5. 通常航线表主要包含哪些内容？

模块7　航海日志的记载与管理

模块描述

航海日志（Log Book）是船舶航行和停泊工作情况的原始记录文件。它记载着船舶航行和停泊时的条件和遇到的情况，以及船员为保证船舶安全所采取的一切措施。

本模块主要描述航海日志的格式，各种记载方法及其管理。

学习目标

1. 掌握航海日志的记载方法；
2. 熟悉航海日志的内容。

工作任务

航海日志的记载。

知识准备

航海日志的作用是积累资料，反映船舶运输生产过程及其指标的最重要的原始记录和统计资料，也是分析、总结经验时不可缺少的重要依据。当发生海事时，航海日志是分析海事原因，作出符合实际的判断与处理的重要依据。航海日志是船舶重要的法定文件。

填写航海日志是值班驾驶员的重要职责之一。在值班期间，驾驶员应对船舶的航行或停泊活动保持连续完整的记录。

一、航海日志的格式和内容

航海日志通常由封面、扉页、说明和正文等几部分组成。

目前，我国的航海日志执行航海日志国家标准（GB 18093—2000）。航海日志的格式和内容如表10－7－1所示。

表10－7－1　航海日志的格式和内容

页面设计	内　　容
封面	航海日志、船名、起止日期、监制单位、编号
扉页	空白页

（续表）

页面设计		内　容
第Ⅰ页		航海日志、船名、起止日期、船长签名、签发日期、签发机关
第Ⅱ页		主管机关有关的管理规定
第Ⅲ页		船长、驾驶员动态表
第Ⅳ页		演习记载表
第Ⅴ页		船舶主要资料
第Ⅵ页		航海日志记载的基本要求、航海日志的保管要求、左页记载的内容、右页记载的内容
第Ⅶ页		同上
第Ⅷ页		航海日志的常用术语及其缩写代号、气象海况观测记录符号、云状表、常用船位及其对应符号
第Ⅸ页		同上
正文	左页	左页记载的内容
	右页	右页记载的内容

二、航海日志的正文填写内容

航海日志的正文填写内容包括：在航行中凡与海图作业有关的内容；为了保证航行安全而进行的观测记录、计算结果和采取的措施等；海难、救助、人员的死亡、出生、航线的变更、主要船员职务的变化；消防、救生等演习与设备检查；停泊时的生产和其他有关活动等。

航海日志的正文内容分左页和右页，左页是主页，右页是记事栏，格式如表10－7－2和表10－7－3所示。

1. 左页填写的内容

左页分四个记录部分：航行记录部分；气象、海况记录部分；舱水测量记录部分和中午测量部分。

1）航行记录

航行记录部分的主要内容有时间、航向、风流压差和航速等。除每班记录一次外，当航向、罗经改正量、风流压差值有变动时，应记录一次。如航向、船速变动频繁，则可记“船长（或引航员）领航，航向、船速不定”。记录项目和要求如下：

（1）时间：记定速或转向时的船时。

（2）罗航向：记陀螺罗经和标准磁罗经度数。

（3）罗经改正量：记陀螺罗经和标准磁罗经的改正量。标准磁罗经的改正量指磁差与自差之和，分别记录磁差与自差，精确到0°.1。

（4）真航向：记罗航向与罗经改正量之和。

（5）风流压差：记风流压差值和符号。

（6）计划航迹向：记真航向与风流压差之和。

（7）计程仪读数：记计程仪读数，精确到 0.1 n mile。

（8）计程仪航速：记前 1 h 与本小时计程仪读数之差。

（9）实测航速：记根据实测船位算得的平均航速。

（10）推进器转数：记推进器转速表每分钟平均转数，于每班终了时或在转速变更时记录。如转数变换频繁，则可记“不定”。

航向均用 3 位数字表示，不足 3 位数字的左边用零补齐，如 CA120°，CA005°等。

2）气象、海况记录

气象、海况记录部分的主要内容有天气现象、能见度、气压、气温等。航行中每 4 h 记录一次，停泊中每日 0800，1200 和 1600 时各记录一次，在必要时（如遇恶劣天气或天气突变）应增加观测和记录次数。记录项目和要求如下：

（1）天气现象：记天气现象符号。

（2）能见度：根据视距的远近记录视距等级。

（3）气压：记订正后的海面标准大气压。

（4）气温：记室外摄氏温度。

（5）海水温度：记海水摄氏温度。

（6）风：记真风向、真风力。

（7）云：记云状、云量。

（8）波浪、涌浪：记录相应的等级。

3）值班

填写值班驾驶员和值班水手姓名，无论何时都应填写。

4）舱水测量记录

正常情况下每日 0800，1600 时由木匠各测量一次压载水舱及污水沟，在必要时可增加测量次数；每日 0800 时由木匠测量一次淡水舱，大副应及时将舱水测量数据填入航海日志。

5）中午测量

每日中午由二副将中午的船位（实测或推算）和位移差、天文钟时间和误差、油水存量及昼夜航行时间、航程、平均航速、距上港累计航程和航时、距下港航程等填入航海日志。实际航程是根据实测船位所得的航迹线上的实际里程。

表 10－7－2　航海日志的正文左页表格式样

________年________月________日　　　　星期________

<table>
<tr><td colspan="13">航行记录</td><td colspan="13">气象海况记录</td><td colspan="2">值班</td></tr>
<tr><td colspan="2" rowspan="2">时间</td><td colspan="5">罗经航向</td><td rowspan="3">真航向</td><td rowspan="3">风流压差</td><td rowspan="3">计划航向</td><td rowspan="3">计程仪读数</td><td rowspan="3">实测时速</td><td rowspan="3">推进器转速</td><td rowspan="3">观测时间</td><td rowspan="3">天气现象</td><td rowspan="3">能见度</td><td rowspan="3">气压</td><td colspan="2">气温</td><td rowspan="3">海水温度</td><td colspan="2">风</td><td colspan="2">云</td><td colspan="2">浪</td><td rowspan="3">驾驶员</td><td rowspan="3">水手</td></tr>
<tr><td colspan="2">陀螺罗经</td><td colspan="3">磁罗经</td><td rowspan="2">干</td><td rowspan="2">湿</td><td rowspan="2">向</td><td rowspan="2">级</td><td rowspan="2">状</td><td rowspan="2">量</td><td rowspan="2">向</td><td rowspan="2">级</td></tr>
<tr><td>时</td><td>分</td><td>航向</td><td>改正量</td><td>航向</td><td>磁差</td><td>自差</td></tr>
<tr><td></td><td></td><td></td><td></td><td></td><td></td><td></td><td></td><td></td><td></td><td></td><td></td><td></td><td></td><td></td><td></td><td></td><td></td><td></td><td></td><td></td><td></td><td></td><td></td><td></td><td></td><td></td><td></td></tr>
<tr><td>04</td><td>00</td><td></td><td></td><td></td><td></td><td></td><td></td><td></td><td></td><td></td><td></td><td></td><td></td><td></td><td></td><td></td><td></td><td></td><td></td><td></td><td></td><td></td><td></td><td></td><td></td><td></td><td></td></tr>
</table>

（续表）

航行记录													气象海况记录													值班	
时间		罗经航向					真航向	风流压差	计划航向	计程仪读数	实测时速	推进器转速	观测时间	天气现象	能见度	气压	气温		海水温度	风		云		浪		驾驶员	水手
		陀螺罗经		磁罗经													干	湿		向	级	状	量	向	级		
时	分	航向	改正量	航向	磁差	自差																					
08	00																										
12	00																										
16	00																										
20	00																										
24	00																										

舱水测量记录

时间	位置	舱别										
		饮水柜和压载水舱							污水沟			
上午八时	左											
	中											
	右											
下午四时	左											
	中											
	右											

中午测量

船位				两港统计	
		纬度	经度	昼夜航程	
实测				昼夜平均航速	
推算				航行时间	
油水存量		消耗量	添加量	现存量	累计航程	
	重油				距下港航程	
	轻油				日出时间	
	淡水				日没时间	

表 10－7－3　航海日志的正文右页表格式样

第_______航次　　　　自_________迄_________　　　　停泊港名_________

记事栏	重大事项记录

2. 右页填写内容

无论航行、停泊或修理，凡左页不能包括但与航海有关的内容，均记录。有关船舶的动态、货物装卸情况、航行措施、前后吃水、船位、天气海况等一切现象和动作，当值驾驶员均应按时间顺序逐行详细填写；交班时应紧接本班填写内容之后签字以示负责。

1）记事栏填写

（1）到、离港前。①对影响航行安全的主要航行设备的校对与检查结果。②装卸货开始及完毕时间及到、离港时船舶的吃水。③载货数量、类别，燃油、淡水、压载水存量，海水比重及船舶常数。④驾驶台备航情况。⑤进出口办理手续的单位，人数，登船、离船时间及结果。

（2）靠、离泊位。①引航船船名及靠、离时间，引航员登、离船时间、地点及姓名。②拖船船名、靠上和解拖时间及动态。③系上第一根缆绳和靠妥泊位时间，开始解缆和解掉最后一根缆绳的时间。④抛锚及锚抛妥或开始起锚及锚离底的时间。⑤泊位名称、锚位、锚别及链长、水深、底质等。⑥备车、完车或定速时间等。

（3）航行中。凡与海图作业有关的内容，以及用于保证航行安全的操作、观测、计算结果和所采取的措施都应填写，主要包括但不限于下列内容。①船位：天测、推算和交接班船位应记准确到0′.1的纬度和经度；陆测、测深、雷达和无线电助航仪器等船位，应记其观测数据，若出现位移差，则应记其数据，以及采取的措施。②经长时间航行初显的重要物标或经过重要物标的时间、方位和距离。进出分道通航区域或特殊区域的时间，以及经过主要航标的时间和正横距离。③计程仪开启、停止时间，计程仪改正量及测校的时间、数据和方法。④起止或改变使用风流压差的时间、船位及风向、风速、流向、流速的数据。改变航向航行的时间、船位及计程仪读数。⑤发现对本船安全有影响的来船情况及避让中采取的重要措施和时间。⑥气象、海况发生突变的时间、船位及按章所采取的措施。⑦开关航行灯、升降国旗及显示各种信号的时间。拨钟时间和数据，经过日界线时间。⑧货舱的检查结果和保管货物的措施。每班巡回检查情况。⑨航道及航标变异，发现漂浮物和其他异常情况。⑩发生海事的情况，自救或救助他船（人）的经过、措施和结果。

（4）停泊中。①货物装卸开、停工时间、舱号及停工原因，各舱装卸情况，每天0800时船舶水尺。②上下旅客开始和结束的时间，或停止上下旅客的原因。③他船靠离本船的时间、事由。④补给淡水、燃料、物料的时间及数量。⑤清舱、洗舱，注入或排出压载水的时间、舱号、数量及安全措施。⑥船舶检验，货舱或货物检验，熏舱消毒。⑦船舶主要部分及设备的预防检修措施；重要的临时性修理及明火作业时间和内容。船舶厂修时每天开工的主要项目及进度情况。⑧升降国旗时间，显示号灯、号型的起止时间及气象情况。⑨交接班锚位的陆标方位、距离，或系泊、移泊情况，以及规定的巡回检查情况。⑩三副、三管轮以上船员调动登、离船时间。

2）重大记事栏填写

重大记事栏由船长、大副填写，记载船上非经常性及较重大事件。

（1）发生海事、船员伤亡事故、船员严重失职和不守纪现象。出生、死亡或途中因病离船事件。

（2）对救生、消防器材以及防污染设备检查的时间和情况。

（3）应急演习的时间、地点及经过情况。

（4）到、离港货物、燃料、淡水、压载水总数及旅客人数，艏艉吃水，稳性数据。

（5）上下旅客时间及安全措施。

（6）船长和主要船员调动及交接手续办理完毕的时间。

（7）船舶重要结构的改装和修理；船舶换旗、接收或移交、试航；船舶证书更换及重要签证等。

（8）航海日志填写中有严重错漏的更正。

船舶驾驶员还应根据航海日志等填写航次报告。航次报告是船公司了解、掌握船舶本航次生产和营运好坏的最重要和最有价值的依据。航次报告的种类比较多，但主要包括航行和停泊两部分内容。航行部分包括进出港的机动航行和海上的定速航行；停泊部分包括系泊装卸和靠泊装卸。船舶驾驶员应认真填写航海日志，这样才能及时向船公司报送航次报告以供研究。

三、航海日志的填写要求

（1）由值班驾驶员负责用不褪色的蓝色或黑色墨水笔填写，无论航行或停泊，均不得中断。填写的内容应词句准确、简明完整、字迹清楚端正，不得含糊其词和随意更改。根据填写的内容，应当能够完整地反映出航行和停泊的主要情况。在必要时，事后可根据航海日志的填写情况重新画出当时的航迹和反映当时航行及生产的基本情况。

（2）按时间和页码顺序如实填写，不得留有空页和空格、中断填写或撕页、添页。所有缩写和符号，都应按统一规定使用。航海日志应填写直接测得和看到的原始数据，如罗航向、罗方位、计程仪读数及其改正量数值，而不直接填写改正后的数值。

（3）对于填写中的错误，可用红墨水笔将错误字句画一横线，被划掉的字样仍清晰可辨，在旁边改正后由改正人加括号签字。修改处应经船长同意，在必要时需经船长签字认可。不得用小刀或橡皮擦拭或修补，更不许整页撕掉。当交班时，交班驾驶员应在本班填写内容之后签字。

（4）当航行中遇有大风浪等灾害性天气时，到港后可将航海日志有关内容的正本送港务局认定，作为日后处理可能发生的保险、海损业务的重要依据。

四、航海日志的管理要求

（1）航海日志由大副负责具体管理和保存，船长有检查之责。航海日志用完后，留船保管 3 年后交船舶所有人保存 5 年方可销毁。

（2）启用新本前应查核是否缺页，是否和轮机日志页数一致，将主要船舶资料经船长审查后填入新本扉页。

（3）大副应每天审阅航海日志的填写是否正确并签字。

（4）船长应经常检查并指导驾驶员正确填写航海日志，监督驾驶员的改错和补记，应亲自主持将严重错漏的更正填写于重大事项记录栏。船长除随时审阅和督导外，至少每星期（或每航次）作全面的审阅和签字。船长对航海日志是否填写正确和完整负全部责任。

（5）当发生海事时，应将航海日志连同有关海图交船长封存。在不得已弃船时，船长必须将航海日志及有关海图随身携带离船，妥善保存。

任务实施

任务　航海日志的记载

基本要求：

1. 正确掌握航海日志的记载方法；
2. 正确掌握航海日志的管理。

实施步骤：

1. 准备工作

海图室，多媒体，航海日志等。

2. 实施过程

通过多媒体要求学生熟悉航海日志的内容、格式及填写方法，根据要求进行航海日志的记载。

任务评价

评价内容		评价标准	权重	得分
任务完成情况	任务	1. 航海日志的内容格式	0.3	
		2. 航海日志的记载	0.3	
		3. 航海日志的管理方法	0.2	
职业素养		1. 遵守课堂纪律及实训室规定 2. 按时认真完成学习及工作任务 3. 有问题及时提出和反馈意见	0.1	
创新意识		1. 能举一反三 2. 善于提出问题，总结经验	0.1	
总得分				

任务拓展

1. 简述航海日志的作用。
2. 简述航海日志的填写要求与注意事项。
3. 简述航海日志中重大记事栏目内通常记载的内容。
4. 简述航海日志的保管要求。

附　　录

附录1　“航海学”（“船舶定位与导航”部分）适任考试大纲

9201 无限航区 500 总吔及以上船长　　9202 沿海航区 500 总吨及以上船长
9203 无限航区 500 总吨及以上大副　　9204 沿海航区 500 总吨及以上大副
9205 无限航区 500 总吨及以上二/三副　　9206 沿海航区 500 总吨及以上二/三副
9207 未满 500 总吨及以上船长　　9208 未满 500 总吨及以上大副
9209 未满 500 总吨及以上二/三副

考试大纲	适用对象								
	9201	9202	9203	9204	9205	9206	9207	9208	9209
1　航海基础知识									
1.1　地球形状、地理坐标与大地坐标系									
1.1.1　平均海面、大地水准面及大地球体；地球圆球体和地球椭圆体的概念					✓	✓			✓
1.1.2　地理坐标的定义和度量方法；经差、纬差的定义、方向性及其计算					✓	✓	✓	✓	✓
1.1.3　大地坐标系与坐标系误差的基本概念；卫星坐标系与海图坐标系不同而引起的船位误差的修正			✓	✓	✓	✓			
1.2　航向和方位									
1.2.1　方向的确定与划分；航海上划分方向的三种方法及其换算					✓	✓	✓	✓	✓
1.2.2　航向、方位和舷角的概念、度量和相互之间的关系					✓	✓	✓	✓	✓
1.2.3　向位的测定和换算									
1.2.3.1　陀罗向位的概念和度量；陀螺罗经差的概念和特点；陀罗向位和真向位间的换算					✓	✓			

（续表）

考试大纲	适用对象								
	9201	9202	9203	9204	9205	9206	9207	9208	9209
1.2.3.2 磁差、自差和罗经差的概念、成因、特点和确定方法；磁向位、罗向位的概念、度量和特点；磁向位、罗向位和真向位之间的换算					✓	✓	✓	✓	✓
1.3 能见地平距离、物标能见距离和灯标射程									
1.3.1 海里的定义和特点、标准海里及应用场合					✓	✓	✓	✓	✓
1.3.2 测者能见地平距离、物标能见地平距离和物标地理能见距离的概念和计算					✓	✓			
1.3.3 灯标射程									
1.3.3.1 英版航海图书资料中灯标射程定义					✓				
1.3.3.2 中版航海图书资料中灯标射程定义					✓	✓	✓	✓	✓
1.3.3.3 英版灯标实际能见距离的判断					✓				
1.4 航速与航程									
1.4.1 对水航程（航速）、对地航程（航速）、计程仪航程（航速）、船速和主机航速的概念					✓				
1.4.2 对水航程（航速）、对地航程（航速）和流程（流速）之间的关系					✓	✓	✓	✓	✓
1.4.3 计程仪的种类、特点和计程仪航程的计算					✓	✓			
2 海图									
2.1 比例尺与投影变形									
2.1.1 局部比例尺、普通比例尺（基准比例尺）的概念和取值方法以及表示法	✓	✓	✓	✓	✓	✓			
2.1.2 海图比例尺与海图极限精度的关系	✓	✓	✓	✓	✓	✓	✓	✓	✓
2.2 恒向线与墨卡托投影海图									

（续表）

考试大纲	适用对象								
	9201	9202	9203	9204	9205	9206	9207	9208	9209
2.2.1　恒向线的定义和特点；航用海图应满足的条件					✓	✓			
2.2.2　纬度渐长率的概念；墨卡托海图及图网的特点					✓	✓			
2.3　高斯投影方法、图网特点及其在航海上的应用					✓	✓			
2.4　大圆海图投影方法、图网特点和大圆海图使用注意事项					✓				
2.5　海图基准面、海图标题栏和图廓注记									
2.5.1　英版航海图书资料中高程基准面与深度基准面的概念					✓				
2.5.2　中版航海图书资料中高程基准面与深度基准面的概念					✓	✓	✓	✓	✓
2.5.3　英版海图标题栏与图廓注记的主要内容					✓				
2.5.4　中版海图标题栏与图廓注记的主要内容					✓	✓	✓	✓	✓
2.6　高程、水深和底质									
2.6.1　英版海图高程的概念、单位、海图标注精度及几种常见的高程海图图式					✓				
2.6.2　中版海图高程的概念、单位、海图标注精度及几种常见的高程海图图式					✓	✓	✓	✓	✓
2.6.3　英版海图水深的概念、单位、海图标注精度及重要的水深海图图式	✓				✓				
2.6.4　中版海图水深的概念、单位、海图标注精度及重要的水深海图图式	✓	✓			✓	✓	✓	✓	✓
2.6.5　常见的英版底质图式及含义	✓				✓				
2.6.6　常见的中版底质图式及含义	✓	✓			✓	✓	✓	✓	✓

（续表）

考试大纲	适用对象								
	9201	9202	9203	9204	9205	9206	9207	9208	9209
2.7　航行障碍物									
2.7.1　英版礁石、沉船种类及重要的海图图式	✓				✓				
2.7.2　中版礁石、沉船种类及重要的海图图式	✓	✓			✓	✓	✓	✓	✓
2.7.3　其他重要的英版障碍物海图图式	✓				✓				
2.7.4　其他重要的中版障碍物海图图式	✓	✓			✓	✓	✓	✓	✓
2.8　助航标志									
2.8.1　基本灯质、常见灯质的图式和含义	✓	✓			✓	✓	✓	✓	✓
2.8.2　重要的英版灯标和无线电航标的海图图式	✓				✓				
2.8.3　重要的中版灯标和无线电航标的海图图式	✓	✓			✓	✓	✓	✓	✓
2.9　其他重要的海图图式									
2.9.1　英版海图海上平台、推荐航路（航道）、深水航路、分隔带（线）、禁航区、警戒区、无线电报告点、叠标、导标、灯船、大型助航浮标和光弧灯标等海图图式	✓				✓				
2.9.2　中版海图海上平台、推荐航路（航道）、深水航路、分隔带（线）、禁航区、警戒区、无线电报告点、叠标、导标、灯船、大型助航浮标和光弧灯标等海图图式	✓	✓			✓	✓	✓	✓	✓
2.10　海图分类和使用 海图按作用、比例尺和载体的分类方法；海图的使用注意事项					✓	✓			
3　船舶定位									
3.1　海图作业的规定与要求									
3.1.1　海图作业的基本要求					✓	✓	✓	✓	✓

（续表）

考试大纲	适用对象								
	9201	9202	9203	9204	9205	9206	9207	9208	9209
3.1.2　确定推算船位和观测船位的时间间隔要求；应记入航海日志的重要数据					✓	✓	✓	✓	✓
3.2　风流对船舶航迹的影响									
3.2.1　风流压差的概念及其影响因素					✓	✓	✓	✓	✓
3.2.2　连续定位法、叠标导航法、雷达观测法测定风流压差					✓	✓	✓	✓	✓
3.3　航迹计算									
3.3.1　航迹计算法的适用时机					✓				
3.3.2　平均纬度航法与墨卡托航法的特点和适用范围					✓				
3.3.3　单航向航迹计算（平均纬度法）					✓				
3.4　陆标定位方法									
3.4.1　陆标的识别方法					✓	✓	✓	✓	✓
3.4.2　方位、距离的测定方法					✓	✓	✓	✓	✓
3.4.3　两方位、三方位定位的特点、定位方法及提高定位精度的方法	✓	✓			✓	✓	✓	✓	✓
3.4.4　两距离、三距离定位的特点、定位方法及提高定位精度的方法	✓	✓			✓	✓	✓	✓	✓
3.4.5　单物标方位、距离定位的特点和定位方法	✓	✓			✓	✓	✓	✓	✓
4　天球坐标系与时间系统									
4.1　天球坐标系					✓				
4.2　时间系统					✓				
4.2.1　视时					✓				
4.2.2　平时					✓				
4.2.3　区时					✓				
4.2.4　世界时					✓				
4.2.5　时间系统的正确使用									
4.2.5.1　拨钟、船过日界线的日期调整与记录					✓				

（续表）

考试大纲	适用对象								
	9201	9202	9203	9204	9205	9206	9207	9208	9209
4.2.5.2　法定时、标准时的概念；世界各国或地区执行的法定时资料的查询					✓				
5　天文船位误差									
5.1　天文船位线误差	✓								
5.2　两天体定位的船位误差	✓								
5.3　三天体定位的船位误差	✓								
6　罗经差									
6.1　利用天体求罗经差									
6.1.1　利用天体求罗经差的原理及注意事项			✓		✓				
6.1.2　利用低高度太阳方位或太阳真出没求罗经差			✓		✓				
6.2　利用陆标测定罗经差（包括使用 GPS 测定罗经差）					✓	✓	✓	✓	
7　潮汐与潮流									
7.1　潮汐									
7.1.1　潮汐基本成因；潮汐周日不等、半月不等、视差不等的成因和现象					✓	✓			
7.1.2　潮汐类型；潮汐术语					✓	✓			
7.1.3　《潮汐表》与潮汐推算									
7.1.3.1　中版《潮汐表》的出版方式、各卷的主要内容和使用注意事项；主、附港潮汐的推算方法			✓	✓	✓	✓	✓	✓	
7.1.3.2　英版《潮汐表》的出版方式、各卷的主要内容和《潮汐表》改正资料的来源；主、附港潮汐的推算方法			✓		✓				
7.1.3.3　任意时的潮高和任意潮高的潮时的计算方法；潮汐推算在航海上的应用			✓	✓	✓	✓			
7.2　潮流									

（续表）

考试大纲	适用对象								
	9201	9202	9203	9204	9205	9206	9207	9208	9209
7.2.1　英版潮流的海图图式；英版《潮汐表》中潮流预报表的内容和潮流推算方法			✓		✓				
7.2.2　中版潮流的海图图式；中版《潮汐表》中潮流预报表的内容和潮流推算方法			✓	✓	✓	✓		✓	✓
7.2.3　往复流每日最大流速和半日潮海区每小时平均流速的确定方法；利用回转流表或回转流海图图式预报潮流的方法			✓	✓	✓	✓		✓	✓
8　航标									
8.1　航标的种类与作用					✓	✓			
8.2　中国海区水上助航标志制度标志类型、特征及作用；新危险物的概念及其标示特点	✓	✓			✓	✓	✓	✓	✓
8.3　国际海区水上助航标志制度区域划分、标志类型、特征及作用；新危险物的概念及其标示特点	✓				✓				
8.4　国际海区水上助航标志制度适用范围、标志类型、各类标志特征及相应的航法	✓				✓				
9　航线与航行方法									
9.1　大洋航行									
9.1.1　大洋航线的种类、特点和适用时机	✓				✓				
9.1.2　利用大圆海图设计大圆航线和混合航线的方法					✓				
9.1.3　空白定位图的结构、特点、作用、适用时机及使用方法					✓				
9.1.4　大洋航线设计的原则与航行注意事项	✓				✓				
9.2　冰区航行：接近浮冰和冰山的预兆；冰区航线选择；冰情资料	✓	✓			✓	✓	✓	✓	
9.3　沿岸航行									
9.3.1　沿岸水域的航线设计									

（续表）

考试大纲	适用对象								
	9201	9202	9203	9204	9205	9206	9207	9208	9209
9.3.1.1　航线设计应考虑的因素；确定离岸距离应考虑的因素及一般原则					✓	✓		✓	✓
9.3.1.2　确定离危险物距离应考虑的因素及一般原则；转向点的确定					✓	✓		✓	✓
9.3.1.3　船舶定线制区域的航线选择					✓	✓		✓	✓
9.3.2　沿岸航行的特点和航行注意事项；转向时机的确定；观测船位可靠性判断					✓	✓		✓	✓
9.4　狭水道航行									
9.4.1　过浅滩航行的注意事项	✓	✓			✓	✓			
9.4.2　浮标导航、叠标导航、导标方位导航、平行线导航方法	✓	✓			✓	✓	✓	✓	✓
9.4.3　正横转向、逐渐转向、导标方位转向、平行线转向、平行方位线转向方法	✓	✓			✓	✓	✓	✓	✓
9.4.4　方位避险、距离避险、平行方位线避险方法的适用时机和避险方法	✓	✓			✓	✓	✓	✓	✓
9.5　岛礁区航行：航行特点；航线选择的原则；物标串视、“开门/关门”导航和避险方法	✓	✓			✓	✓	✓	✓	✓
9.6　雾中航行：雾航特点、准备工作、航行注意事项	✓	✓			✓	✓	✓	✓	✓
10　船舶交通管理									
10.1　船舶交通管理系统（VTS）									
10.1.1　船舶交通管理系统的概况、功能；船舶交通管理的方法和内容	✓	✓			✓	✓	✓		✓
10.1.2　船舶交通管理系统所提供的服务内容和船舶应提供的信息	✓	✓			✓	✓	✓		✓
10.1.3　船舶交通管理区域的航行注意事项	✓	✓			✓	✓	✓		✓

（续表）

考试大纲	适用对象								
	9201	9202	9203	9204	9205	9206	9207	9208	9209
10.2 船舶定线：船舶定线的作用；常见的航路指定方式；各种指定航路的利用和航行方法、使用定线制与船舶避碰的关系	✓	✓			✓	✓	✓	✓	✓
10.3 船舶报告系统：船舶报告系统的目的；船舶报告的种类、程序、主要内容和常见格式	✓	✓			✓	✓	✓	✓	✓

附录2　中版航海天文历摘录

1. 天体位置表

天　体　位　置，　2012 年

HOURLY ASTRONOMICAL ELEMENTS OF SUN, MOON AND PLANETS, 2012

8月7, 8, 9日　积日 220, 221, 222　　Aug. 7, 8, 9　Date of Year 220, 221, 222

日期	世界时 UT	太阳 Sun 15′.8 格林时角 G. H. A.	太阳 赤纬 Dec.	金星 Venus 格林时角 G. H. A.	金星 赤纬 Dec.	火星 Mars 格林时角 G. H. A.	火星 赤纬 Dec.	木星 Jupiter 格林时角 G. H. A.	木星 赤纬 Dec.	土星 Saturn 格林时角 G. H. A.	土星 赤纬 Dec.	世界时 UT
	h	° ′	° ′	° ′	° ′	° ′	° ′	° ′	° ′	° ′	° ′	h
8月7日 农历六月二十 星期二	00	178 33.4	N16 21.8	226 27.5	N19 37.2	117 52.8	S07 51.6	246 05.8	N21 21.4	112 36.3	S07 09.7	00
	01	193 33.5	16 21.1	241 27.7	19 37.3	132 53.9	07 52.2	261 07.8	21 21.5	127 38.6	07 09.7	01
	02	208 33.6	16 20.4	256 27.8	19 37.5	147 54.9	07 52.8	276 09.8	21 21.5	142 41.0	07 09.8	02
	03	223 33.7	16 19.7	271 27.9	19 37.7	162 56.0	07 53.4	291 11.9	21 21.6	157 43.3	07 09.9	03
	04	238 33.8	16 19.0	286 28.0	19 37.8	177 57.0	07 54.0	306 13.9	21 21.6	172 45.6	07 09.9	04
	05	253 33.8	16 18.3	301 28.1	19 38.0	192 58.1	07 54.6	321 16.0	21 21.7	187 47.9	07 10.0	05
	06	268 33.9	N16 17.6	316 28.2	N19 38.1	207 59.2	S07 55.2	336 18.0	N21 21.7	202 50.2	S07 10.1	06
	07	283 34.0	16 16.9	331 28.3	19 38.3	223 00.2	07 55.8	351 20.0	21 21.8	217 52.5	07 10.2	07
	08	298 34.1	16 16.2	346 28.5	19 38.4	238 01.3	07 56.4	006 22.1	21 21.8	232 54.8	07 10.2	08
	09	313 34.1	16 15.5	001 28.6	19 38.6	253 02.3	07 57.0	021 24.1	21 21.9	247 57.2	07 10.3	09
	10	328 34.2	16 14.8	016 28.7	19 38.7	268 03.4	07 57.7	036 26.2	21 21.9	262 59.5	07 10.4	10
	11	343 34.3	16 14.1	031 28.8	19 38.9	283 04.4	07 58.3	051 28.2	21 22.0	278 01.8	07 10.4	11
	12	358 34.4	N16 13.4	046 28.9	N19 39.1	298 05.5	S07 58.9	066 30.2	N21 22.0	293 04.1	S07 10.5	12
	13	013 34.5	16 12.7	061 29.0	19 39.2	313 06.6	07 59.5	081 32.3	21 22.1	308 06.4	07 10.6	13
	14	028 34.5	16 12.0	076 29.1	19 39.4	328 07.6	08 00.1	096 34.3	21 22.1	323 08.7	07 10.6	14
	15	043 34.6	16 11.2	091 29.2	19 39.5	343 08.7	08 00.7	111 36.4	21 22.2	338 11.0	07 10.7	15
	16	058 34.7	16 10.5	106 29.3	19 39.7	358 09.7	08 01.3	126 38.4	21 22.2	353 13.3	07 10.8	16
	17	073 34.8	16 09.8	121 29.4	19 39.8	013 10.8	08 01.9	141 40.4	21 22.3	008 15.6	07 10.8	17
	18	088 34.9	N16 09.1	136 29.5	N19 40.0	028 11.8	S08 02.5	156 42.5	N21 22.4	023 18.0	S07 10.9	18
	19	103 35.0	16 08.4	151 29.6	19 40.1	043 12.9	08 03.1	171 44.5	21 22.4	038 20.3	07 11.0	19
	20	118 35.0	16 07.7	166 29.7	19 40.3	058 13.9	08 03.7	186 46.6	21 22.5	053 22.6	07 11.1	20
	21	133 35.1	16 07.0	181 29.8	19 40.4	073 15.0	08 04.3	201 48.6	21 22.5	068 24.9	07 11.1	21
	22	148 35.2	16 06.3	196 29.9	19 40.6	088 16.0	08 04.9	216 50.7	21 22.6	083 27.2	07 11.2	22
	23	163 35.3	16 05.6	211 30.0	19 40.7	103 17.1	08 05.5	231 52.7	21 22.6	098 29.5	07 11.3	23
		$\overline{\Delta}$ 1.1	Δ −0.7	$\overline{\Delta}$ 1.1	Δ +0.2	$\overline{\Delta}$ 2.1	Δ +0.6	$\overline{\Delta}$ 3.0	Δ +0.1	$\overline{\Delta}$ 3.3	Δ +0.1	
8月8日 农历六月廿一 星期三	00	178 35.4	N16 04.9	226 30.1	N19 40.9	118 18.1	S08 06.2	246 54.7	N21 22.7	113 31.8	S07 11.3	00
	01	193 35.5	16 04.1	241 30.2	19 41.0	133 19.2	08 06.8	261 56.8	21 22.7	128 34.1	07 11.4	01
	02	208 35.5	16 03.4	256 30.2	19 41.2	148 20.3	08 07.4	276 58.8	21 22.8	143 36.4	07 11.5	02
	03	223 35.6	16 02.7	271 30.3	19 41.3	163 21.3	08 08.0	292 00.9	21 22.8	158 38.7	07 11.5	03
	04	238 35.7	16 02.0	286 30.4	19 41.4	178 22.4	08 08.6	307 02.9	21 22.9	173 41.1	07 11.6	04
	05	253 35.8	16 01.3	301 30.5	19 41.6	193 23.4	08 09.2	322 05.0	21 22.9	188 43.4	07 11.7	05
	06	268 35.9	N16 00.6	316 30.6	N19 41.7	208 24.5	S08 09.8	337 07.0	N21 23.0	203 45.7	S07 11.8	06
	07	283 36.0	15 59.9	331 30.7	19 41.9	223 25.5	08 10.4	352 09.1	21 23.0	218 48.0	07 11.8	07
	08	298 36.0	15 59.1	346 30.8	19 42.0	238 26.6	08 11.0	007 11.1	21 23.1	233 50.3	07 11.9	08
	09	313 36.1	15 58.4	001 30.8	19 42.2	253 27.6	08 11.6	022 13.1	21 23.1	248 52.6	07 12.0	09
	10	328 36.2	15 57.7	016 30.9	19 42.3	268 28.7	08 12.2	037 15.2	21 23.2	263 54.9	07 12.0	10
	11	343 36.3	15 57.0	031 31.0	19 42.5	283 29.7	08 12.8	052 17.2	21 23.2	278 57.2	07 12.1	11
	12	358 36.4	N15 56.3	046 31.1	N19 42.6	298 30.8	S08 13.4	067 19.3	N21 23.3	293 59.5	S07 12.2	12
	13	013 36.5	15 55.6	061 31.2	19 42.7	313 31.8	08 14.0	082 21.3	21 23.3	309 01.8	07 12.3	13
	14	028 36.6	15 54.8	076 31.2	19 42.9	328 32.9	08 14.7	097 23.4	21 23.4	324 04.1	07 12.3	14
	15	043 36.6	15 54.1	091 31.3	19 43.0	343 33.9	08 15.3	112 25.4	21 23.4	339 06.5	07 12.4	15
	16	058 36.7	15 53.4	106 31.4	19 43.2	358 35.0	08 15.9	127 27.5	21 23.5	354 08.8	07 12.5	16
	17	073 36.8	15 52.7	121 31.4	19 43.3	013 36.0	08 16.5	142 29.5	21 23.6	009 11.1	07 12.5	17
	18	088 36.9	N15 52.0	136 31.5	N19 43.4	028 37.0	S08 17.1	157 31.6	N21 23.6	024 13.4	S07 12.6	18
	19	103 37.0	15 51.3	151 31.6	19 43.6	043 38.1	08 17.7	172 33.6	21 23.7	039 15.7	07 12.7	19
	20	118 37.1	15 50.5	166 31.7	19 43.7	058 39.1	08 18.3	187 35.7	21 23.7	054 18.0	07 12.7	20
	21	133 37.2	15 49.8	181 31.7	19 43.9	073 40.2	08 18.9	202 37.7	21 23.8	069 20.3	07 12.8	21
	22	148 37.3	15 49.1	196 31.8	19 44.0	088 41.2	08 19.5	217 39.8	21 23.8	084 22.6	07 12.9	22
	23	163 37.3	15 48.4	211 31.9	19 44.1	103 42.3	08 20.1	232 41.8	21 23.9	099 24.9	07 13.0	23
		$\overline{\Delta}$ 1.1	Δ −0.7	$\overline{\Delta}$ 1.1	Δ +0.1	$\overline{\Delta}$ 2.0	Δ +0.6	$\overline{\Delta}$ 3.0	Δ +0.1	$\overline{\Delta}$ 3.3	Δ +0.1	
8月9日 农历六月廿二 星期四	00	178 37.4	N15 47.6	226 31.9	N19 44.3	118 43.3	S08 20.7	247 43.8	N21 23.9	114 27.2	S07 13.0	00
	01	193 37.5	15 46.9	241 32.0	19 44.4	133 44.4	08 21.3	262 45.9	21 24.0	129 29.5	07 13.1	01
	02	208 37.6	15 46.2	256 32.1	19 44.5	148 45.4	08 21.9	277 47.9	21 24.0	144 31.8	07 13.2	02
	03	223 37.7	15 45.5	271 32.1	19 44.7	163 46.5	08 22.5	292 50.0	21 24.1	159 34.1	07 13.2	03
	04	238 37.8	15 44.8	286 32.2	19 44.8	178 47.5	08 23.2	307 52.0	21 24.1	174 36.5	07 13.3	04
	05	253 37.9	15 44.0	301 32.2	19 44.9	193 48.6	08 23.8	322 54.1	21 24.2	189 38.8	07 13.4	05
	06	268 38.0	N15 43.3	316 32.3	N19 45.1	208 49.6	S08 24.4	337 56.1	N21 24.2	204 41.1	S07 13.5	06
	07	283 38.1	15 42.6	331 32.4	19 45.2	223 50.6	08 25.0	352 58.2	21 24.3	219 43.4	07 13.5	07
	08	298 38.2	15 41.9	346 32.4	19 45.3	238 51.7	08 25.6	008 00.2	21 24.3	234 45.7	07 13.6	08
	09	313 38.2	15 41.1	001 32.5	19 45.5	253 52.7	08 26.2	023 02.3	21 24.4	249 48.0	07 13.7	09
	10	328 38.3	15 40.4	016 32.5	19 45.6	268 53.8	08 26.8	038 04.3	21 24.4	264 50.3	07 13.7	10
	11	343 38.4	15 39.7	031 32.6	19 45.7	283 54.8	08 27.4	053 06.4	21 24.5	279 52.6	07 13.8	11
	12	358 38.5	N15 38.9	046 32.6	N19 45.9	298 55.9	S08 28.0	068 08.4	N21 24.5	294 54.9	S07 13.9	12
	13	013 38.6	15 38.2	061 32.7	19 46.0	313 56.9	08 28.6	083 10.5	21 24.6	309 57.2	07 14.0	13
	14	028 38.7	15 37.5	076 32.7	19 46.1	328 57.9	08 29.2	098 12.6	21 24.6	324 59.5	07 14.0	14
	15	043 38.8	15 36.8	091 32.8	19 46.2	343 59.0	08 29.8	113 14.6	21 24.7	340 01.8	07 14.1	15
	16	058 38.9	15 36.0	106 32.8	19 46.4	359 00.0	08 30.4	128 16.7	21 24.7	355 04.1	07 14.2	16
	17	073 39.0	15 35.3	121 32.9	19 46.5	014 01.1	08 31.0	143 18.7	21 24.8	010 06.4	07 14.2	17
	18	088 39.1	N15 34.6	136 32.9	N19 46.6	029 02.1	S08 31.6	158 20.8	N21 24.8	025 08.7	S07 14.3	18
	19	103 39.2	15 33.8	151 33.0	19 46.8	044 03.2	08 32.3	173 22.8	21 24.9	040 11.0	07 14.4	19
	20	118 39.3	15 33.1	166 33.0	19 46.9	059 04.2	08 32.9	188 24.9	21 24.9	055 13.3	07 14.5	20
	21	133 39.4	15 32.4	181 33.0	19 47.0	074 05.2	08 33.5	203 26.9	21 25.0	070 15.6	07 14.5	21
	22	148 39.4	15 31.6	196 33.1	19 47.1	089 06.3	08 34.1	218 29.0	21 25.0	085 18.0	07 14.6	22
	23	163 39.5	15 30.9	211 33.1	19 47.3	104 07.3	08 34.7	233 31.0	21 25.1	100 20.3	07 14.7	23
		$\overline{\Delta}$ 1.1	Δ −0.7	$\overline{\Delta}$ 1.1	Δ +0.1	$\overline{\Delta}$ 2.0	Δ +0.6	$\overline{\Delta}$ 3.1	Δ +0.1	$\overline{\Delta}$ 3.3	Δ +0.1	

天 体 位 置， 2012 年

HOURLY ASTRONOMICAL ELEMENTS OF SUN, MOON AND PLANETS, 2012

8月7，8，9日　积日220，221，222　　Aug. 7，8，9　　Date of Year 220，221，222

日期	世界时 UT	春分点 Aries 格林时角 G. H. A.	月亮 Moon 格林时角 G. H. A.	△	月亮 Moon 赤纬 Dec.	△
	h	° ′	° ′	′	° ′	′
8月7日 农历六月二十 星期二	00	315 55.3	304 26.8	14.1	N09 00.7	+10.3
	01	330 57.7	318 59.9	14.1	09 11.0	10.3
	02	346 00.2	333 33.0	14.1	09 21.3	10.2
	03	001 02.7	348 06.1	14.1	09 31.5	10.2
	04	016 05.1	002 39.2	14.1	09 41.7	10.1
	05	031 07.6	017 12.3	14.1	09 51.8	10.0
	06	046 10.1	031 45.4	14.1	N10 01.8	+10.0
	07	061 12.5	046 18.5	14.0	10 11.8	10.0
	08	076 15.0	060 51.5	14.1	10 21.8	09.9
	09	091 17.4	075 24.6	14.1	10 31.7	09.8
	10	106 19.9	089 57.7	14.0	10 41.5	09.8
	11	121 22.4	104 30.7	14.0	10 51.3	09.7
	12	136 24.8	119 03.7	14.1	N11 01.0	+09.7
	13	151 27.3	133 36.8	14.0	11 10.7	09.7
	14	166 29.8	148 09.8	14.0	11 20.4	09.5
	15	181 32.2	162 42.8	14.0	11 29.9	09.5
	16	196 34.7	177 15.8	14.0	11 39.4	09.5
	17	211 37.2	191 48.8	14.0	11 48.9	09.4
	18	226 39.6	206 21.8	13.9	N11 58.3	+09.3
	19	241 42.1	220 54.7	14.0	12 07.6	09.3
	20	256 44.6	235 27.7	13.9	12 16.9	09.2
	21	271 47.0	250 00.6	13.9	12 26.1	09.2
	22	286 49.5	264 33.5	13.9	12 35.3	09.1
	23	301 51.9	279 06.4	13.9	12 44.4	09.0
8月8日 农历六月廿一 星期三	00	316 54.4	293 39.3	13.9	N12 53.4	+09.0
	01	331 56.9	308 12.2	13.9	13 02.4	08.9
	02	346 59.3	322 45.1	13.8	13 11.3	08.9
	03	002 01.8	337 17.9	13.9	13 20.2	08.8
	04	017 04.3	351 50.8	13.8	13 29.0	08.7
	05	032 06.7	006 23.6	13.8	13 37.7	08.7
	06	047 09.2	020 56.4	13.7	N13 46.4	+08.6
	07	062 11.7	035 29.1	13.8	13 55.0	08.5
	08	077 14.1	050 01.9	13.7	14 03.5	08.5
	09	092 16.6	064 34.6	13.7	14 12.0	08.4
	10	107 19.0	079 07.3	13.7	14 20.4	08.3
	11	122 21.5	093 40.0	13.7	14 28.7	08.3
	12	137 24.0	108 12.7	13.7	N14 37.0	+08.2
	13	152 26.4	122 45.4	13.6	14 45.2	08.1
	14	167 28.9	137 18.0	13.6	14 53.3	08.1
	15	182 31.4	151 50.6	13.6	15 01.4	08.0
	16	197 33.8	166 23.2	13.6	15 09.4	07.9
	17	212 36.3	180 55.8	13.5	15 17.3	07.8
	18	227 38.8	195 28.3	13.5	N15 25.1	+07.8
	19	242 41.2	210 00.8	13.5	15 32.9	07.7
	20	257 43.7	224 33.3	13.5	15 40.6	07.7
	21	272 46.2	239 05.8	13.5	15 48.3	07.5
	22	287 48.6	253 38.3	13.4	15 55.8	07.5
	23	302 51.1	268 10.7	13.4	16 03.3	07.5
8月9日 农历六月廿二 星期四	00	317 53.5	282 43.1	13.4	N16 10.8	+07.3
	01	332 56.0	297 15.5	13.3	16 18.1	07.3
	02	347 58.5	311 47.8	13.3	16 25.4	07.2
	03	003 00.9	326 20.1	13.3	16 32.6	07.1
	04	018 03.4	340 52.4	13.3	16 39.7	07.1
	05	033 05.9	355 24.7	13.2	16 46.8	06.9
	06	048 08.3	009 56.9	13.3	N16 53.7	+06.9
	07	063 10.8	024 29.2	13.1	17 00.6	06.9
	08	078 13.3	039 01.3	13.2	17 07.5	06.7
	09	093 15.7	053 33.5	13.1	17 14.2	06.7
	10	108 18.2	068 05.6	13.1	17 20.9	06.6
	11	123 20.7	082 37.7	13.1	17 27.5	06.5
	12	138 23.1	097 09.8	13.1	N17 34.0	+06.4
	13	153 25.6	111 41.9	13.0	17 40.4	06.3
	14	168 28.0	126 13.9	13.0	17 46.7	06.3
	15	183 30.5	140 45.9	13.0	17 53.0	06.2
	16	198 33.0	155 17.9	12.9	17 59.2	06.1
	17	213 35.4	169 49.8	12.9	18 05.3	06.0
	18	228 37.9	184 21.7	12.9	N18 11.3	+06.0
	19	243 40.4	198 53.6	12.8	18 17.3	05.9
	20	258 42.8	213 25.4	12.8	18 23.2	05.7
	21	273 45.3	227 57.2	12.8	18 28.9	05.7
	22	288 47.8	242 29.0	12.8	18 34.6	05.7
	23	303 50.2	257 00.8	12.7	18 40.3	05.5

纬度 Lat.	晨光始 Twilight 航海 Naut.	晨光始 Twilight 民用 Civil	日出 Sunrise 7日	日出 Sunrise 8日	日出 Sunrise 9日	月出 Moonrise 6日	月出 Moonrise 7日	月出 Moonrise 8日	月出 Moonrise 9日
°	h m	h m	h m	h m	h m	h m	h m	h m	h m
N70	▨	▨	02 13	02 19	02 25	20 02	19 53	19 42	19 26
68	▨	▨	02 46	02 50	02 55	20 11	20 09	20 07	20 07
66	▨	01 41	03 10	03 13	03 17	20 19	20 22	20 27	20 35
64	▨	02 18	03 28	03 31	03 34	20 26	20 33	20 43	20 56
62	▨	02 43	03 43	03 46	03 49	20 32	20 43	20 56	21 14
60	01 31	03 03	03 56	03 58	04 01	20 38	20 51	21 07	21 28
N58	02 04	03 19	04 07	04 09	04 11	20 42	20 58	21 17	21 40
56	02 28	03 32	04 16	04 18	04 20	20 46	21 04	21 26	21 51
54	02 46	03 44	04 24	04 26	04 28	20 50	21 10	21 33	22 01
52	03 02	03 54	04 32	04 33	04 35	20 53	21 15	21 40	22 09
50	03 14	04 03	04 38	04 40	04 41	20 56	21 20	21 46	22 17
45	03 40	04 21	04 53	04 54	04 55	21 03	21 30	22 00	22 33
N40	03 59	04 36	05 04	05 05	05 06	21 09	21 39	22 11	22 46
35	04 15	04 48	05 14	05 15	05 16	21 14	21 46	22 20	22 58
30	04 27	04 58	05 23	05 23	05 24	21 18	21 52	22 29	23 08
20	04 47	05 15	05 37	05 38	05 38	21 25	22 04	22 43	23 25
N10	05 03	05 28	05 50	05 50	05 51	21 32	22 13	22 56	23 40
0	05 16	05 41	06 02	06 02	06 02	21 38	22 23	23 08	23 54
S10	05 27	05 52	06 14	06 14	06 13	21 45	22 32	23 20	— —
20	05 37	06 03	06 27	06 26	06 25	21 51	22 42	23 33	— —
30	05 46	06 15	06 41	06 40	06 39	21 59	22 54	23 48	— —
35	05 51	06 21	06 49	06 48	06 47	22 04	23 00	23 56	— —
40	05 56	06 28	06 58	06 57	06 55	22 09	23 08	— —	00 06
45	06 01	06 36	07 09	07 07	07 06	22 15	23 17	— —	00 18
S50	06 07	06 45	07 21	07 20	07 18	22 22	23 28	— —	00 32
52	06 09	06 50	07 27	07 26	07 24	22 25	23 33	— —	00 39
54	06 12	06 54	07 34	07 32	07 30	22 29	23 39	— —	00 46
S56	06 14	06 59	07 41	07 39	07 37	22 33	23 45	— —	00 54

纬度 Lat.	日没 Sunset 7日	日没 Sunset 8日	日没 Sunset 9日	昏影终 Twilight 民用	昏影终 Twilight 航海	月没 Moonset 6日	月没 Moonset 7日	月没 Moonset 8日	月没 Moonset 9日
°	h m	h m	h m	h m	h m	h m	h m	h m	h m
N70	21 53	21 47	21 41	▨	▨	10 31	12 12	13 56	15 48
68	21 22	21 17	21 12	23 34	▨	10 23	11 58	13 32	15 08
66	20 59	20 55	20 51	22 24	▨	10 16	11 45	13 14	14 40
64	20 41	20 38	20 34	21 49	▨	10 11	11 35	12 58	14 19
62	20 26	20 23	20 20	21 25	23 37	10 06	11 27	12 46	14 02
60	20 14	20 11	20 09	21 06	22 35	10 02	11 20	12 35	13 49
N58	20 03	20 01	19 59	20 50	22 03	09 58	11 13	12 26	13 37
56	19 54	19 52	19 50	20 37	21 41	09 55	11 08	12 18	13 26
54	19 46	19 44	19 42	20 26	21 23	09 52	11 03	12 11	13 17
52	19 39	19 37	19 35	20 16	21 08	09 50	10 58	12 05	13 09
50	19 32	19 30	19 29	20 07	20 55	09 47	10 54	11 59	13 02
45	19 18	19 17	19 15	19 49	20 30	09 42	10 45	11 46	12 46
N40	19 07	19 05	19 04	19 35	20 11	09 38	10 38	11 36	12 34
35	18 57	18 56	18 55	19 23	19 56	09 34	10 31	11 27	12 23
30	18 48	18 47	18 46	19 13	19 43	09 31	10 26	11 20	12 13
20	18 34	18 33	18 32	18 56	19 23	09 25	10 16	11 07	11 57
N10	18 21	18 21	18 20	18 43	19 08	09 20	10 08	10 55	11 43
0	18 09	18 09	18 09	18 31	18 56	09 15	10 00	10 45	11 30
S10	17 57	17 57	17 58	18 19	18 44	09 11	09 52	10 34	11 17
20	17 45	17 45	17 46	18 08	18 35	09 06	09 43	10 22	11 03
30	17 31	17 32	17 32	17 57	18 25	09 00	09 34	10 09	10 47
35	17 23	17 24	17 25	17 50	18 20	08 57	09 29	10 02	10 38
40	17 14	17 15	17 16	17 43	18 16	08 53	09 22	09 53	10 27
45	17 03	17 05	17 06	17 36	18 10	08 49	09 15	09 43	10 15
S50	16 51	16 52	16 53	17 26	18 05	08 44	09 07	09 31	10 00
52	16 45	16 46	16 48	17 22	18 03	08 42	09 03	09 26	09 52
54	16 38	16 40	16 41	17 18	18 00	08 39	08 58	09 20	09 45
S56	16 31	16 33	16 34	17 13	17 58	08 36	08 54	09 13	09 36

	太阳 Sun	金星 Venus	火星 Mars	木星 Jupiter	土星 Saturn
中天 Mer. Pass.	h m 12 06	h m 08 54	h m 16 06	h m 07 31	h m 16 23
视差 Parallax	0′.14	0′.2	0′.1	0′.0	0′.0
赤经 R. A.		090° 24′.3	198° 36′.3	069° 59′.7	203° 22′.6

日期 Date	时差(视时减平时) Eqn. of time		月亮 Moon 上中天 UMP	月亮 Moon 下中天 LMP	半径 Radius 0h	半径 Radius 12h	视差 Parallax 0h	视差 Parallax 12h
	m	s	h m	h m				
7	−05	46	03 49	16 11	15.1	15.0	55.3	55.0
8	−05	39	04 34	16 56	14.9	14.9	54.8	54.6
9	−05	30	05 19	17 42	14.8	14.8	54.4	54.3

天 体 位 置， 2012 年

HOURLY ASTRONOMICAL ELEMENTS OF SUN, MOON AND PLANETS, 2012

8 月 10、11、12 日　积日 223、224、225　　Aug. 10、11、12　Date of Year 223、224、225

日期	世界时 UT	太阳 Sun 15′.8 格林时角 G. H. A.	太阳 赤纬 Dec.	金星 Venus 格林时角 G. H. A.	金星 赤纬 Dec.	火星 Mars 格林时角 G. H. A.	火星 赤纬 Dec.	木星 Jupiter 格林时角 G. H. A.	木星 赤纬 Dec.	土星 Saturn 格林时角 G. H. A.	土星 赤纬 Dec.	世界时 UT
	h	° ′	° ′	° ′	° ′	° ′	° ′	° ′	° ′	° ′	° ′	h
8月10日	00	178 39.6	N15 30.2	226 33.2	N19 47.4	119 08.4	S08 35.3	248 33.1	N21 25.1	115 22.6	S07 14.7	00
	01	193 39.7	15 29.4	241 33.2	19 47.5	134 09.4	08 35.9	263 35.1	21 25.2	130 24.9	07 14.8	01
	02	208 39.8	15 28.7	256 33.2	19 47.6	149 10.4	08 36.5	278 37.2	21 25.2	145 27.2	07 14.9	02
	03	223 39.9	15 28.0	271 33.3	19 47.8	164 11.5	08 37.1	293 39.2	21 25.3	160 29.5	07 15.0	03
	04	238 40.0	15 27.2	286 33.3	19 47.9	179 12.5	08 37.7	308 41.3	21 25.3	175 31.8	07 15.0	04
	05	253 40.1	15 26.5	301 33.3	19 48.0	194 13.5	08 38.3	323 43.3	21 25.4	190 34.1	07 15.1	05
	06	268 40.2	N15 25.8	316 33.4	N19 48.1	209 14.6	S08 38.9	338 45.4	N21 25.4	205 36.4	S07 15.2	06
	07	283 40.3	15 25.0	331 33.4	19 48.2	224 15.6	08 39.5	353 47.5	21 25.5	220 38.7	07 15.3	07
	08	298 40.4	15 24.3	346 33.4	19 48.4	239 16.7	08 40.1	008 49.5	21 25.5	235 41.0	07 15.3	08
农历六月廿三	09	313 40.5	15 23.6	001 33.5	19 48.5	254 17.7	08 40.7	023 51.6	21 25.6	250 43.3	07 15.4	09
	10	328 40.6	15 22.8	016 33.5	19 48.6	269 18.7	08 41.3	038 53.6	21 25.6	265 45.6	07 15.5	10
	11	343 40.7	15 22.1	031 33.5	19 48.7	284 19.8	08 42.0	053 55.7	21 25.7	280 47.9	07 15.5	11
	12	358 40.8	N15 21.4	046 33.5	N19 48.8	299 20.8	S08 42.6	068 57.7	N21 25.7	295 50.2	S07 15.6	12
	13	013 40.9	15 20.6	061 33.6	19 48.9	314 21.8	08 43.2	083 59.8	21 25.8	310 52.5	07 15.7	13
	14	028 41.0	15 19.9	076 33.6	19 49.1	329 22.9	08 43.8	099 01.9	21 25.8	325 54.8	07 15.8	14
	15	043 41.1	15 19.1	091 33.6	19 49.2	344 23.9	08 44.4	114 03.9	21 25.9	340 57.1	07 15.8	15
	16	058 41.2	15 18.4	106 33.6	19 49.3	359 25.0	08 45.0	129 06.0	21 25.9	355 59.4	07 15.9	16
	17	073 41.3	15 17.7	121 33.7	19 49.4	014 26.0	08 45.6	144 08.0	21 26.0	011 01.7	07 16.0	17
星期五	18	088 41.4	N15 16.9	136 33.7	N19 49.5	029 27.0	S08 46.2	159 10.1	N21 26.0	026 04.0	S07 16.1	18
	19	103 41.5	15 16.2	151 33.7	19 49.6	044 28.1	08 46.8	174 12.1	21 26.1	041 06.3	07 16.1	19
	20	118 41.6	15 15.4	166 33.7	19 49.8	059 29.1	08 47.4	189 14.2	21 26.1	056 08.6	07 16.2	20
	21	133 41.7	15 14.7	181 33.7	19 49.9	074 30.1	08 48.0	204 16.3	21 26.2	071 10.9	07 16.3	21
	22	148 41.8	15 14.0	196 33.8	19 50.0	089 31.2	08 48.6	219 18.3	21 26.2	086 13.2	07 16.3	22
	23	163 41.9	15 13.2	211 33.8	19 50.1	104 32.2	08 49.2	234 20.4	21 26.3	101 15.5	07 16.4	23
		$\overline{\Delta}$ 1.1	Δ −0.7	$\overline{\Delta}$ 1.0	Δ +0.1	$\overline{\Delta}$ 2.0	Δ +0.6	$\overline{\Delta}$ 3.1	Δ 0.0	$\overline{\Delta}$ 3.3	Δ +0.1	
8月11日	00	178 42.0	N15 12.5	226 33.8	N19 50.2	119 33.2	S08 49.8	249 22.4	N21 26.3	116 17.8	S07 16.5	00
	01	193 42.1	15 11.7	241 33.8	19 50.3	134 34.3	08 50.4	264 24.5	21 26.4	131 20.1	07 16.6	01
	02	208 42.2	15 11.0	256 33.8	19 50.4	149 35.3	08 51.0	279 26.5	21 26.4	146 22.4	07 16.6	02
	03	223 42.3	15 10.2	271 33.8	19 50.5	164 36.3	08 51.6	294 28.6	21 26.5	161 24.7	07 16.7	03
	04	238 42.4	15 09.5	286 33.8	19 50.6	179 37.4	08 52.3	309 30.7	21 26.5	176 27.0	07 16.8	04
	05	253 42.5	15 08.7	301 33.8	19 50.7	194 38.4	08 52.9	324 32.7	21 26.6	191 29.3	07 16.9	05
	06	268 42.6	N15 08.0	316 33.9	N19 50.9	209 39.4	S08 53.5	339 34.8	N21 26.6	206 31.6	S07 16.9	06
	07	283 42.7	15 07.3	331 33.9	19 51.0	224 40.4	08 54.1	354 36.8	21 26.7	221 33.9	07 17.0	07
	08	298 42.8	15 06.5	346 33.9	19 51.1	239 41.5	08 54.7	009 38.9	21 26.7	236 36.2	07 17.1	08
农历六月廿四	09	313 42.9	15 05.8	001 33.9	19 51.2	254 42.5	08 55.3	024 41.0	21 26.8	251 38.5	07 17.2	09
	10	328 43.0	15 05.0	016 33.9	19 51.3	269 43.5	08 55.9	039 43.0	21 26.8	266 40.8	07 17.2	10
	11	343 43.1	15 04.3	031 33.9	19 51.4	284 44.6	08 56.5	054 45.1	21 26.9	281 43.1	07 17.3	11
	12	358 43.2	N15 03.5	046 33.9	N19 51.5	299 45.6	S08 57.1	069 47.2	N21 26.9	296 45.4	S07 17.4	12
	13	013 43.3	15 02.8	061 33.9	19 51.6	314 46.6	08 57.7	084 49.2	21 26.9	311 47.7	07 17.4	13
	14	028 43.4	15 02.0	076 33.9	19 51.7	329 47.7	08 58.3	099 51.3	21 27.0	326 50.0	07 17.5	14
	15	043 43.5	15 01.3	091 33.9	19 51.8	344 48.7	08 58.9	114 53.3	21 27.0	341 52.3	07 17.6	15
	16	058 43.6	15 00.5	106 33.9	19 51.9	359 49.7	08 59.5	129 55.4	21 27.1	356 54.6	07 17.7	16
	17	073 43.7	14 59.8	121 33.9	19 52.0	014 50.7	09 00.1	144 57.5	21 27.1	011 56.9	07 17.7	17
星期六	18	088 43.8	N14 59.0	136 33.9	N19 52.1	029 51.8	S09 00.7	159 59.5	N21 27.2	026 59.2	S07 17.8	18
	19	103 43.9	14 58.3	151 33.9	19 52.2	044 52.8	09 01.3	175 01.6	21 27.2	042 01.5	07 17.9	19
	20	118 44.0	14 57.5	166 33.9	19 52.3	059 53.8	09 01.9	190 03.7	21 27.3	057 03.8	07 18.0	20
	21	133 44.1	14 56.8	181 33.9	19 52.4	074 54.9	09 02.6	205 05.7	21 27.3	072 06.1	07 18.0	21
	22	148 44.3	14 56.0	196 33.8	19 52.5	089 55.9	09 03.2	220 07.8	21 27.4	087 08.4	07 18.1	22
	23	163 44.4	14 55.3	211 33.8	19 52.6	104 56.9	09 03.8	235 09.8	21 27.4	102 10.7	07 18.2	23
		$\overline{\Delta}$ 1.1	Δ −0.7	$\overline{\Delta}$ 1.0	Δ +0.1	$\overline{\Delta}$ 2.0	Δ +0.6	$\overline{\Delta}$ 3.1	Δ 0.0	$\overline{\Delta}$ 3.3	Δ +0.1	
8月12日	00	178 44.5	N14 54.5	226 33.8	N19 52.7	119 57.9	S09 04.4	250 11.9	N21 27.5	117 13.0	S07 18.3	00
	01	193 44.6	14 53.8	241 33.8	19 52.8	134 59.0	09 05.0	265 14.0	21 27.5	132 15.3	07 18.3	01
	02	208 44.7	14 53.0	256 33.8	19 52.9	150 00.0	09 05.6	280 16.0	21 27.6	147 17.6	07 18.4	02
	03	223 44.8	14 52.2	271 33.8	19 53.0	165 01.0	09 06.2	295 18.1	21 27.6	162 19.9	07 18.5	03
	04	238 44.9	14 51.5	286 33.8	19 53.1	180 02.0	09 06.8	310 20.2	21 27.7	177 22.2	07 18.6	04
	05	253 45.0	14 50.7	301 33.8	19 53.2	195 03.1	09 07.4	325 22.2	21 27.7	192 24.5	07 18.6	05
	06	268 45.1	N14 50.0	316 33.7	N19 53.3	210 04.1	S09 08.0	340 24.3	N21 27.8	207 26.8	S07 18.7	06
	07	283 45.2	14 49.2	331 33.7	19 53.4	225 05.1	09 08.6	355 26.4	21 27.8	222 29.1	07 18.8	07
	08	298 45.3	14 48.5	346 33.7	19 53.5	240 06.1	09 09.2	010 28.4	21 27.9	237 31.4	07 18.9	08
农历六月廿五	09	313 45.4	14 47.7	001 33.7	19 53.6	255 07.2	09 09.8	025 30.5	21 27.9	252 33.7	07 18.9	09
	10	328 45.5	14 47.0	016 33.7	19 53.6	270 08.2	09 10.4	040 32.6	21 28.0	267 36.0	07 19.0	10
	11	343 45.6	14 46.2	031 33.7	19 53.7	285 09.2	09 11.0	055 34.6	21 28.0	282 38.3	07 19.1	11
	12	358 45.8	N14 45.4	046 33.6	N19 53.8	300 10.2	S09 11.6	070 36.7	N21 28.0	297 40.6	S07 19.2	12
	13	013 45.9	14 44.7	061 33.6	19 53.9	315 11.3	09 12.2	085 38.8	21 28.1	312 42.9	07 19.2	13
	14	028 46.0	14 43.9	076 33.6	19 54.0	330 12.3	09 12.8	100 40.8	21 28.1	327 45.2	07 19.3	14
	15	043 46.1	14 43.2	091 33.6	19 54.1	345 13.3	09 13.4	115 42.9	21 28.2	342 47.5	07 19.4	15
	16	058 46.2	14 42.4	106 33.5	19 54.2	000 14.3	09 14.0	130 45.0	21 28.2	357 49.8	07 19.5	16
	17	073 46.3	14 41.6	121 33.5	19 54.3	015 15.3	09 14.7	145 47.0	21 28.3	012 52.0	07 19.5	17
星期日	18	088 46.4	N14 40.9	136 33.5	N19 54.4	030 16.4	S09 15.3	160 49.1	N21 28.3	027 54.3	S07 19.6	18
	19	103 46.5	14 40.1	151 33.5	19 54.5	045 17.4	09 15.9	175 51.2	21 28.4	042 56.6	07 19.7	19
	20	118 46.6	14 39.4	166 33.4	19 54.5	060 18.4	09 16.5	190 53.2	21 28.4	057 58.9	07 19.8	20
	21	133 46.7	14 38.6	181 33.4	19 54.6	075 19.4	09 17.1	205 55.3	21 28.5	073 01.2	07 19.8	21
	22	148 46.9	14 37.8	196 33.4	19 54.7	090 20.5	09 17.7	220 57.4	21 28.5	088 03.5	07 19.9	22
	23	163 47.0	14 37.1	211 33.3	19 54.8	105 21.5	09 18.3	235 59.4	21 28.6	103 05.8	07 20.0	23
		$\overline{\Delta}$ 1.1	Δ −0.8	$\overline{\Delta}$ 1.0	Δ +0.1	$\overline{\Delta}$ 2.0	Δ +0.6	$\overline{\Delta}$ 3.1	Δ 0.0	$\overline{\Delta}$ 3.3	Δ +0.1	

天 体 位 置， 2012 年

HOURLY ASTRONOMICAL ELEMENTS OF SUN, MOON AND PLANETS, 2012

8 月 10，11，12 日　积日 223，224，225　Aug. 10，11，12　Date of Year 223，224，225

日期	世界时 UT	春分点 Aries 格林时角 G. H. A.	月亮 Moon 格林时角 G. H. A.	Δ	月亮 Moon 赤纬 Dec.	Δ
	h	° ′	° ′	′	° ′	′
8月10日 农历六月廿三 星期五	00	318 52.7	271 32.5	12.7	N18 45.8	+05.4
	01	333 55.1	286 04.2	12.7	18 51.2	05.4
	02	348 57.6	300 35.9	12.6	18 56.6	05.3
	03	004 00.1	315 07.5	12.6	19 01.9	05.2
	04	019 02.5	329 39.1	12.6	19 07.1	05.1
	05	034 05.0	344 10.7	12.6	19 12.2	05.0
	06	049 07.5	358 42.3	12.5	N19 17.2	+04.9
	07	064 09.9	013 13.8	12.5	19 22.1	04.9
	08	079 12.4	027 45.3	12.4	19 27.0	04.7
	09	094 14.9	042 16.7	12.4	19 31.7	04.7
	10	109 17.3	056 48.1	12.4	19 36.4	04.6
	11	124 19.8	071 19.5	12.4	19 41.0	04.5
	12	139 22.3	085 50.9	12.4	N19 45.5	+04.4
	13	154 24.7	100 22.3	12.3	19 49.9	04.3
	14	169 27.2	114 53.6	12.2	19 54.2	04.2
	15	184 29.6	129 24.8	12.3	19 58.4	04.1
	16	199 32.1	143 56.1	12.2	20 02.5	04.1
	17	214 34.6	158 27.3	12.2	20 06.6	03.9
	18	229 37.0	172 58.5	12.2	N20 10.5	+03.9
	19	244 39.5	187 29.7	12.1	20 14.4	03.7
	20	259 42.0	202 00.8	12.1	20 18.1	03.7
	21	274 44.4	216 31.9	12.1	20 21.8	03.6
	22	289 46.9	231 03.0	12.0	20 25.4	03.5
	23	304 49.4	245 34.0	12.0	20 28.9	03.4
8月11日 农历六月廿四 星期六	00	319 51.8	260 05.0	12.0	N20 32.3	+03.3
	01	334 54.3	274 36.0	12.0	20 35.6	03.2
	02	349 56.8	289 07.0	11.9	20 38.8	03.1
	03	004 59.2	303 37.9	11.9	20 41.9	03.0
	04	020 01.7	318 08.8	11.9	20 44.9	02.9
	05	035 04.1	332 39.7	11.8	20 47.8	02.9
	06	050 06.6	347 10.5	11.8	N20 50.7	+02.7
	07	065 09.1	001 41.3	11.8	20 53.4	02.6
	08	080 11.5	016 12.1	11.8	20 56.0	02.6
	09	095 14.0	030 42.9	11.7	20 58.6	02.4
	10	110 16.5	045 13.6	11.7	21 01.0	02.3
	11	125 18.9	059 44.3	11.7	21 03.3	02.3
	12	140 21.4	074 15.0	11.7	N21 05.6	+02.1
	13	155 23.9	088 45.7	11.6	21 07.7	02.1
	14	170 26.3	103 16.3	11.6	21 09.8	01.9
	15	185 28.8	117 46.9	11.6	21 11.7	01.9
	16	200 31.2	132 17.5	11.6	21 13.6	01.7
	17	215 33.7	146 48.1	11.5	21 15.3	01.7
	18	230 36.2	161 18.6	11.5	N21 17.0	+01.5
	19	245 38.6	175 49.1	11.5	21 18.5	01.5
	20	260 41.1	190 19.6	11.4	21 20.0	01.3
	21	275 43.6	204 50.0	11.5	21 21.3	01.3
	22	290 46.0	219 20.5	11.4	21 22.6	01.1
	23	305 48.5	233 50.9	11.4	21 23.7	01.1
8月12日 农历六月廿五 星期日	00	320 51.0	248 21.3	11.4	N21 24.8	+00.9
	01	335 53.4	262 51.7	11.3	21 25.7	00.9
	02	350 55.9	277 22.0	11.4	21 26.6	00.7
	03	005 58.4	291 52.4	11.3	21 27.3	00.7
	04	021 00.8	306 22.7	11.3	21 28.0	00.5
	05	036 03.3	320 53.0	11.2	21 28.5	00.5
	06	051 05.7	335 23.2	11.3	N21 29.0	+00.3
	07	066 08.2	349 53.5	11.2	21 29.3	00.2
	08	081 10.7	004 23.7	11.2	21 29.5	+00.2
	09	096 13.1	018 53.9	11.2	21 29.7	00.0
	10	111 15.6	033 24.1	11.2	21 29.7	-00.1
	11	126 18.1	047 54.3	11.2	21 29.6	00.1
	12	141 20.5	062 24.5	11.1	N21 29.5	-00.3
	13	156 23.0	076 54.6	11.1	21 29.2	00.4
	14	171 25.5	091 24.7	11.1	21 28.8	00.5
	15	186 27.9	105 54.8	11.1	21 28.3	00.6
	16	201 30.4	120 24.9	11.1	21 27.7	00.7
	17	216 32.9	134 55.0	11.1	21 27.0	00.8
	18	231 35.3	149 25.1	11.0	N21 26.2	-00.9
	19	246 37.8	163 55.1	11.1	21 25.3	01.0
	20	261 40.2	178 25.2	11.0	21 24.3	01.1
	21	276 42.7	192 55.2	11.0	21 23.2	01.2
	22	291 45.2	207 25.2	11.0	21 22.0	01.3
	23	306 47.6	221 55.2	11.0	21 20.7	01.5

纬度 Lat.	晨光始 Twilight 航海 Naut.	晨光始 Twilight 民用 Civil	日出 Sunrise 10 日	日出 Sunrise 11 日	日出 Sunrise 12 日	月出 Moonrise 9 日	月出 Moonrise 10 日	月出 Moonrise 11 日	月出 Moonrise 12 日
°	h m	h m	h m	h m	h m	h m	h m	h m	h m
N70	▨	▨	02 31	02 37	02 42	19 26	□	□	□
68	▨	01 09	02 59	03 04	03 08	20 07	20 09	20 22	21 10
66	▨	02 01	03 21	03 24	03 28	20 35	20 50	21 17	22 07
64	▨	02 31	03 37	03 41	03 44	20 56	21 17	21 50	22 40
62	01 02	02 54	03 51	03 54	03 57	21 14	21 39	22 15	23 05
60	01 48	03 12	04 03	04 05	04 08	21 28	21 56	22 34	23 24
N58	02 16	03 27	04 13	04 15	04 17	21 40	22 11	22 50	23 40
56	02 37	03 39	04 22	04 24	04 26	21 51	22 23	23 04	23 54
54	02 54	03 50	04 30	04 31	04 33	22 01	22 34	23 15	——
52	03 08	03 59	04 36	04 38	04 40	22 09	22 44	23 26	——
50	03 21	04 07	04 43	04 44	04 46	22 17	22 52	23 35	——
45	03 45	04 25	04 56	04 57	04 58	22 33	23 11	23 55	——
N40	04 03	04 39	05 07	05 08	05 09	22 46	23 26	——	00 11
35	04 18	04 50	05 16	05 17	05 18	22 58	23 39	——	00 24
30	04 30	05 00	05 25	05 25	05 26	23 08	23 50	——	00 36
20	04 49	05 16	05 38	05 39	05 39	23 25	——	00 09	00 56
N10	05 03	05 29	05 51	05 51	05 51	23 40	——	00 26	01 14
0	05 15	05 40	06 02	06 02	06 02	23 54	——	00 41	01 30
S10	05 26	05 51	06 13	06 13	06 12	——	00 08	00 57	01 46
20	05 35	06 01	06 25	06 24	06 24	——	00 23	01 14	02 04
30	05 44	06 12	06 38	06 37	06 36	——	00 41	01 33	02 24
35	05 48	06 18	06 46	06 45	06 43	——	00 51	01 45	02 36
40	05 53	06 25	06 54	06 53	06 52	00 06	01 03	01 58	02 50
45	05 57	06 32	07 04	07 03	07 01	00 18	01 17	02 13	03 06
S50	06 02	06 41	07 16	07 15	07 13	00 32	01 34	02 32	03 26
52	06 04	06 44	07 22	07 20	07 18	00 39	01 42	02 41	03 35
54	06 06	06 48	07 28	07 26	07 24	00 46	01 51	02 51	03 46
S56	06 09	06 53	07 35	07 33	07 31	00 54	02 01	03 03	03 58

纬度 Lat.	日没 Sunset 10 日	日没 Sunset 11 日	日没 Sunset 12 日	昏影终 Twilight 民用	昏影终 Twilight 航海	月没 Moonset 9 日	月没 Moonset 10 日	月没 Moonset 11 日	月没 Moonset 12 日
°	h m	h m	h m	h m	h m	h m	h m	h m	h m
N70	21 35	21 29	21 23	▨	▨	15 48	□	□	□
68	21 08	21 03	20 58	22 51	▨	15 08	16 43	18 10	19 05
66	20 47	20 43	20 39	22 05	▨	14 40	16 03	17 15	18 08
64	20 31	20 27	20 24	21 35	▨	14 19	15 35	16 42	17 34
62	20 17	20 14	20 11	21 13	23 00	14 02	15 14	16 18	17 10
60	20 06	20 03	20 00	20 56	22 18	13 49	14 57	15 59	16 50
N58	19 56	19 54	19 51	20 42	21 51	13 37	14 43	15 43	16 34
56	19 47	19 45	19 43	20 30	21 30	13 26	14 31	15 29	16 21
54	19 40	19 38	19 36	20 19	21 14	13 17	14 20	15 18	16 09
52	19 33	19 31	19 29	20 10	21 00	13 09	14 11	15 07	15 58
50	19 27	19 25	19 23	20 02	20 48	13 02	14 02	14 58	15 49
45	19 14	19 12	19 11	19 44	20 24	12 46	13 44	14 39	15 29
N40	19 03	19 02	19 00	19 31	20 06	12 34	13 29	14 23	15 13
35	18 54	18 53	18 51	19 20	19 52	12 23	13 17	14 10	15 00
30	18 46	18 45	18 44	19 10	19 40	12 13	13 06	13 58	14 48
20	18 32	18 31	18 30	18 54	19 21	11 57	12 48	13 38	14 28
N10	18 20	18 20	18 19	18 41	19 07	11 43	12 32	13 21	14 10
0	18 09	18 09	18 08	18 30	18 55	11 30	12 17	13 05	13 54
S10	17 58	17 58	17 58	18 19	18 44	11 17	12 02	12 49	13 37
20	17 46	17 46	17 47	18 09	18 35	11 03	11 46	12 31	13 20
30	17 33	17 34	17 34	17 58	18 27	10 47	11 27	12 11	12 59
35	17 25	17 26	17 27	17 52	18 22	10 38	11 17	12 00	12 47
40	17 17	17 18	17 19	17 46	18 18	10 27	11 04	11 46	12 34
45	17 07	17 08	17 09	17 39	18 14	10 15	10 50	11 31	12 18
S50	16 55	16 56	16 58	17 30	18 09	10 00	10 32	11 11	11 58
52	16 49	16 51	16 52	17 27	18 07	09 52	10 24	11 02	11 48
54	16 43	16 45	16 47	17 23	18 05	09 45	10 15	10 52	11 37
S56	16 36	16 38	16 40	17 18	18 02	09 36	10 05	10 40	11 25

	太阳 Sun	金星 Venus	火星 Mars	木星 Jupiter	土星 Saturn
中天 Mer. Pass.	h m 12 05	h m 08 54	h m 16 01	h m 07 21	h m 16 12
视差 Parallax	0′.14	0′.2	0′.1	0′.0	0′.0
赤经 R. A.	-	093° 18′.0	200° 18′.6	070° 29′.4	203° 34′.0

日期 Date	时差(视时减平时) Eqn. of time		月亮 Moon 上中天 UMP	月亮 Moon 下中天 LMP	月亮 Moon 半径 Radius		月亮 Moon 视差 Parallax	
	m	s	h m	h m	0h	12h	0h	12h
10	–05	21	06 05	18 29	14.8	14.8	54.3	54.3
11	–05	12	06 53	19 17	14.8	14.8	54.3	54.4
12	–05	02	07 42	20 07	14.8	14.9	54.5	54.6

2. 时角、赤纬内插表

时角、赤纬内插表
INCREMENTS AND CORRECTIONS

18m

18m	时角基本变量 Basic Variation in H.A.			△或△ v or d	订正值 corrⁿ	△或△ v or d	订正值 corrⁿ	△或△ v or d	订正值 corrⁿ
	太阳行星 Sun Planets	春分点 Aries	月亮 Moon						
s	° ′	° ′	° ′	′	′	′	′	′	′
0	4 29.7	4 30.7	4 17.7	0.0	0.0	6.0	1.9	12.0	3.7
1	4 29.9	4 31.0	4 17.9	0.1	0.0	6.1	1.9	12.1	3.7
2	4 30.2	4 31.2	4 18.2	0.2	0.1	6.2	1.9	12.2	3.8
3	4 30.4	4 31.5	4 18.4	0.3	0.1	6.3	1.9	12.3	3.8
4	4 30.7	4 31.7	4 18.7	0.4	0.1	6.4	2.0	12.4	3.8
5	4 30.9	4 32.0	4 18.9	0.5	0.2	6.5	2.0	12.5	3.9
6	4 31.2	4 32.2	4 19.1	0.6	0.2	6.6	2.0	12.6	3.9
7	4 31.4	4 32.5	4 19.4	0.7	0.2	6.7	2.1	12.7	3.9
8	4 31.7	4 32.7	4 19.6	0.8	0.2	6.8	2.1	12.8	3.9
9	4 31.9	4 33.0	4 19.8	0.9	0.3	6.9	2.1	12.9	4.0
10	4 32.2	4 33.2	4 20.1	1.0	0.3	7.0	2.2	13.0	4.0
11	4 32.4	4 33.5	4 20.3	1.1	0.3	7.1	2.2	13.1	4.0
12	4 32.7	4 33.7	4 20.6	1.2	0.4	7.2	2.2	13.2	4.1
13	4 32.9	4 34.0	4 20.8	1.3	0.4	7.3	2.3	13.3	4.1
14	4 33.2	4 34.2	4 21.0	1.4	0.4	7.4	2.3	13.4	4.1
15	4 33.4	4 34.5	4 21.3	1.5	0.5	7.5	2.3	13.5	4.2
16	4 33.7	4 34.8	4 21.5	1.6	0.5	7.6	2.3	13.6	4.2
17	4 33.9	4 35.0	4 21.8	1.7	0.5	7.7	2.4	13.7	4.2
18	4 34.2	4 35.3	4 22.0	1.8	0.6	7.8	2.4	13.8	4.3
19	4 34.4	4 35.5	4 22.2	1.9	0.6	7.9	2.4	13.9	4.3
20	4 34.7	4 35.8	4 22.5	2.0	0.6	8.0	2.5	14.0	4.3
21	4 34.9	4 36.0	4 22.7	2.1	0.6	8.1	2.5	14.1	4.3
22	4 35.2	4 36.3	4 22.9	2.2	0.7	8.2	2.5	14.2	4.4
23	4 35.4	4 36.5	4 23.2	2.3	0.7	8.3	2.6	14.3	4.4
24	4 35.7	4 36.8	4 23.4	2.4	0.7	8.4	2.6	14.4	4.4
25	4 35.9	4 37.0	4 23.7	2.5	0.8	8.5	2.6	14.5	4.5
26	4 36.2	4 37.3	4 23.9	2.6	0.8	8.6	2.7	14.6	4.5
27	4 36.4	4 37.5	4 24.1	2.7	0.8	8.7	2.7	14.7	4.5
28	4 36.7	4 37.8	4 24.4	2.8	0.9	8.8	2.7	14.8	4.6
29	4 36.9	4 38.0	4 24.6	2.9	0.9	8.9	2.7	14.9	4.6
30	4 37.2	4 38.3	4 24.9	3.0	0.9	9.0	2.8	15.0	4.6
31	4 37.4	4 38.5	4 25.1	3.1	1.0	9.1	2.8	15.1	4.7
32	4 37.7	4 38.8	4 25.3	3.2	1.0	9.2	2.8	15.2	4.7
33	4 37.9	4 39.0	4 25.6	3.3	1.0	9.3	2.9	15.3	4.7
34	4 38.2	4 39.3	4 25.8	3.4	1.0	9.4	2.9	15.4	4.7
35	4 38.4	4 39.5	4 26.1	3.5	1.1	9.5	2.9	15.5	4.8
36	4 38.7	4 39.8	4 26.3	3.6	1.1	9.6	3.0	15.6	4.8
37	4 38.9	4 40.0	4 26.5	3.7	1.1	9.7	3.0	15.7	4.8
38	4 39.2	4 40.3	4 26.8	3.8	1.2	9.8	3.0	15.8	4.9
39	4 39.4	4 40.5	4 27.0	3.9	1.2	9.9	3.1	15.9	4.9
40	4 39.7	4 40.8	4 27.2	4.0	1.2	10.0	3.1	16.0	4.9
41	4 39.9	4 41.0	4 27.5	4.1	1.3	10.1	3.1	16.1	5.0
42	4 40.2	4 41.3	4 27.7	4.2	1.3	10.2	3.1	16.2	5.0
43	4 40.4	4 41.5	4 28.0	4.3	1.3	10.3	3.2	16.3	5.0
44	4 40.7	4 41.8	4 28.2	4.4	1.4	10.4	3.2	16.4	5.1
45	4 40.9	4 42.0	4 28.4	4.5	1.4	10.5	3.2	16.5	5.1
46	4 41.2	4 42.3	4 28.7	4.6	1.4	10.6	3.3	16.6	5.1
47	4 41.4	4 42.5	4 28.9	4.7	1.4	10.7	3.3	16.7	5.1
48	4 41.7	4 42.8	4 29.2	4.8	1.5	10.8	3.3	16.8	5.2
49	4 41.9	4 43.0	4 29.4	4.9	1.5	10.9	3.4	16.9	5.2
50	4 42.2	4 43.3	4 29.6	5.0	1.5	11.0	3.4	17.0	5.2
51	4 42.4	4 43.5	4 29.9	5.1	1.6	11.1	3.4	17.1	5.3
52	4 42.7	4 43.8	4 30.1	5.2	1.6	11.2	3.5	17.2	5.3
53	4 42.9	4 44.0	4 30.3	5.3	1.6	11.3	3.5	17.3	5.3
54	4 43.2	4 44.3	4 30.6	5.4	1.7	11.4	3.5	17.4	5.4
55	4 43.4	4 44.5	4 30.8	5.5	1.7	11.5	3.5	17.5	5.4
56	4 43.7	4 44.8	4 31.1	5.6	1.7	11.6	3.6	17.6	5.4
57	4 43.9	4 45.0	4 31.3	5.7	1.8	11.7	3.6	17.7	5.5
58	4 44.2	4 45.3	4 31.5	5.8	1.8	11.8	3.6	17.8	5.5
59	4 44.4	4 45.5	4 31.8	5.9	1.8	11.9	3.7	17.9	5.5
60	4 44.7	4 45.8	4 32.0	6.0	1.9	12.0	3.7	18.0	5.6

19m

19m	时角基本变量 Basic Variation in H.A.			△或△ v or d	订正值 corrⁿ	△或△ v or d	订正值 corrⁿ	△或△ v or d	订正值 corrⁿ
	太阳行星 Sun Planets	春分点 Aries	月亮 Moon						
s	° ′	° ′	° ′	′	′	′	′	′	′
0	4 44.7	4 45.8	4 32.0	0.0	0.0	6.0	2.0	12.0	3.9
1	4 44.9	4 46.0	4 32.3	0.1	0.0	6.1	2.0	12.1	3.9
2	4 45.2	4 46.3	4 32.5	0.2	0.1	6.2	2.0	12.2	4.0
3	4 45.4	4 46.5	4 32.7	0.3	0.1	6.3	2.0	12.3	4.0
4	4 45.7	4 46.8	4 33.0	0.4	0.1	6.4	2.1	12.4	4.0
5	4 45.9	4 47.0	4 33.2	0.5	0.2	6.5	2.1	12.5	4.1
6	4 46.2	4 47.3	4 33.4	0.6	0.2	6.6	2.1	12.6	4.1
7	4 46.4	4 47.5	4 33.7	0.7	0.2	6.7	2.2	12.7	4.1
8	4 46.7	4 47.8	4 33.9	0.8	0.3	6.8	2.2	12.8	4.2
9	4 46.9	4 48.0	4 34.2	0.9	0.3	6.9	2.2	12.9	4.2
10	4 47.2	4 48.3	4 34.4	1.0	0.3	7.0	2.3	13.0	4.2
11	4 47.4	4 48.5	4 34.6	1.1	0.4	7.1	2.3	13.1	4.3
12	4 47.7	4 48.8	4 34.9	1.2	0.4	7.2	2.3	13.2	4.3
13	4 47.9	4 49.0	4 35.1	1.3	0.4	7.3	2.4	13.3	4.3
14	4 48.2	4 49.3	4 35.4	1.4	0.5	7.4	2.4	13.4	4.4
15	4 48.4	4 49.5	4 35.6	1.5	0.5	7.5	2.4	13.5	4.4
16	4 48.7	4 49.8	4 35.8	1.6	0.5	7.6	2.5	13.6	4.4
17	4 48.9	4 50.0	4 36.1	1.7	0.6	7.7	2.5	13.7	4.5
18	4 49.2	4 50.3	4 36.3	1.8	0.6	7.8	2.5	13.8	4.5
19	4 49.4	4 50.5	4 36.6	1.9	0.6	7.9	2.6	13.9	4.5
20	4 49.7	4 50.8	4 36.8	2.0	0.7	8.0	2.6	14.0	4.6
21	4 49.9	4 51.0	4 37.0	2.1	0.7	8.1	2.6	14.1	4.6
22	4 50.2	4 51.3	4 37.3	2.2	0.7	8.2	2.7	14.2	4.6
23	4 50.4	4 51.5	4 37.5	2.3	0.7	8.3	2.7	14.3	4.6
24	4 50.7	4 51.8	4 37.7	2.4	0.8	8.4	2.7	14.4	4.7
25	4 50.9	4 52.0	4 38.0	2.5	0.8	8.5	2.8	14.5	4.7
26	4 51.2	4 52.3	4 38.2	2.6	0.8	8.6	2.8	14.6	4.7
27	4 51.4	4 52.5	4 38.5	2.7	0.9	8.7	2.8	14.7	4.8
28	4 51.7	4 52.8	4 38.7	2.8	0.9	8.8	2.9	14.8	4.8
29	4 51.9	4 53.1	4 38.9	2.9	0.9	8.9	2.9	14.9	4.8
30	4 52.2	4 53.3	4 39.2	3.0	1.0	9.0	2.9	15.0	4.9
31	4 52.4	4 53.6	4 39.4	3.1	1.0	9.1	3.0	15.1	4.9
32	4 52.7	4 53.8	4 39.7	3.2	1.0	9.2	3.0	15.2	4.9
33	4 52.9	4 54.1	4 39.9	3.3	1.1	9.3	3.0	15.3	5.0
34	4 53.2	4 54.3	4 40.1	3.4	1.1	9.4	3.1	15.4	5.0
35	4 53.4	4 54.6	4 40.4	3.5	1.1	9.5	3.1	15.5	5.0
36	4 53.7	4 54.8	4 40.6	3.6	1.2	9.6	3.1	15.6	5.1
37	4 53.9	4 55.1	4 40.8	3.7	1.2	9.7	3.2	15.7	5.1
38	4 54.2	4 55.3	4 41.1	3.8	1.2	9.8	3.2	15.8	5.1
39	4 54.4	4 55.6	4 41.3	3.9	1.3	9.9	3.2	15.9	5.2
40	4 54.7	4 55.8	4 41.6	4.0	1.3	10.0	3.3	16.0	5.2
41	4 54.9	4 56.1	4 41.8	4.1	1.3	10.1	3.3	16.1	5.2
42	4 55.2	4 56.3	4 42.0	4.2	1.4	10.2	3.3	16.2	5.3
43	4 55.4	4 56.6	4 42.3	4.3	1.4	10.3	3.3	16.3	5.3
44	4 55.7	4 56.8	4 42.5	4.4	1.4	10.4	3.4	16.4	5.3
45	4 55.9	4 57.1	4 42.8	4.5	1.5	10.5	3.4	16.5	5.4
46	4 56.2	4 57.3	4 43.0	4.6	1.5	10.6	3.4	16.6	5.4
47	4 56.4	4 57.6	4 43.2	4.7	1.5	10.7	3.5	16.7	5.4
48	4 56.7	4 57.8	4 43.5	4.8	1.6	10.8	3.5	16.8	5.5
49	4 56.9	4 58.1	4 43.7	4.9	1.6	10.9	3.5	16.9	5.5
50	4 57.2	4 58.3	4 43.9	5.0	1.6	11.0	3.6	17.0	5.5
51	4 57.4	4 58.6	4 44.2	5.1	1.7	11.1	3.6	17.1	5.6
52	4 57.7	4 58.8	4 44.4	5.2	1.7	11.2	3.6	17.2	5.6
53	4 57.9	4 59.1	4 44.7	5.3	1.7	11.3	3.7	17.3	5.6
54	4 58.2	4 59.3	4 44.9	5.4	1.8	11.4	3.7	17.4	5.7
55	4 58.4	4 59.6	4 45.1	5.5	1.8	11.5	3.7	17.5	5.7
56	4 58.7	4 59.8	4 45.4	5.6	1.8	11.6	3.8	17.6	5.7
57	4 58.9	5 00.1	4 45.6	5.7	1.9	11.7	3.8	17.7	5.8
58	4 59.2	5 00.3	4 45.9	5.8	1.9	11.8	3.8	17.8	5.8
59	4 59.4	5 00.6	4 46.1	5.9	1.9	11.9	3.9	17.9	5.8
60	4 59.7	5 00.8	4 46.3	6.0	2.0	12.0	3.9	18.0	5.9

时角、赤纬内插表
INCREMENTS AND CORRECTIONS

40ᵐ

40ᵐ	时角基本变量 Basic Variation in H.A. 太阳行星 Sun Planets	春分点 Aries	月亮 Moon	△或△ v or d	订正值 corrⁿ	△或△ v or d	订正值 corrⁿ	△或△ v or d	订正值 corrⁿ
s	° ′	° ′	° ′	′	′	′	′	′	′
0	9 59.3	10 01.6	9 32.7	0.0	0.0	6.0	4.1	12.0	8.1
1	9 59.6	10 01.9	9 32.9	0.1	0.1	6.1	4.1	12.1	8.2
2	9 59.8	10 02.1	9 33.1	0.2	0.1	6.2	4.2	12.2	8.2
3	10 00.1	10 02.4	9 33.4	0.3	0.2	6.3	4.3	12.3	8.3
4	10 00.3	10 02.6	9 33.6	0.4	0.3	6.4	4.3	12.4	8.4
5	10 00.6	10 02.9	9 33.9	0.5	0.3	6.5	4.4	12.5	8.4
6	10 00.8	10 03.1	9 34.1	0.6	0.4	6.6	4.5	12.6	8.5
7	10 01.1	10 03.4	9 34.3	0.7	0.5	6.7	4.5	12.7	8.6
8	10 01.3	10 03.6	9 34.6	0.8	0.5	6.8	4.6	12.8	8.6
9	10 01.6	10 03.9	9 34.8	0.9	0.6	6.9	4.7	12.9	8.7
10	10 01.8	10 04.1	9 35.1	1.0	0.7	7.0	4.7	13.0	8.8
11	10 02.1	10 04.4	9 35.3	1.1	0.7	7.1	4.8	13.1	8.8
12	10 02.3	10 04.7	9 35.5	1.2	0.8	7.2	4.9	13.2	8.9
13	10 02.6	10 04.9	9 35.8	1.3	0.9	7.3	4.9	13.3	9.0
14	10 02.8	10 05.2	9 36.0	1.4	0.9	7.4	5.0	13.4	9.0
15	10 03.1	10 05.4	9 36.2	1.5	1.0	7.5	5.1	13.5	9.1
16	10 03.3	10 05.7	9 36.5	1.6	1.1	7.6	5.1	13.6	9.2
17	10 03.6	10 05.9	9 36.7	1.7	1.1	7.7	5.2	13.7	9.2
18	10 03.8	10 06.2	9 37.0	1.8	1.2	7.8	5.3	13.8	9.3
19	10 04.1	10 06.4	9 37.2	1.9	1.3	7.9	5.3	13.9	9.4
20	10 04.3	10 06.7	9 37.4	2.0	1.4	8.0	5.4	14.0	9.5
21	10 04.6	10 06.9	9 37.7	2.1	1.4	8.1	5.5	14.1	9.5
22	10 04.8	10 07.2	9 37.9	2.2	1.5	8.2	5.5	14.2	9.6
23	10 05.1	10 07.4	9 38.2	2.3	1.6	8.3	5.6	14.3	9.7
24	10 05.3	10 07.7	9 38.4	2.4	1.6	8.4	5.7	14.4	9.7
25	10 05.6	10 07.9	9 38.6	2.5	1.7	8.5	5.7	14.5	9.8
26	10 05.8	10 08.2	9 38.9	2.6	1.8	8.6	5.8	14.6	9.9
27	10 06.1	10 08.4	9 39.1	2.7	1.8	8.7	5.9	14.7	9.9
28	10 06.3	10 08.7	9 39.3	2.8	1.9	8.8	5.9	14.8	10.0
29	10 06.6	10 08.9	9 39.6	2.9	2.0	8.9	6.0	14.9	10.1
30	10 06.8	10 09.2	9 39.8	3.0	2.0	9.0	6.1	15.0	10.1
31	10 07.1	10 09.4	9 40.1	3.1	2.1	9.1	6.1	15.1	10.2
32	10 07.3	10 09.7	9 40.3	3.2	2.2	9.2	6.2	15.2	10.3
33	10 07.6	10 09.9	9 40.5	3.3	2.2	9.3	6.3	15.3	10.3
34	10 07.8	10 10.2	9 40.8	3.4	2.3	9.4	6.3	15.4	10.4
35	10 08.1	10 10.4	9 41.0	3.5	2.4	9.5	6.4	15.5	10.5
36	10 08.3	10 10.7	9 41.3	3.6	2.4	9.6	6.5	15.6	10.5
37	10 08.6	10 10.9	9 41.5	3.7	2.5	9.7	6.5	15.7	10.6
38	10 08.8	10 11.2	9 41.7	3.8	2.6	9.8	6.6	15.8	10.7
39	10 09.1	10 11.4	9 42.0	3.9	2.6	9.9	6.7	15.9	10.7
40	10 09.3	10 11.7	9 42.2	4.0	2.7	10.0	6.8	16.0	10.8
41	10 09.6	10 11.9	9 42.4	4.1	2.8	10.1	6.8	16.1	10.9
42	10 09.8	10 12.2	9 42.7	4.2	2.8	10.2	6.9	16.2	10.9
43	10 10.1	10 12.4	9 42.9	4.3	2.9	10.3	7.0	16.3	11.0
44	10 10.3	10 12.7	9 43.2	4.4	3.0	10.4	7.0	16.4	11.1
45	10 10.6	10 12.9	9 43.4	4.5	3.0	10.5	7.1	16.5	11.1
46	10 10.8	10 13.2	9 43.6	4.6	3.1	10.6	7.2	16.6	11.2
47	10 11.1	10 13.4	9 43.9	4.7	3.2	10.7	7.2	16.7	11.3
48	10 11.3	10 13.7	9 44.1	4.8	3.2	10.8	7.3	16.8	11.3
49	10 11.6	10 13.9	9 44.4	4.9	3.3	10.9	7.4	16.9	11.4
50	10 11.8	10 14.2	9 44.6	5.0	3.4	11.0	7.4	17.0	11.5
51	10 12.1	10 14.4	9 44.8	5.1	3.4	11.1	7.5	17.1	11.5
52	10 12.3	10 14.7	9 45.1	5.2	3.5	11.2	7.6	17.2	11.6
53	10 12.6	10 14.9	9 45.3	5.3	3.6	11.3	7.6	17.3	11.7
54	10 12.8	10 15.2	9 45.6	5.4	3.6	11.4	7.7	17.4	11.7
55	10 13.1	10 15.4	9 45.8	5.5	3.7	11.5	7.8	17.5	11.8
56	10 13.3	10 15.7	9 46.0	5.6	3.8	11.6	7.8	17.6	11.9
57	10 13.6	10 15.9	9 46.3	5.7	3.8	11.7	7.9	17.7	11.9
58	10 13.8	10 16.2	9 46.5	5.8	3.9	11.8	8.0	17.8	12.0
59	10 14.1	10 16.4	9 46.7	5.9	4.0	11.9	8.0	17.9	12.1
60	10 14.3	10 16.7	9 47.0	6.0	4.1	12.0	8.1	18.0	12.2

41ᵐ

41ᵐ	时角基本变量 Basic Variation in H.A. 太阳行星 Sun Planets	春分点 Aries	月亮 Moon	△或△ v or d	订正值 corrⁿ	△或△ v or d	订正值 corrⁿ	△或△ v or d	订正值 corrⁿ
s	° ′	° ′	° ′	′	′	′	′	′	′
0	10 14.3	10 16.7	9 47.0	0.0	0.0	6.0	4.2	12.0	8.3
1	10 14.6	10 16.9	9 47.2	0.1	0.1	6.1	4.2	12.1	8.4
2	10 14.8	10 17.2	9 47.5	0.2	0.1	6.2	4.3	12.2	8.4
3	10 15.1	10 17.4	9 47.7	0.3	0.2	6.3	4.4	12.3	8.5
4	10 15.3	10 17.7	9 47.9	0.4	0.3	6.4	4.4	12.4	8.6
5	10 15.6	10 17.9	9 48.2	0.5	0.3	6.5	4.5	12.5	8.6
6	10 15.8	10 18.2	9 48.4	0.6	0.4	6.6	4.6	12.6	8.7
7	10 16.1	10 18.4	9 48.7	0.7	0.5	6.7	4.6	12.7	8.8
8	10 16.3	10 18.7	9 48.9	0.8	0.6	6.8	4.7	12.8	8.9
9	10 16.6	10 18.9	9 49.1	0.9	0.6	6.9	4.8	12.9	8.9
10	10 16.8	10 19.2	9 49.4	1.0	0.7	7.0	4.8	13.0	9.0
11	10 17.1	10 19.4	9 49.6	1.1	0.8	7.1	4.9	13.1	9.1
12	10 17.3	10 19.7	9 49.8	1.2	0.8	7.2	5.0	13.2	9.1
13	10 17.6	10 19.9	9 50.1	1.3	0.9	7.3	5.0	13.3	9.2
14	10 17.8	10 20.2	9 50.3	1.4	1.0	7.4	5.1	13.4	9.3
15	10 18.1	10 20.4	9 50.6	1.5	1.0	7.5	5.2	13.5	9.3
16	10 18.3	10 20.7	9 50.8	1.6	1.1	7.6	5.3	13.6	9.4
17	10 18.6	10 20.9	9 51.0	1.7	1.2	7.7	5.3	13.7	9.5
18	10 18.8	10 21.2	9 51.3	1.8	1.2	7.8	5.4	13.8	9.5
19	10 19.1	10 21.4	9 51.5	1.9	1.3	7.9	5.5	13.9	9.6
20	10 19.3	10 21.7	9 51.8	2.0	1.4	8.0	5.5	14.0	9.7
21	10 19.6	10 21.9	9 52.0	2.1	1.5	8.1	5.6	14.1	9.8
22	10 19.8	10 22.2	9 52.2	2.2	1.5	8.2	5.7	14.2	9.8
23	10 20.1	10 22.4	9 52.5	2.3	1.6	8.3	5.7	14.3	9.9
24	10 20.3	10 22.7	9 52.7	2.4	1.7	8.4	5.8	14.4	10.0
25	10 20.6	10 23.0	9 52.9	2.5	1.7	8.5	5.9	14.5	10.0
26	10 20.8	10 23.2	9 53.2	2.6	1.8	8.6	5.9	14.6	10.1
27	10 21.1	10 23.5	9 53.4	2.7	1.9	8.7	6.0	14.7	10.2
28	10 21.3	10 23.7	9 53.7	2.8	1.9	8.8	6.1	14.8	10.2
29	10 21.6	10 24.0	9 53.9	2.9	2.0	8.9	6.2	14.9	10.3
30	10 21.8	10 24.2	9 54.1	3.0	2.1	9.0	6.2	15.0	10.4
31	10 22.1	10 24.5	9 54.4	3.1	2.1	9.1	6.3	15.1	10.4
32	10 22.3	10 24.7	9 54.6	3.2	2.2	9.2	6.4	15.2	10.5
33	10 22.6	10 25.0	9 54.9	3.3	2.3	9.3	6.4	15.3	10.6
34	10 22.8	10 25.2	9 55.1	3.4	2.4	9.4	6.5	15.4	10.7
35	10 23.1	10 25.5	9 55.3	3.5	2.4	9.5	6.6	15.5	10.7
36	10 23.3	10 25.7	9 55.6	3.6	2.5	9.6	6.6	15.6	10.8
37	10 23.6	10 26.0	9 55.8	3.7	2.6	9.7	6.7	15.7	10.9
38	10 23.8	10 26.2	9 56.1	3.8	2.6	9.8	6.8	15.8	10.9
39	10 24.1	10 26.5	9 56.3	3.9	2.7	9.9	6.8	15.9	11.0
40	10 24.3	10 26.7	9 56.5	4.0	2.8	10.0	6.9	16.0	11.1
41	10 24.6	10 27.0	9 56.8	4.1	2.8	10.1	7.0	16.1	11.1
42	10 24.8	10 27.2	9 57.0	4.2	2.9	10.2	7.1	16.2	11.2
43	10 25.1	10 27.5	9 57.2	4.3	3.0	10.3	7.1	16.3	11.3
44	10 25.3	10 27.7	9 57.5	4.4	3.0	10.4	7.2	16.4	11.3
45	10 25.6	10 28.0	9 57.7	4.5	3.1	10.5	7.3	16.5	11.4
46	10 25.8	10 28.2	9 58.0	4.6	3.2	10.6	7.3	16.6	11.5
47	10 26.1	10 28.5	9 58.2	4.7	3.3	10.7	7.4	16.7	11.6
48	10 26.3	10 28.7	9 58.4	4.8	3.3	10.8	7.5	16.8	11.6
49	10 26.6	10 29.0	9 58.7	4.9	3.4	10.9	7.5	16.9	11.7
50	10 26.8	10 29.2	9 58.9	5.0	3.5	11.0	7.6	17.0	11.8
51	10 27.1	10 29.5	9 59.2	5.1	3.5	11.1	7.7	17.1	11.8
52	10 27.3	10 29.7	9 59.4	5.2	3.6	11.2	7.7	17.2	11.9
53	10 27.6	10 30.0	9 59.6	5.3	3.7	11.3	7.8	17.3	12.0
54	10 27.8	10 30.2	9 59.9	5.4	3.7	11.4	7.9	17.4	12.0
55	10 28.1	10 30.5	10 00.1	5.5	3.8	11.5	8.0	17.5	12.1
56	10 28.3	10 30.7	10 00.3	5.6	3.9	11.6	8.0	17.6	12.2
57	10 28.6	10 31.0	10 00.6	5.7	3.9	11.7	8.1	17.7	12.2
58	10 28.8	10 31.2	10 00.8	5.8	4.0	11.8	8.2	17.8	12.3
59	10 29.1	10 31.5	10 01.1	5.9	4.1	11.9	8.2	17.9	12.4
60	10 29.3	10 31.7	10 01.3	6.0	4.2	12.0	8.3	18.0	12.5

3. 恒星视位置表

恒星视位置， 2012 年

SIDEREAL HOUR ANGLE AND DECLINATION OF STARS, 2012

星号 No.	恒星名称 Star Name	共轭赤经 *SHA* / 赤纬 *Dec*	1月 Jan.	2月 Feb.	3月 Mar.	4月 Apr.	5月 May	6月 Jun.	7月 Jul.	8月 Aug.	9月 Sept.	10月 Oct.	11月 Nov.	12月 Dec.	赤经 R. A.	星等 Mag.
		°	′	′	′	′	′	′	′	′	′	′	′	′	h m	
1	仙女 α 壁宿二	357	44.6	44.7	44.7	44.6	44.5	44.2	44.0	43.7	43.6	43.6	43.6	43.7	00 09	2.2
	And Alpheratz	N 29	09.6	09.5	09.4	09.4	09.4	09.4	09.5	09.6	09.7	09.8	10.0	10.0		
2	仙后 β 王良一	357	32.4	32.6	32.6	32.6	32.3	32.0	31.5	31.2	31.1	31.0	31.1	31.3	00 10	2.4
	Cas Caph	N 59	13.3	13.2	13.1	13.0	12.8	12.8	13.0	13.1	13.3	13.4	13.5	13.6		
7	鲸鱼 β 土司空	348	56.8	57.0	57.0	57.0	56.8	56.6	56.4	56.2	56.1	56.0	56.0	56.1	00 44	2.2
	Cet Diphda	S 17	55.3	55.3	55.2	55.1	55.0	54.8	54.7	54.7	54.7	54.7	54.8	55.0		
11	波江 α 水委一	335	27.4	27.6	27.8	27.8	27.7	27.5	27.2	26.8	26.6	26.4	26.5	26.6	01 38	0.6
	Eri Achernar	S 57	10.7	10.7	10.6	10.4	10.3	10.1	10.0	10.0	10.1	10.2	10.3	10.4		
15	仙女 γ 天大将军一	328	49.8	50.1	50.2	50.2	50.1	49.8	49.5	49.3	49.1	48.8	48.8	48.8	02 05	2.3
	And Almak	N 42	23.4	23.4	23.3	23.2	23.2	23.2	23.2	23.3	23.4	23.5	23.6	23.6		
16	白羊 α 娄宿三	328	01.7	01.8	02.0	02.0	02.0	01.7	01.5	01.2	01.1	00.8	00.8	00.8	02 08	2.2
	Ari Hamal	N 23	31.3	31.2	31.2	31.1	31.1	31.2	31.2	31.3	31.4	31.4	31.5	31.5		
17	波江 θ 天园六	315	18.8	19.1	19.2	19.3	19.3	19.2	19.0	18.6	18.4	18.3	18.2	18.2	02 59	3.4
	Eri Acamar	S 40	15.6	15.6	15.5	15.4	15.3	15.1	15.0	15.0	15.0	15.1	15.2	15.3		
18	鲸鱼 α 天囷一	314	15.8	16.0	16.1	16.2	16.2	16.0	15.7	15.5	15.4	15.2	15.1	15.1	03 03	2.8
	Cet Menkar	N 4	08.2	08.1	08.1	08.1	08.2	08.2	08.3	08.4	08.4	08.4	08.4	08.4		
20	英仙 α 天船三	308	41.4	41.6	41.8	42.0	42.0	41.7	41.4	41.1	40.7	40.5	40.4	40.3	03 25	1.9
	Per Mirfak	N 49	54.4	54.4	54.3	54.3	54.2	54.1	54.1	54.1	54.2	54.3	54.4	54.5		
24	金牛 α 毕宿五	290	50.2	50.3	50.4	50.5	50.5	50.5	50.3	50.1	49.8	49.6	49.5	49.4	04 37	1.1
	Tau Aldebaran	N 16	32.0	31.8	31.8	31.8	31.8	31.8	32.0	32.0	32.0	32.0	32.0	32.0		
27	猎户 β 参宿七	281	12.6	12.7	12.8	13.0	13.1	13.1	12.8	12.7	12.5	12.3	12.1	12.0	05 15	0.3
	Ori Rigel	S 8	11.4	11.4	11.4	11.4	11.4	11.3	11.2	11.2	11.1	11.1	11.2	11.3		
28	御夫 α 五车二	280	35.4	35.5	35.7	35.8	36.0	36.0	35.7	35.4	35.2	34.8	34.5	34.4	05 18	0.2
	Aur Capella	N 46	00.5	00.6	00.6	00.6	00.5	00.4	00.4	00.4	00.4	00.4	00.4	00.5		
40	猎户 α 参宿四	271	02.0	02.1	02.2	02.3	02.4	02.3	02.2	02.1	01.8	01.6	01.4	01.3	05 56	变星[1]
	Ori Betelgeuse	N 7	24.4	24.3	24.3	24.3	24.3	24.4	24.4	24.5	24.5	24.5	24.4	24.4		
44	船底 α 老人	263	56.0	56.1	56.4	56.6	56.8	57.0	56.8	56.7	56.4	56.1	55.8	55.6	06 24	0.8
	Car Canopus	S 52	42.3	42.4	42.5	42.5	42.4	42.3	42.1	42.0	41.8	42.0	42.1	42.2		
46	大犬 α 天狼	258	34.2	34.2	34.3	34.5	34.6	34.6	34.5	34.4	34.2	34.0	33.7	33.6	06 46	1.5
	CMa Sirius	S 16	44.1	44.2	44.3	44.3	44.2	44.1	44.1	44.0	43.8	44.0	44.0	44.1		
54	双子 α 北河二	246	08.7	08.7	08.8	09.0	09.1	09.2	09.1	09.0	08.7	08.5	08.2	08.0	07 35	双星[2]
	Gem Castor	N 31	51.5	51.5	51.5	51.5	51.5	51.5	51.5	51.4	51.4	51.4	51.3	51.3		
55	小犬 α 南河三	244	60.4	60.3	60.4	60.5	60.6	60.7	60.6	60.5	60.4	60.2	60.0	59.7	07 40	0.5
	CMi Procyon	N 5	11.4	11.4	11.3	11.3	11.4	11.4	11.4	11.4	11.4	11.4	11.4	11.3		
56	双子 β 北河三	243	28.5	28.5	28.5	28.7	28.8	28.8	28.8	28.7	28.5	28.3	28.1	27.7	07 46	1.2
	Gem Pollux	N 27	59.5	59.6	59.6	59.6	59.6	59.6	59.6	59.5	59.5	59.5	59.4	59.4		
60	船底 ε 海石一	234	17.7	17.7	18.0	18.2	18.5	18.7	18.8	18.8	18.6	18.3	17.8	17.5	08 23	1.7
	Car Avior	S 59	33.0	33.2	33.3	33.3	33.3	33.3	33.2	33.0	32.8	32.7	32.8	33.0		
63	船底 β 南船五	221	39.0	38.8	39.1	39.4	39.8	40.3	40.5	40.6	40.4	40.1	39.5	39.0	09 13	1.8
	Car Miaplacidus	S 69	46.0	46.2	46.3	46.5	46.5	46.4	46.3	46.2	46.1	46.0	46.0	46.1		
67	狮子 α 轩辕十四	207	44.2	44.1	44.1	44.2	44.3	44.3	44.4	44.4	44.3	44.2	44.0	43.7	10 09	1.3
	Leo Regulus	N 11	54.2	54.2	54.2	54.2	54.2	54.2	54.3	54.3	54.2	54.2	54.1	54.0		
72	大熊 α 天枢	193	52.4	52.1	52.0	52.1	52.3	52.6	52.8	53.0	53.0	52.7	52.4	52.0	11 04	2.0
	UMa Dubhe	N 61	40.7	40.7	40.8	41.1	41.1	41.2	41.1	41.0	40.7	40.6	40.5	40.4		

注：① 星等 0.1—1.2； ② 星等 2.0,2.8。

① Magnitude 0.1—1.2； ② Magnitude 2.0,2.8。

4. 北极星方位角表

北极星方位角，2012 年
AZIMUTH OF POLARIS, 2012

春分点 地方时角 L. H. A. γ	纬　度　Latitude 0°	15°	10°	15°	20°	25°	30°	35°	40°	45°	50°	55°	60°	春分点 地方时角 L. H. A.
°	°	°	°	°	°	°	°	°	°	°	°	°	°	°
42	0.0	0.0	0.0	0.0	0.0	0.0	0.0	0.0	0.0	0.0	0.0	0.0	0.0	42
47	0.1	0.1	0.1	0.1	0.1	0.1	0.1	0.1	0.1	0.1	0.1	0.1	0.1	37
52	0.1	0.1	0.1	0.1	0.1	0.1	0.1	0.1	0.2	0.2	0.2	0.2	0.2	32
57	0.2	0.2	0.2	0.2	0.2	0.2	0.2	0.2	0.2	0.3	0.3	0.3	0.4	27
62	0.2	0.2	0.2	0.2	0.2	0.3	0.3	0.3	0.3	0.3	0.4	0.4	0.5	22
67	0.3	0.3	0.3	0.3	0.3	0.3	0.3	0.4	0.4	0.4	0.5	0.5	0.6	17
72	0.3	0.3	0.3	0.4	0.4	0.4	0.4	0.4	0.4	0.5	0.5	0.6	0.7	12
77	0.4	0.4	0.4	0.4	0.4	0.4	0.5	0.5	0.5	0.6	0.6	0.7	0.8	7
82	0.4	0.4	0.4	0.5	0.5	0.5	0.5	0.5	0.6	0.6	0.7	0.8	0.9	2
87	0.5	0.5	0.5	0.5	0.5	0.5	0.6	0.6	0.6	0.7	0.8	0.9	1.0	357
92	0.5	0.5	0.5	0.5	0.6	0.6	0.6	0.6	0.7	0.7	0.8	0.9	1.1	352
97	0.6	0.6	0.6	0.6	0.6	0.6	0.6	0.7	0.7	0.8	0.9	1.0	1.1	347
102	0.6	0.6	0.6	0.6	0.6	0.7	0.7	0.7	0.8	0.8	0.9	1.0	1.2	342
107	0.6	0.6	0.6	0.6	0.7	0.7	0.7	0.8	0.8	0.9	1.0	1.1	1.2	337
112	0.6	0.6	0.7	0.7	0.7	0.7	0.7	0.8	0.8	0.9	1.0	1.1	1.3	332
117	0.7	0.7	0.7	0.7	0.7	0.7	0.8	0.8	0.9	0.9	1.0	1.2	1.3	327
122	0.7	0.7	0.7	0.7	0.7	0.7	0.8	0.8	0.9	1.0	1.0	1.2	1.3	322
127	0.7	0.7	0.7	0.7	0.7	0.8	0.8	0.8	0.9	1.0	1.1	1.2	1.4	317
132	0.7	0.7	0.7	0.7	0.7	0.8	0.8	0.8	0.9	1.0	1.1	1.2	1.4	312
137	0.7	0.7	0.7	0.7	0.7	0.7	0.8	0.8	0.9	1.0	1.1	1.2	1.4	307
142	0.7	0.7	0.7	0.7	0.7	0.7	0.8	0.8	0.9	0.9	1.0	1.2	1.3	302
147	0.7	0.7	0.7	0.7	0.7	0.7	0.8	0.8	0.9	0.9	1.0	1.1	1.3	297
152	0.6	0.6	0.7	0.7	0.7	0.7	0.7	0.8	0.8	0.9	1.0	1.1	1.3	292
157	0.6	0.6	0.6	0.6	0.7	0.7	0.7	0.8	0.8	0.9	1.0	1.1	1.2	287
162	0.6	0.6	0.6	0.6	0.6	0.7	0.7	0.7	0.8	0.8	0.9	1.0	1.2	282
167	0.6	0.6	0.6	0.6	0.6	0.6	0.6	0.7	0.7	0.8	0.9	1.0	1.1	277
172	0.5	0.5	0.5	0.5	0.6	0.6	0.6	0.6	0.7	0.7	0.8	0.9	1.0	272
177	0.5	0.5	0.5	0.5	0.5	0.5	0.6	0.6	0.6	0.7	0.7	0.8	1.0	267
182	0.4	0.4	0.4	0.5	0.5	0.5	0.5	0.5	0.6	0.6	0.7	0.8	0.9	262
187	0.4	0.4	0.4	0.4	0.4	0.4	0.4	0.5	0.5	0.5	0.6	0.7	0.8	257
192	0.3	0.3	0.3	0.4	0.4	0.4	0.4	0.4	0.4	0.5	0.5	0.6	0.7	252
197	0.3	0.3	0.3	0.3	0.3	0.3	0.3	0.3	0.4	0.4	0.4	0.5	0.6	247
202	0.2	0.2	0.2	0.2	0.2	0.3	0.3	0.3	0.3	0.3	0.4	0.4	0.5	242
207	0.2	0.2	0.2	0.2	0.2	0.2	0.2	0.2	0.2	0.2	0.3	0.3	0.3	237
212	0.1	0.1	0.1	0.1	0.1	0.1	0.1	0.1	0.2	0.2	0.2	0.2	0.2	232
217	0.1	0.1	0.1	0.1	0.1	0.1	0.1	0.1	0.1	0.1	0.1	0.1	0.1	227
222	0.0	0.0	0.0	0.0	0.0	0.0	0.0	0.0	0.0	0.0	0.0	0.0	0.0	222

注：用左侧春分点地方时角时，方位角是北偏西。
用右侧春分点地方时角时，方位角是北偏东。
The azimuth is north by west when the left L. H. A. γ is used.
The azimuth is north by east when the right L. H. A. γ is used.

附录3 英版航海天文历摘录

2012 AUGUST 10, 11, 12 (FRI., SAT., SUN.)

UT	ARIES	VENUS −4.5		MARS +1.1		JUPITER −2.2		SATURN +0.8	
	GHA	GHA	Dec	GHA	Dec	GHA	Dec	GHA	Dec
d h	° ′	° ′	° ′	° ′	° ′	° ′	° ′	° ′	° ′
10 00 FRIDAY	318 52.7	226 33.1	N19 47.4	119 08.4	S 8 35.3	248 33.1	N21 25.1	115 22.6	S 7 14.7
01	333 55.1	241 33.1	47.5	134 09.4	35.9	263 35.1	25.2	130 24.9	14.8
02	348 57.6	256 33.1	47.6	149 10.4	36.5	278 37.2	25.2	145 27.2	14.9
03	4 00.1	271 33.2	. . 47.8	164 11.5	. . 37.1	293 39.2	. . 25.3	160 29.5	. . 15.0
04	19 02.5	286 33.2	47.9	179 12.5	37.7	308 41.3	25.3	175 31.8	15.0
05	34 05.0	301 33.2	48.0	194 13.5	38.3	323 43.4	25.4	190 34.1	15.1
06	49 07.5	316 33.3	N19 48.1	209 14.6	S 8 38.9	338 45.4	N21 25.4	205 36.4	S 7 15.2
07	64 09.9	331 33.3	48.2	224 15.6	39.5	353 47.5	25.5	220 38.7	15.3
08	79 12.4	346 33.3	48.4	239 16.7	40.1	8 49.5	25.5	235 41.0	15.3
09	94 14.9	1 33.4	. . 48.5	254 17.7	. . 40.7	23 51.6	. . 25.6	250 43.3	. . 15.4
10	109 17.3	16 33.4	48.6	269 18.7	41.3	38 53.6	25.6	265 45.6	15.5
11	124 19.8	31 33.4	48.7	284 19.8	42.0	53 55.7	25.7	280 47.9	15.5
12	139 22.3	46 33.4	N19 48.8	299 20.8	S 8 42.6	68 57.7	N21 25.7	295 50.2	S 7 15.6
13	154 24.7	61 33.5	49.0	314 21.8	43.2	83 59.8	25.8	310 52.5	15.7
14	169 27.2	76 33.5	49.1	329 22.9	43.8	99 01.9	25.8	325 54.8	15.8
15	184 29.6	91 33.5	. . 49.2	344 23.9	. . 44.4	114 03.9	. . 25.9	340 57.1	. . 15.8
16	199 32.1	106 33.5	49.3	359 25.0	45.0	129 06.0	25.9	355 59.4	15.9
17	214 34.6	121 33.6	49.4	14 26.0	45.6	144 08.0	26.0	11 01.7	16.0
18	229 37.0	136 33.6	N19 49.5	29 27.0	S 8 46.2	159 10.1	N21 26.0	26 04.0	S 7 16.1
19	244 39.5	151 33.6	49.6	44 28.1	46.8	174 12.1	26.1	41 06.3	16.1
20	259 42.0	166 33.6	49.8	59 29.1	47.4	189 14.2	26.1	56 08.6	16.2
21	274 44.4	181 33.6	. . 49.9	74 30.1	. . 48.0	204 16.3	. . 26.2	71 10.9	. . 16.3
22	289 46.9	196 33.7	50.0	89 31.2	48.6	219 18.3	26.2	86 13.2	16.3
23	304 49.4	211 33.7	50.1	104 32.2	49.2	234 20.4	26.3	101 15.5	16.4
11 00 SATURDAY	319 51.8	226 33.7	N19 50.2	119 33.2	S 8 49.8	249 22.4	N21 26.3	116 17.8	S 7 16.5
01	334 54.3	241 33.7	50.3	134 34.3	50.4	264 24.5	26.4	131 20.1	16.6
02	349 56.8	256 33.7	50.4	149 35.3	51.0	279 26.6	26.4	146 22.4	16.6
03	4 59.2	271 33.7	. . 50.5	164 36.3	. . 51.6	294 28.6	. . 26.5	161 24.7	. . 16.7
04	20 01.7	286 33.7	50.6	179 37.4	52.3	309 30.7	26.5	176 27.0	16.8
05	35 04.1	301 33.7	50.8	194 38.4	52.9	324 32.7	26.6	191 29.3	16.9
06	50 06.6	316 33.8	N19 50.9	209 39.4	S 8 53.5	339 34.8	N21 26.6	206 31.6	S 7 16.9
07	65 09.1	331 33.8	51.0	224 40.4	54.1	354 36.9	26.7	221 33.9	17.0
08	80 11.5	346 33.8	51.1	239 41.5	54.7	9 38.9	26.7	236 36.2	17.1
09	95 14.0	1 33.8	. . 51.2	254 42.5	. . 55.3	24 41.0	. . 26.8	251 38.5	. . 17.2
10	110 16.5	16 33.8	51.3	269 43.5	55.9	39 43.0	26.8	266 40.8	17.2
11	125 18.9	31 33.8	51.4	284 44.6	56.5	54 45.1	26.8	281 43.1	17.3
12	140 21.4	46 33.8	N19 51.5	299 45.6	S 8 57.1	69 47.2	N21 26.9	296 45.4	S 7 17.4
13	155 23.9	61 33.8	51.6	314 46.6	57.7	84 49.2	26.9	311 47.7	17.4
14	170 26.3	76 33.8	51.7	329 47.7	58.3	99 51.3	27.0	326 50.0	17.5
15	185 28.8	91 33.8	. . 51.8	344 48.7	. . 58.9	114 53.3	. . 27.0	341 52.3	. . 17.6
16	200 31.2	106 33.8	51.9	359 49.7	8 59.5	129 55.4	27.1	356 54.6	17.7
17	215 33.7	121 33.8	52.0	14 50.7	9 00.1	144 57.5	27.1	11 56.9	17.7
18	230 36.2	136 33.8	N19 52.1	29 51.8	S 9 00.7	159 59.5	N21 27.2	26 59.2	S 7 17.8
19	245 38.6	151 33.8	52.2	44 52.8	01.3	175 01.6	27.2	42 01.5	17.9
20	260 41.1	166 33.8	52.3	59 53.8	01.9	190 03.7	27.3	57 03.8	18.0
21	275 43.6	181 33.8	. . 52.4	74 54.9	. . 02.6	205 05.7	. . 27.3	72 06.1	. . 18.0
22	290 46.0	196 33.7	52.5	89 55.9	03.2	220 07.8	27.4	87 08.4	18.1
23	305 48.5	211 33.7	52.6	104 56.9	03.8	235 09.8	27.4	102 10.7	18.2
12 00 SUNDAY	320 51.0	226 33.7	N19 52.7	119 57.9	S 9 04.4	250 11.9	N21 27.5	117 13.0	S 7 18.3
01	335 53.4	241 33.7	52.8	134 59.0	05.0	265 14.0	27.5	132 15.3	18.3
02	350 55.9	256 33.7	52.9	150 00.0	05.6	280 16.0	27.6	147 17.6	18.4
03	5 58.4	271 33.7	. . 53.0	165 01.0	. . 06.2	295 18.1	. . 27.6	162 19.9	. . 18.5
04	21 00.8	286 33.7	53.1	180 02.0	06.8	310 20.2	27.7	177 22.2	18.6
05	36 03.3	301 33.7	53.2	195 03.1	07.4	325 22.2	27.7	192 24.5	18.6
06	51 05.7	316 33.7	N19 53.3	210 04.1	S 9 08.0	340 24.3	N21 27.8	207 26.8	S 7 18.7
07	66 08.2	331 33.6	53.4	225 05.1	08.6	355 26.4	27.8	222 29.1	18.8
08	81 10.7	346 33.6	53.5	240 06.1	09.2	10 28.4	27.9	237 31.4	18.9
09	96 13.1	1 33.6	. . 53.6	255 07.2	. . 09.8	25 30.5	. . 27.9	252 33.7	. . 18.9
10	111 15.6	16 33.6	53.7	270 08.2	10.4	40 32.6	28.0	267 36,0	19.0
11	126 18.1	31 33.6	53.7	285 09.2	11.0	55 34.6	28.0	282 38.3	19.1
12	141 20.5	46 33.5	N19 53.8	300 10.2	S 9 11.6	70 36.7	N21 28.0	297 40.6	S 7 19.2
13	156 23.0	61 33.5	53.9	315 11.3	12.2	85 38.8	28.1	312 42.9	19.2
14	171 25.5	76 33.5	54.0	330 12.3	12.8	100 40.8	28.1	327 45.2	19.3
15	186 27.9	91 33.5	. . 54.1	345 13.3	. . 13.4	115 42.9	. . 28.2	342 47.5	. . 19.4
16	201 30.4	106 33.4	54.2	0 14.3	14.0	130 45.0	28.2	357 49.8	19.5
17	216 32.9	121 33.4	54.3	15 15.3	14.7	145 47.0	28.3	12 52.1	19.5
18	231 35.3	136 33.4	N19 54.4	30 16.4	S 9 15.3	160 49.1	N21 28.3	27 54.4	S 7 19.6
19	246 37.8	151 33.4	54.5	45 17.4	15.9	175 51.2	28.4	42 56.6	19.7
20	261 40.2	166 33.3	54.5	60 18.4	16.5	190 53.2	28.4	57 58.9	19.8
21	276 42.7	181 33.3	. . 54.6	75 19.4	. . 17.1	205 55.3	. . 28.5	73 01.2	. . 19.8
22	291 45.2	196 33.3	54.7	90 20.5	17.7	220 57.4	28.5	88 03.5	19.9
23	306 47.6	211 33.2	54.8	105 21.5	18.3	235 59.5	28.6	103 05.8	20.0
Mer. Pass.	h m 2 40.1	*v* 0.0	*d* 0.1	*v* 1.0	*d* 0.6	*v* 2.1	*d* 0.0	*v* 2.3	*d* 0.1

STARS		
Name	SHA	Dec
	° ′	° ′
Acamar	315 18.7	S40 15.0
Achernar	335 27.0	S57 10.0
Acrux	173 10.4	S63 10.4
Adhara	255 13.3	S28 59.3
Aldebaran	290 50.2	N16 32.0
Alioth	166 21.5	N55 53.7
Alkaid	152 59.5	N49 15.3
Al Na'ir	27 44.0	S46 53.7
Alnilam	275 47.1	S 1 11.6
Alphard	217 57.0	S 8 42.9
Alphecca	126 11.4	N26 40.6
Alpheratz	357 43.8	N29 09.7
Altair	62 08.5	N 8 54.4
Ankaa	353 16.0	S42 13.9
Antares	112 26.8	S26 27.6
Arcturus	145 56.3	N19 07.2
Atria	107 28.9	S69 03.1
Avior	234 18.9	S59 33.0
Bellatrix	278 32.8	N 6 21.6
Betelgeuse	271 02.1	N 7 24.5
Canopus	263 56.8	S52 42.0
Capella	280 35.5	N46 00.4
Deneb	49 31.4	N45 19.8
Denebola	182 34.5	N14 30.1
Diphda	348 56.3	S17 54.8
Dubhe	193 53.0	N61 41.0
Elnath	278 13.5	N28 36.9
Eltanin	90 46.1	N51 29.6
Enif	33 47.3	N 9 56.2
Fomalhaut	15 24.3	S29 33.0
Gacrux	172 01.9	S57 11.3
Gienah	175 53.1	S17 36.8
Hadar	148 48.9	S60 26.3
Hamal	328 01.3	N23 31.3
Kaus Aust.	83 44.3	S34 22.6
Kochab	137 20.1	N74 06.5
Markab	13 38.6	N15 16.6
Menkar	314 15.6	N 4 08.4
Menkent	148 08.3	S36 26.0
Miaplacidus	221 40.7	S69 46.3
Mirfak	308 41.2	N49 54.1
Nunki	75 58.7	S26 16.7
Peacock	53 19.5	S56 41.5
Pollux	243 28.8	N27 59.6
Procyon	245 00.6	N 5 11.5
Rasalhague	96 06.8	N12 33.3
Regulus	207 44.4	N11 54.3
Rigel	281 12.8	S 8 11.2
Rigil Kent.	139 52.6	S60 53.4
Sabik	102 13.0	S15 44.3
Schedar	349 40.8	N56 36.3
Shaula	96 22.4	S37 06.7
Sirius	258 34.5	S16 44.0
Spica	158 32.0	S11 13.6
Suhail	222 53.3	S43 29.1
Vega	80 39.0	N38 48.1
Zuben'ubi	137 06.1	S16 05.6

	SHA	Mer. Pass.
	° ′	h m
Venus	266 41.9	8 54
Mars	159 41.4	16 01
Jupiter	289 30.6	7 21
Saturn	156 26.0	16 12

2012 AUGUST 10, 11, 12 (FRI., SAT., SUN.)

UT (d h)	SUN GHA	SUN Dec	MOON GHA	v	MOON Dec	d	HP
	° ′	° ′	° ′	′	° ′	′	′
10 00 FRIDAY	178 39.7	N15 30.2	271 32.5	12.7	N18 45.8	5.4	54.3
01	193 39.8	29.4	286 04.2	12.7	18 51.2	5.4	54.3
02	208 39.9	28.7	300 35.9	12.6	18 56.6	5.3	54.3
03	223 40.0	. . 28.0	315 07.5	12.6	19 01.9	5.2	54.3
04	238 40.1	27.2	329 39.1	12.6	19 07.1	5.1	54.3
05	253 40.2	26.5	344 10.7	12.6	19 12.2	5.0	54.3
06	268 40.3	N15 25.8	358 42.3	12.5	N19 17.2	4.9	54.3
07	283 40.4	25.0	13 13.8	12.5	19 22.1	4.9	54.3
08	298 40.5	24.3	27 45.3	12.4	19 27.0	4.7	54.3
09	313 40.6	. . 23.6	42 16.7	12.4	19 31.7	4.7	54.3
10	328 40.6	22.8	56 48.1	12.4	19 36.4	4.6	54.3
11	343 40.7	22.1	71 19.5	12.4	19 41.0	4.5	54.3
12	358 40.8	N15 21.4	85 50.9	12.4	N19 45.5	4.4	54.3
13	13 40.9	20.6	100 22.3	12.3	19 49.9	4.3	54.3
14	28 41.0	19.9	114 53.6	12.2	19 54.2	4.2	54.3
15	43 41.1	. . 19.1	129 24.8	12.3	19 58.4	4.1	54.3
16	58 41.2	18.4	143 56.1	12.2	20 02.5	4.1	54.3
17	73 41.3	17.7	158 27.3	12.2	20 06.6	3.9	54.3
18	88 41.4	N15 16.9	172 58.5	12.2	N20 10.5	3.9	54.3
19	103 41.5	16.2	187 29.7	12.1	20 14.4	3.7	54.3
20	118 41.6	15.4	202 00.8	12.1	20 18.1	3.7	54.3
21	133 41.7	. . 14.7	216 31.9	12.1	20 21.8	3.6	54.3
22	148 41.8	14.0	231 03.0	12.0	20 25.4	3.5	54.3
23	163 41.9	13.2	245 34.0	12.0	20 28.9	3.4	54.3
11 00 SATURDAY	178 42.0	N15 12.5	260 05.0	12.0	N20 32.3	3.3	54.3
01	193 42.1	11.7	274 36.0	12.0	20 35.6	3.2	54.3
02	208 42.2	11.0	289 07.0	11.9	20 38.8	3.1	54.3
03	223 42.3	. . 10.2	303 37.9	11.9	20 41.9	3.0	54.3
04	238 42.4	09.5	318 08.8	11.9	20 44.9	2.9	54.3
05	253 42.5	08.7	332 39.7	11.8	20 47.8	2.9	54.3
06	268 42.6	N15 08.0	347 10.5	11.8	N20 50.7	2.7	54.3
07	283 42.7	07.3	1 41.3	11.8	20 53.4	2.6	54.3
08	298 42.8	06.5	16 12.1	11.8	20 56.0	2.6	54.3
09	313 42.9	. . 05.8	30 42.9	11.7	20 58.6	2.4	54.3
10	328 43.1	05.0	45 13.6	11.7	21 01.0	2.3	54.3
11	343 43.2	04.3	59 44.3	11.7	21 03.3	2.3	54.3
12	358 43.3	N15 03.5	74 15.0	11.7	N21 05.6	2.1	54.4
13	13 43.4	02.8	88 45.7	11.6	21 07.7	2.1	54.4
14	28 43.5	02.0	103 16.3	11.6	21 09.8	1.9	54.4
15	43 43.6	. . 01.3	117 46.9	11.6	21 11.7	1.9	54.4
16	58 43.7	15 00.5	132 17.5	11.6	21 13.6	1.7	54.4
17	73 43.8	14 59.8	146 48.1	11.5	21 15.3	1.7	54.4
18	88 43.9	N14 59.0	161 18.6	11.5	N21 17.0	1.5	54.4
19	103 44.0	58.3	175 49.1	11.5	21 18.5	1.5	54.4
20	118 44.1	57.5	190 19.6	11.4	21 20.0	1.3	54.4
21	133 44.2	. . 56.8	204 50.0	11.5	21 21.3	1.3	54.4
22	148 44.3	56.0	219 20.5	11.4	21 22.6	1.1	54.4
23	163 44.4	55.3	233 50.9	11.4	21 23.7	1.1	54.4
12 00 SUNDAY	178 44.5	N14 54.5	248 21.3	11.4	N21 24.8	0.9	54.5
01	193 44.6	53.8	262 51.7	11.3	21 25.7	0.9	54.5
02	208 44.7	53.0	277 22.0	11.4	21 26.6	0.7	54.5
03	223 44.8	. . 52.2	291 52.4	11.3	21 27.3	0.7	54.5
04	238 44.9	51.5	306 22.7	11.3	21 28.0	0.5	54.5
05	253 45.1	50.7	320 53.0	11.2	21 28.5	0.5	54.5
06	268 45.2	N14 50.0	335 23.2	11.3	N21 29.0	0.3	54.5
07	283 45.3	49.2	349 53.5	11.2	21 29.3	0.2	54.5
08	298 45.4	48.5	4 23.7	11.2	21 29.5	0.2	54.6
09	313 45.5	. . 47.7	18 53.9	11.2	21 29.7	0.0	54.6
10	328 45.6	47.0	33 24.1	11.2	21 29.7	0.1	54.6
11	343 45.7	46.2	47 54.3	11.2	21 29.6	0.1	54.6
12	358 45.8	N14 45.4	62 24.5	11.1	N21 29.5	0.3	54.6
13	13 45.9	44.7	76 54.6	11.1	21 29.2	0.4	54.6
14	28 46.0	43.9	91 24.7	11.1	21 28.8	0.5	54.6
15	43 46.1	. . 43.2	105 54.8	11.1	21 28.3	0.6	54.6
16	58 46.2	42.4	120 24.9	11.1	21 27.7	0.7	54.7
17	73 46.4	41.6	134 55.0	11.1	21 27.0	0.8	54.7
18	88 46.5	N14 40.9	149 25.1	11.0	N21 26.2	0.9	54.7
19	103 46.6	40.1	163 55.1	11.1	21 25.3	1.0	54.7
20	118 46.7	39.4	178 25.2	11.0	21 24.3	1.1	54.7
21	133 46.8	. . 38.6	192 55.2	11.0	21 23.2	1.2	54.7
22	148 46.9	37.8	207 25.2	11.0	21 22.0	1.3	54.8
23	163 47.0	37.1	221 55.2	11.0	N21 20.7	1.5	54.8
	SD 15.8	*d* 0.7	SD 14.8		14.8		14.9

Lat.	Twilight Naut.	Twilight Civil	Sunrise	Moonrise 10	Moonrise 11	Moonrise 12	Moonrise 13
°	h m	h m	h m	h m	h m	h m	h m
N 72	////	////	01 57	▭	▭	▭	▭
N 70	////	////	02 37	▭	▭	▭	▭
68	////	01 09	03 04	20 09	20 22	21 10	22 37
66	////	02 01	03 24	20 50	21 17	22 07	23 19
64	////	02 31	03 41	21 17	21 50	22 40	23 47
62	01 02	02 54	03 54	21 39	22 15	23 05	24 09
60	01 48	03 12	04 05	21 56	22 34	23 24	24 26
N 58	02 16	03 27	04 15	22 11	22 50	23 40	24 41
56	02 37	03 39	04 24	22 23	23 04	23 54	24 53
54	02 54	03 50	04 31	22 34	23 15	24 05	00 05
52	03 08	03 59	04 38	22 44	23 26	24 16	00 16
50	03 21	04 07	04 44	22 52	23 35	24 25	00 25
45	03 45	04 25	04 57	23 11	23 55	24 45	00 45
N 40	04 03	04 39	05 08	23 26	24 11	00 11	01 01
35	04 18	04 50	05 17	23 39	24 24	00 24	01 14
30	04 30	05 00	05 25	23 50	24 36	00 36	01 26
20	04 49	05 16	05 39	24 09	00 09	00 56	01 46
N 10	05 03	05 29	05 51	24 26	00 26	01 14	02 03
0	05 15	05 40	06 02	24 41	00 41	01 30	02 19
S 10	05 26	05 51	06 13	00 08	00 57	01 46	02 36
20	05 35	06 01	06 24	00 23	01 14	02 04	02 53
30	05 44	06 12	06 37	00 41	01 33	02 24	03 13
35	05 48	06 18	06 45	00 51	01 45	02 36	03 25
40	05 53	06 25	06 53	01 03	01 58	02 50	03 38
45	05 57	06 32	07 03	01 17	02 13	03 06	03 54
S 50	06 02	06 41	07 15	01 34	02 32	03 26	04 14
52	06 04	06 44	07 20	01 42	02 41	03 35	04 23
54	06 06	06 48	07 26	01 51	02 51	03 46	04 33
56	06 09	06 53	07 33	02 01	03 03	03 58	04 45
58	06 11	06 58	07 40	02 12	03 16	04 12	04 59
S 60	06 14	07 03	07 49	02 26	03 31	04 28	05 14

Lat.	Sunset	Twilight Civil	Twilight Naut.	Moonset 10	Moonset 11	Moonset 12	Moonset 13
°	h m	h m	h m	h m	h m	h m	h m
N 72	22 07	////	////	▭	▭	▭	▭
N 70	21 29	////	////	▭	▭	▭	▭
68	21 03	22 51	////	16 43	18 10	19 05	19 22
66	20 43	22 05	////	16 03	17 15	18 08	18 39
64	20 27	21 35	////	15 35	16 42	17 34	18 11
62	20 14	21 13	23 00	15 14	16 18	17 10	17 49
60	20 03	20 56	22 18	14 57	15 59	16 50	17 31
N 58	19 54	20 42	21 51	14 43	15 43	16 34	17 16
56	19 45	20 30	21 30	14 31	15 29	16 21	17 03
54	19 38	20 19	21 14	14 20	15 18	16 09	16 52
52	19 31	20 10	21 00	14 11	15 07	15 58	16 42
50	19 25	20 02	20 48	14 02	14 58	15 49	16 34
45	19 12	19 44	20 24	13 44	14 39	15 29	16 15
N 40	19 02	19 31	20 06	13 30	14 23	15 13	16 00
35	18 53	19 20	19 52	13 17	14 10	15 00	15 47
30	18 45	19 10	19 40	13 06	13 58	14 48	15 36
20	18 31	18 54	19 21	12 48	13 38	14 28	15 16
N 10	18 19	18 41	19 07	12 32	13 21	14 10	14 59
0	18 09	18 30	18 55	12 17	13 05	13 54	14 43
S 10	17 58	18 19	18 45	12 02	12 49	13 37	14 28
20	17 46	18 09	18 35	11 46	12 31	13 20	14 10
30	17 34	17 58	18 27	11 27	12 11	12 59	13 51
35	17 26	17 52	18 22	11 17	12 00	12 47	13 39
40	17 18	17 46	18 18	11 04	11 47	12 34	13 26
45	17 08	17 39	18 14	10 50	11 31	12 18	13 11
S 50	16 56	17 30	18 09	10 32	11 11	11 58	12 51
52	16 51	17 27	18 07	10 24	11 02	11 48	12 42
54	16 45	17 23	18 05	10 15	10 52	11 38	12 32
56	16 38	17 18	18 02	10 05	10 40	11 25	12 20
58	16 31	17 13	18 00	09 53	10 27	11 12	12 07
S 60	16 22	17 08	17 57	09 39	10 11	10 55	11 51

Day	SUN Eqn. of Time 00^h	SUN Eqn. of Time 12^h	SUN Mer. Pass.	MOON Mer. Pass. Upper	MOON Mer. Pass. Lower	Age	Phase
d	m s	m s	h m	h m	h m	d %	
10	[blacked out]	[blacked out]	12 05	06 05	18 29	22 43	
11	[blacked out]	[blacked out]	12 05	06 53	19 17	23 34	
12	[blacked out]	[blacked out]	12 05	07 42	20 07	24 25	

附录4 中国海区水上助航标志

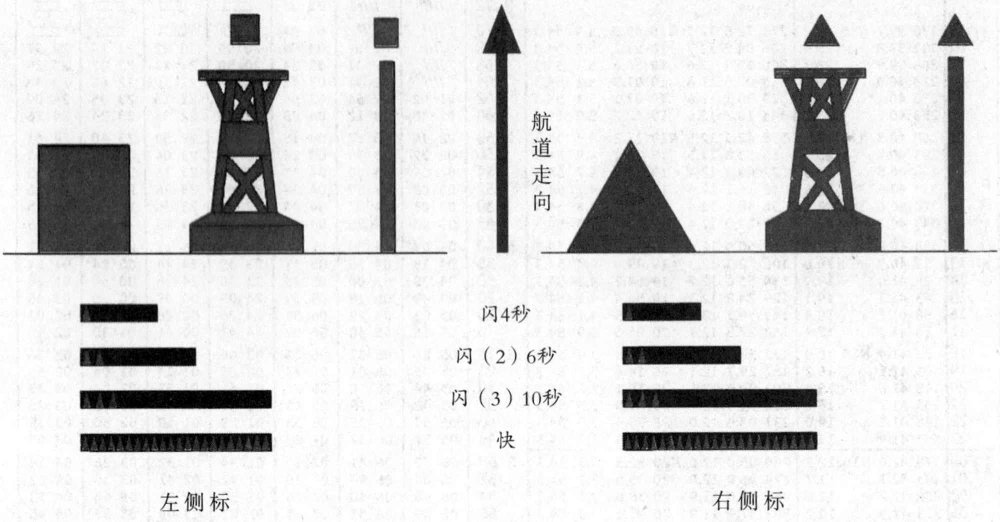

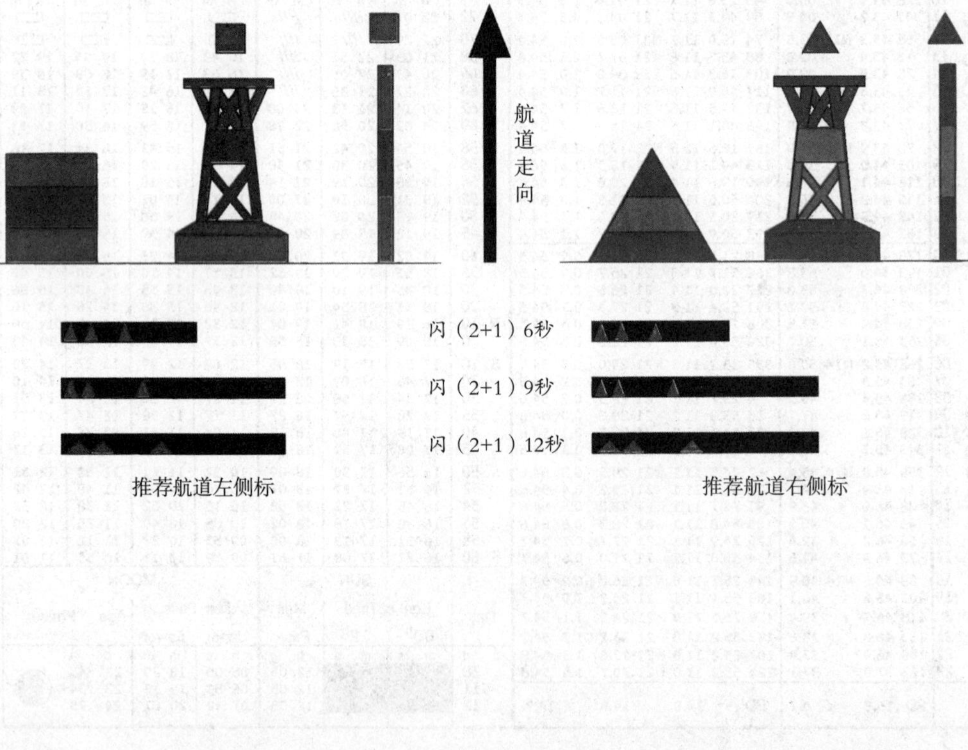

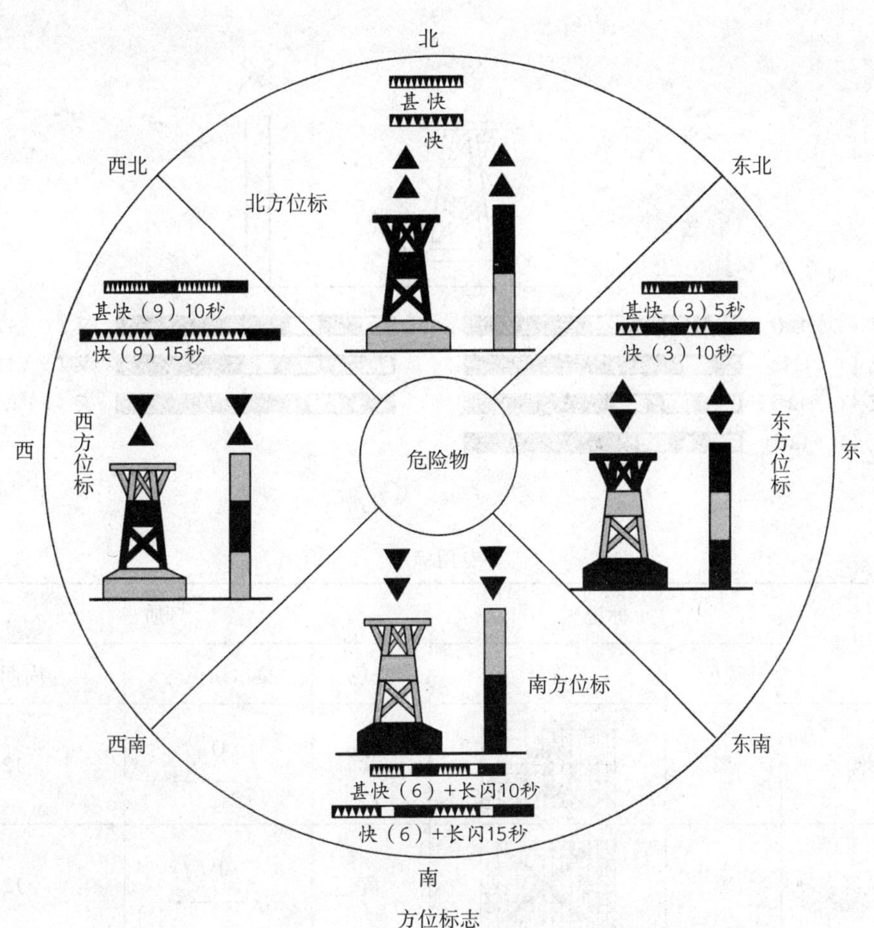

方位标志

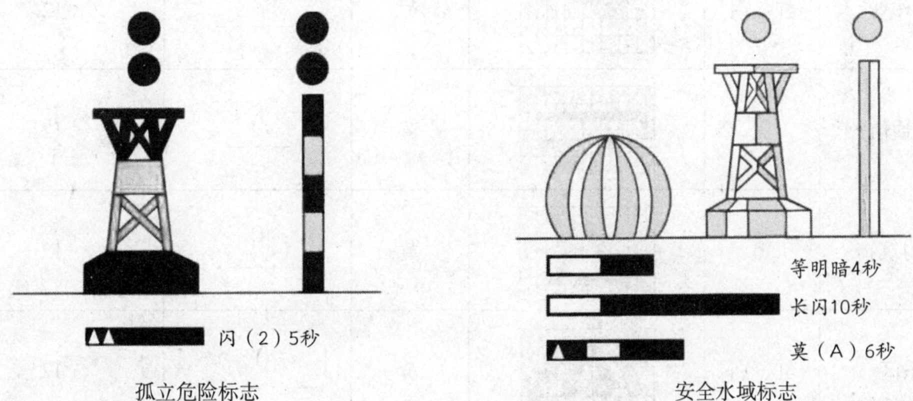

孤立危险标志　　安全水域标志

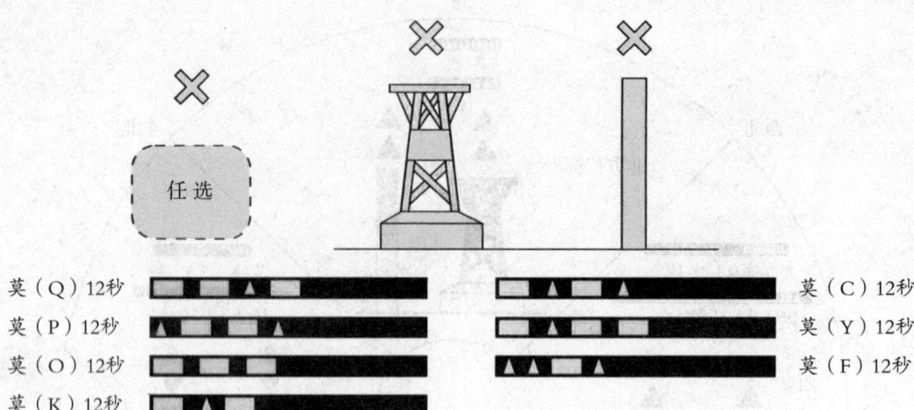

专用标志

标志用途	标记		灯质		
	颜色	符号	光色	莫尔斯信号	周期/s
锚地	黑		黄	Q — — · —	12
禁航区	黑		黄	P · — — ·	12
海上作业	红、白		黄	O — — —	12
分道通航	黑		黄	K — · —	12
水中构筑物	黑		黄	C — · — ·	12
娱乐区	红、白		黄	Y — · — —	12
水产作业	黑		黄	F · · — ·	12

注：本表所所周期均可以 15 s 为备用。

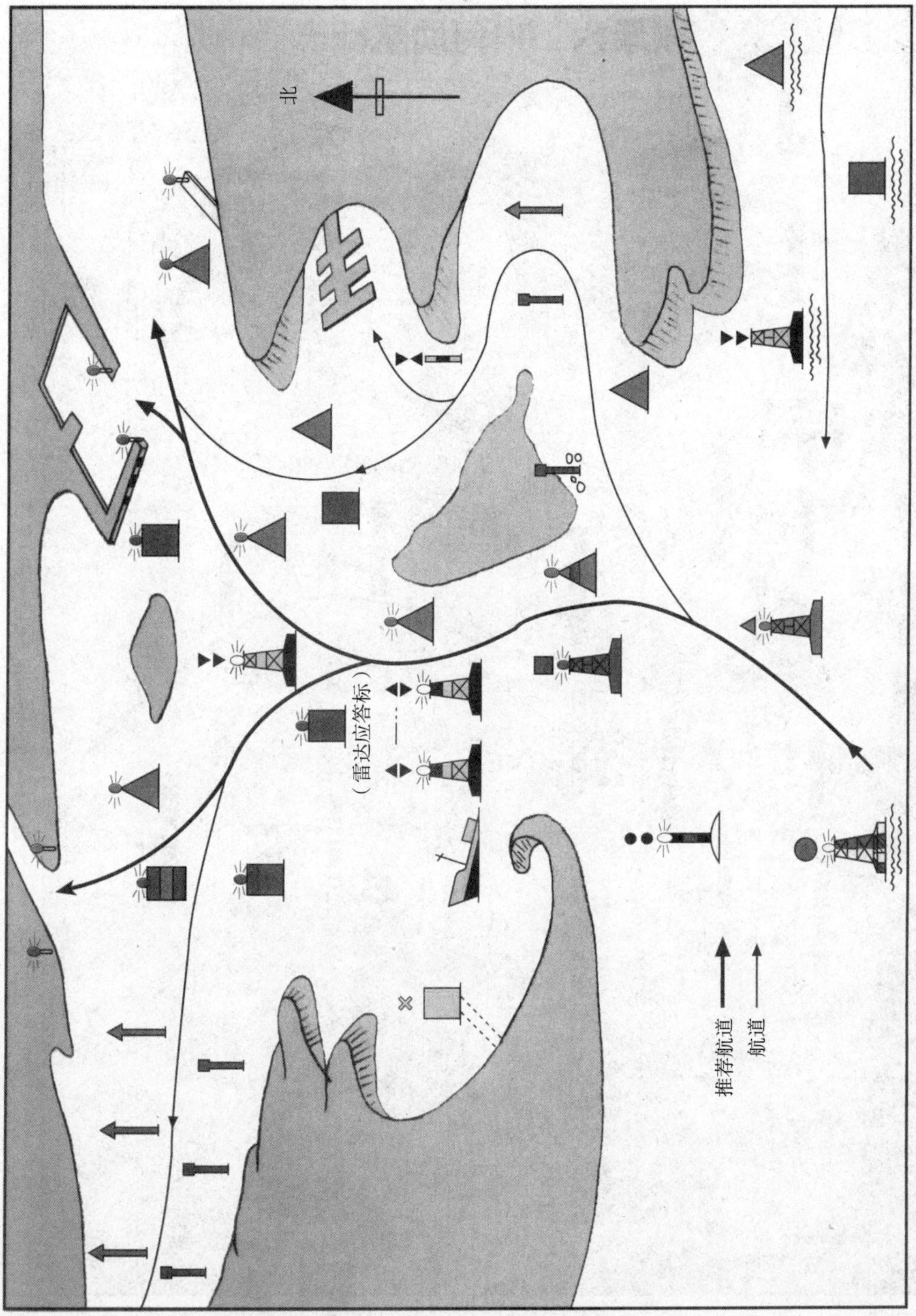

北

（雷达应答标）

推荐航道

航道

航标配布示意图（白天）

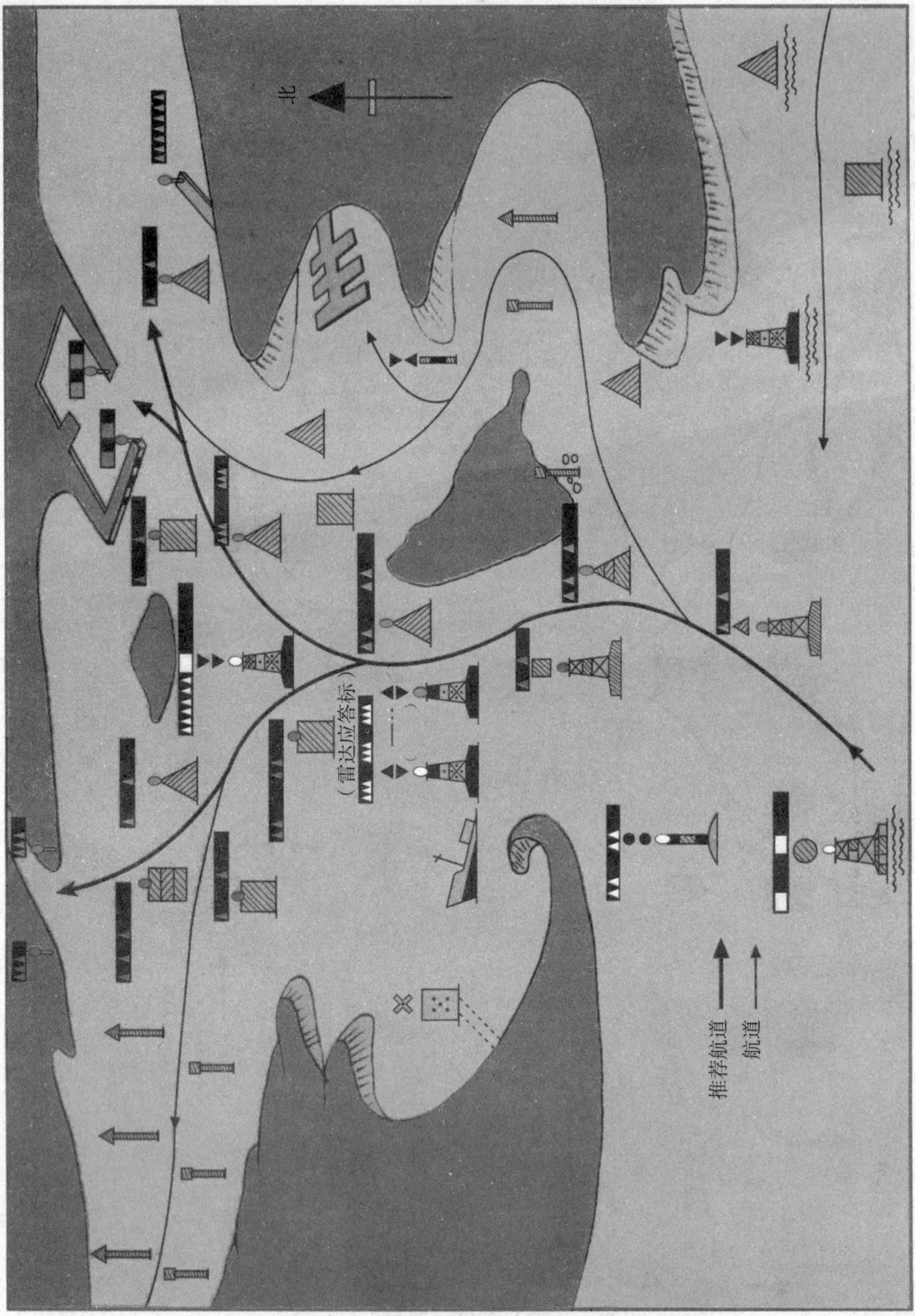

北

（雷达应答标）

推荐航道

航道

航标配布示意图（夜间）

附录5　国际浮标系统

LATERAL MARKS — REGION A

This diagram is schematic and in the case of pillar buoys in particular, their features will vary with the individual design of the buoys in use.

PORT HAND

Colour: Red.
Shape: Can, pillar or spar.
Topmark (when fitted): Single red can.
Retroreflector: Red band or square.

STARBOARD HAND

Colour: Green.
Shape: Conical, pillar or spar.
Topmark (when fitted): Single green cone point upward.
Retroreflector: Green band or triangle.

LIGHTS, when fitted, may have any rhythm other than composite group flashing (2+1) used on modified Lateral marks indicating a preferred channel. Examples are:

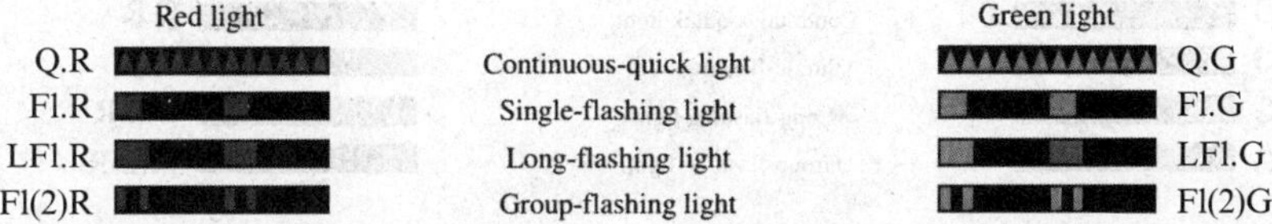

The lateral colours of red or green are frequently used for minor shore lights, such as those marking pierheads and the extremities of jetties.

PREFERRED CHANNELS

At the point where a channel divides, when proceeding in the conventional direction of buoyage, a preferred channel is indicated by

Preferred channel to starboard

Colour: Red with one broad green band.
Shape: Can, pillar or spar.
Topmark (when fitted): Single red can.
Retroreflector: Red band or square.

Preferred channel to port

Colour: Green with one broad red band.
Shape: Conical, pillar or spar.
Topmark (when fitted): Single green cone point upward.
Retroreflector: Green band or triangle.

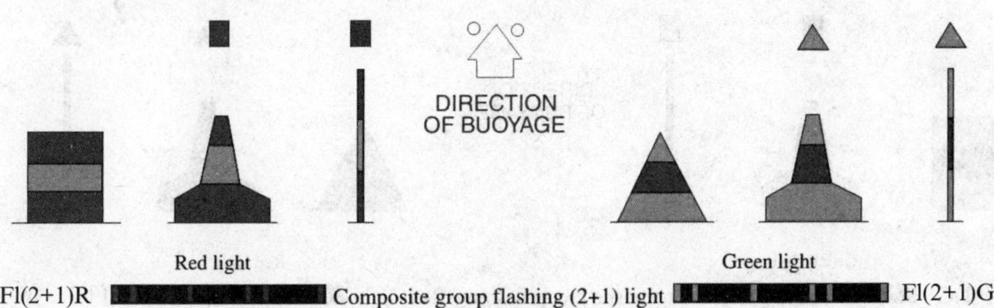

NOTES

Where port or starboard marks do not rely on can or conical buoy shapes for identification, they carry the appropriate topmark where practicable.

If marks at the sides of a channel are numbered or lettered, the numbering or lettering follows the conventional direction of buoyage.

Special marks, with can and conical shapes but painted yellow, may be used in conjunction with the standard Lateral marks for special types of channel marking.

LATERAL MARKS — REGION B

This diagram is schematic and in the case of pillar buoys in particular, their features will vary with the individual design of the buoys in use.

PORT HAND

Colour: Green.
Shape: Can, pillar or spar.
Topmark (when fitted): Single green can.
Retroreflector: Green band or square.

STARBOARD HAND

Colour: Red.
Shape: Conical, pillar or spar.
Topmark (when fitted): Single red cone, point upward.
Retroreflector: Red band or triangle.

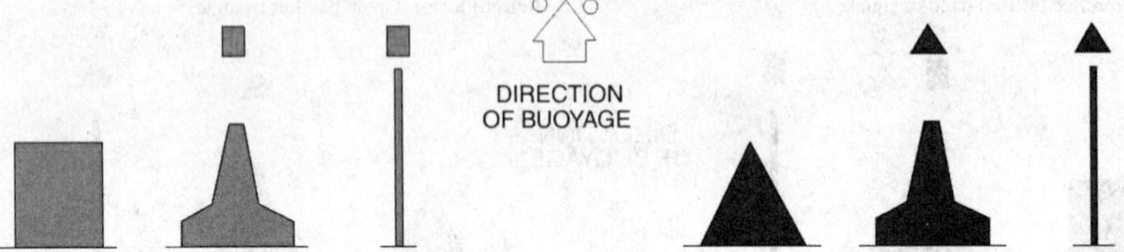

LIGHTS, when fitted, may have any rhythm other than composite group flashing (2+1) used on modified Lateral marks indicating a preferred channel. Examples are:

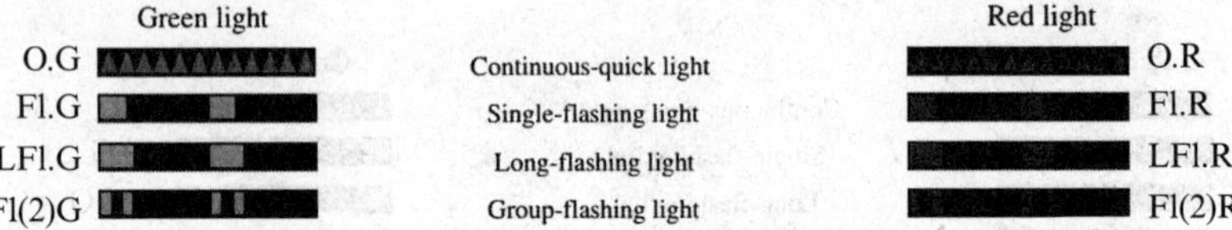

The lateral colours of red or green are frequently used for minor shore lights, such as those marking pierheads and the extremities of jetties.

PREFERRED CHANNELS

At the point where a channel divides, when proceeding in the conventional direction of buoyage, a preferred channel is indicated by

Preferred channel to starboard

Colour: Green with one broad red band.
Shape: Can, pillar or spar.
Topmark (when fitted): Single green can.
Retroreflector: Green band or square.

Preferred channel to port

Colour: Red with one broad green band.
Shape: Conical, pillar or spar.
Topmark (when fitted): Single red cone point upward.
Retroreflector: Red band or triangle.

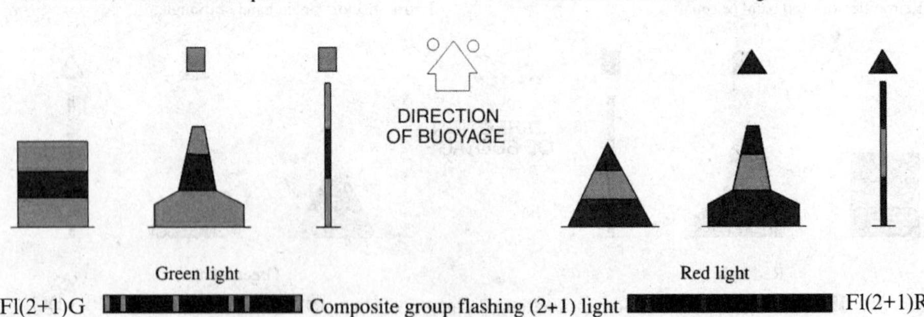

NOTES

Where port or starboard marks do not rely on can or conical buoy shapes for identification, they carry the appropriate topmark where practicable.

If marks at the sides of a channel are numbered or lettered, the numbering or lettering follows the conventional direction of buoyage.

Special marks, with can and conical shapes but painted yellow, may be used in conjunction with the standard Lateral marks for special types of channel marking.

ISOLATED DANGER MARKS

Topmark
(This is a very important feature by day and is fitted wherever practicable)

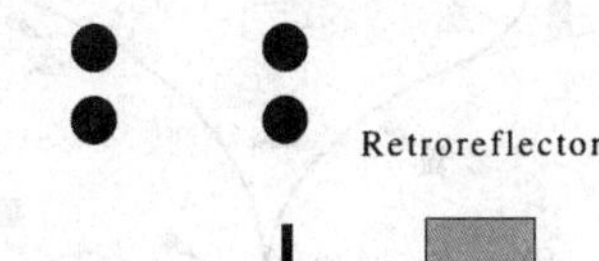

Retroreflector

Light (when fitted): **White,** Group-flashing (2).

Shape: pillar or spar

SAFE WATER MARKS

Topmark
(If the buoy is not spherical, this is a very important feature by day and is fitted wherever practicable)

Shape: spherical, pillar or spar

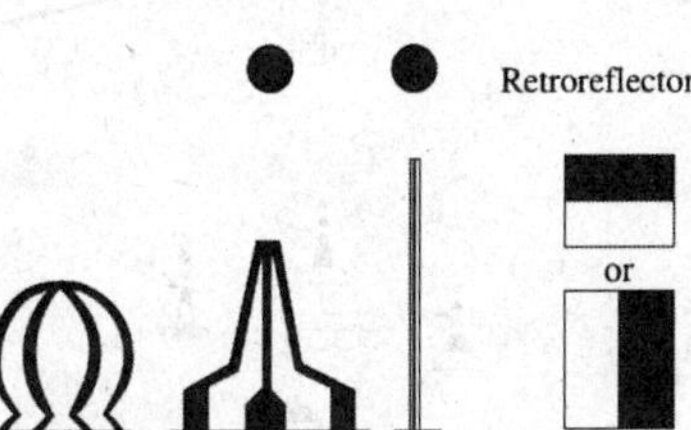

Retroreflector

or

Light (when fitted): **White**, Isophase, or Occulting, or Long-Flashing every 10 seconds, or Morse Code (A)

SPECIAL MARKS

Topmark
(if fitted)

Shape: optional

If these shapes are used they will indicate the side on which the buoys should be passed

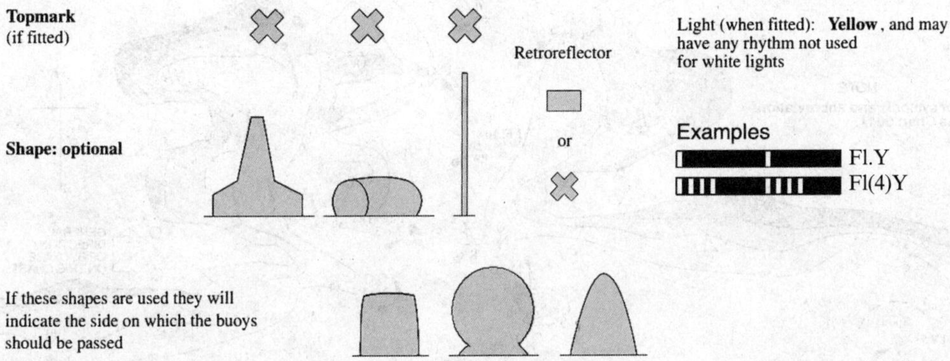

Light (when fitted): **Yellow**, and may have any rhythm not used for white lights

Examples

Fl.Y

Fl(4)Y

NOTES

Retroreflectors illustrated are those of the Comprehensive Code. In the Standard Code these marks are distinguished by one or more white bands, letters, numerals or symbols.

This diagram is schematic and in the case of pillar buoys in particular, their features will vary with the individual design of the buoys in use.

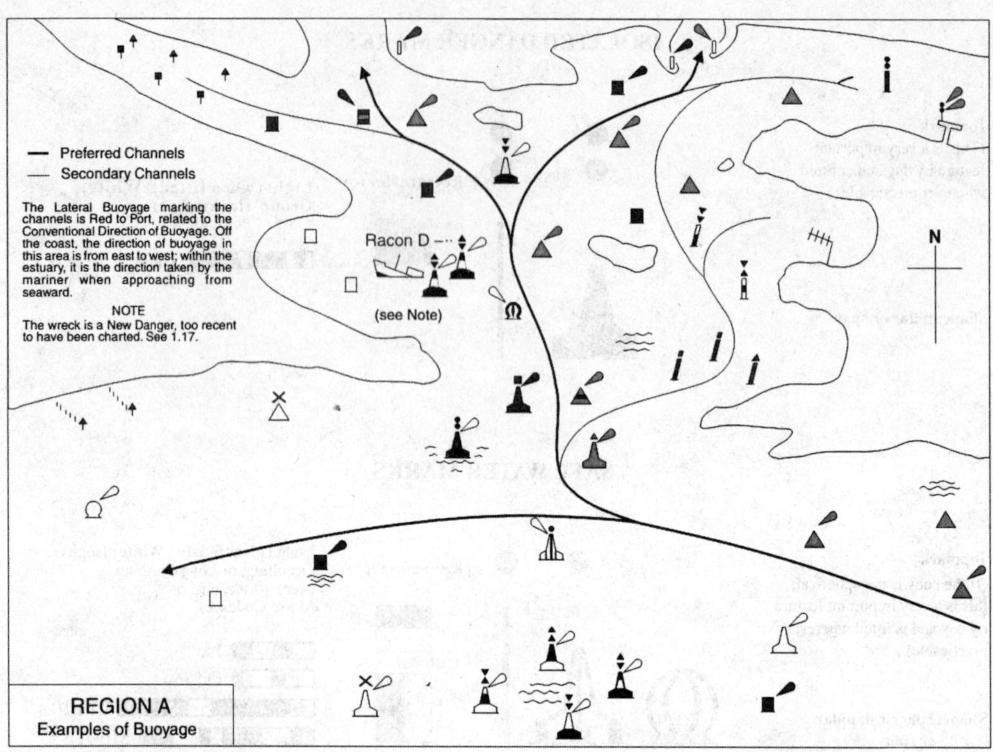
Preferred Channels
Secondary Channels
The Lateral Buoyage marking the channels is Red to Port, related to the Conventional Direction of Buoyage. Off the coast, the direction of buoyage in this area is from east to west; within the estuary, it is the direction taken by the mariner when approaching from seaward.
NOTE
The wreck is a New Danger, too recent to have been charted. See 1.17.
Racon D
(see Note)
N
REGION A
Examples of Buoyage

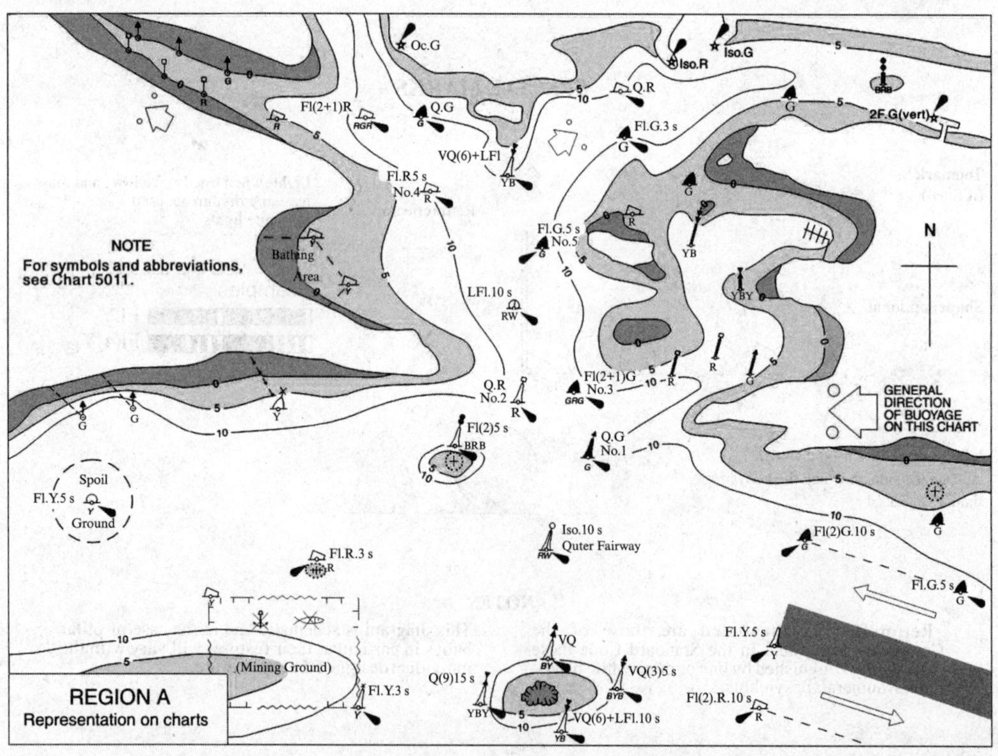
Oc.G
Iso.R
Iso.G
Q.R
Fl(2+1)R
Q.G
Fl.G.3 s
2F.G(vert)
VQ(6)+LFl
Fl.R5 s
No.4
Fl.G.5 s
No.5
NOTE
For symbols and abbreviations, see Chart 5011.
Bathing Area
LFl.10 s
Fl(2+1)G
No.3
Q.R
No.2
Fl(2)5 s
BRB
Q.G
No.1
GENERAL DIRECTION OF BUOYAGE ON THIS CHART
Spoil Ground
Fl.Y.5 s
Iso.10 s
Outer Fairway
Fl(2)G.10 s
Fl.R.3 s
Fl.G.5 s
Fl.Y.5 s
VQ
VQ(3)5 s
Q(9)15 s
(Mining Ground)
Fl.Y.3 s
VQ(6)+LFl.10 s
Fl(2).R.10 s
REGION A
Representation on charts

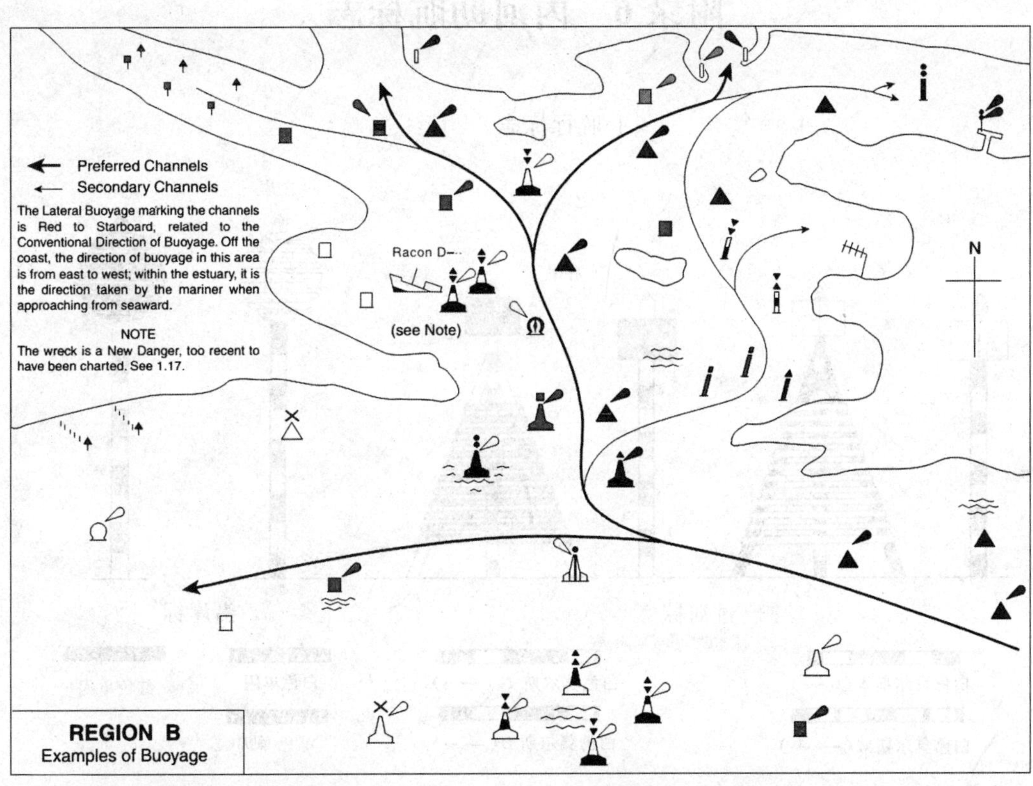

Preferred Channels
Secondary Channels
The Lateral Buoyage marking the channels is Red to Starboard, related to the Conventional Direction of Buoyage. Off the coast, the direction of buoyage in this area is from east to west; within the estuary, it is the direction taken by the mariner when approaching from seaward.
NOTE
The wreck is a New Danger, too recent to have been charted. See 1.17.
Racon D
(see Note)
N
REGION B
Examples of Buoyage

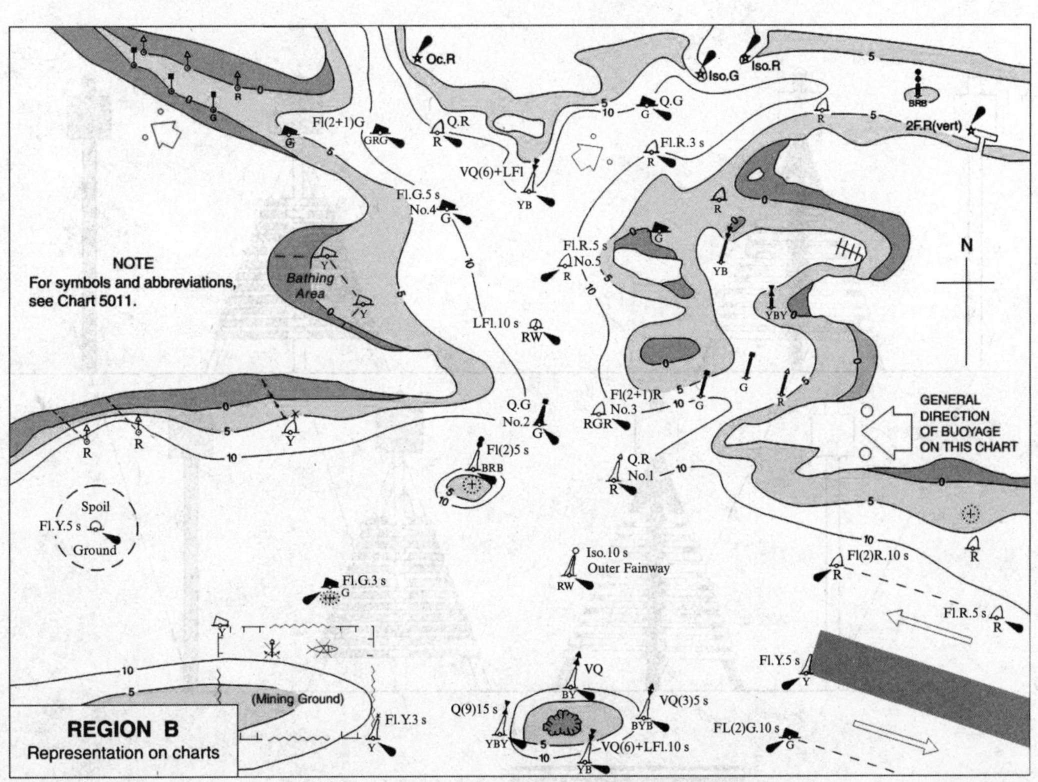

Oc.R
Iso.G
Iso.R
Fl(2+1)G
GRG
Q.R
Q.G
Fl.R.3 s
2F.R(vert)
BRB
VQ(6)+LFl
YB
Fl.G.5 s
No.4
Fl.R.5 s
No.5
NOTE
For symbols and abbreviations, see Chart 5011.
Bathing Area
LFl.10 s
RW
N
YBY
Fl(2+1)R
No.3
RGR
Q.G
No.2
Fl(2)5 s
BRB
GENERAL DIRECTION OF BUOYAGE ON THIS CHART
Q.R
No.1
Spoil Ground
Fl.Y.5 s
Iso.10 s
Outer Fainway
Fl(2)R.10 s
Fl.G.3 s
Fl.R.5 s
Fl.Y.5 s
VQ
(Mining Ground)
Fl.Y.3 s
Q(9)15 s
BY
VQ(3)5 s
BYB
YBY
VQ(6)+LFl.10 s
YB
FL(2)G.10 s
REGION B
Representation on charts

附录6　内河助航标志

1.航行标志

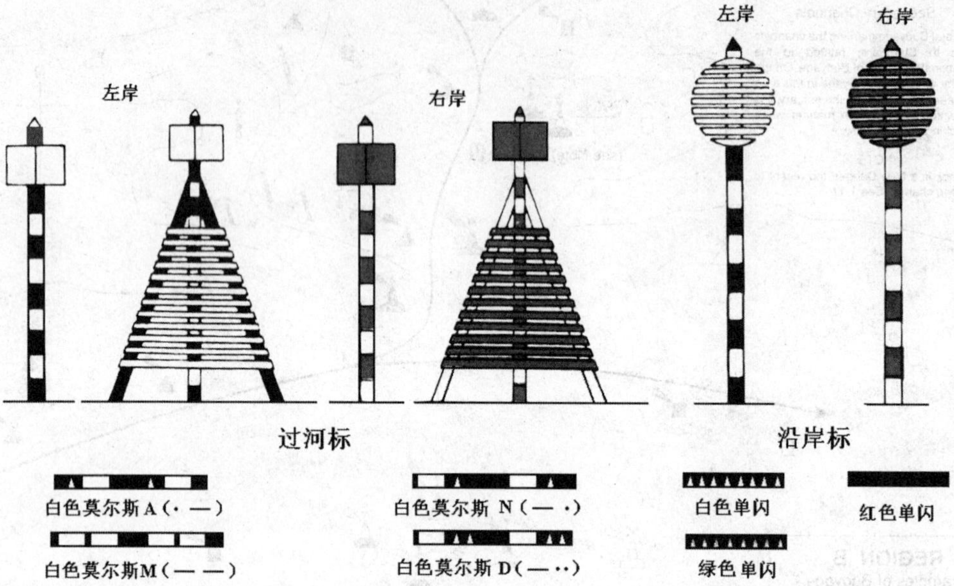

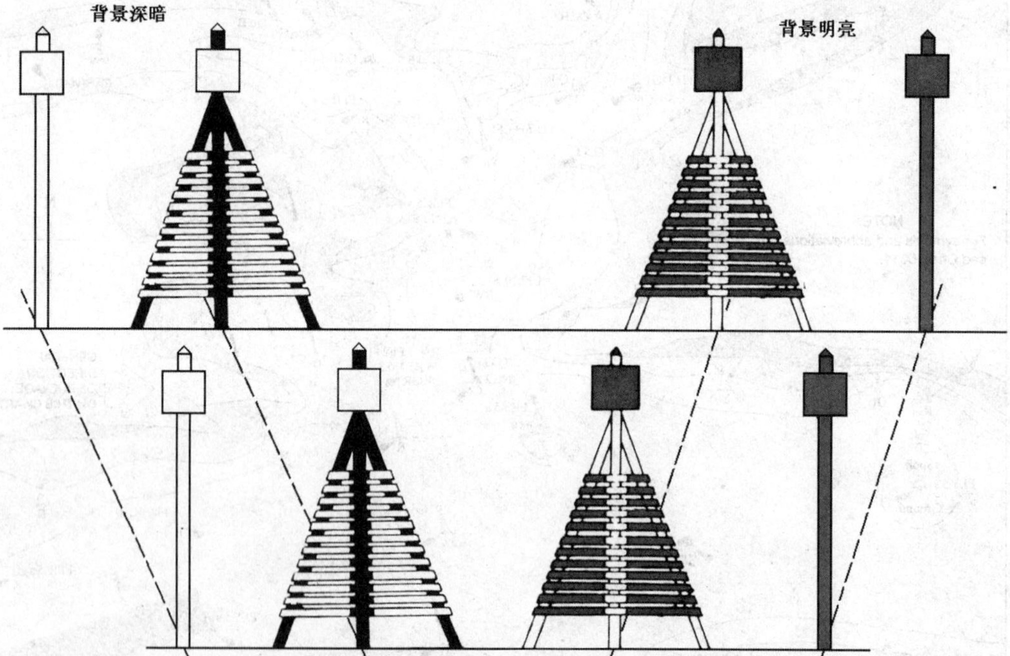

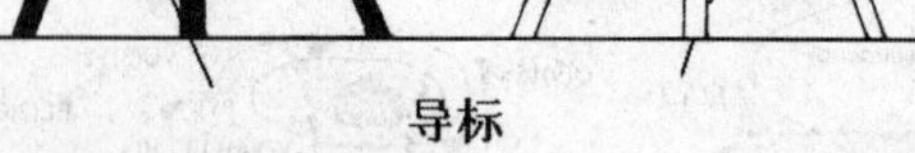

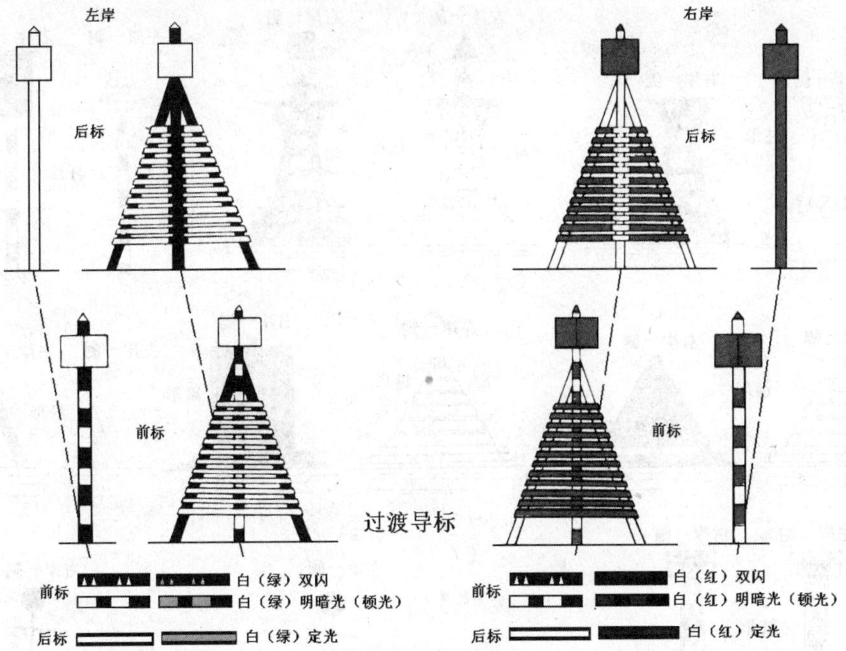

左岸

后标

前标

右岸

后标

前标

过渡导标

前标 白（绿）双闪

白（绿）明暗光（顿光）

后标 白（绿）定光

前标 白（红）双闪

白（红）明暗光（顿光）

后标 白（红）定光

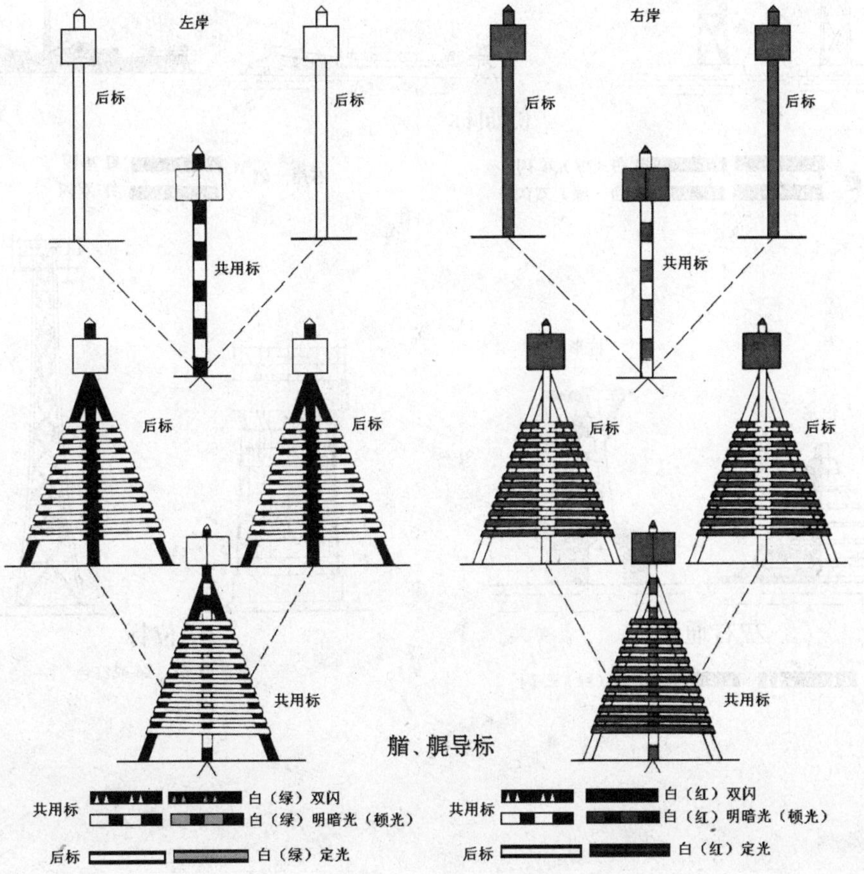

左岸

后标

后标

共用标

后标

后标

共用标

右岸

后标

后标

共用标

后标

后标

共用标

艏、艉导标

共用标 白（绿）双闪

白（绿）明暗光（顿光）

后标 白（绿）定光

共用标 白（红）双闪

白（红）明暗光（顿光）

后标 白（红）定光

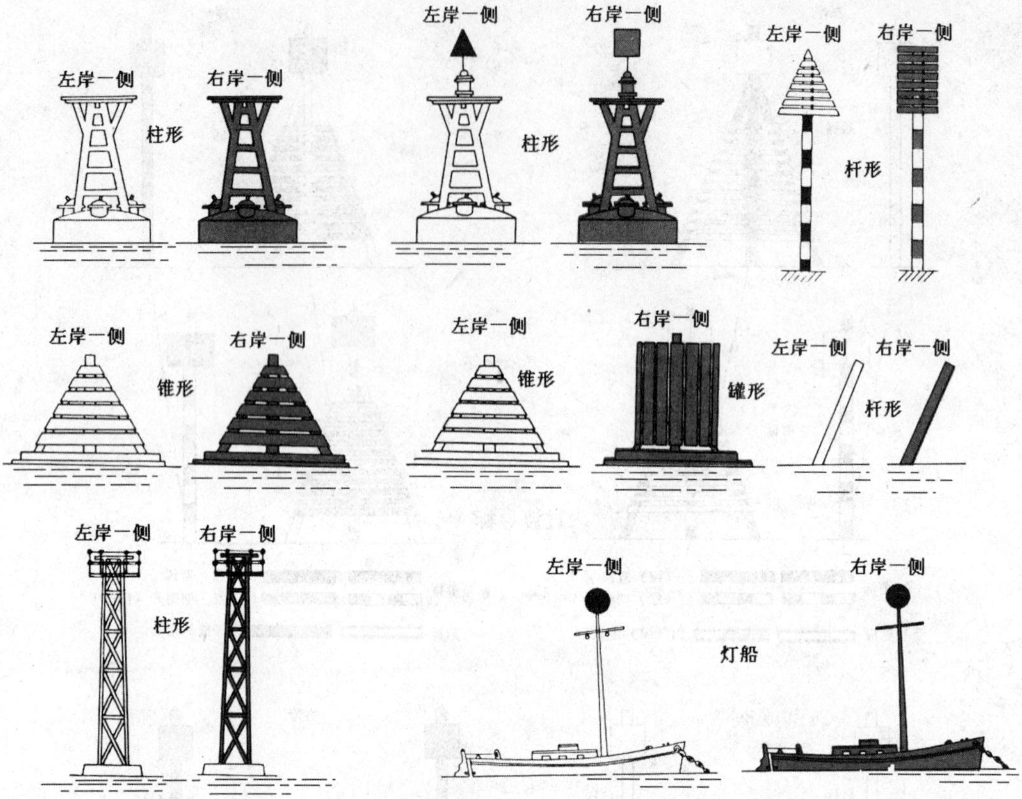

左岸一侧 右岸一侧 柱形

左岸一侧 右岸一侧 柱形

左岸一侧 右岸一侧 杆形

左岸一侧 右岸一侧 锥形

左岸一侧 锥形

右岸一侧 罐形

左岸一侧 右岸一侧 杆形

左岸一侧 右岸一侧 柱形

左岸一侧 右岸一侧 灯船

侧面标

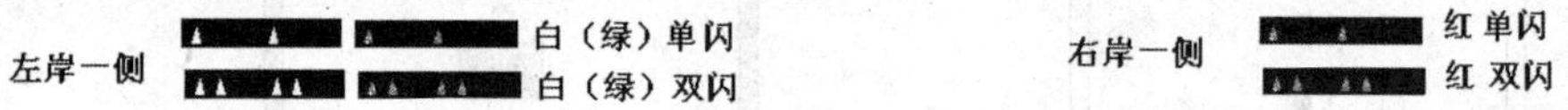

左岸一侧 白（绿）单闪 白（绿）双闪

右岸一侧 红 单闪 红 双闪

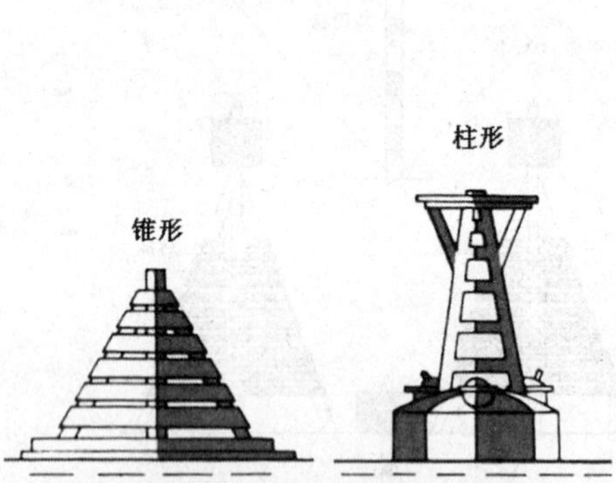

柱形

锥形

左右通航标

白（绿）三 闪

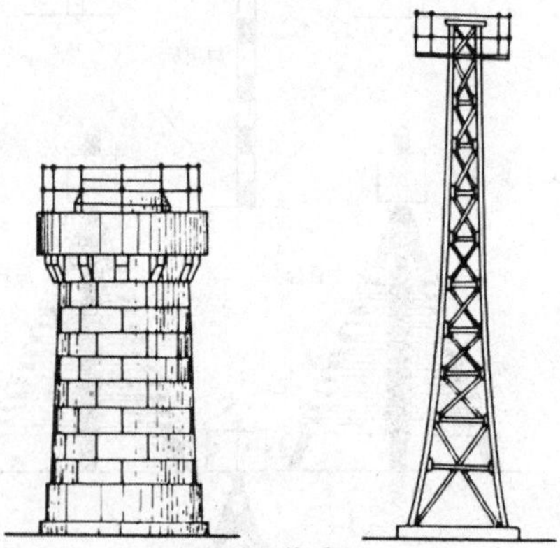

示位标

莫尔斯 白、绿 或红色

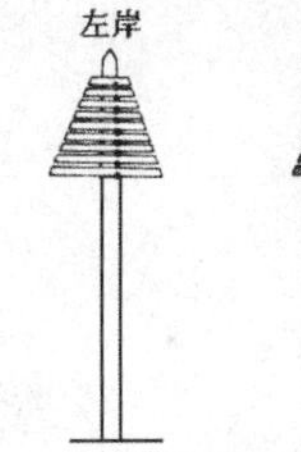

左岸 右岸

泛滥标

左岸 白色或绿色定光

右岸 红色 定光

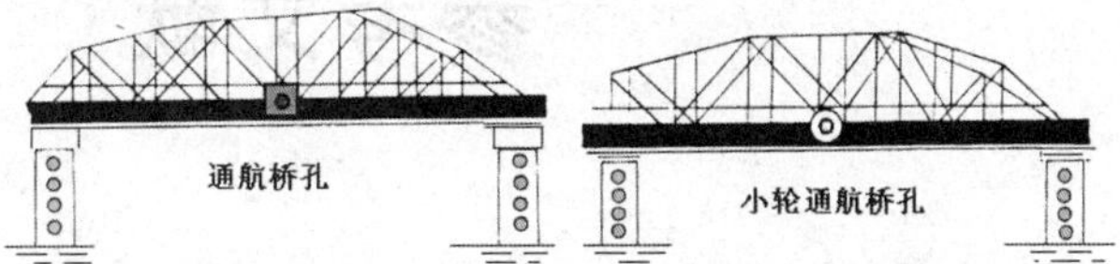

通航桥孔 小轮通航桥孔

桥涵标

红色 单面 定光 绿色 单面 定光

2.信号标志

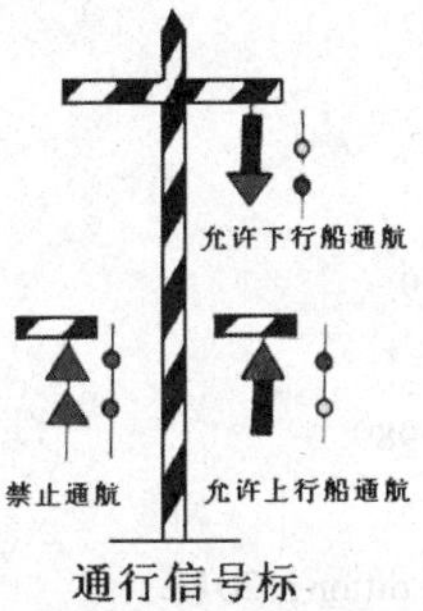

允许下行船通航

禁止通航 允许上行船通航

通行信号标

● 红色 定光

○ 绿色 定光

鸣

鸣笛标

绿色快闪

界限标

红色快闪

节制闸标

● 红色 定光

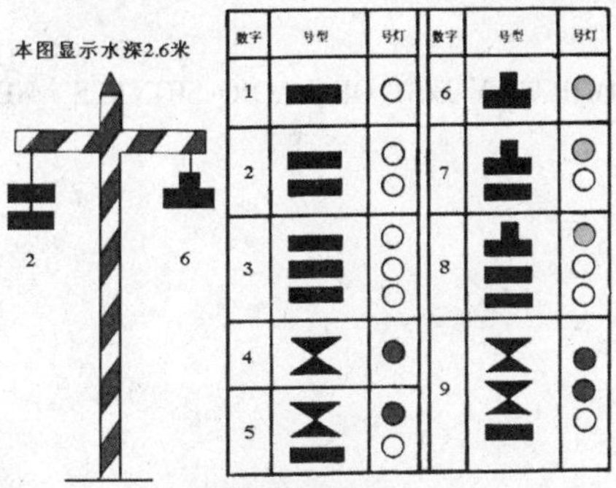

本图显示水深2.6米

2 6

数字	号型	号灯	数字	号型	号灯
1			6		
2			7		
3			8		
4			9		
5					

水深信号标

● 红色 定光

○ 绿色 定光

左岸一侧 右岸一侧

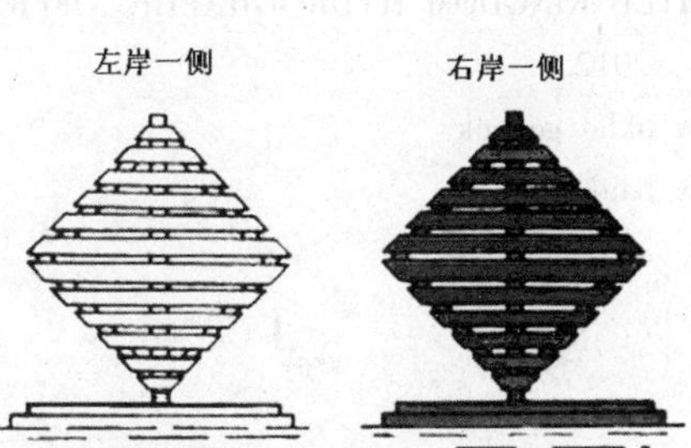

横流标

绿色明暗光（顿光） 红色明暗光（顿光）

3.专用标志

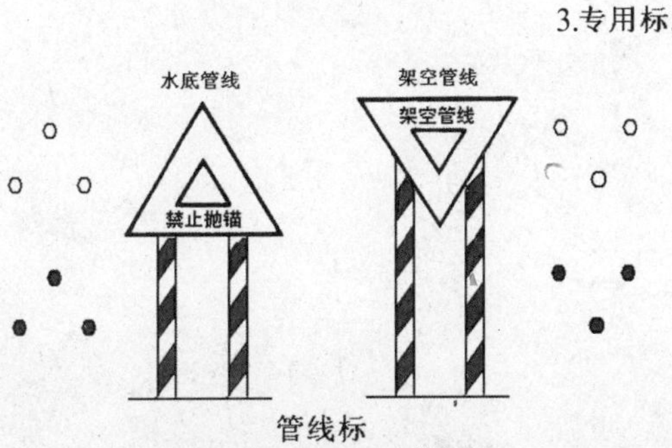

水底管线

禁止抛锚

架空管线

架空管线

管线标

○ 白色定光

● 红色定光

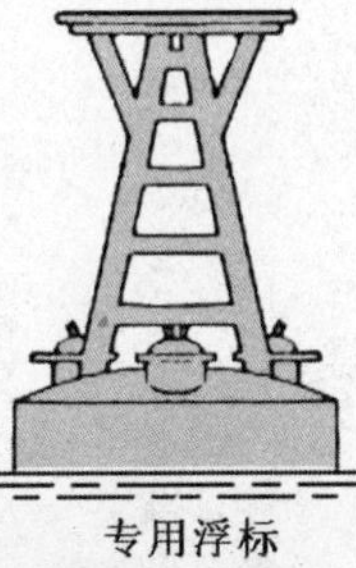

专用浮标

黄色单闪

黄色双闪

参考文献

[1] 郭禹. 航海学 [M]. 大连：大连海事大学出版社，2009.

[2] 高玉德. 航海学 [M]. 大连：大连海事大学出版社，2013.

[3] 徐宏元. 航海学 [M]. 北京：人民交通出版社，2004.

[4] 中国海事服务中心. 航海学 [M]. 北京：人民交通出版社，2012.

[5] 朱华统. 大地坐标系的建立 [M]. 北京：测绘出版社，1986.

[6] 国家海洋局海洋信息中心. 潮汐表，2012.

[7] 国家质量技术监督局. 中国海图图式（GB 12319—1998），1998.

[8] 国家质量技术监督局. 中国海区水上助航标志（GB 4696—1999），1999.

[9] 国际航标协会. 国际航标协会（IALA）海上浮标制度推荐标准，1980.

[10] 李浑成，沈长治. 航海天文学 [M]. 大连：大连海运学院出版社，1989.

[11] 中国人民解放军海军司令部航海保证部. 航海天文历，2012.

[12] Symbols and Abbreviations used on Admiralty Charts (Chart 5011), 5th Edition, 2011.

[13] UNITED KINGDOM HYDROGRAPHIC OFFICE. ADMIRALTY TIDE TABLES, NP201-12, NP204-12.

[14] UNITE D KINGDOM HYDROGRAPHIC OFFICE. CATALOGUE OF ADMIRALTY CHARTS AND PUBLICATIONS, NP131, 2013.

[15] UNITED KINGDOM HYDROGRAPHIC OFFICE. ADMIRALTY LIST OF RADIO SIGNALS, NP282, NP 286, 2012.

[16] www. ukho. gov. uk.

[17] www. baidu. com.